모형으로 계시된 그리스도와 믿음

김도수 저

크리스챤 디스커버리

모형으로 계시된

그리스도와 믿음

머리말

　포스트모더니즘은 현대 사회의 특징으로서 절대적인 것이 없으며 모든 것을 상대적인 것으로 보고 있습니다. 선과 악, 의와 불의, 결혼과 가정, 자유민주주의와 사회주의, 기독교와 이방종교에 대한 절대적인 기준이 없습니다. 이것은 필연적으로 우리를 혼돈의 세계로 몰아넣고 있습니다. 기독교는 그리스도의 피에 의한 속죄와 구원을 절대적인 진리로 하지만 합리주의에 바탕을 둔 자유주의 신학의 영향을 받은 종교다원주의와 동성애로 인하여 기독교는 혼돈으로 빠져들고 있습니다. 따라서 성도들은 무엇을 믿는지 알지 못하고 자기의 생각을 믿으며 세상에 속한 것에 소망을 두고 살아가고 있습니다. 그 결과 코로나 팬데믹 세대에 믿음을 버리고 세상으로 돌아가는 불행한 일이 나타났습니다.

　지금 인류는 종말의 징조로 나타나는 미증유의 질병을 경험하고 있습니다. 중국의 우환에서부터 시작된 코로나는 전 세계 인류를 공포의 도가니로 몰아넣었으며, 코로나의 방역을 이유로 교회는 예배에 참석하는 성도의 수를 제한하고 영상으로 드리는 예배를 권장하였습니다. 그 결과는 출석 성도의 수를 감소시켰습니다. 코로나 팬데믹 시대에 많은 미자립 교회가 문을 닫는 사태를 가져왔습니다. 초대 교회시대에 사도들과 믿는 자들은 목숨을 걸고 믿음을 지켰으나, 코로나 팬데믹 시대에 성도들은 죽음을 무서워하여 예배를 기피하다가 결국은 믿음을 버리는 길을 택하였습니다. 그 이유는 그들은 성경에서 계시된 그리스도를 알지 못하였고 하나님의 뜻을 행하는 믿음을 소유하지 못하였기 때문입니다.

우리는 절대적인 믿음의 기준을 잃어버린 상태에서 성경을 대하고 있습니다. 그 결과 자신의 생각대로 믿음을 가짐으로 하나님의 뜻에서 멀어지고 있지만, 우리는 자기의 믿음이 구원에 이르는 믿음으로 착각하고 있습니다. 우리는 본서에서 구약성경에서 모형과 그림자로 계시된 그리스도의 형상과 하나님의 뜻을 행함으로 의롭다함을 받은 믿음을 밝히려고 노력하였습니다. 우리는 성경에서 계시된 그리스도와 믿음을 앎으로 초대교회 시대에 사도들과 성도들의 믿음으로 돌아가게 될 것입니다. 본서가 성도들의 믿음을 굳건히 하는데 조금이라도 도움이 되기를 기도드립니다.

본서가 나오기까지 많은 조언을 주신 뒤나미스 선교회 여러 목사님들에게 감사를 드립니다. 본서의 포함된 모든 오류와 잘못은 오로지 저자의 책임임을 밝혀둡니다. 독자 여러분의 많은 비판과 격려를 부탁드립니다.

2023. 5.

김 도 수

서론·· 15

제1부 창조사역과 선악과 계명을 통하여 계시된 그리스도의 형상과 믿음

   1.1 창조사역을 통하여 계시된 그리스도의 형상과 믿음·············· 23

      1. 믿음의 대상·· 23

         (1) 창조주 하나님과 믿음

         (2) 언약의 성취와 그 보증

         (3) 이해를 위한 질문

      2. 창조사역을 통하여 계시된 그리스도와 믿음························· 32

         (1) 예수와 믿음의 시작

         (2) 창조사역과 하나님의 영광

         (3) 창조사역을 통하여 계시된 그리스도와 믿음

         (4) 남자와 여자의 창조

         (5) 이해를 위한 질문

      3. 안식일을 통하여 계시된 그리스도와 믿음······························49

         (1) 하나님께서 안식하신 이유

         (2) 안식일을 통하여 계시된 그리스도와 믿음

         (3) 이해를 위한 질문

1.2 선악과 계명을 통하여 계시된 그리스도와 믿음·············· 56
　1. 하나님의 주권과 선악과 계명································· 56
　　(1) 선악과 계명과 생명
　　(2) 선악과 계명과 자유의지
　　(3) 이해를 위한 질문
　2. 아담의 타락과 그 결과·· 64
　　(1) 사단의 유혹과 아담의 타락
　　(2) 아담의 타락과 자유의지의 상실
　　(3) 이해를 위한 질문
　3. 아담의 타락과 불신앙·· 75
　　(1) 불신앙과 마귀의 역사
　　(2) 영과 인격의 분리
　　(3) 이해를 위한 질문
　4. 창조사역 및 선악과 계명을 통하여 계시된 믿음과 소망과 사랑·· 83
　　(1) 창조사역 및 선악과 계명을 통하여 계시된 믿음과 아담의 타락
　　(2) 창조사역 및 선악과 계명을 통하여 계시된 소망과 아담의 타락
　　(3) 창조사역 및 선악과 계명을 통하여 계시된 사랑과 아담의 타락
　　(4) 이해를 위한 질문

1.3 요약 및 결론·· 96

제2부 칭의 언약을 통하여 계시된 그리스도와 믿음

2.1 아담: 오실 그리스도의 표상 ·· 107
  1. 아담의 타락과 하나님의 형상 ································· 107
     (1) 아담의 타락과 하나님의 형상의 상실
     (2) 아담의 타락과 하나님의 외모의 파괴
     (3) 아담의 타락과 본향의 상실
     (4) 이해를 위한 질문
  2. 아담: 오실 그리스도의 표상 ····································· 119
     (1) 아담과 그리스도
     (2) 성령의 감동과 믿음
     (3) 아벨 및 에녹의 믿음과 그리스도
     (4) 노아의 믿음과 그리스도
     (5) 이해를 위한 질문

2.2 아브라함의 믿음과 그리스도 ·· 137
  1. 아브라함의 믿음과 칭의 언약 ··································· 137
     (1) 아브라함의 믿음
     (2) 칭의 언약의 본질
     (3) 이해를 위한 질문
  2. 아브라함의 믿음과 그리스도의 언약 ························· 147
     (1) 아브라함의 믿음과 마지막 시험
     (2) 아브라함의 믿음과 그리스도의 언약
     (3) 이스마엘과 이삭: 율법과 복음의 모형
     (4) 이해를 위한 질문
  3. 칭의 언약과 장자의 명분 ··· 160

         (1) 아브라함과 이삭: 장자의 명분

         (2) 야곱과 장자의 명분

         (3) 요셉과 장자의 명분

         (4) 이해를 위한 질문

   2.3 요약 및 결론 ·· 176

제3부 출애굽과 율법을 통하여 계시된 그리스도와 믿음

   3.1 출애굽을 통하여 계시된 그리스도와 믿음 ································ 185

      1. 출애굽과 구원의 모형 ··· 185

         (1) 애굽과 세상의 모형

         (2) 출애굽과 하나님의 이름

         (3) 유월절 어린 양과 그리스도

         (4) 이해를 위한 질문

      2 홍해와 광야 생활을 통하여 계시된 그리스도와 믿음 ················ 197

         (1) 홍해와 세례의 모형

         (2) 광야생활과 신앙생활의 모형

         (3) 이해를 위한 질문

      3. 가나안 땅의 정복을 통하여 계시된 그리스도와 믿음 ················ 208

         (1) 가나안 땅 정복과 하나님의 은혜

         (2) 가나안 땅 정복과 하나님의 나라

         (3) 이해를 위한 질문

3.2 율법을 통하여 계시된 그리스도와 믿음 ······················ 220
    1. 율법과 칭의 언약 ·· 220
        (1) 하나님의 양심과 세상 양심
        (2) 율법의 강령과 마귀의 권세
        (3) 칭의 언약과 율법
        (4) 이해를 위한 질문
    2. 율법에 의한 심판과 형벌 ··· 231
        (1) 율법에 의한 심판과 형벌
        (2) 율법의 정죄에 의하여 계시된 사람의 영의 상태
        (3) 이해를 위한 질문
    3. 성전을 통하여 계시된 그리스도와 믿음 ····················· 240
        (1) 성막과 성전의 건축
        (2) 성전과 하나님의 이름
        (3) 제사의 실상과 모형
        (4) 이해를 위한 질문

3.3 요약 및 결론 ··· 254

제4부 이스라엘 역사를 통하여 계시된 그리스도와 믿음

4.1 제사장의 나라와 이스라엘의 역사를 통하여 계시된 그리스도와 믿음 ··· 265
    1. 제사장이 율법으로 통치하는 나라 ································ 265
        (1) 제사장의 직무와 제사장의 나라
        (2) 제사장의 나라의 탄생
        (3) 이해를 위한 질문

2. 제사장의 나라와 성전국가····································· 274

    (1) 제사장의 나라와 하나님의 백성

    (2) 제사장의 타락과 신정국가의 멸망

    (3) 이해를 위한 질문

3. 광야 교회와 이스라엘의 역사····································· 283

    (1) 출애굽과 광야 교회

    (2) 광야 교회의 붕괴

    (3) 이해를 위한 질문

4.2 이스라엘의 우상숭배와 멸망을 통하여 계시된 그리스도와 믿음······ 290

1. 이스라엘의 교만과 국가의 분단을 통하여 계시된 그리스도······ 290

    (1) 다윗과 이스라엘의 번영

    (2) 이스라엘의 우상숭배와 국가의 분단

    (3) 이해를 위한 질문

2. 이스라엘의 우상숭배와 멸망····································· 299

    (1) 북 이스라엘의 멸망

    (2) 남 유다의 멸망

    (3) 이해를 위한 질문

3. 이스라엘의 멸망원인을 통하여 계시된 그리스도와 믿음··········· 311

    (1) 악한 영들과 이방인의 미혹

    (2) 이스라엘의 타락과 영적 전쟁

    (3) 왕과 제사장의 타락의 원인

    (4) 이해를 위한 질문

4. 모형과 그림자를 통하여 계시된 그리스도와 믿음················ 323

    (1) 그리스도를 잉태한 이스라엘 백성

    (2) 율법과 여호와의 크고 두려운 날

(3) 율법과 생명의 그림자

　　　(4) 포도원의 비유와 이스라엘의 멸망

　　　(5) 처녀 이스라엘과 음행

　　　(5) 이해를 위한 질문

4.3 율법 및 선지자의 글의 완성과 세례 요한 ·············· 344

　1. 예수 그리스도의 탄생을 위한 준비 ·············· 344

　　　(1) 성전국가의 재건

　　　(2) 성전국가의 붕괴와 산헤드린 공회

　　　(3) 이해를 위한 질문

　2. 구약성경의 확정과 세례 요한 ·············· 353

　　　(1) 구약성경의 확정과 복음전파의 길

　　　(2) 마지막 선지자 세례 요한의 탄생

　　　(3) 이해를 위한 질문

　3. 세례 요한의 사역과 그리스도 ·············· 361

　　　(1) 세례 요한의 선지자 사역

　　　(2) 세례 요한의 제사장 사역

　　　(3) 이해를 위한 질문

4.4 구약성경을 통하여 계시된 믿음, 소망, 사랑 ·············· 369

　1. 구약성경을 통하여 계시된 그리스도와 믿음 ·············· 369

　　　(1) 하나님의 뜻과 장차 오실 그리스도

　　　(2) 구약성경을 통하여 계시된 그리스도와 믿음

　　　(3) 이해를 위한 질문

　2. 이스라엘 역사를 통하여 계시된 소망과 사랑 ·············· 377

　　　(1) 이스라엘 역사를 통하여 계시된 소망

(2) 이스라엘 역사를 통하여 계시된 하나님의 사랑

(3) 이스라엘 역사를 통하여 계시된 이웃에 대한 사랑

(4) 이해를 위한 질문

4.5 요약 및 결론··· 395

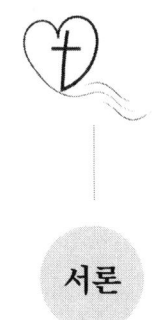

서론

  1. 학문은 그 목적을 분명하게 한다. 우리가 관심을 가지고 있는 경제현상을 연구하는 경제학은 모든 자원이 제한되어 있다는 것을 전제로 소비, 생산 및 분배에 있어서 최적의 길을 모색한다. 경제학은 전제와 그 추구하는 목적이 분명하다. 경제학에 있어서 자원이 제한되지 아니한다면 경제학은 성립되지 아니한다. 다른 학문도 마찬가지이다. 의학은 질병을 전제로 한다. 질병이 없다면 의학은 존재할 가치가 없다. 모든 학문은 변화하지 아니하는 절대적인 것을 전제로 한다.

  사람은 태어나서 성장하면 교육훈련을 받는다. 그 목적은 외부의 도움 없이 자립하여 살아갈 수 있는 능력을 기르는 것이다. 사람은 학교 교육을 통하여 살아가는 데 필요한 각종 지식과 기술을 얻는다. 어려서부터 공부하는 목적을 분명히 하고 노력하는 사람은 원하는 대학에 진학할 수 있고 누구나 부러워하는 직장에 취업할 수 있다. 그러나 어릴 때 목표의식이 없이 공부를 등한시한 사람은 원하는 것을 얻을 기회를 얻지 못할 것이다. 사람뿐만 아니라 기업도 마찬가지이다. 목표를 분명히 세우고 이를 위하여 시간과 자금을 투자하는 기업은 경쟁에서 살아남을 수 있으나 그렇지 아니한 기업은 경쟁에서 도태되어 역사 속으로 사라지게 된다.

  우리의 믿음도 목표를 분명하게 하여야 한다. 믿음은 다섯 가지를 전제로 한다. 첫째, 하나님은 한 분이시며 만물을 창조하셨다. 둘째, 창조주 하나님 앞에서 모든 사람은 죄인이다. 셋째, 예수 그리스도께서 그의 피로써 인류의 죄를 대속하셨다. 넷째, 사람은 예수 그리스도를 믿음으로 구원을 얻는다. 다섯째, 하나님은 마지막 날에 창세로부터 종말까지 태어난 모든 사람을 심판하실 것이다. 이 조건이 흔들린다면 믿음은 성립되지 아니한다. 위의 다섯 가지를 절대적인 조건으로 하는 믿음은 죄로부터 영혼을 구원한다. 영혼의 구원을 목표로 하지 아니하는 자는 외부의 어려움을 만나면 믿음을 버리고 세상으로 돌아갈 수 있다.

과학은 가설(hypothesis)이다. 학자들은 가설을 제시하고 이를 검증함으로 이론을 정립하고 있다. 과학이 발전한다는 것은 가설이 변화한다는 것을 의미한다. 신학을 과학의 범주에 포함하여 가설을 제시하고 이를 검증하는 것은 자칫하면 성경의 절대적인 가치를 흔드는 오류를 범할 수 있다. 창조주 하나님에 대한 가설은 창조주 하나님을 부인하는 신학이론을 제시하고 있다. 자유주의 신학자들은 창세기 제1장으로부터 제11장까지의 말씀은 역사성이 없다는 이유로 설화(legend)로 취급하고 있다. 뿐만 아니라 그들은 그리스도의 동정녀 탄생을 부인하고 있다. 이 결과 종교다원주의가 탄생하였다. 종교다원주의는 동성애로 이어지고 있다. 사람의 이성과 인권이 하나님의 주권과 말씀을 초월하고 있다.

종교다원주의는 필연적으로 성도의 관심을 세상에 속한 것으로 돌리게 한다. 이방종교가 추구하는 것은 세상에 속한 것들이다. 돈, 명예, 권력, 그리고 육체의 쾌락이다. 예수 그리스도를 믿는 목적이 세상에 속한 것이므로 경제적으로, 육체적으로 어려움이 닥치면 믿음을 버리고 세상으로 돌아간다. 종교다원주의를 지지하며 동성애를 합법화한 서구유럽의 대부분의 국가에서 교회는 찾아볼 수 없다. 교회가 외부에서 많은 핍박을 받을 때 성도들은 단결하여 어려움을 극복하고 성령으로 복음을 증거하였다. 그러나 교회는 종교다원주의로 내부로부터 병들기 시작하면서부터 서서히 붕괴의 길을 걷고 있다.

성경은 믿음의 대상과 목적을 분명하게 한다. 구약성경에서 계시된 믿음은 모형과 그림자이다. 모형으로 계시된 믿음이 신약성경에서 그리스도를 통하여 실상으로 계시되었다. 따라서 구약성경에서 모형과 그림자로 계시된 그리스도는 신약성경에서 계시된 그리스도의 말씀 및 사역과 관련하여 해석하여야 한다. 신약성경에서 계시된 믿음은 구약성경의 예언을 바탕으로 하고 있다. 따라서 구약성경에서 모형과 그림자로 계시된 그리스도를 아는 것은 신약성경의 설계도를 이해하는 것이다. 신약성경에서 계시된 예수 그리스도의 생애는 구약성경의 예언과 일치한다. 따라서 우리는 구약성경의 예언이 예수 그리스도를 통하여 어떻게 성취되었나를 밝히려고 노력하였다. 이러한 과정을 통하여 우리의 믿음이 창조사역으로부터 시작되었고 아브라함의 믿음에 그 뿌리를 두고 있음을 고찰하고 하나님의 뜻과 일치하는 믿음과 소망과 사랑을 밝히려고 노력하였다.

2. 구약성경은 장차 오실 그리스도의 생애를 모형과 그림자로 계시하고 있다. 구약성경은 만물을 창조하신 하나님으로부터 시작하여 그리스도 앞에 엘리야 선지자가 온다는 것으로 끝을 맺는다. 이것은 구약성경이 장차 오실 그리스도의 길을 준비하는 말씀이라는 것을 의미한다. 이러한 관점에서 볼 때, 구약성경에서 계시된 믿음은 장차 오실 그리스도로부터 시작되어 그리스도의 오심으로 끝난다. 소망이란 율법으로 자신의 죄를 깨닫고 그 죄를 대속하실 그리스도의 오심을 바라는 것이다. 장차 오실 그리스도에 대한 믿음과 소망은 사랑으로 역사한다. 부모의 심정으로 다른 사람의 죄를 자신의 죄로 여기는 사랑이 이스라엘 백성을 장차 오실 그리스도에 대한 믿음과 소망으로 인도하였다.

구약성경은 창조사역으로부터 시작한다. 창조주 하나님은 성경을 여는 문이다. 따라서 창조주 하나님과 창조사역을 통하여 성경을 열지 아니하면 성경의 계시는 열리지 아니한다. 성경은 마치 수많은 방으로 구성된 블록체인과 같다고 말할 수 있다. 첫 번째 방인 창조사역을 깨닫지 못하면 두 번째 방의 문은 열리지 아니한다. 자유주의 신학자들은 창조사역을 깨닫지 못함으로 다음 방문을 열지 못하고 있다. 따라서 그들이 제시하는 이론은 하나님의 뜻에서 벗어난 사람의 생각과 가설을 반영하고 있다.

우리가 바울의 서신을 읽을 때 깨닫지 못하는 부분이 많이 있다. 사도 바울은 하나님의 계시의 방을 처음부터 일만 번째까지 통과하였다고 하자. 우리가 계시의 방을 100번째도 통과하지 못하였다면 바울의 서신을 읽어도 그를 통하여 계시된 하나님의 뜻을 깨닫지 못할 것이다. 창조사역은 성경의 계시를 여는 첫 번째 문이다. 이 문을 통과하여야 다음의 문을 열 수 있을 것이다. 창조사역은 말씀으로 만물을 창조하신 하나님은 전지전능하신 분이며 공간과 장소를 초월하여 스스로 계신 분임을 계시한다. 또한 창조사역은 창조의 목적이 장차 오실 그리스도의 길을 준비하는 것임을 밝히고 있다. 사람이 하나님의 형상으로 창조됨으로써 하나님의 아들이 육신으로 오실 길이 준비되었다. 창조 이후 인류의 역사는 장차 오실 그리스도의 길을 준비하는 것에 초점을 맞추고 있다. 구약성경은 그리스도께서 오신다는 예언으로 끝을 맺는다. 그리스도의 길을 준비하기 위하여 세례 요한이 그리스도 앞에 올 것이다.

구약성경에서 크게 세 가지의 언약이 계시되었다. 첫째, 선악과 계명이다. 둘째, 믿음으로 의롭다함을 받는 칭의 언약이다. 셋째, 모든 사람의 행위를 정죄하여 사람으로 하여금 죄를 깨닫게 하는 율법이다. 이와는 별도로 만물의 질서를 정한 창조질서가 있다. 우주 안에 있는 모든 것은 사람을 위하여, 사람은 장차 오실 그리스도를 위하여 창조되었다. 사람은 남자(수컷)와 여자(암컷)로 창조됨으로 생물학적으로 암수가 완전히 분리되었다. 따라서 동성애는 개입할 여지가 없다. 사람은 하나님의 형상으로 창조됨으로 하나님의 아들이 오실 길을 준비하는 직분을 받았다. 사람은 하나님의 외모를 닮았으므로 하나님의 말씀을 순종함으로 하나님의 속성에 참여할 수 있다.

첫째, 선악과 계명은 하나님의 주권을 계시한다. 선과 악을 안다는 것은 체험을 통하여 선과 악을 아는 것이다. 선을 체험한 결과는 생명이며 악을 체험한 결과는 사망이다. 사람은 자기의 의지로 생명과 사망을 결정할 수 없고 오직 하나님만이 자기의 뜻대로 생명과 사망을 결정할 수 있다. 생명과 사망을 결정하는 것은 하나님의 주권이다. 하나님은 이 주권을 아들에게 주셨다. 아담은 생명과 사망의 결정을 장차 오실 그리스도께 맡김으로 창조시에 하나님께로부터 받은 생명을 유지하여야 한다.

아담은 타락함으로 장차 오실 그리스도의 길을 차단하였다. 그리스도는 의롭고 거룩하신 분이시므로 불의하고 더러운 사람의 육체를 통하여 오실 수 없기 때문이다. 하나님은 장차 오실 그리스도의 길을 위하여 아브라함에게 믿음으로 의롭다함을 얻는 언약을 주셨다. 아브라함이 독자 이삭을 번제로 드렸을 때, 하나님은 그에게 장차 오실 그리스도의 언약을 주셨다. 그리스도께서 믿음으로 의롭다함을 받은 아브라함의 후손을 통하여 오실 것이다. 칭의 언약이 아브라함으로부터 이삭과 야곱에게 이어졌다.

이스라엘 백성이 애굽에 들어간 뒤에 칭의 언약을 잃어버리고 우상을 숭배하였다. 따라서 하나님은 그들을 애굽에서 인도하여 내시고 율법을 주셨다. 율법은 이스라엘 백성의 모든 행위를 정죄하여 그들로 하여금 죄를 깨닫게 함으로 칭의 언약으로 인도하였다. 율법을 통하여 자신의 죄를 깨닫지 못한 자들은 우상숭배에 빠졌다. 가나안 땅에 정착한 뒤에 이스라엘 백성을 두 그룹으로 구분할 수 있다. 첫째, 율법으로 자신의 죄를 깨닫고 장차 오실 그리스도를 믿고 그의 오심을 소망한 자들이다. 이들만이 의롭다함을 받았다. 둘째, 율법으로 자신의 죄를 깨닫지 못하고 우상을 숭배함으로 멸망을 당한 자들이다. 이스라엘의 역사는 사람이 율법을 온전히 순종할 수 없다는 것을 계시한다. 율법 아래서 모든 사람은 죄인으로서 오직 장차 오실 그리스도를 믿음으로 의롭다함을 받을 수 있다는 것이 구약성경을 통하여 계시되었다.

3. 본서는 구약성경에서 모형과 그림자로 계시된 그리스도를 통하여 믿음과 소망과 사랑을 밝히는 것을 목적으로 한다. 제1부에서는 창조사역과 선악과 계명을 통하여 모형으로 계시된 그리스도의 형상과 믿음을, 제2부에서는 칭의 언약을 통하여 모형으로 계시된 그리스도와 믿음을, 제3부에서는 출애굽과 율법을 통하여 모형으로 계시된 그리스도와 믿음을, 제4부에서는 이스라엘의 역사를 통하여 모형으로 계시된 그리스도와 믿음을 논의하였다.

제1부에서는 왜 하나님께서 사람을 자기의 형상으로 창조하신 목적과 선악과 계명을 주신 이유를 밝히려고 노력하였다. 제1부에서 우리는 믿음의 대상과 본질, 창조사역을 통하여 계시된 믿음, 안식일을 통하여 계시된 믿음, 하나님의 주권과 선악과 계명, 사단의 유혹과 아담의 타락, 아담의 타락과 불신앙, 창조사역 및 선악과 계명을 통하여 계시된 그리스도와 믿음을 논의하였다.

제2부에서는 왜 하나님께서 택하신 자들에게 믿음을 주시고 그 믿음을 의롭다고 여기신 이유와 그 믿음이 아브라함의 자손을 통하여 이어지는 과정을 밝히려고 노력하였다. 우리는 아담의 타락과 하나님의 형상, 장차 오실 그리스도의 표상으로서 아담, 아브라함의 믿음과 칭의 언약, 아브라함의 믿음과 그리스도의 언약, 칭의 언약과 장자의 명분을 논의하였다. 우리는 장자의 명분과 장차 오실 그리스도의 관계를 살펴보았다.

제3부에서는 왜 하나님께서 이스라엘 백성을 애굽에서 인도하여 내시고 그들에게 율법을 주신 이유를 밝히려고 노력하였다. 우리는 출애굽과 구원의 모형, 광야 교회와

그리스도의 교회, 가나안 땅 정복과 하늘나라의 임재, 율법과 칭의 언약, 율법에 의한 심판과 형벌, 성전과 제사, 성전과 하나님의 이름을 통하여 모형으로 계시된 그리스도와 믿음을 논의하였다.

제4부에서는 이스라엘의 역사를 통하여 모형으로 계시된 그리스도와 의롭다함을 받는 믿음이 무엇인가를 밝히고 이 믿음이 소망 및 사랑과 어떻게 연결되는가를 밝히려고 노력하였다. 우리는 제사장이 율법으로 통치하는 나라, 제사장의 나라와 성전국가, 광야 교회와 이스라엘의 역사, 이스라엘의 교만과 국가의 분단, 이스라엘의 우상숭배와 멸망, 이스라엘의 멸망원인, 성전국가의 재건과 붕괴, 세례 요한의 사역을 통하여 모형과 그림자를 통하여 계시된 그리스도와 의롭다함을 받은 믿음을 논의하였다.

본서에서 우리는 구약성경 전체에서 계시된 믿음의 대상이 장차 오실 그리스도임과 구약성경에서 계시된 여호와 하나님이 장차 오실 그리스도의 모형임을 밝히려고 노력하였다. 믿음으로 의롭다함을 받은 자들의 소망은 그들의 믿음의 대상이 누구인가를 알려준다. 소망을 물질과 권력과 명예에 둔 자들은 하나님을 믿는다고 고백하였지만 의롭다함을 받지 못하였다. 그러나 율법으로 자신의 죄를 깨닫고 장차 오실 그리스도를 믿고 그의 오심을 소망한 자들은 의롭다함을 받았다. 사랑은 하나님과 이웃을 내 몸처럼 사랑하는 것이다. 백성들의 죄와 저주를 자기의 죄로 인한 것이라고 인정하는 심령과 죄인을 긍휼히 여기는 마음으로부터 이웃을 내 몸과 같이 여기는 사랑이 나타났다.

4. 본서에서 성경은 한글판 개역성경과 개역개정성경(대한성서공회)을 인용하였다. 우리는 성경 해석을 위하여 히브리어 성경(Biblia Hebraica Stuttgartensia Vierte verbessrte Aufrage 1990 Verkreinerte Ausgabe)과 헬라어 성경(The Greek New Testament, Third Editio, United Bible Societies)을 인용하였다. 히브리어 사전은 The New Brown, Driver, and Briggs Hebrew and English Lexicon of the Old Testament(Houghton, Mifflin & Co., Boston and Oxford University Press, London, 1981)를 참고하였다. 히브리어의 문법적 분해는 John. J. Owens, Analytical Key of the Old Testament(Baker Book House Company, 1989)를 참조하였다. 영어성경은 KJV, RSV 및 NIV를 참고하였다.

제1부

창조사역과 선악과 계명을 통하여 계시된 그리스도의 형상과 믿음

1.1 창조사역을 통하여 계시된 그리스도의 형상과 믿음
  1. 믿음의 대상
  2. 창조사역을 통하여 계시된 그리스도와 믿음
  3. 안식일을 통하여 계시된 그리스도와 믿음

1.2 선악과 계명을 통하여 계시된 그리스도와 믿음
  1. 하나님의 주권과 선악과 계명
  2. 아담의 타락과 그 결과
  3. 아담의 타락과 불신앙
  4. 창조사역 및 선악과 계명을 통하여 계시된 믿음과 소망과 사랑

1.3 요약 및 결론

"하나님이 자기 형상 곧 하나님의 형상대로 사람을 창조하시되 남자와 여자를 창조하시고"(창 1:27).

"하나님이 일곱째 날을 복 주사 거룩하게 하셨으니 이는 하나님이 그 창조하시며 만드시던 모든 일을 마치시고 이 날에 안식하셨음이더라"(창 2:3),

"선악을 알게하는 나무의 실과는 먹지 말라 네가 먹는 날에는 정녕 죽으리라 하시니라"(창 2:17).

"여자가 그 나무를 본즉 먹음직도 하고 보암직도 하고 지혜롭게 할만큼 탐스럽기도 한 나무인지라 여자가 그 실과를 따먹고 자기와 함께한 남편에게도 주매 그도 먹은지라"(창 3:6)

제1부 창조사역과 선악과 계명을 통하여 계시된 그리스도의 형상과 믿음

1.1 창조사역을 통하여 계시된 그리스도의 형상과 믿음

1. 믿음의 대상

(1) 창조주 하나님과 믿음

1) 믿음이란 무엇인가. 이에 대하여 우리는 성경에서 계시하는 믿음을 다루고자 한다. 사람의 믿음은 두 가지로 구분한다. 첫째는 마음을 믿는 것이고 두 번째는 성경에 계시된 말씀을 믿음을 가지는 것이다. 전자를 신념이라고 부른다. 후자를 구원에 이르는 믿음이라고 부른다. 신념은 세상에 속한 것을 얻으려는 생각을 의지가 수용한 상태이며, 믿음은 하나님의 약속의 성취를 소망하며 그 말씀을 순종하려는 의지의 결정이다. 신념은 불신앙으로부터 나오는 것이고 믿음은 하나님의 약속이 반드시 성취된다는 믿음으로부터 나온다.

2) 성경을 통하여 계시된 믿음이란 하나님의 존재와 의로우신 하나님을 전제로 한다. 하나님의 존재는 만물을 통하여 계시되고 있다. 만물은 창조주 하나님과 만물을 다스리는 주권자 하나님을 계시한다. 믿음은 창조주 하나님으로부터 시작하며 그의 말씀이 반드시 성취된다는 것을 인정하는 것이다. 하나님은 창조질서와 법으로 만물을 통치하신다. 만물이 하나님의 창조질서와 법을 순종함으로 그 존재를 유지하고 있다. 이것은 하나님의 말씀이 반드시 성취된다는 것을 의미한다. 곧 하나님은 그의 약속을 반드시 지키신다. 이것을 하나님의 의로우심이라고 한다.

3) 하나님은 만물을 통하여 자신의 존재와 속성을 계시하신다. 성경은 만물이 하나님의 존재와 그의 신성을 계시한다고 말씀한다. **"창세로부터 그의 보이지 아니하는 것들 곧 그의 영원하신 능력과 신성이 그가 만드신 만물에 분명히 보여 알려졌나니 그러므로 그들이 핑계하지 못할지니라"** (롬 1:20).[1] 만물이 각각 독특한 속성을 가지고 있다는

---

[1] 일부 학자들은 동식물의 존재를 진화에서 찾고 있지만 우주 공간에 존재하는 행성들과 지구 안에 존재하는 수많은 물질의 생성을 설명하지 못하고 있다. 모든 생물이 진화한다면 사람도 계속하여 진화한다고 말할 수 있을 것이다. 인간 다음의 존재는 무엇일까. 과학은 이에 대한

것은 창조주의 존재를 의미한다. 지상에 존재하는 모든 것들은 각각 독특한 속성을 가지고 있다. 금과 은은 각각 다른 속성을 가지고 있으며 그 성질은 변화하지 아니한다. 사과나무와 배나무도 마찬가지이다. 사자와 늑대의 속성은 각각 다르며 그 속성은 변화하지 아니한다. 이것은 창조주가 존재한다는 것을 의미한다. 모든 피조물의 속성은 그 자체로서 완전하므로 변하지 아니한다.2)

4) 우주 공간에 수많은 행성들은 일정한 간격을 유지하고 운행하지만 서로 충돌하지 아니하고 있다. 지상에 있는 모든 것들도 질서를 유지하고 있다. 크고 작은 모든 식물은 살아가기 위하여 경쟁하지만 보완관계를 유지하고 있다. 동물들도 마찬가지이다. 피조물이 일정한 질서를 유지하면서 존재하는 것은 그 질서를 정하신 하나님의 존재를 의미한다. 성경은 피조물이 하나님의 법을 순종함으로 존재한다고 말씀한다. **"천지가 주의 규례대로 오늘까지 있음은 만물이 주의 종이 된 연고니이다"** (시 119:91). 이것을 창조질서라고 한다.

5) 피조물들이 완전하게 창조되었으며 창조질서가 완전하다는 것은 이것들을 창조하신 하나님의 전지전능하심을 보여준다. 하나님은 전지하시므로 모든 피조물의 속성이 각각 다르게 정하셨고 피조물의 질서를 완전하게 정하셨다. 우주 안에 있는 모든 것들의 속성을 각각 다르게 정하셨다는 것은 하나님의 전지하심을 보여준다.3) 또한 만물이 하나님의 창조계획대로 창조되었다는 것은 하나님의 전능하심을 의미한다. 만물은 하나님의 전지전능하심을 통하여 하나님의 영광을 보여준다고 성경은 말씀한다. **"하늘이 하나님의 영광을 선포하고 궁창이 그의 손으로 하신 일을 나타내는도다"** (시 19:1).

6) 우주의 역사는 하나님께서 정하신 대로 진행되고 있다. 태양은 정지하고 있는 것이 아니라 은하계 속으로 이동하고 있다. **"해는 그의 신방에서 나오는 신랑과 같고 그의 길을 달리기 기뻐하는 장사 같아서"** (시 19:5). 지구는 태양을 중심으로, 달은 지구를 중심으로 회전하고 있다. 우주의 역사는 하나님께서 정하신 대로 진행하고 있다. 뿐만

가설을 제시하여야 할 것이다.
2) 졸저, "왜 우리는 예수 그리스도를 믿어야 하는가?" 개정증보판(크리스챤 디스커버리, 2023), 1.2.1. (3) 참조
3) 온 인류의 모습은 각각 다르다. 일란성 쌍둥이라고 할지라도 그 얼굴이 다르다. 이것은 하나님의 전지하심을 보여준다.

아니라 인류의 역사도 하나님의 뜻대로 진행되고 있다. 하나님께서 태초에 인류의 역사를 정하셨다. **"네가 듣지 못하였느냐 이 일은 내가 태초부터 행하였고 옛날부터 정한 바라 이제 내가 이루어 너로 견고한 성들을 멸하여 무너진 돌무더기가 되게 함이니라"** (왕하 19:25). 인류의 역사는 두 단계로 구분할 수 있다. 그리스도 이전의 역사는 모형과 그림자로 계시된 그리스도의 형상이 부분적으로 나타나 점차 완전한 상태로 나타나고 있다. 곧 그 역사는 그리스도의 초림을 향하여 달려왔다. 그리스도 이후 역사는 구약성경에서 모형과 그림자로 계시된 그리스도가 실상으로 나타나고 있으며 그의 재림을 향하여 달려가고 있다. 인류 역사의 중심은 그리스도이다.

7) 하나님께서 만물을 창조하시고 창조질서와 인류의 역사를 정하셨다면 하나님의 뜻은 영원하며 변하지 아니한다는 것을 의미한다. 만약에 하나님의 창조질서가 변화한다면 우주 공간에서 대 혼란이 일어날 것이다. 갑자기 행성의 이동경로가 변화된다면 행성들은 서로 충돌하여 폭발할 것이다. 공기 중의 산소와 질소의 비율이 변화한다면 동식물은 살아가지 못할 것이다. 이것은 하나님의 말씀을 통하여 계시된 모든 질서가 불변한다는 것을 의미한다. **"그는 뜻이 일정하시니 누가 능히 돌이키랴 그의 마음에 하고자 하시는 것이면 그것을 행하시나니"** (욥 23:13).

8) 모든 피조물이 완전하게 창조되었고 창조질서가 완벽하다는 것은 하나님의 말씀이 반드시 성취된다는 것을 의미한다. 하나님은 일을 하시기 전에 먼저 말씀으로 자신의 뜻을 계시하신다. **"주 여호와께서는 자기의 비밀을 그 종 선지자들에게 보이지 아니하시고는 결코 행하심이 없으시리라"** (암 3:7). 만약 하나님의 말씀이 없이 어떤 사건이 발생하였다면 이방신을 섬기는 자들은 우상이 예언한 일이 이루어졌다고 말할 것이기 때문이다. **"그러므로 내가 이 일을 예로부터 네게 알게 하였고 이 일이 이루어지기 전에 그것을 네게 듣게 하였느니라 그것을 네가 듣게 하여 내가 이것을 내 신이 행한 바요 내가 새긴 신상과 부어 만든 신상이 명령한 바라 말하지 못하게 하였느니라"** (사 48:5). 하나님은 우상의 입을 막으시기 위하여 선지자들을 통하여 자신의 뜻을 말씀하신 뒤에 이를 행동으로 옮기신다.

9) 약속을 지키시는 하나님은 의롭다고 성경은 말씀한다. **"그의 마음이 주 앞에서**

충성됨을 보시고 그와 더불어 언약을 세우사 가나안 족속과 헷 족속과 아모리 족속과 브리스 족속과 여부스 족속과 기르가스 족속의 땅을 그의 씨에게 주리라 하시더니 그 말씀대로 이루셨사오매 주는 의로우심이로소이다"(느 9:8). 하나님께서 아브라함에게 약속하신 모든 말씀이 성취되었다. 하나님은 아브라함에게 아들을 주신다고 말씀하셨다. **"하나님이 이르시되 아니라 네 아내 사라가 네게 아들을 낳으리니 너는 그 이름을 이삭이라 하라 내가 그와 내 언약을 세우리니 그의 후손에게 영원한 언약이 되리라"** (창 17:19). 아브라함은 하나님의 약속을 믿음으로 100세에 이삭을 낳았다.

10) 하나님의 의롭다는 것은 그의 약속이 반드시 성취된다는 것을 의미한다. 하나님의 약속이 미래에 반드시 성취된다는 것은 하나님께서 인류의 역사를 주관하신다는 것을 의미한다. 약속을 말씀한 것은 과거의 사건이고 그 약속이 성취될 것은 미래의 사건이다. 약속이 성취되려면 시간 속에 일어나는 모든 사건이 하나님의 뜻대로 통제되어야 한다. 하나님은 창조주이기 때문에 시간 속에서 일어나는 모든 것을 결정하시고 그의 뜻대로 만물의 역사의 진행을 주관하신다. 성경은 하나님께서 세상의 모든 나라를 통치하신다고 말씀한다. **"이는 순찰자들의 명령대로요 거룩한 자들의 말대로이니 지극히 높으신 이가 사람의 나라를 다스리시며 자기의 뜻대로 그것을 누구에게든지 주시며 또 지극히 천한 자를 그 위에 세우시는 줄을 사람들이 알게 하려 함이라 하였느니라"** (단 4:17). 하나님은 시간 속에 일어나는 모든 것을 결정하심으로 약속을 성취하신다.

11) 하나님은 사람의 능력으로는 불가능한 것을 약속하신다. 사람이 할 수 있는 일을 약속하신다면 하나님은 전능하신 분이 아니다. 하나님께서 아브라함에게 아들을 주신다고 약속하셨다. 아브라함이 그 약속을 받을 때 99세였고, 그의 아내 사라는 89세였다. 사라는 젊을 때도 아들을 낳지 못하였을 뿐만 아니라 그녀의 생리도 끝났다. 아브라함도 늙어서 아들을 낳을 수 없었다. 아브라함의 입장에서 하나님의 약속은 이루어질 수 없는 불가능한 일이다. 따라서 그는 하나님의 약속을 믿으려고 하지 아니하였다. **"아브라함이 엎드려 웃으며 마음속으로 이르되 백 세 된 사람이 어찌 자식을 낳을까 사라는 구십 세니 어찌 출산하리요 하고"** (창 17:17). 물론 사라도 하나님의 말씀을 믿으려고 하지 아니하였다. **"아브라함과 사라는 나이가 많아 늙었고 사라에게는 여성의 생리가 끊어졌**

는지라 사라가 속으로 웃고 이르되 내가 노쇠하였고 내 주인도 늙었으니 내게 무슨 즐거움이 있으리요" (창 18:11,12).

12) 하나님께서 선지자들을 통하여 개인에게 주신 약속의 말씀은 그 말씀을 받은 사람이 믿을 때 성취된다. 곧 하나님의 약속은 믿음을 매개로 성취되는 조건부 약속이다. 아브라함은 자신의 생각으로는 그 성취가 불가능한 하나님의 약속을 의심하지 아니하고 믿었다. "**믿음이 없어 하나님의 약속을 의심하지 않고 믿음으로 견고하여져서 하나님께 영광을 돌리며 약속하신 그것을 또한 능히 이루실 줄을 확신하였으니**" (롬 4:20,21). 하나님의 약속과 아브라함의 믿음이 결합하여 이삭이 탄생하였다. 하나님의 약속은 믿음을 통하여 그 약속을 받은 자에게 기업이 된다. "**게으르지 아니하고 믿음과 오래 참음으로 말미암아 약속들을 기업으로 받는 자들을 본받는 자 되게 하려는 것이니라**" (히 6:12).[4]

13) 하나님은 만물을 통하여 자신의 존재와 신성을 계시하신다. 하나님은 창주주로서 만물을 통치하신다는 증거를 말씀을 통하여 나타내신다. 하나님의 말씀은 조건부 약속으로 믿음을 매개로 하여 성취된다. 하나님은 약속을 반드시 성취하심으로 자신의 의로우심을 보이신다. 만물을 통하여 하나님의 존재와 전지전능하심이 나타나며, 사람에게 하신 말씀을 통하여 만물을 통치하시는 하나님의 주권과 의로우심이 계시되고 있다. 따라서 하나님은 믿을 수 있는 분이다. 이것이 우리의 믿음이다.

(2) 언약의 성취와 그 보증

1) 하나님의 모든 약속을 언약이라고 한다. 하나님은 사람에게 일방적으로 말씀하시고 그 말씀의 성취를 자기의 피로써 보증하셨다. 언약은 계약과 다르다. 계약은 쌍방이 합의하여 그 내용을 정하고 이를 지킬 것을 보증하기 위하여 서명 날인함으로 성립된다. 이에 반하여 언약이란 하나님께서 일방적으로 그 내용을 결정하시고 그 성취를 보증함과

---

4) 기업으로 번역된 헬라어, 클레로노문톤($\kappa\lambda\eta\rho o\nu o\mu o\acute{u}\nu\tau\omega\nu$)은 유업, 상속, 소유물 및 기업을 의미한다. 기업이란 하나님의 약속을 자신의 것으로 소유하는 것이다. J. Behm, "$\kappa\lambda\eta\rho o\nu o\mu\acute{\iota}\alpha$" ed. Gerhard Kittel and Gerhard Friedrich, Theological Dictionary of New Testament, 번역위원회 역, 신약성서 신학사전, (요단출판사, 1986), pp. 504~508.

동시에 사람에게 믿음과 순종의 의무를 부과하는 것이다. 성경의 언약은 크게 칭의 언약, 첫 언약인 율법 및 새 언약인 복음으로 구분된다. 칭의 언약과 첫 언약의 성취는 송아지의 피로, 새 언약의 성취는 그리스도의 피로 보증되었다.

2) 하나님은 자신의 약속이 반드시 성취된다는 것을 객관적으로 보증하셨다. 그 보증이 송아지와 그리스도의 피다. 하나님은 아브라함에게 가나안 땅을 그와 그의 후손에게 유업으로 주신다고 약속하셨다. **"또 그에게 이르시되 나는 이 땅을 네게 주어 소유를 삼게 하려고 너를 갈대아인의 우르에서 이끌어 낸 여호와니라"** (창 15:7). 이 말씀에는 하나님께서 아브라함에게 아들을 주신다는 약속이 포함되어있다. 아브라함이 가나안 땅을 기업으로 받더라도 그에게 상속자가 없으면 그가 죽은 뒤에 그 땅은 타인의 소유가 되기 때문이다. 아브라함의 아내 사라는 불임이므로 아들을 낳을 수 없었다. 아브라함의 입장에서 하나님의 말씀은 실현 불가능한 약속이었다.

3) 아브라함은 하나님께 약속의 성취에 대한 확고한 보증을 요구하였다. **"그가 이르되 주 여호와여 내가 이 땅을 소유로 받을 것을 무엇으로 알리이까"** (창 15:8). 이에 대하여 하나님은 아브라함에게 소와 양과 염소와 비둘기를 잡게 하셨다. **"여호와께서 그에게 이르시되 나를 위하여 삼 년 된 암소와 삼 년 된 암염소와 삼 년 된 숫양과 산비둘기와 집비둘기 새끼를 가져올지니라 아브람이 그 모든 것을 가져다가 그 중간을 쪼개고 그 쪼갠 것을 마주 대하여 놓고 그 새는 쪼개지 아니하였으며"** (창 15:9,10). 암소와 암염소와 숫양의 사체를 반으로 쪼개어 마주대하여 놓으면 그 사이에 그들의 피가 흐른다. 하나님은 아브라함에게 소와 염소와 양의 사체 사이에 흐른 피를 밟고 지나가라고 하셨다. 아브라함이 그들의 피를 밟고 지나가면 그 언약은 유효한 언약으로 성립된다.

4) 하나님께서 아브라함에게 요구하신 것은 실로 무서운 것이다. 하나님은 아브라함에게 언약을 지키려면 그의 목숨을 담보로 하여야 한다고 말씀하셨다. 소와 염소와 양이 칼로 두 조각이 나듯이, 언약을 위반한 당사자는 칼로 몸을 쪼개야 한다. 이 내용을 알고 있던 아브라함은 둘로 쪼갠 사체 사이로 지나가지 못하고 두려워하였다. **"해 질 때에 아브람에게 깊은 잠이 임하고 큰 흑암과 두려움이 그에게 임하였더니"** (창 15:12). 그러나 하나님은 언약을 지키신다는 증거로 그 사체 사이를 지나가셨다. **"해가 져서

어두울 때에 연기 나는 화로가 보이며 타는 횃불이 쪼갠 고기 사이로 지나더라"(창 15:17).

5) 하나님과 사람 사이에 언약을 맺는다고 할 때, 사용하는 히브리어, 카라트는 칼로 '자르다'란 의미를 가지고 있다.5) "언약을 맺다"를 "언약을 자르다"로 표시한 것은 하나님과 아브라함 사이에 언약이 칼과 피를 두고 맺어진 것임을 의미한다. 하나님은 칼과 피를 앞에 놓고 언약이 반드시 성취된다는 것을 보증하셨다. 하나님은 아브라함과 그의 후손에게 언약을 지키라고 명하셨다. **"하나님이 또 아브라함에게 이르시되 그런즉 너는 내 언약을 지키고 네 후손도 대대로 지키라"(창 17:9).** 그리고 한 걸음 더 나아가 하나님은 아브라함에게 할례를 명하시고 그와 그의 후손에게 이것을 지키라고 말씀하셨다. **"너희는 포피를 베어라 이것이 나와 너희 사이의 언약의 표징이니라 너희의 대대로 모든 남자는 집에서 난 자나 또는 너희 자손이 아니라 이방 사람에게서 돈으로 산 자를 막론하고 난 지 팔 일 만에 할례를 받을 것이라"(창 17:11,12).** 아브라함은 하나님의 언약을 반드시 지키겠다는 맹세로 할례를 받았다. 할례는 하나님의 언약이 아브라함의 육체에 새겨졌다는 증거이다. **"너희 집에서 난 자든지 너희 돈으로 산 자든지 할례를 받아야 하리니 이에 내 언약이 너희 살에 있어 영원한 언약이 되려니와"(창 17:13).** 따라서 하나님과 언약을 맺은 뒤에 할례를 받지 아니하는 것은 하나님의 언약을 지키지 아니하겠다는 의사표로서 언약을 배반하는 것이다. **"할례를 받지 아니한 남자 곧 그 포피를 베지 아니한 자는 백성 중에서 끊어지리니 그가 내 언약을 배반하였음이니라"(창 17:14).**

6) 하나님께서 이스라엘 백성을 애굽에서 인도하여 내신 뒤에 광야 시내산에서 모세를 통하여 그들에게 율법을 주셨다. 율법은 그들로 하여금 죄를 깨닫게 하고 장차 육신으로 오실 그리스도를 믿음으로 의롭다함을 얻게 하는 언약이다(갈 2:24). 율법으로 죄를 깨달으려면 마음과 뜻과 목숨을 다하여 율법을 순종하여야 한다. 그 결과 사람은 육신이 연약하여 율법을 온전히 순종할 수 없다는 것을 깨닫게 된다. 따라서 하나님은 이스라엘 백성에게 율법을 순종하라고 명령하셨다. **"너희는 내 법도를 따르며 내 규례를 지켜**

---

5) 카라트(כָּרַת)는 칼로 자르다(cut off, cut down). The New Brown, Driver, and Briggs Hebrew and English Lexicon of the Old Testament, Houghton, Mifflin & Co., Boston and Oxford University Press, London, 1981 (이하 BDB), pp. 503, 504.

그대로 행하라 나는 너희의 하나님 여호와이니라" (레 18:4). 이스라엘 백성은 하나님 앞에서 율법을 온전히 순종한다고 맹세하였다. "**모세가 와서 여호와의 모든 말씀과 그의 모든 율례를 백성에게 전하매 그들이 한 소리로 응답하여 이르되 여호와께서 말씀하신 모든 것을 우리가 준행하리이다**" (출 24:3).

7) 하나님께서 율법을 선포하셨고 이스라엘 백성이 이를 순종하겠다고 맹세하였으므로 하나님은 그들과 언약을 맺었다는 증거로서 그들에게 소의 피로 번제와 화목제를 드리게 하셨다. "**이스라엘 자손의 청년들을 보내어 여호와께 소로 번제와 화목제를 드리게 하고**" (출 24:5). 모세는 하나님과 이스라엘 백성 사이에 언약이 맺어졌다는 증거로 번제와 화목제로 드린 소의 피를 백성에게 뿌렸다. "**모세가 그 피를 가지고 백성에게 뿌리며 이르되 이는 여호와께서 이 모든 말씀에 대하여 너희와 세우신 언약의 피니라**" (출 24:8). "세우신 언약의 피"란 소의 피가 율법의 성취를 보증한다는 것이다. 이스라엘이 율법을 온전히 순종하면 하나님은 반드시 그들을 의롭고 거룩하다고 선언하시고 그들에게 생명과 복을 주실 것이다(신 28:1~14).

8) 이스라엘 백성은 율법을 순종한다고 맹세하였으므로 하나님은 그들의 맹세에 대한 증표를 요구하셨다. 이것이 할례이다. "**여덟째 날에는 그 아이의 포피를 벨 것이요**" **(레 12:3)**. 할례는 율법을 반드시 순종한다는 맹세로 받는 것이다. 할례를 받음으로 율법이 이스라엘 백성의 육체에 새겨졌다. 율법은 소의 피와 이스라엘 백성의 피와 칼을 놓고 맺어진 언약이다. 따라서 이스라엘 백성이 율법을 순종하지 아니하고 우상을 숭배한다면, 하나님은 언약에 따라서 칼로 그들의 육체를 둘로 쪼개실 것이다. 이스라엘 백성이 하나님을 버리고 우상을 숭배하였을 때, 하나님은 이방인의 칼로 백성들의 육체를 둘로 쪼개셨다. "**송아지를 둘로 쪼개고 그 두 조각 사이로 지나매 내 앞에 언약을 맺었으나 그 말을 실행하지 아니하여 내 계약을 어긴 그들을 곧 송아지 두 조각 사이로 지난 유다 고관들과 예루살렘 고관들과 내시들과 제사장들과 이 땅 모든 백성을 내가 그들의 원수의 손과 그들의 생명을 찾는 자의 손에 넘기리니 그들의 시체가 공중의 새와 땅의 짐승의 먹이가 될 것이며**" (렘 34:18~20).

9) 예수 그리스도께서 온 인류와 맺은 언약은 복음이며 그의 피로 그 성취를 보증하셨

다. 예수 그리스도께서 새 언약을 맺으려면 첫 언약인 율법을 폐기하셔야 한다. 첫 언약인 율법을 두고 다시 새 언약을 맺을 수 없기 때문이다. 예수 그리스도께서 그의 피로써 첫 언약을 폐기하셨다. **"법조문으로 된 계명의 율법을 폐하셨으니 이는 이 둘로 자기 안에서 한 새 사람을 지어 화평하게 하시고"** (엡 2:15).6) 예수 그리스도께서 율법을 폐기하신 뒤에 새 언약을 선포하시고 그의 피로써 그 언약의 성취를 보증하셨다. **"저녁 먹은 후에 잔도 이와 같이 하여 가라사대 이 잔은 내 피로 세우는 새 언약이니 곧 너희를 위하여 붓는 것이라"** (눅 22:20). 새 언약인 복음이 반드시 성취된다는 것을 그리스도의 피, 곧 하나님 아들의 생명이 보증한다.

10) 성경의 모든 약속은 칼과 피를 두고 맹세한 하나님의 언약이다. 하나님은 그의 말씀이 반드시 성취된다는 것을 소와 아들의 피를 두고 맹세하셨다. 따라서 하나님은 거짓말을 하실 수 없다고 성경은 말씀한다(히 6:18). 이제 하나님께서 우리에게 요구하시는 것은 그의 말씀이 반드시 성취된다는 것을 믿고 이를 순종하라는 것이다. 소의 피를 두고 맹세한 율법을 불순종한 자들은 두 세 명의 증인으로 죽임을 당하였다. 이와 같이 아들의 피를 두고 맹세한 복음을 불순종한 자들도 역시 무서운 심판을 받을 것이다. **"천사들을 통하여 하신 말씀이 견고하게 되어 모든 범죄함과 순종하지 아니한 자들이 공정한 보응을 받았거든 우리가 이같이 큰 구원을 등한히 여기면 어찌 그 보응을 피하리요 이 구원은 처음에 주로 말씀하신 바요 들은 자들이 우리에게 확증한 바니"** (히 2:2,3).

11) 하나님은 창조주이시고 사람은 피조물이다. 하나님은 그의 영광을 나타내시기 위하여 사람을 창조하셨다(사 43:7). 사람이 하나님의 영광을 위하여 일하려면 하나님의 말씀을 순종하여야 한다. 하나님은 그의 뜻대로 사람을 사용하신다. 따라서 하나님은 사람에게 순종을 요구하신다. 사람이 하나님의 말씀을 순종하려면 만물을 창조하신 하나님의 존재와 그의 의로우심을 믿어야 한다. 하나님은 만물을 통하여 자신의 존재와 신성을 보이셨으며 칼과 피로 언약의 성취를 보증하시고 사람에게 믿음을 요구하신다.

---

6) 율법의 폐지에 대하여 졸저, 상게서, 4.4.1. (2) 참조

(3) 이해를 위한 질문

1) 창조주 하나님과 믿음

   a. 하나님께서 만물을 통하여 사람에게 보여주신 것은 무엇인가(롬 1:20)

   b. 하나님께서 만물의 창조질서를 정하신 이유는 무엇인가(시 119:91)

   c. 하나님께서 선지자들에게 자기의 뜻을 말씀으로 계시하시고 그 후에 그 말씀을 행동으로 옮기는 이유는 무엇인가(암 3:7)

   d. 하나님의 의로우심은 무엇을 의미하는가(느 9:8)

2) 언약의 성취와 그 보증

   a. 하나님께서 아브라함에게 주신 언약은 무엇인가(창 15:6)

   b. 하나님께서 아브라함에게 언약을 반드시 지키신다는 증거를 주셨다. 그 증거는 무엇인가(창 15:9,10)

   c. 하나님은 아브라함에게 그의 언약을 반드시 지킨다고 약속을 하였다. 그 약속은 무엇인가(창 17:11)

   d. 율법의 성취를 보장한 의식으로 모세가 행한 의식은 무엇인가(출 24:8)

   e. 이스라엘이 율법을 반드시 지킨다는 맹세로 행한 의식은 무엇인가(레 12:3)

   f. 그리스도의 말씀이 반드시 성취된다는 증거는 무엇인가(눅 22:20)

2. 창조사역을 통하여 계시된 그리스도와 믿음

(1) 예수와 믿음의 시작

1) 성경은 믿음의 대상과 그 시작은 물론 끝을 말씀한다. 믿음의 대상은 예수 그리스도이며, 그는 믿음의 시작이며 동시에 완성이다. 하나님은 예수를 인류에게 믿음의 대상으로 주시고 그를 통하여 자신의 뜻을 계시하셨다. 예수 그리스도를 통하여 계시된 믿음만이 구원에 이르는 믿음이다. 믿음은 예수로부터 시작하고 예수로 끝난다. 예수로부터 시작한 뒤에 다른 것으로 끝나면 이단이며 적그리스도이다.

2) 성경은 믿음이 예수로부터 시작한다고 말씀한다. **"믿음의 주요 또 온전하게 하시는**

이인 예수를 바라보자 그는 그 앞에 있는 기쁨을 위하여 십자가를 참으사 부끄러움을 개의치 아니하시더니 하나님 보좌 우편에 앉으셨느니라" (히 12:2). "믿음의 주"란 믿음의 창시자 또는 믿음의 시작을 의미한다.7) 예수는 믿음의 창시자이다. "온전케 하시는 이"란 믿음의 완성자를 의미한다.8) 우리의 구원은 믿음을 전제로 하며 믿음은 예수 그리스도의 피에 의한 속제를 전제로 한다. 따라서 믿음은 예수로부터 시작하여 예수로 끝난다.

3) 믿음이 예수부터 시작한다면 구약시대에 믿음의 대상은 누구인가 하는 문제가 제기된다. 구약성경에서 예수란 이름은 계시되지 아니한다. 이에 대하여 성경은 구약성경이 예수를 증거한다고 말씀한다. **"너희가 성경에서 영생을 얻는 줄 생각하고 성경을 연구하거니와 이 성경이 곧 내게 대하여 증언하는 것이니라"** (요 5:39). 여기서 성경이란 구약성경을 가리킨다. 예수 그리스도께서 육신으로 계실 때 성경은 구약성경이다. 바리새인들과 서기관들은 의롭다함을 얻기 위하여 성경을 연구하였지만 성경이 예수 그리스도를 증거하는 말씀임을 알지 못하였다. 그들은 구약성경에서 증거하는 예수 그리스도를 알지 못하였으므로 그리스도를 정죄하여 십자가에 못 박았다.

4) 사도 바울은 구약성경이 예수 그리스도 안에 있는 믿음을 증거한다고 기록하였다. **"또 어려서부터 성경을 알았나니 성경은 능히 너로 하여금 그리스도 예수 안에 있는 믿음으로 말미암아 구원에 이르는 지혜가 있게 하느니라"** (딤후 3:15). 성경은 구약성경을 의미한다. 구약성경은 율법 아래서 모든 사람이 죄인임을 선언하고 하나님의 심판 아래 거둔 뒤에 죄인들을 그리스도께로 인도한다. 율법을 통하여 자신의 죄를 깨닫는 자만이 구원자이신 예수 그리스도께 나오기 때문이다. **"그러나 성경이 모든 것을 죄 아래에 가두었으니 이는 예수 그리스도를 믿음으로 말미암는 약속을 믿는 자들에게 주려 함이라 믿음이 오기 전에 우리는 율법 아래에 매인 바 되고 계시될 믿음의 때까지 갇혔느니라 이같이 율법이 우리를 그리스도께로 인도하는 초등교사가 되어 우리로 하여금 믿음으로 말미암아 의롭다 함을 얻게 하려 함이라"** (갈 3:22~24). "믿음의 때까지

---

7) "주"로 번역된 헬라어, 아르케곤(ἀρκηγόν)은 설립자, 창시자를 의미한다.
8) "온전케 하시는 이"로 번역된 헬라어 텔레이오텐(τελειωτὴν)은 완성자(finisher, completer)를 의미한다.

간혔다"란 율법에 의하여 온 인류가 죄인으로 정죄 받은 것을 의미한다. 구약성경은 모든 사람으로 하여금 율법으로 죄를 깨닫게 하고 장차 그리스도께서 오셔서 인류의 죄를 대속하실 것을 증거한다.

5) 믿음이 예수로부터 시작하는 이유는 그는 하나님의 아들이며 동시에 참된 하나님이기 때문이다. 성경은 예수가 하나님의 아들이라고 증거한다. **"하늘로부터 소리가 있어 말씀하시되 이는 내 사랑하는 아들이요 내 기뻐하는 자라 하시니라"** (마 3:17). "내 사랑하는 아들이요 내 기뻐하는 자"란 하나님께서 예수 그리스도의 모든 말씀과 사역을 기뻐하고 사랑하신다는 것을 의미한다. 예수 그리스도께서는 하나님의 기뻐하시는 일만 하셨다. **"나를 보내신 이가 나와 함께 하시도다 내가 항상 그가 기뻐하시는 일을 행함으로 나를 혼자 두지 아니하셨느니라"** (요 8:29). "내가 항상 그가 기뻐하시는 일을 행하다"란 예수 그리스도의 말씀과 사역이 하나님의 뜻과 일치한다는 것을 의미한다. 곧 예수 그리스도의 공생애를 통하여 계시된 말씀과 사역이 하나님으로부터 나왔다는 것을 의미한다. 예수 그리스도는 하나님의 뜻을 행하기 위하여 육신으로 임하셨다. **"예수께서 이르시되 나의 양식은 나를 보내신 이의 뜻을 행하며 그의 일을 온전히 이루는 이것이니라"** (요 4:34).

6) 하나님의 뜻은 창세전에 작정되었다고 성경은 말씀한다. **"곧 영원부터 우리 주 그리스도 예수 안에서 예정하신 뜻대로 하신 것이라"** (엡 3:11). "예수 안에서 예정하신 뜻"이란 창세전에 하나님은 그의 뜻을 작정하셨고 그 뜻의 성취를 예수 그리스도께 맡기셨다는 것을 의미한다. 하나님의 뜻은 창조와 우주 역사로 요약할 수 있다. 하나님은 그의 뜻의 성취를 그리스도예수께 맡기셨다. 그리스도 예수는 하나님의 뜻의 집행자이다. 이런 의미에서 예수는 하나님의 아들이시다. 곧 예수 그리스도의 모든 말씀과 사역이 하나님으로부터 나왔으므로 그는 하나님의 아들이시다.

7) 하나님의 아들은 생물학적인 의미에서 아들이 아니다. 예수 그리스도의 모든 말씀과 사역이 하나님께로부터 나왔다는 의미에서 그를 하나님의 아들이라고 한다.9) 하나님

---

9) 공산주의 이론은 칼 마르크스와 엥겔스로부터 시작한다. 이 이론에 의하여 공산주의 국가들이 탄생하였다. 공산주의 국가를 건설한 레닌, 모택동 및 김일성은 사상적으로 마르크스와 엥겔스의 아들들이다. 공생애를 통하여 계시된 예수 그리스도의 말씀과 사역이 하나님으로

께서 창조와 우주의 역사에 관한 모든 뜻을 말씀에 담아서 예수께 주셨다. 그 말씀이 태초에 하나님과 함께 계신 말씀이다. **"태초에 말씀이 계시니라 이 말씀이 하나님과 함께 계셨으니 이 말씀은 곧 하나님이시니라"** (요 1:1). 이 말씀 안에 만물의 창조와 역사의 진행에 관한 모든 하나님의 뜻이 내재되어있다. 그 말씀이 육신이 되어 사람의 형상으로 나타났다. **"말씀이 육신이 되어 우리 가운데 거하시매 우리가 그의 영광을 보니 아버지의 독생자의 영광이요 은혜와 진리가 충만하더라"** (요 1:14). "말씀이 육신이 되다"란 예수 그리스도 안에 하나님의 모든 말씀이 있다는 것을 의미한다. 예수 그리스도께서 하나님의 말씀을 그대로 말씀하셨으며 하나님의 뜻대로 일하셨다. **"내가 내 자의로 말한 것이 아니요 나를 보내신 아버지께서 내가 말할 것과 이를 것을 친히 명령하여 주셨으니"** (요 12:49). 예수 그리스도는 하나님께로부터 본 일을 그대로 행하셨다. **"나는 내 아버지에게서 본 것을 말하고 너희는 너희 아비에게서 들은 것을 행하느니라"** (요 8:38).

8) 하나님은 예수 이외에 어느 누구에게도 자신의 뜻을 계시하지 아니하시고 오직 그에게만 자기의 뜻을 보이셨다. **"이는 아버지를 본 자가 있다는 것이 아니니라 오직 하나님에게서 온 자만 아버지를 보았느니라"** (요 6:46). 예수만이 하나님의 모든 뜻을 알고 이를 인류에게 계시하셨다. 따라서 예수를 하나님의 독생자라고 한다. 곧 예수 그리스도는 하나님의 유일하신 아들이다. **"하나님이 세상을 이처럼 사랑하사 독생자를 주셨으니 이는 그를 믿는 자마다 멸망하지 않고 영생을 얻게 하려 하심이라"** (요 3:16). 따라서 믿는 자들은 예수 그리스도를 통하여 하나님의 말씀을 듣고 그의 사역을 통하여 하나님의 뜻을 알 수 있다.

9) 예수 그리스도가 하나님의 아들이고 아버지의 뜻을 성취하셨다면, 그는 만물을 창조한 분이며 만물을 다스리시는 분이다. 바울은 예수 그리스도의 신성에 관하여 이렇게 기록하였다. **"그는 보이지 아니하는 하나님의 형상이시오 모든 피조물보다 먼저 나신이시니 만물이 그에게서 창조되되 하늘과 땅에서 보이는 것들과 보이지 않는 것들과 혹은 왕권들이나 주권들이나 통치자들이나 권세들이나 만물이 다 그로 말미암고 그를 위하여**

부터 나왔으므로 그는 하나님의 아들이다.

창조되었고" (골 1:15,16). 예수는 창세전부터 아버지의 품속에서 아버지와 함께 계신 분이며 아버지의 뜻대로 만물을 창조하셨다. "만물이 다 그로 말미암고 그를 위하여 창조되었다"란 예수께서 자신을 위하여 만물을 창조하셨다는 것을 의미한다. 예수는 만물의 창조주이시며 통치자이시므로 사도 요한은 그는 참된 하나님이라고 고백하였다. **"또 아는 것은 하나님의 아들이 이르러 우리에게 지각을 주사 우리로 참된 자를 알게 하신 것과 또한 우리가 참된 자 곧 그의 아들 예수 그리스도 안에 있는 것이니 그는 참 하나님이시오 영생이시라" (요일 5:20).**[10]

10) 예수께서 아버지의 뜻대로 만물을 창조하셨고 이것들을 통치하신다면, 그는 아브라함을 택하여 부르시고 이스라엘 백성을 애굽에서 인도하여 내신 분이다. 예수께서 이스라엘에게 율법을 주시고 율법으로 그들을 통치하셨다. 그는 다윗을 택하여 이스라엘의 주권자로 세우시고 우상을 숭배하는 이스라엘을 심판하셨다. 예수는 의와 공의로 만물을 심판하시며 다스리시는 분이다. **"예수께서 나아와 말씀하여 이르시되 하늘과 땅의 모든 권세를 내게 주셨으니" (마28:18). "아버지께서 아무도 심판하지 아니하시고 심판을 다 아들에게 맡기셨으니" (요 5:22).** 이러한 관점에서 본다면 구약성경에서 계시된 여호와 하나님은 장차 오실 그리스도를 모형과 그림자로 보여준다고 말할 수 있을 것이다.

11) 육신이 되기 전에 아들은 아버지의 품속에 계셨다(요 1:18). 아버지의 품속에 계실 때 예수께서 말씀으로 만물을 창조하셨다. 창조 이후에 예수께서 말씀으로 만물을 통치하신다. 따라서 성경에 계시된 모든 하나님의 말씀은 아버지의 뜻대로 말씀하신 예수의 말씀이다. 따라서 성경에 계시된 하나님의 모든 사역은 아버지의 뜻대로 역사하시는 예수의 사역이다.[11] 이러한 의미에서 믿음이 예수로부터 시작한다고 성경은 말씀한다.

---

10) 슐라이어마허로부터 시작하는 자유주의 신학은 그리스도의 동정녀 탄생과 신성을 부인하고 예수를 아버지와 어머니가 있는 사람으로 본다. 하나님께서 예수란 사람을 택하여 그의 뜻과 성품을 보이셨으므로 예수 그리스도의 말씀을 순종함으로 하나님의 성품을 소유하는 것이 구원이라고 주장한다. 이 이론으로부터 종교다원주의가 나왔다. 목창균, 현대신학 논쟁(도서출판 두란노, 1995), pp. 28.
11) 성부와 성자와 성령의 사역에 대한 삼위일체에 관하여 졸저 상게서 제4부 보충적 설명 참조.

(2) 창조사역과 하나님의 영광

1) 예수가 창조주라는 관점에서, 성경에 나타난 창조사역과 믿음의 대상인 예수와의 관계를 살펴보자. 성경으로 들어가는 문은 창조주 하나님부터 시작한다. 태초에 하나님께서 하늘과 우주를 창조하셨다. 하늘은 영계로, 우주는 물질계로 창조되었다. 하늘에 있는 모든 것들은 영적인 피조물이지만, 우주 안에 있는 모든 것들은 물질적인 피조물이다. 영적인 피조물은 영원히 존재하지만, 물질적인 피조물은 일정한 수명이 있다. 우주 안에 있는 모든 생물은 영원히 살지 못하며 수명이 다하면 죽어서 흙으로 돌아간다. 우주의 사명이 끝나면 우주 안에 있는 모든 것들은 불타서 커다란 불못이 될 것이다. **"그러나 주의 날이 도적 같이 오리니 그 날에는 하늘이 큰 소리로 떠나 가고 체질이 뜨거운 불에 풀어지고 땅과 그 중에 있는 모든 일이 드러나리로다"** (벧후 3:10)

2) 하나님은 육 일간의 사역을 통하여 우주 안에 있는 모든 것들을 창조하셨다. 엿새째 되는 날에 하나님은 자기의 형상으로 사람을 창조하셨다. **"하나님이 이르시되 우리의 형상을 따라 우리의 모양대로 우리가 사람을 만들고 그들로 바다의 물고기와 하늘의 새와 가축과 온 땅과 땅에 기는 모든 것을 다스리게 하자 하시고"** (창 1:26). "우리의 형상"이란 예수 그리스도를 통하여 나타난 하나님의 형상이다.12) 삼위일체 하나님 가운데 하나님의 형상을 보여주신 분은 예수 그리스도이기 때문이다. 예수 그리스도는 하나님의 형상이다. **"그는 보이지 아니하는 하나님의 형상이시오 모든 피조물보다 먼저 나신 이시니"** (골 1:15). 어느 누구도 하나님의 형상을 본 사람은 없다(요 1:18). 단지 예수 그리스도를 통하여 하나님의 형상을 보았다. **"예수께서 이르시되 빌립아 내가 이렇게 오래 너희와 함께 있으되 네가 나를 알지 못하느냐 나를 본 자는 아버지를 보았거늘 어찌하여 아버지를 보이라 하느냐"** (요 14:9).

3) 창세기 제1장 26절에서 하나님은 우리의 형상을 따라서 사람을 창조하셨다고 말씀하심으로 창조사역이 삼위일체 하나님의 사역임을 밝히고 있다. 성자이신 예수는 성부의 뜻을 따라서 성령으로 사람을 창조하셨다. 사람을 하나님의 형상으로 창조하도록 성부께

---

12) 우리의 형상으로 번역된 히브리어, 베찰메누(בְּצַלְמֵנוּ)에서 어미(נוּ)는 일인칭 복수어미이다.
John. J. Owens, Analytical Key of the Old Testament, vol. 1, Baker Book House Company, 1989, p. 5.

서 뜻을 정하셨다. 성자는 성부의 뜻에 따라서 성령으로 사람의 창조를 명하셨다. 성령은 성부의 뜻과 성자의 말씀대로 역사하신다.13) 성자의 말씀은 성령으로 전능하신 능력을 나타낸다. 창조사역은 예수 안에서 성부의 뜻과 성자의 말씀과 성령의 역사가 동시에 이루어졌음을 보여준다. 따라서 성경은 성부와 성령께서 만물을 창조하셨다고 말씀한다. **"하나님도 하나이시니 곧 만유의 아버지시라 만유 위에 계시고 만유를 통일하시고 만유 가운데 계시도다" (엡 4:6).** 성경은 성령께서 만물을 창조하셨다고 말씀한다. **"하나님의 신이 나를 지으셨고 전능자의 기운이 나를 살리시느니라" (욥 33:4).**

4) 창세기 제1장 27절에서는 성자이신 예수께서 사람을 자기의 형상으로 창조하다고 말씀한다. **"하나님이 자기 형상 곧 하나님의 형상대로 사람을 창조하시되 남자와 여자를 창조하시고" (창 1:27).** 하나님은 자기의 형상으로 사람을 창조하셨다고 말씀하심으로 성자이신 예수가 하나님이심을 밝히고 있다.14) 창세기 제1장 26절에서 하나님은 삼위일체 하나님을 가리킨다. 그러나 제1장 27절에서 하나님은 성자이신 예수를 가리킨다. 곧 성경은 성자이신 예수가 창조의 집행자이심을 밝히고 있다.

5) 하나님의 형상이란 두 가지로 구분할 수 있다. 첫째, 사람의 외모가 하나님의 외모를 닮았다고 할 수 있다. 둘째, 사람이 하나님의 속성을 닮은 것이다. 하나님의 형상은 태초부터 계신 예수의 외모이다. 예수의 외모는 사람의 외모의 원형이며, 사람의 외모는 그리스도의 외모의 모형이다. 지구상에 있는 사람의 외모가 각각 다른 것은 모형이기 때문이다. 이것은 각 사람이 생각하는 하나님의 형상이 각각 다르다는 것을 의미한다. 예수 그리스도께서 자신의 모형인 사람의 육체를 통하여 육신으로 임하셔서 하나님의 외모를 보여주셨다.

6) 사람은 하나님의 속성을 닮은 하나님의 형상으로 창조되었다. 하나님의 속성은 전지전능하심, 영원하심, 의로우심, 거룩하심, 선하심 및 사랑 등으로 구분할 수 있다. 이 모든 속성 가운데 하나님은 사람을 의롭고 거룩하게 창조셨다.15) 그 이유는 하나님의

---

13) 성부와 성자와 성령의 관계에 대하여 졸저, 상게서, 제4부, 보충적 설명 창조
14) 자기의 형상으로 번역된 히브리어, 베찰무(בְּצַלְמוֹ)에서 어미(וֹ)는 3인칭 단수어미이다. 하나님께서 그의 형상을 따라서 사람을 창조하셨다.
15) 하나님만이 독점적으로 소유한 속성을 비공유적 속성이라고 하며, 사람과 공동으로 소유한 속성을 공유적 속성이라고 한다.

통치 기준에서 찾아야 한다. 하나님은 만물을 의와 공의로 통치하신다. **"의와 공의가 주의 보좌의 기초라 인자함과 진실함이 주를 앞서 행하나이다"** (시 89:14). "보좌의 기초"란 만물을 통치하는 기준을 의미한다. "의에 의한 통치"란 하나님을 믿는 믿음을 의롭다고 선언하는 것이다. "공의에 의한 통치"란 하나님의 말씀을 순종하는 것을 거룩하다고 선언하시는 것이다. 거룩함이란 하나님의 말씀을 순종함으로 세상과 구별된 것을 의미한다.16) 하나님은 아브라함의 믿음을 의로 여기셨다. **"아브람이 여호와를 믿으니 여호와께서 이를 그의 의로 여기시고"** (창 15:6). 하나님은 사람이 말씀을 순종할 때 그들을 거룩하다고 선언하신다. **"그리하면 너희가 나의 모든 계명을 기억하고 준행하여 너희의 하나님 앞에 거룩하리라"** (민 15:40).

7) 하나님은 믿지 아니하는 자를 불의하다고 선언하시고 불순종하는 자를 더럽다고 선언하신다. 죄란 의와 거룩함을 잃어버리는 것이다. 곧 불의와 더러움이 죄의 본질이라고 말할 수 있다. 따라서 사람의 생명의 본질이란 의로움과 거룩함이라고 말할 수 있다.17) 사람이 죄로 인하여 의로움과 거룩함을 잃어버리면, 사람의 외모는 하나님의 형상을 닮았으나 그 속성은 하나님의 형상이 아니다. 죄로 인하여 하나님의 속성을 잃어버린 자들을 향하여 하나님은 말하는 짐승이라고 말씀하신다. 예수 그리스도께서 헤롯을 여우라고 말씀하셨다(눅 13:32). 예수 그리스도께서 이방여자를 향하여 개라고 말씀하셨다(마 15:26). 예수 그리스도께서 바리새인들과 서기관들을 향하여 독사의 새끼들이라고 말씀하셨다(마 23:33). 성경은 믿지 아니하는 이방인들을 말하는 각종 짐승으로 비유하였다. **"이것을 주목하여 보니 땅에 네 발 가진 것과 들짐승과 기는 것과 공중에 나는 것들이 보이더라"** (행 11:6).

8) 하나님께서 사람을 자기의 형상대로 창조하신 이유는 두 가지로 구분할 수 있다. 첫째, 사람은 하나님의 영광을 나타내는 그릇이다. 둘째, 사람은 예수께서 육신으로 오실 길을 준비하는 그릇이다. 사람이 하나님의 형상으로 창조되었다는 증거가 창세기 제1장 28절이다. **"하나님이 그들에게 복을 주시며 하나님이 그들에게 이르시되 생육하**

---

16) 거룩함으로 번역된 히브리어, 카다쉬(קדשׁ)는 구별(to be separated from), 성별이란 의미이다(BDB., 872).
17) 생명의 본질에 대하여 졸저, 상게서, 1.1.2.(2) 참조

고 번성하여 땅에 충만 하라, 땅을 정복하라, 바다의 물고기와 하늘의 새와 땅에 움직이는 모든 생물을 다스리라 하시니라" (창 1:28). 하나님께서 만물을 통치하신다는 증거를 사람을 통하여 모형으로 보여주셨다. 사람은 하나님의 형상으로서 땅을 정복하고 모든 동물과 식물을 다스리는 권세를 하나님께로부터 받았다. 사람은 만물을 의와 공의로 다스림으로 하나님의 영광을 나타내야 한다. 만물은 하나님의 영광을 위하여 창조되었기 때문이다. "내 이름으로 불려지는 모든 자 곧 내가 내 영광을 위하여 창조한 자를 오게 하라 그를 내가 지었고 그를 내가 만들었느니라" (사 43:7). 이것은 문화명령으로 사람이 하나님의 형상으로 창조되었다는 객관적인 증거이다.

9) 사람이 하나님의 형상으로 창조됨으로 하나님의 아들이 육신으로 임하실 길이 열렸다. (창1:26,27)의 말씀은 하나님의 아들이 사람의 육신을 통하여 임하신다는 예언의 말씀이다. 이 예언의 말씀이 믿음으로 의롭다 함을 받은 자들을 통하여 성취되었다. 아벨, 에녹, 노아 및 아브라함으로 이어지는 믿음이 장차 육신으로 임하실 그리스도의 길을 준비하였다. 믿음으로 의롭다 함을 받은 자의 육신을 통하여 그리스도께서 오신다는 예언이 아브라함에게 구체적으로 계시되었다. "내가 네게 큰 복을 주고 네 씨가 크게 번성하여 하늘의 별과 같고 바닷가의 모래와 같게 하리니 네 씨가 그 대적의 성문을 차지하리라 또 네 씨로 말미암아 천하 만민이 복을 받으리니 이는 네가 나의 말을 준행하였음이니라 하셨다 하니라" (창 22:17,18). "네 씨"란 장차 오실 그리스도를 가리킨다. "이 약속들은 아브라함과 그 자손에게 말씀하신 것인데 여럿을 가리켜 그 자손들이라 하지 아니하시고 오직 한 사람을 가리켜 네 자손이라 하셨으니 곧 그리스도라" (갈 3:16).

10) 하나님 아버지께서 창조와 우주 역사의 모든 뜻을 작정하시고 그 뜻의 성취를 아들에게 맡기셨고, 아들은 아버지의 뜻대로 자기의 형상을 따라서 사람을 창조하셨다. 예수께서 자신의 형상대로 사람을 창조하시고 사람의 육신을 통하여 자신이 오신다고 약속하셨다. 사람은 하나님의 영광을 위하여 땅을 정복하고 지상의 모든 생물을 다스림으로 하나님의 아들이 육신으로 오실 길을 준비하여야 한다. 이 믿음으로 의롭다함을 받는 것을 하나님의 형상을 유지하는 것이며 그리스도의 오시는 길을 준비하는 것이다.

이것이 창조사역을 통하여 계시된 믿음이다. 따라서 믿음은 예수 그리스도께서 만물을 창조하셨으며 믿음으로 의롭다 함을 받은 자들의 육신을 통하여 오신다는 것으로부터 시작한다.

(3) 창조사역을 통하여 계시된 그리스도와 믿음

1) 우주는 흑암으로 창조되었다. 흑암이란 하나님의 영광과 말씀이 없는 것을 의미한다. 하나님의 영광이란 영적인 빛으로서 하늘에서 비취고 있다. 빛과 어두움은 생명과 사망을 모형으로 보여주는 것으로 우주 안에는 생명이 없다는 것을 의미한다. 하나님께서 첫째 날 빛을 창조하셨지만 그 빛은 물질적인 빛으로서 생명과 무관하다. 하나님께서 흑암 가운데 사람을 자기의 형상으로 창조하시고 생명을 주신 이유는 하나님의 영광과 관련된다고 말할 수 있을 것이다.

2) 창세기 제1장 1절의 말씀은 하나님께서 하늘과 땅을 창조하셨다고 말씀한다. 그 땅은 흑암이 깊은 곳이었다. **"땅이 혼돈하고 공허하며 흑암이 깊음 위에 있고 하나님의 신은 수면에 운행하시니라"** (창 1:2). "흑암"이란 죄 및 심판과 관련되며 하나님의 말씀과 영광이 없는 것을 의미한다.[18] 흑암은 타락한 천사가 갇힌 공간을 말한다. **"또 자기 지위를 지키지 아니하고 자기 처소를 떠난 천사들을 큰 날의 심판까지 영원한 결박으로 흑암에 가두셨으며"** (유 1:6). 빛이 창조되기 전에 타락한 천사를 가두기 위하여 우주가 흑암으로 창조되었다는 것을 의미한다. 태초에 전지하신 하나님께서 하늘에 있는 천사들이 타락할 것을 아시고 타락할 천사들을 가두기 위하여 우주를 흑암으로 창조하셨다.

3) 하늘과 흑암인 우주가 창조되고 하늘에서 타락한 천사들이 흑암에 갇힌 뒤에 하나님께서 빛을 창조하셨을 것이다. 그 이유는 천사들이 빛이 창조되기 전에 타락하였기 때문이다. 하나님께서 우주 안에 있는 모든 것들을 창조하실 때, 천사들이 하나님의 창조사역을 찬양하였다. **"그 때에 새벽 별들이 기뻐 노래하며 하나님의 아들들이 다 기뻐 소리를 질렀느니라"** (욥 38:7). "새벽 별들과 하나님의 아들들"이란 천사를 가리킨다. 하나님께서 빛을 창조하실 때, 천사들이 하나님의 전능하심을 찬양하였다면 천사들

---

18) BDB., p, 365.

은 첫째 날 이전에 창조되었을 것이다.[19] 따라서 타락한 천사들은 빛이 창조되기 이전에 하늘에서 타락하였을 것이다. 타락한 천사가 뱀을 통하여 아담을 미혹한 것은 이것을 뒷받침한다고 말할 수 있다.

4) 우주가 흑암으로서 타락한 천사들을 가둔 공간과 장소이므로 성경은 우주 안에서 왕노릇하는 마귀를 어두움의 권세를 잡은 자라고 말씀한다. **"우리의 씨름은 혈과 육에 대한 것이 아니요 정사와 권세와 이 어두움의 세상 주관자들과 하늘에 있는 악의 영들에게 대함이라"** (엡 6:12). 하나님의 이름을 찬양하는 천사들이 타락하였을 때, 하나님은 지체 없이 그들을 흑암에 가두심으로 그들을 자기의 영광과 분리하셨을 것이다. 그 후에 우주 안에 있는 모든 것을 창조하셨을 것이다. (유 1:6)에서 천사들을 흑암에 가둔 목적이 그들을 심판하기 위함이라고 말씀한다. 따라서 우주 안에 있는 모든 것들은 타락한 천사의 심판과 관련된다고 말할 수 있을 것이다.

5) 우주는 비록 흑암으로 창조되었지만, 예수께서 하나님의 영광을 위하여 만물을 창조하시고 사람을 자기의 형상으로 창조하셨다. 따라서 사람은 하나님의 영광을 나타내는 그릇이라고 말할 수 있다. 사람은 흑암 속에서 하나님의 영광을 나타내야 한다. 사람은 스스로 하나님의 영광을 나타내지 못하고 지상에 있는 것들을 이용함으로써 나타낼 수 있다. 사람이 하나님의 영광을 나타내려면 땅을 정복하며 하나님의 뜻대로 지상의 생물들을 다스려야 한다. 사람은 하나님의 영광을 위하여 땅을 정복하여 문명을 건설하고 문화생활을 영위한다. 사람이 하나님의 영광을 위하여 땅을 정복하고 모든 생물을 다스리는 것은 장차 육신으로 오실 그리스도의 길을 준비하는 것이다. 예수께서 믿음으로 생명을 가진 자의 육신을 통하여 오실 것이다. 예수는 의롭고 거룩하신 분이므로 죄로 인하여 더러운 자의 육신을 통하여 임하실 수 없기 때문이다.

6) 하나님께서 사람을 자기의 형상으로 창조하시고 사람에게 요구하는 것은 믿음이다. 믿음의 대상은 만물을 창조하신 하나님과 사람의 육신을 통하여 임하실 예수이다. 사람이 믿음으로 생명을 유지하고 문명을 건설하면 하나님의 영광이 나타날 것이다. 그러나 사람이 믿지 아니함으로 생명을 잃어버린다면 하나님의 영광을 위하여 일하지 못할

---

[19] 천사의 창조시기에 대하여, 졸저, 상게서, 1.2.3.(1) 참조

것이다. "모든 사람이 죄를 범하였으매 하나님의 영광에 이르지 못하더니" (롬 3:23). 사람이 범죄하면 하나님의 영광을 잃어버리고 마귀의 형상을 나타낼 것이다. 성경은 바리새인들과 서기관들을 독사의 자식이라고 말씀한다. **"뱀들아 독사의 새끼들아 너희가 어떻게 지옥의 판결을 피하겠느냐" (마23:33).** "독사의 자식"이란 마귀의 생각에 따라서 행동함으로 마귀의 형상을 나타내는 것을 의미한다(요 8:44). 하나님의 형상으로 창조된 사람이 죄를 범하면 마귀의 형상을 나타낸다. 성경은 온 인류가 하나님의 형상을 나타내는 자들과 마귀의 형상을 나타내는 자들로 구분된다고 말씀한다. **"이러므로 하나님의 자녀들과 마귀의 자녀들이 나타나나니 무릇 의를 행치 아니하는 자나 또는 그 형제를 사랑치 아니하는 자는 하나님께 속하지 아니하니라" (요일 3:10).**

7) 하나님께서 사람에게 믿음을 요구하시는 이유는 흑암에서 타락한 천사들이 역사하고 있기 때문이다. 타락한 천사의 속성은 하늘 보좌의 주인이신 아들의 주권을 대적하고 하늘 보좌에 올라 불의와 불법으로 만물을 지배하려는 것이다.[20] 하나님은 타락한 천사들을 불의하다고 선언하시고 그들을 흑암 곧 음부에 영원한 결박으로 가두셨다. 흑암에서 타락한 천사들은 그들의 속성대로 하나님의 아들을 대적하려고 한다. 따라서 사람이 하나님의 영광을 나타내려면 타락한 천사들의 미혹을 극복하여야 한다. 이를 위하여 하나님은 사람에게 인격을 주셔서 하나님의 말씀을 순종할 수 있게 하셨다. 하나님께서 사람의 육체를 흙으로 지으시고 그 코에 생기를 불어넣으셨다. **"여호와 하나님이 흙으로 사람을 지으시고 생기를 그 코에 불어 넣으시니 사람이 생령이 된지라" (창 2:7).**

8) 하나님께서 사람에게만 생기를 불어넣으신 것은 사람의 영과 인격이 하늘에서 창조되었기 때문이다. "생기"란 생명의 호흡을 의미한다. 호흡이 끊어진 것은 육체의 죽음이며 육체와 영혼이 분리된 것을 말한다. 사람의 혼은 인격과 본능으로 구분한다. 본능은 육체의 생존과 생식을 위한 것이므로 육체와 함께 우주 안에서 창조되었다. 동물의 육체와 본능도 역시 우주 안에서 창조되었다. 따라서 사람의 육체가 죽으면 육체와 본능은 흙으로 돌아가고 인격과 영이 결합하여 하늘로 돌아간다. 이런 관점에서 "생기"는 인격과 영이라고 해석할 수 있을 것이다. 인격이 없고 본능만 있는 동물에게 하나님은

---

20) 졸저, 상게서, 2.1.1.(3) 참조

창조 시에 생기를 불어넣지 아니하셨다. 그러나 사람의 영과 인격은 하늘에서 창조되었으므로 하나님께서 사람의 육체를 흙으로 창조하시고 그의 코에 영과 인격을 불어넣으셨다고 말할 수 있다.

9) 사람은 지성과 감성과 의지를 포함하는 것으로 해석한다. 사람은 지성이 있으므로 창조사역과 만물을 통하여 하나님의 존재와 신성을 알 수 있다. 또한 사람은 지성이 있으므로 연구와 개발을 통하여 학문을 발전시켜오고 있다. 사람은 의지가 있으므로 목표를 정하고 이것을 성취할 수 있으며 하나님의 말씀을 순종할 수 있다. 사람은 감성이 있으므로 하나님의 영광을 위하여 일하는 것으로 기뻐할 수 있다. (창 1:28)과 (창 2:7)의 말씀은 사람이 하나님의 영광을 위하여 일할 수 있게 영과 인격을 받았다는 것을 의미한다. 이에 반하여 동물은 인격이 없으므로 하나님의 말씀을 받을 수 없다. 따라서 하나님은 동물에게 명령하지 아니하신다. 동물이 하나님의 명령을 순종할 수 있다면, 다니엘이 사자의 굴에 빠졌을 때 하나님은 사자에게 명령하셨을 것이다. 그러나 사자는 인격이 없으므로 하나님께서 천사를 보내셔서 사자의 입을 막았다.

10) (창 1:28)의 문화명령은 사람의 집단생활을 전제로 한 말씀이다. 사람은 단독으로 땅을 정복하여 문명을 건설할 수 없다. 도시를 건설하고 성을 쌓으려면 다수의 사람이 협력하여야 한다. 사람은 사회를 구성하고 나아가서 국가를 이루어야 한다. 이것이 가능하려면 사회와 국가의 질서를 유지하는 규율이 있어야 한다. 이것이 사람의 양심이다. 사람의 양심은 사람의 행동을 규제하는 선과 악의 기준으로서, 성문화된 양심과 그렇지 아니한 양심이 있다. 전자는 국법이며 후자는 윤리와 도덕이다. 사람은 양심이 있는데 반하여 동물은 본능으로 질서를 유지하고 있다. 개미와 꿀벌들처럼 집단생활을 하는 동물들은 본능에 따라서 조직의 질서를 유지하고 있다.

11) 사람의 양심은 개인에 따라서 각각 다르며, 시간이 경과함에 따라서 변화한다. 따라서 사람의 양심이 서로 충돌함으로 분쟁이 발생할 수 있다. 이 경우에 사람은 하나님의 영광을 위하여 일하며 그리스도의 오시는 길을 준비할 수 없을 것이다. 따라서 사람의 양심이 하나님의 영광을 나타내도록 하는 믿음이 필요하다. 그 믿음이 창조사역을 통하여 계시된 믿음이다. 그 믿음은 하나님의 아들이 하나님의 영광을 위하여 만물을 창조하

셨다는 믿음이다. 그 아들은 사람의 육신을 통하여 이 땅에 오실 것이다. 이 믿음을 바탕으로 한 양심을 가지면 사람은 사회를 형성하고 하나님의 영광을 위하여 일할 수 있을 것이다.

12) 사람은 타락한 천사들이 역사하는 흑암 속에서 하나님의 형상을 유지하며 사회와 국가를 형성하고 하나님의 영광과 예수께서 오실 길을 준비하려면 창조 시에 받은 생명을 유지하여야 한다. 창조 시에 받은 생명을 잃어버린다면 사람은 하나님의 영광을 위하여 일할 수 없기 때문이다(롬 3:23). 따라서 하나님은 사람에게 믿음을 요구하신다. 곧 하나님의 아들이 만물을 창조하셨고 장차 사람의 육체를 통하여 임하실 것을 믿는 믿음이다. 사람이 이 믿음을 가지고 살아갈 때 창조 시에 받은 생명을 유지하며 하나님의 영광을 나타낼 수 있다.

(4) 남자와 여자의 창조

1) 창세기 제1장 28절의 문화명령은 가정을 기초로 하여 사회가 형성되는 것을 전제로 한다. 사회의 기초는 가정으로부터, 가정은 남자와 여자로부터 출발한다. 하나님은 남자를 먼저 창조하시고 남자의 갈빗대를 취하여 여자를 창조하셨다. 남자가 부모를 떠나서 여자와 결합하여 한 몸이 된다. 부부가 한 몸이 되어 자녀를 생산함으로 번성하는 것이 그리스도의 오시는 길을 준비하고 하나님의 영광을 나타내는 길이다.

2) 하나님께서 사람을 남자와 여자로 창조하셨다(창 1:27). 남자와 여자란 생물학적 관점에서 본 것으로 수컷(male)과 암컷(female)을 의미한다.[21] 남자와 여자는 동물처럼 생존과 생식을 위하여 본능에 따라서 움직이는 존재를 의미한다. 이것은 (창 1:28)에서 사람에게 생육하고 번성하라는 명령과 관련된다. 남자와 여자가 결혼하여 자녀를 생산하는 것이 창조 질서이다. 이를 위하여 하나님은 여자를 남자의 갈빗대로 만드셨다. **"여호와 하나님이 아담을 깊이 잠들게 하시니 잠들매 그가 그 갈빗대 하나를 취하고 살로 대신 채우시고 여호와 하나님이 아담에게서 취하신 그 갈빗대로 여자를 만드시고**

---

21) 남자로 번역된 히브리어, 자카르(זָכָר)는 수컷을 의미한다(BDB., p. 271). 여자로 번역된 히브리어, 네케바(נְקֵבָה)는 암컷을 의미한다(BDB., p. 666)

그를 아담에게로 이끌어 오시니"(창 2:21,22). 따라서 결혼이란 남자와 여자가 한 몸이 되는 것이다. **"이러므로 남자가 부모를 떠나 그 아내와 연합하여 둘이 한 몸을 이룰찌로 다 "(창 2:24).**

3) 남자와 여자가 결혼하여 가정을 이루고 자녀를 낳아 생육하고 번성함으로 사회를 형성하고 문명을 건설하고 문화생활을 하는 것이 그리스도의 오시는 길을 준비하는 것이다. 남자와 여자가 결혼하여 자녀를 생산하지 아니하는 것은 그리스도의 오시는 길을 막는 것이다. 따라서 하나님은 율법이 오기 전에도 동성애와 피임을 정죄하여 심판하셨다. 심판은 하나님의 통치와 관련된다. 하나님은 의와 공의로 사람을 통치하신다. 의와 공의는 하나님의 말씀과 관련된다. 의에 의한 통치는 하나님의 존재와 그의 약속이 반드시 성취된다는 것을 믿는 것이다. 공의에 의한 통치는 하나님의 말씀을 순종하느냐의 여부로 거룩함과 더러움을 구분하는 것이다. 율법이 오기 전에 하나님은 우상숭배와 간음을 형벌하지 아니하셨다. 그러나 하나님은 그리스도의 오시는 길을 준비하는 창조 질서를 범하는 것을 형벌하셨다.

4) 소돔과 고모라에는 동성애가 만연하였다. 아브라함을 떠난 천사가 소돔에 도착하였을 때 그곳의 남자들이 그 천사들과 동성애를 즐기려고 하였다. **"롯을 부르고 그에게 이르되 이 저녁에 네게 온 사람이 어디 있느냐 이끌어내라 우리가 그들을 상관하리라"** (창 19:5). 소돔 거민들은 사람의 육신을 입은 천사들을 성행위의 대상으로 보았다. 하나님은 소돔과 고모라의 동성애를 창조질서를 위반하는 것으로서 그리스도의 오시는 길을 막는 심각한 죄로 보셨다. **"여호와께서 또 가라사대 소돔과 고모라에 대한 부르짖음이 크고 그 죄악이 심히 중하니"(창 18:20).** 동성애로 인하여 사람이 자녀를 생산하지 아니한다면 생육하고 번성하라는 하나님의 계명을 대적하는 것이며 동시에 그리스도의 오시는 길을 막게 된다. 따라서 하나님은 유황불로 그들을 심판하셨다.

5) 하나님은 동성애뿐만 아니라 피임을 악하게 보시고 형벌하셨다. 유다의 맏아들 엘은 다말과 결혼하였으나 아들을 낳지 못하고 죽었다. 엘의 동생인 오난이 형수인 다말과 결혼하였다. 오난은 아들을 낳으면 그 아들이 형의 대를 이어야 함으로 자녀의 생산을 거부하고 피임하였다. **"오난이 그 씨가 자기 것이 되지 않을 줄 알므로 형수에게 들어갔**

을 때에 형에게 아들을 얻게 아니하려고 땅에 설정하매"(창 38:9). 하나님께서 명령으로 동성애와 피임을 금지하지 아니하셨으나 이것들을 죄로 인정하여 형벌하신 것은 그리스도의 오시는 길을 막는 것이며 창조질서를 범하는 것이기 때문이다.

6) 여자가 결혼하여 자녀를 생산하는 것이 창조질서이므로 다말은 시아버지인 유다를 유혹하여 아들을 낳았다. "유다가 이르되 무슨 담보물을 네게 주랴 그가 이르되 당신의 도장과 그 끈과 당신의 손에 있는 지팡이로 하라 유다가 그것들을 그에게 주고 그에게로 들어갔더니 그가 유다로 말미암아 임신하였더라"(창 38:18). 유다를 유혹하여 임신한 다말의 행위는 비록 비난을 받아야 하지만, 창조질서를 순종하려는 그녀의 행위에 대하여 유다는 의롭다고 말하셨다. "유다가 그것들을 알아보고 이르되 그는 나보다 옳도다 내가 그를 내 아들 셀라에게 주지 아니 하였음이로다 하고 다시는 그를 가까이 하지 아니하였더라"(창 38:26).

7) 소돔이 심판을 받은 뒤에 롯의 딸들은 남자가 없으므로 결혼을 하지 못하였고 자녀를 생산할 수 없었다. 그녀들은 아버지 롯에게 술을 먹이고 잠자리를 같이하여 아들을 낳았다. 그러나 하나님은 그들을 정죄하지 아니하셨다. "그 밤에 그들이 아버지에게 술을 마시게 하고 큰 딸이 들어가서 그 아버지와 동침하니라 그러나 그 아버지는 그 딸이 눕고 일어나는 것을 깨닫지 못하였더라 이튿날 큰 딸이 작은 딸에게 이르되 어제 밤에는 내가 우리 아버지와 동침하였으니 오늘밤에도 우리가 아버지에게 술을 마시게 하고 네가 들어가 동침하고 우리가 아버지로 말미암아 후손을 이어가자 하고 그 밤에도 그들이 아버지에게 술을 마시게 하고 작은 딸이 일어나 아버지와 동침하니라 그러나 아버지는 그 딸이 눕고 일어나는 것을 깨닫지 못하였더라 롯의 두 딸이 아버지로 말미암아 임신하고"(창 19:33~36).

8) 다말과 롯의 딸들의 행위는 윤리와 도덕적으로 비난을 받아야 마땅하다고 생각할 수 있다. 그러나 윤리와 도덕이 창조질서를 초월할 수 없다. 하나님의 영광을 위하여 그리스도의 오시는 길을 준비하는 것은 모든 윤리, 도덕 및 세상 법 위에 있다고 말할 수 있다. 하늘과 우주는 육신으로 임하실 하나님의 아들을 위하여 창조되었기 때문이다. 하늘과 우주는 공간과 장소이다. 하나님은 스스로 계신 분이시므로 존재하기 위하여

공간과 장소를 필요로 하지 아니한다. 공간과 장소란 육신으로 임하실 하나님의 아들을 위한 것이다. 하늘과 우주는 아들을 위하여 창조되었으므로 사람 역시 그리스도의 오시는 길을 위하여 창조되었다고 말할 수 있다. 그리스도의 길을 위하여 하는 모든 일은 선하다고 말할 수 있을 것이다.

9) 하나님은 사람을 남성과 여성으로 창조하시고 그들이 한 몸이 되게 하심으로 그리스도의 오시는 길을 준비하게 하셨다. 남자와 여자가 결혼하여 가정을 이루고 많은 가정이 사회와 국가를 이루어서 하나님의 영광을 위하여 문명을 건설하고 문화생활을 하는 것이 창조질서이다. 하나님께서 장차 육신으로 임하실 아들을 위하여 문화명령을 주셨으므로 그리스도께서 발달된 문명을 건설한 국민들을 통하여 육신으로 임하실 것이다. 따라서 오실 그리스도의 언약을 받은 이스라엘 백성은 당시에 최고로 발달된 문명국가에 속하여 문명의 혜택을 누리며 살았다. 애굽, 앗수르, 바벨론, 메데 바사, 헬라 및 로마로 이어지는 최고의 문명국가 속에서 이스라엘은 그리스도의 오시는 길을 준비하였다.

(5) 이해를 위한 질문

1) 믿음의 시작과 그리스도

a. 예수께서 믿음의 창시자라면 구약성경은 누구를 증거하는가(요 5:39).

b. 예수께서 믿음을 완성하셨다는 것은 무엇을 의미하는가(히 12:2; 눅 24:44)

c. 하나님의 아들이란 의미는 무엇인가(요 4:34).

d. 예수께서 만물을 통치하는 주권자라고 성경은 말씀한다. 그 이유는 무엇인가.

2) 창조와 하나님의 영광

a. 사람은 하나님의 형상으로 창조되었다. 하나님의 형상이란 무엇인가.

b. 하나님께서 사람을 자기의 형상으로 창조하신 이유는 무엇인가.

c. 사람의 생명의 본질을 무엇이라고 말할 수 있나(시 89:14).

d. 하나님께서 사람을 자기의 형상으로 창조하신 후에 사람에게 문화명령을 주신 이유는 무엇인가(창 1:28).

3) 믿음 창조사역을 통하여 계시된 그리스도와 믿음

a. 사람은 흑암 속에서 살고 있다. 하나님의 영광과 흑암은 어떻게 다른가.

b. 빛이 창조되기 전에 천사들이 타락하였다는 증거는 무엇인가(욥 38:8).

c. 사람은 하나님의 형상을 유지하며 하나님의 영광을 위하여 그리스도의 오시는 길을 준비하여야 한다. 이를 위하여 하나님은 사람에게 인격과 양심을 주셨다. 사람의 인격은 무엇인가.

d. 사람의 양심으로 사회의 질서를 유지하며 살아가고 있다. 사람의 양심이 창조를 통하여 계시된 믿음을 기초로 하였을 때, 사람은 하나님의 영광을 위하여 일할 수 있다. 그 믿음은 무엇인가.

e. 사람이 믿음으로 창조 시에 받은 생명을 유지하여야 하는 이유는 무엇인가(롬 3:23).

4) 남자와 여자의 창조

a. 하나님께서 사람을 생물학적 의미에서 남자와 여자로 창조하신 이유는 무엇인가(창 1:27).

b. 하나님께서 사람에게 생육하고 번성하라고 명령하신 이유는 무엇인가(창 1:28).

c. 동성애와 피임이 창조질서를 위반하는 이유는 무엇인가.

d. 창조질서가 윤리와 도덕을 초월하는 이유는 무엇인가.

3. 안식일을 통하여 계시된 그리스도와 믿음

(1) 하나님께서 안식하신 이유

1) 하나님께서 자기의 영광을 나타기 위하여 그리스도의 오시는 길을 준비하는 완전한 피조물로 만물을 창조하셨다. 만물은 사람이 살아가는데 있어서 완전한 공간과 장소를 제공하는 피조물로 창조되었으며, 사람은 하나님의 영광을 위하여 일하고 그리스도의 길을 준비하는 완전한 피조물로 창조되었다(사 45:18). 따라서 하나님은 우주 안에 있는 모든 것들을 창조하신 후 이것들을 좋게 여기셨다. 우주 안에서 사람이 하나님의 영광을

위하여 일할 수 있는 모든 여건이 마련되었다. 따라서 하나님께서 만물을 창조하신 후 일곱째 날에 안식하시고 그 날을 거룩하게 하셨다.

2) 하나님은 우주 안에 있는 모든 것들을 지으시고 그것들을 좋다고 말씀하셨다. "**하나님이 지으신 그 모든 것을 보시니 보시기에 심히 좋았더라 저녁이 되고 아침이 되니 이는 여섯째 날이니라**" (창 1:31). "심히 좋았더라"란 만물이 하나님의 영광을 나타내는 완전한 도구로 창조되었다는 것을 의미한다.[22] 하나님께서 우주 안에 있는 모든 피조물을 좋게 여기시고 기뻐하신 이유는 그들이 하나님의 영광을 나타내는 완전한 피조물로 창조되었다는 것을 의미한다. 모든 피조물은 조금도 흠이 없는 완전한 존재이다. 하나님은 선함의 기준이기 때문이다. 선은 악에 대응하는 말이다. 선의 기준은 하나님의 선하심이다. 전지전능, 의로움, 거룩함, 선함, 인자하심 및 사랑의 기준은 하나님의 속성이다. 하나님께서 창조물을 선하다고 말씀하신 것은 자기의 영광을 나타내는 그릇으로서 완전하며 흠이 조금도 없다는 것을 의미한다.

3) 하나님은 사람에게 땅을 정복하고 모든 생물을 다스리는 권세를 주셨다. 이것은 사람이 우주 역사의 주인공이라는 것을 의미한다. 우주 안에 있는 모든 행성들은 창조질서에 의하여 이동하고 있으며 동물은 본능에 따라서 기계적으로 살아간다. 그러나 사람은 인격이 있으므로 스스로의 판단에 의하여 지상에 있는 모든 것들을 다스린다. 따라서 사람의 판단과 결정에 따라서 지상의 모든 것들의 역사가 좌우된다고 말할 수 있다. 곧 사람은 지상의 모든 생물의 역사의 주인공이며 하나님의 영광을 위하여 일하는 주체라고 말할 수 있다. 만물이 하나님의 뜻을 이루는 완전한 존재로 창조되었으므로 하나님은 사람에게 그의 일을 맡기시고 일곱째 날에 안식하셨다. "**하나님이 그가 하시던 일을 일곱째 날에 마치시니 그가 하시던 모든 일을 일곱째 날에 안식하시니라**" (창 2:2).

4) 이제 사람은 하나님의 형상을 유지하고 그리스도의 오시는 길을 준비하기 위하여 땅을 정복하여 문명을 건설하고 모든 생물을 다스려야 한다. 이것이 하나님의 형상으로

---

[22] "좋다"로 번역된 히브리어, 토브(טוב)는 여러 가지의 의미를 내포하고 있다. 토브는 선함, 기쁨, 소망, 아름다움이란 의미를 표현하는 말로 사용된다. R. Laird Harris, Gleason L. Archer, Bruce K. Waltke, Theological Workbook of the Old Testament, 번역위원회 역, 구약원어 신학사전(요단출판사, 1986). pp. 430,431.

창조된 사람이 하나님께로부터 받은 사명이다. 이를 위하여 사람은 창조사역을 통하여 계시된 믿음으로 항상 자신의 행동을 통제하여야 한다. 하나님은 사람으로 하여금 창조질서와 믿음을 잃어버리지 않고 기억하게 하기 위하여 안식일을 거룩하게 하셨다. "**하나님이 그 일곱째 날을 복되게 하사 거룩하게 하셨으니 이는 하나님이 그 창조하시며 만드시던 모든 일을 마치시고 그 날에 안식하셨음이니라**" (창 2:3). "일곱째 날을 복되게 하사 거룩하게 하셨다"란 복과 거룩함이 시간과 관련된다는 것이다.

5) 하나님께서 일곱째 날을 복되게 하신 것은 시간을 복되게 하신 것이다. 시간은 빛과 함께 창조되었다. 시간이 창조된 이후부터 시간이 흐르고 있다. 우주 안에 있는 모든 피조물은 시간 속에서 창조질서에 따라서 존재한다. 사람도 역시 시간 속에서 하나님의 영광을 위하여 그리스도의 오시는 길을 준비하여야 한다. 사람은 시간 속에서 하나님의 명령에 따라서 문명을 건설하고 문화생활을 하고 있으며 하나님은 이것을 복되게 하셨다. 사람이 시간 속에서 일하는 것이 복이다. 사람의 육체가 죽으면 그 영혼은 시간이 없는 영원으로 들어간다. 육체를 벗은 영혼이 하나님의 아들을 위하여 일할 수 없으므로 영원 속에서 하는 일은 복이 아니다.

6) 복은 생명과 관련된다. 복과 대응하는 저주란 사망을 의미한다. 하나님께서 시간을 복 주셨다는 것은 사람은 시간 속에서 생명을 지킬 수 있다는 것을 의미한다. 사람이 죄로 인하여 생명을 잃어버렸을 경우에 시간 속에서 회개하고 믿음으로 그 생명을 얻을 수 있다. 따라서 사도 바울은 그리스도의 부활 이후에 시간 속에서 사람이 믿음으로 구원을 받을 수 있다고 기록하였다. "**가라사대 내가 은혜 베풀 때에 너를 듣고 구원의 날에 너를 도왔다 하셨으니 보라 지금은 은혜 받을만한 때요 보라 지금은 구원의 날이로다**" (고후 6:2). 시간 속에서 생명을 얻을 수 있으므로 하늘에서 활동하는 천사는 타락하면 다시 생명을 얻을 수 없다. 하늘에는 낮과 밤이 없으며 시간의 흐름도 없기 때문이다.

7) 안식일을 복되게 하신 말씀은 그리스도의 죽음 및 부활과 관련된다. 아담은 타락함으로 하나님의 안식을 훼방하였다.[23] 사람의 죄로 인하여 하나님은 안식하지 못하셨다. "**나 여호와의 노는 내 마음의 뜻하는 바를 행하여 이루기까지는 쉬지 아니하나니 너희가**

---

23) 졸저, 상게서, 2.2.2.(2) 참조

말일에 그것을 완전히 깨달으리라" (렘 23:20). 여호와의 노는 쉬지 아니하다"란 이스라엘 백성의 죄에 대한 하나님의 진노는 쉬지 아니한다는 것입니다. 이 말씀은 아담이 타락한 이후 하나님은 안식하지 못하셨다는 것을 의미한다. 이제 하나님의 진노가 예수 그리스도의 죽으심으로 끝났다고 성경은 말씀한다. 예수 그리스도께서 그의 피로써 인류의 모든 죄를 대속하시고 다 이루었다고 말씀하셨다. **"예수께서 신 포도주를 받으신 후 가라사대 다 이루었다 하시고 머리를 숙이시고 영혼이 돌아가시니라" (요 19:30).** 하나님의 안식을 훼방한 인류의 모든 죄가 대속되었으므로 하나님의 안식이 회복되었다. 곧 예수 그리스도께서 죽으시고 지체 없이 안식일이 시작되었다. 하나님은 예수 그리스도를 통하여 인류의 죄를 대속하신 뒤에 안식하셨다.

8) 예수 그리스도께서 죽으심으로 아버지의 뜻을 완성하신 이후부터 하나님은 안식하신다. 곧 하나님의 안식이 그리스도의 재림 시까지 안식이 계속되고 있다고 말할 수 있을 것이다. 하나님의 안식이 계속되는 날에 하나님은 그리스도를 통하여 믿는 자들에게 복과 생명을 주시고 그들을 거룩하게 하신다. 안식일에 관한 예언은 그리스도께서 자기의 피로써 아버지의 뜻을 성취하신 뒤에 믿는 자들에게 생명을 주시고 그들을 거룩하게 하실 것을 모형으로 보여준다. 안식일에 그리스도께서 병자를 고치신 것은 아버지의 뜻을 성취하신 뒤에 계속될 안식일에 대한 것을 비유로 보여주신 것이다.

9) 엿새 동안 창조사역을 통하여 하나님의 아들이 오실 길이 온전하게 준비되었고 사람은 시간 속에서 그 길을 위하여 일하여야 하므로 하나님께서 일곱째 날을 거룩하게 하셨다. 거룩하다는 것은 모든 피조물이 창조질서에 순응하고 있다는 것이다. 우주 공간에 있는 모든 행성들은 창조질서에 의하여 정해진 궤도를 따라서 움직이고 있으며 지상의 동물들은 본능에 따라서 행동한다. 식물은 육식동물과 사람에게 양식을 제공하는 완전한 피조물이다. 사람은 본능에 의하여 육체의 양식을 얻으며 인격으로 모든 동물을 다스린다. 이 모든 것이 하나님의 창조질서에 의하여 이루어지는 것이다. 하나님은 이것을 좋게 여기시고 일곱째 날을 거룩하다고 선언하셨다. 따라서 그 날에 모든 창조물이 거룩하게 되었다. 이로써 사람이 하나님의 영광과 장차 그리스도의 오시는 길을 준비하기 위하여 일할 수 있는 완전한 여건이 마련되었다.

10) 하나님께서 안식일에 쉬신 것처럼 사람이 이날에 안식하면서 창조사역을 통하여 계시된 믿음을 잃어버리지 않도록 기억하여야 한다. 엿새 동안은 일하지만 일곱째 날은 쉬면서 창조주에 대한 믿음을 되새기면서 지난날을 회상하며 앞날의 계획을 세우는 것이 하나님의 뜻이다. 사람은 안식을 통하여 믿음을 새롭게 할 수 있다. 사람이 계속하여 일만 한다면 창조사역을 통하여 계시된 믿음을 망각할 수 있기 때문이다.

(2) 안식일을 통하여 계시된 그리스도와 믿음

1) 창조 사역은 안식일을 통하여 완성되었다. 하나님께서 창조사역을 마치시고 안식하셨다는 것은 6일간의 사역으로 창조사역이 끝났음을 의미하며 더 이상의 창조는 없다는 것을 의미한다.24) 우주 안에 있는 모든 것들이 하나님의 영광을 나타내며 그리스도의 오시는 길을 준비하는 완전한 그릇으로 창조되었다. 이제 하나님은 자기의 뜻을 이루기 위하여 사람에게 믿음을 요구하셨다. 사람이 안식일에 그 믿음을 새롭게 하며 창조주 하나님을 기념하므로 지난 한 주간을 반추하고 다가오는 육일을 맞이하는 것이 안식일을 거룩하게 하는 것이다.

2) 첫째, 안식일은 창조주 하나님을 기념하는 믿음이다. 만물을 창조하시고 안식하신 분 곧 하나님의 아들을 믿고 기념하는 것이 안식일이므로 성경은 안식일의 주인이 예수 그리스도라고 말씀한다. **"인자는 안식일의 주인이니라 하시니라"** (마 12:8). 인자를 강조한 것은 하나님의 아들이 육신으로 임하신다는 것을 의미한다. 곧 안식일에 만물을 창조하신 하나님의 아들이 육신으로 오실 것을 믿어야 한다. 이것이 창조와 안식일을 통하여 계시된 믿음이다. 만물을 창조하신 하나님의 아들을 믿고 그가 육신으로 오실 것을 바라는 것이 하나님의 뜻이다.

3) 하나님께서 만물을 창조하셨지만, 그는 장소와 공간을 초월하여 스스로 계신 분이다.25) 하나님은 만물이 창조되기 전부터 계신 분이다. 창세 이전 공간과 장소가 없었으나 하나님은 영광 가운데 계셨다(요 17:5). 하나님은 장소와 공간을 초월하여 스스로

---

24) 개혁주의는 영혼의 창조설을 주장하지만 이 가설은 죄의 책임이 하나님께로 돌아가는 치명적인 약점을 내포하고 있다. 졸저, 상게서, 2.3.1.(1) 참조
25) 졸저, 상게서, 1.1.1 (1) 참조

계신 분이나, 사람은 스스로 존재하지 못하고 창조질서와 하나님의 말씀을 순종함으로 살아야 한다. 곧 하나님은 주인이나, 사람은 하나님의 말씀으로 살아야 하는 종이다. 창조주 하나님을 믿는 것은 주인과 종의 관계를 인정하는 것이다.

  4) 사람은 하나님의 종이므로 하나님의 말씀 앞에서 인격이 없는 존재이다. 따라서 사람은 하나님 앞에서 권리를 주장할 수 없고 다만 그의 명령을 순종할 의무만 있다. **"도리어 저더러 내 먹을 것을 예비하고 띠를 띠고 나의 먹고 마시는 동안에 수종들고 너는 그 후에 먹고 마시라 하지 않겠느냐 명한대로 하였다고 종에게 사례하겠느냐" (눅 17:8,9).** 종은 주인과 생사를 같이하며 주인을 위하여 일하는 그릇일 뿐이므로 주인에게 어떠한 사례도 요구할 수 없다. 주인은 종의 생계를 책임져야 한다. 따라서 하나님은 사람의 생계를 위하여 모든 것을 준비하시고 땅을 정복하며 모든 생물을 다스리는 특권도 주셨다. 이 특권에 따르는 의무는 사람이 하나님의 종으로서 창조질서와 그의 말씀을 순종하는 것이다.

  5) 둘째, 창조주 하나님 앞에서, 사람의 모든 소유는 하나님으로부터 온 것임을 인정하는 믿음이다. 사람의 생명은 하나님께로부터 왔다. 사람의 생명의 본질은 의로움과 거룩함이다. 의로움과 거룩함은 하나님의 속성이며 말씀을 통하여 계시되므로 사람은 하나님의 말씀을 순종함으로 생명을 얻을 수 있다. 세상의 문명과 문화, 윤리와 도덕, 돈과 명예, 학문과 기술 등 그 어떤 것에도 의로움과 거룩함이 없다. 사람이 교육과 훈련을 통하여 얻은 모든 것은 사람의 생명과 무관하다. 따라서 성경은 하나님이 생명의 원천이라고 말씀한다. **"대저 생명의 원천이 주께 있사오니 주의 광명 중에 우리가 광명을 보리이다" (시 36:9).**

  6) 셋째, 사람이 하나님의 형상으로 창조되었다는 믿음이다. 사람이 하나님의 형상으로 창조됨으로써 하나님의 영광을 위하여 일할 수 있다. 사람을 제외한 모든 것들은 기계적으로 창조질서에 순응함으로 하나님의 영광을 나타낸다(시 19:1,2). 모든 행성들은 정해진 궤도를 따라서 이동한다. 동물들은 기계적으로 본능에 따라서 생존하고 번식한다. 이에 반하여 사람은 적극적으로 창조질서를 순종하여야 한다. 이를 위하여 하나님은 사람에게 인격을 주셨다. 인격은 사람이 하나님의 말씀을 순종하기 위한 필요 불가결

한 요소이다. 사람은 인격이 있으므로 하나님의 영광을 위하여 최선의 방안을 모색할 수 있다. 사람은 하나님의 영광을 위하여 일하는 것으로 기뻐한다. 다윗은 하나님의 말씀을 순종하는 것으로 기뻐하였다. **"내가 주를 기뻐하고 즐거워하며 지극히 높으신 주의 이름을 찬송하리니"** (시 9:2).

7) 사람이 하나님의 형상으로 창조되었다. 따라서 사람은 모든 피조물 가운데 가장 높은 자이다. 천사들은 사람을 섬기는 영적 존재로 창조되었다(히 1:14). 사람만이 하나님의 형상이므로 우상을 만들고 이를 섬기는 것은 하나님의 이름을 욕되게 하는 것이다. 땅에 있는 모든 것은 사람의 권세 아래 있다. (창 1:26)의 말씀은 우상을 만들지 말라는 뜻을 내포하고 있다. 그러나 사람이 하나님을 알지 못하면 자신이 하나님의 형상으로 창조되었다는 것도 잃어버리고 우상을 만들게 된다. 사람이 하나님을 알지 못함으로 우상을 만들고 있다고 바울은 기록하였다. **"하나님을 알되 하나님으로 영화롭게도 아니하며 감사치도 아니하고 오히려 그 생각이 허망하여지며 미련한 마음이 어두워졌나니 스스로 지혜 있다 하나 우준하게 되어 썩어지지 아니하는 하나님의 영광을 썩어질 사람과 금수와 버러지 형상의 우상으로 바꾸었느니라"** (롬1:21~23).

8) 넷째, 안식일은 창조사역을 통하여 계시된 믿음을 새롭게 하는 날이다. 안식일에 사람은 지난 한 주간의 생활을 반추하면서 믿음을 새롭게 하는 것이 하나님의 뜻이다. 사람은 문명을 건설하고 생물을 다스리는 과정에서 믿음이 연약하여질 수 있다. 안식일 없이 사람이 계속하여 일에 몰두한다면 믿음을 잃어버릴 수 있다. 따라서 하나님은 안식일을 정하시고 사람으로 하여금 믿음을 새롭게 하게 하셨다. 안식일은 모든 일을 쉬면서 창조를 통하여 계시된 믿음을 새롭게 함으로 다가오는 한 주간을 맞이한다.

9) 안식일은 사람으로 하여금 믿음을 새롭게 하는 동시에 사람에게 부여된 사명을 기억하게 하는 날이다. 사람은 하나님의 영광을 위하여 문명을 건설하고 문화생활을 하므로 그리스도의 오시는 길을 준비하는 것은 믿음을 전제로 한다. 사람이 믿음을 잃어버리면 그 사명도 망각할 것이다. 따라서 하나님께서 아담에게 주신 선악과 계명은 창조사역을 통하여 계시된 믿음을 지키라는 것이다.

(3) 이해를 위한 질문

1) 하나님께서 안식하신 이유

  a. 하나님께서 만물을 창조하시고 안식하신 이유는 무엇인가(창 2:2,3).

  b. 하나님께서 일곱째 날을 복 주신 이유는 무엇인가.

  c. 하나님께서 일곱째 날을 거룩하게 하신 이유는 무엇인가.

2) 안식일을 통하여 계시된 그리스도와 믿음

  a. 예수 그리스도께서 안식일의 주인이란 무엇을 의미하는가(마 12:8).

  b. 사람이 하나님께 권리를 주장할 수 없는 이유는 무엇인가.

  c. 하나님은 생명의 원천이라는 것은 무엇을 의미하는가(시 36:9).

  d. 사람의 생명이 하나님께 속한 이유는 무엇인가.

  e. 사람이 믿음을 버리면 하나님의 영광을 위하여 일할 수 없는 이유는 무엇인가.

1.2 선악과 계명을 통하여 계시된 그리스도와 믿음

1. 하나님의 주권과 선악과 계명

(1) 선악과 계명과 생명

1) 창조사역은 만물을 창조하신 하나님의 존재를 계시한다. 만물은 창조질서에 의하여 하나님의 존재와 영원하신 신성을 나타내고 있다. 동물은 본능에 따라서 생존하고 생식함으로 하나님의 영광을 나타내고 있다. 사람은 스스로 판단에 의하여 적극적으로 하나님의 영광을 위하여 그리스도의 오시는 길을 준비하여야 한다. 이를 위하여 사람은 창조주 하나님뿐만 아니라 의와 공의로 만물을 통치하시는 하나님을 믿어야 한다. 선악과 계명은 만물을 통치하시는 하나님의 주권을 알게 하는 말씀이다.

2) 하나님은 아담에게 선악을 알게 하는 나무의 열매를 먹지 말라고 명령하셨다. **"여호와 하나님이 그 사람에게 명하여 가라사대 동산 각종 나무의 실과는 네가 임의로 먹되 선악을 알게 하는 나무의 실과는 먹지 말라 네가 먹는 날에는 정녕 죽으리라 하시니라"** (창 2:16,17). 이 계명은 조건부 언약이다. 이 언약은 선악을 알게 하는 나무의 실과를

먹지 아니하는 것을 조건으로 동산의 모든 나무의 실과를 먹을 수 있는 자유를 부여한다. 만약 아담이 하나님의 계명을 위반하면 그 자유는 박탈당할 것이다. 하나님의 계명을 범하므로 죽은 자에게 자유는 없다. 아담이 받은 자유는 동산을 다스리고 지키며 선악을 알게 하는 나무를 제외한 모든 나무의 실과를 먹는 것이다. **"여호와 하나님이 그 사람을 이끌어 에덴동산에 두사 그것을 다스리며 지키게 하시고"** (창 2:15).

3) 선악과 계명은 하나님의 주권과 관련된다. "선과 악을 알게 하다"란 선과 악을 분별하는 것을 넘어서 경험하는 것이다.26) 남자와 여자가 결혼하여 잠자리를 같이함으로 서로를 아는 것과 같이 경험을 통하여 선과 악을 아는 것이 선악과 계명의 본질이다. 성경은 아담과 하와가 서로를 알게 됨으로 가인을 잉태하였다고 말씀한다(창 4:1). 성경은 동성애를 남자와 남자가 서로를 아는 것이라고 말씀한다(창 19:5). 남자를 아는 여자란 결혼한 여자를 의미한다(삿 21:12). 이와 같이 아는 것이란 분별하는 것을 포함하여 경험을 통하여 아는 것을 의미한다.

4) 선을 안다는 것은 하나님을 믿고 그의 말씀을 순종함으로 선을 경험하는 것이다. 그 결과 얻는 것은 생명이다. 곧 선을 경험한다는 것은 생명을 경험하는 것이다. 악을 안다는 것은 사망을 경험하는 것이다. '생명과 사망을 체험하다'란 사람이 자기의 의지로 생명과 사망을 결정하는 것이다. 사람이 자기의 의지로 생명과 사망을 결정하는 것이 선과 악을 아는 것이다. 사람이 자기의 의지로 선과 악을 경험하는 것이 죄가 되는 이유는 하나님의 주권을 침해하기 때문이다.

5) 생명의 본질은 의로움과 거룩함이다. 하나님은 말씀으로 이것들을 계시하신다. 하나님의 의로우심과 거룩하심이 그의 말씀을 통하여 계시되므로 그의 말씀을 생명의 말씀이라고 한다. 사람이 하나님의 말씀을 순종함으로 의로움과 거룩함을 얻는다. 사람은 하나님의 말씀을 순종함으로 하나님의 속성에 참여한다. 사람이 하나님의 말씀을 믿음으로 순종할 때, 하나님은 그 믿음을 의롭다 하시며 그 순종을 거룩하다고 하신다. 이것이 사람의 생명이다.

---

26) "알다"로 번역된 히브리어, 다아트(דַּעַת)는 동사 야다(יָדַע)의 명사형이다. 선악을 알게 하다란 선과 악의 지식을 의미한다. 히브리어, "야다"란 알다, 결혼하다, 경험하다란 의미를 가지고 있다(BDB., p. 393)

6) 하나님은 사람의 믿음을 의롭다고, 순종을 거룩하다고 선언하신다. 사람이 하나님을 믿지 아니하지만 그의 말씀을 순종만 한다면 그를 불의하고 더럽다고 선언하신다. 바리새인들과 서기관들이 하나님을 믿지 아니하였지만 그의 율법을 순종하였다. 따라서 예수께서 그들을 외식하는 자로서 불의하고 더럽다고 선언하셨다. **"화 있을찐저 외식하는 서기관들과 바리새인들이여 잔과 대접의 겉은 깨끗이 하되 그 안에는 탐욕과 방탕으로 가득하게 하는도다"** (마 23:25). 의로움과 거룩함은 하나님의 말씀을 통하여 계시되므로 생명이 사람의 의지에 속한 것은 아니다. 따라서 하나님만이 선과 악을 결정하신다고 말할 수 있다. 이것이 하나님의 주권이다. 곧 생명은 하나님께 속한 것이며 사람이 자기의 의지로 결정할 수 있는 것은 아니다.

7) 선과 악을 자기 의지로 결정하는 하나님은 만물을 통치하시는 분이다. 하나님은 이 주권을 아들에게 주셨다. 예수 그리스도는 자기의 의지로 생명과 사망을 결정하시는 분이다. **"아버지께서 나를 사랑하시는 것은 내가 다시 목숨을 얻기 위하여 목숨을 버림이라 이를 내게서 빼앗는 자가 있는 것이 아니라 내가 스스로 버리노라 나는 버릴 권세도 있고 다시 얻을 권세도 있으니 이 계명은 내 아버지에게서 받았노라 하시니라"** (요 10:17,18). "버릴 권세도 있고 다시 얻을 권세"란 자기의 의지로 생명과 사망을 결정하는 권세를 의미한다. 빌라도가 예수 그리스도를 십자가에 못 박을 권세가 자기에게 있다고 말하였다. **"빌라도가 이르되 내게 말하지 아니하느냐 내가 너를 놓을 권한도 있고 십자가에 못 박을 권한도 있는 줄 알지 못하느냐"** (요 19:10). 예수 그리스도께서 빌라도에게 그 권세는 하나님의 것 곧 자기의 것이라고 대답하셨다. **"예수께서 대답하시되 위에서 주지 아니하셨더라면 나를 해할 권한이 없었으리니 그러므로 나를 네게 넘겨 준 자의 죄는 더 크다 하시니라"** (요 19:11). 하나님은 아들에게 인류의 죄를 대신하여 죽으실 권세와 믿는 자들을 위하여 다시 살아나실 권세를 주셨다. **"예수는 우리가 범죄한 것 때문에 내줌이 되고 또한 우리를 의롭다 하시기 위하여 살아나셨느니라"** (롬 4:25).

8) 아담이 선악을 알게 하는 실과를 먹고 타락하였을 때, 하나님은 그가 아들의 주권을 침해하였다고 말씀하셨다. **"여호와 하나님이 이르시되 보라 이 사람이 선악을 아는 일에 우리 중 하나 같이 되었으니 그가 그의 손을 들어 생명나무 열매도 따먹고 영생할까**

하노라 하시고"(창 3:22). "우리 중의 하나"란 사망과 생명을 체험하실 아들을 가리킨다. 아담이 타락한 뒤에 하나님은 장차 오실 그리스도의 죽음을 약속하셨다. **"내가 너로 여자와 원수가 되게하고 너의 후손도 여자의 후손과 원수가 되게 하리니 여자의 후손은 네 머리를 상하게 할 것이요 너는 그의 발꿈치를 상하게 할 것이니라 하시고"**(창 3:15). "너는 그의 발꿈치를 상하게 할 것이니라"란 아담의 후손이 장차 오실 그리스도를 죽인다는 예언이다. 아담의 타락으로 하나님의 아들의 죽음과 부활의 길이 확정되었다.

9) 하나님께서 창세전에 아들의 죽음과 부활을 예정하셨다. 하나님의 뜻에 따라서 예수 그리스도께서 자기 생명을 버리셨고 하나님은 그를 죽은 자 가운데서 다시 살리셨다. 따라서 그리스도께서 죽음으로 흘리신 피는 창세전에 작정되었다고 성경은 말씀한다. **"오직 흠 없고 점 없는 어린 양 같은 그리스도의 보배로운 피로 된 것이니라 그는 창세전부터 미리 알린바 된 이나 이 말세에 너희를 위하여 나타내신바 되었으니"**(벧전 1:19,20). 그리스도의 피에 의한 속죄와 구원은 창세전에 작정되었다. **"곧 영원부터 우리 주 그리스도 예수 안에서 예정하신 뜻대로 하신 것이라"**(엡 3:11). 창세전에 작정된 하나님의 뜻이 이루는 길이 아담의 타락으로 준비되었다고 말할 수 있다. 따라서 아담의 타락은 장차 오실 그리스도를 죽이려는 죄라고 말할 수 있다.

10) 창세전에 작정된 그리스도의 죽음이 아담의 타락으로 확정되었다. 아담이 선악과 계명을 위반한다면 그리스도께서 죽으실 것이라고 성경은 말씀한다. "네가 먹는 날에는 정녕 죽으리라"란 아담이 선악과 계명을 위반함으로 사망에 이르면, 그리스도께서 죽으리라는 의미를 내포하고 있다. "정녕 죽으리라"로 번역된 히브리어는 강조하는 의미로 번역되었다.27) "죽다"란 동사가 두 번 반복되었다. 하나는 완료형으로 과거시제를, 하나는 미완료형으로 미래의 사건을 의미한다. 아담은 선악과 계명을 범하므로 그 계명에 따라서 과거에 그의 영혼이 죽었다. 그 다음 이 계명에 의하여 미래에 그리스도께서

---

27) 히브리어 동사의 강조형은 피엘형으로 사용한다. 여기서는 동사를 두 번 반복하는 것으로 사용되었다. "죽으리라"로 번역된 히브리어, 모트(מוֹת)는 완료형으로 선악과를 먹은 아담이 죽었다란 의미이고, 타무트(תָּמוּת)란 미완료형으로 미래에 그리스도께서 죽을 것을 의미한다. (John. J. Owens, Ibid., vol. 1, p. 9). 아담이 선악을 알게 하는 실과를 먹으면 그의 영이 죽을 것이다. 먹은 것과 죽음은 과거시제이다. 이에 반하여 타무트는 미완료형으로 미래에 일어날 사건을 의미한다.

죽을 것이다. 이런 의미에서 "죽다"란 동사가 두 번 반복되었다.

11) 아담이 선악과 계명을 순종하는 것은 하나님의 아들의 주권을 인정하고 믿음으로 생명을 얻을 수 있다는 것을 의미한다. 생명은 하나님의 주권에 속한 것이므로 사람은 생명을 지키기 위하여 하나님의 말씀을 믿음으로 순종하여야 한다. 사람의 생명은 하나님의 것이며 사람은 이것을 보존하고 지킬 의무가 있다. 사람이 생명을 자기의 것으로 알고 자기의 의지로 결정하면 죽는다. 하나님은 생명의 주인이시므로 생명을 버릴 수 있고 이를 다시 얻을 권세도 있다. 그러나 사람이 생명을 버리면 다시 얻지 못한다. 선악과 계명은 하나님의 아들만이 생명과 사망을 결정하는 권세를 가지셨다는 것을 계시하는 말씀이다.

(2) 선악과 계명과 자유의지

1) 사람은 자유의지가 있으므로 하나님의 명령을 받을 수 있다. 사람의 의지는 자유의지와 일반의지로 구분할 수 있을 것이다. 자유의지란 하나님의 말씀을 순종함에 있어서 일체의 외부의 간섭을 받지 아니하는 의지이다. 일반의지란 동산에 있는 실과 가운데 먹을 것을 선택하는 의지이다. 이것은 세상일을 함에 있어서 최선의 방법을 선택하는 의지이다. 하나님은 선악과 계명을 순종하는 것을 아담의 의지에 맡기셨고 일체의 간섭도 하지 아니하셨다. 선악과 계명을 순종하는 것은 아담이 스스로 판단하여 결정하여야 한다. 만약 하나님께서 아담이 말씀을 순종하느냐 여부를 감시하며 아담의 행위에 대하여 일일이 간섭하신다면, 아담의 의지는 하나님께 종속되게 된다. 따라서 하나님은 아담의 의지에 일체 관여하지 아니하셨다. 하나님은 아담의 인격을 초월하여 일하지 아니하시고 그의 결정을 존중하셨다. 반면에 아담은 자유의지의 결정결과에 대하여 하나님께 책임을 져야 한다.

2) 자유의지는 거절하는 의지와 수용하는 의지를 포함한다. 거절하는 의지가 없다면 사람은 무조건 하나님의 말씀을 기계적으로 순종하게 된다. 이 경우에 사람은 꼭두각시에 불과하다. 자유의지에 거절하는 의지와 수용하는 의지가 포함됨으로, 아담은 자유의지로 하나님의 말씀을 순종할 수 있고 불순종할 수 있다. 자유의지는 사람뿐만 아니라 천사에게도 주어졌다. 모든 피조물 가운데 사람과 천사만이 인격을 가지고 있으며 스스

로의 판단으로 하나님의 말씀을 순종하고 불순종하는 것을 결정할 자유의지를 가지고 있다. 만약 자유의지가 없다면 사람과 천사는 하나님의 말씀에 따라서 기계적으로 행동할 것이다. 그렇다면 하나님께서 사람과 천사에게 명령하실 필요가 없을 것이다. 명령이란 거절할 수 있는 의지를 전제로 한다. 동물은 본능에 따라서 기계적으로 행동하므로 하나님은 동물에게 명령하지 아니하신다.

3) 하나님께서 사람의 의지에 간섭하신다면 사람은 기계적으로 말씀을 순종할 것이다. 이 경우에 만물의 통치에 대하여 심각한 문제가 제기될 수 있을 것이다. 하나님은 의와 공의로 만물을 통치하시기로 작정하셨다. 이것은 믿음으로 하나님의 말씀을 순종하는 것과 그렇지 아니한 것을 전제로 한다. 믿음으로 하나님의 말씀을 순종하느냐 아니냐의 여부로 사람과 천사를 통치한다면, 당연히 사람과 천사에게 자유의지가 부여되어야 한다. 하나님은 사람과 천사에게 생명과 사망을 선택할 자유를 주셨다. 생명과 사망을 선택할 수 있는 주권은 창조주 하나님만이 가지고 있지만, 사람은 생명을 유지하기 위하여 하나님의 주권 앞에서 자유의지로 사망을 선택할 수 없다.

4) 사람은 자유의지가 있으므로 스스로의 판단에 의하여 생명과 사망을 결정할 수 있다. 사람의 자유의지는 창조주 하나님을 인정하는 믿음에 의하여 제약을 받는다. 만약 사람이 창조주 하나님의 주권을 인정하지 아니한다면 자유의지로 생명과 사망을 결정하려고 할 것이다. 따라서 하나님은 아담에게 선악과 계명을 주신 후에 자신이 창조주라는 증거를 보이셨다. 하나님께서 아담 앞에서 모든 동물을 부르셨다. **"여호와 하나님이 흙으로 각종 들짐승과 공중의 각종 새를 지으시고 아담이 어떻게 이름을 짓나 보시려고 그것들을 그에게로 이끌어 이르시니 아담이 각 생물을 일컫는 바가 곧 그 이름이라"** (창 2:19). 본능에 따라서 기계적으로 행동하는 동물들을 아담에게로 이끄신 하나님의 능력은 만물을 창조하신 분의 사역이다.

5) 하나님은 아담을 잠들게 하시고 그의 갈빗대를 취하여 여자를 창조하셨다(창 2:21,22). 아담은 여자를 향하여 자신의 뼈와 살이라고 고백하였다. **"아담이 가로되 이는 내 뼈 중의 뼈요 살 중의 살이라 이것을 남자에게서 취하였은즉 여자라 칭하리라 하니라"** (창 2:23). 아담은 여자가 자신의 뼈와 살로 창조되었다고 고백하였다. 이것은

선악과 계명을 명하신 하나님이 창조주이심을 알고 믿은 것을 의미한다. 하나님께서 아담에게 선악과 계명을 주신 후에 창조주로서의 능력을 보이신 것은 아담의 자유의지가 하나님의 주권에 의하여 제약을 받는다는 것을 의미한다.

6) 하나님과 사람의 관계는 주인과 종의 관계이다. 사람은 하나님의 명령을 순종하거나 불순종할 자유의지를 가지고 있지만, 그 자유는 주인과 종의 관계에 의하여 제약을 받는다. 종은 주인의 명령을 순종할 의무가 있지만 불순종할 권리는 없다. 창조주 하나님과 사람의 관계에서 사람은 하나님의 계명을 순종할 의무만 있을 뿐이다. 피조물인 사람이 하나님께 권리를 주장할 수 없다. 아담이 선악과 계명을 불순종하는 것은 하나님께 권리를 주장하는 것이다. 아담이 자유의지로 하나님의 말씀을 대적할 권리가 있다고 주장하는 것이 타락이다.

7) 동성애란 하나님께 권리를 주장하는 대표적인 죄이다. 하나님께서 남자와 여자를 창조하시고 둘이 합하여 한 몸이 된다고 말씀하셨다. 남자와 여자가 결혼하여 자녀를 생산하는 것이 그리스도의 오시는 길을 준비하는 것이고 하나님의 영광을 위한 것이다. 그러나 동성애는 남자와 남자가 성행위를 하는 것은 사람이 가지고 있는 인권이라고 하나님 앞에서 주장하는 것이다. 사람이 자기의 의지로 창조질서를 대적할 권리는 없다. 곧 사람이 하나님의 뜻에 반하여 성행위를 할 수 있는 대상을 선택할 자유를 하나님의 말씀 앞에서 주장하는 것은 하나님께 권리를 주장하는 것이다. 이것은 사람이 죄를 범할 권리가 있다고 하나님께 주장하는 것이다.

8) 이스라엘 백성이 애굽에서 나와서 가나안 땅에 들어가기 전에, 하나님은 그들에게 이방인과의 교제를 금하셨다. **"또 그들과 혼인하지 말찌니 네 딸을 그 아들에게 주지 말 것이요 그 딸로 네 며느리를 삼지 말 것은"** (신 7:3). 그러나 그들은 하나님께서 그들의 인권을 부당하게 제한다고 생각하고 이방여자를 취하여 아내로 삼았다. 그들은 인권이란 명분을 앞세워서 하나님의 말씀을 대적하였다. 결국 이것이 그들을 멸망으로 이끌었다. 그들은 이방여자의 미혹에 빠져서 우상을 숭배하다가 앗수르와 바벨론에 의하여 국토와 주권을 빼앗기고 전 세계에 흩어진 백성이 되었다.[28] 이스라엘의 역사는

---

28) 졸저, 상게서, 제 3부 보충적 설명 참조

사람의 자유의지가 하나님의 주권에 의하여 제약을 받아야 한다는 것을 보여준다.

9) 하나님께서 자기의 의지로 생명과 사망을 결정하신다는 것은 만물의 통치자임을 의미한다. 통치란 심판권과 사면권을 전제로 한다. 불법을 행하는 자를 심판하는 권세가 없으면 그 통치권은 속빈 강정이다. 통치가 심판권을 전제로 한다면 하나님은 법으로 생명과 사망을 결정하시는 분이다. 하나님은 믿음으로 법을 순종하는 자를 의롭고 거룩하다고 선언하시고 믿지 아니하고 불순종하는 자를 불의하고 더럽다고 선언하신다. 곧 하나님은 사람의 생명과 사망을 결정하신다. 사람이 자유의지를 가지고 하나님의 주권에 도전하는 것은 자신이 하나님과 같이 되어 만물을 통치하겠다는 것이다. 따라서 사람의 자유의지는 하나님의 주권에 의하여 제약을 받는다고 말할 수 있다.29)

10) 하나님께서 사람에게 명령하신다. 사람은 자유의지로 하나님의 말씀을 수용할 수 있고 거절할 수 있다. 따라서 하나님은 아담에게 선악을 알게 하는 나무의 실과를 먹으면 정령 죽으리라고 말씀하셨다. 아담이 자유의지로 선악과 계명을 수용하면 생명을 유지할 수 있지만 거절하면 죽을 것이다. 하나님은 생명과 사망을 아담 앞에 두시고 아담에게 선택하게 하셨다. 사람은 살기 위하여 순종을 택하여야 한다. 사람의 자유의지는 하나님의 주권에 의하여 제약을 받는다.

(3) 이해를 위한 질문

1) 선악과 계명과 생명

   a. 선악을 안다는 것은 무엇을 의미하는가.

   b. 생명과 사망을 자기의 의지로 결정하시는 분은 누구신가(요 10:17,18).

   c. "먹으면 정령 죽으리라"란 무엇을 의미하는가.

---

29) 모든 자유란 법 안에서 인정된다. 법을 초월한 자유란 있을 수 없다. 인류의 역사상 국가의 법을 초월하여 자유를 얻으려는 운동이 혁명으로 나타났다. 자유민주주의는 전제권력에 대항하여 국법에 대항한 결과로 얻어진 것이다. 만일 그 운동이 실패하면 그 행위는 국가의 반역죄로 처단을 받을 것이다. 국법을 초월하여 국가의 권력체제를 바꾸려는 시도가 성공하면 혁명이고 실패하면 반역이다. 그러나 세상일과는 달리 이것은 하나님의 주권에 대항하는 것은 사망에 이르는 죄로서 모든 자유를 박탈당하게 된다. 하나님의 법은 변하지 아니하기 때문이다.

d. 사람이 자기의 의지로 생명과 사망을 결정할 수 없는 이유는 무엇인가

2) 선악과 계명과 자유의지

a. 사람의 자유의지란 무엇인가.

b. 동물이 하나님의 말씀을 받을 수 없는 이유는 무엇인가(단 6:22).

c. 사람의 자유의지가 하나님의 주권에 제약을 받는 이유는 무엇인가.

d. 하나님의 통치권이 사람의 자유의지를 우선하는 이유는 무엇인가

2. 아담의 타락과 그 결과

(1) 사단의 유혹과 아담의 타락

1) 빛이 창조되기 전에 우주는 흑암이었다. 흑암이란 하나님의 영광이 없는 곳으로 타락한 천사들을 심판하기 위하여 영원한 결박으로 가둔 곳이다 (유 1:6). 사단이 역사하는 흑암 속에서 사람이 하나님의 형상으로 창조되었다. 사단의 속성은 하나님의 말씀을 대적하는 것이다. 흑암 속에서 사단은 하나님의 말씀을 받지 못하였으므로 하나님을 대적할 수 없었다. 그러나 아담이 선악과 계명을 받았을 때, 사단은 아담을 통하여 하나님을 대적하려고 하였다. 사단은 자신의 신분을 감추기 위하여 뱀을 통하여 아담을 미혹하였다. 아담은 하나님의 주권을 인정하지 아니하고 사단의 미혹에 빠져서 하나님의 말씀을 대적하였다. 그 결과 죄가 세상에 들어왔으며 온 인류가 사망에 이르게 되었다.

2) 아담의 타락을 이해하려면 사단이 타락한 원인과 그 결과를 알아야 한다. 천사의 타락을 살펴보자. 사단은 하나님의 이름을 찬양하는 직분을 맡은 천사로서 아름답게 창조되었다. 그를 위하여 모든 악기가 예비 되었다. **"네가 옛적에 하나님의 동산 에덴에 있어서 각종 보석 곧 홍보석과 황보석과 금강석과 황옥과 홍마노와 낭옥과 청보석과 남보석과 홍옥과 황금으로 단장하였음이여 네가 지음을 받던 날에 너를 위하여 소고와 비파가 준비되었도다"** (겔 28:13). 이 천사가 교만하여 하나님을 대적하였다.[30] 이 천사는 교만하여 하나님의 아들을 위하여 준비된 하늘 보좌에 오르려고 하였다. **"네가 네**

---

30) 천사의 타락에 대하여, 졸저, 상게서, 2.1.1 참조

마음에 이르기를 내가 하늘에 올라 하나님의 뭇별 위에 나의 보좌를 높이리라 내가 북극 집회의 산 위에 좌정하리라 가장 높은 구름에 올라 지극히 높은 자와 비기리라 하도다"(사 14:13,14). "마음에 이르다"란 악한 생각을 행동으로 옮기기로 결정한 것을 의미한다. 사단의 자유의지가 악한 생각을 수용한 상태를 의미한다. 타락한 천사는 종으로 창조되었으므로 보좌가 없다. 그러나 그 천사는 자신에게 보좌가 있는 것으로 착각하고 하늘 보좌에 오르려고 하였다. 그 보좌는 하나님의 아들을 위하여 창조된 것이다. "아들에 관하여는 하나님이여 주의 보좌가 영영하며 주의 나라의 홀은 공평한 홀이니이다"(히 1:8).

3) 천사가 하나님의 아들의 보좌에 오르겠다고 결정한 이유는 만물을 창조하신 아들을 믿지 아니하였기 때문이다. 하나님의 아들이 만물의 창조주이시며 만물의 통치자이심을 믿었다면, 그 천사는 보좌에 오르려는 악한 마음을 품지 아니하였을 것이다. 곧 사단의 죄는 불신앙으로부터 시작하였다. 따라서 하나님은 사단을 불의하게 여기시고 그를 영원한 결박으로 흑암에 가두셨다. "네가 지음을 받던 날로부터 네 모든 길에 완전하더니 마침내 불의가 드러났도다"(겔 8:15). 사단이 하나님의 말씀 앞에서 자신을 낮추지 아니하고 교만하였으므로 타락하였다고 성경은 말씀한다. "네가 아름다우므로 마음이 교만하였으며 네가 영화로우므로 네 지혜를 더럽혔음이여 내가 너를 땅에 던져 열왕 앞에 두어 그들의 구경거리가 되게 하였도다"(겔 28:17). 이사야 선지자는 사단이 갇힌 땅을 음부로 표현하였다. "그러나 이제 네가 음부 곧 구덩이의 맨 밑에 빠치우리로다"(사 14:15). 구덩이란 음부로서 흑암을 의미한다. "하나님이 범죄한 천사들을 용서치 아니하시고 지옥에 던져 어두운 구덩이에 두어 심판 때까지 지키게 하셨으며"(벧후 2:4).

4) 타락한 천사가 역사하는 흑암 속에서 사람이 창조되었다. 아담이 선악과 계명을 받았을 때, 사단은 뱀을 통하여 하와에게 접근하였다. 하나님의 말씀을 받지 못한 사단이 하나님을 대적할 수 있는 유일한 길은 아담이 받은 계명을 통하여 하나님을 대적하는 것이다. 아담은 자유의지를 받았으므로 사단은 아담의 자유의지를 간섭할 수 없었다. 따라서 사단은 뱀을 통하여 하와를 미혹하였다. 그 미혹은 하나님에 대한 불순종의 생각

을 넣어주는 것이다. **"뱀이 여자에게 이르되 너희가 결코 죽지 아니하리라"** (창 3:4). 하나님께서 아담에게 먹으면 반드시 죽는다고 말씀하셨다. 그러나 사단은 먹어도 죽지 아니할 것이라고 미혹하였다. 이에 대한 반론이 없자, 뱀은 하와의 불신앙을 확인한 뒤에 하나님을 대적한 이후에 자유를 얻을 수 있다고 하와를 미혹하였다. **"너희가 그것을 먹는 날에는 너희 눈이 밝아 하나님과 같이 되어 선악을 알줄을 하나님이 아심이니라"** **(창 3:5)**. "하나님과 같이 되다"란 하나님의 주권으로부터 독립하여 스스로 생명과 사망을 선택할 수 있다는 것이다.

5) 사단이 "눈이 밝아 하나님과 같이 되다"라고 하와를 미혹한 것은 자신이 타락한 동기를 그대로 보여준다. 사단은 하나님의 보좌에 올라 가장 높은 자와 비기려 하였다(사 14:14). "비기다" 하나님과 같이 되려는 마음이다.31) 사단은 하나님과 같이 되어 자신의 의지로 생명과 사망을 결정하려고 하였다. 사단은 자신의 악한 생각을 하와에게 넣어주었다. 하나님과 같이 되면 하나님의 모든 간섭으로부터 자유할 수 있다. 하와가 하나님의 계명으로부터 자유할 수 있다고 생각하고 선악을 알게 하는 실과를 보았을 때, 그녀의 마음속에서 그 실과를 먹고 싶은 욕망이 솟아났다. **"여자가 그 나무를 본즉 먹음직도 하고 보암직도 하고 지혜롭게 할 만큼 탐스럽기도 한 나무인지라 여자가 그 실과를 따먹고 자기와 함께한 남편에게도 주매 그도 먹은지라"** **(창 3:6)**. 아담이 사단의 미혹에 빠져서 선악과 계명을 대적하였을 때 그 욕망이 육체의 속성이 되어 온 인류에게 유전되고 있다.32)

6) 아담의 타락은 자유의지의 타락이다. 아담이 선악과 계명의 순종과 불순종에 대하여 하나님과 사단은 아담의 의지에 일체 간섭을 하지 아니하였다. 사단은 아담에게 선악과 계명을 대적하도록 미혹하였지만 강요하지 못하였다. 사단이 아담의 의지에 간섭할 수 있었다면 아담에게 범죄하도록 강요하였을 것이다. 그러나 사단은 하와의 마음에 불신앙의 생각을 넣어주고 선악과 계명의 순종여부를 그녀의 판단에 맡겼다. 하나님도

---

31) "비기다"로 번역된 히브리어, 엗담마(אֲדַמֶּה)는 דָמָה의 히트파엘 형으로 재귀동사이다(to make myself like the Most High). 사단 자신이 하나님과 같이 되겠다고 하는 것이다. John. J. Owens, Ibid., vol. 3, p. 44.
32) 졸저, 상게서, 2.3.2.(1) 참조

마찬가지로 모든 것을 하와의 자유의지에 맡기셨다. 만약 하와가 사단에게 미혹을 받았을 때, 하나님께서 아담에게 선악과 계명을 다시 강조하셨다면 아담은 범죄할 생각도 못하였을 것이다. 따라서 사람의 범죄에 대한 모든 책임은 사람에게 돌아간다.

7) 하와가 먼저 범죄하였고 아담이 그녀의 미혹을 받아 타락하였지만, 선악과 계명을 대적한 책임이 아담에게 돌아갔다. 그 이유를 살펴보자. 하와가 창조되기 전에 하나님은 아담에게 선악과 계명을 주셨고 아담은 그 계명을 하와에게 전하였다. 곧 아담은 선악과 계명에 대하여 언약의 주체이다. 하나님은 아담에게 선악을 알게 하는 나무의 실과를 먹으면 죽는다는 언약을 세우셨다. 아담은 그 언약의 대상이므로 하와의 타락은 아담의 책임으로 돌아간다. 따라서 성경은 사람 가운데 아담을 최초의 범죄자로 말씀한다. **"아담 안에서 모든 사람이 죽은 것 같이 그리스도 안에서 모든 사람이 삶을 얻으리라"** (고전 15:22).

8) 아담이 범죄하였을 때 (창 2:17)의 말씀에 따라서 그는 사망에 이르게 되었다. 죽었다는 것은 의로움과 거룩함을 잃어버렸다는 것으로 생명이 없다는 것이다. 아담은 타락하므로 그의 육체와 혼과 영이 불의하고 더럽게 되었다. 육체는 불의하고 더럽게 되었으나 목숨을 유지하고 있었으며 그의 영은 모든 하나님의 영광을 위하여 일할 수 있는 능력을 상실하였다.33) 아담은 생명을 전제로 에덴동산을 지키며 다스리는 권세를 받았지만 죄로 인하여 그의 영이 불의하고 더럽게 됨으로 동산에서 쫓겨났다. **"여호와 하나님이 에덴동산에서 그 사람을 내어 보내어 그의 근본된 토지를 갈게 하시니라"** (창 3:23). 이로써 아담은 영원히 동산으로 돌아갈 기회를 상실하였다. **"이같이 하나님이 그 사람을 쫓아내시고 에덴동산 동편에 그룹들과 두루 도는 화염검을 두어 생명나무의 길을 지키게 하시니라"** (창 3:24).

9) 죄로 인하여 아담의 영이 죽었다는 증거가 하나님의 심판으로 나타났다. 아담의

---

33) 아담의 육체는 영원히 죽지 아니할 존재로 창조되었으나 범죄함으로 죽게 되었다는 가설이 제기되었다(Louis Berkhof, Systematic Theology, 권수경·이상원 역, 조직신학 상(크리스챤 다이제스트, 2000, p. 441). 이에 대하여 성경은 사람의 육체가 죽는 존재로 창조되었다고 말씀한다(히 9:27). 아담이 선악과 계명을 범하였을 때 그의 영은 죄로 인하여 죽었지만 그의 육체는 약 900년 이상 살았다. 만약 사람의 육체가 영원히 사는 존재로 창조되었으면 하나님께서 하늘을 창조하실 필요가 없으셨을 것이다. 하늘은 죽은 성도들의 영혼이 들어갈 곳이다.

타락으로 땅은 저주를 받았다. **"아담에게 이르시되 네가 네 아내의 말을 듣고 내가 너더러 먹지 말라한 나무 실과를 먹었은즉 땅은 너로 인하여 저주를 받고 너는 종신토록 수고하여야 그 소산을 먹으리라"** (창 3:17). 이것은 아담이 죄로 인하여 땅을 정복할 능력을 상실하였다는 것을 보여준다. 땅이 저주를 받으므로 오는 자연재해 앞에 사람은 속수무책이다. 가뭄과 홍수, 화산과 지진, 태풍과 기상이변, 곤충과 해충 등은 죄로 인하여 아담의 영이 죽었고 이로 인하여 땅이 저주를 받았다는 증거이다.

10) 하나님은 자기의 영광을 나타내기 위하여 사람에게 땅을 정복하고 생물들을 다스리는 권세를 주셨지만, 죄로 인하여 땅이 저주를 받음으로 사람은 맡은 사명을 감당할 능력을 잃어버렸다. 죄로 인하여 생명을 잃어버린 자는 하나님의 영광을 위하여 일할 수 없기 때문이다. (창 1:28)의 문화명령은 사람의 생명을 전제로 하여 주신 계명이다. 따라서 사람이 죄로 인하여 생명을 잃어버리면 하나님의 영광을 위하여 일할 수 없다는 것을 의미한다.

11) 아담은 사단의 미혹에 빠져서 하나님의 말씀을 대적하였다. 사단은 빛이 창조되기 전에 하늘에서 타락하여 흑암에 갇힌 타락한 천사로서 하와를 미혹하여 범죄하게 하였다. 하와는 자유의지로 하나님의 주권을 대적하였다. 아담은 선악과 계명의 당사자이며 인류를 대표하므로 사람의 죄의 책임은 아담에게 돌아갔다. 아담의 영은 죄로 인하여 죽었으며 이로 인하여 그는 에덴동산에서 쫓겨나 땅을 경작하는 자가 되었다. 아담의 죄로 인하여 땅은 저주를 받았고 아담은 살기 위하여 이마에 땀을 흘리게 되었다.

(2) 아담의 타락과 자유의지의 상실

1) 아담은 하나님의 말씀을 순종할 수 있는 자유의지를 받았으나 타락하므로 그 의지를 상실하고 사단의 종이 되었다. 사단은 사람의 인격을 지배하는 자가 되었다. 사단은 사람을 통하여 문명과 문화를 지배하는 명실상부한 세상의 임금이 되었다. 아담이 타락한 이후 사람은 마귀의 종이 되어 하나님을 대적하고 있다. 마귀는 세상의 임금으로 사람으로 하여금 죄를 범하도록 사람의 의지를 지배한다. 이것을 자유의지의 상실이라고 한다.

2) 뱀이 하와를 미혹하였을 때, 하와가 그 미혹을 뿌리치고 하나님의 계명을 순종하는 것은 하나님의 종이 되겠다는 의사표시이다. 그러나 하와가 하나님의 말씀을 거절하고 뱀의 미혹을 따르는 것은 뱀의 종이 되겠다는 의사표시이다. 하와가 뱀의 유혹을 받았을 때 하와는 뱀을 다스릴 권세를 가지고 있으므로 뱀에게 물러가라고 명령할 권세를 가지고 있었다(창 1:28). 그러나 하와는 스스로 하나님의 종 됨을 거절하고 뱀의 종이 되려고 하였다. 하나님은 하와의 결정을 그대로 받아드리셨다.

3) 아담이 타락한 후에 하나님은 뱀에게 사람의 육체를 다스리는 권세를 주셨다. **"여호와 하나님이 뱀에게 이르시되 네가 이렇게 하였으니 네가 모든 육축과 들의 모든 짐승보다 더욱 저주를 받아 배로 다니고 종신토록 흙을 먹을지니라"** (창 3:14). "흙을 먹을지니라"란 흙으로 창조된 것을 지배하는 것이다. 뱀은 육식동물로서 흙을 먹고 살지 못한다. 흙을 먹는다는 것은 흙으로 창조된 사람과 동물의 육체를 지배하는 것을 의미한다. 사람은 땅을 정복하여 문명을 건설하고 문화생활을 하므로 뱀은 사람의 육체를 지배할 뿐만 아니라 문명과 문화를 지배하는 명실상부한 세상의 임금이 되었다(요 12:31).34) 따라서 마귀는 예수 그리스도께 천하영광이 자기의 것이라고 주장하였다. **"마귀가 또 예수를 이끌고 올라가서 순식간에 천하 만국을 보이며 가로되 이 모든 권세와 그 영광을 내가 네게 주리라 이것은 내게 넘겨준 것이므로 나의 원하는 자에게 주노라"** (눅 4:5,6). "내게 넘겨준 것이므로"란 아담의 타락으로 이 권세를 하나님께로부터 받았다는 것을 의미한다. 예수 그리스도께서 마귀의 주장을 그대로 받아드리셨다.

4) 사단은 아담에게 하나님의 계명으로부터 독립하라고 유혹하였다. '선악을 알게 하는 나무의 실과를 먹고 하나님과 같이 되어 하나님의 간섭으로부터 자유하라. 하나님의 계명으로부터 자유하려면 그의 계명을 대적하라. 그리하면 내가 네게 자유를 주겠다.' 이것이 사단의 미혹이다. 아담은 사단의 유혹에 빠져서 하나님의 계명으로부터 자유하려고 선악을 알게 하는 나무의 실과를 먹었다. 그러나 아담은 자유를 얻지 못하고 도리어

---

34) 사람들은 사단에게 속하여 하나님을 대적하는 문명을 건설하고 있다. 이방종교와 거대한 이방신전들은 사단의 종이 된 사람들이 만든 것이다. 사람들은 사단의 영광을 나타내는 문명을 건설하고 있다. 국가는 이것들을 문화재라는 명목으로 보존하고 있으며 현대인들은 이것을 이용하여 관광 수입을 올리고 있다.

사단의 종이 되었다. "저희에게 자유를 준다 하여도 자기는 멸망의 종들이니 누구든지 진 자는 이긴 자의 종이 됨이니라" (벧후 2:19). "저희에게 자유를 준다"라고 미혹한 자는 사단이다. "진 자"란 사단의 미혹에 넘어간 자이다. "이긴 자"란 사단이다. 아담은 하나님의 계명을 대적하므로 사단의 종이 되었다.

  5) 아담은 범죄하므로 사단의 종이 되어 하나님의 말씀을 순종할 능력을 완전히 상실하였다. 하나님의 말씀을 대적하는 것이 사단의 속성이므로 사단은 사람을 통하여 하나님의 말씀을 대적한다. 따라서 아담이 타락한 이후 모든 사람은 사단의 생각에 따라서 범죄함으로 사단의 악한 생각을 행동으로 표출하고 있다. 사람이 자기의 의지로 사단의 권세로부터 자유할 수 없으므로 사람은 일생동안 사단의 지배를 받아 범죄하고 있다. **"또 죽기를 무서워함으로 일생에 매여 종노릇하는 모든 자들을 놓아 주려 하심이니"** (히 2:15).

  6) 성경은 사람의 인격을 지배하는 사단의 생각을 죄라고 말씀한다. **"예수께서 대답하시되 진실로 진실로 너희에게 이르노니 죄를 범하는 자마다 죄의 종이라"** (요 8:34). "죄의 종이다"란 죄가 사람의 인격을 지배한다는 것을 의미한다. 곧 죄란 사단의 생각이다. 사도 바울은 사망 안에서 죄가 사람의 인격을 지배하는 왕이라고 기록하였다. **"이는 죄가 사망 안에서 왕노릇 한 것 같이 은혜도 또한 의로 말미암아 왕노릇하여 우리 주 예수 그리스도로 말미암아 영생에 이르게 하려 함이니라"** (롬 5:21). "사망 안에서"란 죄로 인하여 불의하고 더럽다고 선고를 받은 자를 말한다. 죄가 왕노릇하려면 죄는 사단의 인격이어야 한다. 인격만이 사람의 인격을 지배할 수 있기 때문이다. 모든 죄는 사단의 인격을 반영하므로 아담의 타락 이후 사단은 사람의 인격을 지배한다. 사도 바울은 사단의 인격이 자신의 육체 안에 있다고 고백하였다. **"이제는 이것을 행하는 자가 내가 아니요 내 속에 거하는 죄니라"** (롬 7:17).35) 바울은 자신의 육체 안에 있는 사단의 인격으로 인하여 괴로워하였다. **"오호라 나는 곤고한 사람이로다 이 사망의 몸에서 누가 나를 건져 내랴"** (롬 7:24). 바울은 사단의 사자가 자기의 육체 안에서 역사하므로 육체

---

35) "거하다"로 번역된 헬라어, 에노이쿠사($\dot{\epsilon}\nu o\iota\kappa o\bar{u}\sigma a$)는 그 안에 거하다, 살다, 들어와 있다, 거주하다란 의미를 가지고 있다.

가 연약하다고 고백하였다. **"여러 계시를 받은 것이 지극히 크므로 너무 자고하지 않게 하시려고 내 육체에 가시 곧 사단의 사자를 주셨으니 이는 나를 쳐서 너무 자고하지 않게 하려 하심이니라"** (고후 12:7).

7) 사단의 인격인 죄가 사람의 육체 안에 거하는 이유를 살펴보자. 바울은 사단의 인격이 자신의 육체를 집으로 삼아 살림을 차리고 살아가고 있다고 고백하였다. 이 고백에 의하면, 사단이 사람의 육체를 자기 것처럼 지배하고 있다는 것을 알 수 있다. 사단의 인격 앞에서 사람의 육체는 사람의 것이 아니라 사단의 소유이다. 사단은 사람의 육체를 사용하여 하나님을 대적하고 있다. 이것은 사단이 사람의 인격을 완전히 지배한다는 것을 의미한다.36) 사단은 사람의 지성을 지배하여 만물과 하나님의 말씀을 통하여 하나님을 알지 못하게 하고 하나님을 대적하는 이방종교를 만들어 낼 뿐만 아니라 학문이란 미명으로 자유주의 신학을 탄생시켰다. 사단은 사람의 감성을 지배하여 하나님의 말씀으로 기뻐하지 못하고 세상에 속한 것으로 기뻐하게 한다. 사단은 사람의 의지를 지배하여 자신의 생각이 사람의 언행으로 표출하고 있다. 따라서 사람이 범하는 모든 죄는 사단의 악한 생각을 나타낸다.

8) 사단이 사람의 인격을 지배하고 있다. 사단이 사람의 인격을 지배하려면 그의 생각이 항상 사람의 육체 안에 있어야 한다. 이것이 사단의 표이다. 아담이 사단의 생각에 따라서 행동하였을 때, 그의 육체에 사단의 생각이 죄의 흔적으로 새겨졌다. 죄인의 이마와 오른 손에 짐승의 이름이 기록되었다. **"저가 모든 자 곧 작은 자나 큰 자나 부자나 빈궁한 자나 자유한 자나 종들로 그 오른손에나 이마에 표를 받게 하고 누구든지 이 표를 가진 자 외에는 매매를 못하게 하니 이 표는 곧 짐승의 이름이나 그 이름의 수라"** (계 13:16,17). 아담이 타락한 뒤에 그의 이마와 오른 손에 사단의 이름이 새겨졌다. 곧 아담이 범죄하였을 때, 사단은 아담이 자기의 소유임을 증명하기 위하여 아담의 이마와 오른 손에 자신의 이름을 새겼다. 아담의 이마에 새겨진 사단의 이름은 사단의 악한 생각이 농축된 것으로, 사단이 하와의 마음에 넣어준 악한 생각이다. **"여자가 그 나무를 본즉 먹음직도 하고 보암직도 하고 지혜롭게 할 만큼 탐스럽기도 한 나무인지라"** (창

---

36) 졸저, 상게서, 2.4 2.(2)참조

3:6). 이 생각이 농축되어 사단의 이름으로 아담의 이마에 새겨졌다. 이것을 죄의 흔적이라고 말할 수 있다.37) 사람이 죄를 범할 때마다 그 죄의 흔적이 기존의 죄의 흔적에 추가되어 육체에 새겨진다고 말할 수 있다.

9) 아담의 이마에 새겨진 죄의 흔적은 죄의 샘이라고 말할 수 있다. 죄의 흔적은 사단의 생각이 농축된 것이므로 그로부터 항상 하나님의 말씀을 대적하려는 생각이 나온다고 말할 수 있을 것이다. 사도 요한은 그 죄의 흔적을 정욕이라고 기록하였다. **"이는 세상에 있는 모든 것이 육체의 정욕과 안목의 정욕과 이생의 자랑이니 다 아버지께로부터 온 것이 아니요 세상으로부터 온 것이라"** (요일 2:16). 하나님을 대적하는 사단의 생각인 정욕이 육체의 속성이 되었다. 사도 바울은 육체의 정욕이 죄의 정욕이며 이로부터 하나님의 말씀을 대적하려는 생각이 나와서 사람의 의지를 사로잡는다고 가르쳤다. **"우리가 육신에 있을 때에는 율법으로 말미암는 죄의 정욕이 우리 지체 중에 역사하여 우리로 사망을 위하여 열매를 맺게 하였더니"** (롬 7:5).38) "죄의 정욕이 우리 지체 중에 역사하여"란 죄의 흔적인 정욕으로부터 하나님의 말씀을 대적하려는 탐심이 계속하여 나와서 사람의 인격을 사로잡는다는 것을 의미한다.

10) 탐심은 죄의 정욕으로 하나님의 말씀을 대적하려는 생각이다. 율법은 탐심을 정죄하고 있다. 따라서 죄의 정욕으로부터 나오는 탐심 때문에 '사람의 육체 안에는 항상 죄가 거하고 있다'라고 말할 수 있다. **"그런즉 우리가 무슨 말 하리요 율법이 죄냐 그럴 수 없느니라 율법으로 말미암지 않고는 내가 죄를 알지 못하였으니 곧 율법이 탐내지 말라 하지 아니하였더면 내가 탐심을 알지 못하였으리라"** (롬 7:7). 탐심은 사단의 인격을 반영하므로 하나님은 사람의 육체 속에 있는 탐심을 통하여 사단의 죄를

---

37) 사도 바울은 자신의 몸에 예수 그리스도의 흔적이 있다고 고백하였다. **"이 후로는 누구든지 나를 괴롭게 말라 내가 내 몸에 예수의 흔적을 가졌노라"** (갈 6:17). "흔적"으로 번역된 헬라어, 스티그마($\sigma\tau\iota\gamma\mu\alpha$)는 영적인 문신(tattoo)이다. 성경은 이 흔적을 성도들의 이마와 오른 손에 있는 하나님의 이름과 어린 양의 이름이라고 말씀한다. **"또 내가 보니 보라 어린 양이 시온 산에 섰고 그와 함께 십사만 사천이 서 있는데 그들의 이마에는 어린 양의 이름과 그 아버지의 이름을 쓴 것이 있더라"** (계 14:1).

38) "정욕"으로 번역된 헬라어, 파데마타($\pi\alpha\theta\eta\mu\alpha\tau\alpha$)는 고난, 괴로움, 정욕, 열정이란 의미를 가지고 있다. 죄를 지으려는 생각으로 인하여 받는 괴로움은 죄의 정욕이다. 그리스도의 죽음으로 인한 고난을 표현할 때 파데마타란 단어가 사용되었다(히 2:9). W. Michaelis, "$\pi\alpha\theta\eta\mu\alpha$" Gerhard Kittel and Gerhard Friedrich, ed., pp. 897, 898.

드러내신다. 사람의 육체에 죄의 흔적이 새겨졌으므로 사람의 육체 안에 죄가 살고 있다고 말할 수 있을 것이다. 사람의 육체에 새겨진 죄의 흔적으로부터 사람의 인격과 무관하게 탐심이 솟아난다면, 그 생각은 사람의 의지와 무관하다. 곧 사람은 자신의 의지로 그 생각을 통제할 수 없을 것이다. 심리학에서는 사람의 의지로 통제할 수 없는 생각을 무의식이라고 한다. 무의식은 하나님의 말씀을 대적하려는 생각으로 사람의 의지와 무관하게 죄의 정욕으로부터 나온다.

11) 사람은 자신의 의지로 통제할 수 있는 생각과 없는 생각이 있다. 죄의 흔적으로부터 나오는 생각은 사람의 의지로 통제할 수 없다. 그러나 사람은 그 생각을 행동으로 옮기려는 방법을 결정하려는 생각은 통제할 수 있다. 예를 들어보자. 다윗이 밧세바의 나신을 보았을 때, 그의 마음속에 음욕이 솟아났다. 이 음욕은 다윗의 의지와 무관한 탐욕으로 그의 의지로 통제할 수 없는 생각이다. 다윗은 그의 육체에서 음욕이 솟아나지 못하게 할 수 없었다. 그러나 그 음욕을 행동으로 옮기려고 할 때 그 계획은 통제할 수 있다. 다윗은 밧세바의 집으로 갈 수도 있으며 그녀를 궁으로 불러올 수도 있었다. 다윗은 후자를 선택하였다. 곧 탐심은 통제할 수 없는 생각이나, 그 생각을 행동으로 옮기려는 계획을 수립하는 과정에서 나타나는 생각은 통제할 수 있다. 이 생각은 의식 활동으로 통제 가능하다. 죄의 정욕으로부터 나오는 탐심은 무의식으로서 통제할 수 없으나, 그 탐심을 행동으로 옮기려고 계획하는 생각은 의식 활동으로 통제할 수 있다.

12) 탐심을 통제할 수 없는 이유는 그것이 사단의 인격을 반영하기 때문이다. 아담이 타락한 뒤에 하나님은 사단에게 사람의 인격을 지배하는 권세를 주셨으므로 사람은 자기의 의지로 탐욕이 솟아나지 못하게 할 수 없으며 그 생각이 자신의 의지를 사로잡아 오는 것을 막을 수 없다. 따라서 사도 바울은 탐심이 그를 사로잡아온다고 기록하였다. **"내 지체 속에서 한 다른 법이 내 마음의 법과 싸워 내 지체 속에 있는 죄의 법 아래로 나를 사로잡아 오는 것을 보는도다"** (롬 7:23). 이것은 사람이 완전히 사단의 종이 되었다는 것을 보여준다.

13) 아담의 타락으로 사람은 자유의지를 상실하고 사단의 종이 되었다. 사단의 악한 생각이 죄의 흔적으로 사람의 육체에 새겨졌다. 그 죄의 흔적으로부터 탐심이 계속하여

나와서 사람의 의지를 사로잡아 범죄하게 한다. 사단의 생각이 농축된 죄의 흔적으로부터 죄를 지으려는 생각이 사람의 육체 안에서 항상 솟아난다. 그 생각이 사람의 의지를 사로잡아 사람으로 하여금 하나님의 말씀을 대적하게 한다. 이것을 자유의지의 상실이라고 하며 사람의 전적인 타락이라고 말할 수 있다. 사단이란 하나님과 타락한 천사의 관계에서 하나님을 대적하는 하나님의 원수이다.[39] 마귀는 타락한 천사와 사람과의 관계에서 사람의 인격을 지배하는 자이다. 사단과 마귀는 동일한 자이다. 마귀는 세상을 통치하는 권세자로서 사람의 인격을 지배하여 하나님을 대적하게 한다.

(3) 이해를 위한 질문

1) 사단의 유혹과 아담의 타락

a. 우주는 흑암으로서 하늘과 함께 창조되었다. 하나님의 영광이 없는 것을 흑암이라고 한다. 이 흑암이 타락한 천사를 심판 때까지 가두는 장소라고 할 때, 우주 안에서 사단이 역사하고 있다. 사단이 아담을 미혹한 이유는 무엇인가.

b. 사단이 타락한 이유와 그 죄의 성격은 무엇인가(사 14:12~14).

c. 사단은 뱀을 통하여 아담을 미혹하였다. 그 이유는 무엇인가.

d. 아담이 뱀의 미혹에 넘어간 이유는 무엇인가.

e. 아담이 타락하므로 에덴동산에서 쫓겨난 이유는 무엇인가.

2) 아담의 타락과 자유의지의 상실

a. 아담이 하나님의 말씀을 대적하고 뱀의 생각에 따라서 선악을 알게 하는 나무의 실과를 먹었다. 하나님은 아담을 뱀의 종이 되게 하셨다. 그 이유는 무엇인가.

b. 아담은 뱀의 종이 됨으로 자유의지를 잃어버렸다. 그 이유는 무엇인가.

c. 아담이 뱀의 종이 되었다는 증거로서 그의 이마와 오른손에 짐승의 이름이 새겨졌다(계13:17). 그 표는 구체적으로 무엇을 의미하는가.

d. 아담의 이마에 새겨진 짐승의 이름으로부터 죄를 지으려는 생각이 나오는 이유는 무엇인가.

---

39) BDB., p. 966.

e. 아담의 육체로부터 나오는 탐심이 무의식인 이유는 무엇인가.

f. 탐심이 마귀의 인격을 반영하는 이유는 무엇인가(요 8:34).

3. 아담의 타락과 불신앙

(1) 불신앙과 마귀의 역사

1) 아담은 창조주 하나님을 믿지 아니함으로 하나님의 주권을 침해하였다. 하나님만이 생명과 사망을 결정할 수 있으나, 아담은 자신의 의지로 생명과 사망을 선택하려고 하였다. 그 결과 온 인류가 사망에 이르게 되었고 마귀의 종이 되어 하나님의 형상을 잃어버리고 마귀의 형상을 나타내고 있다. 하나님은 사단에게 믿음을 버린 자들을 지배하는 권세를 주셨다. 마귀는 모든 죄인의 마음에 하나님의 말씀을 대적하려는 생각을 넣어줌으로 세상을 지배하는 임금이 되었다. 인류의 모든 죄는 마귀로부터 시작되고 있으므로 마귀의 지배 아래 있는 자는 마귀의 자식이라고 성경은 말씀한다.

2) 불신앙은 타락한 천사로부터 시작하였다. 하나님의 이름을 찬양하는 직분을 맡은 천사가 하나님의 아들의 존재와 그의 왕권을 믿지 아니하였다. 하나님의 아들은 자기를 위하여 하늘을 창조하시고 보좌를 예비하셨다(히 1:8). 그러나 그 천사는 이것을 믿지 아니하고 하나님의 아들을 위하여 예비된 보좌에 오르려고 하였다. 사단의 불신앙이 타락의 원인이 되었다. 사단은 하와에게 불신앙의 생각을 넣어주었다. 하와는 만물을 창조하신 하나님의 아들의 주권을 믿지 아니하였으므로 선악과 계명을 대적하였다. 이 불신앙의 죄가 아담과 하와의 육신에 흔적으로 새겨졌다. 아담이 타락하므로 인류의 육체에 새겨진 죄의 흔적, 곧 짐승의 이름은 불신앙을 의미한다고 말할 수 있다. 사람은 모두 불신앙의 씨앗을 가지고 태어난다. 따라서 성경은 뱀의 후손이 나타날 것이라고 말씀한다. **"내가 너로 여자와 원수가 되게 하고 너의 후손도 여자의 후손과 원수가 되게 하리니 여자의 후손은 네 머리를 상하게 할 것이요 너는 그의 발꿈치를 상하게 할 것이니라 하시고" (창 3:15).** "너의 후손"이란 불신앙으로 마귀의 지배 아래 있는 자이다. "여자의 후손"이란 믿음으로 의롭다 함을 받은 아브라함의 후손으로 오실 예수 그리스도를 가리킨다.

3) 사단의 속성인 죄의 흔적을 가지고 태어난 자들을 독사의 자식 또는 마귀의 자식이라고 성경은 말씀한다. **"뱀들아 독사의 새끼들아 너희가 어떻게 지옥의 판결을 피하겠느냐" (마 23:33).**40) 독사의 자식이란 독사의 속성을 가지고 태어났다는 것을 의미한다. 아담을 미혹한 뱀은 하나님을 대적하는 사단의 도구로 사용되었다. 따라서 독사의 새끼란 하나님의 말씀을 대적하는 사단의 도구를 의미한다. 독사의 속성을 결정하는 그의 피가 사람의 몸속에 흐르고 있다. 사람은 하나님의 말씀을 대적하려는 사단의 속성을 유전인자로 받았다.

4) 사단의 속성은 뱀의 말을 통하여 나타났다. 사단은 뱀을 통하여 하나님을 믿지 아니하는 그의 속성을 나타냈다(창 3:4,5). 아담이 사단의 말을 순종하였을 때, 사단의 불신앙의 속성이 아담의 육체와 인격과 영에 새겨졌다. 사단의 속성이 아담의 육체와 인격과 영의 특성이 되었다. 사단이 뱀을 통하여 불신앙의 씨앗을 아담에게 뿌렸다. 아담이 사단의 미혹에 따라 불신앙으로 하나님의 말씀을 대적하였을 때 그 씨가 싹이 나서 자라고 열매를 맺었다. 그 씨는 온 인류에게 유전되고 있다.41) 따라서 하나님은 모든 죄인을 독사의 자식이라고 선언한다.

5) 하나님의 말씀은 그의 속성의 씨로서 사람의 심령에 뿌려진다. 예수 그리스도께서 생명의 씨를 사람의 마음에 뿌리셨다. **"예수께서 비유로 여러 가지를 저희에게 말씀하여 가라사대 씨를 뿌리는 자가 뿌리러 나가서"** (마 13:3). **"예수께서 비유로 여러가지를 저희에게 말씀하여 가라사대 씨를 뿌리는 자가 뿌리러 나가서"** (마 13:3). "씨를 뿌리는 자"란 예수 그리스도이다. **"대답하여 가라사대 좋은 씨를 뿌리는 이는 인자요"** (마 13:37). "씨"란 하나님의 말씀이다. **"뿌리는 자는 말씀을 뿌리는 것이라"** (막 4:14). 하나님의 말씀이 뿌려졌을 때 사람이 믿음으로 그 말씀을 순종하면 그 말씀을 통하여 계시된 하나님 씨가 싹이 나서 자라고 열매를 맺는다. **"더러는 좋은 땅에 떨어지매 혹 백배, 혹 육십 배, 혹 삼십 배의 결실을 하였느니라"** (마 13:8). 하나님의 말씀은 그의 속성을 담고 있는 씨(seed)다. **"너희가 거듭난 것이 썩어질 씨로 된 것이 아니요 썩지**

---

40) "독사의 새끼"로 번역된 헬라어, 겐네마($\gamma \acute{\epsilon} \nu \nu \eta \mu \alpha$)는 자식, 자손, 산출된 것을 의미한다. KJV.에서는 피(blood)로 번역되었다.
41) 아담에게 뿌려진 사단의 씨가 유전되는 이유에 대하여, 졸저, 상게서, 2.3.2.(2) 참조

아니할 씨로 된 것이니 하나님의 살아 있고 항상 있는 말씀으로 되었느니라"(벧전 1:23).

6) 아담 안에서 사람은 누구나 불신앙의 씨를 가지고 태어난다. 이 씨가 싹이 나고 성장하여 열매를 맺으려면, 외부의 자극을 받아야 한다. 가인은 불신앙의 씨를 가지고 태어났다. 그는 자신의 제사가 하나님께 열납되지 못하는 것을 보았을 때 그의 마음속에 분한 생각이 용솟음치기 시작하였다. 이것을 보신 하나님께서 그에게 죄의 소원을 다스리라고 말씀하셨다. "네가 선을 행하면 어찌 낯을 들지 못하겠느냐 선을 행치 아니하면 죄가 문에 엎드리느니라 죄의 소원은 네게 있으나 너는 죄를 다스릴찌니라"(창 4:7). 그러나 그의 마음속에 있는 분한 생각이 그의 의지를 사로잡아 아벨을 죽였다. 가인의 분한 생각은 불신앙의 씨로부터 나온 것이다. 하나님께서 제사를 받으시는 것은 그의 주권에 속한다. 가인이 하나님의 주권을 인정하지 아니하는 것은 아담으로부터 받은 불신앙의 씨로부터 나온 것이다. 하나님께서 가인의 제사를 받지 아니하신 것이 가인에게 있는 불신앙의 씨를 자극하였다. 가인에게 있는 불신앙의 씨를 자극한 자가 마귀이다. "가인 같이 하지 말라 저는 악한 자에게 속하여 그 아우를 죽였으니 어찐 연고로 죽였느뇨 자기의 행위는 악하고 그 아우의 행위는 의로움이니라"(요일 3:12). 곧 마귀는 하나님께서 가인의 제사를 받으시지 아니하신 것을 핑계로 하여 가인의 마음속에 아벨을 죽이려는 생각을 넣어주었고 그 생각이 가인의 의지를 사로잡았다. 그 과정을 살펴보자.

7) 첫째, 아담으로부터 받은 불신앙의 씨앗이 싹이 나려면 여건이 조성되어야 한다.42) 그 여건이 가인의 제사이다. 가인은 자신의 죄를 알지 못하고 자신의 의를 드러내기 위하여 제사를 드렸다. 제사는 자신의 죄를 알고 그 죄를 사하실 하나님을 믿는 믿음으로 드려야 한다. 그러나 가인은 믿음이 없이 제사를 드렸으므로 하나님께서 받지 아니하셨다. 둘째, 제사로부터 하나님을 원망하는 생각이 가인의 마음속에 솟아났다. 이것은 마귀의 역사이다. 가인은 하나님과 아벨에 대하여 분한 마음을 품었다. "여호와께서 가인에게 이르시되 네가 분하여 함은 어찜이며 안색이 변함은 어찜이뇨"(창 4:6). 셋째,

---

42) 볍씨가 싹이 나려면 물이 있어야 한다. 식물의 씨는 발아하기 위하여 흙과 적당한 수분이 있어야 한다. 이와 같이 불신앙의 씨가 싹이 나려면 여건이 조성되어야 한다.

그 생각이 가인의 의지를 사로잡아 행동으로 옮겨져야 한다. 이것은 마귀의 역사이다. 마귀의 인격을 반영하는 가인의 분한 생각이 가인의 의지를 사로잡았다. 가인이 아담으로부터 받은 불신앙의 씨가 싹이 나서 살인이란 열매를 맺었다.

8) 다른 예를 들어보자. 다윗이 목욕하는 밧세바의 나신을 보았다. 마귀는 다윗의 마음속에 그녀의 나신이 예쁘게 보이게 하였다. **"저녁때에 다윗이 그 침상에서 일어나 왕궁 지붕 위에서 거닐다가 그곳에서 보니 한 여인이 목욕을 하는데 심히 아름다와 보이는지라"** (삼하 11:2). 마귀는 다윗의 마음속에 음욕을 넣어주었고, 다윗은 그녀를 궁으로 불러드렸다. 첫째, 이 사건은 목욕하는 밧세바의 사건으로부터 시작한다. 마귀는 밧세바로 하여금 나신으로 목욕하게 하였을 것이다. 둘째, 다윗이 그녀를 보았을 때 마귀는 아담으로부터 받은 불신앙의 씨를 통하여 그의 마음속에 음욕을 넣어주었다. 셋째, 다윗은 음욕을 행동으로 옮기기로 작정하고 밧세바를 궁으로 불러드렸다.

9) 가인과 다윗의 죄는 외부의 여건의 조성을 전제조건으로 한다. 그 이유는 마귀가 자신의 신분을 감추기 위한 것이다. 심판 날에 하나님께서 마귀에게 가인을 통하여 아벨을 죽인 죄를 심문하신다면, 마귀는 전적으로 그 죄의 책임이 가인에게 있으며 자신과 상관없다고 발뺌을 할 것이다. 가인의 분한 마음은 전적으로 가인의 책임이며 자기와 무관하다고 마귀는 강변할 것이다. 다윗의 간음도 마찬가지이다. 따라서 마귀는 외부의 여건을 기회로 삼아 사람이 가진 불신앙의 씨를 통하여 하나님의 말씀을 대적하려는 생각을 넣어준다. 마귀가 역사하는 외부여건이란 사람이 가지고 있는 체험, 세상 지식 및 범죄 경험이라고 말할 수 있다.

10) 사람은 성장하는 과정에서 다양한 경험을 가지고 있으며 세상 학문으로부터 많은 지식을 얻는다. 이 모든 것은 사람이 아담으로부터 받은 불신앙의 씨로부터 하나님의 말씀을 대적하려는 생각이 솟아나는 통로를 제공한다. 이 불신앙의 씨가 육체의 정욕으로 농축되어 나타난다. 사람은 누구나 육체의 정욕을 가지고 있다. 이로부터 하나님의 말씀을 대적하려는 생각이 나온다. 사람은 자신의 의지로 그 생각을 통제할 수 없다. 그 생각은 사람의 의식 활동과 무관한 마귀의 인격이다.

(2) 영과 인격의 분리

1) 사람의 구조를 육체와 혼과 영으로 구분한다. 육체와 영은 실체이며 혼은 정신적인 것이다. 육체는 흙으로 창조되었으며 의식과 무관한 자율신경과 의식에 따라서 움직인다. 영은 하늘에서 창조되었으며 육체와 동일한 구조를 가지고 있다. 육체의 일은 영의 그림자 같다고 성경은 말씀하고 있다. **"그 발생함이 꽃과 같아서 쇠하여지고 그림자 같이 신속하여서 머물지 아니하거늘"(욥 14:2). "내 눈은 근심으로 하여 어두워지고 나의 온 지체는 그림자 같구나"(욥 17:7).** 육체의 일이 그림자라고 하는 것은 육체가 영의 그림자임을 의미한다. 그림자는 실물을 전제로 하기 때문이다. 실물이 있기 때문에 그림자가 존재한다. 사람의 육체는 영이 있기 때문에 존재한다. 육체와 영이 분리되면 육체는 실체를 잃어버렸으므로 죽어서 흙으로 돌아간다.

2) 육체의 감각이 있다는 것은 영의 감각이 있다는 것이다. 육체의 감각은 기온의 변화에 따라서 추위와 더위를 느끼는 것, 수분의 부족으로 느끼는 갈증, 배고픔과 포만감, 기쁨과 괴로움 등으로 구분할 수 있을 것이다. 육체의 감각은 혼으로 감지한다. 사람이 살아있는 동안, 육체와 인격이 서로 연결되어 있으므로 육체의 감각을 느낄 수 있을 것이다. 아담의 육체는 육체의 감각 및 육체의 욕망에 의하여 인격과 연결되어있다.[43] 영도 육체와 동일하게 감각을 가지고 있다고 할 때, 영의 감각을 인격으로 느낄 수 있을 것이다. 영과 인격이 분리된다면 사람은 영의 감각을 느끼지 못할 것이다. 아담의 타락으로 그의 영과 인격은 분리되었다. 따라서 사람들은 영의 존재와 영의 감각을 알지 못한다. 그 이유를 살펴보자.

3) (창 1:28)의 말씀은 사람의 육체를 위하여 주신 계명이나, (창 2:16,17)의 계명은 사람의 영을 위한 계명이다. 사람의 목숨과 생명은 구분한다. 목숨이란 육체가 호흡을 하고 살아 움직이는 것을 의미한다. 이에 반하여 생명이란 영이 의로움과 거룩함을 가지고 있는 것이다. 따라서 선악과 계명은 영의 양식이라고 말할 수 있다. 육체의 양식이 입을 통하여 사람의 위로 들어오듯이, 영의 양식은 육체의 순종을 통하여 영 안에 들어온

---

[43] 신경이 마비된 자는 육체의 감각이 없으므로 인격과 육체가 분리되어있다. 사람은 육체의 감각을 통하여 인격으로 육체의 상태를 알 수 있다.

다. 아담이 선악과 계명을 순종하였을 때 그 말씀은 그의 영에 들어왔다. 아담의 영은 그 계명으로 인하여 의롭고 거룩함을 유지하였다. 목숨이 저장되지 아니하는 것처럼 생명도 저장되는 것이 아니다, 육체의 목숨이 저장된다면 사람은 계속하여 음식을 먹을 필요가 없을 것이다. 아담의 영이 살아있다는 것은 아담의 영에 저장된 선악과 계명으로부터 그 계명을 계속하여 순종하려는 영의 생각이 나오는 것이다.44) 아담의 인격이 영의 생각을 수용하면 그는 그 계명을 계속하여 순종할 수 있다. 아담의 영과 인격은 영의 생각으로 서로 연결되어 있었다. 따라서 영에 하나님의 말씀이 없으면 영의 생각이 없고 인격은 영의 상태를 알지 못한다.

4) 인격이 육체의 감각을 수용하면 육체는 그의 감각을 위하여 행동한다. 육체가 수분이 부족하면 갈증을 느낀다. 육체는 물을 통하여 갈증을 해소하려고 한다. 그러나 인격이 육체의 소욕을 수용하지 아니하면, 육체는 물을 마시지 아니하고 갈증을 견디게 된다. 육체가 피곤하여 쉬고 싶지만 인격이 이를 수용하지 아니하면 참고 일을 계속한다. 이와 같이 영은 인격의 도움을 받아 육체를 통하여 행동할 수 있다. 영은 스스로 행동하지 못하고 육체를 통하여 행동한다. 영은 그의 생각을 통하여 자신의 사정을 알리고 인격이 영의 생각을 수용하여 육체를 움직이면, 영의 생각과 육체의 행동이 일치한다. 영이 하나님의 말씀을 사모하더라도 인격이 이를 거절하면 육체는 그 말씀을 순종하지 아니한다. 이 경우에 영은 육체 안에서 괴로워한다. 그러나 죄로 인하여 영과 인격이 분리되어있으므로 사람은 인격으로 영의 사정을 알지 못한다.

5) 아담은 타락하므로 그의 인격과 영이 완전히 분리되었다. 그가 선악과 계명을 순종하였을 때 그 말씀이 그의 영 안에 있었다. 그러나 그가 하나님의 말씀을 대적하였을 때, 그의 영 안에 있던 말씀은 도말되었다. 따라서 아담의 영으로부터 영의 생각이 나오지 아니하였다. 영의 생각이 없으므로 아담의 인격은 영과 완전히 분리되었다. 영의 생각이 없으므로 아담의 인격은 육체의 정욕으로부터 나오는 육신의 생각과 연결되어 인격과 정욕이 하나같이 연결되었다. 육신의 생각은 마귀의 인격을 반영함으로 사람의 의지를 사로잡아 범죄하게 한다. 사람의 영과 인격 사이에 육체의 정욕이 자리를 잡고 있으므로

---

44) 졸저, 상게서, 2.3.2.(2) 참조

사람은 완전히 마귀의 노예가 되었다.

6) 사람의 인격과 영이 완전히 분리되었으므로 사람은 영의 존재를 알지 못하고 육체가 죽으면 모든 것이 끝나는 것으로 알고 살아있는 육체만을 위하여 살아간다. 성경은 사두개인들이 영의 존재를 알지 못하였다고 말씀한다. **"이는 사두개인은 부활도 없고 천사도 없고 영도 없다 하고 바리새인은 다 있다 함이라"** (행 23:8).[45] 돈은 육체의 욕구를 만족시키는 모든 것을 얻게 한다. 따라서 사람들은 돈의 노예가 되어 돈을 위하여 노력과 시간을 투자한다. 사람들은 정당한 방법으로 얻은 돈으로 가난한 사람을 돕고 사회와 국가를 위하여 사용하므로 사회적으로 명성을 얻는 것은 인생의 최고의 가치로 여기고 있다. 그들은 무덤을 크게 하고 화려한 비문을 새긴 비석을 세우기를 바라고 있다. 성경은 바리새인들이 이 범주에 속한다고 말씀한다. **"화 있을찐저 외식하는 서기관들과 바리새인들이여 너희는 선지자들의 무덤을 쌓고 의인들의 비석을 꾸미며 가로되"** (마 23:29).

7) 많은 사람들이 자기의 영이 없는 것으로 알고 살아가다가 죽은 뒤에 그 영혼이 음부에서 괴로워한다. 그들은 죽은 뒤에 돈과 명예가 그 인생 전체를 음부로 몰아넣은 것을 알고 후회하지만, 이제 영을 위하여 일할 수 있는 모든 기회가 사라졌다는 것을 알고 돈과 명예를 원망한다. 어떤 부자가 자기의 영이 없는 것으로 알고 세상에 속한 것으로 만족하며 살았으나 죽은 뒤에 그의 영혼이 음부에서 후회하고 있다. **"저가 음부에서 고통 중에 눈을 들어 멀리 아브라함과 그의 품에 있는 나사로를 보고 불러 가로되 아버지 아브라함이여 나를 긍휼히 여기사 나사로를 보내어 그 손가락 끝에 물을 찍어 내 혀를 서늘하게 하소서 내가 이 불꽃 가운데서 고민하나이다"** (눅 16:23,24).

8) 영이 있다는 것은 사후의 세계가 있다는 것을 의미한다. 누에가 애벌레로, 고치 안에서 번데기로, 그리고 나방으로 살아가듯이, 사람에게도 흙으로 창조된 육체 안에서 살고 그 육체를 벗고 영으로 사는 삶이 있다. 이것을 알지 못하게 하는 것이 마귀의 전략이다. 마귀는 사람의 인격과 영을 완전히 분리시켜서 사람으로 하여금 영의 존재를

---

[45] 사두개인들은 대제사장을 중심으로 하는 정치집단으로서 현실적이었다. 그들은 권력과 재물로 이 세상에서 누리는 문명과 문화생활에 집착하였다.

알지 못하게 한다. 마귀 아래 있는 자들은 사람으로 하여금 이 세상의 삶을 인생 전체로 알게 하고 돈과 명예를 위하여 일하게 한다. 따라서 말세에 사람들이 돈을 사랑하고 자기만을 사랑한다고 말씀한다. **"사람들은 자기를 사랑하며 돈을 사랑하며 자긍하며 교만하며 훼방하며 부모를 거역하며 감사치 아니하며 거룩하지 아니하며"** (딤후 3:2).

9) 사람은 영의 존재를 알지 못하지만 막연히 영원을 사모하는 마음이 있다. **"하나님이 모든 것을 지으시되 때를 따라 아름답게 하셨고 또 사람에게 영원을 사모하는 마음을 주셨느니라 그러나 하나님의 하시는 일의 시종을 사람으로 측량할 수 없게 하셨도다"** (전 3:11). 마귀는 영원을 사모하는 마음을 이용하여 사람으로 하여금 하나님을 대적하는 이방종교를 만들게 하였다.46) 사람의 영의 존재를 인식하는 사람도 이방종교에 빠짐으로 하나님을 대적하고 있다. 이방종교는 우상숭배와 음행을 종교행사로 끌어드렸다. 가나안 사람들은 바알과 아세라 신상을 만들고 이들에게 제사한 뒤에 집단으로 음행을 하였다.47) 이 모든 것은 아담의 타락으로 인하여 사람의 인격과 영이 분리됨으로 영의 존재를 알지 못한 결과에 기인한 것이라고 말할 수 있을 것이다.

10) 사단은 아담을 미혹하여 범죄하게 한 이후로 사람을 지배하는 세상의 임금이 되었다. 마귀는 사람의 영과 인격을 완전히 분리시켰고 육체의 속성인 정욕을 통하여 사람을 지배하고 있다. 사람은 누구나 마귀의 인격인 육체의 정욕을 가지고 있으며 그 정욕에 따라서 움직이고 있다. 사람의 의지와 무관하게 정욕으로부터 나오는 육신의 생각이 사람의 의지를 사로잡아 사람으로 하여금 범죄하게 한다. 이 모든 것은 아담의 타락으로부터 시작되었다. 아담 한 사람의 범죄로 인하여 모든 사람이 사망에 이르게 되었다. **"이러므로 한 사람으로 말미암아 죄가 세상에 들어오고 죄로 말미암아 사망이 왔나니 이와 같이 모든 사람이 죄를 지었으므로 사망이 모든 사람에게 이르렀느니라"** (롬 5:12).

---

46) 종교는 계시종교와 자연종교로 구분한다. 기독교, 로마 가톨릭, 이슬람 및 유대교 등은 신의 계시에 바탕을 둔 종교이다. 이에 반하여 힌두교와 불교는 사람의 이성에 바탕을 둔 대표적인 자연종교이다. 자연종교란 사람이 신의 존재를 전제로 하여 이성으로 창안한 종교이다. 이에 반하여 계시 종교는 유일신을 전제로 하며 신의 계시의 말씀을 기초로 하고 있다. 자연종교는 사람의 이성을 기초로 하고 있으므로 선악의 기준도 역시 사람의 양심의 수준을 벗어날 수 없다.

47) Roland K. Harrison, Introduction To The Old Testament, 류호준· 박철현 옮김, 구약서론, 상(크리스찬 다이제스트, 1988), pp. 452, 453.

(3) 이해를 위한 질문

 1) 불신앙과 마귀의 역사

   a. 사단이 아담에게 넣어준 것은 무엇인가(창 3:6).

   b. 아담으로부터 받은 불신앙의 씨가 가인에게 넣어준 것은 무엇인가(창 4:6).

   c. 불신앙의 씨에서 하나님을 대적하려는 생각의 싹이 나려면 외부의 여건이 필요하다. 그 여건은 무엇인가.

   d. 불신앙의 씨에서 나오는 생각이 마귀의 인격을 반영하는 이유는 무엇인가.

 2) 영과 인격의 분리

   a. 아담이 타락하므로 그의 영과 인격이 완전히 분리된 이유는 무엇인가.

   b. 사람이 인격으로 그의 영의 존재를 알 수 없는 이유는 무엇인가.

   c. 사람은 영의 존재를 알지 못함으로 육체만을 위하여 살아간다. 재물과 명예가 사람의 인격을 지배하는 이유는 무엇인가.

   d. 사람은 육체의 소욕을 위하여 살아간다. 그 결과는 사망이다. 사망 안에서 죄가 왕노릇하는 이유는 무엇인가(롬 5:21).

4. 창조사역 및 선악과 계명을 통하여 계시된 믿음과 소망과 사랑

(1) 창조사역 및 선악과 계명을 통하여 계시된 믿음과 아담의 타락

 1) 하나님은 선악과 계명을 통하여 생명과 사망을 결정하는 주권이 만물을 창조하신 아들에게 있다는 것을 계시하셨다. 아담이 이 믿음으로 선악과 계명을 순종하였다면 생명을 유지하고 하나님의 영광을 위하여 그리스도의 오시는 길을 준비하였을 것이다. 그러나 그는 믿음을 버리고 그 계명을 불순종하므로 사망에 이르게 되었고 에덴동산에서 쫓겨나 그의 근원이 된 땅을 경작하는 자가 되었다. 아담이 타락한 뒤에 그의 마음에 신념이 들어왔다. 신념은 불신앙으로부터 시작한다. 신념은 자기의 생각을 믿는 것이다.

 2) 믿음은 하나님의 계명이 성취된다는 것을 믿고 그 말씀을 순종하는 것이다. 아담은 하나님의 말씀을 버리고 하나님과 같이 되려는 그의 생각이 성취될 것으로 확신하고

하나님의 계명을 대적하였다. 아담은 하나님의 말씀을 믿지 아니하고 자기의 마음속에 있는 생각을 믿었다. 이것이 불신앙의 씨가 되어 아담의 육체에 들어왔다. 이 불신앙의 씨를 통하여, 마귀는 사람으로 하여금 믿음과 신념을 혼동하게 한다. 사람은 믿음을 신념과 혼동하여 불신앙에 빠지지만 이것을 알지 못하고 있다. 믿음이란 하나님의 약속의 성취를 믿는 것이고 신념이란 자기의 마음이 성취될 것이라고 믿는 것이다. 많은 성도들이 믿음과 신념을 구분하지 못하여 하나님을 대적하기도 하고 하나님을 원망하기도 한다. 신념은 마귀로부터 나오는 것이다.

3) 신념과 믿음을 구분하려면 생각과 마음을 구분하여야 한다. 우리는 일반적으로 생각과 마음을 혼동하고 있다. 마음은 생각을 행동으로 옮기기로 의지가 결정한 상태이다. 우리는 의지로 생각을 수용할 수도 있고 이를 거절할 수도 있다. 생각은 의식 활동이냐 아니냐에 따라서 의식적인 생각과 무의식으로 구분한다. 의식적인 생각은 의사결정을 위하여 여러 가지 방법을 모색하는 의식 활동으로 이해한다. 의식 활동이 아니라 육체의 정욕으로부터 솟아나는 생각이다. 무의식은 육체의 본능을 만족시키려는 것과 관련되며 믿음과 무관하다.

4) 학문이란 의식 활동의 산물이다. 연구와 개발은 의식 활동의 과정이다. 학문은 분석과 종합이란 과정을 통하여 가설을 제시한다. 사람들의 일반적인 관심의 대상인 경제에 대하여 살펴보자. 경제학을 사회과학의 꽃이라고 부르는 것은 모든 이론을 수학적인 방법으로 정립하기 때문이다. 소비이론은 제한된 예산으로 극대의 효용을 얻는 소비의 방안을 모색한다. 생산이론은 제한된 생산요소를 이용하여 극대의 제품을 생산하는 방안을 모색한다. 소비와 생산의 방안을 모색하는 것은 의식 활동으로 나타나는 생각이다. 모든 학문은 의식 활동으로 나타나는 생각이 만들어낸 결과물이다.

5) 사람의 생활은 의사결정이 반복되는 과정이라고 말할 수 있다. 모처럼 휴가를 맞이하면 의사결정이 어려워진다. 가족 간에 다양한 의견이 제시될 것이며 비용과 가족들의 기호도 각각 다를 것이기 때문이다. 제한 된 비용과 기간에 최대의 만족을 얻으려는 다양한 생각들이 의사로 표출될 것이다. 또 다른 예를 들어보자. 예컨대, 남편의 월 소득이 1,000,000원이라고 가정하자. 주부는 이 소득을 이용하여 어떻게 효율적으로

생활을 할까 계획한다. 소비 계획을 수립하는 것은 의식 활동에 의한 생각으로 표출된다. 이와 같이 의식의 활동으로 나타나는 생각은 사람의 지식, 경험, 타인의 조언 및 주변의 환경에 영향을 받는다.

6) 사람은 계획을 세울 때 여러 가지 가능성을 전제로 다양한 방안을 도출하고 각각 장단점을 비교분석하여 최선의 방법을 도출한다. 이를 위하여 사람은 어려서부터 많은 교육과 훈련을 받는다. 세상학문은 사람이 살아가면서 직면하는 다양한 문제점을 해결하기 위한 지식을 제공한다. 그 지식은 의식 활동인 생각으로부터 나온다. 인공지능 시대를 맞이하여 천재들의 번득이는 생각이 일류의 문화를 바꾸고 있다. 사람이 사용하는 무선 통신기기와 다양한 콘텐츠들은 일류의 생활 패턴을 바꾸고 있다.

7) 의사결정과정에서 다양한 생각들이 제시되지만 특정한 방안이 채택되면 그 동안 모색하였던 다른 생각들은 폐기된다. 의식의 활동으로 나타나는 생각은 사람의 의지로 통제할 수 있다는 것을 보여준다. 사람의 의지로 통제할 수 있는 생각을 의식 활동에 의한 생각이라고 말할 수 있다. 사람이 자기의 의지로 통제할 수 있는 생각은 그 결과가 하나님의 말씀을 대적하지 아니한다면 죄가 아니다. 그러나 의사결정 결과가 하나님을 대적한다면 그 과정에서 제기된 모든 생각이 죄악이다. 사람은 최선의 방법으로 죄를 범하기 위하여 모든 가능성을 열어두고 다양한 생각을 한다는 것을 의미한다.

8) 최근 우리나라에서 정치권과 교회가 날카롭게 대립하는 것이 차별금지법이다. 일부 자유주의 신학에 물든 신학자들과 목회자들은 차별금지법의 통과를 위하여 노력하고 있다. 그들은 동성애를 인권이란 명분으로 하나님의 말씀을 대적하고 있다. 예수 그리스도께서 창기를 불쌍하게 여기셨지만 음행을 지지하신 것은 아니다.[48] 죄인을 불쌍히 여기는 것과 죄를 지지하는 것을 혼동하는 것은 선과 악에 대한 개념이 정립되지 아니한 것을 의미한다. 차별금지법의 통과를 위하여 기획한 모든 생각이 하나님을 대적하는 죄이다.

9) 의식 활동으로 나타나는 생각은 사람의 인격으로부터 나오는 것으로 통제가능하다.

---

[48] 동성애가 인권이라면 마약도 역시 인권이여야 한다. 동성애를 인권으로 인정하여 합법화한다면 마약도 합법화되어야 할 것이다. 하나님의 말씀과 인권이 대립한다면 인권은 자동적으로 폐기되어야 한다.

그 생각이 죄이냐 아니냐 하는 것은 그 생각으로 나타나는 행위가 하나님의 말씀을 대적하느냐 여부로 결정한다. 곧 그 생각이 무엇을 지향하느냐에 따라서 선과 악이 결정된다. 육체의 정욕으로부터 나오는 욕망을 만족시키려는 방안을 모색하는 모든 의식 활동으로 나타난 생각은 사람이 통제할 수 있지만 죄이다. 하나님의 말씀을 대적하기 위한 방안을 모색하는 모든 생각이 죄이다. 사람의 의지가 그 생각을 수용하여 행동으로 옮기기로 결정한 상태를 마음이라고 한다. 성경은 그 마음이 하나님을 대적하므로 사람의 마음이 가장 부패한 것이라고 말씀한다. **"만물보다 거짓되고 심히 부패한 것은 마음이라 누가 능히 이를 알리요마는"** (렘 17:9). "부패한 마음"이란 부패한 생각에서 나온다. **"땅이여 들으라 내가 이 백성에게 재앙을 내리리니 이것이 그들의 생각의 결과라 그들이 내 말을 듣지 아니하며 내 율법을 거절하였음이니라"** (렘 6:19).

10) 의식의 활동으로 나타나는 생각이 믿음과 관련되어야 한다. 사람의 생각이 믿음과 관련되지 아니하면 그 결과는 죄로 나타나므로 사도 바울은 이렇게 기록하였다. **"의심하고 먹는 자는 정죄되었나니 이는 믿음을 따라 하지 아니하였기 때문이라 믿음을 따라 하지 아니하는 것은 다 죄니라"** (롬 14:23). 따라서 하나님을 대적하는 생각이 의지의 결정에 의하여 마음으로 굳어지지 못하게 하여야 한다. 악한 생각을 행동으로 옮기기로 결정하였다면, 여건이 형성되면 그 생각은 행동으로 나타날 것이기 때문이다. 마음으로 굳어졌다고 할지라도 사람이 그 마음을 통제할 수 있다면 그 마음은 행위로 나타나지 아니할 것이다. 따라서 성경은 마음을 다스리는 것이 성을 빼앗는 자보다 낫다고 말씀한다. **"노하기를 더디하는 자는 용사보다 낫고 자기의 마음을 다스리는 자는 성을 빼앗는 자보다 나으니라"** (잠 16:32).

11) 의식의 활동과 무관하게 솟아나는 생각이 있다. 이 생각은 사람의 의식과 무관하며 사람의 의지로 통제할 수 없다. 예컨대, 음욕과 미워하는 마음 및 탐욕은 사람의 의식과 무관하게 솟아나는 생각이다. 이 생각은 무의식이다. 사람은 성장하면 누구나 이성에 대한 호기심이 있으며 이것이 음욕으로 발전한다. 사람이 이것을 의지로 통제할 수 있다면 성범죄는 발생하지 아니할 것이다. 우발적인 살인도 미워하는 마음을 통제할 수 있다면 발생하지 아니할 것이다. 우울증도 마찬가지이다. 사람이 의지로 통제할 수

없는 생각이 사람의 의지를 사로잡으면 사람은 그 생각에 이끌리어 범죄한다. 따라서 성경은 탐욕을 품지 말라고 말씀한다. **"네 이웃의 집을 탐내지 말라 네 이웃의 아내나 그의 남종이나 그의 여종이나 그의 소나 그의 나귀나 무릇 네 이웃의 소유를 탐내지 말라"** (출 20:17).

12) 율법이 탐욕을 품지 말라고 말씀하지만 사람은 의지로 이것을 통제할 수 없다. 율법은 사람의 탐욕을 정죄한다. 사람은 누구나 자신의 의지로 통제할 수 없는 죄를 안고 살아가고 있다. 따라서 사도 바울은 그의 육체 안에 죄가 살고 있다고 고백하였다. **"이제는 그것을 행하는 자가 내가 아니요 내 속에 거하는 죄니라 내 속 곧 내 육신에 선한 것이 거하지 아니하는 줄을 아노니 원함은 내게 있으나 선을 행하는 것은 없노라"** (롬 7:17,18).[49] 바울은 그의 육체 안에서 역사하는 죄로 인하여 괴로워하였다(롬 7:24). 사람의 육체 안에는 의지로 통제할 수 있는 생각과 통제할 수 없는 생각이 공존한다. 이 생각이 믿음과 관련되지 아니하면 죄이다.

13) 사람은 자기의 생각이 좋은 결과를 가져올 것으로 믿고 이것을 행동으로 옮기기로 결정한다. 그러나 그 생각이 가져올 결과는 확률이다. 어느 종목의 주식에 투자를 하면 반드시 이득을 얻을 것이라고 믿는 것은 확률을 믿는 것이다. 모든 병도 마찬가지이다. 암을 조기에 발견하여 수술하더라도 완치되는 것은 확률이다. 운동경기에 승리하는 것도 확률이다. 고등학생들은 열심히 공부하면 바라는 대학에 진학할 수 있다고 믿고 시간과 노력을 투자한다. 그러나 이것도 확률이다. 미래에 일어날 세상의 모든 일은 확률이다. 사람은 시간 속에서 일어나는 일을 지배하지 못하기 때문이다. 사람은 계획한 미래의 사건이 반드시 일어난다고 생각하고 의사 결정한다. 그러나 이것 역시 확률이며 불확실하다. 인류 역사상 위대한 일을 한 사람들은 흔들리지 아니하는 신념을 가지고 전심전력을 다한 결과 남들이 하지 못한 일을 하였다. 알렉산더, 징기스칸, 나폴레옹 그리고 세종대왕은 강한 신념으로 위대한 일을 하였다. 이것은 소수에 불과하다. 크고 작은 일에 대한 성취는 확률이므로 성취될 수도 있지만 안 될 수도 있다. 따라서 성경은 믿음

---

[49] "거하다"로 번역된 헬라어, 오이쿠사($oiko\hat{u}\sigma a$)는 "살다, 거주하다 및 머물다"란 의미를 가지고 있다. 곧 바울의 육체 안에 있는 탐욕은 죄로서 바울의 육체 안에서 살림을 차리고 그의 인격을 지배하고 있었다.

과 관련되지 아니한 것의 성취를 믿는 것은 미련하다고 말씀한다. **"자기의 마음을 믿는 자는 미련한 자요 지혜롭게 행하는 자는 구원을 얻을 자니라" (잠 28:26).** "자기의 마음을 믿는 자"란 신념이 성취될 것이라고 믿는 자를 의미한다.

14) 신념과 믿음을 구분하기란 쉽지 아니하다. 자기의 생각이 이루어질 것을 확신하는 신념은 대체로 하나님의 말씀과 합리주의 사상으로 포장하고 있기 때문이다. 믿음과 신념의 구분은 그것들이 추구하는 것이 하나님의 뜻에 부합하느냐의 여부로 결정될 것이다. 사람이 간절히 바라는 것은 하나님의 뜻과 일치하면 그것은 믿음이라고 할 수 있을 것이다. 그러나 사람들이 이루어지기를 바라는 것이 하나님의 뜻에 부합되지 아니한다면 그것은 신념일 것이다. 아담이 선악과 계명을 대적하므로 얻으려는 것이 하나님의 뜻을 벗어났으므로 그는 하나님과 같이 되려는 신념을 행동으로 옮겼다.

(2) 창조사역 및 선악과 계명을 통하여 계시된 소망과 아담의 타락

1) 창조사역과 선악과 계명을 통하여 계시된 하나님의 뜻은 하나님의 형상으로서 사람이 그리스도의 오시는 길을 준비함으로 하나님의 영광을 나타내는 것이다. 이것이 사람에게 주어진 사명이며 이 목표를 향하여 달려가는 것이 사람의 직분이다. 곧 오실 그리스도가 사람의 소망이 되어야 한다. 이것은 구약성경 전체를 통하여 계시되었다. 창조사역을 통하여 나타난 오실 그리스도에 대한 하나님의 계시가 점차 확장되어 그의 전 생애가 모형과 그림자로 나타났다. 그리고 말라기의 선지자는 마지막으로 그리스도께서 오시기 직전에 선지 엘리야가 올 것이라고 예언함으로 구약성경을 통하여 계시된 하나님의 뜻과 사람들의 소망을 요약하였다. 이것으로 구약의 계시는 종료되었다. **"보라 여호와의 크고 두려운 날이 이르기 전에 내가 선지 엘리야를 너희에게 보내리니 그가 아비의 마음을 자녀에게로 돌이키게 하고 자녀들의 마음을 그들의 아비에게로 돌이키게 하리라 돌이키지 아니하면 두렵건대 내가 와서 저주로 그 땅을 칠까 하노라 하시니라" (말 4:5,6).** 50) 곧 구약성경은 그리스도의 오시는 길을 준비하는 자들에 관한 말씀이며

---

50) "여호와의 크고 두려운 날"이란 그리스도의 재림이 아니라 초림이다. 인류 역사상 가장 크고 두려운 날이 하나님의 아들이 인류의 죄를 짊어지시고 죄인으로 심판을 받아 죽으신 날이다. "선지 엘리야"는 세례 요한을 말한다.

그들의 소망이 그리스도의 오심이라고 말씀하고 있다.

2) 아담은 만물을 창조하신 하나님을 알았으나 창조사역을 통하여 그에게 주신 사명을 명확하게 알지 못하였을 것이다. 그는 막연히 하나님께서 만물을 창조하신 전능한 분이라는 것을 알고 있었을 것이다. 이러한 아담에게 하나님은 선악과 계명을 주셨다. 아담이 장차 오실 그리스도에 관한 지식이 없었지만 선악과 계명을 순종하면 그에게 주어진 사명을 다하였을 것이다. 아담이 그 계명을 순종함으로 에덴동산을 다스리고 지켰다면, 이것은 그리스도의 오시는 길을 준비하는 것이라고 말할 수 있을 것이다. 아담이 믿음으로 선악과 계명을 순종하였다면, 그의 생애는 창조사역을 통하여 계시된 하나님의 뜻에 부합하였을 것이다.

3) 아담의 소망은 선악과 계명을 순종함으로 그리스도의 오시는 길을 준비하는 것이다. 아담이 이 소망을 위하여 하는 모든 일은 믿음으로부터 온 것이라고 말할 수 있을 것이다. 아담이 그 소망이 이루어지길 바라고 결정하는 모든 일은 믿음에서 나온 것이지만 그렇지 아니한 모든 것은 신념에서 나온 것이라고 말할 수 있을 것이다. 곧 만물을 창조한 하나님, 사람의 육신을 통하여 오실 그리스도를 믿고 그리스도의 길을 준비하려는 소망이 아담으로 하여금 선악과 계명을 순종하게 할 것이다. 하나님의 뜻에 부합하는 소망을 가진 자만이 믿음으로 하나님의 말씀을 순종할 것이다.

4) 아담은 하나님의 뜻에 부합하는 소망을 갖지 못하였으므로 신념에 의하여 타락하였다. 아담은 선악을 알게 하는 나무의 실과를 먹으면 하나님과 같이 될 수 있다는 신념을 가지고 있었다. 아담은 선악을 알게 하는 나무의 실과가 육체의 욕구를 충족시켜줄 것이라는 확신을 가지고 있었다. 아담은 오실 그리스도에 대한 소망을 가진 것이 아니라 육체의 즐거움이 그의 소망이 되었다. "먹음직도 하고 보암직도 하고 지혜롭게 할 만큼 탐스럽다"(창 3:6)은 육체의 소욕을 의미한다. 아담이 오실 그리스도의 소망을 버렸으므로 하나님께서 그를 생명나무와 격리시키려고 동산에서 쫓아내셨다. **"이같이 하나님이 그 사람을 쫓아내시고 에덴동산 동쪽에 그룹들과 두루 도는 불 칼을 두어 생명나무의 길을 지키게 하시니라"(창 3:24).**

5) "그룹들과 두루 도는 불 칼"란 천군과 천사를 의미한다. "생명나무의 길을 지키게

하다"란 하나님께서 사람으로 하여금 스스로 생명의 길을 찾지 못하고 생명을 얻지 못하게 하셨다는 것을 말한다. 사람의 생명의 본질을 의로움과 거룩함이라고 할 때, 생명나무란 무엇인가 살펴보자. 생명나무란 선악을 알게 하는 나무를 제외한 모든 나무들에 포함되어 있었을 것이다. 그 나무의 실과는 아담이 임의로 먹을 수 있던 나무의 실과였을 것이다. 이것은 아담이 선악과 계명을 순종하였다면, 그의 모든 행위가 그를 생명으로 인도하는 의로움과 거룩함이 되었을 것이라는 것을 의미한다. 아담이 그리스도의 오시는 길을 준비하는 소망을 가지고 일하는 모든 것이 그에게 생명이 되었을 것이라는 것을 의미한다고 말할 수 있을 것이다. 반대해석으로 아담이 그 소망을 버리면 그의 모든 일은 불의하고 더럽다는 것을 말한다.

6) 창조사역을 통하여 계시된 믿음과 소망을 버리고 땅에 속한 것을 얻으려는 욕망과 신념이 아담으로부터 온 인류에게 유전되고 있다. 아담이 타락하므로 육체에 새겨진 죄의 흔적은 사람으로 하여금 땅에 속한 것을 얻으려는 욕망을 불어넣고 있다. 이 생각은 사단으로부터 오는 것이다. 육체의 정욕을 만족시키려는 생각은 사단의 인격을 반영하지만, 성도들조차 이 생각이 사단의 생각인줄 알지 못할 때가 있다. 성도들은 그 생각이 죄가 아니라고 하나님의 말씀으로 변호하기도 하고 상황 논리로 변명하기도 한다. 이에 대하여 사도 바울은 사단이 광명한 천사로 가장하고 있기 때문이라고 기록하였다. **"이것은 이상한 일이 아니니라 사단도 자기를 광명의 천사로 가장하나니"** (고후 11:14). 죄를 범하려는 생각이 하나님의 말씀과 인간의 합리적인 사고로 포장하고 있으므로 성도들도 자신의 신념이 믿음이라고 착각하고 있을 수 있다.

7) 믿는 자들은 신념을 믿음으로 오해하는 것은 그 신념이 하나님의 말씀으로 포장하고 있기 때문이다. 사단이 뱀을 이용하여 아담을 미혹한 것과 같이 하나님의 말씀을 빙자하여 믿는 자들을 미혹한다. 믿는 자들이 마귀의 미혹에 빠져서 신념을 믿음으로 착각하고 그것이 이루어지기를 간절히 바라고 기도하지만 그것이 이루어지지 아니하면 하나님의 존재에 대하여 의구심이 생기며 때로는 하나님을 원망함으로 버림을 받기도 한다. 많은 믿는 자들이 신념과 믿음을 구분하지 못함으로 마귀의 미혹에 빠지기도 한다.

8) 아담이 뱀의 유혹을 받았을 때, 그는 인권을 앞세워 하나님께서 부당하게 먹을

수 있는 권리를 제한하고 있다고 판단하였을 것이다. "선악을 알게 하는 나무의 실과를 먹으면 죽지 아니하고 하나님과 같이 될 수 있다"는 사단의 미혹이 아담에게 신념이 되었다. 그 신념은 사단의 미혹으로부터 나오는 생각을 그의 인격이 수용한 결과이다. 아담이 선악을 알게 하는 나무의 실과를 먹고 하나님과 같이 될 수 있다는 신념이 그로 하여금 하나님의 계명을 대적하게 하였다. 가인도 마찬가지이다. 아벨을 죽이면 하나님께서 자신의 제사를 받으실 것이라는 신념이 가인으로 하여금 아벨을 죽이게 하였다. 이런 의미에서 모든 신념은 사단의 악한 생각으로부터 나온다고 말할 수 있을 것이다.

9) 아담이 타락한 이후 사람들이 믿음보다 신념을 가지고 하나님의 말씀을 대적한 것은 마귀로부터 온 것이다. 마귀는 사람들이 가지고 있는 신념을 하나님의 말씀으로 포장하여 사람들로 하여금 착각에 빠지게 한다. 바리새인들과 서기관들은 자신들의 행위가 의롭다고 확신하였다. 그들은 그러한 착각에 빠져서 예수 그리스도를 정죄하여 십자가에 못을 박았다. 베드로는 성령의 감동으로 위대한 고백을 하였다. **"시몬 베드로가 대답하여 가로되 주는 그리스도시요 살아계신 하나님의 아들이시니이다"** (마 16:16). 그러나 그는 마귀의 미혹을 받아 하나님의 뜻을 대적하였다. 예수 그리스도께서 베드로를 향하여 사단이라고 선언하셨다. **"예수께서 돌이키시며 베드로에게 이르시되 사단아 내 뒤로 물러 가라 너는 나를 넘어지게 하는 자로다 네가 하나님의 일을 생각지 아니하고 도리어 사람의 일을 생각하는도다 하시고"** (마 16:23). 아나니아와 삽비라는 사단의 미혹으로부터 온 신념과 믿음을 구분하지 못하였으므로 저주를 받았다. **"베드로가 이르되 아나니아야 어찌하여 사단이 네 마음에 가득하여 네가 성령을 속이고 땅 값 얼마를 감추었느냐"** (행 5:3).

10) 믿음과 신념을 구분하는 것은 하나님의 영과 사단의 영을 분별하는 것이다. 믿음은 하나님의 말씀으로부터 나오는 것이지만, 신념은 사단의 생각으로부터 나오는 것이다. 사단의 생각은 하나님의 말씀으로 포장하고 있으므로 이것을 믿음과 구별하는 것은 사람의 지혜에 속한 것이 아니라 하나님의 지혜에 속한 것이다. 따라서 사도 바울은 성령으로 영분별의 은사를 받으라고 권고하였다. **"어떤 사람에게는 능력 행함을, 어떤 사람에게는 예언함을, 어떤 사람에게는 영들 분별함을, 다른 사람에게는 각종 방언 말함**

을, 어떤 사람에게는 방언들 통역함을 주시나니" (고전 12:10). 성도들은 자신의 생각이 성령의 감동으로 나오는 것인지 아니면 마귀의 미혹으로부터 나오는 것인지 분별하여야 한다.

11) 믿음으로부터 나오는 소망은 사람을 생명의 길로 인도한다. 그러나 신념으로부터 나오는 소망은 사람을 사망으로 인도한다. 아담은 신념으로부터 나오는 소망을 가졌으므로 선악과 계명을 대적하였다. 하나님과 같이 되려는 소망이 그를 사망으로 인도하였다. 신념으로부터 나온 아담의 소망이 죄의 흔적으로서 온 인류에게 유전되고 있다. 사람은 하나님의 영광을 나타내려는 소망이 아니라 물질과 명예를 얻으려는 소망을 가지고 시간과 노력을 투자함으로 사망의 구덩이에서 벗어나지 못하고 있다.

(3) 창조사역 및 선악과 계명을 통하여 계시된 사랑과 아담의 타락

1) 창조사역과 선악과 계명을 통하여 계시된 사랑은 세 가지로 구분할 수 있다. 첫째, 사람에 대한 하나님의 사랑이다. 둘째, 하나님에 대한 사람의 사랑이다. 셋째, 사람과 사람간의 사랑이다. 사람에 대한 하나님의 사랑은 창조질서를 통하여 계시되었다. 하나님께서 사람에게 요구하는 사랑은 하나님에 대한 사랑, 아내와 남편간의 사랑 및 사회조직원으로서 이웃에 대한 사랑을 구분할 수 있을 것이다. 선악과 계명은 순종을 전제로 하는 생명에 대한 약속이다. (창 1:28)의 계명은 사회의 구성원으로서 이웃에 대한 사랑을 요구한다. (창 2:24)의 말씀은 아내와 남편간의 사랑이다. 하나님에 대한 사랑이 무너지면 아내와 남편간의 사랑은 물론이고 사회구성원 간의 사랑도 무너진다.

2) 사람에 대한 하나님의 사랑이 창조질서를 통하여 계시되었다. 하나님께서 사람을 자기의 형상을 따라서 창조하시고 사람에게 인격을 주신 것이 사랑이다. 하나님은 모든 피조물 가운데 사람만을 자기의 형상으로 창조하셨다. 이것은 사람이 하나님의 사랑을 받는 존재라는 것을 의미한다. 하나님은 사람에게만 땅을 정복하여 문명을 건설하고 문화생활을 할 수 있는 특권을 주셨다. 이것은 하나님의 아들이 만물을 통치하는 것을 모형으로 보여준다. 하늘에서 활동하는 천사까지도 사람의 수종을 드는 종으로 창조되었다(히 1:14). 사람은 하나님의 형상으로서 땅을 정복하고 모든 생물을 다스리고 있다.

3) 사람은 하나님의 형상이므로 하나님의 영광을 나타내기 위하여 일할 수 있다. 이것이 하나님의 사랑이다. 사람을 제외한 모든 피조물들은 창조질서에 순응함으로 기계적으로 하나님의 신성을 나타내고 있다. 우주 공간의 행성들은 정해진 경로로 운행함으로 하나님의 영광을 나타내고 있다. 동물은 본능에 따라 살아감으로 하나님의 영광을 나타내고 있다. 이에 반하여 사람은 자신의 판단에 의하여 하나님의 영광을 나타내고 있다. 아브라함과 모세와 다윗은 하나님께 받은 은혜로 하나님의 영광을 나타냈다. 이것은 사람이 받은 특권으로서 하나님의 사랑을 보여준다.

4) 사람은 하나님의 형상이므로 하나님의 아들이 사람의 육신을 통하여 임하실 것이다. 마태복음은 그리스도의 족보로부터 시작한다(마 1:1~16). 이것은 아브라함으로부터 요셉에 이르는 구약의 역사가 그리스도의 오심을 준비한 것임을 의미한다. 누가복음은 그리스도의 족보가 아담에서부터 시작되었다고 기록하였다(눅 3:38). 사람이 하나님의 형상으로서 그리스도의 오시는 길을 준비하는 영광의 직분을 받은 것이 하나님의 사랑이다. 사람은 하나님의 동역자로서 그리스도의 오시는 길을 위하여 택함을 받았다.

5) (창 1:28)은 문화명령으로 땅을 정복하여 문명을 건설하며 문화생활을 하는 것이다. 땅을 정복하려면 많은 사람들이 협력하여야 하므로 사회 구성원 사이에 질서가 유지되어야 한다. 이를 위하여 필요한 것이 양심이며 이는 이웃에 대한 사랑을 전제로 한다. 사람이 이웃을 내 몸과 같이 서로 사랑하므로 사회는 질서를 유지하며 하나님의 영광을 위하여 땅을 정복하고 모든 생물을 다스릴 수 있을 것이다. 성문화된 양심은 국법으로 타인의 신체와 생명에 위해를 가하고 타인의 재산권을 침해하는 것을 금하고 있다. 곧 윤리, 도덕 및 국법은 최소한의 사랑을 요구한다.

6) 사람은 하나님의 사랑을 받는 존재로서 엄청난 특권을 받았으므로 하나님은 이에 상당하는 의무를 사람에게 부과하셨다. 그것은 사람이 하나님을 사랑하고 이웃을 내 몸과 같이 사랑하는 것이다. 사람은 하나님의 형상이므로 사람이 이웃을 사랑하는 것은 하나님의 형상을 사랑하는 것이며 나아가서는 하나님을 사랑하는 것이다. 사람은 하나님의 아들의 모형이기 때문이다. 하나님의 아들의 모형을 사랑하지 아니하는 자는 하나님을 사랑할 수 없기 때문이다. 이 사랑을 실천하는 법이 선악과 계명으로 계시되었다(창

2:17).

7) 선악과 계명은 하나님에 대한 사랑을 요구한다. 하나님을 사랑하는 자만이 그의 계명을 순종할 수 있기 때문이다. 하나님을 사랑하는 것은 그의 계명을 사랑하는 것이다. **"내가 주의 법을 어찌 그리 사랑하는지요 내가 그것을 종일 묵상하나이다"** (시 119:97). 하나님의 계명을 사랑하는 것은 그의 말씀을 순종하는 것이다. **"나의 계명을 가지고 지키는 자라야 나를 사랑하는 자니 나를 사랑하는 자는 내 아버지께 사랑을 받을 것이요 나도 그를 사랑하여 그에게 나를 나타내리라" (요 14:21)**. 선악과 계명을 순종하는 것이 하나님을 사랑하는 것이다. 따라서 믿음은 사랑으로 역사한다고 말할 수 있다. **"그리스도 예수 안에서는 할례나 무할례가 효력이 없되 사랑으로써 역사하는 믿음뿐이니라 (갈 5:6)**. 아담이 하나님을 사랑하면 믿음으로 선악과 계명을 순종할 수 있을 것이다.

8) 남자와 여자는 결혼을 통하여 한 몸이 된다. 이것이 남자와 여자를 창조하신 하나님의 뜻이다 **"이러므로 남자가 부모를 떠나 그 아내와 연합하여 둘이 한 몸을 이룰찌로다" (창 2:24)**. 남편과 아내는 한 몸이므로 서로를 자기의 몸과 같이 아끼고 사랑하여야 한다. 남편이 자기의 목숨을 주어서 아내를 사랑하여야 하며, 아내는 남편의 법을 순종함으로 남편을 사랑하여야 한다(엡 5:24). 남편은 아내가 순종하여야 할 법을 세우며 아내는 남편의 법을 순종하여야 한다. 아담은 하나님께 받은 선악과 계명을 하와에게 주었으므로 그 계명은 하와에게 있어서 하나님의 법인 동시에 남편의 법이다. 하와가 선악과 계명을 순종하는 것은 하나님과 남편을 동시에 사랑하는 것이다.

9) 뱀이 하와를 미혹하였을 때, 아담은 그 사실을 알고 있었다. 이때에 아담이 할 수 있는 일은 두 가지로 구분할 수 있을 것이다. 첫째는 뱀을 꾸짖는 것이다. 아담은 뱀을 다스리는 권세를 받았으므로 뱀에게 입을 닫고 물러가라고 명령할 수 있었다. 그러나 아담은 뱀의 미혹을 사실인 것으로 받아드렸다. 아담은 스스로 하나님의 종이 되기를 거절하고 뱀의 종이 되기를 원하였다. 이것은 창조질서를 위반한 것이다. 그 결과 아담은 뱀의 종이 되어 일생동안 사단의 지배 아래서 저주를 안고 살았다.

10) 둘째, 아담은 선악과 계명을 불순종하면 죽는다는 것을 알고 있었다. 하와가 뱀에게 미혹을 받았을 때, 아담은 하와에게 선악과 계명을 상기시켜서 하와로 하여금 말씀을

순종하게 함으로 그녀의 생명을 지켜야 할 의무를 가지고 있었다. 그러나 아담은 이 모든 의무를 포기하고 하와가 선악을 알게 하는 실과를 먹는 것을 보고 있었다. 하와가 그 실과를 먹고 죽지 아니하자, 아담은 하와가 주는 실과를 먹었다. 아담은 하나님과 하와를 사랑하지 아니하므로 아내는 물론 자신도 사망에 이르게 되었다. 아담은 선악과 계명의 당사자로서 하와를 포함한 모든 사람의 죄에 대한 책임을 짊어지게 되었다. "**사망이 왔나니 이와 같이 모든 사람이 죄를 지었으므로 사망이 모든 사람에게 이르렀느니라**" (롬 5:12).

11) 하나님은 사람을 자기의 형상으로 창조하시고 사람에게 영광의 직분을 주심으로 사람을 향한 자기의 사랑을 보이셨다. 그러나 사람은 하나님의 사랑을 잊어버리고 하나님의 계명을 대적함으로 하나님의 진노 아래 놓이게 되었다. 사람은 생명을 잃어버리고 사망에 이르게 되었으며 그 증거로 에덴동산에서 쫓겨났다. 아담의 죄로 인하여 땅은 저주를 받았으며 그는 이마에 땀을 흘려야 식생활을 해결할 수 있게 되었다. 이로 인하여 온 인류는 사망에 이르게 되었다. 사람들은 사단의 종이 되어 소망이 없이 살아가며 사랑이 없이 서로를 미워하는 존재로 타락하였다.

(4) 이해를 위한 질문

1) 창조사역 및 선악과 계명을 통하여 계시된 믿음과 아담의 타락

　a. 창조사역과 선악과 계명을 통하여 계시된 믿음은 무엇인가.

　b. 육체의 정욕을 만족시키려는 생각이 사람의 인격을 사로잡는 이유는 무엇인가.

　c. 믿음과 신념은 어떻게 다른가.

　d. 신념이 하나님의 말씀을 대적하는 이유는 무엇인가.

2) 창조사역 및 선악과 계명을 통하여 계시된 소망과 아담의 타락

　a. 창조사역을 통하여 계시된 소망은 무엇인가.

　b. 믿음과 관련되지 아니하는 소망이 사람을 사망으로 인도하는 이유는 무엇인가.

　c. 성도들이 믿음과 신념을 혼동하는 이유는 무엇인가(고후 11:14).

　d. 아담이 타락시에 가졌던 소망은 무엇으로 해석할 수 있나.

3) 창조사역 및 선악과 계명을 통하여 계시된 사랑과 아담의 타락

a. 창조사역과 선악과 계명을 통하여 계시된 하나님의 사랑은 무엇인가(창 1:28).

b. 믿음이 사랑으로 역사하는 이유는 무엇인가(갈5:6).

c. 아담이 그 아내 하와를 사랑하지 아니한 결과는 무엇인가(창 3:6).

c. 사람이 하나님의 사랑을 버린 결과는 무엇인가((창 3:23).

1.3 요약 및 결론

1. 제1부에서는 창조사역, 안식일 및 선악과 계명을 통하여 모형과 그림자로 계시된 그리스도를 살펴보았다. 동시에 하나님의 뜻을 통하여 계시된 믿음과 소망과 사랑을 살펴보고 아담의 타락과 그 결과에 대하여 논의하였다. 1.1에서는 믿음의 대상과 본질, 창조사역과 안식일을 통하여 모형으로 계시된 그리스도와 믿음을, 1.2에서는 선악과 계명을 통하여 모형으로 계시된 그리스도와 믿음을 검토하였다.

하나님께서 사람에게 주신 믿음의 대상은 예수 그리스도이다. 우리가 믿고 주님으로 고백하여야 하는 대상은 삼위일체 하나님 가운데 성자이다(행 2:36). 따라서 성경은 믿음이 예수로부터 시작하여 예수로 끝난다고 말씀한다(히 12:2). 구약성경이 예수 그리스도를 증거하므로 여호와 이름으로 계시된 하나님은 예수 그리스도의 모형과 그림자이다. 하나님의 아들은 육신으로 임하시기 전에 아버지의 품속에 계셨으며 이때 그는 여호와 하나님으로 계시되었다. 따라서 구약시대에 여호와 하나님을 믿은 자들은 모형으로 계시된 예수 그리스도를 믿은 것이다.

믿음이란 하나님의 약속의 성취를 믿는 것이다. 하나님은 자신의 모든 말씀이 반드시 성취된다는 것을 피로써 보증하셨다. 아브라함이 받은 칭의 언약은 소와 염소와 양의 피로써 그 성취가 보증되었다. 만약 언약의 상대방이 언약을 지키지 아니한다면 소와 염소와 양처럼 칼로 그 육체를 둘로 쪼개서 피를 흘려야 한다. 하나님은 아브라함이 언약을 반드시 지킨다는 맹세로 할례를 받게 하셨다. 율법도 송아지의 피로써 맺어진 언약이다. 복음은 예수 그리스도의 피로써 맺어진 언약이다. 하나님의 모든 언약은 칼과 피로써 맺어진 언약이다. 하나님은 피로써 자기의 언약이 반드시 성취된다는 것을 보증하셨다. 하나님의 모든 언약이 남김없이 성취되었다. 이것이 하나님의 의로우심이다. 하나님은 약속을 지키시기 때문에 의로우시다. 이것은 우리가 하나님의 말씀을 믿어야 하는 당위성을 보여준다.

믿음은 창조주 하나님으로부터 시작한다. 이것이 믿음으로 들어가는 첫 번째 관문이다. 이 문을 통과하지 못하면 하나님께서 요구하는 의롭다함을 받는 믿음에 이르지 못한다. 하나님은 말씀으로 만물을 창조하심으로 자기의 전지전능하심을 보이셨고 만물의 통치자이심을 선언하셨다. 하나님은 자기의 영광을 위하여 만물을 창조하셨고 자기의 영광을 나타내기 위하여 만물을 자기의 뜻대로 통치하신다(사 43:7). 따라서 만물은 하나님의 창조질서와 그의 계명을 순종하여야 할 의무만 있으며 하나님께 권리를 주장할 수 없다. 사람은 하나님의 영광을 위한 질그릇이므로 사람이 가진 모든 것은 하나님의 것이다.

하나님은 사람을 자기의 형상을 따라서 창조하셨다. 하나님의 형상을 보여주신 분은 성자 하나님이므로 사람은 아들의 형상대로 창조되었다고 말할 수 있다. 하나님의 아들은 자기의 형상에 따라서 사람을 창조하셨다(창 1:27). 첫째, 하나님의 형상이란 외모가 하나님의 외모와 닮은 것이다. 둘째, 사람의 성품이 하나님의 성품을 닮은 것이다. 하나님의 성품이란 의로움과 거룩함이다. 사람이 범죄함으로 의로움과 거룩함을 잃어버리면 말하는 짐승으로 취급받는다. 따라서 사람의 생명의 본질은 의로움과 거룩함이라고 말할 수 있을 것이다. 사람의 육신이 살아있다는 것은 호흡을 하는 것이며, 그 영이 살아있다는 것은 의로움과 거룩함이다.

하나님께서 사람을 그의 형상을 따라서 지으시고 땅을 정복하여 문명을 건설하고 문화생활을 하며 모든 생물을 다스리게 하셨다. 이것은 만물을 통치하시는 하나님의 아들을 모형으로 보여준다. 하나님의 아들은 만물의 창조주로서 만물을 하나님의 영광을 위하여 통치하신다. 이것을 모형으로 보여주기 위하여, 하나님의 아들은 자기의 형상으로 창조된 사람에게 땅을 정복하고 모든 생물을 다스리는 권세를 주셨다. 사람은 하나님의 형상이며 모형이라고 말할 수 있을 것이다.

제1부 창조사역과 선악과 계명을 통하여 계시된 그리스도의 형상과 믿음

하나님께서 아들의 형상으로 사람을 창조하신 이유는 장차 아들이 사람의 몸을 통하여 육신으로 임하신다는 약속이다. 사람은 하나님의 아들이 육신으로 임하실 길을 준비하는 막중한 사명을 받았다. 이를 위하여 사람은 하나님의 형상, 특히 의로움과 거룩함을 유지하여야 한다. 사람이 범죄함으로 불의하고 더럽게 되면 하나님의 아들이 오실 길이 막히게 된다. 이것은 창조사역을 통하여 계시된 믿음이다. 하나님은 사람에게 이 믿음을 요구하셨다.

하나님은 엿새 동안 우주 안에 있는 만물을 자기의 뜻을 성취하는 완전한 피조물로 창조하시고 일곱째 날에 안식하셨다. 하나님은 일곱째 날을 복주시고 거룩하게 하셨다. 복은 생명과 관련되므로 하나님은 일곱째 날에 사람에게 생명이 있으며 자기의 영광을 위하여 일할 수 있는 존재임을 확인하셨다. 사람이 범죄함으로 생명을 잃어버리면 죄로 인한 저주 아래 들어가게 된다. 따라서 복은 생명이 있음을 증거한다. 하나님께서 일곱째 날을 거룩하게 하신 것은 시간을 거룩하게 하신 것을 의미한다. 사람은 시간 속에서 하나님의 영광을 위하여 일하는 모든 것이 거룩하다는 것을 의미한다. 안식일은 만물이 하나님의 영광을 나타내는 완전한 피조물로 창조되었음을 말하여 준다. 이제 사람이 땅 위에 있는 모든 것을 이용하여 하나님의 영광을 위하여 일할 수 있는 완전한 여건이 마련되었다. 따라서 창조사역 이후부터 우주의 역사는 사람을 중심으로 이루어지고 있다.

2. 사람이 하나님의 형상으로서 그리스도의 오시는 길을 준비하려면 반드시 믿고 순종하여야 할 계명이 있다. 그 계명이 선악과 계명이다. 선악을 아는 것은 선을 체험함으로 생명을 얻는 것이며 악을 체험함으로 사망에 이르는 것이다. 안다는 것은 체험을 통하여 아는 것을 의미한다. 여자가 결혼을 통하여 남자를 아는 것과 같이, 하나님의 말씀을 순종하여 생명을 얻고 불순종하여 사망에 이르는 것이다. 사람은 자기의 의지로 말씀의 순종과 불순종을 결정함으로 생명과 사망을 선택하지 말아야 한다. 선악과 계명은 사람이 자기의 의지로써 생명과 사망을 결정하지 말라는 것이다. 생명은 하나님께 속한 것이기 때문이다. 생명의 본질은 의로움과 거룩함이며 이것은 하나님의 말씀을 통하여 계시되므로 사람은 자신의 의지로 하나님의 것을 주관할 수 없다. 생명은 하나님의 주권에 속한 것이다.

만물을 창조하시고 이것들을 통치하시는 하나님만이 사람의 생명과 사망을 결정할 수 있다. 곧 하나님의 아들만이 생명과 사망을 결정하실 수 있다. 아들은 생명을 버릴 권세도 있고 이를 다시 얻을 권세도 있다(요 10:17,18). 창세전에 하나님은 아들이 죽으심으로 사망을 체험하고 부활하심으로 생명을 체험하실 것을 작정하셨다. 이것은 하나님의 아들의 주권이므로 사람은 그 주권을 침해할 수 없다. 따라서 아담이 선악과 계명을 불순종하였을 때 하나님은 그가 아들의 주권을 침해하였다고 말씀하셨다(창 3:22).

아담은 자유의지를 받았다. 자유의지란 하나님의 말씀을 순종함에 있어서 일체의 외부의 간섭을 받지 아니하는 의지이다. 이것은 거절하는 의지와 수용하는 의지를 포함한다. 사람은 자유의지가 있으므로 하나님의 말씀을 받을 수 있다. 동물은 자유의지가 없으므로 하나님의 말씀을 받지 못한다. 동물은 기계적으로 본능에 따라서 행동하므로 하나님은 동물에게 명령하지 아니하신다. 사람은 자유의지가 있으므로 자신의 판단에 의하여 하나님의 말씀을 순종할 수 있고 불순종할 수도 있다. 자유의지에 의한 모든 결정은 사람에게 귀속된다. 사람이 하나님의 말씀을 순종한 결과는 창조시에 받은 생명을 지키는 것이며 불순종한 결과는 그 생명을 잃어버리는 것이다. 하나님은 사람의 결정을 존중하신다.

사람은 자유의지로 생명과 사망을 결정할 수 있으나, 그 결정은 하나님의 주권에 의하여 제약을 받는다. 사람은 하나님의 주권 앞에서 자기의 자유를 포기하여야 한다. 자유의지에 의하여 생명과 사망을 결정하는 것은 하나님의 주권을 침해하는 것이므로 사람은 살기 위하여 생명을 선택할 의무만 가지고 있다. 사람이 자유의지로 선과 악을 결정한다면 스스로 하나님과 같이 되려는 것이기 때문이다. 사람은 피조물로서 하나님의 계명을 순종함으로 그의 생명을 지켜야 할 의무만 가지고 있다. 사람이 생명을 잃어버리면 하나님의 영광을 위하여 일할 수 없다. 하나님은 생명이 없는 자들을 사용하지 아니하신다. 따라서 사람의 자유의지는 하나님의 주권에 의하여 제약을 받는다.

하나님께서 아담에게 요구하는 믿음은 분명해졌다. 첫째, 하나님은 만물을 창조하셨다. 둘째, 하나님은 만물을 의와 공의로 통치하신다. 셋째, 하나님은 그의 의지로 생명과 사망을 결정하신다. 넷째, 사람은 살기 위하여 하나님의 말씀을 순종하여야 한다. 다섯째, 하나님은 반드시 약속을 지키는 분이다. 아담이 선악과 계명을 순종하려면 위의 믿음이 있어야 한다. 아담은 선악과 계명을 받은 인류의 대표자로서 아담은 그 책임을 다하지 못하였으므로 온 인류는 사망에 이르게 되었다.

아담이 선악과 계명을 받았을 때 사단은 아담을 통하여 하나님을 대적하려고 하였다. 사단은 하늘에서 타락한 천사로서 흑암에 갇힌 자이다. 하나님의 이름을 찬양하는 직분을 받은 천사가 교만하여 하나님의 보좌에 오르려고 하였다. 하나님은 그 천사를 불의하게 여기시고 그를 영원한 결박으로 흑암에 가두셨다(유 1:6). 빛이 창조되기 전에 우주는 하나님의 영광이 없는 흑암이었다(창 1:2). 흑암이란 창조된 빛이 없는 것이 아니라 하나님의 영광의 빛이 없는 것을 말한다. 사단은 흑암에 갇힌 뒤에 하나님의 말씀을 받지 못하였으므로 하나님을 대적할 수 없었다. 흑암 속에서 사람이 하나님의 형상으로 창조되고 하나님의 말씀을 받았을 때 사단은 사람을 통하여 하나님을 대적하기로 작정하였다.

사단은 자신의 신분을 감추기 위하여 뱀을 이용하여 하와를 미혹하였다. 그 미혹이 하와에게 하나님의 말씀에 대한 불신앙으로 나타났다. 하나님은 선악을 알게 하는 나무의 실과를 먹으면 반드시 죽는다고 말씀하셨다. 사단은 하와에게 그 실과를 먹더라도 죽지 아니하고 하나님과 같이 되어 선악을 알게 될 것이라고 유혹하였다. 이 말을 들었을 때 하와의 마음에는 두 가지 생각이 있었다. "먹으면 정령 죽는다," "먹어도 죽지 아니한다." 하와의 자유의지는 둘 중에 하나를 선택하여야 한다. 하와는 후자를 선택하였다.

하와가 뱀에게 미혹을 받았을 때 아담은 뱀에게 헛소리를 하지 말고 물러가라고 명령할 권세를 가지고 있었다. 그러나 아담은 그 권세를 포기하고 뱀의 유혹을 받아드렸다. 선악을 알게 하는 나무의 실과를 먹은 하와가 죽지 아니하고 살아있는 것을 본 아담도 그 실과를 먹었다. 아담이 하나님의 말씀을 버리고 뱀의 유혹의 말을 받아드렸으므로 하나님은 그를 뱀의 종이 되게 하셨다. 아담은 스스로 뱀의 종이 되려고 하였다. 아담이 타락한 이후 사단은 사람의 인격을 지배하는 자가 되었다. 이제부터 마귀는 사람을 통하여 문명과 문화를 지배하는 명실상부한 세상의 임금이 되었다.

3. 아담은 자유의지로 불순종을 선택하였기 때문에 타락하였다. 곧 자유의지의 타락이

다. 아담은 자유의지로 하나님의 종 됨을 거절하고 뱀의 종이 되려고 하였다. 이때로부터 아담은 뱀의 뒤에서 역사하는 사단의 종이 되었다. 하나님의 종이란 자유의지를 전제로 하여 사람의 결정을 존중하는 것이다. 이에 반하여 사단의 종이란 자유의지를 허락하지 아니하고 사단이 일방적으로 사람의 의지를 지배하는 것이다. 사단은 권세로 사람의 인격을 지배하여 사람으로 하여금 하나님의 말씀을 대적하게 한다. 아담이 타락한 이후 사람에게 자유의지란 없으며 오로지 사단의 생각에 따라서 하나님을 대적하였다.

아담이 타락한 뒤에 죄의 정욕이 그의 육체 안에 자리를 잡게 되었다. 아담이 타락한 뒤에 그의 육체와 인격과 영에 죄의 흔적이 새겨졌다. 그 죄의 흔적은 짐승의 이름이다. 사단은 하와의 마음속에 죄를 지으려는 생각을 넣어주었고 하와는 그 생각을 행동으로 옮겼다(창 3:6). 하와를 미혹한 사단의 생각이 농축되어 그녀의 육체의 속성이 되었다. 이것이 육체의 정욕이다. 아담이 타락한 뒤로 정욕은 그의 육체의 속성이 되어 온 인류에게 유전되고 있다. 모든 사람은 육체의 정욕을 가지고 태어난다. 그 정욕은 사단의 생각이 농축된 것으로, 이로부터 항상 하나님을 대적하려는 생각이 나온다.

아담이 선악과 계명을 순종할 때에는 그의 영에 하나님의 말씀이 있었다. 선악과 계명은 영의 양식으로 아담의 영 안에 들어와서 저장되었다. 아담의 영에 저장된 말씀으로부터 그 말씀을 순종하려는 영의 생각이 나왔으며, 그의 인격이 그 생각을 수용하였을 때 아담은 말씀을 순종하였다. 아담이 타락한 뒤에 그의 영 안에 저장된 하나님의 말씀은 도말되었으며, 그의 영으로부터 그 말씀을 순종하려는 생각이 나오지 아니하였다. 따라서 그의 인격은 육체의 정욕에서 나오는 사단의 생각과 연결되었다. 이로써 아담의 인격은 그의 영과 완전히 분리되었다. 아담으로부터 육체의 정욕을 유전으로 받은 사람들은 자신의 인격으로 영의 존재조차 알지 못하고 있다. 단지 사람들은 영혼을 형이상학적인 존재로 여기고 있다.

아담이 타락한 이후에 신념이 세상에 들어왔다. 신념과 믿음은 구별한다. 전자는 육체의 정욕으로부터 나오는 생각을 행동으로 옮김으로 얻기를 기대하는 확신이다. 아담은 선악을 알게 하는 나무의 실과를 먹으면 죽지 아니하고 하나님과 같이 될 것이라는 확신을 가지고 있었다. 그러나 이것은 창조사역과 선악과 계명을 통하여 계시된 믿음으로부터 나온 것이 아니다. 믿음은 하나님의 약속이 반드시 성취될 것이라고 소망하는 것으로 보장이 있다. 그러나 신념은 하나님의 약속이 아니라 자신의 마음을 믿는 것이다. 신념이 이루어질 것은 확률이다. 아담은 그의 신념을 믿었다.

아담은 하나님의 말씀이 반드시 성취된다는 믿음을 버렸다. 이로써 아담의 육체에 불신앙의 씨가 심겨졌다. 불신앙의 씨가 온 인류에게 유전되고 있다. 불신앙의 씨로부터 하나님의 말씀을 대적하려는 생각이 솟아난다. 사단이 불신앙의 씨를 통하여 하나님의 말씀을 대적하려는 생각을 넣어주면 그 씨로부터 싹이 나서 자라서 열매를 맺는다. 그 사단의 생각이 사람의 인격의 도움을 받아 악한 말과 악한 행위로 나타난다. 아담의 타락으로 들어온 불신앙의 씨가 온 인류를 사망으로 몰아넣었다.

창조사역과 선악과 계명을 통하여 아담에게 부여된 사명은 그리스도의 오시는 길을 준비함으로 하나님의 영광을 나타내는 것이다. 아담이 그 사명을 소망으로 가졌다면 범죄하지 아니하였을 것이다. 그러나 아담은 그에게 부여된 사명을 버리고 땅에 있는 것에 소망을 두었다. 그는 하늘에 있는 소망을 버리고 땅에 있는 실과에 소망을 두었으므로 하나님의 계명을 대적하였다. 아담이 타락한 이후 온 인류는 소망 없이 살아가는 존재가 되었다. 사람들은 땅에 속한 것만을 바라보고 살다가 죄 가운데서 죽어가고 있다.

(창 1:28)의 문화명령, 남편과 아내의 관계, 그리고 하나님과 사람의 관계는 사랑을 전제로 한다. 사람이 땅을 정복하여 문명을 건설하려면 조화와 질서를 유지하여 사회와 국가를 건설하여야 한다. 이를 위하여 필요한 것은 이웃을 내 몸과 같이 사랑하는 것이다. 남편과 아내는 한 몸이므로 서로를 사랑하여야 한다. 남편은 법을 세우는 자이며 목숨을 버리기까지 아내를 사랑하여야 한다. 아내는 남편의 법을 순종함으로 남편을 사랑하여야 한다. 아담이 선악과 계명을 받고 이를 하와에게 전하였으므로 하와가 그 계명을 순종하는 것이 하나님과 남편을 동시에 사랑하는 것이다. 아담은 하와가 뱀에게 미혹을 받았을 때 하와를 죽음으로부터 건지기 위하여 뱀에게 물러가라고 명령하였어야 하였다. 그러나 아담은 하나님과 하와를 사랑하지 아니하였다. 그 결과 자신과 하와가 사망에 이르게 되었다.

아담의 타락으로 그리스도께서 오시는 길이 차단되었다. 실로 이것은 무서운 죄이다.

이로써 하나님께서 사람을 자기의 형상을 따라서 창조하신 뜻이 무너졌다. 하나님은 공간과 장소를 초월하여 스스로 계신 분이시므로 존재하기 위하여 하늘과 우주를 필요로 하지 아니하신다. 장소와 공간은 육신으로 임하실 그리스도를 위한 것이다. 하늘에 있는 보좌는 아들을 위하여 창조되었고 그리스도께서 부활하신 뒤에 오르실 곳이다. 아들을 위하여 만물을 창조하신 모든 것이 아담의 타락으로 물거품이 되었다. 아담은 그리스도의 오시는 길을 차단하였으므로 적그리스도가 아담으로부터 시작되었다. 아담이 타락한 이후 인류의 역사는 아담으로 인하여 차단된 그리스도의 오시는 길을 여는 것에 초점이 맞추어지고 있다.

제2부

칭의 언약을 통하여 계시된 그리스도와 믿음

2.1 아담: 오실 그리스도의 표상
  1. 아담의 타락과 하나님의 형상
  2. 아담: 오실 그리스도의 표상

2.2 아브라함의 믿음과 그리스도
  1. 아브라함의 믿음과 칭의 언약
  2. 아브라함의 믿음과 그리스도의 언약
  3. 칭의 언약과 장자의 명분

2.3 요약 및 결론

"그러나 아담으로부터 모세까지 아담의 범죄와 같은 죄를 짓지 아니한 자들 위에도 사망이 왕노릇하였나니 아담은 오실 자의 표상이라"(롬 5:14).

"아브람이 여호와를 믿으니 여호와께서 이를 그의 의로 여기시고"(창 15:6).

"내가 네게 큰 복을 주고 네 씨로 크게 성하여 하늘의 별과 같고 바닷가의 모래와 같게 하리니 네 씨가 그 대적의 문을 얻으리라 또 네 씨로 말미암아 천하 만민이 복을 얻으리니 이는 네가 나의 말을 준행하였음이니라 하셨다 하니라"(창 22:17,18).

"야곱이 가로되 오늘 내게 맹세하라 에서가 맹세하고 장자의 명분을 야곱에게 판지라"(창 25:33).

제2부 칭의 언약을 통하여 계시된 그리스도와 믿음

2.1 아담: 오실 그리스도의 표상

1. 아담의 타락과 하나님의 형상

(1) 아담의 타락과 하나님의 형상의 상실

1) 하나님께서 사람을 자기의 형상을 따라서 창조하셨다는 것은 사람이 범죄함으로 그 형상을 잃어버리면 사람이 아니라는 것을 의미한다. 범죄한 자가 사람이 아니라면 동물과 다름없다는 것이다. 곧 사람의 외모는 하나님을 닮았지만 그의 행동은 짐승과 같다는 것이다. 하나님은 죄인을 말하고 걸어 다니는 동물로 여기신다는 것이다. 죄인이 만든 문명과 문화는 동물의 세계를 그대로 보여준다. 믿음으로 의롭다함을 받은 자들은 하늘나라의 소망을 가지고 살아가지만 불의한 자들은 오직 땅에 속한 것, 곧 육체만을 위하여 동물처럼 살아간다. 아담의 타락으로 하나님의 형상은 없어졌으며 말하는 짐승의 형상을 나타내는 사람만 존재하게 되었다.

2) 하나님의 형상으로 창조된 사람이 동물과 다른 점은 인격이 있기 때문이다. 동물은 본능에 따라서 기계적으로 먹이를 얻고 번식한다. 동물의 관심은 오직 먹을 것을 얻는 것이고 발정기가 되면 짝짓기를 통하여 번식하는 것이다. 동물에게는 양심이 없으며 오직 자기의 삶만 있을 뿐이다. 동물이 새끼를 먹이고 보호하는 것은 본능에 의한 행동이며 인격적인 판단에 의한 것은 아니다. 동물은 육체만을 위하여 살다가 죽어서 흙으로 돌아간다. 이와 같이 죄로 인하여 하나님의 형상을 잃어버린 자들도 영을 위하여 일하지 아니하고 육체만을 위하여 살아간다. 죄인들은 하나님의 존재와 자기 영이 존재를 알지 못하고 동물처럼 육체만을 위하여 살아가고 있다.

3) 성경은 타락한 천사를 짐승이라고 말씀한다. 사단이 짐승인 뱀을 통하여 아담을 미혹하였기 때문에, 성경은 뱀의 탈을 쓴 사단을 짐승이라고 말씀한다. **"내가 보니 바다에서 한 짐승이 나오는데 뿔이 열이요 머리가 일곱이라 그 뿔에는 열 면류관이 있고 그 머리들에는 참람된 이름들이 있더라 내가 본 짐승은 표범과 비슷하고 그 발은 곰의**

발 같고 그 입은 사자의 입 같은데 용이 자기의 능력과 보좌와 큰 권세를 그에게 주었더라"(계 13:1,2). "표범과 사자"는 육식동물이며 "곰"은 잡식동물이다. 먹이 사슬의 최상위에 있는 동물들이다. 이것들은 사람을 지배하는 사단의 강력한 힘을 보여준다. 그 짐승들이 하나님의 말씀을 훼방하고 있다. "**짐승이 입을 벌려 하나님을 향하여 훼방하되 그의 이름과 그의 장막 곧 하늘에 거하는 자들을 훼방하더라**"(계 13:6). 아담이 타락한 이후에 모든 사람은 불의한 자들로서 그 짐승의 이름을 표로 받았다. "**저가 모든 자 곧 작은 자나 큰 자나 부자나 빈궁한 자나 자유한 자나 종들로 그 오른손에나 이마에 표를 받게 하고 누구든지 이 표를 가진 자 외에는 매매를 못하게 하니 이 표는 곧 짐승의 이름이나 그 이름의 수라**"(계 13:16,17).

4) 선악과 계명을 대적한 죄의 결과는 다양한 형태의 자범죄로 나타나고 있다. 율법은 다양한 죄를 분류하여 하나님에 대한 죄와 이웃에 대한 죄로 구분하여 보여준다. 모든 죄는 형태에 따라서 그 죄질이 각각 다르다. 살인하는 자와 거짓말하는 자의 죄질은 다르고, 우상을 숭배하는 죄와 안식일을 범하는 자의 죄질이 각각 다르다. 또한 마음속으로 범하는 죄와 실제 행동으로 범하는 죄질도 각각 다르다. 하나님은 각 사람이 범하는 죄의 형태에 따라서 사람을 각각 다른 동물로 보실 것이다. 예수 그리스도께서 헬라여인을 개라고 말씀하셨다. "**예수께서 이르시되 자녀로 먼저 배불리 먹게 할찌니 자녀의 떡을 취하여 개들에게 던짐이 마땅치 아니하니라**"(막 7:27). 성경은 바리새인과 사두개인을 독사라고 말씀하셨다. "**요한이 많은 바리새인과 사두개인이 세례 베푸는데 오는 것을 보고 이르되 독사의 자식들아 누가 너희를 가르쳐 임박한 진노를 피하라 하더냐**"(마 3:7). 율법을 통하여 자신의 죄를 알지 못하고 의로운 체하는 자들은 짐승 가운데 가장 강한 독을 가지고 있는 독사들이다. 예수 그리스도께서 이방인들을 개처럼 여기셨으나 유대인들을 독사와 같이 취급하셨다.

5) 유대인들은 자신들만이 택함을 받은 하나님의 백성이며 할례를 받지 못한 이방인들을 짐승처럼 여겼다. 따라서 유대인들은 이방인들과 교제도 하지 아니하였고 그들과 함께 식사도 하지 아니하였다. 사람과 짐승이 같이 밥을 먹을 수 없기 때문이다. 이런 이유로 베드로가 구원을 얻은 이방인들과 함께 식사를 한 것이 유대인에게 비난의 대상

이 되었다. **"베드로가 예루살렘에 올라갔을 때에 할례자들이 비난하여 이르되 네가 무할례자의 집에 들어가 함께 먹었다 하니" (행 11:3).** 유대인들의 태도는 죄인을 바라보시는 하나님의 시각을 그대로 반영한다고 말할 수 있다. 뿐만 아니라 유대인들은 동족이라도 세리와 창기를 죄인으로 알고 짐승으로 취급하였다. 유대인들은 죄인으로 취급받는 자들과 함께 식사도 하지 아니하였다. **"바리새인의 서기관들이 예수께서 죄인과 세리들과 함께 잡수시는 것을 보고 그 제자들에게 이르되 어찌하여 세리와 죄인들과 함께 먹는가" (막 2:16).**

6) 아담이 타락함으로 하나님 앞에서 사람은 뱀의 형상으로 나타났으므로 하나님은 뱀의 지배를 받는 땅을 저주하셨다. 그 이유를 살펴보자. 하나님은 자기의 형상으로 창조된 사람에게 땅을 정복하는 권세를 주셨다(창 1:28). 하나님은 자기의 형상인 사람에게 다스림을 받는 땅을 복되게 하셨다. 하나님은 흙으로 창조된 동식물에게 복을 주셨다. 하나님은 자기의 형상으로 창조된 사람에게 복 받은 땅을 정복하라고 말씀하셨다. 그러나 사람이 하나님의 형상을 잃어버리고 뱀의 형상으로 땅을 다스리게 되었을 때, 하나님은 땅을 저주하셨다. **"아담에게 이르시되 네가 네 아내의 말을 듣고 내가 너더러 먹지 말라한 나무 실과를 먹었은즉 땅은 너로 인하여 저주를 받고 너는 종신토록 수고하여야 그 소산을 먹으리라 땅이 네게 가시덤불과 엉겅퀴를 낼 것이라 너의 먹을 것은 밭의 채소인즉" (창 3:17,18).**

7) 사람의 죄로 인하여 저주를 받은 땅에 속한 모든 것들은 창조질서를 벗어났다. 사람은 지상의 모든 생물을 다스리는 권세를 받았다. 하나님의 형상인 사람이 다스릴 때 모든 생물이 사람에게 복종한다. 아담이 타락하기 전에 모든 동물에게 이름을 지어준 것은 이것을 반영한다. 사람은 동물을 다스리는 권세를 가지고 있으므로 동물에게 이름을 부여할 수 있다.51) 그러나 사람이 죄로 인하여 하나님의 형상을 잃어버렸을 때 생물들은 사람의 손에서 벗어나서 사람을 대적하고 해를 끼치기 시작하였다. 생물은 사람을 사람으로 보지 아니하고 자신들과 동일한 짐승으로 보기 때문이다. 고양잇과 동물과

---

51) 천사들의 이름은 하나님께서 부여하신 것이다. 주인은 노예에게 새로운 이름을 부여할 수 있다. 전제군주 시대에 왕이 신하에게 작위를 부여하는 것은 이것을 모형으로 보여준다.

개과 동물들이 사람을 공격하는 것은 이것을 반영한다. 바다에서는 상어가 사람을 공격한다. 모기, 독거미, 불개미 및 독충들이 사람을 공격한다. 이 모든 것은 아담의 타락으로 인하여 사람이 하나님의 형상을 잃어버림으로 땅이 저주를 받았다는 증거이다.

8) 사람의 죄로 인하여 땅이 저주를 받음으로 자연재해가 사람의 생명을 위협하고 있다. 가뭄, 홍수, 화산 및 지진 등은 땅이 저주를 받아 사람의 목숨과 재산을 위협한다. 사람은 이러한 자연재해를 효과적으로 통제할 능력이 없다. 사람의 다스림을 받아야 하는 땅이 사람에게 양식을 주지만 때로는 생명을 위협하는 존재가 되었다. 이것은 땅이 창조질서를 벗어나서 탄식한다는 증거이다. 따라서 사도 바울은 불의한 자들로서 짐승의 형상을 가진 자들에게 지배를 받는 피조물이 저주 아래서 탄식한다고 기록하였다. **"피조물이 다 이제까지 함께 탄식하며 함께 고통하는 것을 우리가 아나니"** (롬 8:22). 그 피조물들이 고대하는 것은 짐승의 형상을 나타내는 자들의 지배에서 벗어나 하나님의 형상인 사람의 다스림을 받는 것이다. **"피조물의 고대하는 바는 하나님의 아들들의 나타나는 것이니"** (롬 8:19). **"그 바라는 것은 피조물도 썩어짐의 종노릇 한데서 해방되어 하나님의 자녀들의 영광의 자유에 이르는 것이니라"** (롬 8:21).

9) 아담의 타락으로 사람은 하나님의 형상을 잃어버리고 짐승의 형상을 나타내고 있다. 따라서 사람의 다스림을 받는 땅과 생물들이 저주를 받았다. 이로 인하여 사람들의 목숨과 생활이 위협을 받고 있다. 이 모든 것은 사람으로 하여금 죄인임을 알게 하는 하나님의 은혜이다. 사람이 자연재해와 자신을 공격하는 생물들로 인하여 자신의 죄를 깨닫고 하나님께로 돌아오는 것이 하나님의 뜻이다. 사람의 죄로 인하여 저주 아래 있는 만물이 하나님의 신성을 보여준다. **"창세로부터 그의 보이지 아니하는 것들 곧 그의 영원하신 능력과 신성이 그가 만드신 만물에 분명히 보여 알려졌나니 그러므로 그들이 핑계하지 못할지니라"** (롬 1:20).

(2) 아담의 타락과 하나님의 외모의 파괴

1) 하늘에서 타락하여 흑암에 갇힌 사단은 하나님의 형상을 파괴하려고 한다. 사단은 아담을 미혹하여 하나님의 형상을 잃어버리게 하였으나, 하나님의 외모는 여전히 남아있

다. 하나님의 형상이 완전히 없어지려면 하나님의 외모역시 파괴되어야 한다. 이렇게 되면 그리스도의 오시는 길이 완전히 차단될 것이기 때문이다. 따라서 사단은 가인으로 하여금 아벨을 죽이게 하였다. 살인은 하나님의 외모를 파괴하는 것이다.

2) 가인과 아벨은 아담의 죄로 인하여 땅이 저주를 받았음과 자신들이 죄 아래 있다는 것을 알고 있었을 것이다. 아담이 이마에 땀을 흘리며 땅을 경작하는 것과 자연재해로 당하는 고난을 통하여, 그들은 아담으로부터 죄를 물려받았음을 알고 있었다. 아벨은 양을 길렀고 가인은 농사를 하였다. 가인이 양을 기른 것은 고기를 얻기 위한 것이 아니라 젖과 의복을 위한 가죽을 얻기 위함이었을 것이다. 당시에 사람에게 채소와 열매만이 육체의 양식으로 허락되었기 때문이다. 노아의 방주 사건 이후 사람에게 육식이 허락되었다. **"무릇 산 동물은 너희의 식물이 될찌라 채소 같이 내가 이것을 다 너희에게 주노라"** (창 9:3). 아벨은 기른 양의 기름으로 하나님께 제사를 드렸다. 아벨은 믿음으로 하나님께 제사를 드렸다(히 11:4). 이 믿음이란 창조사역을 통하여 계시된 믿음이라고 말할 수 있다.52) 아벨은 자신의 죄를 깨닫고 그 죄를 용서하실 하나님을 믿음으로 제사를 드렸다고 할 수 있다. 그러나 가인은 그렇지 아니하였다.

3) 하나님은 아벨의 제사를 받으셨으나 가인의 제사를 거절하셨다. 가인은 이것을 분하게 여기고 아벨을 죽이려고 하였다. 가인은 그 원인을 자신의 불신앙에서 찾지 아니하고 아벨에게 돌렸다. **"가인과 그 제물은 열납하지 아니하신지라 가인이 심히 분하여 안색이 변하니"** (창 4:5). 분한 마음이 가인에게 있으므로 하나님은 그에게 죄의 소원을 다스리라고 말씀하셨다. **"네가 선을 행하면 어찌 낯을 들지 못하겠느냐 선을 행치 아니하면 죄가 문에 엎드리느니라 죄의 소원은 네게 있으나 너는 죄를 다스릴찌니라"** (창 4:7). 가인은 아벨이 없다면 하나님께서 자기의 제사를 받으실 것으로 착각하였다. 가인은 자신의 죄를 아벨에게 돌리고 아벨을 죽임으로 하나님께로부터 인정을 받으려고 하였다. **"가인이 그 아우 아벨에게 고하니라 그 후 그들이 들에 있을 때에 가인이 그 아우 아벨을**

---

52) 아벨이 양의 피로써 제사를 드렸으므로 하나님께서 그 제사를 받으셨다고 해석할 수 있으나, 성경은 아벨이 믿음으로 제사를 드렸다고 말씀한다. 율법이 정하는 소제는 곡식 가루를 드리는 제사이다. 자기의 죄를 알지 못하고 믿음이 아닌 종교행사로 드리는 양의 피는 하나님께 열납되지 아니한다.

쳐 죽이니라"(창 4:8).

4) 하나님께서 믿음으로 의롭다함을 받은 아벨을 죽인 가인을 심판하셨다. **"땅이 그 입을 벌려 네 손에서부터 네 아우의 피를 받았은즉 네가 땅에서 저주를 받으리니 네가 밭을 갈아도 땅이 다시는 그 효력을 네게 주지 아니할 것이요 너는 땅에서 피하며 유리하는 자가 되리라"**(창 4:11,12). 가인의 죄로 땅이 저주를 받았다. 아담은 저주를 받은 땅을 경작하기 위하여 이마에 땀을 흘림으로 식량을 구할 수 있었다. 그러나 살인으로 인하여 저주를 받은 땅이 가인을 토하여 냄으로 가인은 땅을 경작하지 못하고 땅에서 유리하는 자가 되었다. 가인은 이제야 자신의 죄를 깨닫고 회개하였다. **"가인이 여호와께 고하되 내 죄벌이 너무 중하여 견딜 수 없나이다 주께서 오늘 이 지면에서 나를 쫓아 내시온즉 내가 주의 낯을 뵈옵지 못하리니 내가 땅에서 피하며 유리하는 자가 될찌라 무릇 나를 만나는 자가 나를 죽이겠나이다"**(창 4:13,14).

5) 마귀는 불의한 자를 통하여 의롭다함을 받은 자들을 죽임으로 그리스도의 오시는 길을 차단하려고 하였다. 아담에 의하여 닫힌 그리스도의 오시는 길이 아벨의 믿음을 통하여 다시 열리게 되었다. 그러나 마귀는 가인을 통하여 아벨을 죽임으로 그리스도의 오시는 길을 다시 차단하였다. 하나님은 의롭다함을 받은 자들을 보호하기 위하여 가인을 심판하시고 그로 하여금 땅에서 유리하는 자가 되게 하셨다. 가인이 한 곳에 정착하지 못하고 나그네처럼 유리하는 것은 의롭다함을 받은 자를 죽였다는 표이다. 하나님은 이것을 알리기 위하여 가인이 죽임을 당하지 아니하게 보호하셨다. **"여호와께서 그에게 이르시되 그렇지 않다 가인을 죽이는 자는 벌을 칠 배나 받으리라 하시고 가인에게 표를 주사 만나는 누구에게든지 죽임을 면케 하시니라"**(창 4:15).

6) 성경은 가인이 아벨을 죽인 책임이 마귀에게 있다고 말씀한다. 가인이 하나님의 말씀을 대적하고 아벨을 죽인 것은 그가 마귀의 지배 아래 있기 때문이다. 마귀는 가인의 인격을 지배하여 아벨을 죽이게 하였다. **"가인 같이 하지 말라 저는 악한 자에게 속하여 그 아우를 죽였으니 어찐 연고로 죽였느뇨 자기의 행위는 악하고 그 아우의 행위는 의로움이니라"**(요일 3:12). 가인은 믿지 아니함으로 불의한 자이나, 아벨은 믿음으로 의롭다함을 받은 자이다. 불의한 자는 의로운 자를 죽임으로 하나님의 형상을 파괴한다.

이것은 장차 예수 그리스도께서 불의한 자들에 의하여 죽임을 당하실 것을 모형으로 보여준다. 예수 그리스도를 정죄하여 빌라도에게 넘긴 대제사장, 서기관들 및 바리새인 들은 불의한 자이지만 자신의 죄를 감추기 위하여 하나님의 아들을 죽였다. 예수 그리스 도께서 그들을 독사의 자식이라고 정죄하셨다(마 23:33). 마귀가 세상을 다스리고 있었 으므로 가인의 살인의 책임은 마귀에게로 돌아갔다. 따라서 성경은 "마귀가 최초로 살인 한 자이다"라고 말씀한다. **"너희는 너희 아비 마귀에게서 났으니 너희 아비의 욕심을 너희도 행하고자 하느니라 저는 처음부터 살인한 자요 진리가 그 속에 없으므로 진리에 서지 못하고 거짓을 말할 때마다 제 것으로 말하나니 이는 저가 거짓말장이요 거짓의 아비가 되었음이니라" (요 8:44).** "저는 처음부터 살인한 자요"란 마귀가 가인을 통하여 아벨을 죽였다는 것이다.

7) 가인의 살인은 라멕으로 이어졌다. 라멕은 이웃과 다투다가 몸이 상하자 상대방을 죽였다. **"라멕이 아내들에게 이르되 아다와 씰라여 내 목소리를 들으라 라멕의 아내들이 여 내 말을 들으라 나의 상처로 말미암아 내가 사람을 죽였고 나의 상함으로 말미암아 소년을 죽였도다" (창 4:23).** "나의 상처로 말미암아"란 라멕이 이웃과 다툼에서 몸에 상처를 받았다는 것이다. 라멕은 하나님께서 자기의 죄를 용서하시고 자기를 사람들로부 터 보호하실 것이라고 강변하였다. **가인을 위하여는 벌이 칠 배일진대 라멕을 위하여는 벌이 칠십칠 배이리로다" (창 4:24).** 이에 대하여 하나님은 침묵하셨다. 이웃 간의 다툼이 살인으로 발전한 것은 장차 전쟁으로 인하여 많은 사람이 죽임을 당할 것을 모형으로 보여준다. 가인의 살인은 불의한 자가 의롭다함을 받은 자를 죽이는 것이다. 라멕의 살인 은 불의한 자가 불의한 자를 죽이는 것이다.

8) 가인의 살인은 형제간의 살인으로서 가족관계를 파괴하는 것이다. 라멕의 살인은 이웃 간의 살인으로서 사회의 질서를 파괴하는 것이다. 이것은 창조사역을 통하여 계시된 하나님의 뜻을 근본적으로 뒤흔드는 것이다. 창조사역을 통하여 사람에게 부여된 사명은 가족 사이에, 이웃 사이에 사랑으로 실천하는 것이다. (창 1:28)의 문화명령은 가정을 중심으로 하는 사회의 구성을 전제로 한 계명이다. 사람은 단독으로 땅을 정복할 수 없다. 다수의 사람이 질서를 유지하며 합심하여 땅을 정복함으로 문명을 건설할 수 있다.

사회가 질서를 유지하려면 가족과 이웃에 대한 사랑이 요구된다.

9) 살인은 사랑을 잃어버린 것을 의미한다. 사랑은 하나님에 대한 사랑과 이웃에 대한 사랑으로 구분할 수 있다. 하나님에 대한 사랑이 이루어질 때 이웃을 사랑할 수 있다. 하나님을 사랑하지 아니하면 이웃을 사랑할 수 없다. 아담이 선악과 계명을 순종하지 아니한 것은 하나님을 사랑하지 아니한 것이다. 하나님에 대한 사랑을 버리면 이웃을 사랑할 수 없다. 사람은 하나님을 사랑하는 것을 전제로 하여 이웃을 사랑할 수 있다. 가인이 하나님을 사랑하지 아니한다는 증거가 아벨을 죽이는 죄로 나타났다. 이것은 하나님을 사랑하지 아니하는 자들이 하나님의 아들을 죽인다는 것을 모형으로 보여준다. 예수 그리스도께서 아벨처럼 불의한 자들에 의하여 죽임을 당하실 것이다.

10) 살인은 하나님의 형상을 파괴하려는 마귀의 생각을 보여준다. 아담의 타락으로 의로움과 거룩함으로 나타나는 하나님의 형상은 잃어버렸으나, 하나님의 외모는 여전히 남아있다. 죄인의 외모는 하나님의 외모를 유지하고 있다. 살인은 남아 있는 하나님의 외모를 파괴하려는 것이다. 이것은 하늘 보좌에 오르려고 한 사단의 악한 생각이 행위로 나타난 것이다. 사단은 가능한 모든 수단으로 하나님의 형상을 파괴하려고 한다. 형제간의 살인, 이웃 간의 살인은 이성이 없는 동물처럼 사람의 성품이 강퍅하여졌다는 것을 보여준다. 부모가 자식을 사랑하는 본능적인 사랑은 남아있지만 하나님의 형상으로서 이웃에 대한 사랑은 사라졌다.

(3) 아담의 타락과 본향의 상실

1) 아담이 타락함으로 하나님의 형상을 잃어버린 결과는 사람에게서 영원한 소망을 앗아갔다. 하나님께서 사람에게 주신 영원한 소망은 나그네와 같은 이 세상에서 육체의 삶을 끝내고 하늘로 돌아가는 것이다. 아담이 타락한 이후에 사람들은 본향을 잃어버리고 이 땅의 삶이 전부인 것처럼 살아가고 있다. 사람의 영혼은 하늘에서 창조되었으므로 육체가 죽으면 하늘로 돌아가야 한다. 그러나 아담의 타락으로 하늘로 돌아갈 기회를 상실한 사람은 동물처럼 육체만을 위하여 살아가고 있다. 사람의 삶은 동물처럼 강한 자가 약한 자를 죽이고 빼앗고 육체의 쾌락만을 위하여 사는 것이다. 사람의 삶은 동물처

럼 되었다. 사람은 문화생활을 한다는 것만 다르지 동물과 다름없이 살아가게 되었다. 오히려 사람은 인격이 있기 때문에 동물보다 더 잔인한 존재가 되었다. 사람은 현실에 만족하지 못하고 항상 불만 속에서 더 많은 것을 얻기 위하여 싸우며 살인하고 속이고 빼앗고 있다.

  2) 하나님은 사람을 자기의 형상으로 창조하심으로 사람의 본향이 하늘임을 알게 하셨다. 하늘은 하나님의 형상으로 창조된 자만이 들어갈 수 있다. 사람이 이 땅에 살면서 하나님의 형상을 지킨 자만이 하나님의 형상으로 하늘나라에 들어갈 수 있다. 하나님은 이것을 사람에게 소망으로 주셨다. 사람이 하나님의 영광을 위하여 일하여야 하는 이유는 이것이다. 그러나 동물은 하나님의 형상이 아니므로 하늘에 들어갈 수 없다. 동물에게 있어서 소망도 없고 내일도 없다. 동물의 삶은 오직 생존과 번식에 국한된다. 그들에게 영생에 대한 소망은 없으며 오늘을 위한 삶뿐이다. 그들은 먹고 쉬며 자는 것이 그들의 생활 전부이다. 그들은 죽어서 흙으로 돌아감으로 그의 생애를 마감한다. 그들의 그러한 삶은 영이 없으므로 당연한 결과이다. 그들은 본능에 따라서 살아갈 뿐이며 그 이상의 행동을 하지 아니한다. 따라서 동물에게 죄는 성립되지 아니한다. 단지 그들은 인간의 죄로 인하여 저주 아래서 고통을 당하고 있다. 창조 시에 동물들은 복을 받았지만 사람의 죄로 인하여 자연재해와 질병으로 고통을 당하고 있다. 아담이 타락한 이후 사람은 동물처럼 소망이 없으며 오늘을 위하여 살아가고 있다.

  3) 사람은 영혼이 있으므로 하나님은 사람으로 하여금 영생에 대한 소망을 가지고 살아가게 하셨다. 이것을 알게 하려고 하나님은 사람의 영혼을 하늘에서 창조하셨다. 모든 영적인 존재는 하늘에서, 모든 물질적인 존재는 우주에서 창조되었다. 따라서 하나님은 사람의 육체를 흙으로 지으시고 그의 코에 영혼을 불어넣으셨다(창 2:7). 사람의 영혼은 하늘에서 왔으므로 육체가 죽으면 그 영혼은 하늘로 돌아간다. **"흙은 여전히 땅으로 돌아가고 신은 그 주신 하나님께로 돌아가기 전에 기억하라"** (전 12:7). 하나님은 사람의 영혼을 의롭고 거룩하게 창조하셨으므로 이것이 생명의 본질이다. 하나님의 말씀을 믿고 순종함으로 생명을 지킨 자만이 그의 영혼이 하늘로 돌아갈 수 있다.

  4) 믿음으로 의롭다함을 받은 자는 자신이 돌아갈 곳이 하늘임을 알고 땅에서 육체만

을 위한 삶을 버리고 하나님의 영광을 위하여 살아간다. 아브라함은 하란을 떠나서 가나안 땅으로 나아갔다. 아브라함은 가나안 땅에서 나그네처럼 살았다. 그는 나온 본향으로 돌아갈 것을 바라고 있었기 때문이다. 그의 본향은 하란이 아니라 하늘이다. 아브라함은 자신이 돌아갈 본향이 하늘임을 알고 본향을 사모하였다고 성경은 말씀한다. **"저희가 이제는 더 나은 본향을 사모하니 곧 하늘에 있는 것이라 그러므로 하나님이 저희 하나님이라 일컬음 받으심을 부끄러워 아니하시고 저희를 위하여 한 성을 예비하셨느니라"** (히 11:16).

5) 하늘은 영적인 세계이므로 흙으로 창조된 피조물들은 들어갈 수 없다. 따라서 사람도 흙인 육체를 벗고 신령한 영혼으로 들어갈 수 있다. 성경은 혈과 육은 하늘나라에 들어갈 수 없다고 말씀한다. **"형제들아 내가 이것을 말하노니 혈과 육은 하나님 나라를 유업으로 받을 수 없고 또한 썩은 것은 썩지 아니한 것을 유업으로 받지 못하느니라"** (고전 15:50). 사람의 육체는 죽어서 흙으로 돌아가는 것이 하나님의 뜻이다. 육체가 죽은 뒤에 하나님은 그 사람의 영혼이 하늘나라에 들어갈 수 있는지의 여부를 결정하기 위하여 심판하실 것이다. **"한번 죽는 것은 사람에게 정하신 것이요 그 후에는 심판이 있으리니"** (히 9:27).

6) 아담이 범죄한 이후에 사람은 육체의 정욕에서 나오는 육신의 생각 때문에 인격과 영이 완전히 분리되었다. 그 결과 사람은 자신의 영의 존재 여부조차 알지 못하고 살아간다. 사람은 오직 보이는 육체만이 존재하는 것으로 알고 살아간다. 육체가 원하는 것은 동물처럼 육체의 평안함과 쾌락이다. 사람은 이것들을 충족시켜줄 물질을 얻기 위하여 살인뿐만 아니라 모든 수단을 동원한다. 동물은 본능에 따라서 행동하지만, 사람은 인격이 있으므로 물질을 얻으려는 최상의 방법을 강구한다. 여기에는 살인이란 극단적인 방법도 동원되기도 한다. 사람은 동물보다 더 잔인하고 교묘하다. 사람은 육체만을 위하는 동물적인 삶을 살아가고 있다.

7) 아담 이후로 시작된 농경사회에서 부가가치를 창출하는 것은 경작과 목축이다. 자연재해로 인하여 비옥한 땅을 소유하는 것이 재물을 얻는 지름길이다. 따라서 사람들은 비옥한 땅을 차지하기 위하여 전쟁이란 미명으로 많은 사람을 죽음으로 몰아넣었다.

땅을 차지한 뒤에 경쟁에서 살아남기 위하여 사람들은 온갖 수단을 동원하여 타인이 경작한 것을 빼앗고 있다. 강한 자는 많은 땅을 차지하고 약한 자의 것을 빼앗고 있다. 이것은 생각하는 동물의 형상을 보여준다. 동물은 배가 부르면 먹이를 구하지 아니하고 쉬거나 잠을 잔다. 그러나 사람은 생각함으로 미래를 위하여 더 많은 재물을 얻으려고 다투고 싸운다. 동물은 단지 오늘을 위하여 먹이를 구하지만, 사람은 오늘과 내일을 위하여 투쟁한다.

8) 사람이 재물을 쌓은 뒤에 얻으려고 하는 것은 육체의 쾌락이다. 이것은 본능적인 것으로부터 얻는 쾌락을 극대화하는 것이다. 사람은 육체의 쾌락을 성행위와 먹고 마시는 것에서 찾고 있다. 사람들은 육체의 즐거움을 술에서 찾고 있다. **"내 마음에 궁구하기를 내가 어떻게 하여야 내 마음에 지혜로 다스림을 받으면서 술로 내 육신을 즐겁게 할까 또 어떻게 하여야 어리석음을 취하여서 천하 인생의 종신토록 생활함에 어떤 것이 쾌락인지 알까 하여"** (전 2:3). 노아는 믿음으로 방주를 건축하고 가족을 홍수의 심판으로부터 구원하였지만 노년에 술 취함으로 아들을 저주로 몰아넣었다. **"이에 가로되 가나안은 저주를 받아 그 형제의 종들의 종이 되기를 원하노라"** (창 9:25).

9) 사람들은 육체의 쾌락을 성행위에서 찾고 있다. 부부간의 성은 두 사람을 하나로 묶어주는 것으로 사랑의 표시이다. 그러나 부부간이 아닌 타인과 성행위는 창조질서를 깨뜨리는 것이므로 율법은 이를 엄격하게 금지하고 있다. 창기와의 성행위는 그의 육체를 창기의 육체로 만드는 것이다. **"너희 몸이 그리스도의 지체인 줄을 알지 못하느냐 내가 그리스도의 지체를 가지고 창기의 지체를 만들겠느냐 결코 그럴 수 없느니라"** (고전 6:15). 사람은 이성간의 성행위에 만족하지 못하고 동성간의 성을 즐기고 있다. **"롯을 부르고 그에게 이르되 이 저녁에 네게 온 사람이 어디 있느냐 이끌어내라 우리가 그들을 상관하리라"** (창 19:5). 한 걸음 더 나아가 사람은 짐승과 몸을 합하고 있다. 수간은 사람의 육체가 짐승처럼 되었다는 것을 웅변적으로 보여준다. 따라서 율법은 동성애와 수간을 금지한다. **"너는 여자와 동침함 같이 남자와 동침하지 말라 이는 가증한 일이니라 너는 짐승과 교합하여 자기를 더럽히지 말며 여자는 짐승 앞에 서서 그것과 교접하지 말라 이는 문란한 일이니라"** (레 18:22,23).

10) 사도 바울은 아담의 타락 이후 하나님의 존재를 알지 못하는 사람들이 육체만을 위하여 범하는 죄의 진행과정을 설명하였다. 첫째, 사람은 만물을 통하여 계시된 하나님의 신성을 알지 못한다. "**하나님을 알되 하나님으로 영화롭게도 아니하며 감사치도 아니하고 오히려 그 생각이 허망하여지며 미련한 마음이 어두워졌나니**" (롬 1:21). 사람들은 하나님을 알지 못함으로 우상을 만들어 섬긴다. "**썩어지지 아니하는 하나님의 영광을 썩어질 사람과 금수와 버러지 형상의 우상으로 바꾸었느니라**" (롬 1:23). 우상숭배는 동성애와 음행으로 연결된다. "**이를 인하여 하나님께서 저희를 부끄러운 욕심에 내어 버려 두셨으니 곧 저희 여인들도 순리대로 쓸 것을 바꾸어 역리로 쓰며 이와 같이 남자들도 순리대로 여인 쓰기를 버리고 서로 향하여 음욕이 불 일듯 하매 남자가 남자로 더불어 부끄러운 일을 행하여 저희의 그릇됨에 상당한 보응을 그 자신에 받았느니라**" (롬 1:26,27). 음행과 동성애는 각종 범죄를 몰고 온다. "**곧 모든 불의, 추악, 탐욕, 악의가 가득한 자요 시기, 살인, 분쟁, 사기, 악독이 가득한 자요 수군수군하는 자요 비방하는 자요 하나님의 미워하시는 자요 능욕하는 자요 교만한 자요 자랑하는 자요 악을 도모하는 자요 부모를 거역하는 자요 우매한 자요 배약하는 자요 무정한 자요 무자비한 자라**" (**롬 1:29~31**). 로마서 제1장 26절부터 31절의 말씀은 하나님의 형상을 상실한 인간의 동물적인 모습을 보여준다.

11) 죄로 인하여 하나님의 형상을 잃어버린 사람은 재물을 얻고 육체의 쾌락을 극대화하기 위하여 가능한 모든 수단을 강구한다. 이 모든 수단이 하나님의 말씀을 대적하는 죄이며 동물의 속성을 반영한다. 사람이 자기의 영을 위하여 일하지 아니하고 육체만을 위하여 일하고 있다. 사람은 영의 존재를 알지 못하며 하늘나라 곧 본향에 대한 소망이 없으므로 육체만을 위하여 일한다. 사도 바울은 육체만을 위한 모든 일이 죄라고 기록하였다. "**육체의 일은 현저하니 곧 음행과 더러운 것과 호색과 우상숭배와 술수와 원수를 맺는 것과 분쟁과 시기와 분냄과 당 짓는 것과 분리함과 이단과 투기와 술 취함과 방탕함과 또 그와 같은 것들이라 전에 너희에게 경계한 것 같이 경계하노니 이런 일을 하는 자들은 하나님의 나라를 유업으로 받지 못할 것이요**" (갈 5:19~21).

(4) 이해를 위한 질문

 1) 아담의 타락과 하나님의 형상의 상실

   a. 아담이 타락한 이후 하나님의 형상을 잃어버렸을 때, 그의 이마에 찍힌 표란 무엇인가(계 13:17).

   b. 이방인들이 하나님 앞에서 짐승의 모습으로 나타나는 이유는 무엇인가(행 10:12).

   c. 유대인들이 이방인을 멀리한 이유는 무엇인가.

 2) 아담의 타락과 하나님의 외모의 파괴

   a. 사단이 가인을 통하여 아벨을 죽인 이유는 무엇인가(창 4:5).

   b. 가인이 죄의 소원을 통제하지 못한 이유는 무엇인가(창 4:7).

   c. 살인의 책임이 마귀에게 돌아가는 이유는 무엇인가(요일 3:12).

   d. 살인과 창조질서의 관계는 무엇인가.

 3) 아담의 타락과 본향의 상실

   a. 사람의 육체가 죽은 뒤에 그 영혼이 돌아갈 본향은 어디인가(전 12:7).

   b. 죄인이 본향을 사모하지 아니하는 이유는 무엇인가.

   c. 본향에 대한 소망이 없는 죄인들은 육체만을 위하여 일한다. 사람들이 육체로부터 얻으려는 것은 무엇인가.

   d. 사람들이 동성애와 음행에 빠지는 이유는 무엇인가.

2. 아담: 오실 그리스도의 표상

(1) 아담과 그리스도

 1) 구약성경은 타락하기 전의 아담을 비롯하여 믿음으로 의롭다함을 받은 모든 자들을 통하여 오실 그리스도의 모형을 보여준다. 아담은 하나님의 형상으로 거룩하고 의롭게 창조되었다. 이것은 사람의 육신에서 태어나셨으나 죄가 없으신 그리스도를 모형으로 보여준다. 아담이 자신의 의지로 선과 악을 결정하려고 한 것은 죽음과 부활을 맛보신

그리스도의 모형이다. 아담 한 사람이 불순종하므로 죄가 세상에 들어온 것은 하나님 아버지의 뜻을 순종하심으로 생명을 가지고 오신 그리스도의 모형이다. 아담 한 사람으로 인하여 죄가 사망 안에서 왕노릇한 것은 그리스도로 인하여 의가 생명 안에서 왕노릇할 것을 모형으로 보여준다.

2) 아담은 최초의 사람이며 선악과 계명을 받은 자로서 인류를 대표한다. 동시에 아담의 범죄로 죄가 세상에 들어왔으므로 아담은 모든 죄인을 대표한다. 아담은 장차 오실 그리스도께서 하실 일을 역으로 보여주었으므로 사도 바울은 아담이 장차 오실 그리스도의 모형이라고 기록하였다. **"그러나 아담으로부터 모세까지 아담의 범죄와 같은 죄를 짓지 아니한 자들까지도 사망이 왕노릇하였나니 아담은 오실 자의 모형이라"** (롬 5:14). "아담의 범죄와 같은 죄를 짓지 아니한 자들까지도 사망이 왕노릇하였다"란 모든 인류는 아담처럼 선악을 알게 하는 나무의 실과를 먹지 아니하였으나 사망에 이르게 되었다는 것을 의미한다. 아담은 죄에 대하여 인류를 대표한다. 이에 반하여 그리스도는 의에 대하여 믿는 자들을 대표한다.

3) 아담은 타락함으로 하나님의 형상을 잃어버렸고 마귀의 지배를 받게 되었다. 아담 이후 모든 인류는 마귀의 지배를 받으므로 하나님의 말씀을 순종할 수 없게 되었으며 사망에 이르게 되었다. 비록 육체는 살아있으나 사람은 하나님의 영광을 위하여 일하지 아니하고 짐승처럼 육체의 정욕에 따라서 자기의 이익을 위하여 살인까지 하게 되었다. 창조사역을 통하여 계시된 믿음으로 생명을 얻은 자는 한 사람도 없으며 영이 죽은 죄인뿐이다. 사도 바울은 아담이 오실 그리스도의 모형임을 설명하기 위하여 사람의 육체를 입은 자들은 아담 안에 있는 자들과 아담 밖에 있는 그리스도로 구분하였다.

4) 온 인류는 아담 안에 있는 사람이고 그리스도는 아담 밖에 있는 사람이다. 이에 대한 사도 바울의 가르침을 살펴보자. **"기록된 바 첫 사람 아담은 생령이 되었다 함과 같이 마지막 아담은 살려 주는 영이 되었나니"** (고전 15:45). 첫 사람인 아담은 영혼이 살아있는 존재로 창조되었으나 스스로 살지 못함으로 하나님의 말씀으로부터 생명을 얻어야 한다.53) 그러나 마지막 아담인 예수 그리스도는 죄로 인하여 죽은 아담의 영을

---

53) 졸저, 상게서, 1.2.3.(2) 참조

살리는 영이다. 그리스도의 피는 죄로 인하여 죽은 아담의 영의 죄를 씻는다. 아담은 생명의 양식을 필요로 하는 사람이고 그리스도는 아담이 필요로 하는 생명의 양식을 주신다. 살아있는 영으로 창조된 아담은 생명을 주는 그리스도의 모형이다.

5) 사람의 육체는 흙으로 창조되었으나 그리스도의 육체는 창조된 것이 아니라 하늘로부터 왔다. 사도 바울은 흙으로 창조된 아담의 육체와 하늘에서 온 그리스도의 육체를 대조하였다.54) **"그러나 먼저는 신령한 사람이 아니요 육의 사람이요 그 다음에 신령한 사람이니라 첫 사람은 땅에서 났으니 흙에 속한 자이거니와 둘째 사람은 하늘에서 나셨느니라"** (고전 15:46,47). 아담은 그리스도의 형상을 따라서 흙으로 창조되었고, 그리스도는 아담의 후손의 몸을 통하여 육신으로 오셨다. 아담의 육신이 흙으로 창조된 것은 장차 그리스도께서 육신으로 오신다는 약속이다. 따라서 아담은 오실 그리스도의 모형이다.

6) 아담 안에서 모든 사람이 사망에 이르게 되었으나, 그리스도 예수 안에서 믿는 자들이 모두 생명을 얻었다. 모든 사람은 아담으로부터 죄의 흔적인 짐승의 이름을 가지고 태어났지만, 예수 그리스도 안에서 믿는 자들은 예수 그리스도의 흔적인 어린 양의 이름을 가지고 있다. 아담의 타락으로 인하여 죽은 자들이 그리스도의 피를 통하여 속죄받고 생명을 얻는다. 이런 의미에서 아담은 오실 그리스도의 모형이다. 아담의 불순종은 장차 하나님 아버지의 뜻을 순종할 예수 그리스도의 모형이다. **"그러나 이 은사는 그 범죄와 같지 아니하니 곧 한 사람의 범죄를 인하여 많은 사람이 죽었은즉 더욱 하나님의 은혜와 또는 한 사람 예수 그리스도의 은혜로 말미암은 선물이 많은 사람에게 넘쳤으리라 또 이 선물은 범죄한 한 사람으로 말미암은 것과 같지 아니하니 심판은 한 사람을 인하여 정죄에 이르렀으나 은사는 많은 범죄를 인하여 의롭다 하심에 이름이니라"** (롬 5:15,16).

7) 아담이 범죄함으로 모든 사람이 마귀의 종이 되었으나, 예수 그리스도 안에서 믿는 모든 자들이 하나님의 종이 된다. 아담 안에서 모든 사람이 사망으로 죄의 종이 되었으나, 예수 그리스도 안에서 믿는 자들이 의의 종이 된다. 아담 안에서 마귀의 생각이

---

54) 그리스도의 육체가 하늘에서 왔다면 그는 마리아의 몸에서 태어나셨지만 그녀의 유전인자와 무관하다. 그리스도는 마리아의 난자를 통하여 잉태하신 것이 아니다.

사람의 인격을 지배하지만, 예수 그리스도 안에서 하나님의 뜻이 믿는 자들을 다스린다. **"이는 죄가 사망 안에서 왕노릇 한 것 같이 은혜도 또한 의로 말미암아 왕노릇하여 우리 주 예수 그리스도로 말미암아 영생에 이르게 하려 함이니라"** (롬 5:21). 아담 안에서 죄가 불의한 자의 인격을 지배하지만, 예수 그리스도 안에서 은혜가 믿는 자들의 인격을 다스린다.

8) 아담 안에서 모든 사람이 자신의 의지로 생명과 사망을 결정하려고 하지만, 예수 그리스도 안에서 믿는 자들은 생명과 사망의 결정을 하나님의 주권에 맡긴다. 아담은 자신의 의지로 생명과 사망을 결정할 권세가 없으나, 예수 그리스도는 자신의 의지로 생명과 사망을 결정할 수 있다. 아담은 스스로 생명과 사망을 결정함으로 타락하였으나, 예수 그리스도는 자신의 의지로 생명과 사망을 결정하심으로 하나님의 의(righteousness)를 이루셨다. 따라서 아담은 오실 그리스도의 모형이다.

9) 아담 안에서 모든 사람들이 죄로 인하여 모든 영적 권리를 박탈당하였으나, 그리스도 안에서 모든 믿는 자들이 영적인 권리를 회복한다. 아담이 타락한 뒤에 사람들은 하나님의 영광을 위하여 땅을 정복하여 문명을 건설할 능력을 상실하였다. 모든 죄인들은 우상을 만들어 섬김으로 마귀의 영광을 나타내고 있으나, 예수 그리스도 안에서 믿는 자들은 하나님의 영광을 나타내고 있다. 아담 안에서 이방신전과 이 안에서 행하여지는 모든 것들은 악한 영인 귀신을 섬기는 것이다. **"대저 이방인의 제사하는 것은 귀신에게 하는 것이요 하나님께 제사하는 것이 아니니 나는 너희가 귀신과 교제하는 자 되기를 원치 아니하노라"** (고전 10:20). 예수 그리스도 안에서 예배하고 교회 안에서 섬기는 모든 것들은 하나님을 섬기는 것이다.

10) 아담 안에서 죄로 인하여 잃어버린 모든 것을 아는 것은 예수 그리스도 안에서 믿음으로 회복되는 모든 것들을 아는 것이다. 아담의 타락으로 들어온 죄의 결과를 알지 못하면, 그리스도 예수 안에서 믿음으로 얻는 것을 알지 못한다. 이런 의미에서 사도 바울은 아담을 장차 오실 그리스도의 모형이라고 가르쳤다. 사단의 죄와 그의 미혹을 알지 못하면 영적인 싸움에서 승리할 수 없다. 죄의 실체를 아는 것은 의롭다함의 본질을 아는 것이다. 사단의 실체를 아는 것은 죄의 실체를 아는 것이다.

11) 하나님은 아담이 타락한 뒤에 그리스도의 오시는 길을 준비하기 위하여 택함을 받은 자들을 성령으로 감동하셨다. 성령의 감동을 받은 자들은 믿음으로 의롭다하심을 받고 장차 오실 그리스도의 생애를 모형으로 보여주었다. 아벨, 에녹, 노아 및 아브라함은 율법이 오기 전에 믿음으로 의롭다함을 받고 그리스도의 길을 준비하였고 동시에 그리스도의 모형을 보여주었다.

(2) 성령의 감동과 믿음

1) 아담이 타락한 이후 하나님은 그리스도의 오시는 길을 위하여 택하신 자들에게 믿음을 주셨다. 아벨은 믿음으로 의롭다함을 받음으로 그리스도의 오시는 길이 다시 열렸다. 아벨은 믿음으로 의롭다함을 얻음으로 차단된 그리스도의 길을 다시 열었으나, 가인에게 죽임을 당하였다. 아벨이 죽은 뒤에 그의 믿음이 에녹과 노아로 이어졌다. 그들은 아담의 후손으로 마귀의 권세 아래 있었으므로 스스로 믿음을 가지지 못하였고 성령의 감동으로 믿음을 가지게 되었다.

2) 아담이 타락한 이후에 사람이 자기의 의지로 하나님을 믿을 수 있을까? 만약에 믿을 수 있다면 그 사람은 마귀의 지배를 벗어난 사람이다. 사람이 자기의 의지로 마귀의 권세에서 벗어날 수 있을까? 있다면 마귀는 세상을 지배하는 임금이 아니며 흑암의 권세자도 아니다. 사람이 자기의 의지로 마귀의 권세로부터 자유할 수 있다면 예수 그리스도께서 세상임금을 심판하기 위하여 죽으실 필요가 없다.55) 사도 바울은 믿음으로 얻는 구원은 사람의 의지에 속한 것이 아니라 하나님의 은혜라고 기록하였다. **"너희가 그 은혜를 인하여 믿음으로 말미암아 구원을 얻었나니 이것이 너희에게서 난 것이 아니요 하나님의 선물이라"** (엡 2:8).

3) 마귀 지배 아래 있는 사람이 하나님을 믿으려면 하나님의 은혜가 있어야 한다. 그 은혜는 성령의 감동으로 나타난다.56) 성령의 감동으로 하나님을 믿고 주라고 고백할 수 있다고 성경은 말씀한다. **"그러므로 내가 너희에게 알게 하노니 하나님의 영으로**

---

55) 졸저, 상게서, 4.2.2.(2) 참조
56) I. Morris, "Faith," in Dictionary of Paul and His Letters, ed., Geraid F. Hawthorne and Ralph P. Martine, (Intervarcity Press, 1993), p. 288.

말하는 자는 누구든지 예수를 저주할 자라 하지 않고 또 성령으로 아니하고는 누구든지 예수를 주시라 할 수 없느니라"(고전 12:3). 다윗은 성령의 감동으로 장차 육신으로 임하실 그리스도를 주님이라고 시인하였다. "**가라사대 그러면 다윗이 성령에 감동하여 어찌 그리스도를 주라 칭하여 말하되**"(마 22:43). 다윗이 성령의 감동으로 장차 오실 그리스도를 주님이라고 시인하였다면, 아벨과 에녹도 성령의 감동으로 장차 오실 그리스도를 믿고 주님이라고 고백하였을 것이다.

4) 마귀에게 예속된 사람이 하나님을 믿으려면 그의 의지가 마귀의 권세로부터 독립하여야 한다. 마귀가 사람의 의지를 지배하는 권세는 하늘로부터 온 것이므로 사람은 자신의 능력으로 마귀의 권세로부터 자유할 수 없다(롬 13:1). 사람이 마귀의 권세로부터 벗어나 하나님의 언약을 믿으려면 하나님의 은혜를 받아야 한다. 모든 권세는 하나님으로부터 나오므로 하나님께서 마귀의 권세를 결박하시면 사람은 마귀의 권세에서 벗어나 하나님을 믿을 수 있다. 곧 하나님께서 역사하지 아니하시면 사람은 마귀의 지배로부터 벗어날 수 없다.

5) 마귀의 지배 아래 있는 사람들이 믿음으로 의롭다하심을 받은 것에 대하여, 성경은 성령의 역사임을 밝히고 있다. 이스라엘 백성이 가나안 땅에 정착한 뒤에, 비로소 하나님은 마귀의 지배 아래 있는 자들이 성령의 감동으로 의롭다하심을 얻는 믿음을 가질 수 있었다고 밝히셨다. 성령께서 마귀를 결박하고 사람의 인격을 감동하셨을 때, 이스라엘 백성은 하나님을 믿음으로 의롭다하심을 받을 수 있었다. 사사들은 성령의 감동을 받아 믿음으로 이스라엘 백성을 이방인의 손에서 구원하여 내었다. 이스라엘 백성의 주권자로 기름부음을 받은 자들은 성령의 감동을 받아 하나님의 은혜로 나라를 대적의 손에서 구원하였다.

6) 이스라엘 백성에게 임한 하나님의 역사는 성령의 감동으로 나타났다. 하나님의 영이 삼손에게 임하였다. "**여호와의 신이 삼손에게 크게 임하시매 삼손이 아스글론에 내려가서 그곳 사람 삼십 명을 쳐 죽이고 노략하여 수수께끼 푼 자들에게 옷을 주고 심히 노하여 아비 집으로 올라갔고**"(삿 14:19). "여호와의 신이 삼손에게 크게 임하다"란 삼손이 성령의 감동을 받았다는 것을 의미한다. 사울이 왕으로 기름부음을 받았을

때 하나님의 영이 그에게 임하였다. 사울이 성령으로 예언하였다. **"네게는 여호와의 신이 크게 임하리니 너도 그들과 함께 예언을 하고 변하여 새 사람이 되리라"**(삼상 10:6). "여호와의 신"이란 성령을 가리킨다. **"그들이 산에 이를 때에 선지자의 무리가 그를 영접하고 하나님의 신이 사울에게 크게 임함으로 그가 그들 중에서 예언을 하니"** (삼상 10:10).

7) "하나님의 영이 임하다"로 번역된 히브리어 동사 찰라흐(חלצ)는 힘차게 돌진하여 들어와서 점령하는 것을 말한다(rush, penetrate, sudden possession).57) "하나님의 영이 임하다"란 대적을 공격하여 점령하듯이 성령께서 사람에게 임하셔서 강제로 마귀의 권세를 제압하고 사람의 인격을 지배하는 것이라고 해석할 수 있다.58) 아담의 범죄로 온 인류는 마귀의 종이 되었으므로 사람이 마귀의 지배로부터 벗어나 하나님의 말씀을 순종하려면 성령의 강권적인 역사가 있어야 한다. 성령께서 마귀의 권세를 결박하고 사람의 인격을 지배하셔야 사람은 비로소 하나님의 말씀을 믿음으로 순종할 수 있다.

8) 그리스도 이전 사람들은 아담 안에서 죄로 인하여 마귀의 지배 아래서 종노릇하고 있었다. 세상 임금의 권세를 결박하려면 하늘나라의 권세가 임하여야 한다. 마귀의 권세보다 더 큰 권세가 임하여야 한다. 따라서 하늘나라의 왕권을 가지고 임하신 성령께서 마귀를 결박하셨다. 성령께서 마귀를 결박하고 그 아래서 종노릇하는 사람을 자유하게 하신다. 이러한 의미에서 성경은 성령의 감동을 나타내는 단어로 '찰라흐'를 사용하였다고 말할 수 있다. 성경은 이렇게 말씀한다. **"사람이 먼저 강한 자를 결박하지 않고야 어떻게 그 강한 자의 집에 들어가 그 세간을 늑탈하겠느냐 결박한 후에야 그 집을 늑탈하리라"**(마 12:29).

9) 성경은 "하나님의 영이 임하다"를 "하나님의 신에게 감동을 받다"로 해석한다. **"사울이 이 말을 들을 때에 하나님의 신에게 크게 감동되매 그 노가 크게 일어나서"** (삼상 11:6). **"사무엘이 기름 뿔을 취하여 그 형제 중에서 그에게 부었더니 이 날 이후로 다윗이 여호와의 신에게 크게 감동되니라 사무엘이 떠나서 라마로 가니라"**(삼상

---

57) BDB., p. 852.
58) 인류 역사에서 일어난 모든 전쟁은 이것을 모형으로 보여준다.

16:13). "하나님의 신에게 크게 감동되다"란 "하나님의 신이 임하다"란 의미이다. "감동하다"로 번역된 히브리어는 '찰라흐'이다. 사람의 의지와 무관하게 하나님의 신이 임하여 택함을 받은 사람의 인격을 감동하신다고 말할 수 있다.

10) 마귀는 모든 죄인의 인격을 지배하여 하나님의 말씀을 대적하게 하는 세상의 임금이다. 죄인은 어느 누구도 마귀의 생각을 거슬릴 수 없다. 따라서 마귀를 흑암의 권세자, 음부의 권세자 및 공중의 권세자라고 한다. 하나님께서 죄인에 대한 마귀의 권세를 정하셨으므로 사람은 마귀의 권세로부터 벗어날 수 없다. 마치 이스라엘 백성이 그들의 능력으로 애굽의 바로의 손에서 벗어날 수 없는 것과 같다. 죄인은 성령의 감동하심으로 마귀의 권세에서 벗어나 믿음으로 하나님의 말씀을 순종할 수 있다. 따라서 믿음은 성령의 사역이라고 말할 수 있다.

(3) 아벨 및 에녹의 믿음과 그리스도

1) 아벨의 믿음으로 차단된 그리스도의 오시는 길이 다시 열리게 되었다. 그러나 가인은 마귀의 지배를 받아 아벨을 죽임으로 그리스도의 길을 다시 차단하였다. 아벨의 믿음이 에녹에게로 이어졌고 차단되었던 그리스도의 오시는 길이 다시 열렸다. 아벨이 믿음으로 드린 제사와 그의 죽음은 그리스도의 생애를 모형으로 보여주었다. 에녹은 믿음으로 하나님을 기쁘시게 하였고 죽음을 맛보지 아니하고 하늘로 옮겼다. 이것은 그리스도의 생애를 모형으로 보여준다.

2) 아벨은 믿음으로 하나님께 제사를 드림으로 의롭다함을 받았다. 아벨의 제사는 인류가 최초로 드린 제사이다. 의롭다함을 받은 아벨의 죽음은 인류 최초의 죽음이다. 먼저 아벨이 믿음으로 드린 제사에 대하여 살펴보자. 아벨의 믿음에 대하여 히브리 기자는 이렇게 정의한다. **"믿음은 바라는 것들의 실상이요 보지 못하는 것들의 증거니"** (히 11:1). 이 말씀은 구약시대의 믿음의 정의를 요약하여 보여준다. 이러한 해석은 이어지는 말씀에 의하여 분명하게 된다. **"선진들이 이로써 증거를 얻었느니라"** (히 11:2). "선진들"이란 구약시대에 믿음으로 의롭다함을 받은 자들이다. 히브리서 제11장은 구약시대에 믿음으로 의롭다함을 받은 자들에 관한 말씀이다. "바라는 것들"이란 구약시대에

믿음의 선진들의 소망을 의미한다. 그들의 소망은 장차 그리스도께서 오셔서 그들의 죄를 용서하는 것이다. 다윗은 바라는 것들을 요약하여 고백하였다. **"무수한 재앙이 나를 둘러 싸고 나의 죄악이 내게 미치므로 우러러 볼 수도 없으며 죄가 나의 머리털보다 많으므로 내 마음이 사라졌음이니이다. 여호와여 은총을 베푸사 나를 구원하소서 여호와여 속히 나를 도우소서"** (시 40:12,13). 다윗은 율법으로 자신의 죄를 깨닫고 그 죄를 용서하실 그리스도의 오심을 소망하였다. 다윗은 그의 죄를 용서하실 여호와(장차 오실 그리스도의 모형)의 은혜를 사모하였다. 따라서 "바라는 것들의 실상"이란 장차 오실 그리스도라고 말할 수 있다.

3) "보지 못한 것의 증거"란 장차 그리스도의 피에 의한 속죄와 구원에 대한 증거를 의미한다. 구약시대의 사람들은 그리스도의 피에 의한 속죄와 구원을 보지 못하였으나 이에 대한 증거를 받았다. 그 증거는 제사장이 드리는 제사이다. 제사장은 소와 염소와 양의 피를 뿌리는 제사를 드림으로 장차 그리스도의 피로써 인류의 죄가 대속될 것이라는 증거를 보였다. 구약시대의 사람들은 소와 염소와 양의 피로 드리는 제사를 통하여 그리스도의 피에 의한 속죄를 믿었다. 그들은 보지 못하는 그리스도의 피에 의한 속죄를 믿음으로 받아드렸다. 그러나 그들은 살아있을 당시에 그들의 죄가 용서받았다는 구원의 약속을 받지 못하였다. **"이 사람들이 다 믿음으로 말미암아 증거를 받았으나 약속을 받지 못하였으니"** (히 11:39).

4) 히브리서 기자는 제11장에서 정의하는 믿음이 창조주 하나님을 아는 것으로부터 시작한다고 기록하였다. **"믿음으로 모든 세계가 하나님의 말씀으로 지어진 줄을 우리가 아나니 보이는 것은 나타난 것으로 말미암아 된 것이 아니니라"** (히 11:3). 하나님은 말씀으로 만물을 창조하셨다. "보이는 것은 나타난 것으로 말미암아 된 것이 아니니라"란 진화과정을 통하여 만물이 현재와 같이 생성된 것이 아니라는 것을 의미한다. 만물은 보이지 아니하는 하나님의 말씀으로 창조되었다. 타락하기 전에 아담의 믿음은 창조주 하나님을 믿는 것으로부터 시작하였다. 창조주 하나님이 인류의 죄를 대속하기 위하여 육신으로 오실 것이다.

5) 아벨의 믿음은 창조주 하나님께 대한 제사로 시작하였다. **"믿음으로 아벨은 가인보**

다 더 나은 제사를 하나님께 드림으로 의로운 자라 하시는 증거를 얻었으니 하나님이 그 예물에 대하여 증거하심이라 저가 죽었으나 그 믿음으로써 오히려 말하느니라" (히 11:4). 아벨은 창조주 하나님 앞에서 자신의 죄를 깨닫고 그 죄를 용서하실 하나님께 제사하였다. 하나님은 아벨이 믿음으로 드린 제사를 통하여 그를 의롭다고 여기셨다. "하나님이 그 예물에 대하여 증거하심이라"란 하나님께서 아벨이 드린 예물이 장차 오실 그리스도의 피를 모형으로 보여준다고 증거하심을 의미한다. 여기서 "증거"란 (히 11:2)의 증거와 같은 의미이다.

6) 아벨은 장차 오실 그리스도의 피에 의한 속죄를 믿음으로 제사를 드렸고 하나님은 그의 예물을 통하여 그의 믿음이 의롭다고 하셨다. 하나님께서 의로 여기는 예물은 그리스도의 피다. 따라서 아벨이 드린 제사의 예물은 그리스도의 피를 모형으로 보여준다고 말할 수 있다. 아벨의 예물은 그리스도의 몸을 예표로 한다. 아벨은 제사를 드린 뒤에 죽임을 당하였다. 그는 믿음으로 의롭다함을 받았기 때문에 불의한 자로부터 죽임을 당하였다. 그의 죽음은 하나님의 아들이 불의한 자들에 의하여 죽임을 당하실 것을 모형으로 보여준다고 말할 수 있을 것이다. 따라서 아벨의 제사는 그리스도께서 죽음으로 드리는 피에 제사를 모형으로 보여준다고 말할 수 있다.

7) 아벨의 믿음이 에녹으로 이어졌다. 에녹은 믿음으로 하나님과 동행하였다고 성경은 말씀한다. **"에녹이 하나님과 동행하더니 하나님이 그를 데려 가시므로 세상에 있지 아니하였더라"** (창 5:24). "에녹이 하나님과 동행하다"란 무엇인가 살펴보자. 하나님과 동행은 하나님의 말씀을 순종하는 것이다. 하나님은 말씀으로 자신의 존재를 나타내시기 때문이다. 하나님의 말씀과 동행하는 것은 그 말씀을 순종하는 것이다. 에녹은 하나님의 말씀을 받지 아니하였는데 말씀과 동행하였다는 것은 무엇인가. 이에 대한 성경의 계시가 없으므로 아벨처럼 에녹은 창조주 하나님을 믿고 그 앞에서 자신이 죄인임을 알았을 것이라고 말할 수 있을 것이다. 뿐만 아니라 에녹은 장차 오실 그리스도께서 자기의 죄를 용서하실 것을 믿었다. 하나님은 이 믿음을 의롭다고 하시고 에녹을 기뻐하셨을 것이다. 성경은 이것을 하나님과 동행이라고 말씀하셨을 것이다. 에녹은 하나님의 말씀을 받지 못하였지만 자신의 죄를 깨닫고 장차 오실 그리스를 믿음으로 하나님과 동행하

였다고 해석할 수 있을 것이다.

8) 하나님은 에녹의 믿음을 기뻐하셨다. **"믿음으로 에녹은 죽음을 보지 않고 옮기웠으니 하나님이 저를 옮기심으로 다시 보이지 아니하니라 저는 옮기우기 전에 하나님을 기쁘시게 하는 자라 하는 증거를 받았느니라"** (히 11:5). "하나님을 기쁘시게 하는 자"란 에녹의 믿음이 창조사역과 선악과 계명을 통하여 계시된 믿음과 일치한다는 것이다. 곧 아벨의 믿음과 일치한다. 하나님은 에녹의 믿음을 기뻐하셨다. **"믿음이 없이는 기쁘시게 못하나니 하나님께 나아가는 자는 반드시 그가 계신 것과 또한 그가 자기를 찾는 자들에게 상 주시는 이심을 믿어야 할찌니라"** (히 11:6).

9) 에녹이 믿음으로 하나님을 기쁘시게 한 것은 아버지의 뜻을 순종함으로 아버지를 기쁘시게 한 그리스도를 모형으로 보여준다. 하나님은 아들을 기뻐하셨다. **"하늘로서 소리가 있어 말씀하시되 이는 내 사랑하는 아들이요 내 기뻐하는 자라 하시니라"** (마 3:17). **"나를 보내신 이가 나와 함께 하시도다 내가 항상 그의 기뻐하시는 일을 행함으로 나를 혼자 두지 아니하셨느니라"** (요 8:29). "그의 기뻐하시는 일을 행하다"란 예수 그리스도께서 마음과 목숨을 다하여 아버지의 말씀을 순종하신 것을 의미한다. 예수 그리스도께서 죽음으로 아버지의 뜻을 행하셨으므로 아버지께서 아들을 기뻐하셨다. **"사람의 모양으로 나타나셨으매 자기를 낮추시고 죽기까지 복종하셨으니 곧 십자가에 죽으심이라"** (빌 2:8).

10) 에녹은 죽음을 보지 아니하고 살아있을 때 하나님께서 그를 데리고 가셨다. "하나님이 그를 데려 가시므로 세상에 있지 아니하였더라"라는 것은 에녹이 살아있는 육체로 낙원에 들어간 것이 아니다. (고전 15:50)의 말씀에 의하면 흙으로 창조된 육체는 하늘나라에 들어갈 수 없다. 에녹이 죽음을 맛보지 아니하고 낙원으로 들어가려면 흙으로 창조된 육체를 벗어야 한다. 이러한 관점에서 볼 때, 에녹은 살아있을 때 그의 육체는 순간에 흙으로 돌아가고 육체를 벗은 그의 영혼이 낙원으로 들어갔다고 말할 수 있을 것이다.59) 에녹이 살아있을 때 하나님께서 그를 데리고 가신 것은 그리스도의 부활을 예표로 보여

---

59) 엘리야도 죽음을 맛보지 아니하고 살아있을 때 낙원으로 옮겨졌다. **"두 사람이 행하며 말하더니 홀연히 불 수레와 불 말들이 두 사람을 격하고 엘리야가 회리바람을 타고 승천하더라"** (왕하 2:11).

준다.

11) 에녹은 장차 그리스도께서 수많은 천사들과 함께 육신으로 임하실 것을 믿음으로 예언하였다. **"아담의 칠세 손 에녹이 사람들에게 대하여도 예언하여 이르되 보라 주께서 그 수만의 거룩한 자와 함께 임하셨나니"** (유 1:14). 그리스도께서 육신으로 이 땅에 오신 것은 창조주 하나님께서 만물의 통치자로 오신 것이다. 세례 요한은 그리스도의 오심을 하늘나라의 임재로 표현하였다. **"회개하라 천국이 가까왔느니라 하였으니"** (마 3:2). 그리스도께서 임하셨을 때 하늘 보좌는 하늘에서 땅으로 옮겨졌다. 만물의 통치자가 계신 곳이 보좌이기 때문이다. 따라서 창조주 하나님을 섬기는 수많은 천사들이 그리스도와 함께 이 땅에 임하셨다. 에녹은 그리스도께서 수많은 천사와 함께 이 땅에 임하실 것을 예언하였다.

12) 아벨과 에녹은 보이지 아니하는 하나님께서 만물을 창조하셨고 장차 인류의 죄를 대속하기 위하여 육신으로 임하신다는 것을 믿었다. 그들이 바라는 것은 그리스도의 오심이다. 그리스도께서 오심으로 그들의 믿음이 실현되었다. 하나님께서 아벨과 에녹의 믿음을 의롭다고 하신 것은 그들의 믿음이 그리스도의 오심으로 성취될 것이기 때문이다. 아벨과 에녹은 변하는 것을 믿는 것이 아니라 변하지 아니하는 것을 믿었다. 아벨은 그리스도의 피에 의한 제사와 그의 죽음을 모형으로 보여주었다. 에녹은 아버지의 뜻을 온전히 순종하신 그리스도를 모형으로 보여주었다.

(4) 노아의 믿음과 그리스도

1) 에녹의 믿음이 노아에게로 이어졌다. 노아의 믿음은 완전하였으며 그는 믿음으로 방주를 건축함으로 자신과 가족의 목숨을 하나님의 심판으로부터 구원하였다. 노아는 그리스도 예수 안에서 믿는 자들이 받을 세례를 모형으로 보여주었으며 세례를 받은 자들에게 생명의 빛이 비칠 것을 언약으로 받았다. 노아의 믿음은 창조주 하나님의 주권을 인정하는 것이다. 노아는 죄인에 대한 심판과 의롭다함을 받은 자의 구원이 하나님의 주권임을 믿음으로 방주를 건축하였다.

2) 노아 시대에 세상 사람들의 죄를 살펴보자. 그 때에 하나님의 아들들이 사람의

딸들과 결혼하였다. **"하나님의 아들들이 사람의 딸들의 아름다움을 보고 자기들의 좋아하는 모든 자로 아내를 삼는지라"(창 6:2).** 하나님의 아들과 사람의 딸에 대한 다양한 해석이 나올 수 있으나, 전자는 셋의 후손으로, 후자는 가인의 후손으로 해석할 수 있을 것이다.60) 장차 하나님의 아들이 셋의 후손으로 오실 것이기 때문이다. 따라서 하나님은 셋의 후손들과 가인의 후손의 결혼을 원하지 아니하셨다.61)

3) 아담과 하와는 타락하기 전에 성령의 감동을 받았다. 그러나 타락한 이후 성령의 감동은 끝났다. 아담의 후손들 가운데 택하심을 받은 자들 이외에는 성령의 감동을 받지 못하였기 때문에 하나님의 존재를 알지 못하고 마귀의 생각에 따라서 하나님의 뜻을 대적하였다. 하나님의 아들들이 사람의 딸을 취하여 아내로 삼은 것은 아담의 타락 이후 성령의 감동이 끝났다는 것을 의미한다. 성경은 하나님의 신이 사람들과 함께하지 아니할 것이라고 말씀한다. **"여호와께서 가라사대 나의 신이 영원히 사람과 함께 하지 아니하리니 이는 그들이 육체가 됨이라 그러나 그들의 날은 일백 이십 년이 되리라 하시니라"(창 6:3).** "나의 신이 영원히 사람과 함께 하지 아니하리니"란 성령의 감동이 끝났다는 것을 의미한다. "그들이 육체가 됨이라"란 사람이 성령의 감동이 없으므로 하늘나라에 대한 소망도 없으며 영을 위하여 일하지 아니하고 육체만을 위하여 일한다는 것을 의미한다. "그들의 날은 일백 이십 년이 되리라 하시니라"란 방주의 건설 기간이 아니라 사람의 육체가 살 수 있는 기간을 확정한 것으로 해석할 수 있다.

4) 노아 시대에 사람들의 죄악은 그들의 악한 생각으로부터 나왔다. **"여호와께서 사람의 죄악이 세상에 관영함과 그 마음의 생각의 모든 계획이 항상 악할 뿐임을 보시고"(창 6:5).** "관영함"이란 죄의 수가 많고 죄질이 무거운 것을 의미한다.62) 그 죄의 원인은 악한 생각이다. 악한 생각으로 인하여 계획하는 모든 것들이 악하다. 이러한 죄는 일시적인 것이 아니라 끊임없이 지속되었다. 악한 생각은 죄의 흔적인 육체의 정욕으로부터

---

60) C. F. Keil and F. Delitzch, Commentary on the Old Testament, Vol. 1, The First Book of Moses,(William B, Eerdmans publishing Company. 1982). p.128.
61) 그리스도께서 이스라엘의 후손의 육신을 통하여 오실 것이므로 하나님께서 이스라엘과 이방인 사이에 결혼을 원하지 아니하셨다. "또 그들과 혼인하지 말찌니 네 딸을 그 아들에게 주지 말 것이요 그 딸로 네 며느리를 삼지 말 것은" (신 7:3).
62) "관영함"으로 번역된 히브리어, 랍바(רָבָה)는 수가 많고(many) 양이 큰 것much) 곧 거대한 것(great)을 의미한다(BDB., p.912).

나오며 사단의 악한 생각을 반영한다. 악한 생각이 사람의 인격을 사로잡아 범죄하게 한다면 그 생각은 마귀의 인격이다. 노아 시대에 사람들이 마귀의 지배 아래서 하나님을 대적하고 있었으므로 하나님께서 사람을 지으신 것을 한탄하셨다. **"땅위에 사람 지으셨음을 한탄하사 마음에 근심하시고" (창 6:6).**63) 세상의 죄악이 하나님을 슬프시게 하였다. 하나님의 영광을 위하여 하나님의 형상으로 창조된 사람이 마귀의 종이 되어 하나님을 대적하였으므로 하나님께서 노아와 그의 가족을 제외한 모든 사람들과 그들과 함께하는 모든 동물들을 심판하기로 작정하셨다.

5) 노아는 창조사역을 통하여 계시된 하나님과 아담으로부터 물려받은 죄를 알고 하나님을 경외하였다. 따라서 하나님은 노아의 믿음을 의롭다함을 받는 완전한 믿음으로 여기셨다. **"이것이 노아의 족보니라 노아는 의인이요 당대에 완전한 자라 그는 하나님과 동행하였으며" (창 6:9).** 노아는 그의 의지로 하나님을 믿는 것이 아니라 성령의 감동에 의한 것이다. "그러나 노아는 여호와께 은혜를 입었더라" (창 6:8). 여호와의 은혜가 성령의 감동으로 나타났다. 하나님은 노아에게 세상의 심판을 약속하셨다. **"하나님이 노아에게 이르시되 모든 혈육 있는 자의 포악함이 땅에 가득함으로 그 끝 날이 내 앞에 이르렀으니 내가 그들을 땅과 함께 멸하리라" (창 6:13).** 그 심판은 홍수로 임할 것이다. **"내가 홍수를 땅에 일으켜 무릇 생명의 기운이 있는 모든 육체를 천하에서 멸절하리니 땅에 있는 것들이 다 죽으리라" (창 6:17).**

6) 하나님은 노아에게 방주를 건축하라고 명령하셨다. **"너는 잣나무로 너를 위하여 방주를 짓되 그 안에 간들을 막고 역청으로 그 안팎에 칠하라" (창 6:14).** 노아는 만물을 창조하신 하나님과 그의 주권을 믿었으므로 하나님의 명령에 따라서 방주를 건축하였다.64) 방주의 건축이 끝나고 노아와 그의 가족 그리고 모든 동물의 암수 한 쌍이 방주로

---

63) "한탄하셨다"로 번역된 히브리어, 나함(נחם)은 니팔형이며, 후회하고 슬퍼한다는 것을 의미한다(BDB., 636). 니팔형의 동사는 수동형이다. 사람의 죄가 하나님으로 하여금 슬퍼하시게 하였다는 것을 의미한다. 하나님은 전지전능하시므로 모든 피조물들은 완전하게 지음을 받았다. 따라서 하나님께서 사람을 창조하신 것을 후회하신 것이 아니라 사람의 죄로 인하여 슬퍼하셨다는 것으로 해석할 수 있다.

64) 노아는 오백 세 넘어서 아들 세 명을 낳았다(창 5:32). 노아는 아들들이 성장한 이후에 그들과 함께 방주를 건축하였고 그가 육백 세 되는 해 이월 칠 일부터 비가 오기 시작하였다(창 6;11). 따라서 방주의 건축기간은 120년이 아니라 50~70년이었을 것이다.

들어간 뒤에 비가 40일 동안 내렸다(창 6:7~12). 온 땅은 물에 잠겼고 공기로 호흡하는 사람들과 모든 동물이 죽었다. **"땅위에 움직이는 생물이 다 죽었으니 곧 새와 육축과 들짐승과 땅에 기는 모든 것과 모든 사람이라 육지에 있어 코로 생물의 기식을 호흡하는 것은 다 죽었더라"** (창 7:21,22).

7) 노아시대에 홍수에 의한 심판은 하나님의 언약이다. **"그러나 너와는 내가 내 언약을 세우리니 너는 네 아들들과 네 아내와 네 자부들과 함께 그 방주로 들어가고"** (창 6:18). 언약은 믿음을 조건으로 성취되는 약속이다. 노아가 하나님의 말씀을 믿음으로 방주를 건축하고 그와 그의 가족이 방주로 들어감으로 성취되는 약속이다. 노아가 믿지 아니하였다면 그 약속은 성취되지 아니하였을 것이다. 노아는 믿음으로 방주를 건축하였으므로 하나님의 약속에 따라서 그와 그의 가족, 그리고 그에게 속한 모든 동물들의 목숨을 구할 수 있었다.

8) 노아시대에 홍수로 인한 심판은 그리스도 예수 안에서 받을 세례를 모형으로 보여준다. **"그들은 전에 노아의 날 방주 예비할 동안 하나님이 오래 참고 기다리실 때에 순종치 아니하던 자들이라 방주에서 물로 말미암아 구원을 얻은 자가 몇 명뿐이니 겨우 여덟 명이라 물은 예수 그리스도의 부활하심으로 말미암아 이제 너희를 구원하는 표니 곧 세례라 육체의 더러운 것을 제하여 버림이 아니요 오직 선한 양심이 하나님을 향하여 찾아가는 것이라"** (벧전 3:20,21). 노아시대에 물에 의하여 죽은 것은 사람들의 악한 생각 때문이다. 그들의 영은 아담의 죄로 인하여 죽었으며 살아있는 것은 육체이다. 육체가 죽었다는 것은 그들의 육체의 정욕이 육체와 함께 죽었다는 것이다. 이것은 세례를 예표로 보여준다. 그 이유를 살펴보자.

9) 육체의 정욕에 따라서 살아가는 자들의 형상은 하나님의 형상이 아니라 짐승의 형상이다. 아담이 타락한 이후 모든 사람들은 마귀에게 속하여 범죄함으로 짐승의 형상을 나타내고 있었고, 단지 노아와 그의 가족만이 사람의 형상을 나타내고 있었다. 하나님은 짐승의 형상을 나타내는 모든 자들과 모든 동물들을 홍수로 심판하시고 사람의 형상을 나타내는 자들만 살리셨다. 사도 바울은 이것을 세례를 통하여 설명하였다. **"그러므로 우리가 그의 죽으심과 합하여 세례를 받음으로 그와 함께 장사되었나니 이는 아버지

의 영광으로 말미암아 그리스도를 죽은 자 가운데서 살리심과 같이 우리로 또한 새 생명 가운데서 행하게 하려 함이니라" (롬 6:4). "그와 함께 장사되었나니"란 범죄함으로 짐승처럼 살던 옛 사람이 그리스도와 함께 십자가에 못 박혀 죽고 장사되었다는 것을 의미한다.

10) 믿는 자들이 그리스도 예수 안에서 받는 세례는 물 아래로 내려갈 때 범죄함으로 짐승처럼 살던 옛 사람이 죽고, 물에서 올라올 때 믿음으로 의롭다함을 받아 사람처럼 살려는 새 사람이 살아나는 것을 의미한다. 죄인이 범죄함으로 짐승처럼 살아가는 삶을 청산하려면, 그의 육체 안에 있는 정욕이 죽어야 한다.65) 따라서 그리스도 예수 안에서 받는 세례는 정욕과 욕심이 십자가에 못 박혀 죽는 것을 의미한다. **"그리스도 예수의 사람들은 육체와 함께 그 정과 욕심을 십자가에 못 박았느니라"** (갈 5:24). 죽은 자가 있으면 살아나는 자가 있어야 한다. **"만일 우리가 그의 죽으심을 본받아 연합한 자가 되었으면 또한 그의 부활을 본받아 연합한 자가 되리라"** (롬 6:5). "그의 부활을 본받아 연합한 자"란 짐승과 같은 삶을 버리고 하나님의 형상으로서 사람처럼 사는 자를 의미한다. 사도 바울은 이를 새 사람이라고 기록하였다. **"하나님을 따라 의와 진리의 거룩함으로 지으심을 받은 새 사람을 입으라"** (엡 4:24). 노아 시대에 홍수로 인하여 죽은 자들은 육체의 정욕에 따라서 범죄하는 자들을, 노아와 그의 가족은 성령의 감동으로 말씀을 순종하는 자들을 모형으로 보여준다.

11) 노아시대에 동물들도 사람들과 함께 죽임을 당하였다. 동물들은 본능에 따라서 살아감으로 죄가 성립되지 아니한다. 죄가 없는 동물들이 죄인들과 함께 죽은 것은 하나님의 공의를 훼손하는 것이 아니라 짐승처럼 살아가는 사람들의 문화를 예표로 보여준다고 말할 수 있다. 죄인들의 문화는 마귀의 악한 생각을 반영하는 문화이다. 죄인들은 마귀의 지배를 받음으로 마귀의 영광을 위한 문명과 문화를 창출하고 있다. 세상이 보여주는 문화는 마귀의 악한 생각을 그대로 반영하는 것들이다. 세례는 이런 문화가 육체의 정욕과 함께 죽어 없어지는 것을 의미한다. 예수 그리스도를 믿고 세례를 받으면 세상문화와 단절하여야 한다. 사도 바울은 자신이 세상의 문화에 대하여 십자가에 못 박혔다고

---

65) 졸저, 상게서, 6.1.1 참조

기록하였다. "그러나 내게는 우리 주 예수 그리스도의 십자가 외에 결코 자랑할 것이 없으니 그리스도로 말미암아 세상이 나를 대하여 십자가에 못 박히고 내가 또한 세상을 대하여 그러하니라"(갈 6:14).

12) 노아의 홍수 이후에 하나님은 노아에게 언약을 주셨다. **"내가 너희와 언약을 세우리니 다시는 모든 생물을 홍수로 멸하지 아니할 것이라 땅을 침몰할 홍수가 다시 있지 아니하리라 하나님이 가라사대 내가 나와 너희와 및 너희와 함께하는 모든 생물 사이에 영세까지 세우는 언약의 증거는 이것이라 내가 내 무지개를 구름 속에 두었나니 이것이 나의 세상과의 언약의 증거니라"**(창 9:11~13). "다시는 모든 생물을 홍수로 멸하지 아니할 것이라 땅을 침몰할 홍수가 다시 있지 아니하리라"란 세례는 단 한번 받는 것을 의미한다. 믿는 자들은 일생 동안 단 한번 세례를 받는다. 믿고 세례를 받고 성령을 선물로 받으면 짐승의 형상을 벗고 그리스도 예수 안에서 하나님의 형상으로서 새 삶을 살아갈 수 있다. 이것을 뒷받침하는 말씀이 무지개 언약이다.

13) 무지개는 하나님과 노아가 맺은 언약의 증거이다. 무지개는 구름 사이에서 태양빛이 비칠 때 나타나는 자연형상이다. 비가 내리고 태양빛이 구름 사이에서 비친다는 것은 하나님의 생명의 빛이 세례를 받은 물을 통하여 성도의 심령에 비친다는 것을 의미한다. 세례를 받음으로 자신의 육체의 정욕을 십자가에 못 박은 자만이 성령의 인도하심으로 그리스도의 말씀을 순종할 수 있다.66) 따라서 생명의 빛이 세례를 받은 물을 통하여 성도의 심령에 비친다고 말할 수 있다. 하나님은 무지개를 통하여 세례 후에 믿는 자들이 생명의 빛이 되신 그리스도의 말씀을 순종한다는 것을 모형으로 보이셨다. 홍수의 심판과 무지개는 그리스도 예수 안에서 받을 세례를 모형이다.

(5) 이해를 위한 질문

1) 아담과 그리스도

  a. 아담이 인류를 대표하는 이유는 무엇인가.

  b. 아담이 장차 오실 그리스도의 모형을 보여주는 이유는 무엇인가(롬 5:14).

---

66) 졸저, 상게서, 5.5.3.(2) 참조

c. 아담 안에서 모든 사람이 죄로 인하여 죽었다는 것은 무엇을 의미하는가(롬 5:12).
   d. 예수 그리스도 안에서 믿는 자들이 모두 생명을 얻는다는 것은 무엇인가(롬 5:15).
   e. 사망 안에서 죄가 왕노릇한다는 것은 무슨 의미인가(롬 5:21).
   f. 은혜가 생명 안에서 왕노릇한다는 것은 무슨 의미인가(롬 5:21).

2) 성령의 감동과 믿음
   a. 아담의 타락으로 마귀가 사람의 인격을 지배하는 이유는 무엇인가(요 8:44).
   b. 마귀의 지배 아래 있는 자들이 자신의 의지로 하나님을 믿을 수 있는가(요일 3:8).
   c. 성령께서 강제로 택함을 받은 자의 인격을 주장하시는 이유는 무엇인가(고전 12:3).
   d. 성령은 어떻게 역사하시는가(고전 2:10).
   e. 아벨과 에녹이 자기의 의지로 하나님을 믿을 수 없었던 이유는 무엇인가.

3) 아벨 및 에녹의 믿음과 그리스도
   a. 보이지 아니하는 것을 믿는다는 것은 무엇을 의미하는가(히 11:1).
   b. 아벨과 에녹의 믿음이 창조주 하나님으로부터 시작하는 이유는 무엇인가(히 11:3).
   c. 아벨이 믿음으로 보여준 것은 무엇인가.
   d. 에녹이 하나님을 기쁘시게 한 이유는 무엇인가(히 11:5).
   e. 에녹이 믿음으로 보여준 것은 무엇인가.

4) 노아의 믿음과 그리스도
   a. 사람의 악한 생각과 계획은 사단의 생각을 모형으로 보여준다. 그 이유는 무엇인가.
   b. 노아가 완전한 사람이라는 것이 무엇으로 나타났는가(창 6:9).
   c. 노아는 믿음으로 방주를 건축하였다. 방주란 무엇을 의미하는가.

d. 홍수에 의한 심판은 예수 그리스도 안에서 믿는 자들이 받는 세례를 모형으로 보여준다(벧전 3:20,21). 그 이유는 무엇인가.
  e. 무지개 언약이란 무엇을 모형으로 보여주는가.

2.2 아브라함의 믿음과 그리스도

1. 아브라함의 믿음과 칭의 언약

(1) 아브라함의 믿음

 1) 아벨, 에녹 및 노아의 믿음이 아브라함에게 이어졌다. 아브라함은 믿음으로 만물을 창조하신 하나님의 주권을 인정하였다. 아브라함은 자신의 모든 소유가 하나님의 것임을 알고 자신의 재산과 가족을 초월하여 믿음으로 하나님의 말씀을 순종하였다. 그는 믿음으로 하나님의 말씀을 순종하여 자신의 모든 땅을 포기하고 하란을 떠났으며 독자 이삭을 번제로 드렸다. 그는 세상으로부터 나와서 하나님께 돌아왔다는 증거로 전리품의 십분의 일을 드렸다. 하나님은 아브라함의 믿음을 의로 여기셨다.

 2) 아브라함의 아버지 데라는 갈대아 우르에서 하란으로 이사하여 그곳에서 살았다(창 11:31). 하란은 우상숭배가 만연한 곳이므로 시대의 조류에 따라서 아브라함의 아버지도 우상을 섬겼다(수 24:2). 우상숭배는 음행과 관련되었으므로 하란은 우상숭배와 음행의 죄악이 자행되던 곳이다. 이곳에서 하나님의 말씀이 아브라함에게 임하였다. 하나님은 아브라함을 택하여 부르시고 그에게 고향인 아비 집을 떠나라고 말씀하셨다. **"여호와께서 아브람에게 이르시되 너는 너의 고향과 친척과 아버지의 집을 떠나 내가 네게 보여 줄 땅으로 가라"** (창 12:1). 아브라함이 고향을 떠나야 하는 이유는 하나님을 위한 것이 아니라 그 자신을 위한 것이다.67)

 3) 아브라함이 본토를 떠나는 것이 자신을 위한 것이다. 아브라함이 본토를 떠나려면

---

67) (창 12:1)의 한글번역은 "가라" 라고 번역되었으나 히브리어 성경의 레크 레카(לֶךְ לְךָ)의 번역이 누락되었다. 레크(לֵךְ)는 할라크(הָלַךְ)의 명령형이다. 할라크는 가다, 오다(go, come)로 번역된다. 레카(לְךָ)는 전치사 for(לְ)와 이인칭 단수 you(ךָ)로서 "너를 위하여"로 번역할 수 있다. 레크 레카는 "너를 위하여 가라"로 번역된다.

자신의 소유인 비옥한 땅을 버려야 한다. 하란을 떠나는 것과 그의 소유인 땅과의 가치를 따져야 한다. 하란의 비옥한 토지를 버리는 것과 그곳을 떠나서 지시함을 받은 땅으로 나가는 것은 아브라함을 위한 것이라면, 하나님의 말씀을 따르는 것이 그곳의 죄로부터 벗어나는 것이며 그에게 복이 되어야 한다. 따라서 하나님은 아브라함이 하란을 떠나면 그에게 복을 주신다고 약속하셨다. **"내가 너로 큰 민족을 이루고 네게 복을 주어 네 이름을 창대하게 하리니 너는 복이 될지라 너를 축복하는 자에게는 내가 복을 내리고 너를 저주하는 자에게는 내가 저주하리니 땅의 모든 족속이 너로 말미암아 복을 얻을 것이라 하신지라"** (창 12:2,3).

4) "네게 복을 주다"란 의롭다함을 받는다는 것이다. 죄로 인하여 저주를 받은 자에게 복은 없기 때문이다. 아브라함 당시에 저주는 자연재해로 인한 가뭄과 홍수이었으므로 아브라함은 지시하심을 받은 땅으로 나아가면 저주가 없을 것으로 믿었다. 죄로 인한 저주가 없어지려면 아브라함이 의롭다함을 받아야 한다. 따라서 (창 12:1~3)의 말씀은 아브라함이 하란을 떠나서 지시함을 받은 땅으로 나아가면 그를 의롭다고 여기신다는 약속이다. "땅의 모든 족속이 너로 말미암아 복을 얻을 것이라 하신지라"란 아브라함이 복의 근원이 된다는 약속이다. 아브라함이 의롭다함을 받으면 그를 저주하는 것은 하나님의 주권을 침해하는 것이므로 저주를 받을 것이다. 반대로 그를 축복하는 것은 하나님의 주권을 인정하는 것이므로 복을 받을 것이다.

5) (창 12:3)의 말씀은 아브라함이 모든 사람 가운데 가장 높은 자임을 의미한다. 아브라함 당시에 모든 사람은 죄인으로서 짐승의 형상을 나타내고 있었다. 아브라함이 의롭다함을 받았으므로 그만이 하나님의 형상을 나타내는 사람으로서 모든 사람 가운데 가장 높은 자이다. 따라서 하나님은 짐승의 형상을 나타내는 자들이 하나님의 형상을 나타내는 아브라함을 저주하는 것을 용납하지 아니하셨다. 낮은 자가 높은 자를 저주하는 것은 하나님의 주권을 침해하는 것이기 때문이다. 동시에 이 말씀은 하나님께서 의롭다함을 받은 자들을 세상으로부터 보호하신다는 약속이다. 또한 이 말씀은 아브라함 이후로부터 의롭다함을 받은 자를 악인의 손으로부터 보호를 받는다는 약속이다.

6) 아브라함은 하나님의 약속의 말씀이 성취되는 것을 체험하였다. 그가 가족들과

함께 애굽으로 내려갔을 때 바로가 그의 아내 사라를 취하였다. **"아브람이 애굽에 이르렀을 때에 애굽 사람들이 그 여인이 심히 아리따움을 보았고 바로의 고관들도 그를 보고 바로 앞에서 칭찬함으로 그 여인을 바로의 궁으로 이끌어들인지라"** (창 12:14,15). 바로는 애굽의 왕이지만 하나님 앞에서 아브라함보다 낮은 자이다. 따라서 하나님은 아브라함을 위하여 애굽의 바로를 저주하셨다. **"여호와께서 아브람의 아내 사래의 일로 바로와 그 집에 큰 재앙을 내리신지라"** (창 12:17). 이 사건을 통하여 아브라함은 약속의 말씀대로 하나님께서 자신을 세상으로부터 보호하심과 자신에게 복을 주심임을 알았다. 죄로 인하여 저주를 받은 자가 복을 받은 자를 핍박하는 것은 저주를 자취하는 것이다.

7) 애굽에서 하나님의 인도하심을 체험하게 하신 하나님은 아브라함의 믿음을 시험하셨다. 아브라함이 진심으로 하나님의 약속의 말씀을 믿느냐 여부를 알아보기 위하여, 하나님은 목초지와 전쟁의 위협을 아브라함 앞에 놓았다. 아브라함이 벧엘에 거할 때에 목초지가 적었으므로 그의 목자들과 롯의 목자들이 목초지를 놓고 서로 다투었다. 아브라함과 롯은 서로 헤어지기로 하고 마음에 드는 목초지를 선택하기로 하였다. 아브라함은 그 선택권을 롯에게 양보하였다. 아브라함은 풀이 없는 광야를 선택하더라도 복을 받을 것을 알고 있었기 때문이다. **"아브람이 롯에게 이르되 우리는 한 친족이라 나나 너나 내 목자나 네 목자나 서로 다투게 하지 말자 네 앞에 온 땅이 있지 아니하냐 나를 떠나가라 네가 좌하면 나는 우하고 네가 우하면 나는 좌하리라"** (창 13:8,9). 롯은 물이 풍부한 소돔지역을 택하였고 아브라함은 가나안 땅을 택하였다. 롯이 들어간 소돔은 죄악이 관영한 지역이었다. **"아브람은 가나안 땅에 거주하였고 롯은 그 지역의 도시들에 머무르며 그 장막을 옮겨 소돔까지 이르렀더라 소돔 사람은 여호와 앞에 악하며 큰 죄인이었더라"** (창 13:12,13). 롯이 복의 근원인 아브라함을 떠난 것은 복을 버리고 저주를 택한 것이다. 롯은 자신의 재산에 손실이 있더라도 복을 받은 아브라함과 함께 있어야 복을 받을 수 있었다.

8) 아브라함은 친족 사이에 화평을 위하여 좋은 땅을 포기하였을 때, 아브라함의 믿음을 보신 하나님은 그에게 물질적인 복을 약속하셨다. 그 복은 아브라함에게 없는 것을 주신다는 약속이다. 첫째, 하나님은 아브라함에게 많은 자손을 약속하셨다. 둘째, 하나님

은 아브라함에게 넓은 땅을 약속하셨다. "**보이는 땅을 내가 너와 네 자손에게 주리니 영원히 이르리라 내가 네 자손이 땅의 티끌 같게 하리니 사람이 땅의 티끌을 능히 셀 수 있을진대 네 자손도 세리라 너는 일어나 그 땅을 종과 횡으로 두루 다녀 보라 내가 그것을 네게 주리라**" (창 13:15~17).

8) 두 번째 시험이 아브라함에게 임하였다. 그 시험은 소돔에 거하는 롯이 전쟁의 포로가 되어 사로잡혀간 것이다. 아브라함이 목숨의 위협을 무릅쓰고 전쟁하여 롯을 구할 것이냐 아니면 남의 일로 여기고 그냥 방치할 것이냐 하는 것이다. 상대방은 전쟁을 위하여 훈련을 받은 군사들이었다. 그러나 아브라함은 자신과 롯이 복을 받은 자이므로 전쟁에서 반드시 승리할 것이라고 믿었다. 아브라함은 집에서 조련한 하인들을 거느리고 싸워서 승리하고 롯을 구하였다. "**모든 빼앗겼던 재물과 자기의 조카 롯과 그의 재물과 또 부녀와 친척을 다 찾아왔더라**" (창 14:16). 아브라함은 하나님의 능력으로 전쟁에서 반드시 승리한다고 믿었기 때문에 전력의 열세를 딛고 승리하였다.

9) 아브라함은 전쟁에 승리하므로 전쟁의 승패가 하나님의 주권에 속한 것임을 보였다. 아브라함이 하나님의 영광을 나타냈으므로 살렘왕 멜기세덱은 전쟁에서 승리하고 돌아오는 아브라함을 축복하였다. 아브라함은 전리품 가운데 십분의 일을 멜기세덱에게 주었다. "**살렘왕 멜기세덱이 떡과 포도주를 가지고 나왔으니 그는 지극히 높으신 하나님의 제사장이었더라 그가 아브람에게 축복하여 가로되 천지의 주재시요 지극히 높으신 하나님이여 아브람에게 복을 주옵소서 너희 대적을 네 손에 붙이신 지극히 높으신 하나님을 찬송할찌로다 하매 아브람이 그 얻은 것에서 십분 일을 멜기세덱에게 주었더라**" (창 14:18~20).

10) 아브라함을 축복한 멜기세덱은 장차 오실 그리스도의 모형이다. 믿음으로 의롭다 함을 받은 아브라함은 하나님 앞에서 가장 높은 자이다. 높은 자가 낮은 자를 축복하므로 멜기세덱은 아브라함보다 높은 분이다. 따라서 그는 하나님의 아들, 그리스도의 모형이라고 히브리서 기자는 기록하였다. "**이 멜기세덱은 살렘 왕이요 지극히 높으신 하나님의 제사장이라 여러 임금을 쳐서 죽이고 돌아오는 아브라함을 만나 복을 빈 자라 아브라함이 일체 십분의 일을 그에게 나눠주니라 그 이름을 번역한즉 첫째 의의 왕이요 또 살렘**

왕이니 곧 평강의 왕이요 아비도 없고 어미도 없고 족보도 없고 시작한 날도 없고 생명의 끝도 없어 하나님 아들과 방불하여 항상 제사장으로 있느니라" (히 7:1~3). "아비도 없고 어미도 없고 족보도 없고 시작한 날도 없고 생명의 끝도 없어 하나님 아들과 방불하다"란 멜기세덱이 하나님의 아들의 모형과 그림자란 것을 의미한다.

11) 십일조는 믿는 자들이 세상에서 나와서 하나님께 돌아왔다는 증거로 드리는 예물이다. 아브라함이 믿음으로 하란을 떠나서 가나안 땅으로 들어왔다. 하란은 세상을, 가나안 땅은 하나님의 나라를 예표로 보여준다. 하란은 우상숭배가 만연한 세상을 모형으로 보여주며, 가나안 땅은 창세부터 거룩하게 구별된 곳으로 하나님의 나라를 모형으로 보여준다. "네 하나님 여호와께서 권고하시는 땅이라 세초부터 세말까지 네 하나님 여호와의 눈이 항상 그 위에 있느니라" (신 11:12). 따라서 아브라함이 하란을 떠나서 가나안 땅으로 들어간 것은 믿음으로 세상을 떠나서 하나님께로 돌아온 것을 모형으로 보여준다. 곧 십일조는 믿음으로 세상을 떠나서 하나님께로 돌아왔다는 고백으로 드리는 것이다.[68] "만군의 여호와가 이르노라 너희 열조의 날로부터 너희가 나의 규례를 떠나 지키지 아니하였도다 그런즉 내게로 돌아오라 그리하면 나도 너희에게로 돌아가리라 하였더니 너희가 이르기를 우리가 어떻게 하여야 돌아가리이까 하도다 사람이 어찌 하나님의 것을 도적질하겠느냐 그러나 너희는 나의 것을 도적질하고도 말하기를 우리가 어떻게 주의 것을 도적질하였나이까 하도다 이는 곧 십일조와 헌물이라" (말 3:7,8).

12) 아브라함이 칭의 언약을 받기 전에, 멜기세덱은 아브라함을 축복하였다. "아브람에게 복을 주옵소서"란 아브라함의 믿음이 복을 받을만한 분량에 도달하였다는 것을 의미한다. 곧 아브라함이 의롭다함을 얻을만한 믿음의 그릇이 되었다는 것을 의미한다. 따라서 아브라함이 멜기세덱에게 전리품의 십분의 일을 드린 뒤에 하나님은 아브라함의 믿음을 의롭다고 선언하셨다. "아브람이 여호와를 믿으니 여호와께서 이를 그의 의로 여기시고" (창 15:6). 이 말씀은 아브라함 이전 하나님을 믿은 자들의 믿음까지 의롭다고 인치는 언약이다. 이 언약에 의하여, 하나님은 아벨, 에녹 및 노아의 믿음이 의롭다함을 받았다는 것을 확정하셨다. 믿음으로 의롭다함을 받는 언약은 아브라함으로부터 1,000

---

[68] 십일조와 의롭다함에 대하여 졸저, 상게서, 5.2.1.(3) 참조

대에 이르기까지 유효한 언약이다. "그는 그 언약 곧 천대에 명하신 말씀을 영원히 기억하셨으니 이것은 아브라함에게 하신 언약이며 이삭에게 하신 맹세며" (시 105:8,9). 예수 이름을 믿는 자들은 이 언약에 의하여 의롭다함을 받는다. "저에게 의로 여기셨다 기록된 것은 아브라함만 위한 것이 아니요 의로 여기심을 받을 우리도 위함이니 곧 예수 우리 주를 죽은 자 가운데서 살리신 이를 믿는 자니라" (롬 4:23,24).

(2) 칭의 언약의 본질

1) 아브라함의 믿음을 의롭다고 선언한 언약의 본질에 대하여 살펴보자. 이 언약은 창조사역과 선악과 계명을 통하여 계시된 믿음을 전제로 한다. 아브라함의 믿음이 창조사역과 선악과 계명을 통하여 아담에게 계시된 하나님의 뜻과 일치하였으므로 하나님은 그의 믿음을 옳다고 선언하셨다. 사람의 믿음이 옳으냐 아니면 그르냐 하는 것은 그 믿음이 하나님께서 요구하는 믿음이냐 아니냐에 의존한다. 아브라함 이전에 하나님의 말씀을 통하여 계시된 믿음은 창조주 하나님, 우주의 역사를 주관하시는 하나님, 사람의 생명과 사망을 결정하시는 하나님 그리고 장차 육신으로 임하셔서 사람의 죄를 용서하실 하나님이다. 사람의 믿음은 하나님을 통하여 계시된 하나님의 뜻이 성취될 것을 믿는 것이다. 다른 것을 믿는 것은 신념이다.

2) "의롭다"란 '옳다, 틀리지 않다'란 의미이다.[69] 옳다는 것은 영원히 변하지 아니하는 것을 의미한다. 영원히 변하지 아니하는 것은 하나님의 말씀이다. 창조주 하나님, 우주의 역사를 주관하시는 하나님, 사람의 생명과 사망을 결정하시는 하나님, 인류의 죄를 대속하실 하나님은 영원히 변하지 아니하는 진리이다. 이 모든 것은 사람의 이성과 학문을 초월한 것이다. 하나님의 아들이 육신으로 임하실 수 있을까 하는 것은 사람의 이성을 초월하는 것이다. 이것을 변하지 아니하는 사실로 믿는 것은 사람의 의지가 아니라 하나님의 은혜 곧 성령의 감동이다. 성령의 감동으로 말씀을 통하여 계시된 하나님의 뜻을 믿는 것은 옳다고 말할 수 있다. 그러나 사람의 이성으로 판단하여 믿는 것은 시간

---

[69] "의롭다"라고 번역된 히브리어, 차다크(צָדַק)는 옳다(righteous, just, correct), 참되다(true)란 의미이다(BDB., p. 842).

이 지나면 변하므로 이것을 믿는 것은 옳지 아니하다.

3) 하나님은 아브라함의 믿음을 의롭다고 선언하셨다. 이것은 아브라함의 믿음이 그르지 않고 옳다는 것이다. 아브라함이 옳다함을 받는 믿음을 가지려면 먼저 죄인이라는 자신의 신분을 깨달아야 한다. 죄인만이 자기의 죄를 용서하실 하나님을 믿을 수 있기 때문이다. 아브라함은 우상숭배가 만연한 하란에서 자연재해를 겪으면서 자신의 죄를 깨달았을 것이다. 그는 재연재해가 사람들의 죄로 인한 것임을 알고 그 죄에서 구원을 사모하였다. 하나님께서 그에게 복을 주신다고 말씀하셨을 때, 그는 말씀을 순종하여 하란을 떠나 지시하심을 받은 땅으로 나아갔다. 그는 애굽에서 사라의 일과 전쟁의 승리를 통하여 복을 주시는 하나님을 체험하였다. 이 믿음을 바탕으로 하여 그는 전리품에서 십분의 일을 멜기세덱에게 드렸다.

4) 아브라함의 믿음을 의롭다고 하신 것은 그의 죄를 죄로 여기지 아니하였다는 것을 의미한다. 아브라함은 양심에 따라서 온전히 살 수 없었다. 사람이 양심에 가책을 받으면 죄인으로 정죄를 받은 것이다. 양심은 죄를 깨닫게 하는 법이다. 사람의 양심은 사람에 따라서 각각 다르며, 동일한 사람이라고 할지라도 시간과 장소에 따라서 변화한다. 젊은 시절에 양심대로 살았다고 하더라도 노년에 그 행동을 후회하는 것은 그의 양심이 변하였다는 것을 의미한다. 사람의 양심은 변화하므로 모든 사람은 양심에 의하여 가책을 받는다. 이런 의미에서 아브라함은 그의 양심에 가책을 받은 죄를 안고 살고 있었을 것이다. 하나님은 사람이 양심의 가책을 받는 죄를 심판하신다. 곧 사람의 양심은 하나님의 율법과 같은 역할을 한다고 성경은 말씀한다. **"(율법 없는 이방인이 본성으로 율법의 일을 행할 때는 이 사람은 율법이 없어도 자기가 자기에게 율법이 되나니 이런 이들은 그 양심이 증거가 되어 그 생각들이 서로 혹은 송사하며 혹은 변명하여 그 마음에 새긴 율법의 행위를 나타내느니라)"** (롬 2:14,15). 율법이 오기 전에는 사람의 양심이 사람의 행위를 심판하였다.

5) 율법이 오기 전에 아브라함이 범한 죄와 의롭다함을 받는 믿음과의 관계를 살펴보자. 하나님께서 아브라함의 죄를 용서하시려면 피 흘림이 있어야 한다. 거룩한 피를 통하여 사람의 죄를 사하는 것이 하나님의 법이다. **"율법을 좇아 거의 모든 물건이 피로**

써 정결케 되나니 피 흘림이 없은즉 사함이 없느니라"(히 9:22). 피 흘림이 없이 아브라함의 죄는 용서받을 수 없다. 그렇다면 아브라함이 받은 의롭다함은 무엇인가. 이에 대하여 성경은 이렇게 말씀한다. **"일한 것이 없이 하나님께 의로 여기심을 받는 사람의 행복에 대하여 다윗의 말한바 그 불법을 사하심을 받고 그 죄를 가리우심을 받는 자는 복이 있고 주께서 그 죄를 인정치 아니하실 사람은 복이 있도다 함과 같으니라"(롬 4:6~8).** 이 말씀은 아브라함의 죄가 장차 그리스도의 피로 속죄될 것을 전제로 하여 하나님께서 그의 죄를 죄로 인정하지 아니하셨다는 것이다. 죄를 죄로 인정하지 아니하는 것은 죄가 있음에도 불구하고 하나님께서 그 죄를 눈감아 주셨다는 것이다. 그 이유는 아브라함이 장차 오실 그리스도를 믿었기 때문이다. 아브라함의 죄가 믿음으로 도말되었다면, 하나님께서 그의 죄를 눈감아주실 필요가 없을 것이다.

6) 아브라함은 창조주 하나님께서 장차 그의 죄를 속하기 위하여 오실 것을 믿었다. 하나님은 아브라함의 믿음에 따라서 장차 그의 모든 죄가 속죄 받을 것이므로 그의 죄를 죄로 여기지 아니하셨다. 이것이 믿음으로 의롭다하심을 받은 자의 복이다. (창 12:2,3)의 말씀에서 복이란 이것을 의미한다. 하나님은 장차 나타날 그리스도의 피에 의한 속죄를 믿는 자들의 죄를 죄로 인정하지 아니하심으로 그들을 의롭다고 선언하셨다. 따라서 믿음으로 의롭다함을 받는 것은 자신이 범한 죄, 곧 자범죄를 죄로 인정치 아니함을 받는 것이다. 곧 원죄는 포함되지 아니한다. 아브라함은 믿음으로 의롭다함을 받음으로 그의 자범죄의 가리움을 받았다. 하나님께서 의롭다함을 받은 자의 죄를 죄로 인정하지 아니한 것은 죄를 용서한 것과 같다고 말할 수 있다.

7) 아브라함이 받은 칭의 언약과 자범죄의 관계를 살펴보자. 아브라함이 받은 모든 약속은 육체에 관한 것이다. **"그를 이끌고 밖으로 나가 가라사대 하늘을 우러러 뭇별을 셀 수 있나 보라 또 그에게 이르시되 네 자손이 이와 같으리라"(창 15:5). "또 그에게 이르시되 나는 이 땅을 네게 주어 업을 삼게 하려고 너를 갈대아 우르에서 이끌어낸 여호와로라"(창 15:7).** 이 약속은 아브라함의 후손과 가나안 땅에 관한 말씀이다. 이 약속의 말씀이 반드시 성취된다는 증거로 하나님은 아브라함에게 소와 염소와 양을 두 조각으로 쪼개어 피를 흘리게 하셨다(창 15:9,10). 아브라함에게 약속한 복은 육체에

관한 것이며 이 약속의 성취를 보증한 것도 짐승의 육체이다. 하나님의 약속의 말씀이 아브라함의 육체에 새겨졌다는 증거로 아브라함은 할례를 받았다. **"너희 집에서 난 자든지 너희 돈으로 산 자든지 할례를 받아야 하리니 이에 내 언약이 너희 살에 있어 영원한 언약이 되려니와"** (창 17:13). 아브라함이 받은 언약이 육체에 관한 약속이고 그 언약을 믿음으로 의롭다함을 받았으면, 칭의 언약은 자범죄를 죄로 인정하지 아니한다는 약속이라고 말할 수 있다.

8) 아담이 받은 선악과 계명은 영에 관한 언약이므로 아담은 범죄하므로 그의 영이 사망에 이르게 되었다. 따라서 원죄는 육체의 언약인 칭의 언약과 무관하다고 말할 수 있을 것이다. 아브라함이 받은 칭의 언약은 원죄까지 죄로 인정하지 아니하는 것은 아니다. 만약에 칭의 언약이 원죄와 자범죄를 죄로 인정하지 아니하는 언약이라면 그리스도께서 죽으실 필요가 없을 것이다. 아브라함이 받은 칭의 언약은 장차 오실 그리스도의 피에 의한 속죄를 믿음으로 믿는 자들이 범한 자범죄를 죄로 여기지 아니한다는 약속이다.

9) 사도 바울은 칭의 언약과 자범죄에 대하여 이렇게 기록하였다. **"그런즉 육신으로 우리 조상된 아브라함이 무엇을 얻었다 하리요"** (롬 4:1). **"성경이 무엇을 말하느뇨 아브라함이 하나님을 믿으매 이것이 저에게 의로 여기신바 되었느니라"** (롬 4:3). "육신으로 우리 조상된 아브라함"이란 아브라함이 우리의 육신의 조상이란 의미가 아니다.[70] "우리"란 구원을 얻은 유대인과 이방인을 포함하기 때문이다. 믿음으로 구원을 얻은 이방인도 아브라함의 자손이다(갈 3:7). 믿음으로 의롭다하심을 얻은 이방인은 육신의 혈통으로 아브라함과 아무런 관계가 없다. 따라서 로마의 교인 대다수가 유대인들이었다고 해석하는 가설이 제기되고 있다.[71] 그러나 대부분의 로마 교인을 유대인이라고 보는 것은 (롬 4:11,12)의 말씀과 일치하지 아니한다. 왜냐하면 아브라함은 할례자와 무할례자의 조상이기 때문이다. 따라서 (롬 4:1)의 말씀은 "우리 조상된 아브라함이 육신으로 무엇을 얻었다 하리요"라고 번역하여야 할 것이다. 아브라함이 믿음으로 의롭다함을

---

70) Ernst Käsemann, An die Römer, in International Biblical Commentary, 박재순 역, 국제성서 주석(한국신학연구소, 1985), p. 180.
71) William Hendriksen, Romans, New Testament Commentary(Baker book House 1982), p. 144.

받은 것은 그의 육신이 범한 자범죄에 국한된다고 말할 수 있다.

10) 믿음으로 의롭다함을 받으면 자범죄가 용서 받은 것과 같이 죄에 대한 형벌을 받지 아니한다. 하나님은 의롭다함을 받은 자의 죄를 완전히 용서하신 것은 아니지만 그 죄의 결과에 대하여 책임을 묻지 아니하신다. 아브라함이 비록 양심에 의하여 가책을 받는 죄를 범하였지만 하나님은 그의 죄를 눈감아 주셨다. 따라서 아브라함이 믿음으로 얻은 것은 그의 육체와 인격이 의롭다함을 받은 것이다. 그의 영은 원죄로 인하여 사망에 이르게 되었고 자범죄만이 가리움을 받았으므로 믿음으로 의롭다함을 받는 것은 육체와 인격이라고 말할 수 있다. 자범죄는 육체와 인격만을 더럽게 하기 때문이다.[72] 따라서 믿음으로 의롭다함을 받는 것은 육체와 인격이다. 아브라함이 믿음으로 그의 육체와 인격이 의롭다함을 받았기 때문에 그리스도께서 그의 후손의 육신을 통하여 오실 수 있었다.

11) 칭의 언약은 창조사역과 선악과 계명을 통하여 계시된 하나님을 믿는 것으로부터 시작한다. 사람은 아담의 타락으로 하나님 앞에서 죄인이며 선을 행할 수 없는 존재임을 깨닫고 장차 오실 그리스도의 피에 의한 속죄를 믿음으로 의롭다함을 받는 것을 의미한다. 하나님은 아브라함의 믿음을 의롭다고 선언하심으로 아벨과 에녹과 노아의 믿음을 의롭다고 인치셨다. 믿음으로 의롭다함을 받는 것은 자범죄의 가리움을 받는 것이다. 아브라함은 믿음으로 그의 육체와 인격이 의롭다함을 받았다.

(3) 이해를 위한 질문

1) 아브라함의 믿음

   a. 하나님께서 아브라함에게 하란을 떠나라고 하신 이유는 무엇인가(창 12:1).

   b. 아브라함이 받은 복은 무엇인가(창 12:2,3).

   c. 아브라함을 축복한 멜기세덱이 그리스도의 모형인 이유는 무엇인가(히 7:1~3).

   d. 아브라함이 전리품의 십분의 일을 멜기세덱에게 드린 이유는 무엇인가(말 3:7).

2) 칭의 언약의 본질

---

[72] 자범죄와 원죄에 대하여 졸저, 상게서, 3.2.1.(2) 참조

a. 하나님은 아브라함의 믿음을 의롭다하심으로 그의 죄를 죄로 인정하지 아니하셨다. 이것은 그리스도의 피 흘림을 전제로 한 언약이다. 그 이유는 무엇인가.
   b. 아브라함의 죄는 양심에 의하여 가책을 받는 죄이다. 하나님께서 아브라함의 죄를 죄로 인정하지 아니하신 이유는 무엇인가(롬 4:7,8).
   c. 의롭다함을 얻는 것이 육체만을 거룩하게 함을 받는 이유는 무엇인가.
   d. 아브라함이 받은 언약이 육체에 관한 것이라는 증거는 무엇인가(창 17:13).

2. 아브라함의 믿음과 그리스도의 언약

(1) 아브라함의 믿음과 마지막 시험

1) 하나님께서 아브라함에게 믿음으로 의롭다함을 얻는 언약을 주신 이유는 죄인을 구원하기 위함 보다는 그리스도의 오시는 길을 준비하기 위한 것이라고 말할 수 있다. 인류가 죄에서 구원을 얻으려면 그리스도께서 피를 흘려야하기 때문이다. 다른 방법은 없다. 그리스도께서 육신으로 임하시려면 믿음으로 의롭다함을 받은 자가 있어야 하기 때문이다. 하나님은 아브라함의 믿음을 의롭다하신 뒤에 그에게 오실 그리스도의 언약을 주셨다. 하나님은 아브라함이 그리스도의 언약을 받을만한 믿음을 가지고 있느냐 하는 것을 시험하셨다. 마지막 시험이 이삭을 번제로 드리는 것이다. 이 시험 후에 하나님께서 아브라함에게 칭의 언약을 주셨다.

2) 하나님께서 아브라함에게 하늘의 별과 같이 많은 자손과 가나안 땅을 기업으로 주신다고 말씀하셨을 때, 그는 하나님의 약속을 믿지 못하고 약속의 성취에 대한 증거를 요구하였다. **"그가 가로되 주 여호와여 내가 이 땅으로 업을 삼을 줄을 무엇으로 알리이까" (창 15:8).** 하나님은 그에게 소와 염소와 양을 둘로 쪼개게 하시고 그들의 피로써 언약의 성취를 보증하셨다(창 15:9,10). 아브라함의 아내 사라는 자식을 낳지 못하였다. 그는 아내 사라의 조언을 받아들여 하갈을 취하여 아들 이스마엘을 낳았다(창 16:2~4). 아브라함은 하나님의 약속의 성취를 믿지 못하였기 때문이다.

3) 하나님은 자기의 언약이 반드시 성취된다는 것을 아브라함에서 확인시키셨다. **"아브람의 구십 구세 때에 여호와께서 아브람에게 나타나서 그에게 이르시되 나는 전능한**

하나님이라 너는 내 앞에서 행하여 완전하라"(창 17:1). "너는 내 앞에서 행하여 완전하라"란 하나님 앞에서 행함 있어 흠이 없게 하라는 것을 의미한다. 곧 하나님의 약속의 성취를 의심하지 말라는 것이다. 하나님은 다시 아브라함에게 구체적으로 아들을 주신다는 약속을 하셨다. "내가 내 언약을 나와 너 사이에 세워 너로 심히 번성케 하리라 하시니"(창 17:2). "내가 너와 내 언약을 세우니 너는 열국의 아비가 될찌라"(창 17:4). 아브라함이 열국의 아비가 되려면 사라를 통하여 아들을 낳아야 한다. 하나님은 그 언약이 성취된다는 증거로 아브라함에게 할례를 받으라고 명령하셨다. "너희 중 남자는 다 할례를 받으라 이것이 나와 너희와 너희 후손 사이에 지킬 내 언약이니라 너희는 양피를 베어라 이것이 나와 너희 사이의 언약의 표징이니라"(창 17:10,11).

 4) 하나님은 아브라함에게 언약의 성취를 확증하기 위하여 아브람과 사래의 이름을 바꾸도록 하셨다. "이제 후로는 네 이름을 아브람이라 하지 아니하고 아브라함이라 하리니 이는 내가 너로 열국의 아비가 되게 함이니라"(창 17:5). 아브람이란 큰 아버지(exalted father)란 의미이다.[73] 아브라함이란 많은 사람의 아버지란 의미이다. "하나님이 또 아브라함에게 이르시되 네 아내 사래는 이름을 사래라 하지 말고 그 이름을 사라라 하라"(창 17:15). "사래"란 아이를 낳지 못하는 여자의 이름(name of a barren woman)을 의미한다.[74] 사라는 왕녀(princess)를 의미한다.[75] 아브람이 아브라함으로, 사래가 사라로 이름이 바뀐 것은 장차 아브라함이 사라를 통하여 아들을 낳을 것이라는 약속이다.

 5) 하나님은 소와 염소와 양의 피, 아브라함의 할례, 아브라함과 사라로의 이름의 변경을 통하여 자신의 언약이 반드시 성취된다는 증거를 보이셨다. 그러나 아브라함은 하나님의 약속에 대하여 의심을 가지고 있었다. "내가 그에게 복을 주어 그로 네게 아들을 낳아주게 하며 내가 그에게 복을 주어 그로 열국의 어미가 되게 하리니 민족의 열왕이 그에게서 나리라 아브라함이 엎드리어 웃으며 심중에 이르되 백 세 된 사람이 어찌 자식을 낳을까 사라는 구십 세니 어찌 생산하리요 하고"(창 17:16,17). 아브라함의

---

73) BDB., p. 4.
74) BDB., p. 979.
75) BDB., p. 797.

불신앙에 대하여 하나님은 다시 자신의 약속이 반드시 성취된다고 말씀하셨다. **"하나님이 가라사대 아니라 네 아내 사라가 정녕 네게 아들을 낳으리니 너는 그 이름을 이삭이라 하라 내가 그와 내 언약을 세우리니 그의 후손에게 영원한 언약이 되리라"** (창 17:19). 하나님은 아브라함이 낳을 아들의 이름을 이삭이라고 말씀하셨다. 아브라함은 하나님의 약속을 믿는다는 맹세로 할례를 받았다. **"아브라함이 그 양피를 벤 때는 구십구 세이었고"** (창 17:24).

6) 하나님은 마지막으로 천사를 통하여 아브라함에게 이삭에 대한 약속의 성취를 확인시키셨다. 세 천사가 사람의 육신을 입고 아브라함에게 나타났다. **"눈을 들어 본즉 사람 셋이 맞은편에 섰는지라 그가 그들을 보자 곧 장막 문에서 달려나가 영접하며 몸을 땅에 굽혀 가로되 내 주여 내가 주께 은혜를 입었사오면 원컨대 종을 떠나 지나가지 마옵시고"** (창 18:2,3). 세 사람 가운데 한 사람은 여호와 하나님께서 육신으로 임하셨다는 가설이 제기되었다.76) 그러나 이 가설은 그리스도 이전에는 아무도 육신으로 임하신 하나님을 볼 수 없었다는 성경의 말씀과 대치된다. **"본래 하나님을 본 사람이 없으되 아버지 품속에 있는 독생하신 하나님이 나타내셨느니라"** (요 1:18). 따라서 아브라함에게 나타난 사람은 사람의 육신을 입은 천사들이라고 말할 수 있을 것이다.

7) 그 천사들이 아브라함에게 하나님의 말씀을 전하였다. **"그들이 아브라함에게 이르되 네 아내 사라가 어디 있느냐 대답하되 장막에 있나이다 그가 가라사대 기한이 이를 때에 내가 정녕 네게로 돌아오리니 네 아내 사라에게 아들이 있으리라 하시니 사라가 그 뒤 장막 문에서 들었더라"** (창 18:9,10). 이 말씀을 들은 사라는 하나님의 말씀을 믿지 아니하였다. **"아브라함과 사라가 나이 많아 늙었고 사라의 경수는 끊어졌는지라 사라가 속으로 웃고 이르되 내가 노쇠하였고 내 주인도 늙었으니 내게 어찌 낙이 있으리요"** (창 18:11,12). 사라의 말을 들은 하나님은 사라의 불신앙을 책망하셨다. **"여호와께서 아브라함에게 이르시되 사라가 왜 웃으며 이르기를 내가 늙었거늘 어떻게 아들을 낳으리요 하느냐 여호와께 능치 못한 일이 있겠느냐 기한이 이를 때에 내가 네게로 돌아오리니 사라에게 아들이 있으리라"** (창 18:13,14). "기한이 이를 때"란 하나님께서

---

76) C. F. Keil and F. Delitzch, op. cit., p. 228.

작정한 시간을 말한다. "내가 네게로 돌아오리니"란 하나님께서 아브라함에게 오신다는 것을 의미한다. 곧 하나님의 말씀이 성취된다는 것으로 해석할 수 있다.

8) 하나님은 아브라함을 떠나시기 전에 또다시 그에게 약속의 성취를 확인시키셨다. **"내가 그로 그 자식과 권속에게 명하여 여호와의 도를 지켜 의와 공도를 행하게 하려고 그를 택하였나니 이는 나 여호와가 아브라함에게 대하여 말한 일을 이루려 함이니라"** (창 18:19). 하나님은 아브라함에게 자신의 약속을 믿게 하시려고 자신이 전능하신 분이심을 밝히셨고 아브라함에게 반복하여 약속을 확인시키셨다. 하나님께서 작정하신 시간이 되었을 때 사라는 하나님의 약속에 따라서 아들을 낳아 그 이름을 이삭이라고 하였다. **"사라가 잉태하고 하나님의 말씀하신 기한에 미쳐 늙은 아브라함에게 아들을 낳으니 아브라함이 그 낳은 아들 곧 사라가 자기에게 낳은 아들을 이름하여 이삭이라 하였고"** (창 21:2,3). 아브라함은 이삭을 낳음으로 하나님의 전능하심과 그의 언약이 반드시 성취됨을 체험하였다. 아브라함이 믿음으로 이삭을 낳은 것에 대하여 사도 바울은 아브라함의 믿음을 이렇게 설명하였다. **"기록된바 내가 너를 많은 민족의 조상으로 세웠다 하심과 같으니 그의 믿은바 하나님은 죽은 자를 살리시며 없는 것을 있는 것 같이 부르시는 이시니라 아브라함이 바랄 수 없는 중에 바라고 믿었으니 이는 네 후손이 이같으리라 하신 말씀대로 많은 민족의 조상이 되게 하려 하심을 인함이라 그가 백세나 되어 자기 몸의 죽은 것 같음과 사라의 태의 죽은 것 같음을 알고도 믿음이 약하여지지 아니하고 믿음이 없어 하나님의 약속을 의심치 않고 믿음에 견고하여져서 하나님께 영광을 돌리며"** (롬 4:17~20).

9) 하나님은 아브라함에게 자신의 약속이 반드시 성취된다는 믿음을 심어주기 위하여 여러 번 동일한 약속을 반복하여 말씀하셨다. 하나님은 이삭의 출생을 통하여 자신의 전능하심과 자신의 약속이 반드시 성취된다는 객관적인 증거를 보이셨다. 아브라함은 이삭이 출생하기까지 여러 번 불신앙의 고백을 하였다. 따라서 하나님은 장차 오실 그리스도의 언약을 주시기 전에 마지막으로 아브라함의 믿음을 시험하셨다. **"그 일 후에 하나님이 아브라함을 시험하시려고 그를 부르시되 아브라함아 하시니 그가 가로되 내가 여기 있나이다 여호와께서 가라사대 네 아들 네 사랑하는 독자 이삭을 데리고 모리아**

땅으로 가서 내가 네게 지시하는 한 산 거기서 그를 번제로 드리라" (창 22:1,2). 한글 개역성경은 "모리아 땅으로 가서"라고 번역하였지만, 히브리어 성경을 원문 그대로 번역하면 "너를 위하여 모리아 땅으로 가라(קח-לך)"이다.77) 이 시험은 하나님에 대한 믿음은 목숨을 초월한다는 것을 의미한다.

10) 아브라함은 백세에 이삭을 낳았고 자신은 늙어서 죽음을 앞두고 있었다. 이삭의 목숨은 자신의 목숨보다 더 귀하므로 아브라함은 이삭을 위하여 자신의 목숨을 내놓아야 할 처지였다. 따라서 아브라함이 하나님의 말씀을 순종하려면 이삭의 목숨을 초월하는 믿음이 필요하였다. 아브라함은 이삭을 통하여 수많은 후손이 태어나려면 번제로 죽은 이삭이 살아나야 한다고 믿었다. 곧 아브라함은 죽은 자를 다시 살리시는 하나님을 믿었다. 이로써 아브라함에 대한 믿음의 시험은 끝났고 하나님은 장차 오실 그리스도의 언약을 주셨다.

(2) 아브라함의 믿음과 그리스도의 언약

1) 창조사역을 통하여 그리스도께서 육신으로 오신다는 약속이 희미한 그림자로 계시되었다. 하나님께서 자기의 형상으로 사람을 창조하신 것은 성자께서 육신으로 오신다는 약속이다. 선악과 계명을 통하여 그리스도께서 오신다는 말씀 또한 희미한 그림자로 계시된 약속이다. 아벨이 자신의 죄를 깨닫고 믿음으로 드린 제사를 통하여 그리스도께서 오신다는 말씀역시 희미한 그림자로 계시된 약속이다. 에녹의 믿음을 통하여 그리스도께서 오신다는 약속역시 희미하게 비취는 그림자이다. 노아의 방주와 홍수에 의한 심판으로 오실 그리스도의 모형이 다소 분명하게 계시되었다. 그리고 오실 그리스도의 언약이 아브라함에게 구체적으로 계시되었다.

2 모리아산에서 아브라함이 이삭을 번제로 드렸을 때 하나님의 말씀이 그에게 임하였다. **"여호와의 사자가 하늘에서부터 그를 불러 가라사대 아브라함아 아브라함아 하시는지라 아브라함이 가로되 내가 여기 있나이다 하매 사자가 가라사대 그 아이에게 네**

---

77) 이 말씀은 (창 12:1)에서도 동일하게 사용되었다. 아브라함은 자신을 위하여 이삭을 번제로 들려야 한다.

손을 대지 말라 아무 일도 그에게 하지 말라 네가 네 아들 네 독자라도 내게 아끼지 아니하였으니 내가 이제야 네가 하나님을 경외하는 줄을 아노라"(창 22:11,12). 아브라함이 이삭을 번제로 드린 것은 하나님을 경외한다는 객관적인 증거이다. 아브라함은 하나님을 무서워하고 존경하는 심령으로 이삭을 번제로 드렸다. 하나님은 이삭을 번제로 드린 아브라함의 순종을 통하여 그의 믿음이 참된 것으로 인정하셨다. 하나님은 아브라함의 믿음을 확인하고 이삭을 죽이지 못하게 하시고 이삭을 대신하여 수양을 준비하셨다. "**아브라함이 눈을 들어 살펴본즉 한 수양이 뒤에 있는데 뿔이 수풀에 걸렸는지라 아브라함이 가서 그 수양을 가져다가 아들을 대신하여 번제로 드렸더라**"(창 22:13).

3) 아브라함이 수양으로 번제를 드렸을 때 하나님의 말씀이 그에게 임하였다. "**가라사대 여호와께서 이르시기를 내가 나를 가리켜 맹세하노니 네가 이같이 행하여 네 아들 네 독자를 아끼지 아니하였은즉 내가 네게 큰 복을 주고 네 씨로 크게 성하여 하늘의 별과 같고 바닷가의 모래와 같게 하리니 네 씨가 그 대적의 문을 얻으리라 또 네 씨로 말미암아 천하 만민이 복을 얻으리니 이는 네가 나의 말을 준행하였음이니라 하셨다 하니라**"(창 22:16~18). "네가 이같이 행하여 네 아들 네 독자를 아끼지 아니하였은즉"이란 아브라함의 믿음이 독자 이삭의 목숨을 초월하였다는 것을 의미한다. 곧 아브라함은 이삭보다 하나님을 더 사랑하였다. 아브라함은 그의 목숨보다 더 귀한 것을 하나님께 번제로 드림으로 그의 믿음을 하나님께 보였다.

4) 하나님께서 보시는 믿음은 순종으로 나타나는 행위다. 말로만 믿는다고 고백하고 순종하지 아니하는 것은 외식이며 믿음이 아니다. 죽은 자를 다시 살리시는 하나님을 믿으면 목숨을 초월하여 하나님의 말씀을 순종할 수 있다. 그러나 자기의 목숨을 하나님의 말씀보다 더 사랑하면 하나님을 믿을 수 없다. 따라서 성경은 믿음이 목숨을 초월한다고 말씀한다. "이에 예수께서 제자들에게 이르시되 아무든지 나를 따라 오려거든 자기를 부인하고 자기 십자가를 지고 나를 좇을 것이니라 누구든지 제 목숨을 구원코자 하면 잃을 것이요 누구든지 나를 위하여 제 목숨을 잃으면 찾으리라"(마 16:24,25). "자기 십자가를 지고 나를 좇을 것이니라" 목숨을 초월하는 믿음으로 하나님의 말씀을 순종할 수 있다는 것을 의미한다.

5) "네 씨가 그 대적의 문을 얻으리라"란 아브라함의 후손으로 임하실 그리스도께서 마귀와 악한 영들을 심판하신다는 것을 의미한다.[78] "대적"이란 하나님과 사람의 원수를 의미한다. 사단은 하늘에서 하나님의 아들을 대적하였고 땅에서는 아담을 미혹하여 범죄하게 하였다. 이제 사단은 사람을 지배하여 사람으로 하여금 하나님의 말씀을 대적하게 한다. 곧 사단은 하나님의 원수이며 동시에 세상을 지배하는 자이다. 예수 그리스도께서 마귀의 지배 아래 있는 사람을 구원하려면 마귀를 심판하여야 한다. 마귀는 세상을 지배하며 세상으로부터 하나님께로 나아가는 문을 점령하고 있다. 마귀가 지배하는 영역을 흑암 또는 음부라고 한다. 음부에서 하나님께로 나가려면 하나밖에 없는 음부의 문을 통과하여야 한다. 마귀는 음부의 문을 걸어 잠그고 있다. 하나님께서 마귀를 심판하고 그의 지배 아래 있는 사람을 구원하려면 마귀가 점령하고 있는 음부의 문을 열어야 한다. 장차 아브라함의 후손으로 오실 그리스도께서 마귀를 심판하시고 음부의 문을 연다는 것이다. "대적의 문"이란 마귀가 점령하고 있는 음부의 문이다. 그리스도께서 그 문을 점령하실 것이다. 아브라함의 후손으로 오실 그리스도께서 세상 임금인 마귀를 심판하실 것이다.

6) "또 네 씨로 말미암아 천하 만민이 복을 얻으리니"란 아브라함의 후손으로 오시는 그리스도께서 천하 만민에게 생명을 주신다는 것이다. 복은 생명을 전제로 하므로 복을 얻는다는 것은 생명을 얻는다는 것이다. "천하 만민"이란 성령의 감동하심으로 예수 이름을 믿고 구원을 얻은 자를 말한다. 구원이란 마귀의 지배로부터 벗어나 자유의지를 회복하는 것을 말한다. 이스라엘 백성들이 애굽의 바로의 지배를 벗어나 광야로 나오듯이, 예수 이름을 믿는 자들은 마귀의 권세에서 벗어나 하나님께로 돌아온다. 사도 바울은 "네 씨"를 예수 그리스도라고 해석하였다. **"이 약속들은 아브라함과 그 자손에게 말씀하신 것인데 여럿을 가리켜 그 자손들이라 하지 아니하시고 오직 하나를 가리켜 네 자손이라 하셨으니 곧 그리스도라"** (갈 3:16).

7) (창 22:18)의 말씀은 (창 12:3)의 말씀을 구체화한 것이다. "땅의 모든 족속이

---

78) "얻다"로 번역된 히브리어, 야라쉬(יָרַשׁ)는 소유하다, 점령하다, 얻다 란 의미로 사용된다 (BDB., p. 439).

너를 인하여 복을 얻을 것이니라"란 "네 씨로 말미암아 천하 만민이 복을 얻으리니"란 말씀으로 구체화되었다. 아브라함의 후손으로 그리스도께서 오실 것이므로 천하 만민이 아브라함을 통하여 복을 받을 것이다. 천하 만민이 아브라함을 통하여 복을 받는 언약에 있어서 아브라함은 인류를 대표한다. 믿음으로 의롭다함을 받고 복을 받는 자들은 모두 아브라함이 받은 언약 안에 있는 자들이다. 따라서 하나님은 아브라함에게 열국의 아비가 되는 언약을 주셨다(창 17:5).

8) 선악과 계명에 있어서 아담이 인류를 대표하는 것과 같이, (창 15:6)의 칭의 언약에 있어서 아브라함은 인류를 대표한다. 따라서 믿음으로 의롭다함을 받는 자들은 아브라함으로부터 시작하는 영적인 계보에 있어서 모두 아브라함의 자손이다. **"그런즉 믿음으로 말미암은 자들은 아브라함의 아들인줄 알찌어다"** (갈 3:7). 아벨과 에녹과 노아는 비록 아브라함보다 먼저 태어났지만 믿음으로 의롭다함을 받은 자들의 계보에 있어서 아브라함의 자녀이다. 아브라함의 자녀들은 육체적인 혈통에 따른 것이 아니라 믿음으로 의롭다함을 받은 것을 말한다. 세례 요한은 바리새인들과 사두개인들에게 아브라함의 자손이 아니라고 선언하였다. **"요한이 많은 바리새인과 사두개인이 세례 베푸는데 오는 것을 보고 이르되 독사의 자식들아 누가 너희를 가르쳐 임박한 진노를 피하라 하더냐"** (마 3:7). **"속으로 아브라함이 우리 조상이라고 생각지 말라 내가 너희에게 이르노니 하나님이 능히 이 돌들로도 아브라함의 자손이 되게 하시리라"** (마 3:9). 그들은 믿지 아니함으로 의롭다함을 받지 못하였기 때문이다. "하나님이 능히 이 돌들로도 아브라함의 자손이 되게 하시리라"란 이방인들이 믿음으로 의롭다함을 받을 것을 의미한다.

9) 장차 오실 그리스도의 언약에 있어서, 아브라함은 이스라엘 백성을 대표한다. 그리스도께서 아브라함의 후손을 통하여 오실 것이므로 그리스도의 오시는 길을 준비한 이스라엘 백성은 아브라함이 받은 언약 안에 있다. 이스라엘 백성은 모두 (창 22:17,18)의 언약 안에서 육체적으로 그의 후손이다. 따라서 (창 22:17,18)의 언약은 아브라함의 혈통을 통하여 흘러가야 한다. 아브라함의 혈통으로서 그 언약 밖에 있는 자들은 믿음을 버리는 것이며 하나님께서 아브라함에게 약속하신 복에서 제외되었다. 이삭과 야곱은 그 언약 안에 있었으므로 약속하신 복을 받았지만, 이스마엘과 에서는 그 언약 밖에

있었으므로 하나님께서 약속하신 복을 받지 못하였다.

10) 아브라함은 이삭을 번제로 드린 뒤에 오실 그리스도의 언약을 받았다. 그는 하나님의 명령에 따라서 할례를 받았으므로 그의 육체 안에 하나님의 언약이 새겨졌다. 곧 아브라함은 장차 오실 그리스도를 잉태하였다. 장차 오실 그리스도의 언약이 아브라함을 통하여 이삭에게로, 이삭을 통하여 야곱으로 이어졌다. 이것은 장자의 명분과 관련된다. 그리스도의 오시는 길을 준비하기 위하여, 하나님은 아브라함과 그의 후손을 택하여 부르셨다. 하나님의 백성으로 부르심을 받은 이스라엘은 오실 그리스도를 잉태한 하나님의 백성이다.

(3) 이스마엘과 이삭: 율법과 복음의 모형

1) 하나님은 아브라함에게 장차 오실 그리스도의 언약을 주시기 전에 이스마엘과 이삭을 통하여 그리스도 안에서 받을 복을 율법 안에서 받을 복과 비교하여 비유로 보여주셨다. 아브라함이 낳은 이스마엘과 이삭은 율법과 복음을 비유로 보여준다. 하나님의 약속과 믿음이 없이, 아브라함은 젊은 하갈을 취하여 생리적으로 이스마엘을 낳았다. 이스마엘은 하나님의 은혜와 무관하게 태어났다. 이에 반하여 이삭은 하나님의 약속과 아브라함의 믿음을 통하여 태어났다. 이것은 율법 아래 있는 자들과 복음 아래 있는 자들에 대한 비유이다. 율법을 통하여 자신의 행위로 의롭다함을 받으려고 하는 자는 죄에게 종노릇하고, 복음을 통하여 예수 이름을 믿음으로 의롭다함을 받은 자는 의에게 종노릇한다. 율법 아래 있는 자들은 마귀에게 종노릇하고, 복음 아래 있는 자들은 그리스도 예수 안에서 죄로부터 자유한다.

2) 아브라함은 팔십육 세에 하갈을 통하여 이스마엘을 낳았고 백세에 사라를 통하여 이삭을 낳았다. 아브라함은 이스마엘을 낳고 14년이 지난 뒤에 이삭을 낳았다.[79] 14년

---

79) 출애굽 년대는 성경의 말씀을 근거로 하여 추정할 수 있다. 솔로몬은 출애굽 이후 480년에 성전 건축을 시작하였다. "**이스라엘 자손이 애굽 땅에서 나온지 사백 팔십년이요 솔로몬이 이스라엘 왕이 된지 사년 시브월 곧 이월에 솔로몬이 여호와를 위하여 전 건축하기를 시작하였더라**" (왕상 6:1). 솔로몬이 주전 961년경에 성전 건축을 시작하였으므로 출애굽은 대략 주전 1,441년경으로 추정할 수 있다. 따라서 율법이 온 이후 약 1,400년 후에 복음이 주어졌다고 말할 수 있을 것이다. Roland K. Harrison, op. cit., p. 396.

이란 기간은 모세로부터 그리스도께서 오시기까지 약 1,400년의 기간을 모형으로 보여 준다. 이스마엘은 율법 아래서 자신의 행위로 의롭다함을 받으려는 자들을 모형으로 보여준다. 이삭은 하나님의 약속과 믿음으로 의롭다함을 받으려는 자들을 모형으로 보여 준다. 사도 바울은 이들의 관계를 이렇게 기록하였다. **"계집 종에게서는 육체를 따라 났고 자유하는 여자에게서는 약속으로 말미암았느니라 이것은 비유니 이 여자들은 두 언약이라 하나는 시내산으로부터 종을 낳은 자니 곧 하가라"(갈 4:23,24).**

3) 이스마엘과 이삭은 한 아버지인 아브라함의 씨로 태어났다. 이스마엘은 종인 하갈을 통하여 태어났다. 종을 통하여 태어난 이스마엘은 종의 신분으로 아브라함으로부터 유업을 받지 못하고 쫓겨났다. **"그가 아브라함에게 이르되 이 여종과 그 아들을 내어쫓으라 이 종의 아들은 내 아들 이삭과 함께 기업을 얻지 못하리라 하매"(창 21:10). "아브라함이 아침에 일찍이 일어나 떡과 물 한 가죽부대를 취하여 하갈의 어깨에 메워 주고 그 자식을 이끌고 가게 하매 하갈이 나가서 브엘세바 들에서 방황하더니"(창 21:14).** 이것은 율법을 비유로 보여준다. 율법은 천사를 통하여 주신 하나님의 말씀이다. **"그런즉 율법은 무엇이냐 범법함을 인하여 더한 것이라 천사들로 말미암아 중보의 손을 빌어 베푸신 것인데 약속하신 자손이 오시기까지 있을 것이라"(갈 3:19).** 아브라함이 종인 하갈을 통하여 낳은 이스마엘은 종인 것처럼, 종인 천사를 통하여 주신 율법 아래 있는 자들은 하나님의 종이다.

4) 이삭은 자유자인 부인을 통하여 태어났으며 아브라함의 아들로서 상속을 받았다. 이삭은 생리적으로는 태어날 수 없었으나 하나님의 언약과 아브라함의 믿음을 통하여 태어났다. 이것은 장차 오실 그리스도의 복음 아래서 믿음으로 거듭난 자들을 비유로 보여준다. 그리스도 안에서 믿음으로 의롭다함을 받은 자들은 하나님의 자녀로서 하늘나라를 상속으로 받을 자이다. 그러나 율법 아래서 믿음으로 의롭다함을 받은 자들은 종의 신분으로 구원을 얻었으므로 하늘나라를 상속으로 받지 못한다. 사도 바울은 율법과 복음의 관계를 이렇게 기록하였다. **"그러나 성경이 무엇을 말하느뇨 계집 종과 그 아들을 내어 쫓으라 계집 종의 아들이 자유하는 여자의 아들로 더불어 유업을 얻지 못하리라 하였느니라 그런즉 형제들아 우리는 계집 종의 자녀가 아니요 자유하는 여자의 자녀니**

라" (갈 4:30,31).

5) 율법은 순종함으로 의롭다함을 얻는 언약이 아니라 자신의 죄를 깨닫게 하는 언약이다. **"우리가 알거니와 무릇 율법이 말하는 바는 율법 아래 있는 자들에게 말하는 것이니 이는 모든 입을 막고 온 세상으로 하나님의 심판 아래 있게 하려 함이니라 그러므로 율법의 행위로 그의 앞에 의롭다 하심을 얻을 육체가 없나니 율법으로는 죄를 깨달음이니라"** (롬 3:19,20). 율법은 사람의 생각을 정죄하기 때문이다. 십계명은 탐심을 정죄한다. **"네 이웃의 집을 탐내지 말찌니라 네 이웃의 아내나 그의 남종이나 그의 여종이나 그의 소나 그의 나귀나 무릇 네 이웃의 소유를 탐내지 말찌니라"** (출 20:17). 탐심은 육체의 정욕으로부터 솟아나는 생각으로 육체 안에 자리를 잡고 있는 죄이다. 따라서 바울은 자신의 육체 안에 선한 것이 없다고 고백하였다. **"만일 내가 원치 아니하는 그것을 하면 이를 행하는 자가 내가 아니요 내 속에 거하는 죄니라"** (롬 7:20).

6) 율법 아래 있는 자들은 두 집단으로 구분할 수 있을 것이다. 첫째, 사람이 육신이 연약하여 율법을 온전히 순종할 수 없다면 의롭다함을 받는 유일한 길은 아브라함처럼 장차 오실 그리스도를 믿는 것이다. 곧 율법은 모든 사람을 죄인으로 정죄하여 그리스도를 믿는 믿음으로 인도한다. 이것이 율법을 통하여 계시된 하나님의 뜻이다. **"이같이 율법이 우리를 그리스도에게로 인도하는 몽학선생이 되어 우리로 하여금 믿음으로 말미암아 의롭다 함을 얻게 하려 함이니라"** (갈 3:24). 율법을 통하여 자신의 죄를 깨닫고 장차 오실 그리스도를 믿음으로 의롭다함을 받은 자들은 종의 신분으로 구원을 받았다. 이것은 이스마엘이 종인 하갈의 몸을 통하여 종의 신분으로 태어난 것과 같다. 따라서 율법 아래서 믿음으로 의롭다함을 받은 자들은 하나님을 아버지라고 부르지 못하고 나의 주(아도나이, יהוה)라고 불렀다. 그러나 그리스도 예수 안에서 믿음으로 의롭다함을 받은 자들은 하나님을 아버지라고 부른다 **"너희는 다시 무서워하는 종의 영을 받지 아니하고 양자의 영을 받았으므로 우리가 아빠 아버지라고 부르짖느니라"** (롬 8:15).

7) 둘째, 율법의 행위로 자신의 의롭다고 착각한 자들이다. 바리새인들과 서기관들은 율법의 행위로 자신을 의롭다고 믿고 있었다. **"또 자기를 의롭다고 믿고 다른 사람을 멸시하는 자들에게 이 비유로 말씀하시되"** (눅 18:9). 바리새인들과 서기관들은 율법의

행위로 자신을 의롭다고 믿고 다른 사람들을 멸시하였다. 그들은 믿음으로 의롭다함을 얻는 언약을 잃어버리고 율법을 온전히 순종함으로 의롭다함을 받으려고 하였다. 그들은 율법을 통하여 자신의 허물을 깨닫지 못하였기 때문에 자신을 의롭다고 믿고 있었다. 예수 그리스도께서 그들을 외식하는 독사의 자식이라고 말씀하셨다. **"화 있을진저 외식하는 서기관들과 바리새인들이여 회칠한 무덤 같으니 겉으로는 아름답게 보이나 그 안에는 죽은 사람의 뼈와 모든 더러운 것이 가득하도다 이와같이 너희도 겉으로는 사람에게 옳게 보이되 안으로는 외식과 불법이 가득하도다"** (마 23:27,28). "외식"이란 불의한 자가 자신을 의롭다고 착각하는 것을 의미한다. **"뱀들아 독사의 새끼들아 너희가 어떻게 지옥의 판결을 피하겠느냐"** (마 23:33). "뱀들아 독사의 새끼들이"란 마귀의 지배 아래 있는 자들이다. 곧 그들은 죄의 종이다.

8) 율법 아래 있는 자들과 복음 아래 있는 자들은 서로 화합하지 못할 것이다. 율법 아래 있는 자들이 복음 아래 있는 자들을 핍박할 것이다. 이것이 이스마엘과 이삭을 통하여 비유로 계시되었다. **"아이가 자라매 젖을 떼고 이삭의 젖을 떼는 날에 아브라함이 대연을 배설하였더라 사라가 본즉 아브라함의 아들 애굽 여인 하갈의 소생이 이삭을 희롱하는지라"** (창 21:8,9). 사도 바울은 이 말씀이 성취되고 있다고 기록하였다. **"그러나 그 때에 육체를 따라 난 자가 성령을 따라 난 자를 핍박한 것 같이 이제도 그러하도다"** (갈 4:29). 율법의 행위로 의롭다함을 받았다고 믿었던 바리새인들과 서기관들이 예수 그리스도를 핍박하였다. 뿐만 아니라 율법 아래 있는 유대인들은 복음을 증거하는 사도들과 믿는 자들을 박해하였다. 아브라함을 통하여 비유로 계시된 약속이 그대로 성취되고 있다.

9) 이스마엘과 이삭은 율법과 복음을 비유로 보여준다. 이스마엘은 율법을, 이삭은 복음을 모형으로 보여준다. 두 사람은 동일한 아버지의 씨일지라도 종의 몸을 통하여 태어난 자는 종의 신분으로서 아버지의 유업에 참여하지 못한다. 율법과 복음은 하나님의 말씀이다. 그러나 하나님께서 종인 천사를 통하여주신 율법 아래 있는 자들은 하늘나라를 유업으로 받지 못하였다. 하나님께서 아들을 통하여 주신 복음 아래 있는 자들은 하나님의 나라를 유업으로 받을 수 있다. 자유하는 부인의 몸을 통하여 태어난 자는

아들로서 아버지로부터 유업을 받는다. 하나님은 아브라함에게 오실 그리스도의 언약을 주시기 전에 믿음으로 의롭다함을 얻은 자들의 복이 얼마나 큰 것인가 하는 것은 이스마엘과 이삭의 비유를 통하여 계시하셨다.

(4) 이해를 위한 질문

1) 아브라함의 믿음과 마지막 시험

a. 하나님께서 아브라함에게 무엇을 약속하셨나(창 15:4,5).

b. 아브라함은 약속의 성취에 대한 보장을 하나님께 요구하였다. 이에 대한 하나님의 보증은 무엇인가(창 15:9,10).

c. 아브라함은 하나님의 약속의 성취를 믿지 못하는 불신앙을 보였다. 이에 대하여 하나님은 자신의 전능하심을 보였다. 하나님의 전능하심은 무엇인가(창 21:1).

d. 아브라함의 불신앙에 대한 하나님의 시험은 무엇인가(창 22:1,2).

2) 아브라함의 믿음과 그리스도의 언약

a. 아브라함은 하나님의 시험을 통과하였다. 그는 자신의 목숨을 초월하여 하나님의 약속을 믿고 순종하였다. 아브라함이 믿는 하나님은 누구인가(롬 4:17).

b. 아브라함의 씨가 대적의 문을 얻을 것이다(창 22:17). 씨란 구체적으로 누구를 가리키는가(갈 3;7). 대적의 문을 얻는다는 것은 무엇인가.

c. 아브라함의 씨로 말미암아 천하 만민이 복을 얻을 것이다(창 22:18). 복이 생명과 관련되는 이유는 무엇인가.

d. 아브라함은 장차 오실 그리스도의 언약을 받았다. 그 언약이 그의 후손을 통하여 흘러가기 위한 조건은 무엇인가(창 15:6).

e. 믿음으로 의롭다함을 받는 자들의 계보가 아브라함으로부터 시작하는 이유는 무엇인가(창 17:4).

3) 이스마엘과 이삭: 율법과 복음의 모형

a. 하나님은 아브라함에게 그리스도의 언약을 주시기 전에 이스마엘과 이삭을 통하

여 율법과 복음에 대하여 비유로 계시하셨다. 이스라엘이 율법 아래 있는 자들을 모형으로 보여주는 이유는 무엇인가(갈 4:25,30).

b. 이삭이 복음 아래 있는 자들을 모형으로 보여주는 이유는 무엇인가(갈 4:26,28).

c. 율법 아래 있는 자들이 복음 아래 있는 자들을 핍박하는 이유는 무엇인가(눅 18:9; 갈 4:29).

3. 칭의 언약과 장자의 명분

(1) 아브라함과 이삭: 장자의 명분

1) 믿음으로 의롭다함을 받는 언약은 장자의 명분과 관련된다. 아담 안에서 모든 사람은 죄인으로서 하나님 앞에서 높고 낮은 자가 없이 평등하다. 오직 믿음으로 의롭다함을 받은 자만이 하나님 앞에서 높은 자이다. 아브라함은 믿음으로 의롭다함을 받음으로 모든 사람 가운데 가장 높은 자가 되었다. 이것은 아브라함이 인류의 장자의 명분을 소유하였다는 것을 의미한다. 장자의 명분은 형제들 가운데 가장 높은 자이며 형제들의 죄에 대한 책임을 짊어지는 것이다. 따라서 아브라함은 하란을 떠나서 낯선 가나안 땅에서 많은 고난을 받았으며 자신이 짊어진 인류의 죄를 위하여 독자 이삭을 번제로 드렸다. 이삭은 인류의 죄를 짊어진 어린 양으로 모리아 산에서 번제물이 되었다.

2) 먼저 장자의 명분에 대하여 살펴보자. 장자는 형제들의 죄에 대한 책임을 짊어지고 저주 아래 들어가는 것으로 출애굽을 통하여 계시되었다. 하나님은 애굽을 심판하실 때 애굽의 초태생을 심판하셨다. 유월절 날 밤에 하나님은 애굽의 모든 초태생을 죽이셨다. **"밤중에 여호와께서 애굽 땅에서 모든 처음 난것 곧 위에 앉은 바로의 장자로부터 옥에 갇힌 사람의 장자까지와 생축의 처음 난 것을 다 치시매 그 밤에 바로와 그 모든 신하와 모든 애굽 사람이 일어나고 애굽에 큰 호곡이 있었으니 이는 그 나라에 사망치 아니한 집이 하나도 없었음이었더라"** (출 12:29,30). 애굽은 이스라엘을 박해하고 그들을 광야로 보내지 아니한 죄로 심판을 받았다. 애굽 사람들 전체가 범죄하였으나, 그들의 장자들이 형제들의 자범죄에 대한 책임을 지고 죽임을 당하였다. 애굽에서 이스라엘은 애굽의 우상을 숭배하는 죄를 범하였고 그들의 장자들이 형제들의 자범죄에 대한 책임을

짊어졌지만, 어린 양의 피로 그들의 죄를 대속하였으므로 그들은 목숨을 건질 수 있었다. 이것은 장자가 형제들의 자범죄에 대한 책임을 짊어진다는 것을 모형으로 보여준다.

3) 인류의 장자로서 형제들의 자범죄를 짊어지려면 먼저 믿음으로 의롭다함을 받아야 한다. 의롭다함을 받은 자만이 불의한 자의 죄를 짊어질 수 있기 때문이다. 아브라함은 믿음으로 의롭다함을 얻고 장자의 명분을 받았으므로 인류의 자범죄와 저주를 짊어졌다. 따라서 아브라함은 장차 인류의 죄와 저주를 짊어지실 그리스도의 모형이다. 이러한 이유로 하나님께서 아브라함을 모든 환난과 위험으로부터 보호하셨다. 아브라함이 애굽으로 내려갔을 때 하나님은 그를 바로의 위협으로부터 건져내셨다. 아브라함이 포로로 잡혀간 조카 롯을 위하여 전쟁할 때, 하나님은 그를 가나안 왕들의 칼로부터 보호하셨다. 이것이 아브라함의 복이다.

4) 믿음으로 의롭다함을 얻음으로 장자의 명분을 얻은 아브라함의 관심은 그 명분을 이어갈 아들을 낳는 것이다. 사라는 자녀를 생산할 수 없으므로 아브라함은 다메섹의 엘리에셀을 상속자로 여기고 있었다. **"아브람이 가로되 주 여호와여 무엇을 내게 주시려 나이까 나는 무자하오니 나의 상속자는 이 다메섹 엘리에셀이니이다 아브람이 또 가로되 주께서 내게 씨를 아니주셨으니 내 집에서 길리운 자가 나의 후사가 될 것이니이다"** (창 15:2,3). 이에 대하여 하나님은 아브라함에게 아들을 주신다고 약속하셨다. **"여호와의 말씀이 그에게 임하여 이르시되 그 사람이 네 상속자가 아니라 네 몸에서 날 자가 네 상속자가 되리라 하시고"** (창 15:4). 이 말씀은 믿음으로 의롭다함을 받아 장자의 명분을 소유할 자를 결정하는 것은 하나님의 주권에 속한 것을 의미한다.

5) 아브라함은 하갈을 통하여 낳은 이스마엘이 자기의 상속자가 될 것이라고 믿고 있었다. 하나님께서 아브라함에게 사라를 통하여 아들을 주신다고 약속하셨다. 그러나 아브라함은 하나님의 말씀을 믿지 못하고 이스마엘이 자기의 상속자가 될 것이라고 말하였다. **"내가 그에게 복을 주어 그로 네게 아들을 낳아주게 하며 내가 그에게 복을 주어 그로 열국의 어미가 되게 하리니 민족의 열왕이 그에게서 나리라 아브라함이 엎드리어 웃으며 심중에 이르되 백세 된 사람이 어찌 자식을 낳을까 사라는 구십 세니 어찌 생산하리요 하고 아브라함이 이에 하나님께 고하되 이스마엘이나 하나님 앞에 살기를**

원하나이다"(창 17:16~18). 이에 대하여 하나님은 장자의 명분을 얻을 자를 선택하는 것은 사람이 아니라 자신의 주권에 있다고 말씀하셨다. **"하나님이 가라사대 아니라 네 아내 사라가 정녕 네게 아들을 낳으리니 너는 그 이름을 이삭이라 하라 내가 그와 내 언약을 세우리니 그의 후손에게 영원한 언약이 되리라"(창 17:19).** "내가 그와 내 언약을 세우리니 그의 후손에게 영원한 언약이 되리라"란 이삭이 믿음으로 의롭다함을 얻고 장자의 명분을 소유할 것이며 그의 후손을 통하여 그리스도가 올 것이다. 이것은 변하지 아니하는 언약이다.

6) 아브라함은 하나님의 약속대로 사라를 통하여 아들을 낳았다. 아브라함이 이삭을 낳은 것은 하나님께서 그에게 오셨다는 증거이다(창 18:10). "내가 정녕 네게로 돌아오다"란 하나님의 약속의 성취를 의미하는 것으로 해석할 수 있다. 한 걸음 더 나아가서 그리스도께서 이삭의 몸을 통하여 오신다는 것으로 해석할 수 있을 것이다. 이삭이 장자의 명분을 얻으려면 이스마엘은 아브라함을 떠나야 한다. 따라서 하나님은 아브라함에게 이스마엘을 내보내라고 말씀하셨다. **"아브라함이 아침에 일찍이 일어나 떡과 물 한 가죽 부대를 취하여 하갈의 어깨에 메워 주고 그 자식을 이끌고 가게 하매 하갈이 나가서 브엘세바 들에서 방황하더니"(창 21:14).** 이 모든 말씀은 믿음으로 의롭다함을 얻는 언약과 장자의 명분은 사람의 결정에 따르지 아니하고 전적으로 하나님의 주권에 속한 것임을 보여준다.

7) 하나님은 아브라함과 이삭이 장자의 명분을 소유할 수 있는 믿음이 있느냐 하는 것을 동시에 시험하셨다. 하나님은 아브라함에게 이삭을 번제로 드리라고 말씀하셨다. 아브라함이 이삭을 번제로 드리려면 이삭의 동의가 있어야 한다. 이삭이 반대한다면 아브라함도 어떻게 할 도리가 없다. 이삭이 아브라함에게 번제할 어린 양이 어디 있느냐고 질문하였을 때, 아브라함은 하나님께서 결정하셨다고 대답하였다. **"이삭이 그 아버지 아브라함에게 말하여 이르되 내 아버지여 하니 그가 이르되 내 아들아 내가 여기 있노라 이삭이 이르되 불과 나무는 있거니와 번제할 어린 양은 어디 있나이까 아브라함이 이르되 내 아들아 번제할 어린 양은 하나님이 자기를 위하여 친히 준비하시리라 하고 두 사람이 함께 나아가서"(창 22:7,8).** "번제할 어린 양은 하나님이 자기를 위하여 친히

준비하시리라" 번제물은 하나님의 주권에 속한 것이라는 것을 이삭에게 주지시키는 말이다. 이 말씀은 이삭에게 하나님의 주권을 받아드리라는 권고이다. "하나님이 자기를 위하여"란 하나님께서 장차 오실 아들을 위한다는 것을 의미한다.

8) 모리아산에 도착한 아브라함은 이삭의 동의를 구하지 아니하고 이삭을 결박하고 죽이려고 하였다. 이삭의 동의를 구하는 것은 하나님의 주권을 무시하는 것이기 때문이다. 사람의 의사에 따라서 하나님의 말씀의 순종여부가 좌우되는 것은 불신앙이다. 따라서 아브라함은 이삭에게 어떠한 말도 하지 아니하고 그를 결박하였다. **"하나님이 그에게 지시하신 곳에 이른지라 이에 아브라함이 그곳에 단을 쌓고 나무를 벌여놓고 그 아들 이삭을 결박하여 단 나무 위에 놓고 손을 내밀어 칼을 잡고 그 아들을 잡으려 하더니"** (창 22:9,10). 이삭은 어떠한 반항도 없이 하나님의 주권을 순순히 받아드렸다. 하나님께서 원하신다면 자기의 목숨을 내놓겠다는 이삭은 하나님의 시험을 통과하였다. 아브라함과 이삭의 믿음을 보신 하나님은 이삭을 대신하여 숫양을 번제물로 준비하셨고 그들에게 장차 오실 그리스도의 언약을 주셨다.

9) 아브라함은 이삭을 번제로 드릴 때 그의 머리에 안수하였을 것이다. 번제를 드리는 자는 번제물의 머리에 안수한다. **"그가 번제물의 머리에 안수할찌니 그리하면 열납되어 그를 위하여 속죄가 될 것이라"** (레 1:4). 아브라함이 이삭의 머리에 안수할 때, 그가 받은 복이 이삭에게 옮겨졌다. 곧 아브라함이 받은 언약이 이삭에게로 이어졌다. 믿음으로 의롭다함을 얻는 언약, 가나안 땅을 유업으로 받는 언약, 장차 그리스도의 오시는 길을 준비하여야 하는 사명의 언약이 아브라함에서 이삭에게로 이어졌다. 이삭이 받은 언약이 후손으로 이어지려면 아내를 얻어야 한다. 하나님은 이삭의 아내를 예비하셨다. **"주인이 내게 이르되 나의 섬기는 여호와께서 그 사자를 너와 함께 보내어 네게 평탄한 길을 주시리니 너는 내 족속 중 내 아비 집에서 내 아들을 위하여 아내를 택할 것이니라"** (창 24:40). 하나님께서 택하신 리브가가 낳은 후손을 통하여 장차 그리스도께서 육신으로 오실 것이다. **"리브가에게 축복하여 가로되 우리 누이여 너는 천만인의 어미가 될찌어다 네 씨로 그 원수의 성문을 얻게 할찌어다"** (창 24:60).

10) 아브라함이 믿음으로 의롭다함을 얻고 인류의 장자의 명분을 받은 것은 장차

그리스도의 오시는 길을 준비하는 사명을 받은 것이다. 아브라함은 이삭을 번제로 드림으로 장차 하나님께서 인류의 죄를 대속하시기 위하여 아들을 번제로 드리실 것을 모형으로 보였다. 모리아산에서 번제물로 드려진 이삭은 그리스도의 모형이다. 다윗은 모리아산 오르난의 타작마당에서 자신의 죄와 이스라엘의 저주를 위하여 번제와 화목제를 드렸다. **"그곳에서 여호와를 위하여 단을 쌓고 번제와 화목제를 드렸더니 이에 여호와께서 그 땅을 위하여 기도를 들으시매 이스라엘에게 내리는 재앙이 그쳤더라"** (삼하 24:25). 모리아산에 솔로몬은 성전을 세우고 제사를 통하여 장차 오실 그리스도의 피에 의한 속죄를 모형으로 보였다. **"솔로몬이 예루살렘 모리아산에 여호와의 전 건축하기를 시작하니 그곳은 전에 여호와께서 그 아비 다윗에게 나타나신 곳이요 여부스 사람 오르난의 타작마당에 다윗이 정한 곳이라"** (대하 3:1).

11) 하나님은 모리아 산에서 번제물로 드려진 이삭의 믿음을 보시고 그를 의롭다고 여기셨다. 하나님은 이삭의 믿음을 보시고 아브라함에게 주신 언약과 동일한 언약을 그에게도 주셨다. **"이 땅에 유하면 내가 너와 함께 있어 네게 복을 주고 내가 이 모든 땅을 너와 네 자손에게 주리라 내가 네 아비 아브라함에게 맹세한 것을 이루어 네 자손을 하늘의 별과 같이 번성케 하며 이 모든 땅을 네 자손에게 주리니 네 자손을 인하여 천하 만민이 복을 받으리라"** (창 26:3,4). "네 자손을 인하여 천하 만민이 복을 받으리라"란 장자의 명분이 이삭에게 있음을 선언한 말씀이다. 장자의 명분이 아브라함으로부터 이삭에게로 이어졌다.

12) 아브라함이 받은 언약이 그의 후손을 통하여 흘러가야 한다. 아브라함의 후손으로 믿음으로 의롭다함을 얻고 장자의 명분을 받을 자를 결정하는 것은 하나님의 주권에 속한 것이다. 하나님은 이스마엘을 버리고 이삭을, 에서를 버리고 야곱을, 르우벤을 버리고 요셉을 택하셨다. 이삭은 에서와 야곱을 낳았지만 장자의 명분이 야곱으로 돌아갔다. 야곱은 열두 명의 아들을 낳았지만 장자의 명분은 요셉에게로 돌아갔다. 믿음으로 받는 장자의 명분의 결정은 하나님의 주권에 속한 것이다. 하나님은 믿음을 시험하신 뒤에 장자의 명분을 주셨다.

(2) 야곱과 장자의 명분

1) 리브가는 쌍둥이를 잉태하였다. 하나님은 리브가의 태속에서 에서를 버리고 야곱을 택하셨다. 둘째 아들로 태어난 야곱은 장자의 명분을 사모하였으나, 에서는 이를 가볍게 여겼다. 야곱은 한 그릇의 죽으로 장자의 명분을 에서에게서 넘겨받았다. 야곱은 아버지 이삭을 속이고 이삭에게 아브라함으로부터 내려오는 언약을 받는 축복을 받은 뒤에 에서의 손을 피하여 하란으로 도망하였다. 야곱은 하나님의 도우심으로 하란에서 네 명의 아내를 통하여 아들 열두 명을 얻었다. 야곱이 받은 장자의 명분이 요셉에게로 돌아갔다.

2) 리브가의 태속에서 두 아들이 장자의 명분 때문에 서로 먼저 나오려고 전투하듯이 다투었다. **"아이들이 그의 태 속에서 서로 싸우는지라 그가 가로되 이같으면 내가 어찌할꼬 하고 가서 여호와께 묻자온대"** (창 25:22).[80] 리브가의 태속에서 하나님은 아브라함으로부터 시작하는 장자의 명분을 이를 자로 야곱을 택하셨다. **"여호와께서 그에게 이르시되 두 국민이 네 태중에 있구나 두 민족이 네 복중에서부터 나누이리라 이 족속이 저 족속보다 강하겠고 큰 자는 어린 자를 섬기리라 하셨더라"** (창 25:23). 에서는 비록 장자로 태어났으나, 장자의 명분이 야곱에게 돌아갈 것이다. 이 말씀은 장자의 명분을 이을 자가 사람의 행위와 관계없이 하나님의 주권에 속한 것임을 선포한 말씀이다.

3) 하나님의 뜻이 에서와 야곱에게 임하였다. 에서는 배고픔을 참지 못하고 한 그릇의 죽을 위하여 장자의 명분을 야곱에게 넘겨주었다. **"야곱이 가로되 형의 장자의 명분을 오늘날 내게 팔라 에서가 가로되 내가 죽게 되었으니 이 장자의 명분이 내게 무엇이 유익하리요 야곱이 가로되 오늘 내게 맹세하라 에서가 맹세하고 장자의 명분을 야곱에게 판지라 야곱이 떡과 팥죽을 에서에게 주매 에서가 먹으며 마시고 일어나서 갔으니 에서가 장자의 명분을 경홀히 여김이었더라"** (창 25:31~34). 야곱은 장자의 명분을 소중하게 여겼고 에서는 이를 소홀히 하였다. 에서는 장자의 명분을 야곱에게 넘겨주더라도 자기가 장자인 사실이 바뀌는 것이 아니라고 생각하였다. 에서는 자기가 장자인 것을

---

[80] "싸우다"로 번역된 히브리어 라차츠(רצץ)는 상대방을 제압하기 위하여 박살내고 억압하는 것을 의미한다(BDB., p. 954)

부모가 알고 있으며 모든 사람들도 알고 있으므로 장자의 명분을 소홀히 여겼다.

4) 장자의 명분은 조상으로부터 받은 언약을 후손에게 물려주는 권리를 포함한다. 멜기세덱이 아브라함을 축복함으로 아브라함에게 장자의 명분이 있음을 확증한 것처럼, 이삭도 야곱을 축복함으로 장자의 명분이 그에게 있음을 확증하였다. 안수하며 축복하는 기도는 축복받는 자가 축복하는 자의 복에 참여하는 것이다. 이삭이 야곱을 위하여 기도 하였으므로 야곱은 이삭이 받은 복에 참여하였다. 이삭은 야곱의 장자의 명분을 인치는 기도를 하였다. "그가 가까이 가서 그에게 입맞추니 아비가 그 옷의 향취를 맡고 그에게 축복하여 가로되 내 아들의 향취는 여호와의 복 주신 밭의 향취로다 하나님은 하늘의 이슬과 땅의 기름짐이며 풍성한 곡식과 포도주로 네게 주시기를 원하노라 만민이 너를 섬기고 열국이 네게 굴복하리니 네가 형제들의 주가 되고 네 어미의 아들들이 네게 굴복하며 네게 저주하는 자는 저주를 받고 네게 축복하는 자는 복을 받기를 원하노라" (창 27:27~29). "만민이 너를 섬기고 열국이 네게 굴복하리니 네가 형제들의 주가 되다" 란 야곱이 장자의 명분을 소유하였다는 것이며 그의 후손을 통하여 그리스도께서 오신다 는 것을 의미한다. 만민으로부터 섬김을 받고 열국을 다스리시는 분은 그리스도이다. 이로써 야곱의 장자의 명분이 확정되었다.

5) 에서는 장자의 명분이 야곱에게 돌아간 것을 알고 울면서 장자의 명분을 찾으려고 하였다. "에서가 그 아비의 말을 듣고 방성대곡하며 아비에게 이르되 내 아버지여 내게 축복하소서 내게도 그리 하소서" (창 27:34). 이삭은 야곱이 장자의 명분을 얻는 것이 하나님의 뜻임을 깨닫고 에서의 요구를 거절하였다. "이삭이 에서에게 대답하여 가로되 내가 그를 너의 주로 세우고 그 모든 형제를 내가 그에게 종으로 주었으며 곡식과 포도주 를 그에게 공급하였으니 내 아들아 내가 네게 무엇을 할 수 있으랴" (창 27:37). 에서는 이삭의 장자로 태어나 장자의 명분을 소유할 수 있었으나 하나님의 약속을 믿지 아니하 였음으로 그리스도의 계보에서 제외되었다. 그러나 야곱은 장자의 명분을 사모하고 하나 님의 약속이 성취될 것을 믿었다.

6) 하나님께서 야곱의 믿음을 의롭다고 여기신 이유를 살펴보자. 야곱은 아버지 이삭 을 속이고 축복을 받으면 에서가 자기를 죽이려할 것과 아브라함으로부터 내려오는

모든 재산의 상속을 포기하여야 한다는 것을 알고 있었다. 야곱은 많은 유산과 목숨보다 하나님의 약속을 더 귀한 것으로 여겼다. 그는 비록 이삭으로부터 유산을 받지 못하고 에서로부터 목숨의 위협을 받을지라도 하나님의 약속을 믿음으로 의롭다함을 받는 것이 복임을 알았다. 그는 에서의 얼굴을 피하여 하란으로 도망하는 길에서 불평을 하지 아니하였다. 하나님은 이러한 야곱의 믿음을 좋게 보셨다.

7) 야곱은 장자의 명분을 받았으므로 인류의 죄를 짊어지고 저주 아래 들어가게 되었다. 그 저주는 아버지의 집을 떠나서 하란으로 가는 것이다. 아브라함이 떠난 하란은 세상을, 가나안 땅은 하나님의 나라를 모형으로 보여준다. 따라서 야곱이 가나안 땅에서 하란으로 가는 것은 죄를 짊어지고 세상으로 들어가서 세상 임금에게 종노릇하는 것을 모형으로 보여준다.81) 하란으로 가는 야곱에게 하나님의 위로의 말씀이 임하였다. 하나님께서 야곱의 믿음을 의롭다고 하시고 그에게 장자의 명분이 있음을 선언하셨다. 그리고 하나님은 하란에서 야곱을 지키고 인도하실 것을 약속하셨다. 야곱은 꿈에 하나님의 약속의 말씀을 들었다. **"또 본즉 여호와께서 그 위에 서서 가라사대 나는 여호와니 너의 조부 아브라함의 하나님이요 이삭의 하나님이라 너 누운 땅을 내가 너와 네 자손에게 주리니 네 자손이 땅의 티끌 같이 되어서 동서 남북에 편만할찌며 땅의 모든 족속이 너와 네 자손을 인하여 복을 얻으리라 내가 너와 함께 있어 네가 어디로 가든지 너를 지키며 너를 이끌어 이 땅으로 돌아오게 할찌라 내가 네게 허락한 것을 다 이루기까지 너를 떠나지 아니하리라 하신지라"** (창 28:13~15). "나는 여호와니 너의 조부 아브라함의 하나님이요 이삭의 하나님이라"란 하나님은 아브라함과 이삭의 믿음을 의롭다고 여기시고 그들에게 장자의 명분을 주신 분임을 밝히는 것이다. "땅의 모든 족속이 너와 네 자손을 인하여 복을 얻으리라" 천하 만민이 장차 오실 그리스도로 인하여 생명과 복을 얻는 다는 것이다.

8) 야곱은 하란에서 네 명의 아내를 통하여 열두 명의 아들을 얻고 많은 재산도 얻었다. 그는 가족들과 가축을 거느리고 가나안 땅으로 돌아올 때, 하나님은 약속하신 대로

---

81) 야곱은 후일에 자신의 일생이 험악하였다고 고백하였다(창 47:9). 장자의 명분으로서의 복은 장차 오실 그리스도의 길을 준비하는 것이지만 세상으로부터 환난과 박해를 받는다.

야곱을 라반의 손에서 지키셨다. 하나님은 야곱을 쫓는 라반에게 그를 해하지 말라고 말씀하셨다. "**밤에 하나님이 아람 사람 라반에게 현몽하여 가라사대 너는 삼가 야곱에게 선악간 말하지 말라 하셨더라**"(창 31:24). 라반이 장자의 명분을 가진 야곱을 해하는 것은 하나님의 뜻을 대적하는 것이므로 서로가 상대를 해하지 아니하기로 야곱과 언약을 맺었다. "**이 무더기가 증거가 되고 이 기둥이 증거가 되나니 내가 이 무더기를 넘어 네게로 가서 해하지 않을 것이요 네가 이 무더기, 이 기둥을 넘어 내게로 와서 해하지 않을 것이라 아브라함의 하나님, 나홀의 하나님, 그들의 조상의 하나님은 우리 사이에 판단하옵소서 하매 야곱이 그 아비 이삭의 경외하는 이를 가리켜 맹세하고**"(창 31:52,53).

9) 야곱은 에서가 사백 인을 거느리고 야곱을 맞으러 온다는 소식을 들은 야곱은 크게 두려워하여 하나님께 기도하였다. 야곱은 하나님의 약속의 말씀이 성취되기를 간구하였다. "**야곱이 또 가로되 나의 조부 아브라함의 하나님, 나의 아버지 이삭의 하나님 여호와여 주께서 전에 내게 명하시기를 네 고향, 네 족속에게로 돌아가라 내가 네게 은혜를 베풀리라 하셨나이다**"(창 32:9). "**주께서 말씀하시기를 내가 정녕 네게 은혜를 베풀어 네 씨로 바다의 셀 수 없는 모래와 같이 많게 하리라 하셨나이다**"(창 32:12). 하나님은 야곱을 돕기 위하여 천사를 보내셨다(창 32:1,2). 그 천사가 사람의 육신으로 나타나서 밤이 새도록 야곱과 씨름하였다. 야곱은 그가 하나님으로부터 보냄을 받은 사자인줄 알았다. 따라서 야곱은 그 사자로 하여금 자기를 돕게 하려고 환도뼈가 위골되도록 그와 씨름하였다. "**야곱은 홀로 남았더니 어떤 사람이 날이 새도록 야곱과 씨름하다가 그 사람이 자기가 야곱을 이기지 못함을 보고 야곱의 환도뼈를 치매 야곱의 환도뼈가 그 사람과 씨름할 때에 위골되었더라**"(창 32:24,25).

10) 하나님은 하나님의 도우심과 복을 사모하는 야곱의 믿음을 보시고 그에게 이스라엘이란 이름을 주시고 그를 축복하였다. "**그 사람이 가로되 네 이름을 다시는 야곱이라 부를 것이 아니요 이스라엘이라 부를 것이니 이는 네가 하나님과 사람으로 더불어 겨루어 이기었음이니라 야곱이 청하여 가로되 당신의 이름을 고하소서 그 사람이 가로되 어찌 내 이름을 묻느냐 하고 거기서 야곱에게 축복한지라**"(창 32:28,29). "이스라엘"이

란 하나님과 그의 사자인 천사와 겨누어 이겼다란 의미이다. 이스라엘이란 이름은 실로 무서운 이름이다. 하나님의 뜻을 거역하여 이기려고 하는 자의 이름이 이스라엘이다. 이것은 두 가지로 해석할 수 있다. 첫째, 말씀을 순종함으로 하나님께서 작정하신 저주를 복으로 바꾸려고 하는 것이고, 둘째, 말씀을 불순종함으로 하나님께서 작정하신 복을 저주로 바꾸려고 하는 것이다. 이스라엘 백성은 하나님의 말씀을 이기려는 자, 곧 목이 곧은 자들이다. 야곱은 하나님으로 하여금 적극적으로 자기를 도우시게 하였다. 선지자 이사야는 하나님으로 하여금 쉬지 아니하고 자기를 도우시게 하라고 선포하였다. **"또 여호와께서 예루살렘을 세워 세상에서 찬송을 받게 하시기까지 그로 쉬지 못하시게 하라"**(사 62:7).

11) 하나님은 야곱의 기도를 들으시고 에서를 감동하셔서 야곱과 화해하게 하셨다. 에서는 야곱을 맞이하여 서로를 위로하였다. **"자기는 그들 앞에서 나아가되 몸을 일곱번 땅에 굽히며 그 형 에서에게 가까이 하니 에서가 달려와서 그를 맞아서 안고 목을 어긋맞기고 그와 입맞추고 피차 우니라"**(창 33:3,4). 야곱은 에서에게 예물을 드리고 세겜에서 단을 쌓고 하나님께 제사를 드렸다. **"그 장막 친 밭을 세겜의 아비 하몰의 아들들의 손에서 은 일백 개로 사고 거기 단을 쌓고 그 이름을 엘엘로헤 이스라엘이라 하였더라"**(창 33:19,20). 하나님은 야곱의 이름이 이스라엘임을 다시 확증하시고 그에게 아브라함에게 약속하신 것을 상기시키셨다. **"그에게 이르시되 네 이름이 야곱이다마는 네 이름을 다시는 야곱이라 부르지 않겠고 이스라엘이 네 이름이 되리라 하시고 그가 그의 이름을 이스라엘이라 부르시고 그에게 이르시되 나는 전능한 하나님이니라 생육하며 번성하라 국민과 많은 국민이 네게서 나고 왕들이 네 허리에서 나오리라 내가 아브라함과 이삭에게 준 땅을 네게 주고 내가 네 후손에게도 그 땅을 주리라 하시고"**(창35:10~12).

12) 아브라함으로부터 시작하는 하나님의 언약이 야곱에 이르러 변할 수 없는 영원한 언약으로 확정되었다. **"이것은 아브라함에게 하신 언약이며 이삭에게 하신 맹세며 야곱에게 세우신 율례 곧 이스라엘에게 하신 영영한 언약이라"**(시 105:9,10). 하나님은 믿음으로 의롭다함을 얻는 언약, 장자의 명분 그리고 장차 육신으로 오실 그리스도의 오시는 길을 준비하는 사명을 이스라엘과 그의 아들에게 주시고 그들을 자기의 백성으로

삼으셨다. 야곱이 받은 이름, 이스라엘은 한 나라의 국호가 되어 오늘까지 내려오고 있다. 아브라함으로부터 시작한 하나님의 언약에 따라서 그리스도께서 이스라엘의 백성의 몸을 통하여 육신으로 임하셨다. 이스라엘은 하나님의 언약에 따라서 인류의 장자로서 그리스도의 길을 준비하였다.

(3) 요셉과 장자의 명분

1) 요셉은 야곱의 열한 번째 아들로 태어났으나 장자의 명분을 받았다. 요셉은 형들의 시기를 받아 애굽 사람의 종으로 팔려갔으나 하나님의 약속을 믿음으로 어려운 시기를 인내하였다. 요셉은 마침내 하나님의 은혜로 애굽의 총리가 되었다. 요셉은 기근으로 자기를 찾아온 형들의 죄를 용서하고 야곱을 비롯한 부모와 형제들을 애굽으로 인도하였다. 이스라엘 백성은 장차 그리스도의 오시는 길을 준비하는 장자의 명분을 얻었으므로 인류의 죄를 짊어지고 애굽에서 종노릇하게 되었다.

2) 하나님께서 요셉을 택하여 그에게 장자의 명분을 주셨다. 하나님은 꿈을 통하여 요셉에게 장자의 명분을 보여주셨다. **"우리가 밭에서 곡식을 묶더니 내 단은 일어서고 당신들의 단은 내 단을 둘러서서 절하더이다"** (창 37:7). **"요셉이 다시 꿈을 꾸고 그 형들에게 고하여 가로되 내가 또 꿈을 꾼즉 해와 달과 열한 별이 내게 절하더이다 하니라"** (창 37:9). 르우벤은 야곱의 장자로 태어났으나 범죄하였으므로 장자의 명분이 요셉에게로 돌아갔다. **"이스라엘의 장자 르우벤의 아들들은 이러하니라 (르우벤은 장자라도 그 아비의 침상을 더럽게 하였으므로 장자의 명분이 이스라엘의 아들 요셉의 자손에게로 돌아갔으나 족보에는 장자의 명분대로 기록할 것이 아니니라"** (대상 5:1). 요셉은 장자의 명분을 소유하였으므로 야곱은 그에게 채색옷을 입혔다(창 37:3).

3) 요셉은 장자의 명분을 소유하였으므로 형제들의 죄를 짊어지고 애굽 사람의 종으로 팔려갔다. **"때에 미디안 사람 상고들이 지나는지라 그들이 요셉을 구덩이에서 끌어올리고 은 이십개에 그를 이스마엘 사람들에게 팔매 그 상고들이 요셉을 데리고 애굽으로 갔더라"** (창 37:28). 요셉은 애굽 사람의 종으로 팔려갔지만 형제들을 원망하지 아니하고 장자의 명분을 가진 자로서 하나님의 약속이 성취될 것을 믿었다. 하나님은 그의

믿음을 의롭다하시고 그를 세상의 위험으로부터 지키셨다. 하나님께서 요셉과 함께 하셨으므로 그가 섬기는 보디발의 집에 복을 내리셨다. **"그 주인이 여호와께서 그와 함께하심을 보며 또 여호와께서 그의 범사에 형통케 하심을 보았더라 요셉이 그 주인에게 은혜를 입어 섬기매 그가 요셉으로 가정 총무를 삼고 자기 소유를 다 그 손에 위임하니 그가 요셉에게 자기 집과 그 모든 소유물을 주관하게 한 때부터 여호와께서 요셉을 위하여 그 애굽 사람의 집에 복을 내리시므로 여호와의 복이 그의 집과 밭에 있는 모든 소유에 미친지라"** (창 39:3~5).

4) 요셉은 죄에 대한 누명을 쓰고 옥에 갇혔으나, 보디발의 아내를 원망하지 아니하고 오직 하나님의 약속의 말씀이 성취될 것을 믿었다. 요셉은 하나님의 주권을 인정하였다. 요셉은 자기에게 장자의 명분을 주신 하나님께서 자기를 애굽 사람의 종으로 팔려가게 하시고 누명을 쓰고 옥에 갇히게 하셨다고 믿었다. 따라서 요셉은 애굽 사람의 종이 된 것과 옥에 갇힌 것을 하나님의 뜻으로 받아드렸다. 따라서 요셉은 맡겨진 일에 최선을 다하였고, 하나님은 요셉의 믿음을 기뻐하시고 옥에 갇힌 그를 위하여 간수장의 마음을 감동시키셨다. 요셉이 옥에 갇혔을 때 간수장은 그에게 모든 일을 맡겼다. **"여호와께서 요셉과 함께 하시고 그에게 인자를 더하사 간수장에게 은혜를 받게 하시매 간수장이 옥중 죄수를 다 요셉의 손에 맡기므로 그 제반 사무를 요셉이 처리하고 간수장은 그의 손에 맡긴 것을 무엇이든지 살펴보지 아니하였으니 이는 여호와께서 요셉과 함께 하심이라 여호와께서 그를 범사에 형통하게 하셨더라"** (창 39:21~23).

5) 요셉은 하나님의 은혜로 옥에서 나와서 애굽의 총리가 되었으나 자신에게 누명을 씌운 보디발의 아내에게 선악간의 어떠한 일도 하지 아니하고 용서하여 주었다. 하나님께서 요셉이 옥에 갇히는 일을 통하여 그를 애굽의 총리가 되는 길로 인도하셨다. 애굽의 바로는 요셉을 총리로 세우고 국가의 모든 일을 위임하였다. **"너는 내 집을 치리하라 내 백성이 다 네 명을 복종하리니 나는 너보다 높음이 보좌 뿐이니라 바로가 또 요셉에게 이르되 내가 너로 애굽 온 땅을 총리하게 하노라 하고"** (창 41:40,41). 애굽 사람의 종으로 팔려간 요셉이 애굽의 총리가 됨으로 기근으로부터 이스라엘을 구원할 길이 마련되었다. 가나안 땅에 가뭄으로 기근이 심하자 양식을 구하기 위하여 요셉의 형제들

이 애굽으로 왔다. 요셉은 자신을 애굽으로 보내신 분이 하나님이심을 알고 형제들을 맞이하였다. **"요셉이 형들에게 이르되 내게로 가까이 오소서 그들이 가까이 가니 가로되 나는 당신들의 아우 요셉이니 당신들이 애굽에 판 자라 당신들이 나를 이곳에 팔았으므로 근심하지 마소서 한탄하지 마소서 하나님이 생명을 구원하시려고 나를 당신들 앞서 보내셨나이다"** (창 45:4,5).

6) 요셉은 장차 오실 그리스도를 모형으로 보여주었다. 하나님께서 이스라엘을 구원하시려고 요셉을 애굽으로 보내신 것처럼, 세상의 죄를 대속하기 위하여 아들을 사람의 육신의 모습으로 보내실 것이다. 요셉이 애굽 사람의 종으로 팔린 것처럼, 예수 그리스도께서 죄인의 모습으로 대제사장에게 팔려서 십자가에 못 박히실 것이다. 요셉이 자기를 애굽 사람의 종으로 판 형제들의 죄를 용서한 것처럼, 예수 그리스도께서 자기를 십자가에 못 박은 자들의 죄를 용서하실 것이다. **"이에 예수께서 가라사대 아버지여 저희를 사하여 주옵소서 자기의 하는 것을 알지 못함이니이다 하시더라 저희가 그의 옷을 나눠 제비 뽑을쌔"** (눅 23:34). 요셉이 애굽의 총리가 된 것처럼, 예수 그리스도께서 만물을 통치하실 것이다. **"하늘에 있는 자들과 땅에 있는 자들과 땅 아래 있는 자들로 모든 무릎을 예수의 이름에 꿇게 하시고"** (빌 2:10). 요셉이 가뭄으로부터 먼저 애굽을 구원하고 그 후에 이스라엘을 구원하는 것처럼, 예수 그리스도께서 이방인을 먼저 구원하시고 그 후에 이스라엘을 구원하실 것이다. 모리아 산에서 이삭을 대신하여 어린 양을 예비하신 하나님께서 이스라엘 백성을 구원하기 위하여 요셉을 먼저 애굽으로 보내셨다. **"하나님이 큰 구원으로 당신들의 생명을 보존하고 당신들의 후손을 세상에 두시려고 나를 당신들 앞서 보내셨나니"** (창 45:7)

7) 요셉은 이스라엘 백성들을 모두 애굽으로 인도하였다. 하나님께서 아브라함에게 약속하신 말씀이 성취되려면 이스라엘 백성이 애굽으로 내려가야 한다. **"여호와께서 아브람에게 이르시되 너는 정녕히 알라 네 자손이 이방에서 객이 되어 그들을 섬기겠고 그들은 사백년 동안 네 자손을 괴롭게 하리니 그 섬기는 나라를 내가 징치할찌며 그 후에 네 자손이 큰 재물을 이끌고 나오리라"** (창 15:13,14). 이 예언의 말씀의 성취를 위하여 하나님은 요셉을 택하여 장자의 명분을 주시고 그로 하여금 이스라엘 백성을

애굽으로 인도하게 하셨다. 애굽으로 내려가기 전에, 하나님은 야곱에게 출애굽을 약속하셨다. "**하나님이 가라사대 나는 하나님이라 네 아비의 하나님이니 애굽으로 내려가기를 두려워 말라 내가 거기서 너로 큰 민족을 이루게 하리라 내가 너와 함께 애굽으로 내려가겠고 정녕 너를 인도하여 다시 올라올 것이며 요셉이 그 손으로 네 눈을 감기리라 하셨더라**" (창 46:3,4).

8) 야곱은 이삭의 기도를 통하여 기업으로 받은 칭의 언약을 열두 아들에게 물려주기 위하여 죽기 전에 열두 아들에게 하나님께 복을 비는 기도를 하였다. 먼저 야곱은 장자의 명분을 가진 요셉을 축복하였다. "**그가 요셉을 위하여 축복하여 가로되 내 조부 아브라함과 아버지 이삭의 섬기던 하나님, 나의 남으로부터 지금까지 나를 기르신 하나님, 나를 모든 환난에서 건지신 사자께서 이 아이에게 복을 주시오며 이들로 내 이름과 내 조부 아브라함과 아버지 이삭의 이름으로 칭하게 하시오며 이들로 세상에서 번식되게 하시기를 원하나이다**" (창 48:15,16). 지금은 장자의 명분이 요셉에게 있지만 장차 유다의 후손에게로 돌아갈 것을 알고 야곱은 유다의 자손에서 이스라엘을 다스리는 통치자, 곧 장자의 명분을 가진 자가 나올 것을 예언하였다. "**홀이 유다를 떠나지 아니하며 치리자의 지팡이가 그 발 사이에서 떠나지 아니하시기를 실로가 오시기까지 미치리니 그에게 모든 백성이 복종하리로다**" (창 49:10).

9) 아브라함에서 이삭으로, 이삭에서 야곱으로, 야곱에서 요셉으로 이어지는 장자의 명분은 믿음으로 의롭다함을 얻는 언약을 전제로 한다.[82] 장자의 명분은 형제들의 죄를 짊어지는 것이므로 의롭다함을 받아야 한다. 믿음으로 의롭다함을 얻어 장자의 명분을 받으면 형제들의 죄를 짊어지고 저주 아래 들어가야 한다. 장자의 명분을 받은 아브라함, 이삭, 야곱 및 요셉은 험악한 인생의 길을 걸었다. 아브라함은 아내 사라를 애굽의 바로에게 빼앗기기도 하였고 목숨을 걸고 조카 롯을 위하여 전쟁을 하였으며 독자 이삭을 번제로 드렸다. 이삭은 스스로 번제물이 되어 불사를 나무 위에 올라갔으며 노년에 아들 형제간의 다툼을 안타까워하였다. 야곱은 자신을 죽이려는 에서를 피하여 아버지의 집을

---

[82] 아브라함으로부터 다윗을 걸쳐 요셉에게 이르는 장자의 명분에 대하여 졸저, 상게서, 3.3.1.(1) 참조

떠나서 하란에서 20년 동안 종노릇하였고 사랑하는 요셉이 죽었다는 소식을 들었으며 딸 디나가 이방인에게 강간을 당하는 괴로움을 체험하였다. 요셉은 형제들의 죄를 짊어지고 애굽 사람의 종으로 팔려갔으며 죄의 누명을 쓰고 옥에서 고난을 겪었다. 마지막으로 이스라엘 백성은 하나님의 장자로 택함을 받고 애굽에서 약 430년 동안 종노릇하였다.

10) 아브라함으로부터 요셉까지 믿음으로 의롭다함을 얻고 장자의 명분을 받는 자들의 삶은 장차 오실 그리스도의 생애를 모형으로 보여주었다. 아브라함은 할례를 받음으로 그리스도 예수 안에서 받을 세례의 모형을 보여주었다. 아브라함은 하나님의 약속과 믿음으로 이삭을 낳으므로 마리아가 믿음과 성령으로 그리스도를 잉태할 것을 모형으로 보여주었다. 아브라함은 모리아 산에서 이삭을 번제로 드림으로 인류의 죄를 짊어지고 속죄제를 드리신 그리스도를 모형으로 보여주었다. 이삭은 번제의 제물이 됨으로 인류의 죄를 짊어지시고 친히 제물이 되신 그리스도를 모형으로 보여주었다. 야곱은 장자의 명분을 위하여 모든 재산의 상속을 포기하고 형제들의 죄를 짊어지고 하란에서 종노릇함으로 하나님의 아들로서의 영광을 버리시고 사람의 육신으로 임하실 그리스도를 모형으로 보여주었다. 요셉도 장자의 명분을 받아 그리스도의 모형을 보여주었다.

11) 아브라함으로부터 요셉으로 이어진 장자의 명분은 출애굽 이후 레위 자손 제사장에게로 돌아갔다. 대제사장 엘리가 범죄한 이후 장자의 명분은 다윗에게로 돌아갔다. 장자의 명분은 솔로몬에게로 이어지지 아니하고 나단에게로 이어졌다. 솔로몬은 노년에 우상을 숭배하였으므로 장자의 명분에서 제외되었다. 장자의 명분은 믿음으로 의롭다함을 받은 자들을 통하여 흘러갔다. 장자의 명분을 소유한 요셉과 마리아를 통하여 그리스도께서 육신으로 임하셨다. 이로써 장자의 명분은 종료되었다. 천국에는 장자의 명분을 얻은 자들에게 주실 상이 준비되었다고 성경은 말씀한다. **"하늘에 기록한 장자들의 총회와 교회와 만민의 심판자이신 하나님과 및 온전케 된 의인의 영들과"** (히 12:23).

12) 장자의 명분은 그리스도의 오시는 길을 준비하는 것이다. 그리스도는 인류의 장자로 오실 것이다. **"또 맏아들을 이끌어 세상에 다시 들어오게 하실 때에 하나님의 모든 천사가 저에게 경배할찌어다 말씀하시며"** (히 1:6). 맏아들은 장자의 명분을 가진 자의 몸을 통하여 오셔야 한다. 종손은 종가집에서 장자로 태어난다. 예수 그리스도께서

인류의 장자로 오셔야 인류의 죄를 짊어지고 죽으실 수 있다. 하나님께서 아브라함, 이삭, 야곱 및 요셉을 택하여 의롭다함을 얻는 믿음과 장자의 명분을 주신 것은 장차 오실 그리스도의 길을 준비하기 위함이다. 창조사역을 통하여 계시된 하나님의 언약, 곧 하나님의 형상으로 창조된 사람의 몸을 통하여 아들이 육신으로 임하신다는 약속이 아브라함과 그의 후손을 통하여 구체화되었다.

(4) 이해를 위한 질문

1) 아브라함과 이삭: 장자의 명분

   a. 장자의 명분은 무엇을 전제로 하는가(창 15:6).

   b. 왜 장자가 형제들의 죄를 짊어지는가.

   c. 장자의 명분이 사람의 의지에 속한 것이 아닌 이유는 무엇인가.

   d. 이삭의 장자의 명분은 무엇으로 나타났는가(창 22:1,20).

2) 야곱과 장자의 명분

   a. 야곱이 장자의 명분을 사모한 이유는 무엇인가.

   b. 에서가 장자의 명분을 소홀히 한 이유는 무엇인가(창 25:23).

   c. 야곱이 장자의 명분을 위하여 포기한 것은 무엇인가.

   d. 야곱이 장자의 명분을 얻으려는 믿음은 무엇인가.

   e. 야곱이 하란에서 종노릇한 이유는 무엇인가.

3) 요셉과 장자의 명분

   a. 하나님께서 꿈을 통하여 요셉에게 장자의 명분을 보여주신 이유는 무엇인가.

   b. 요셉이 애굽의 종으로 팔려간 이유는 무엇인가.

   c. 장자의 명분을 소유한 요셉의 믿음은 어떠한 행동으로 나타났는가.

   d. 요셉을 통하여 보여준 그리스도의 모형은 무엇인가.

2.3 요약 및 결론

1. 제2부에서는 칭의 언약을 통하여 계시된 믿음을 다루고 있다. 2.1에서는 첫째, 아담의 타락과 하나님의 형상의 상실 그리고 아담과 오실 그리스도의 표상을 검토하였다. 2.2에서는 아브라함의 믿음과 칭의 언약, 아브라함의 믿음과 그리스도의 언약, 칭의 언약과 장자의 명분의 관계를 규명하려고 노력하였다. 마지막으로 칭의 언약을 통하여 계기된 믿음을 살펴보았다.

아담의 타락으로 사람은 하나님의 형상으로서 의로움과 거룩함을 잃어버리고 동물처럼 살아가고 있다. 사람이 범하는 각종 죄의 형태는 동물의 특성을 반영한다. 율법을 통하여 자신의 죄를 알지 못하는 바리새인들과 서기관들은 독사의 형상이고, 율법이 없이 범죄하는 이방인들은 각종 동물의 형상을 반영한다고 성경은 말씀한다. 아담이 타락 이후 사람들의 외모는 하나님의 외모를 닮았지만 그들의 행위는 육체만을 위하여 살아가는 동물의 모습과 같다. 사람들은 자신의 영의 존재를 알지 못하고 육체의 정욕에 따라서 재물과 육체의 쾌락을 위하여 살아가고 있다.

아담이 타락한 뒤에 사람은 하나님의 형상을 잃어버렸으나 하나님의 외모를 간직하고 있다. 마귀는 남아있는 하나님의 외모마저 파괴하려고 가인을 통하여 아벨을 죽였다. 가인은 믿음으로 의롭다함을 받은 아벨을 죽이므로 아벨의 믿음으로 열린 그리스도의 길을 다시 차단하였다. 가인의 살인은 불의한 자들이 하나님의 아들을 죽일 것을 모형으로 보여준다. 가인의 후손인 라멕은 이웃과 다투다가 몸에 상처를 입자 살인을 하였다. 라멕의 살인은 불의한 자들이 불의한 자를 죽일 것을 모형으로 보여준다. 가인의 살인 이후 사람들은 전쟁이란 미명으로 집단 살인을 자행하고 있다.

아담의 타락으로 사람은 본향을 잃어버리고 이 땅의 삶이 전부인양 살아가고 있다. 사람의 영혼은 하늘에서 창조되었으므로 육체가 죽은 뒤에 하늘로 돌아간다. 곧 사람의 고향은 하늘이다. 사람의 영혼이 하늘로 돌아가려면 의로움과 거룩함을 유지하여야 한다. 그러나 사람은 자신의 영혼의 존재를 알지 못하고 이 땅에서의 삶이 전부인 것처럼 살다가 죽는다. 아담의 타락으로 사람은 본향을 잃어버리고 방황하고 있지만 그 사실을 알지 못한다. 그 결과 사람은 육체의 쾌락을 위하여 우상을 숭배하고 간음과 동성애를 즐기며 각종 죄를 범하고 있다.

아담은 장차 오실 그리스도의 모형이다. 아담은 선악과 계명의 당사자로서 인류를 대표한다. 아담은 살아있는 영으로 창조되었으나, 그리스도는 아담의 영을 살려주는 영으로 오셨다. 아담의 육체는 흙으로 창조되었으나, 그리스도의 육체는 창조된 육체가 아니라 하늘에서 오셨다. 아담의 육체는 흙으로서 물질이나, 그리스도의 육체는 신령이다. 아담이 타락함으로 모든 사람이 사망에 이르게 되었으나, 그리스도께서 피를 흘리심으로 믿는 모든 자들이 사망에서 해방되어 생명을 얻는다. 아담 한 사람이 순종하지 아니하므로 모든 사람이 죄의 종이 되었으나, 그리스도께서 아버지의 뜻을 순종하심으로 믿는 모든 사람이 의(righteousness)의 종이 되었다.

아담이 타락한 이후 모든 사람은 마귀의 종이 되었다. 마귀는 사람의 인격을 지배하며 동시에 사람을 통하여 문명과 문화, 동물과 식물을 지배하는 명실상부한 세상의 임금이다. 사람은 스스로의 노력으로 마귀의 권세에서 벗어날 수 없다. 마귀는 사람의 인격을 지배하여 사람으로 하여금 하나님의 말씀을 불순종하게 한다. 따라서 아담 안에서 사람이 하나님을 믿으려면 성령의 감동하심이 있어야 한다. 성령께서는 마귀를 결박하고 하나님께서 택하신 자들의 인격을 감동하신다. 곧 사람은 성령의 감동으로 하나님을 믿을 수 있으며 그의 말씀을 순종할 수 있다. 아벨, 에녹, 노아 및 아브라함은 성령의 감동으로 하나님을 믿을 수 있었다.

아벨과 에녹은 믿음으로 의롭다함을 받고 장차 오실 그리스도를 모형으로 보여주었다. 아벨은 아담의 타락으로 말미암아 들어온 죄로 인하여 자신이 죄인임을 깨닫고 장차 오실 그리스도께서 자신의 죄를 용서하실 것을 믿고 하나님께 제사를 드림으로 의롭다함을 받았다. 아벨은 가인에게 죽임을 당함으로 장차 그리스도께서 불의한 자들에 의하여 죽으실 것을 모형으로 보여주었다. 에녹은 믿음으로 하나님과 동행하므로 장차 오실 그리스도께서 하나님과 함께 하실 것을 모형으로 보여주었다. 아벨과 에녹은 자신의 죄를 깨닫고 장차 오실 그리스도를 믿고 사모하였다.

노아는 믿음으로 의롭다함을 받고 그리스도 안에서 믿는 자들이 받을 세례를 모형으로 보여주었다. 노아는 의롭다함을 받았으나, 세상의 모든 사람들의 생각과 계획하는 모든 것이 악하였다. 하나님은 악한 생각을 가진 모든 사람을 홍수로 심판하셨다. 홍수로 인하여 죽은 모든 사람은 그리스도 예수 안에서 믿는 자들이 받는 세례를 모형으로 보여준다. 홍수로 죽은 자들은 세례로 죽은 옛 사람을 모형으로 보여준다. 방주 안에서 홍수로부터 구원을 받은 자들은 세례로 물에서 올라온 새 사람을 모형으로 보여준다. 무지개 언약은 세례를 받은 자들이 예수 그리스도의 말씀을 순종함으로 생명을 얻는 것을 모형으로 보여준다. 무지개 언약은 그리스도의 생명의 빛이 세례를 받은 물을 통하여 비취는 것을 모형으로 보여준다.

  2. 하나님께서 아브라함을 택하여 부르셨다. 아브라함은 하나님의 말씀에 따라서 하란을 떠나 지시함을 받은 땅으로 나아갔다. 그는 하나님의 도우시는 손길을 체험하고 믿음으로 세상에로부터 오는 시련을 극복하였다. 아브라함이 하나님의 은혜로 전쟁에서 승리하고 돌아왔을 때, 멜기세덱은 그를 축복하였다. 아브라함은 전리품의 십분의 일을 멜기세덱에게 드렸다. 십일조는 믿음으로 세상에서 나와서 하나님께로 돌아왔다는 증표로 드리는 것이다. 하나님은 아브라함의 믿음을 보시고 그를 의롭다고 선언하셨다.

  아브라함이 믿음으로 의롭다함을 받는 것은 그의 믿음이 옳다는 것이다. 아브라함은 창조사역과 선악과 계명을 통하여 계시된 하나님을 믿었다. 아브라함이 믿은 하나님은 변하지 아니하는 진리이다. 반면에 이방인들이 믿는 신은 창조주 하나님이 아니다. 아브라함은 의롭다함을 받으므로 그의 양심에 의하여 가책을 받는 자범죄를 용서받았다. 그러나 그는 아담으로부터 받은 원죄는 용서받지 못하였다. 자범죄는 육체와 인격만을 더럽히므로 아브라함은 믿음으로 그의 육체와 인격이 의롭다함을 받았다.

  아브라함은 믿음으로 의롭다함을 받았지만 하나님의 약속을 완전히 믿지 못하고 의심하였다. 하나님은 아브라함에게 아들을 주신다고 약속하셨지만 그는 하나님의 약속을 의심하고 약속의 성취에 대한 증거를 요구하였다. 하나님은 아브라함에게 믿음을 확신시켜 주시고 이삭을 주셨다. 아브라함은 하나님의 약속을 믿음으로 백세에 아들을 낳았다. 하나님은 아브라함의 믿음을 확인하기 위하여 마지막으로 그의 믿음을 시험하셨다. 하나님은 아브라함에게 독자 이삭을 번제로 드리라고 명령하셨다. 아브라함은 죽은 자를 다시 살리시는 하나님을 믿음으로 이삭을 번제로 드렸다. 이로써 아브라함은 하나님의 모든 시험을 통과하였다.

　아브라함이 이삭을 번제로 드린 뒤에, 하나님은 그에게 장차 오실 그리스도의 언약을 주셨다. 아브라함의 씨로 임하실 그리스도는 대적의 문을 얻을 것이며 그로 말미암아 천하 만민이 복을 얻을 것이다. 대적의 문을 얻는다는 것은 마귀를 심판한다는 것이며, 천하 만민이 복을 얻는다는 것은 인류의 죄가 대속된다는 것이다. 칭의 언약과 장차 오실 그리스도의 언약에 있어서 아브라함은 인류를 대표한다. 따라서 믿음으로 의롭다함을 받은 모든 자는 아브라함의 영적인 후손이며, 이스라엘 백성은 장차 오실 그리스도의 언약을 받은 아브라함의 후손으로 그리스도를 잉태한 자들이다. 아브라함 안에서 그리스도를 잉태한 이스라엘 백성은 하나님의 백성으로 부르심을 받고 그리스도의 오시는 길을 준비하였다.

　하나님은 그리스도의 언약을 주시기 전에 이스마엘과 이삭을 통하여 율법 아래 있는 자들과 복음 아래 있는 자들을 모형으로 보여주셨다. 아브라함은 종인 하갈을 통하여 이스마엘을 낳았고 아내인 사라를 통하여 이삭을 낳았다. 종을 통하여 낳은 이스마엘은 종의 신분이나, 아내를 통하여 낳은 이삭은 아들의 신분이다. 이스마엘은 종으로서 유업을 받을 수 없으므로 집에서 쫓겨났다. 그러나 이삭은 아들로서 유업을 받았다. 이것은 율법과 복음의 비유이다. 하나님께서 종인 천사를 통하여 주신 율법 아래 있는 자들은 종의 신분으로 의롭다함을 받았고 아들을 통하여 주신 복음 아래 있는 자들은 자녀의 신분으로 의롭다함을 함을 받는다. 이삭은 장차 오실 그리스도 안에서 믿는 자들이 받을 복을 모형으로 보여준다.

　아브라함이 믿음으로 의롭다함을 얻음으로 하나님 앞에서 모든 사람 가운데 가장 높은 자가 되었다. 아브라함을 제외한 모든 사람은 아담 안에서 죄인으로 평등하지만 아브라함은 의롭다함을 받음으로 죄인보다 높은 자가 되었다. 이것이 장자의 명분이다. 장자의 명분을 가진 자는 형제들의 죄를 짊어지고 저주 아래 들어가야 한다. 장자의 명분이 아브라함에서 이삭으로 이어졌다. 이스마엘은 아브라함의 장자로 태어났지만 장자의 명분은 이삭에게로 돌아갔다. 장자의 명분을 소유하는 것은 사람의 의지에 속한 것이 아니라 하나님의 주권에 속한 것이다. 장차 오실 그리스도는 장자의 명분을 가진 자의 몸을 통하여 오실 것이다.

　야곱은 에서 뒤를 이어 차자로 태어났으나, 하나님께서 그를 택하여 장자의 명분을 주셨다. 야곱은 이삭으로부터 받을 유산과 자신의 목숨보다 장자의 명분을 더 사모하였다. 이삭은 야곱에게 장자의 명분이 있음을 확증하는 축복을 하였다. 야곱은 에서의 눈을 피하여 하란으로 내려가는 도중, 벧엘에서 하나님은 야곱에게 장자의 명분이 있다고 선언하셨다. 야곱은 장자의 명분을 소유하였으므로 하란에서 이십 년 동안 종노릇한 뒤에 가나안 땅으로 돌아왔다. 야곱은 하나님의 천사와 씨름하여 이긴 뒤에 이스라엘이란 이름을 받았다. 이스라엘의 열두 아들을 믿음으로 그리스도께서 육신으로 오시는 길을 준비하였다.

　야곱의 뒤를 이어 요셉이 장자의 명분을 받았다. 요셉은 애굽 사람의 종으로 팔려갔으며 죄인의 누명을 쓰고 옥에 갇히는 고난을 당하였다. 그러나 그는 하나님의 약속의 말씀을 믿음으로 자기를 애굽 사람의 종으로 판 형제들과 자기에게 죄인의 누명을 씌운 자를 용서하였다. 요셉은 하나님의 은혜로 애굽의 총리가 되었고 야곱과 자기의 형제들을 애굽으로 인도하였다. 이로써 하나님께서 아브라함에게 약속하신 말씀이 성취될 모든 토대가 마련되었다. 요셉은 그리스도께서 먼저 이방인들을 구원하고 이후에 이스라엘을 구원하실 것을 모형으로 보여주었다.

　아브라함, 이삭, 야곱 및 요셉은 창조주 하나님을 믿고 그들의 죄를 대속하실 그리스도를 소망하며 세상으로부터 오는 핍박과 환난을 인내하며 극복하였다. 아브라함은 그리스도를 보고자 하다가 보고 기뻐하였다. 아브라함은 모리아 산에서 번제로 드린 이삭을 통하여 그리스도의 모형을 보았다. 아브라함은 칭의 언약과 장차 오실 그리스도의 언약에 대하여 인류를 대표하므로 믿는 자들은 모두 아브라함의 언약 안에 있다. 아브라함의 믿음과 장자의 명분이 이삭에게로. 이삭에서 야곱에게로, 야곱에서 요셉에게로 이어졌다. 아브라함의 믿음이 이스라엘 백성의 믿음이 되었다. 그리스도께서 이 믿음을 통하여 육신으로 임하셨다.

　아벨로부터 출애굽까지 아브라함은 믿는 자들을 대표한다. 따라서 하나님은 아브라함의 믿음을 의롭다고 여기셨다. 하나님께서 아벨에서 노아에 이르는 믿음을 의롭다고 하신 것은 그들의 믿음이 아브라함의 믿음과 본질에 있어서 동일하다는 것을 의미한다. 아브라함은 장차 오실 그리스도를 사모하고 믿었다(요 8:56). 이 믿음이 이삭, 야곱, 요셉으로 이어졌고 애굽에서 종노릇하던 이스라엘 백성에게까지 이어졌다. 애굽에서 이스라엘 백성 가운데 일부는 애굽의 우상을 숭배하였지만 나머지는 아브라함의 믿음을 이어받아 하나님의 약속이 성취되기를 기다렸다. 칭의 언약과 아브라함의 믿음은 이스라엘 백성에게 이어졌다.

제3부

출애굽과 율법을 통하여 계시된 그리스도와 믿음

3.1 출애굽을 통하여 계시된 그리스도와 믿음
 1. 출애굽과 구원의 모형
 2 홍해와 광야 생활을 통하여 계시된 그리스도와 믿음
 3. 가나안 땅의 정복을 통하여 계시된 그리스도와 믿음

3.2 율법을 통하여 계시된 그리스도와 믿음1
 1. 율법과 칭의 언약
 2. 율법에 의한 심판과 형벌
 3 성전을 통하여 계시된 그리스도와 믿음

3.3 요약 및 결론

"내가 애굽 땅을 칠 때에 그 피가 너희의 거하는 집에 있어서 너희를 위하여 표적이 될찌라 내가 피를 볼 때에 너희를 넘어가리니 재앙이 너희에게 내려 멸하지 아니하리라"(출 12:13).

"때에 여호와께서 모세에게 이르시되 보라 내가 너희를 위하여 하늘에서 양식을 비 같이 내리리니 백성이 나가서 일용할 것을 날마다 거둘 것이라 이같이 하여 그들이 나의 율법을 준행하나 아니하나 내가 시험하리라"(출 16:4).

"모세가 와서 여호와의 모든 말씀과 그 모든 율례를 백성에게 고하매 그들이 한 소리로 응답하여 가로되 여호와의 명하신 모든 말씀을 우리가 준행하리이다"(출 24:3).

"그가 또 성막과 단 사면 뜰에 포장을 치고 뜰문의 장을 다니라 모세가 이같이 역사를 필하였더라"(출 40:33).

"저에게 이르시되 네가 내 앞에서 기도하며 간구함을 내가 들었은즉 내가 너의 건축한 이 전을 거룩하게 구별하여 나의 이름을 영영히 그곳에 두며 나의 눈과 나의 마음이 항상 거기 있으리니"(왕상 9:3).

제3부 출애굽과 율법을 통하여 계시된 그리스도와 믿음

3.1 출애굽을 통하여 계시된 그리스도와 믿음

1. 출애굽과 구원의 모형

(1) 애굽과 세상의 모형

1) 하나님께서 이스라엘 백성을 인류의 장자로 택하셨다. 이스라엘 백성은 인류의 죄를 짊어지고 애굽의 종이 되었다. 하나님께서 택하신 자기의 백성을 종으로 삼은 애굽은 세상의 모형이다. 이스라엘 백성이 애굽에서 종노릇하는 것은 하나님의 형상으로 창조된 사람이 마귀의 지배 아래서 종노릇한 것을 모형으로 보여준다. 이스라엘 백성 가운데 일부는 아브라함으로부터 이어지는 믿음을 버리고 애굽의 신을 섬겼으며 일부는 그 믿음을 지키고 있었다. 하나님은 아브라함에게 주신 약속을 지키기 위하여 이스라엘 백성을 애굽에서 인도하여 내셨다.

2) 애굽이 세상을 예표로 한다는 것은 애굽이란 이름에서 찾을 수 있다.[83] 눈에 보이는 애굽은 마귀의 지배 아래 있는 세상을 모형으로 보여준다. 애굽의 바로는 마귀를, 애굽의 백성들은 마귀의 지배를 받는 악한 영들을, 이스라엘 백성은 아담 안에서 마귀의 지배를 받는 인류를 모형으로 보여준다. 요셉이 죽은 뒤에 애굽의 바로는 이스라엘 백성을 노예처럼 취급하였다. 바로는 이스라엘 백성으로 하여금 애굽의 신을 섬기게 하였다. 애굽은 주인이고 이스라엘 백성은 종이므로 종은 주인의 신을 섬겨야 하였다. 애굽은 태양신 아문-레(라)를 숭배하였다.[84]

3) 하나님은 애굽의 신을 가증하게 여기시고 이스라엘 백성들에게 그 신을 섬기지 말라고 말씀하셨으나, 그들은 하나님을 버리고 애굽의 신을 섬겼다. **"또 그들에게 이르**

---

[83] 애굽으로 번역된 히브리어, 미츠라임(מִצְרַיִם)은 쌍수(雙數)어미를 가지고 있다. 히브리어에서 "아임"은 쌍수 어미이다. 눈(에나임), 귀(오즈나임), 날개(케나파임), 손(야다임) 및 발(라그라임) 등의 단어는 동일한 것이 쌍으로 존재함으로 쌍수어미를 가지고 있다. 히브리어에서 애굽은 동일한 것이 쌍으로 존재하는 것을 의미한다. 곧 눈에 보이는 물질 세계의 애굽과 영적 세계의 애굽이다.
[84] G. A. Buttrick, The Interpreter's Dictionary of the Bible, Vol. 2, (Abindon Press, 1982). p. 57.

기를 너희는 눈을 드는바 가증한 것을 각기 버리고 애굽의 우상들로 스스로 더럽히지 말라 나는 여호와 너희 하나님이니라 하였으나 그들이 내게 패역하여 내 말을 즐겨 듣지 아니하고 그 눈을 드는바 가증한 것을 각기 버리지 아니하며 애굽의 우상들을 떠나지 아니하므로 내가 말하기를 내가 애굽 땅에서 나의 분을 그들의 위에 쏟으며 노를 그들에게 이루리라 하였었노라**"(겔 20:7,8). 하나님의 백성으로 택함을 받은 이스라엘이 하나님을 버리고 우상을 숭배함으로 하나님의 이름을 더럽히고 하나님의 영광을 훼손하였다.

   4) 이스라엘 백성이 애굽의 신을 숭배한 것은 하나님에 대한 영적인 간음이다. 하나님은 이스라엘 백성을 택하여 그들에게 순종하여야 할 법을 주셨다. 그 법은 아브라함으로부터 이어지는 칭의 언약이다. 곧 창조사역과 선악과 계명을 통하여 계시된 하나님과 장차 오실 그리스도를 사모하는 믿음이다. 장차 오실 그리스도께서 이스라엘에게 복을 주실 것이다. 이 믿음을 가지고 세상의 신으로부터 자신을 멀리하는 것은 하나님을 남편으로 섬기는 것이다. 그러나 믿음을 버리고 우상을 섬기는 것은 우상을 남편으로 섬기는 것이다. 성경은 이스라엘 백성이 애굽의 신을 섬김으로 간음하였다고 말씀한다. **"그들이 애굽에서 행음하되 어렸을 때에 행음하여 그들의 유방이 눌리며 그 처녀의 가슴이 어루만진바 되었었나니"**(겔 23:3). **"그가 젊었을 때에 애굽 사람과 동침하매 그 처녀의 가슴이 어루만진바 되며 그 몸에 음란을 쏟음을 당한바 되었더니 그가 그 때부터 행음함을 마지아니하였느니라"**(겔 23:8).

   5) 야곱과 그의 아들들은 아브라함으로부터 이어지는 믿음을 가지고 애굽으로 내려갔다. 그들이 이 믿음을 가지고 있을 때, 하나님은 그들을 애굽의 바로의 권세로부터 보호하셨다. 그 결과 그들은 애굽의 비옥한 토지, 곧 고센에서 평화롭게 살았다. 그러나 요셉이 죽은 뒤에 그들은 생활이 풍요로워지자 하나님에 대한 믿음을 버리고 애굽의 신을 섬겼다. 그 결과는 바로의 박해로 나타났다. **"감독들을 그들 위에 세우고 그들에게 무거운 짐을 지워 괴롭게 하여 그들로 바로를 위하여 국고성 비돔과 라암셋을 건축하게 하니라 그러나 학대를 받을수록 더욱 번식하고 창성하니 애굽 사람이 이스라엘 자손을 인하여 근심하여 이스라엘 자손의 역사를 엄하게 하여 고역으로 그들의 생활을 괴롭게

하니 곧 흙 이기기와 벽돌 굽기와 농사의 여러가지 일이라 그 시키는 역사가 다 엄하였더라"(출 1:11~14). 바로는 한 걸음 더 나아가 이스라엘 백성의 남자로 태어난 신생아를 죽였다. "애굽 왕이 히브리 산파 십브라라 하는 자와 부아라 하는 자에게 일러 가로되 너희는 히브리 여인을 위하여 조산할 때에 살펴서 남자여든 죽이고 여자여든 그는 살게 두라"(출 1:15,16).

6) 애굽의 바로는 마귀의 속성을 그대로 보여주었다. 마귀의 속성은 사람으로 하여금 하나님을 대적하게 하며 사람을 저주 아래로 몰아넣는 것이다. 저주는 땅의 저주와 육체의 저주로 구분할 수 있다. 땅의 저주는 육체의 노력한 대가를 받지 못하는 것이며 육체의 저주는 질병과 사망이다. 이스라엘 백성을 정당한 노동의 대가를 받지 못하고 강제노역에 시달리고 이유 없이 죽임을 당하였다. 남자 신생아는 정당한 이유도 없이 남자라는 이유로 죽임을 당하였다. 성경은 마귀의 속성이 이와 같다고 말씀한다. **"도적이 오는 것은 도적질하고 죽이고 멸망시키려는 것뿐이요"**(요 10:10). "도적"이란 마귀를 의미한다. 애굽의 바로는 이스라엘 백성의 임금을 도적질하며 그들을 죽임으로 세상 임금인 마귀의 속성을 그대로 보여주었다.

7) 애굽 사람들은 바로의 명령에 따라서 이스라엘을 박해하였다. 이스라엘 백성의 노역을 감시하고 감독하는 애굽 사람들은 마귀의 지배 아래 있는 악한 영들을 모형으로 보여준다. 바로의 명령을 집행할 자가 없으면 그는 이스라엘 백성을 핍박할 수 없다. 바로의 명령을 집행하는 군대와 공사감독이 있어야 한다. 마귀는 단수이며 무소부재하지 못함으로 아담 안에 있는 모든 사람을 지배할 수 없다. 마귀의 명령을 받아 이를 집행하는 다수의 악한 영들, 곧 귀신들이 있다. 사단을 귀신의 왕이라고 성경은 말씀한다. **"바리새인들은 가로되 저가 귀신의 왕을 빙자하여 귀신을 쫓아낸다 하더라"**(마 9:34). "귀신의 왕"이란 마귀를 의미한다.

8) 귀신은 사람의 육체를 집으로 알고 육체 안에 들어와서 육체의 저주를 가지고 온다. 귀신은 사람을 눈멀고 귀먹게 한다. **"그 때에 귀신들려 눈 멀고 벙어리 된 자를 데리고 왔거늘 예수께서 고쳐 주시매 그 벙어리가 말하며 보게 된지라"**(마 12:22). 귀신은 사람의 생각을 지배하여 죽이려고 한다. **"귀신이 저를 죽이려고 불과 물에 자주**

던졌나이다 그러나 무엇을 하실 수 있거든 우리를 불쌍히 여기사 도와 주옵소서" (막 9:22). 귀신은 사람으로 하여금 가출하여 무덤에 거하게 하고 사람의 몸을 상하게 한다. "그 사람은 무덤 사이에 거처하는데 이제는 아무나 쇠사슬로도 맬 수 없게 되었으니 이는 여러번 고랑과 쇠사슬에 매였어도 쇠사슬을 끊고 고랑을 깨뜨렸음이러라 그리하여 아무도 저를 제어할 힘이 없는지라 밤낮 무덤 사이에서나 산에서나 늘 소리지르며 돌로 제 몸을 상하고 있었더라" (막 5:3~5). 이 모든 말씀은 귀신이 마귀의 명령을 받아 사람의 육체에 저주를 가져다주는 것을 의미한다.

9) 애굽에서 고통을 당하는 자들 가운데 하나님을 믿고 그의 약속이 성취될 것을 바라는 자들이 있었다. 그들은 바로의 학정 속에서 탄식하며 하나님께 기도하였다. 하나님은 의롭다함을 받은 자들의 기도를 들으셨고 아브라함에게 하신 약속을 기억하셨다. "여러 해 후에 애굽 왕은 죽었고 이스라엘 자손은 고된 노동으로 말미암아 탄식하며 부르짖으니 그 고된 노동으로 말미암아 부르짖는 소리가 하나님께 상달된지라 하나님이 그들의 고통 소리를 들으시고 하나님이 아브라함과 이삭과 야곱에게 세운 그의 언약을 기억하사 하나님이 이스라엘 자손을 돌보셨고 하나님이 그들을 기억하셨더라" (출 2:23~25).

9) 애굽은 마귀와 악한 영들이 사람의 육체에 질병을 가져다주며 사람의 목숨을 빼앗아가는 것을 모형으로 보여주었다. 애굽은 보이지 아니하는 마귀와 악한 영들을 모형으로 보여주었다. 애굽은 마귀가 지배하는 세상을 모형으로 보여준다. 이에 반하여 이스라엘 백성은 죄의 저주 아래서 고통을 당하는 인류를 모형으로 보여준다. 이스라엘 백성이 애굽에서 나오는 것은 죄인이 마귀의 사망권세에서 벗어나 구원을 얻는 것을 모형으로 보여준다. 이스라엘 백성은 인류의 장자로서 인류의 죄를 짊어지고 애굽으로 들어갔다. 이스라엘 백성이 당하는 고통은 인류가 죄 아래서 당하는 고난을 모형으로 보여준다.

(2) 출애굽과 하나님의 이름

1) 하나님은 자기의 이름을 위하여 이스라엘 백성을 애굽에서 인도하여 내셨다. 하나님께서 아브라함에게 두 가지를 약속하셨다. 첫째, 하나님은 가나안 땅을 아브라함과

그의 후손에게 기업으로 주실 것이다. 둘째, 430년 동안 이스라엘 백성은 이방인의 종이 되어 그들을 섬길 것이다. 이스라엘 백성은 하나님의 약속대로 430년 동안 애굽 사람을 주인으로 섬긴 뒤에 가나안 땅을 기업으로 받을 것이다. 하나님은 자신의 이름과 명예를 위하여 자신의 약속을 지키셔야 함으로 반드시 이스라엘 백성을 애굽에서 인도하여 내셔야 한다. 하나님은 자기의 이름을 위하여 이스라엘 백성을 애굽에서 인도하여 내셨다.

   2) 하나님께서 자기의 이름을 위하여 이스라엘을 애굽에서 인도하여 내신 이유를 구체적으로 살펴보자. 첫째, 하나님은 아브라함에게 하신 약속을 지키시므로 자신의 의로우심을 나타내셨다. 하나님께서 아브라함과 이삭과 야곱에게 요구하신 것은 믿음이다. 믿음이란 하나님의 의로우심을 전제로 한다. 하나님께서 그의 약속을 지키지 아니하신다면 하나님을 믿을 수 없다. 하나님은 반드시 자기의 약속을 지키시므로 믿을 수 있다. 따라서 성경은 하나님이 거짓말을 하실 수 없다고 말씀한다. **"이는 하나님이 거짓말을 하실 수 없는 이 두 가지 변치 못할 사실을 인하여 앞에 있는 소망을 얻으려고 피하여 가는 우리로 큰 안위를 받게 하려 하심이라"** (히 6:18). 하나님께서 아브라함과 그의 후손에게 가나안 땅을 기업으로 주신다고 약속하셨다(창 17:8). 하나님은 400년 동안 이스라엘이 이방인의 종노릇한 뒤에 많은 금과 은을 가지고 이방인의 지배에서 나올 것이라고 약속하셨다(창 15:13).

   3) 하나님은 자신의 약속을 지키시는 분이시라는 것을 분명히 하기 위하여 자기를 모세에게 알리셨다. **"또 이르시되 나는 네 조상의 하나님이니 아브라함의 하나님, 이삭의 하나님, 야곱의 하나님이니라 모세가 하나님 뵈옵기를 두려워하여 얼굴을 가리우매"** (출 3:6). "나는 네 조상의 하나님이니 아브라함의 하나님, 이삭의 하나님, 야곱의 하나님이니라"란 가나안 땅을 이스라엘에게 주시기로 약속한 하나님을 의미한다. 작정한 때가 되었으므로 하나님은 이스라엘을 애굽에서 인도하여 내실 것이다. **"내가 아브라함과 이삭과 야곱에게 주기로 맹세한 땅으로 너희를 인도하고 그 땅을 너희에게 주어 기업을 삼게 하리라 나는 여호와로라 하셨다 하라"** (출 6:8). "나는 여호와로라"란 하나님은 자기의 이름의 명예를 걸고 약속을 지키신다는 것을 강조하는 것이다.

4) 둘째, 애굽에서 이스라엘 백성이 하나님을 버리고 우상을 숭배하는 것은 하나님의 이름을 더럽히는 것이다. 이스라엘 백성은 아브라함의 칭의 언약 안에 있는 자들로서 하나님만을 믿음으로 하나님의 영광을 나타내야 한다. 그러나 이스라엘 백성이 하나님을 버린다면 하나님께서 아브라함과 그의 후손에게 세운 언약은 헛된 것이 된다. 아브라함은 열국의 조상이며 그와 그의 후손이 하나님의 은혜로 가나안 땅을 기업으로 얻을 것이다. 이스라엘 백성이 하나님을 버린다면, 하나님은 신의가 없는 이스라엘 백성을 택하여 언약을 주셨다는 것이 된다. 이것은 전지전능하신 하나님의 명예를 크게 훼손하는 것이다. 따라서 성경은 이스라엘 백성이 애굽의 신을 섬김으로 하나님의 이름을 더럽혔다고 말씀한다(겔 20:8). 하나님은 자기의 이름을 위하여 이스라엘 백성을 애굽에서 인도하여 내셨다. **"그러나 내가 그들의 거하는 이방인의 목전에서 그들에게 나타나서 그들을 애굽 땅에서 인도하여 내었었나니 이는 내 이름을 위함이라 내 이름을 그 이방인의 목전에서 더럽히지 않으려 하여 행하였음이로라"** (겔 20:9).

5) 이스라엘이 애굽에서 계속하여 종노릇하면 이방인들은 하나님을 업신여길 것이다. 하나님은 이스라엘을 애굽에서 인도하여 내실 능력이 없는 분이고 약속을 지키지 아니하신다고 이방인들은 하나님을 폄하할 것이다. 하나님이 이방인 가운데서 웃음거리가 될 것이다. 이제 하나님은 자신의 의로우심과 전능하신 능력을 나타내셔야 한다. 하나님은 아브라함에게 하신 약속을 지키셔야 하고 애굽을 심판하기 위하여 전능하신 능력을 보이셔야 한다. 따라서 하나님은 자기의 이름을 위하여 이방인의 목전에서 이스라엘을 애굽에서 인도하여 내셨다. 하나님은 자신의 이름을 알리기 위하여 이방인의 목전에서 이적과 기사를 행하심으로 자신의 전능하신 능력을 보이셨다. **"내가 너를 세웠음은 나의 능력을 네게 보이고 내 이름이 온 천하에 전파되게 하려 하였음이니라"** (출 9:16).

6) 이스라엘 백성을 애굽에서 인도하여 내려면 이에 합당한 명분이 있어야 한다. 따라서 하나님은 이스라엘 백성을 자기의 장자라고 선언하셨다. **"너는 바로에게 이르기를 여호와의 말씀에 이스라엘은 내 아들 내 장자라"** (출 4:22). "하나님의 장자"란 아브라함의 후손으로서 장자의 명분을 소유한 자들이다. 아브라함으로부터 이어지는 장자의 명분은 하나님의 장자로서 인류의 죄를 짊어지고 장차 그리스도의 오시는 길을 준비하는

것이다. 이스라엘 백성이 하나님의 장자라면 애굽의 바로가 이스라엘 백성을 지배하고 종으로 삼아 학대하는 것은 장차 오실 그리스도를 학대하는 것이다. 이것은 하나님의 이름을 더럽히는 것이다. 따라서 하나님은 바로에게 이스라엘 백성을 보내지 아니하면 애굽의 모든 장자를 죽이시겠다고 선언하셨다. **"내가 네게 이르기를 내 아들을 놓아서 나를 섬기게 하라 하여도 네가 놓기를 거절하니 내가 네 아들 네 장자를 죽이리라 하셨다 하라 하시니라"** (출 4:23).

7) 이스라엘 백성이 하나님의 장자라면 애굽의 바로를 섬길 것이 아니라 하나님을 섬겨야 한다. 따라서 하나님은 애굽의 바로에게 이스라엘 백성으로 하여금 하나님을 섬기게 하라고 말씀하셨다. **"여호와께서 모세에게 이르시되 바로에게 들어가서 그에게 이르라 히브리 사람의 하나님 여호와께서 말씀하시기를 내 백성을 보내라 그들이 나를 섬길 것이니라"** (출 9:1). 이스라엘 백성이 하나님을 섬기려면 애굽의 바로의 권세를 벗어나 광야로 나와야 한다. 애굽은 바로의 권세 아래 있으므로 애굽에서 이스라엘 백성은 하나님을 섬길 수 없었다. 애굽과 광야 사이를 홍해가 가로막고 있기 때문에, 광야는 애굽의 바로의 권세로부터 완전히 분리된 곳이다. 따라서 그들은 광야에서 하나님을 섬길 수 있었다. 이스라엘 백성이 광야에서 하나님을 섬기려면 섬기는 법이 있어야 한다. (출 9:1)의 말씀은 광야에서 하나님께서 이스라엘에게 율법을 주시겠다는 약속이다.

8) 출애굽은 그리스도의 피에 의한 구원의 모형이다. 애굽은 마귀의 권세 아래 있는 세상을, 광야생활은 마귀의 지배에서 벗어난 신앙생활을, 가나안 땅은 믿는 자들이 들어갈 천국을 각각 모형으로 보여준다. 하나님은 자기의 이름을 위하여 이스라엘 백성을 애굽에서 인도하여 내신 것처럼, 예수 그리스도는 하나님의 이름을 위하여 인류의 죄를 대속하시고 믿는 자들을 구원하실 것이다. 하나님은 자기의 이름을 위하여 믿는 자들의 죄를 용서하신다. **"여호와여 나의 죄악이 중대하오니 주의 이름을 인하여 사하소서"** (시 25:11). 하나님은 자기의 이름을 위하여 믿는 자들을 의롭다함을 얻는 길로 인도하신다. **"여호와여 나의 죄악이 중대하오니 주의 이름을 인하여 사하소서"** (시 25:11). 그 이유를 살펴보자.

9) 하나님의 형상으로 창조된 사람이 타락한 것은 하나님의 이름을 욕되게 하는 것이다. 사람의 타락은 두 가지의 원인일 것이다. 첫째, 하나님께서 사람을 불완전하게 창조하셨으므로 사람이 타락하였을 것이다. 이것은 하나님의 전지전능하심을 부인하는 것이므로 이 이론에 동의할 수 없다. 둘째, 사람은 스스로 타락할 수 없는 완전한 존재로 창조되었으나, 악한 영의 미혹을 받아 타락하였다.[85] 두 번째 이론을 택할 경우에 사람의 타락에 대한 책임은 사람에게 돌아간다. 성경은 두 번째 이론을 지지한다. 사람이 사단의 미혹을 받아 타락함으로 하나님의 영광을 나타내지 못한다면 만물을 창조하신 하나님의 뜻을 대적하는 것이다. 하나님께서 사람을 창조하신 목적은 사람을 통하여 자기의 영광을 나타내기 위함이다. 따라서 사람이 타락함으로 그 역할을 다하지 못한다면 하나님을 업신여기는 것이다. 피조물이 창조주를 업신여기는 것은 하나님의 이름을 더럽히는 것이다.

10) 선악과 계명은 하나님의 이름으로 공포된 법이다. 곧 그 계명에 하나님의 명예가 체화(體化, embodied)되었다. 아담이 선악과 계명을 순종하는 것은 하나님의 이름을 존귀하게 여기는 것이며 하나님의 영광을 나타내는 것이다. 그러나 아담이 그 계명을 불순종하는 것은 하나님의 이름을 더럽히는 것이며 그의 명예를 훼손하는 것이다. 사람이 범죄함으로 하나님의 이름을 더럽히고 그의 명예를 훼손하는 것은 하나님을 괴롭게하는 것이다. 사람의 죄는 하나님을 괴롭게 한다고 성경은 말씀한다. "**너는 나를 위하여 돈으로 향품을 사지 아니하며 희생의 기름으로 나를 흡족케 아니하고 네 죄 짐으로 나를 수고롭게 하며 네 죄악으로 나를 괴롭게 하였느니라**" (사 43:24). 우상을 숭배하는 것은 하나님의 거룩한 이름을 더럽히는 것이다. "**나도 그 사람에게 진노하여 그를 그 백성 중에서 끊으리니 이는 그가 그 자식을 몰렉에게 주어서 내 성소를 더럽히고 내 성호를 욕되게 하였음이라**" (레 20:3). 사람의 죄로 인하여 하나님의 이름이 더럽혀지면, 훼손된 영광이 하나님을 괴롭게 한다.

11) 예수 그리스도께서 하나님의 영광을 위하여 인류의 죄를 대속하셨다. 예수 그리스도께서 창세전에 작정된 아버지의 뜻을 성취하심으로 인류의 죄로 인하여 더럽혀진

---

85) 졸저, 상게서, 2.2.2.(1) 참조

아버지의 이름을 영광스럽게 하셨다. **"아버지께서 내게 하라고 주신 일을 내가 이루어 아버지를 이 세상에서 영화롭게 하였사오니"** (요 17:4). "아버지께서 내게 하라고 주신 일"이란 십자가에 못 박히는 것이다. 예수 그리스도께서 아버지의 뜻을 위하여 십자가에 못 박히셨다. **"다시 두 번째 나아가 기도하여 가라사대 내 아버지여 만일 내가 마시지 않고는 이 잔이 내게서 지나갈 수 없거든 아버지의 원대로 되기를 원하나이다 하시고"** (마 26:42). 예수 그리스도께서 인류의 죄를 대속하심으로 죄로 인하여 더럽혀진 하나님의 이름을 거룩하게 하셨다. 따라서 하나님 아버지께서 아들을 통하여 영광을 받으셨다. 또한 아들은 아버지를 통하여 영광을 받으셨다. **"저가 나간 후에 예수께서 가라사대 지금 인자가 영광을 얻었고 하나님도 인자를 인하여 영광을 얻으셨도다. 만일 하나님이 저로 인하여 영광을 얻으셨으면 하나님도 자기로 인하여 저에게 영광을 주시리니 곧 주시리라"** (요 13:31,32).

12) 출애굽은 장차 예수 그리스도께서 사단과 인류의 죄로 인하여 더럽혀진 하나님의 이름을 위하여 십자가에 못 박히실 것을 모형으로 보여준다. 하나님께서 자기의 이름을 위하여 이스라엘을 애굽에서 인도하여 내신 것처럼, 예수 그리스도께서 아버지의 이름을 위하여 인류의 죄를 대속하시고 믿는 자들을 마귀의 권세에서 구원하여 내실 것이다. 출애굽을 통하여 하나님은 자신의 이름을 위하여 일하신다는 것을 보이셨다.

(3) 유월절 어린 양과 그리스도

1) 하나님은 이스라엘 백성을 애굽에서 인도하여 내시기 위하여 모세를 택하여 부르셨다. 여호와의 사자가 호렙산에서 모세에게 나타났다. **"여호와의 사자가 떨기나무 불꽃 가운데서 그에게 나타나시니라 그가 보니 떨기나무에 불이 붙었으나 사라지지 아니하는지라"** (출 3:2). "여호와의 사자"란 천사를 의미한다(행 7:30). 하나님은 이스라엘 백성을 애굽에서 인도하여 낼 지도자로서 모세를 택하여 부르셨다. **"이제 내가 너를 바로에게 보내어 너로 내 백성 이스라엘 자손을 애굽에서 인도하여 내게 하리라"** (출 3:10). **"하나님이 가라사대 내가 정녕 너와 함께 있으리라 네가 백성을 애굽에서 인도하여 낸 후에 너희가 이 산에서 하나님을 섬기리니 이것이 내가 너를 보낸 증거니라"** (출 3:12).

2) 하나님은 모세에게 자신의 전능하신 능력을 나타내심으로 자신이 창조주 하나님이 심을 보이셨다. 모세가 지팡이를 땅에 던지자 그 지팡이가 뱀이 되었고 그의 손을 품에 넣었다가 뺐을 때, 그의 손에 문둥병이 나타났다. 그러나 모세는 애굽의 바로에게 나가는 것을 두려워하였다. **"모세가 가로되 주여 보낼 만한 자를 보내소서"** (출 4:13). 모세가 바로에게 하나님의 말씀을 증거하는 것은 목숨을 담보로 하는 위험한 일이기 때문이었다. 모세는 죄인의 신분으로 광야로 도망한 자였다. 그러나 하나님은 모세의 요청을 거절하셨다. 모세가 하나님의 전능하신 이적을 보고 마지못하여 말씀을 순종하기로 작정하였을 때, 하나님은 그에게 말씀을 순종할 것을 맹세하는 할례를 요구하셨다. **"여호와께서 길의 숙소에서 모세를 만나사 그를 죽이려하시는지라 십보라가 차돌을 취하여 그 아들의 양피를 베어 모세의 발 앞에 던지며 가로되 당신은 참으로 내게 피 남편이로다 하니 여호와께서 모세를 놓으시니라 그 때에 십보라가 피 남편이라 함은 할례를 인함이었더라"** (출 4:24~26).

3) 할례는 하나님의 약속의 말씀을 순종한다는 맹세로 받는 것이다. 모세는 이스라엘 백성으로서 생후 팔 일에 할례를 받았을 것이다. 그러나 그의 아들은 할례를 받지 아니하였다. 이제 모세가 아브라함이 받은 약속에 들어가려면 아들에게 할례를 행하여야 한다. 아들의 목숨을 걸고 하나님의 말씀을 순종하겠다는 맹세로 모세는 아들에게 할례를 행하였다. 이제 모세는 아들의 목숨을 담보로 하여 하나님의 말씀을 순종하여야 한다. 아들에게 할례를 행한 후에 모세는 담대하게 바로에게 하나님의 말씀을 증거하였다. 그러나 바로는 마음이 강퍅하여 모세의 말을 듣지 아니하고 이스라엘 백성에게 더 가혹한 노동을 시켰다. **"그 사람들의 고역을 무겁게 함으로 수고롭게 하여 그들로 거짓말을 듣지 않게 하라"** (출 5:9).

4) 하나님은 모세가 증거한 말이 사람의 말이 아니라 전능하신 하나님의 말씀이라는 것을 증거하기 위하여 이적과 기사를 행하셨다. 모세를 통하여 행한 이적과 기사는 전능한 하나님의 능력을 보여준다. 하나님은 바로와 이스라엘 자손들에게 사람이 할 수 없는 이적과 기사를 통하여 자신의 전능하심을 알리셨다. **"내가 너를 세웠음은 나의 능력을 네게 보이고 내 이름이 온 천하에 전파되게 하려 하였음이니라"** (출 9:16). 이 말씀은

장차 있을 애굽의 초태생에 대한 심판을 예고한 것이다. 만물을 창조하신 하나님께서 자기의 백성을 종으로 학대한 바로를 심판하실 것이다. 동시에 이 말씀은 이스라엘 백성으로 하여금 그들을 애굽에서 인도하여 내신 하나님의 전능하심을 믿게 하기 위함이다. **"여호와께서 모세에게 이르시되 바로에게로 들어가라 내가 그의 마음과 그 신하들의 마음을 완강케 함은 나의 표징을 그들 중에 보이기 위함이며 너로 내가 애굽에서 행한 일들 곧 내가 그 가운데서 행한 표징을 네 아들과 네 자손의 귀에 전하게 하려 함이라 너희가 나를 여호와인줄 알리라"** (출 10:1,2).

5) 하나님은 전능하신 능력을 보이신 뒤에 이스라엘 백성을 애굽에서 인도하여 내기 위하여 애굽의 모든 초태생을 심판하셨다. 이스라엘 백성은 하나님의 장자이므로 이스라엘을 박해한 애굽은 그들의 장자가 모든 애굽인의 죄를 짊어지고 죽어야 한다. 하나님은 이스라엘 백성과 애굽인을 구별하기 위하여 자기의 백성으로 하여금 양을 잡아 그 피를 집 대문의 인방과 좌우 설주에 바르게 하셨다. 유월절날 밤에 천사가 양의 피가 뿌려진 집을 넘어갔으나 애굽의 모든 초태생을 심판하였다. **"밤중에 여호와께서 애굽 땅에서 모든 처음 난 것 곧 위에 앉은 바로의 장자로부터 옥에 갇힌 사람의 장자까지와 생축의 처음 난 것을 다 치시매 그 밤에 바로와 그 모든 신하와 모든 애굽 사람이 일어나고 애굽에 큰 호곡이 있었으니 이는 그 나라에 사망치 아니한 집이 하나도 없었음이었더라"** (출 12:29,30).

6) 하나님께서 애굽의 모든 초태생을 심판하시려면 그 심판이 공평하여야 한다. 이스라엘도 애굽에서 하나님을 버리고 우상을 숭배하였기 때문이다. 애굽의 초태생이 심판을 받아 죽임을 당하려면 이스라엘의 초태생도 함께 심판을 받아야 한다. 하나님은 이스라엘의 모든 죄를 어린 양의 피로 대속하기로 작정하시고 이스라엘 백성에게 양을 잡아 그 피를 문의 좌우설주와 인방에 바르게 하셨다. **"이 달 십사 일까지 간직하였다가 해 질 때에 이스라엘 회중이 그 양을 잡고 그 피로 양을 먹을 집 문 좌우 설주와 인방에 바르고"** (출 12:6,7). 이스라엘의 초태생은 하나님의 은혜로 목숨을 건졌다고 말할 수 있다. 하나님은 이것을 기념하기 위하여 유월절 규례를 정하셨다.

7) 이스라엘 백성은 유월절 양을 잡아 그 피를 바르고 그 고기와 뼈를 구어 먹었다.

그리고 이스라엘 백성은 애굽의 모든 것을 버리고 하나님의 명령에 따라서 애굽을 나왔다. 그들은 가축과 발교되지 아니한 반죽을 가지고 애굽에서 급히 나왔다. 이것을 기념하기 위하여 이스라엘은 종교력으로 정월 십사 일에 유월절 어린 양의 뼈를 꺾지 아니하고 고기와 함께 먹었다. **"여호와께서 모세와 아론에게 이르시되 유월절 규례는 이러하니라 이방 사람은 먹지 못할 것이나"** (출 12:43). **"한 집에서 먹되 그 고기를 조금도 집 밖으로 내지 말고 뼈도 꺾지 말지며"** (출 12:46). 이방인이 유월절을 지키려면 할례를 받아야 한다(출 12:48).

8) 유월절 날에 이스라엘 백성이 어린 양의 피로 속죄 받고 애굽에서 나온 것은 정차 오실 그리스도의 피에 인한 속죄를 모형으로 보여준다. 이스라엘 백성뿐만 아니라 이방인들도 유월절 어린 양의 피를 뿌린 자들은 자신의 죄를 속죄 받고 애굽에서 나올 수 있었다. 이것은 그리스도의 피에 의한 이방인의 구원을 모형으로 보여준다. 이스라엘이 유월절 어린 양의 피에 의한 속죄로 애굽에서 나오는 것은 믿는 자들이 그리스도의 피로 속죄 받고 세상에서 나와서 하나님께로 돌아오는 것을 모형으로 보여준다. 이러한 관점에서 유월절은 장차 오실 그리스도를 사모하는 날이라고 말할 수 있다.

9) 예수 그리스도께서 하나님의 의(righteousness)를 이루시기 위하여 세례 요한에게 세례를 받으셨다(마 3:15). 세례 요한은 예수 그리스도를 향하여 세상 죄를 지고 가는 하나님의 어린 양이라고 선포하였다. **"이튿날 요한이 예수께서 자기에게 나아오심을 보고 가로되 보라 세상 죄를 지고 가는 하나님의 어린 양이로다"** (요 1:29). 이스라엘의 죄를 짊어진 유월절 어린 양처럼, 예수 그리스도께서 인류의 죄를 짊어지셨다. 유월절 어린 양이 피를 흘려 죽은 것처럼, 예수 그리스도께서 유월절 날 십자가에서 피를 흘리셨다. 사도 바울은 예수 그리스도께서 유월절 어린 양이 되셨다고 고백하였다. **"너희는 누룩 없는 자인데 새 덩어리가 되기 위하여 묵은 누룩을 내어버리라 우리의 유월절 양 곧 그리스도께서 희생이 되셨느니라"** (고전 5:7).

(4) 이해를 위한 질문

1) 애굽과 세상의 모형

a. 애굽이 마귀의 지배 아래 있는 세상을 모형으로 보여주는 이유는 무엇인가.

b. 애굽의 바로는 마귀의 형상을 모형으로 보여주는 이유는 무엇인가.

c. 애굽에서 종노릇하는 이스라엘 백성이 아담 안에 있는 죄인들을 모형으로 보여주는 이유는 무엇인가.

2) 출애굽과 하나님의 이름

a. 하나님께서 아브라함에게 하신 약속은 무엇인가(창 15:13).

b. 이스라엘 백성이 애굽의 신을 섬기는 것이 하나님의 이름을 더럽히는 이유는 무엇인가(레 20:3).

c. 이스라엘 백성이 애굽에서 종노릇하는 것이 하나님의 이름을 더럽히는 이유는 무엇인가.

d. 하나님께서 자기의 이름을 위하여 이스라엘을 애굽에서 인도하여 내신 이유는 무엇인가.

3) 유월절 어린 양과 그리스도

a. 하나님의 장자란 무엇을 의미하는가(출 4:22).

b. 하나님께서 애굽의 장자를 심판하신 이유는 무엇인가(창 4:23).

c. 이스라엘 백성이 유월절 날 밤에 어린 양의 피를 문 인방과 좌우 설주에 발랐다. 하나님께서 이스라엘 백성의 초태생을 살리신 이유는 무엇인가(출 12:13).

d. 유월절 절기는 누구를 기념하는 것인가(고전 5:7).

2. 홍해와 광야 생활을 통하여 계시된 그리스도와 믿음

(1) 홍해와 세례의 모형

1) 하나님께서 애굽의 모든 초태생을 심판하셨을 때, 바로는 이스라엘 백성을 놓아주었다. 이스라엘 백성이 애굽을 나간 뒤에 바로는 마음을 바꾸어 군대를 보내어 그들을 잡아오게 하였다. 이스라엘 백성은 그들을 추격하는 애굽의 군대와 그들의 앞을 막고 있는 홍해 사이에서 다시 애굽으로 사로잡혀 끌려갈 위험에 놓였다. 하나님은 홍해를

가르셨고 이스라엘 백성은 갈라진 바닷물 사이를 통과하여 광야로 나아갔다. 그러나 애굽의 군대는 바닷물에 익사하였다. 이것은 믿는 자들이 그리스도 예수 안에서 받는 세례를 모형으로 보여준다. 이스라엘 백성은 홍해를 건넘으로 애굽의 바로의 권세에서 완전히 벗어났다.

　2) 유월절 날 밤에 바로의 장자를 비롯하여 애굽의 모든 초태생이 죽임을 당하였을 때, 바로는 이스라엘 백성을 놓아주었다. "**밤에 바로가 모세와 아론을 불러서 이르되 너희와 이스라엘 자손은 일어나 내 백성 가운데서 떠나서 너희의 말대로 가서 여호와를 섬기며 너희의 말대로 너희의 양도 소도 몰아가고 나를 위하여 축복하라 하며**" (출 12:31,32). 이스라엘 백성을 보낸 뒤에 바로의 생각이 돌변하였다. 애굽의 모든 초태생이 죽은 것은 과거의 일이고 돌이킬 수 없는 일이다. 노예였던 이스라엘 백성을 보냄으로 잃어버린 노동력은 현재와 미래의 일이다. 바로는 과거의 사건으로 인하여 입을 미래의 손실을 눈뜨고 볼 수 없었다. 따라서 바로는 이스라엘 백성을 잡아오기 위하여 군대를 파견하였다. "**혹이 백성의 도망한 것을 애굽 왕에게 고하매 바로와 그 신하들이 백성에 대하여 마음이 변하여 가로되 우리가 어찌 이같이 하여 이스라엘을 우리를 섬김에서 놓아 보내었는고 하고 바로가 곧 그 병거를 갖추고 그 백성을 데리고 갈새 특별 병거 육백승과 애굽의 모든 병거를 발하니 장관들이 다 거느렸더라**" (출 14:5~7).

　3) 하나님은 그의 사자를 보내셔서 이스라엘 백성을 광야로 인도하여내셨다. 하나님의 사자의 인도는 구름 기둥으로 나타났다. 구름 기둥이 인도하는 대로 이스라엘 백성은 행진하였다. 그들이 홍해에 도착하였을 때 그들을 추격하는 애굽의 군대를 보았다. 이스라엘 백성의 뒤에는 애굽의 군대가 쫓아오고 있었으며 앞에는 홍해가 가로 막고 있었다. 이스라엘 백성은 뒤로 돌아가지도 못하고 앞으로 나가지도 못하였다. 하나님은 구름기둥으로 그들을 보호하셨다. "**이스라엘 진 앞에 행하던 하나님의 사자가 옮겨 그 뒤로 행하매 구름 기둥도 앞에서 그 뒤로 옮겨 애굽 진과 이스라엘 진 사이에 이르러 서니 저 편은 구름과 흑암이 있고 이 편은 밤이 광명하므로 밤새도록 저 편이 이 편에 가까이 못하였더라**" (출 14:19,20). 마지막으로 하나님은 이스라엘 백성을 위하여 홍해를 가르셨다. 이스라엘 백성은 갈라진 바닷물 사이를 지나 광야로 나왔으나, 애굽의 군대는

그들을 쫓아 홍해를 건너려다가 모두 익사하였다. **"물이 다시 흘러 병거들과 기병들을 덮되 그들의 뒤를 쫓아 바다에 들어간 바로의 군대를 다 덮고 하나도 남기지 아니하였더라"** (출 14:28).

4) 이스라엘 백성이 하나님의 은혜로 바다 가운데를 통과하여 광야로 나갔고 애굽의 군대는 물에 장사된 것은 믿는 자들의 받는 세례를 모형으로 보여준다. **"형제들아 너희가 알지 못하기를 내가 원치 아니하노니 우리 조상들이 다 구름 아래 있고 바다 가운데로 지나며 모세에게 속하여 다 구름과 바다에서 세례를 받고"** (고전 10:1,2). 세례는 그리스도 예수 안에서 죽음과 삶을 의미한다. 세례를 받을 때 물속으로 들어가는 것은 사람의 의지를 사로잡아 범죄하게 하는 육체의 정욕이 죽는 것을 의미한다. 믿고 구원을 받은 자들의 육체 안에 항상 죄를 범하려는 육신의 생각이 있다. 바울은 사도로 부르심을 받은 뒤에도 그의 육체 안에 있는 정욕으로 인하여 괴로움을 당하였다. **"내 속 곧 내 육신에 선한 것이 거하지 아니하는 줄을 아노니 원함은 내게 있으나 선을 행하는 것은 없노라 내가 원하는 바 선은 하지 아니하고 도리어 원치 아니하는 바 악은 행하는도다 만일 내가 원치 아니하는 그것을 하면 이를 행하는 자가 내가 아니요 내 속에 거하는 죄니라"** (롬 7:18~20).

5) 이스라엘 백성이 애굽을 나온 뒤에 바로의 군대가 그들을 추격한 것처럼, 믿음으로 죄에서 구원을 받은 뒤에도 믿는 자들의 육체 안에 있는 정욕이 그들의 의지를 사로잡아 다시 죄의 종으로 끌고 가려고 한다. 마귀는 자기의 지배 아래 있던 자들이 믿음으로 구원을 얻는 것을 차마 보지 못하고 수단과 방법을 가리지 아니하고 그들을 다시 자기의 지배 아래로 끌어드리려고 한다. 마귀는 굶주린 사자와 같다고 성경은 말씀한다. **"근신하라 깨어라 너희 대적 마귀가 우는 사자 같이 두루 다니며 삼킬 자를 찾나니"** (벧전 5:8). 죄를 범하려는 욕망은 애굽의 군대처럼 강력하다. 따라서 사람의 능력으로 그 욕망을 이길 수 없다. 하나님은 믿는 자들을 성령으로 보호하신다. 홍해를 건너기 전에 이스라엘 백성을 보호한 것처럼, 성령은 세례를 받기 전에 믿는 자들을 육체의 정욕의 미혹으로부터 믿는 자들을 보호하신다.86) 육체의 정욕은 계속하여 믿는 자들의 육체

---

86) 성령의 보호는 감동으로 나타난다. 성령께서 믿는 자들의 인격을 감동하셔서 마귀의 미혹으

안에서 역사한다. 따라서 예수 그리스도께서 이스라엘 백성이 홍해를 통과한 것처럼 믿는 자들에게 세례를 명하셨다. **"그러므로 너희는 가서 모든 족속으로 제자를 삼아 아버지와 아들과 성령의 이름으로 세례를 주고"** (마 28:19).

6) 세례란 옛 사람이 죽고 새 사람을 입는 것을 의미한다. 옛 사람이란 육체의 정욕에 따라서 범죄하는 사람을 말한다. 사람은 예수 그리스도를 믿기 전에 마귀의 지배 아래서 육체의 정욕에 따라서 범죄하였다. 믿고 구원을 받은 뒤에도 동일하게 육체의 정욕을 따라서 살려고 한다. 그 이유는 믿고 구원을 받았다고 하더라도 육체의 정욕이 없어지는 것은 아니기 때문이다. 사도 바울의 육체 안에서 육체의 정욕이 역사한 것처럼, 믿는 자들의 육체 안에 정욕이 역사한다. 따라서 세례란 믿는 자들이 물속으로 들어갈 때, 육체의 정욕이 죽으므로 정욕에 따라서 살던 사람의 죽었다는 것을 의미한다. 새 사람이란 육체의 정욕이 죽으면 성령의 인도를 받아 그리스도의 말씀을 순종하는 사람을 의미한다. 물 위로 올라오는 것은 옛 사람이 죽고 새 사람이 살아난 것을 의미한다. 곧 죄로 인하여 마귀의 지배 아래서 짐승처럼 살던 사람은 죽었고 세례를 받은 뒤에는 하나님의 형상인 사람처럼 사는 것이다. **"그럴 수 없느니라 죄에 대하여 죽은 우리가 어찌 그 가운데 더 살리요 무릇 그리스도 예수와 합하여 세례를 받은 우리는 그의 죽으심과 합하여 세례 받은 줄을 알지 못하느뇨** (롬 6:2,3).

7) 세례는 육체의 정욕이 십자가에 못 박혀 죽는 것을 말한다. **"그리스도 예수의 사람들은 육체와 함께 그 정과 욕심을 십자가에 못 박았느니라"** (갈 5:24). 육체의 정욕이 십자가에 못 박히려면 율법에 의하여 정죄를 받아야 한다. 율법은 탐심을 정죄하기 때문이다. **"그런즉 우리가 무슨 말 하리요 율법이 죄냐 그럴 수 없느니라 율법으로 말미암지 않고는 내가 죄를 알지 못하였으니 곧 율법이 탐내지 말라 하지 아니하였더면 내가 탐심을 알지 못하였으리라"** (롬 7:7). 율법에 의하여 탐심이 정죄를 받아 죽었다는 고백으로 믿는 자들은 세례를 받는다. 정욕이 죽었다면 믿는 자들은 하나님을 버리고 세상으로 돌아가는 죄를 범하지 아니할 것이므로 우리는 육체의 정욕에서 나오는 탐심을 다스리겠다는 고백으로 세례를 받는다. 곧 세례란 믿는 자들이 예수 그리스도의 말씀을 순종

로부터 우리를 보호하신다.

하겠다는 맹세로 행하는 의식이라고 말할 수 있다.

8) 믿는 자들은 물로 세례를 받는다. 이것은 영적인 세례를 모형으로 보여준다. 영적인 세례는 불과 성령으로 받는 세례를 말한다.[87] 불세례란 육체의 정욕이 율법에 의하여 정죄를 받아 십자가에 못 박히는 것을 의미한다. 불은 율법을 모형으로 보여준다. 불이 나무를 불사르듯이 육체의 정욕을 심판하여 십자가의 형벌을 선고한다. 불은 율법에 의한 심판을 모형으로 보여준다. **"그러므로 만군의 하나님 여호와가 이같이 말하노라 그들이 이 말을 하였은즉 볼찌어다 내가 네 입에 있는 나의 말로 불이 되게 하고 이 백성으로 나무가 되게 하리니 그 불이 그들을 사르리라"** (렘 5:14). "나의 말"이란 율법을 의미한다. 성령의 세례란 성령을 받는 것을 의미한다. 믿는 자들이 성령을 받으면 성령으로 육체의 정욕을 극복하고 말씀을 순종할 수 있다. **"내가 이르노니 너희는 성령을 좇아 행하라 그리하면 육체의 욕심을 이루지 아니하리라 육체의 소욕은 성령을 거스리고 성령의 소욕은 육체를 거스리나니 이 둘이 서로 대적함으로 너희의 원하는 것을 하지 못하게 하려 함이니라"** (갈 5:16,17).

9) (고전 10:1,2)에서 바울은 구름 아래를 지나는 것을 세례라고 말하였다. 구름은 비가오기 전의 상태를 의미한다. 비구름은 언제든지 비를 내릴 수 있다. 비가 내리면 물 아래로 들어간다. 구름 아래 있다는 것은 물 아래로 들어가는 마음을 가지는 것이다. 구름이 이스라엘 백성을 인도한 것은 항상 바다 가운데로 통과하는 마음을 가질 때 하나님의 말씀을 순종할 수 있다는 것이다. 구름 아래에서 세례를 받았다는 것은 물속에서 육체의 정욕이 죽었다는 마음을 가지는 것이라고 해석할 수 있다. 따라서 성경은 항상 십자가를 진 자만이 하나님의 말씀을 순종할 수 있다고 말씀한다. **"이에 예수께서 제자들에게 이르시되 아무든지 나를 따라 오려거든 자기를 부인하고 자기 십자가를 지고 나를 좇을 것이니라"** (마 16:24). 세례를 통하여 육신의 정욕을 십자가에 못 박은 자만이 그리스도의 말씀을 순종할 수 있다. 십자가를 진 것은 죽음을 향하여 가는 것을 의미한다.

10) 이스라엘 백성이 홍해를 통과하여 광야로 나왔을 때, 애굽의 문화 및 바로의

---

[87] 졸저, 상게서, 6.1.1. (2)와 (3) 참조

권세와 완전히 분리되었다. 애굽에서 이스라엘 백성들은 바로의 지배를 받았지만, 광야에서 그들은 하나님의 법을 순종하여야 한다. 애굽에서 이스라엘 백성은 각종 생선과 야채를 먹었지만, 광야에서는 만나만을 먹었다. 애굽에서 이스라엘 백성은 주택에서 거주하였지만, 광야에서는 장막에서 생활하였다. 애굽에서 이스라엘 백성들은 한 곳에 정착하여 살았지만, 광야에서는 나그네처럼 가나안 땅을 향하여 나아갔다. 홍해를 통과한 이스라엘 백성이 지켜야 할 법과 그들의 생활패턴과 문화가 완전히 바뀌었다. 이것은 믿는 자들이 세례를 받은 뒤에 짐승처럼 살던 삶을 버리고 사람처럼 살아야 하는 것을 모형으로 보여준다.

11) 이스라엘 백성이 홍해를 통과하고 구름으로 인도를 받은 것은 믿는 자들이 받을 세례를 모형으로 보여준다. 이스라엘 백성을 추격하던 애굽의 군대는 믿는 자들을 미혹하여 범죄하게 하는 육체의 정욕을 모형으로 보여준다. 세례란 육체의 정욕을 십자가에 못 박고 그리스도의 말씀을 순종하겠다는 맹세로 받는 것이다. 그리스도의 말씀을 순종하지 아니하면 세례를 받지 아니한 것과 같다고 말할 수 있을 것이다.

(2) 광야생활과 신앙생활의 모형

1) 이스라엘은 하나님을 섬기기 위하여 애굽에서 광야로 나왔다. 광야에서 이스라엘 백성이 하나님을 섬기려면 애굽의 바로의 법에서 벗어나야 하며 애굽의 문명과 문화와 단절하여야 한다. 애굽과 광야 사이를 홍해가 가로막고 있다. 이스라엘 백성이 애굽과 단절되었을 때, 하나님은 비로소 율법을 주셨다. 율법은 하나님을 섬기는 법이다. 율법은 자신의 죄를 깨닫게 함으로 이스라엘 백성으로 하여금 하나님의 은혜로 광야를 지나서 가나안 땅으로 들어갈 수 있다는 것을 보여주었다. 그러나 광야에서 우상을 숭배한 자들과 하나님을 믿지 아니한 자들은 모두 광야에서 죽임을 당하였다. 이것은 믿음으로 구원을 얻은 자들의 신앙생활을 모형으로 보여준다.

2) 애굽에서 광야로 나온 이스라엘 백성은 애굽의 바로의 지배로부터 벗어났으며 애굽의 문화와 단절되었다. 애굽과 단절된 이스라엘 백성의 회중을 광야 교회라고 성경은 말씀한다. **"시내산에서 말하던 그 천사와 및 우리 조상들과 함께 광야 교회에 있었고**

또 생명의 도를 받아 우리에게 주던 자가 이 사람이라" (행 7:38). 광야 교회란 애굽에서 나와 홍해를 통과한 뒤에 하나님의 인도하심을 따라 광야를 지나 가나안 땅을 향하여 나가는 이스라엘 백성의 회중을 말한다. 광야 교회는 예수 그리스도를 믿는 반석 위에 세워진 그리스도의 교회를 모형으로 보여준다. 광야 교회가 애굽의 바로의 지배에서 벗어난 것처럼, 그리스도의 교회는 세상 임금인 마귀의 지배에서 벗어난다. 전자가 홍해를 통과함으로 애굽의 문화와 단절된 것처럼, 후자는 세례를 받으므로 세상의 문화와 단절된다. 전자가 율법을 순종하여야 하는 것처럼, 후자는 그리스도의 말씀을 순종하여야 한다. 전자가 반석에서 나온 물을 마신 것처럼, 후자는 그리스도께서 보내주시는 성령을 받아야 한다. 전자가 광야를 통과하여 가나안 땅을 향하여 나아간 것처럼, 후자는 세상을 통과하여 천국을 향하여 나아간다. 전자가 광야에서 이방인들과 전쟁에서 승리한 것처럼, 후자는 어둠의 권세를 잡은 자와의 전쟁에서 승리하여야 한다. 이스라엘 백성들 가운데 믿지 아니한 자들이 가나안 땅에 들어가지 못한 것처럼, 믿는 자들 가운데 믿음을 버린 자들은 천국에 들어가지 못한다.

3) 광야에서 하나님은 이스라엘 백성에게 양식으로 만나를 주셨다. "**이스라엘 족속이 그 이름을 만나라 하였으며 깟씨 같고도 희고 맛은 꿀 섞은 과자 같았더라**" (출 16:31). 사십 년 동안 광야에서 이스라엘은 애굽에서 먹던 것을 먹지 못하고 만나만을 먹었다. "**우리가 애굽에 있을 때에는 값없이 생선과 외와 수박과 부추와 파와 마늘들을 먹은 것이 생각나거늘**" (민 11:5). 만나는 믿음으로 구원을 얻은 자들의 영의 양식을 모형으로 보여준다. 만나는 사람이 노력하여 얻은 것이 아니라 하늘로부터 내려온 것처럼, 영의 양식도 하늘에서 내려오는 그리스도의 말씀이다. 만나는 육체의 양식이나, 그리스도의 말씀은 영의 양식이다. "**내 살은 참된 양식이요 내 피는 참된 음료로다**" (요 6:55). "내 살"이란 그리스도의 말씀을 의미한다. "**살리는 것은 영이니 육은 무익하니라 내가 너희에게 이른 말이 영이요 생명이라**" (요 6:63). 그리스도의 말씀은 육체의 양식이 아니라 영의 양식이다. 영의 양식이란 믿고 순종하므로 믿는 자의 영이 의롭다함과 거룩함을 얻는 것이다.

4) 이스라엘 백성은 반석에서 나오는 물을 마셨다. 이 반석은 그리스도의 몸을, 물은

성령을 모형으로 보여준다. 광야에서 이스라엘이 갈증으로 고통을 당하였을 때 하나님은 모세에게 반석을 치라고 명령하셨다. **"내가 거기서 호렙산 반석 위에 너를 대하여 서리니 너는 반석을 치라 그것에서 물이 나리니 백성이 마시리라 모세가 이스라엘 장로들의 목전에서 그대로 행하니라"** (출 17:6). "반석"은 그리스도의 육체를 의미한다. **"다 같은 신령한 음료를 마셨으니 이는 저희를 따르는 신령한 반석으로부터 마셨으매 그 반석은 곧 그리스도시라"** (고전 10:4). "반석에서 나온 물"이란 믿는 자들이 받을 성령을 의미한다. "나를 믿는 자는 성경에 이름과 같이 그 배에서 생수의 강이 흘러나리라 하시니 이는 그를 믿는 자의 받을 성령을 가리켜 말씀하신 것이라 (예수께서 아직 영광을 받지 못하신 고로 성령이 아직 저희에게 계시지 아니하시더라)" (요 7:38,39). 반석이 깨지면서 물이 나온 것처럼, 예수 그리스도의 육체가 찢어진 뒤에 그 육체를 통하여 성령께서 믿는 자들에게 임하신다. 그리스도께서 부활하신 뒤에 아버지께 성령을 받아서 믿는 자들에게 주신다. **"하나님이 오른손으로 예수를 높이시매 그가 약속하신 성령을 아버지께 받아서 너희 보고 듣는 이것을 부어 주셨느니라"** (행 2:33).

5) 광야에서 하나님은 구름기둥과 불기둥으로 이스라엘 백성을 보호하고 인도하셨다. 광야에서 낮은 태양빛으로 기온이 많이 올라감으로 활동할 수 없으며, 밤은 기온이 급하게 내려감으로 추위에 떨어야 한다. 낮에 하나님은 구름기둥으로 태양빛을 가려주셨으며 밤에는 불기둥으로 기온이 내려가는 것을 막아주셨다. 하나님은 구름기둥으로 이스라엘 백성을 가나안 땅으로 인도하셨다. 구름기둥이 이스라엘 백성 앞에서 가나안 땅을 향하여 나아갔다. **"구름이 성막에서 떠오르는 때에는 이스라엘 자손이 곧 진행하였고 구름이 머무는 곳에 이스라엘 자손이 진을 쳤으니"** (민 9:17). 광야에서 이스라엘 백성을 보호하고 인도한 구름기둥과 불기둥은 믿는 자들을 인도하는 성령과 그리스도의 말씀을 의미한다. 믿는 자를 천국으로 인도하는 것은 그리스도의 말씀이다. 성령은 믿는 자들을 감동하여 그리스도의 말씀을 순종하게 한다.[88] 곧 믿는 자들은 성령으로 그리스도의 말씀을 순종함으로 세상을 통과하여 천국으로 들어간다.

---

[88] 율법을 순종할 때 성령은 역사하지 아니하신다. 그러나 진리를 순종할 때 성령은 역사하신다. 곧 진리는 성령의 인도하심으로 순종할 수 있다.

6) 광야에서 아말렉은 가나안 땅을 향하여 나아가는 이스라엘 백성을 대적하였다. 모세와 아론은 산꼭대기에서 기도하였고 여호수아는 이스라엘 백성을 지휘하여 전쟁하였다. 모세와 아론은 쉬지 아니하고 기도하였고 이스라엘 백성은 하나님의 은혜로 전쟁에서 승리하였다. **"모세가 손을 들면 이스라엘이 이기고 손을 내리면 아말렉이 이기더니 모세의 팔이 피곤하매 그들이 돌을 가져다가 모세의 아래에 놓아 그로 그 위에 앉게 하고 아론과 훌이 하나는 이편에서, 하나는 저편에서 모세의 손을 붙들어 올렸더니 그 손이 해가 지도록 내려오지 아니한지라 여호수아가 칼날로 아말렉과 그 백성을 쳐서 파하니라"** (출 17:11~13). 이스라엘 백성과 이방인 간의 전쟁의 승패는 하나님의 손에 달려있다. 이것은 믿는 자들의 영적인 싸움을 모형으로 보여준다. 이방인들은 가나안 땅을 향하여 나아가는 이스라엘 백성의 앞길을 막은 것처럼, 악한 영들은 천국을 향하여 나가는 믿는 자들의 앞길을 막고 있다. **"우리의 씨름은 혈과 육에 대한 것이 아니요 정사와 권세와 이 어두움의 세상 주관자들과 하늘에 있는 악의 영들에게 대함이라"** (엡 6:12). 이스라엘 백성이 모세와 아론의 기도로 전쟁에서 승리한 것처럼, 믿는 자들은 성령의 검, 곧 하나님의 말씀으로 악한 영들과 싸움에서 승리한다. **"구원의 투구와 성령의 검 곧 하나님의 말씀을 가지라"** (엡 6:17).

7) 이스라엘 백성은 광야에서 범죄함으로 가나안 땅에 들어가지 못하였다. 사도 바울은 그들의 죄를 우상숭배, 간음, 시험 및 원망으로 구분하였다. **"저희 중에 어떤 이들과 같이 너희는 우상숭배하는 자가 되지 말라 기록된바 백성이 앉아서 먹고 마시며 일어나서 뛰논다 함과 같으니라 저희 중에 어떤 이들이 간음하다가 하루에 이만 삼천 명이 죽었나니 우리는 저희와 같이 간음하지 말자 저희 중에 어떤 이들이 주를 시험하다가 뱀에게 멸망하였나니 우리는 저희와 같이 시험하지 말자 저희 중에 어떤 이들이 원망하다가 멸망시키는 자에게 멸망하였나니 너희는 저희와 같이 원망하지 말라"** (고전 10:7~10). 이 모든 죄는 믿는 자들에 대한 경고로 기록되었다고 성경은 말씀한다. **"저희에게 당한 이런 일이 거울이 되고 또한 말세를 만난 우리의 경계로 기록하였느니라"** (고전 10:11). 하나님께서 택하여 부르셔서 믿음으로 구원을 얻었지만, 믿는 자들이 세상의 미혹을 받아 우상을 숭배하고, 간음하며, 하나님의 전지전능하심을 시험하고,

물질과 육체의 쾌락 때문에 하나님을 원망하면 버림을 받아 천국에 들어갈 수 없을 것이다.

8) 히브리서 기자는 광야에서 범한 이스라엘 백성의 모든 죄를 시험으로 요약하였다. **"노하심을 격동하여 광야에서 시험하던 때와 같이 너희 마음을 강퍅케 하지 말라 거기서 너희 열조가 나를 시험하여 증험하고 사십년 동안에 나의 행사를 보았느니라"** (히 3:8~9). 이스라엘 백성은 하나님의 전능하심을 의심하고 이를 시험하였다. 그들은 '우상숭배와 간음을 심판하실 능력이 하나님께 있을 것이냐 없을 것이냐'하는 의심을 가지고 하나님을 시험하였다. 이스라엘 백성의 족장들은 가나안 땅을 정탐할 때 장대한 거민들을 보았다. 족장들은 '하나님께서 이스라엘 백성을 그 땅으로 인도하여 들어가게 하실 능력이 있을까 없을까'하는 의심을 가지고 하나님을 원망하였다. **"이스라엘 자손이 다 모세와 아론을 원망하며 온 회중이 그들에게 이르되 우리가 애굽 땅에서 죽었거나 이 광야에서 죽었더면 좋았을 것을 어찌하여 여호와가 우리를 그 땅으로 인도하여 칼에 망하게 하려 하는고 우리 처자가 사로잡히리니 애굽으로 돌아가는 것이 낫지 아니하랴"** (민 14:2,3).

9) 이스라엘 백성이 하나님을 원망한 이유는 하나님의 전능하심과 그의 약속을 믿지 아니하였기 때문이다. 시험과 원망은 불신앙으로부터 나온다고 성경은 말씀한다. **"여호와께서 모세에게 이르시되 이 백성이 어느 때까지 나를 멸시하겠느냐 내가 그들 중에 모든 이적을 행한 것도 생각하지 아니하고 어느 때까지 나를 믿지 않겠느냐"** (민 14:11). 이스라엘 백성은 하나님을 믿지 아니하고 시험한 죄로 인하여 40년 동안 광야를 방황하였다. **"너희 자녀들은 너희의 패역한 죄를 지고 너희의 시체가 광야에서 소멸되기까지 사십 년을 광야에서 유리하는 자가 되리라 너희가 그 땅을 탐지한 날수 사십일의 하루를 일 년으로 환산하여 그 사십년간 너희가 너희의 죄악을 질찌니 너희가 나의 싫어 버림을 알리라 하셨다 하라** (민 14:33,34).

10) 이스라엘 백성이 광야에서 범죄한 원인이 불신앙이라고 요약하였다. **"또 하나님이 누구에게 맹세하사 그의 안식에 들어오지 못하리라 하셨느뇨 곧 순종치 아니하던 자에게가 아니냐 이로 보건대 저희가 믿지 아니함으로 능히 들어가지 못한 것이라"**

(히 3:18,19). 이스라엘 백성은 하나님의 약속을 믿지 아니하였으므로 하나님의 말씀을 불순종하였다. 광야에서 이스라엘 백성이 믿지 아니함으로 범죄한 것은 현재 믿는 자들의 타락을 모형으로 보여준다. 사도 바울은 말세에 믿는 자들이 믿음을 떠나서 악한 영들의 가르침을 따른다고 기록하였다. "**그러나 성령이 밝히 말씀하시기를 후일에 어떤 사람들이 믿음에서 떠나 미혹케 하는 영과 귀신의 가르침을 좇으리라 하셨으니**"(딤전 4:1). 믿음으로 구원을 받은 자들이 율법의 행위로 돌아감으로 버림을 받는다. "**율법 안에서 의롭다 함을 얻으려 하는 너희는 그리스도에게서 끊어지고 은혜에서 떨어진 자로다**"(갈 5:4). 가룟 유다는 사도로 부르심을 받았으나 믿음을 버리고 그리스도를 대제사장에게 넘겨주는 죄를 범하였다. 니골라는 집사로 안수를 받았지만 믿음을 버리고 유대교로 돌아갔다(행 6:5).

11) 애굽에서 광야로 나온 이스라엘 백성의 회중을 광야 교회라고 한다. 광야 교회는 그리스도 교회의 모형이다. 전자가 애굽의 바로의 권세와 애굽의 문화와 완전히 단절된 것처럼, 후자도 마귀의 권세와 세상의 문화로부터 완전히 단절되어야 한다. 이스라엘 백성의 광야생활은 믿는 자들의 신앙생활을 모형으로 보여준다. 광야에서 범한 이스라엘 백성의 죄는 믿는 자들이 믿지 아니함으로 범하는 죄를 모형으로 보여준다.

(3) 이해를 위한 질문

1) 홍해와 세례의 모형

   a. 애굽의 바로가 이스라엘을 추격한 이유는 무엇인가(벧전 5:8).

   b. 애굽의 군대는 영적으로 무엇을 의미하는가.

   c. 홍해를 통과하고 구름 아래를 지나는 것이 세례의 모형을 보여주는 이유는 무엇인가(고전 10:1,2).

   d. 믿는 자는 예수 이름으로 세례를 받는다. 물속으로 들어갈 때 무엇이 죽는가(롬 6:6). 물 위로 올라올 때 살아나는 것은 무엇인가.

   e. 옛 사람이 율법에 정죄를 받아 죽어야 하는 이유는 무엇인가(갈 2:20).

2) 광야생활과 신앙생활의 모형

a. 광야 교회의 특징은 무엇인가(행 7:38).

b. 이스라엘 백성이 먹은 만나는 무엇을 상징하는가(요 6:63).

c. 반석에서 나온 물은 무엇을 상징하는가(요 7:37,38).

d. 이스라엘 백성을 인도한 구름은 무엇을 상징하는가(민 917~23).

e. 광야에서 이스라엘 백성이 범함으로 가나안 땅에 들어가지 못한 죄는 무엇인가 (고전 10:7~10).

f. 광야에서 이스라엘 백성이 범죄한 이유는 무엇인가(히 3:18,19).

g. 광야에서 이스라엘 백성이 범한 죄가 믿는 자들이 범할 수 있는 죄를 모형으로 보여주는 이유는 무엇인가(고전 10:11).

3. 가나안 땅의 정복을 통하여 계시된 그리스도와 믿음

(1) 가나안 땅 정복과 하나님의 은혜

1) 가나안 땅은 믿는 자들이 들어가는 천국을 모형으로 보여준다. 이스라엘 백성은 40년 동안 광야생활을 끝내고 요단강을 건너서 가나안 땅으로 들어갔다. 여호수아는 하나님의 말씀에 따라서 마음을 담대하게 하였고 하나님의 은혜로 가나안 땅을 정복하였다. 그러나 여호수아는 하나님의 말씀을 버리고 히위 사람과 언약을 맺고 그들을 살려줌으로 가나안 거민을 완전히 몰아내지 못하였다. 살아남은 가나안 족속들은 이스라엘 백성을 미혹하여 우상을 숭배하게 하였다.

2) 광야생활을 끝내고 가나안 땅을 정복하는 전쟁이 시작되었다. 이제 하나님께서 이스라엘 백성을 광야의 길을 걷게 하신 이유가 분명하게 되었다. 그 이유는 이스라엘 백성이 가나안 거민과 전쟁에서 승리할 믿음을 가지게 하는 것이다. 광야에서 하나님의 약속의 말씀을 믿지 아니하고 범죄한 자들은 모두 죽었고 믿음을 지킨 자만이 가나안 전쟁에 참여하였다. 그 믿음은 율법을 통하여 자신의 죄를 깨닫고 장차 오실 그리스도를 믿는 믿음이다. 사람은 육신이 연약하여 율법을 온전히 순종할 수 없기 때문에 우상을 숭배한 자, 간음한 자, 하나님을 시험하고 원망한 자들, 그리고 광야에서 살아남아 가나안 땅에 들어간 자들도 모두 율법 앞에서 죄인이다. 그러나 율법으로 자신의 죄를 깨닫고

장차 오실 그리스도를 믿은 자만이 가나안 땅에 들어갈 수 있었다. 광야 생활은 이스라엘 백성에게 장차 오실 그리스도를 믿는 믿음을 심어주었다. 이 믿음을 가진 자만이 가나안 거민과의 전쟁에 참여하여 담대한 마음으로 승리할 수 있었다.

3) 창세전부터 하나님께서 가나안 땅을 택하여 거룩하게 구별하셨다. **"네 하나님 여호와께서 권고하시는 땅이라 세초부터 세말까지 네 하나님 여호와의 눈이 항상 그 위에 있느니라"** (신 11:12). 아브라함 시대에 그 땅의 거민들의 죄가 심각하지 아니하였으므로 하나님께서 그 거민들을 그 땅에서 몰아내지 아니하셨다. **"네 자손은 사대만에 이 땅으로 돌아 오리니 이는 아모리 족속의 죄악이 아직 관영치 아니함이니라 하시더니"** (창 15:16). 그러나 이스라엘 백성이 애굽에서 나온 뒤에 그 땅의 거민들이 가증한 죄를 범하여 그 땅을 더럽혔으므로 그 땅은 그 거민을 토하여내고 거룩한 백성을 맞이하였다. **"너희는 이 모든 일로 스스로 더럽히지 말라 내가 너희의 앞에서 쫓아내는 족속들이 이 모든 일로 인하여 더러워졌고 그 땅도 더러워졌으므로 내가 그 악을 인하여 벌하고 그 땅도 스스로 그 거민을 토하여 내느니라"** (레 18:24,25). 가나안 땅은 거룩하게 구별된 곳이므로 이스라엘 백성이 우상을 숭배하면 그들을 토하여 낼 것이다. **"너희도 더럽히면 그 땅이 너희 있기 전 거민을 토함 같이 너희를 토할까 하노라"** (레 18:28). 이 예언의 말씀대로 이스라엘 백성이 우상을 숭배함으로 그 땅을 더럽혔을 때, 그들은 이방인의 포로가 되었고 전 세계로 흩어졌다.

4) 모세는 이스라엘 백성을 애굽에서 인도하여 내고 광야를 통과하였지만 가데스에서 하나님의 말씀을 믿지 아니하였으므로 가나안 땅에 들어가지 못하였다. **"여호와께서 모세와 아론에게 이르시되 너희가 나를 믿지 아니하고 이스라엘 자손의 목전에 나의 거룩함을 나타내지 아니한고로 너희는 이 총회를 내가 그들에게 준 땅으로 인도하여 들이지 못하리라 하시니라"** (민 20:12). 모세가 가나안 땅에 들어가지 못한 것은 율법의 행위로 천국에 들어가지 못한다는 것을 모형으로 보여준다. 하나님은 모세를 대신하여 여호수아를 택하여 이스라엘 백성의 지도자로 삼으셨다. **"여호와께서 또 눈의 아들 여호수아에게 명하여 가라사대 너는 이스라엘 자손을 인도하여 내가 그들에게 맹세한 땅으로 들어가게 하리니 마음을 강하게 하고 담대히 하라 내가 너와 함께 하리라"** (신 31:23).

모세는 하나님의 말씀에 따라서 여호수아의 머리에 안수하여 그가 백성의 지도자임을 선언하였다. "모세가 눈의 아들 여호수아에게 안수하였으므로 그에게 지혜의 신이 충만하니 이스라엘 자손이 여호와께서 모세에게 명하신대로 여호수아의 말을 순종하였더라" (신 34:9).

5) 여호수아는 자신을 낮추어 자신이 모세보다 능력이 없는 자로 믿었고 이스라엘 백성들도 그렇게 생각하고 있었다. 따라서 하나님은 여호수아를 격려하고 그에게 담대하라고 말씀하셨다. **"너의 평생에 너를 능히 당할 자 없으리니 내가 모세와 함께 있던 것같이 너와 함께 있을 것임이라 내가 너를 떠나지 아니하며 버리지 아니하리니 마음을 강하게 하라 담대히 하라 너는 이 백성으로 내가 그 조상에게 맹세하여 주리라 한 땅을 얻게 하리라"** (수 1:5,6). "마음을 강하게 하라 담대히 하라"란 하나님의 은혜로 가나안 땅을 반드시 정복할 수 있다는 굳은 믿음을 가지고 흔들리지 말라는 것을 의미한다. "너와 함께 있을 것임이라"란 하나님께서 여호수아를 지키고 도와주신다는 것을 의미한다.

6) 여호수아는 하나님의 은혜로 요단강을 건너서 처음으로 여리고 성을 정복하였다. 하나님은 가나안 땅을 정복하는 것이 사람의 능력과 무관하게 자신의 능력에 달려있음을 알게 하셨다. 이스라엘 백성이 처음부터 어렵게 성을 정복하면 가나안 거민을 두려워할 것이기 때문이다. 이스라엘 백성은 하나님의 말씀에 따라서 매일 한 번씩 여리고 성을 돌았고 일곱째 날에는 일곱 번 그 성을 돌았다. 이스라엘 백성이 외쳤을 때 여리고 성은 무너졌다. **"이에 백성은 외치고 제사장들은 나팔을 불매 백성이 나팔 소리를 듣는 동시에 크게 소리 질러 외치니 성벽이 무너져 내린지라 백성이 각기 앞으로 나아가 성에 들어가서 그 성을 취하고 성 중에 있는 것을 다 멸하되 남녀 노유와 우양과 나귀를 칼날로 멸하니라"** (수 6:20,21). 여리고 성이 무너진 것은 온전히 하나님의 은혜이다. 여리고성은 이스라엘 백성이 처음으로 정복한 성이므로 하나님은 그 성의 모든 전리품을 자신의 것이라고 선언하셨다.[89] **"은금과 동철 기구들은 다 여호와께 구별될 것이니 그것을 여호와의 곳간에 들일찌니라"** (수 6:19).

---

[89] 모든 소득의 첫 열매는 하나님의 것이다. 여리고 성을 정복하고 얻은 전리품은 첫 열매에 해당하므로 하나님께서 자기의 것이라고 선언하셨다.

7) 여리고 성의 정복을 통하여 이스라엘 백성은 전능하신 하나님은 반드시 그의 약속을 지키신다는 것을 알았다. 이스라엘 백성에게 가나안 땅을 기업으로 주신다고 약속하신 하나님은 가나안 거민을 이스라엘 백성의 손에 붙여야 할 의무가 있다. 이스라엘 백성이 하나님의 말씀을 믿고 순종한다면 가나안 거민들과 전쟁에서 승리하는 것이 하나님의 뜻이다. 이러한 생각이 이스라엘을 교만하게 하였다. 유다지파의 아간이 하나님의 말씀을 불순종하여 여리고 성의 전리품을 도적질하였다. "**이스라엘 자손들이 바친 물건을 인하여 범죄하였으니 이는 유다 지파 세라의 증손 삽디의 손자 갈미의 아들 아간이 바친 물건을 취하였음이라 여호와께서 이스라엘 자손들에게 진노하시니라**" (수 7:1). 이스라엘이 범죄하였을 때 하나님은 그들을 돕지 아니하셨다. 아간의 죄로 인하여 이스라엘 백성은 아이 성의 거민과의 전쟁에서 크게 패하였다(수 7:5). 여호수아는 아간을 심판하여 이스라엘 가운데서 죄를 없이한 뒤에 하나님의 은혜로 아이 성을 정복하였다.

8) 이스라엘 백성이 아이 성을 정복하였을 때, 이 소식을 들은 기브온 거민들이 목숨을 부지하기 위하여 여호수아를 속이고 화친하려고 하였다. 그러나 이스라엘 백성들이 그곳의 거민의 제의를 받아드리지 아니하고 그들을 멸하는 것이 하나님의 명령이다. "**네 하나님 여호와께서 너를 인도하사 네가 가서 얻을 땅으로 들이시고 네 앞에서 여러 민족 헷 족속과 기르가스 족속과 아모리 족속과 가나안 족속과 브리스 족속과 히위 족속과 여부스 족속 곧 너보다 많고 힘이 있는 일곱 족속을 쫓아내실 때에 네 하나님 여호와께서 그들을 네게 붙여 너로 치게 하시리니 그 때에 너는 그들을 진멸할 것이라 그들과 무슨 언약도 말 것이요 그들을 불쌍히 여기지도 말 것이며**" (신 7:1,2). 여호수아를 포함하여 이스라엘 백성의 족장들은 승리에 도취하여 하나님의 말씀을 잃어버리고 그들을 살리기로 그들과 언약을 맺었다. "**여호수아가 곧 그들과 화친하여 그들을 살리리라는 언약을 맺고 회중 족장들이 그들에게 맹세하였더라**" (수 9:15).

9) 기브온 거민을 살리기로 그들과 언약을 맺은 것이 화근이 되어 그들을 정복하지 못하게 되었다. 이 사실을 안 이스라엘 백성은 족장들을 원망하였다. "**그러나 회중 족장들이 이스라엘 하나님 여호와로 그들에게 맹세한고로 이스라엘 자손이 그들을 치지 못한지라 그러므로 회중이 다 족장들을 원망하니 모든 족장이 온 회중에게 이르되 우리

가 이스라엘 하나님 여호와로 그들에게 맹세하였은즉 이제 그들을 건드리지 못하리라" (수 9:18,19). 이스라엘 백성과 기브온 사람들이 함께 살아가게 되었고, 이것은 이스라엘 백성의 타락으로 이어졌다. 이스라엘 백성은 가나안 땅에 정착한 뒤에 이방여자를 취하여 아내로 삼았고 그녀들의 미혹에 빠져서 우상을 숭배하였다. "이스라엘 자손은 마침내 가나안 사람과 헷 사람과 아모리 사람과 브리스 사람과 히위 사람과 여부스 사람 사이에 거하여 그들의 딸들을 취하여 아내를 삼으며 자기 딸들을 그들의 아들에게 주며 또 그들의 신들을 섬겼더라" (삿 3:5,6).

10) 이스라엘 백성이 가나안 거민과 전쟁할 때 하나님은 약속하신 대로 그들을 도와 전쟁에 승리하게 하셨다. 하나님은 우박으로 이스라엘 백성의 대적을 치셨고 전세가 이스라엘 백성에게 유리하게 전개되자 하나님은 태양과 달이 멈추게 하셨다. "그들이 이스라엘 앞에서 도망하여 벧호론의 비탈에서 내려갈 때에 여호와께서 하늘에서 큰 덩이 우박을 아세가에 이르기까지 내리우시매 그들이 죽었으니 이스라엘 자손의 칼에 죽은 자보다 우박에 죽은 자가 더욱 많았더라 여호와께서 아모리 사람을 이스라엘 자손에게 붙이시던 날에 여호수아가 여호와께 고하되 이스라엘 목전에서 가로되 태양아 너는 기브온 위에 머무르라 달아 너도 아얄론 골짜기에 그리할찌어다 하매 태양이 머물고 달이 그치기를 백성이 그 대적에게 원수를 갚도록 하였느니라 야살의 책에 기록되기를 태양이 중천에 머물러서 거의 종일토록 속히 내려가지 아니하였다 하지 아니하였느냐" (수 10:11~13). 이스라엘 백성들은 하나님의 은혜로 기브온 사람을 제외한 거의 모든 거민을 진멸하였다. 이스라엘 백성은 일부 소수의 거민만을 정복하지 못하였다. 전쟁이 그친 뒤에 여호수아는 하나님의 말씀에 따라서 그 땅을 각 지파에게 분배하였다. "이스라엘 자손의 땅 안에는 아낙 사람이 하나도 남음이 없고 가사와 가드와 아스돗에만 약간 남았었더라 이와 같이 여호수아가 여호와께서 모세에게 이르신 말씀대로 그 온 땅을 취하여 이스라엘 지파의 구별을 따라 기업으로 주었더라 그 땅에 전쟁이 그쳤더라" (수 11:22,23).

11) 광야에서 40년 동안 믿지 아니함으로 범죄한 모든 자들은 광야에서 죽었다. 오직 율법으로 자신의 죄를 깨닫고 장차 오실 그리스도를 믿는 자만이 광야를 통과하여 가나

안 거민과의 전쟁에 참여하였다. 믿음으로 이스라엘 백성은 가나안 땅을 정복하고 그 땅을 제비뽑아 각 지파에게 분배하였다. 가나안 땅에 정착한 이스라엘 백성의 역사는 그들이 살려준 이방인들과의 전쟁이다. 이스라엘 백성은 믿지 아니하였으므로 이방인의 미혹에 빠져서 우상을 숭배하였다. 그 결과 그들은 이방인의 포로가 되어 역사의 뒤안길로 사라지게 되었다.

12) 이스라엘 백성의 가나안 땅 정복은 그리스도 예수 안에서 믿는 자들의 영적 전쟁을 모형으로 보여준다. 하나님께서 가나안 땅을 이스라엘 백성에게 주시려고 작정하였지만 그 땅의 거민들이 그 땅을 차지하고 살고 있었던 것처럼, 그리스도의 피로써 믿는 자들이 구원을 받았지만 마귀와 악한 영들은 우리의 생각과 마음을 지배하고 있다. 이제 그리스도의 말씀이 마귀와 악한 영들을 결박하고 믿는 자들의 영 안에 들어오셔야 한다. 믿는 자들의 마음은 그리스도의 말씀과 마귀의 악한 생각이 서로 격돌하는 전쟁터이다 (엡 6:12). 믿는 자들은 이 전쟁에서 승리하여야 한다. 이것을 모형으로 보여주는 것이 가나안 땅의 정복전쟁이다.

(2) 가나안 땅 정복과 하나님의 나라

1) 이스라엘 백성이 하나님의 은혜로 가나안 땅을 정복한 것은 믿는 자들이 하나님의 나라에 들어가는 것을 모형으로 보여준다. 하나님의 나라는 두 가지의 뜻을 내포하고 있다. 첫째, 그리스도의 말씀이 지배하는 영역이다.[90] 둘째, 하나님의 나라는 믿는 자들이 육체의 장막을 벗은 뒤에 들어갈 낙원과 부활 후에 들어갈 아버지의 집을 의미한다.[91] 요단강은 천국과 우주를 막고 있는 벽을, 가나안 땅은 하늘나라를, 가나안 거민과의 전쟁은 믿는 자들과 악한 영들과의 전쟁을 모형으로 보여준다.

2) 이스라엘 백성은 요단강을 건너서 가나안 땅으로 들어갔다. 요단강은 하늘과 우주를 막고 있는 물을 모형으로 보여준다. 하나님은 둘째 날에 궁창을 만드셨다. "**하나님이 가라사대 물 가운데 궁창이 있어 물과 물로 나뉘게 하리라 하시고 하나님이 궁창을**

---

90) G. A. Buttrick, op. cit., vol. 3. pp. 22, 23.
91) 졸저, 상게서, 1.2.2.(2) 참조

만드사 궁창 아래의 물과 궁창 위의 물로 나뉘게 하시매 그대로 되니라"(창 1:6,7). 궁창은 우주의 공간이며 궁창 위의 물은 우주의 벽을 형성하고 있는 물이다. 빛이 창조되기 전에 우주는 흑암이었으며 그 표면은 물이었다. **"땅이 혼돈하고 공허하며 흑암이 깊음 위에 있고 하나님의 신은 수면에 운행하시니라"** (창 1:2). 시편기자는 우주의 벽이 물이라고 기록하였다. **"하늘의 하늘도 찬양하며 하늘 위에 있는 물들도 찬양할찌어다"** (시 148:4). "하늘 위에 있는 물"이란 구름이 아닌 우주 공간 위에 있는 물을 의미한다. 우주 안에 있는 모든 것들은 우주의 벽인 물 아래 갇혀있으므로 사람은 자신의 능력으로 우주 벽인 물을 통과할 수 없다.

3) 이스라엘 백성은 하나님의 은혜로 요단강을 건넜다. 언약궤를 멘 제사장이 발을 요단강물에 잠그자 순간 흐르던 요단강물이 멈추었다. **"(요단이 모맥 거두는 시기에는 항상 언덕에 넘치더라) 궤를 멘 자들이 요단에 이르며 궤를 멘 제사장들의 발이 물가에 잠기자 곧 위에서부터 흘러 내리던 물이 그쳐서 심히 멀리 사르단에 가까운 아담 읍 변방에 일어나 쌓이고 아라바의 바다 염해로 향하여 흘러가는 물은 온전히 끊어지매 백성이 여리고 앞으로 바로 건널쌔 여호와의 언약궤를 멘 제사장들은 요단 가운데 마른 땅에 굳게 섰고 온 이스라엘 백성은 마른 땅으로 행하여 요단을 건너니라"** (수 3:15~17). 이것은 그리스도의 말씀을 가진 믿는 자들의 영혼만이 우주의 벽을 통과하여 낙원으로 들어갈 수 있다는 것을 모형으로 보여준다.

4) 이스라엘 백성이 요단강을 건너서 들어간 가나안 땅은 그리스도의 말씀이 지배하는 영역인 교회를 의미하는 것으로 해석하는 것이 타당할 것이다. 이 땅에서 하나님의 나라는 그리스도의 말씀이 지배하는 영역이다. 믿는 자들의 영이 육체를 벗은 뒤에 들어갈 낙원에는 전쟁이 불필요하다(눅 16:22). 따라서 하나님의 나라를 그리스도의 말씀이 지배하는 영역으로 정의하고 가나안 땅의 정복을 통하여 계시하는 하나님의 뜻을 살펴보자. 그리스도의 말씀이 믿는 자들의 영에 임하여 우리를 다스리므로 성경은 하나님의 나라가 믿는 자들 안에 있다고 말씀한다. **"바리새인들이 하나님의 나라가 어느 때에 임하나이까 묻거늘 예수께서 대답하여 가라사대 하나님의 나라는 볼 수 있게 임하는 것이 아니요 또 여기 있다 저기 있다고도 못하리니 하나님의 나라는 너희 안에 있느니라"**

(눅 17:20,21).

5) 하나님의 나라를 그리스도의 말씀이 통치하는 영역이란 관점에서 가나안 땅의 정복과 영적 전쟁과의 관계를 살펴보자. 가나안 땅은 믿지 아니하는 이방인들이 점령하고 있다. 이 땅을 향하여 진격하는 이스라엘 백성은 장차 오실 그리스도를 믿는 믿음과 하나님의 말씀으로 무장하고 있다. 가나안 땅처럼 사람의 심령은 세상 임금인 마귀가 지배하고 있다. 이제 믿음으로 구원을 받으면 그리스도의 말씀이 마귀의 권세를 결박하고 사람의 심령을 점령하여야 한다. 성령의 권능으로 무장한 그리스도의 말씀이 마귀가 지배하는 믿는 자들의 심령을 향하여 진격한다. 믿는 자들의 심령 안에 마귀의 인격이 육체의 정욕으로 나타난다.[92] 성령의 인도하심이 없으면 육체의 정욕이 그리스도의 말씀을 대적한다. **"육신의 생각은 하나님과 원수가 되나니 이는 하나님의 법에 굴복치 아니할 뿐 아니라 할 수도 없음이라"** (롬 8:7). 육신의 생각은 탐욕으로서 그리스도의 말씀이 믿는 자의 영 안에 들어오는 것을 막고 있다. 성경은 육신의 생각을 견고한 요새라고 말씀한다. **"우리의 싸우는 병기는 육체에 속한 것이 아니요 오직 하나님 앞에서 견고한 진을 파하는 강력이라"** (고후 10:4). 육신의 생각은 마귀의 인격이므로 사람의 의지를 사로잡는다. 따라서 믿는 자들이 마귀로부터 나오는 육신의 생각을 극복하지 못하면 그리스도의 말씀을 순종할 수 없다.

6) 이스라엘 백성이 가나안 땅의 거민과 전쟁을 통하여 그 땅을 정복하였듯이, 믿는 자들 안에 하나님의 나라가 임하려면 그리스도의 말씀이 정욕과 싸워서 승리하여야 한다. 따라서 천국은 침노하는 자의 것이라고 성경은 말씀한다. **"세례 요한의 때부터 지금까지 천국은 침노를 당하나니 침노하는 자는 빼앗느니라"** (마 11:12). 이스라엘 백성이 여리고 성을 점령할 때 기생 라합의 협조가 있었던 것처럼, 믿는 자가 자신의 육체의 정욕을 십자가에 못 박아야 하며 그리스도의 말씀을 간절히 사모하여야 한다. **"그러므로 모든 들은 것을 우리가 더욱 간절히 삼갈찌니 혹 흘러 떠내려 갈까 염려하노라"** (히 2:1). 믿는 자들이 육신의 생각을 극복하고 그리스도의 말씀을 순종하면 그 말씀이 우리 안에 들어온다.

---

[92] 마귀와 육체의 정욕에 대하여, 졸저, 상게서, 2.4.1.(2) 및 2.4.2.(2) 참조

7) 그리스도의 말씀이 성령으로 믿는 자의 영에 들어오면 하늘나라가 우리 안에 임하는 것이다. 믿는 자들이 그리스도의 말씀을 순종하면 그의 말씀이 우리의 영안에 임하는 것이며 동시에 우리가 그리스도의 말씀 안에 들어가는 것이다. 믿는 자들이 하나님의 나라에 들어가는 것은 그리스도의 말씀 안으로 들어가는 것이다. 곧 믿는 자들이 성령으로 그리스도의 말씀을 순종할 때, 그 말씀이 우리 안에 들어오며 우리는 그 말씀 안으로 들어간다. **"그 날에는 내가 아버지 안에, 너희가 내 안에, 내가 너희 안에 있는 것을 너희가 알리라"** (요 14:20). **"너희가 내 안에 거하고 내 말이 너희 안에 거하면 무엇이든지 원하는 대로 구하라 그리하면 이루리라"** (요 15:7). "내가 너희 안에 있다"란 그리스도의 말씀이 우리 안에 임한 것이며 동시에 하나님의 나라가 임한 것이다.

8) 믿는 자들은 자기의 마음속에 있는 육신의 생각과의 싸움에서 승리함으로 하나님의 나라, 곧 그리스도의 말씀 안으로 들어갈 수 있다. 이를 위하여 믿는 자들은 예수 그리스도의 이름으로 세례를 받는다. 세례를 받음으로 육체의 정욕을 십자가에 못 박은 자는 성령의 인도하심으로 그리스도의 말씀을 순종할 수 있다. **"육체의 소욕은 성령을 거스리고 성령의 소욕은 육체를 거스리나니 이 둘이 서로 대적함으로 너희의 원하는 것을 하지 못하게 하려 함이니라"** (갈 5:17). 성령은 마귀의 권세를 결박하고 믿는 자들의 인격을 감동하신다. 따라서 믿는 자들은 자신의 노력이 아니라 성령의 인도하심으로 그리스도의 말씀을 순종함으로 하나님의 나라에 들어갈 수 있다. 그리스도의 말씀이 믿는 자들의 생각과 마음과 말과 행동을 지배할 때, 우리 안에 하나님의 나라가 임한다.

9) 이스라엘 백성이 기브온 사람들과 언약을 맺고 그들을 살려준 것처럼, 믿는 자들이 마음속에 있는 육신의 생각과 타협하면 그리스도의 말씀은 우리 안에 들어오지 못한다. 믿는 자들이 그리스도의 말씀을 순종하려면 그의 의지가 육신의 생각을 거절하고 말씀을 순종하려는 영의 생각을 수용하여야 한다. 믿는 자들이 그리스도의 말씀을 순종하기로 결심한 뒤에 그 마음이 흔들리면 결정을 번복하게 된다. 따라서 성경은 마음을 지키라고 말씀한다. **"무릇 지킬만한 것보다 더욱 네 마음을 지키라 생명의 근원이 이에서 남이니라"** (잠 4:23). 믿는 자는 불신앙의 생각을 넣어주는 악한 영들과의 싸움에서 승리하여야 한다. 이 싸움에서 이기는 자에게 하나님의 나라가 임한다. **"이기는 그에게는 내가 내**

보좌에 함께 앉게 하여주기를 내가 이기고 아버지 보좌에 함께 앉은 것과 같이 하리라" (계 3:21). 그리스도의 말씀이 믿는 자들 안에 임하면 우리는 그리스도의 보좌가 된다. 그리스도의 말씀이 임한 것은 그리스도께서 임한 것이다. 그리스도께서 임한 곳이 그의 보좌이다.

10) 이스라엘 백성이 하나님의 은혜로 가나안 땅을 정복한 것처럼, 믿는 자들은 성령의 인도하심으로 그리스도의 말씀을 순종할 수 있다. 이스라엘 백성은 하나님의 은혜로 요단강을 건너서 여리고 성을 점령하였다. 그들은 아이 성을 비롯하여 가나안 성들을 하나님의 은혜로 점령하였다. 이와 같이 믿는 자들은 성령의 인도하심으로 그리스도의 말씀을 순종함으로 영적 전쟁에서 승리한다. 그리스도의 말씀이 악한 영들의 생각을 결박하고 믿는 자들의 영에 들어오려면 성령께서 역사하셔야 한다. 그리스도의 말씀은 성령으로 역사하기 때문이다. 성령으로 그리스도의 말씀이 믿는 자들 안에 오신다. "**그의 계명들을 지키는 자는 주 안에 거하고 주는 저 안에 거하시나니 우리에게 주신 성령으로 말미암아 그가 우리 안에 거하시는 줄을 우리가 아느니라**" (요일 3:24).

11) 믿는 자들이 그리스도의 말씀을 순종하는 것은 세상을 이기는 것이다. 성경은 예수 그리스도를 믿는 믿음이 세상을 이긴다고 말씀한다. "**대저 하나님께로서 난 자마다 세상을 이기느니라 세상을 이긴 이김은 이것이니 우리의 믿음이니라 예수께서 하나님의 아들이심을 믿는 자가 아니면 세상을 이기는 자가 누구뇨**" (요일 5:4,5). 예수 그리스도에 대한 믿음의 본질은 성령의 감동으로 그의 피에 의한 속죄와 그의 말씀을 믿는 것이다. "**이는 물과 피로 임하신 자니 곧 예수 그리스도시라 물로만 아니요 물과 피로 임하셨고 증거하는 이는 성령이시니 성령은 진리니라**"(요일 5:6,7). 이스라엘 백성들이 믿음으로 가나안 땅을 정복한 것은 모형이며, 믿는 자들이 그리스도의 피에 의한 속죄를 믿음으로 세상을 이기는 것은 실상이다. 따라서 이스라엘 백성은 장차 오실 그리스도의 피에 의한 속죄를 믿음으로 가나안 땅을 정복하였다고 말할 수 있다.

12) 그리스도의 모든 말씀이 믿는 자들의 생각과 마음을 완전히 지배하는 것은 아니다. 인류 역사상 그리스도의 말씀에 의하여 완전히 지배당한 사람은 없다. 사람은 누구나 원죄의 흔적을 가지고 태어나기 때문이다. 모든 사람은 육체의 정욕을 가지고 태어난다.

육체의 정욕은 육체의 속성으로 없어지지 아니하며, 마귀는 이것을 통하여 항상 육신의 생각을 넣어준다. 따라서 사도 바울은 그의 육체 안에 거하는 육신의 생각 때문에 고통을 당하였다. "**내 지체 속에서 한 다른 법이 내 마음의 법과 싸워 내 지체 속에 있는 죄의 법 아래로 나를 사로잡아 오는 것을 보는도다 오호라 나는 곤고한 사람이로다 이 사망의 몸에서 누가 나를 건져 내랴**" (롬 7:23,24). 이스라엘 백성이 가나안 거민을 모두 몰아내지 못한 것은 믿는 자들의 육신 안에 있는 정욕을 모형으로 보여준다. "**이스라엘 자손의 세대 중에 아직 전쟁을 알지 못하는 자에게 그것을 가르쳐 알게 하려 하사 남겨두신 열국은 블레셋 다섯 방백과 가나안 모든 사람과 시돈 사람과 바알 헤르몬산에서부터 하맛 어구까지 레바논산에 거하는 히위 사람이라 남겨두신 이 열국으로 이스라엘을 시험하사 여호와께서 모세로 그들의 열조에게 명하신 명령들을 청종하나 알고자 하셨더라**" (삿 3:2~4). 가나안 땅에 정착한 이후 이스라엘 백성들의 삶은 이방인과 전쟁이다. 이와 같이 믿음으로 구원을 얻은 자들의 일생은 악한 영들과의 전쟁의 연속이다.

13) 가나안 땅을 정복하고 그 땅을 각 지파에게 분배하는 것은 믿는 자들이 믿음의 분량에 따라서 받을 그리스도의 은혜를 모형으로 보여준다고 해석할 수 있다. 이스라엘 백성의 각 지파들은 제비를 뽑아 땅을 분배받았다. 제비를 뽑는 것은 하나님께서 각 지파가 얻을 땅을 결정하는 것을 말한다. 이스라엘 백성이 전쟁에 승리하였지만 이로부터 얻는 것을 결정하는 분은 하나님이다. 이와 같이 믿는 자들이 영적 전쟁에서 승리한 뒤에 얻는 은혜는 하나님의 뜻에 따라서 그리스도께서 결정하신다. 하나님은 믿음의 분량에 따라서 은혜를 주신다. "**내게 주신 은혜로 말미암아 너희 중 각 사람에게 말하노니 마땅히 생각할 그 이상의 생각을 품지 말고 오직 하나님께서 각 사람에게 나눠주신 믿음의 분량대로 지혜롭게 생각하라**" (롬 12:3). 믿음의 분량은 그리스도의 말씀을 순종한 정도에 의하여 결정된다. 사도 바울은 목숨을 아끼지 아니하고 그리스도의 말씀을 순종함으로 큰 믿음의 분량을 얻었다. 하나님은 믿음의 분량에 따라서 바울에게 큰 은혜를 주셨다.

14) 가나안 땅을 정복하는 것은 그리스도의 말씀이 믿는 자들 속에 있는 육신의 생각을 정복하는 것을 모형으로 보여준다. 믿는 자들의 마음이 육신의 생각으로 점령당하고

있으면 그리스도의 말씀이 들어올 여지가 없다. 따라서 믿는 자들은 육신의 생각을 십자가에 못 박아 죽임으로 그리스도의 말씀을 순종할 수 있다. 따라서 그리스도께서 우리의 마음의 문 밖에서 문을 두드리신다. **"볼찌어다 내가 문밖에 서서 두드리노니 누구든지 내 음성을 듣고 문을 열면 내가 그에게로 들어가 그로 더불어 먹고 그는 나로 더불어 먹으리라"** (계 3:20). 육체의 정욕을 극복하고 마음의 문을 여는 자만이 그리스도의 말씀을 받아드릴 수 있다.

15) 출애굽으로부터 가나안 땅의 정복까지 이어지는 이스라엘 백성의 믿음을 대표하는 것은 모세의 믿음이다. 모세는 이스라엘 백성의 지도자로 부름을 받은 이후 오직 장차 오실 그리스도를 사모하고 믿음으로 백성들을 인도하여 광야를 통과하였다. **"그리스도를 위하여 받는 능욕을 애굽의 모든 보화보다 더 큰 재물로 여겼으니 이는 상 주심을 바라봄이라"** (히 11:26). 모세의 믿음이 여호수아에게 그대로 이어졌고, 여호수아는 그 믿음으로 가나안 땅을 정복하였다. 장차 오실 그리스도를 사모하는 믿음이 이스라엘 백성을 애굽에서 인도하여 내었고 홍해를 갈랐다. 그 믿음이 그들로 하여금 광야를 통과하게 하였고 가나안 땅을 정복하게 하였다.

(3) 이해를 위한 질문

1) 가나안 땅 정복과 하나님의 은혜

  a. 하나님께서 이스라엘 백성으로 하여금 광야의 길을 걷게 하신 이유는 무엇인가 (신 8:2).

  b. 가나안 땅이 그 거민을 토하여 낸 이유는 무엇인가(신 11:12).

  c. 이스라엘 백성으로 하여금 싸우지 아니하고 여리고 성을 정복하게 한 하나님의 뜻은 무엇인가.

  d. 이스라엘 백성이 아이 성 사람들에게 패한 이유는 무엇인가(수 7:1).

  e. 이스라엘 백성이 기브온 사람과 언약을 맺은 이유는 무엇인가(수 9:15).

2) 가나안 땅 정복과 하나님의 나라

  a. 요단강 물은 무엇을 모형으로 보여주는가.

b. 가나안 땅이 하나님의 나라를 모형으로 보여준다. 그 이유는 무엇인가.
c. 예수 그리스도 이후 침노하는 자마다 천국에 들어가는 이유는 무엇인가(마 11:12).
d. 믿는 자들은 악한 영들과 전쟁에서 승리함으로 그리스도의 말씀을 순종할 수 있는 이유는 무엇인가(엡 6:12).
e. 믿는 자들이 세상을 이기는 능력은 어디에 있는가(요일: 5:4~7).
f. 이스라엘 백성의 가나안 땅 정복은 무엇을 모형으로 보여주는가.

3.2 율법을 통하여 계시된 그리스도와 믿음

1. 율법과 칭의 언약

(1) 하나님의 양심과 세상 양심

1) 양심은 행위에 있어서 선과 악의 기준이다. 양심은 세상 양심과 하나님의 양심으로 구분한다. 세상 양심은 성문화된 국법과 그렇지 아니한 윤리와 도덕으로 구분한다. 하나님의 양심은 율법으로 성문화되었다. 세상 양심은 시대와 장소에 따라서 다르고 동일한 사람의 양심이라도 연령에 따라서 다르게 나타난다. 하나님의 양심은 시간과 장소를 초월하여 일정하며 변하지 아니한다. 세상 양심은 주관적이며 통일성이 없지만, 하나님의 양심은 객관적이며 통일성이 있다. 하나님의 양심은 의와 거룩함과 선과 사랑의 기준이다.

2) 사람의 양심은 객관성과 통일성이 없다. 사람의 양심은 주관적이며 변화한다. 사람의 양심은 장소와 공간과 시간에 따라서 다르게 나타나며, 동일한 사람의 양심도 연령에 따라서 다르게 나타난다. 고대 애굽인의 양심과 현재 애굽인의 양심은 다르다. 20대 청년의 양심과 70대 노인의 양심은 다르다. 사람의 양심을 성문화한 국법은 타인의 신체에 위해를 가하거나 재산에 손실을 입히는 것을 규제하고 있다. 그러나 국법도 역시 변화한다. 사람의 양심이 다양하며 변화한다는 것은 양심이 사람의 행위를 심판하는 규범으로 한계가 있다는 것을 의미한다. 사람이 20대에 최선으로 알고 행동하였지만

70대에 그 일을 후회하는 경우가 비일비재하다. 이것은 사람의 양심이 시간이 경과함에 따라서 변화한다는 것을 의미한다.

3) 지금은 포스트모더니즘 사회로 절대적인 것을 인정하지 아니하고 모든 것을 상대적으로 인정하려는 경향이 있다. 동성애와 낙태문제는 초미의 관심거리이다. 동성애는 하나님의 창조질서를 대적하며 사회의 기본요소인 가정을 파괴한다는 측면에서 이를 인정하지 아니하는 국가가 있는 반면, 동성애를 인권으로 보아 이를 인정하는 국가가 있다. 어느 국가에서 동성애는 윤리와 도덕적으로 죄로 정죄되지만, 일부 국가에서는 이를 정죄되지 아니한다. 낙태도 마찬가지이다. 낙태를 살인으로 인정하여 이를 불법화하는 국가가 있지만 이를 허용하는 국가도 있다. 이와 같이 사람의 양심은 다양하며 변화하므로 사람의 행위를 심판하는 기준으로 한계가 있다.

4) 세상 양심의 특성은 정욕이다. 세상 양심은 정욕에 따라서 살아가는 것이다. 곧 정욕이 세상 양심이다. **"이는 세상에 있는 모든 것이 육체의 정욕과 안목의 정욕과 이생의 자랑이니 다 아버지께로 좇아 온 것이 아니요 세상으로 좇아 온 것이라"** (요일 2:16). "육체의 정욕, 안목의 정욕 및 이생의 자랑"은 (창 3:6)의 말씀과 관련된다. "먹음직하고, 보암직하고, 지혜롭게 하다"란 말씀은 아담의 타락으로 인하여 세상에 들어온 정욕을 요약하여 보여준다. 이런 의미에서 세상은 정욕에 따라서 사는 자들의 모임이라고 정의할 수 있다. 재물이 육체의 정욕을 만족시키므로 세상 양심은 돈이다. 세상 학문은 재물을 얻는 최선의 길을 모색한다. 율법은 세상 양심과 구분되므로 율법을 순종하는 것은 세상과 구별되는 것이다.

5) 세상 양심은 돈과 극단적인 자기중심으로 요약된다. 돈은 육체가 원하는 거의 모든 것을 얻을 수 있기 때문에 사람들은 돈을 사랑한다. 극단적인 자기중심적인 생각은 타인의 사정을 일체 고려하지 아니하는 것이다. 사도 바울은 말세에 세상 양심을 이렇게 정의하였다. **"사람들은 자기를 사랑하며 돈을 사랑하며 자긍하며 교만하며 훼방하며 부모를 거역하며 감사치 아니하며 거룩하지 아니하며 무정하며 원통함을 풀지 아니하며 참소하며 절제하지 못하며 사나우며 선한 것을 좋아 아니하며 배반하여 팔며 조급하며 자고하며 쾌락을 사랑하기를 하나님 사랑하는 것보다 더하며"** (딤후 3:2~4). 이러한

세상 양심은 가정과 사회를 파괴하며 국가의 존립마저 위협하고 있다. 세상 양심은 극단적인 개인주의와 육체의 쾌락을 극대화하는 것으로 요약할 수 있다.

6) 가인은 자기의 만족을 위하여 아벨을 죽였다. 가인은 자신의 제사가 하나님께 상달됨으로 얻는 자기만족을 위하여 아벨을 죽였다. 자기를 극단적으로 사랑하는 마음이 살인을 불러왔다. 다윗도 육체의 쾌락을 위하여 살인도 마다하지 아니하였다. 이러한 사례는 극단적인 자기 사랑과 육체의 쾌락을 추구하는 세상 양심을 보여준다. 세상 양심의 일반적인 기준은 돈이다. 돈을 버는 일이면 선이고 아니면 악이다. 사람은 판단을 잘못하여 재산상 손실을 입으면 이를 후회한다. 세상 양심에 있어서 선과 악의 기준은 돈이다. 따라서 사도 바울은 돈을 사랑하지 말라고 가르쳤다. **"돈을 사랑함이 일만 악의 뿌리가 되나니 이것을 사모하는 자들이 미혹을 받아 믿음에서 떠나 많은 근심으로써 자기를 찔렀도다"** (딤전 6:10).

7) 애굽은 세상을 모형으로 보여준다. 따라서 애굽의 양심은 세상 양심을 그림자로 보여준다. 애굽은 자신의 이익을 위하여 다른 민족을 종으로 삼아 학대하는 것이다. 애굽은 이스라엘 백성의 노동력을 착취하고 그들의 생명을 빼앗았다. 자신의 경제적 이익을 위하여 타인을 종으로 박해하고 죽이는 것이 세상 양심이다. 인류 역사상 노예제도는 세상 양심을 잘 보여준다. 전제군주 시대에 왕 한 사람을 위하여 모든 국민들이 희생하였다. 지금도 일부 독제 국가에서는 모든 국민이 지도자 한 사람을 위하여 희생하고 있다. 이것이 세상 양심의 특성이다.

8) 세상 양심은 마귀의 생각을 반영한다. 아담이 타락한 이후 인류는 마귀의 지배 아래서 하나님을 대적하고 있다. 마귀는 세상에 속한 모든 사람의 인격을 지배하는 세상의 임금이다(요 12:31). 애굽에서 이스라엘 백성이 바로의 법에 따라서 행동한 것과 같이, 아담 안에서 모든 사람은 마귀의 생각에 따라서 범죄하고 있다. 마귀의 생각이 세상 양심이 되었으므로 세상에 속한 모든 사람들을 마귀의 자식이라고 성경은 말씀한다. **"너희는 너희 아비 마귀에게서 났으니 너희 아비의 욕심을 너희도 행하고자 하느니라 저는 처음부터 살인한 자요 진리가 그 속에 없으므로 진리에 서지 못하고 거짓을 말할 때마다 제 것으로 말하나니 이는 저가 거짓말장이요 거짓의 아비가 되었음이니라"** (요

8:44).

9) 율법은 보이지 아니하는 하나님의 양심을 성문화한 것으로 선과 악의 기준이다. 세상 양심은 마귀의 생각이므로 선악의 기준이 될 수 없다. 율법은 시간과 장소를 초월하여 변하지 아니하므로 객관적이고 통일적으로 사람의 행위를 판단할 수 있다. 세상 양심과 달리 율법은 마귀의 생각을 반영하는 세상에 속한 모든 것을 정죄한다. 따라서 율법은 세상 양심과 구별된다. 율법과 세상 양심은 양립할 수 없으므로 하나님은 이스라엘 백성이 애굽에서 광야로 나옴으로 애굽의 법과 애굽의 문화와 단절되었을 때 비로소 율법을 주셨다. 율법은 하나님의 양심이며 하나님은 세상 위에 계신 분이다. 따라서 율법은 세상 양심 위에 있다. 광야에서 율법을 받은 이스라엘 회중인 광야 교회는 세상 위에 있다.

10) 하나님께서 이스라엘 백성에게 율법을 주신 이유는 그들로 하여금 죄를 깨닫게 하기 위함이다. 율법은 의롭고 거룩한 사람을 위한 것이 아니라 불의하고 더러운 자를 심판하기 위함이다. 아브라함과 이삭과 야곱이 믿음으로 의롭다함을 받았을 때, 하나님은 그들에게 율법을 주시지 아니하셨다. 그들을 심판할 이유가 없기 때문이다. 애굽에서 이스라엘은 하나님을 버리고 애굽의 우상을 숭배함으로 불의하고 더럽게 되었다. 그러나 그들은 자신들이 불의하고 더러운 것을 알지 못하였다. 따라서 하나님은 그들을 애굽에서 광야로 불러내신 뒤에 율법을 주셨다. 율법은 불의하고 더러운 자에게 주신 법이다. **"알 것은 이것이니 법은 옳은 사람을 위하여 세운 것이 아니요 오직 불법한 자와 복종치 아니하는 자며 경건치 아니한 자와 죄인이며 거룩하지 아니한 자와 망령된 자며 아비를 치는 자와 어미를 치는 자며 살인하는 자며 음행하는 자며 남색하는 자며 사람을 탈취하는 자며 거짓말 하는 자며 거짓 맹세하는 자와 기타 바른 교훈을 거스리는 자를 위함이니"** (딤전 1:9,10).

(2) 율법의 강령과 마귀의 권세

1) 하나님께서 율법을 주신 이유는 창조질서와 관련하여 고찰하여야 한다. 율법의 강령은 하나님과 이웃을 사랑하는 것이다. 하나님을 사랑하는 것은 그의 계명을 순종하

는 것이며, 이웃을 사랑하는 것은 그들의 허물과 죄를 덮어주는 것이다. 창조질서는 모든 피조물이 하나님의 영광을 나타내는 것이다. 사람은 하나님의 형상으로서 말씀을 순종함으로 의로움과 거룩함을 통하여 하나님의 영광을 나타내야 한다. 율법은 사람으로 하여금 창조질서를 순종하여야 한다는 것을 보여준다.

2) 율법은 사랑을 통하여 하나님의 영광을 나타낼 수 있다는 것을 보여준다. 율법의 강령은 사랑이다. 하나님의 율법의 핵심은 십계명으로 요약된다. 제1계명부터 제4계명 까지는 목숨을 다하여 하나님을 사랑하는 계명이고, 제5계명부터 제10계명은 이웃을 내 몸과 같이 사랑하는 계명이다. 예수 그리스도께서 율법의 강령을 사랑이라고 말씀하셨다. **"예수께서 가라사대 네 마음을 다하고 목숨을 다하고 뜻을 다하여 주 너의 하나님을 사랑하라 하셨으니 이것이 크고 첫째 되는 계명이요 둘째는 그와 같으니 네 이웃을 네 몸과 같이 사랑하라 하셨으니 이 두 계명이 온 율법과 선지자의 강령이니라"** (마 22:37~40). 사도 바울은 사랑은 율법의 완성이라고 기록하였다. **"피차 사랑의 빚 외에는 아무에게든지 아무 빚도 지지 말라 남을 사랑하는 자는 율법을 다 이루었느니라"** (롬 13:8). **"사랑은 이웃에게 악을 행치 아니하나니 그러므로 사랑은 율법의 완성이니라"** (롬 13:10).

3) 하나님을 사랑하는 것은 그의 계명을 사랑하는 것이며 그의 계명을 순종하는 것이다. 하나님의 계명을 순종하려면 사람은 목숨을 초월하여야 한다. 아브라함이 하나님의 계명을 이삭의 목숨보다 더 사랑한 것과 같이, 사람은 자기의 목숨보다 하나님의 말씀을 더 사랑하여야 한다. 그 결과 얻는 것은 의로움과 거룩함이다. **"우리가 그 명하신대로 이 모든 명령을 우리 하나님 여호와 앞에서 삼가 지키면 그것이 곧 우리의 의로움이니라 할찌니라"** (신 6:25). **"그리하면 너희가 나의 모든 계명을 기억하고 준행하여 너희의 하나님 앞에 거룩하리라"** (민 15:40). 하나님의 모든 계명은 의롭고 거룩함으로 그 계명을 순종하는 것은 의롭다함과 거룩함을 얻는 것이다. **"이로 보건대 율법도 거룩하며 계명도 거룩하며 의로우며 선하도다"** (롬 7:12).

4) 율법은 마귀의 지배 아래 있는 사람이 창조질서를 순응할 수 없다는 것을 보여준다. 아담은 하나님의 말씀을 불순종하고 스스로 뱀의 종이 되려고 하였다. 하나님은 사람의

인격을 초월하지 아니하시고 아담의 결정을 그대로 받아드리셨다(창 3:14). 아담이 스스로 뱀의 노예가 되기를 원하였으므로 하나님은 마귀에게 사람의 인격을 지배하는 권세를 주셨다. 마귀는 사람의 생각을 지배한다. 마귀는 사람의 육체의 정욕을 통하여 탐심을 넣어준다. 탐심은 마귀의 인격을 반영하므로 사람은 자신의 의지로 탐심을 통제할 수 없다. 하나님께서 마귀에게 사람의 인격을 지배하는 권세를 주셨기 때문이다. 사람이 율법을 순종하려고 노력하다가 탐심이란 벽에 부딪힌다. 십계명은 이것을 깨닫게 하기 위하여 탐심을 품지 말라는 계명을 맨 마지막에 놓았다. 사람이 십계명의 제1계명부터 제9계명을 순종하였다고 하더라도 제 10계명 앞에서 절망하게 된다.

5) 사람은 육신이 연약하여 율법을 온전히 순종할 수 없다. 율법은 탐심을 품지 말라고 말씀한다. **"네 이웃의 집을 탐내지 말찌니라 네 이웃의 아내나 그의 남종이나 그의 여종이나 그의 소나 그의 나귀나 무릇 네 이웃의 소유를 탐내지 말찌니라"** (출 20:17). 탐심은 육체의 정욕으로부터 샘솟듯 솟아나는 악한 생각이다. 마귀는 육체의 정욕을 통하여 탐심을 넣어준다. 탐심은 사람의 의지 밖에 있으므로 사람의 의지로 탐심을 통제할 수 없다. 사람의 의지로 통제할 수 없는 탐심은 사람의 인격이 아니라 마귀의 인격이다. 사람은 항상 육체 안에 마귀의 인격을 가지고 있다. 따라서 사람이 탐욕에 따라서 범죄하면 마귀에게 속한 자가 된다. **"죄를 짓는 자는 마귀에게 속하나니 마귀는 처음부터 범죄함이니라 하나님의 아들이 나타나신 것은 마귀의 일을 멸하려 하심이니라"** (요일 3:8).

6) 율법은 아담 안에서 모든 사람이 마귀의 지배 아래 있고 선을 행할 수 없다는 것을 알게 한다. 가인이 아벨을 죽인 것은 그의 의지가 악한 자에게 예속되었기 때문이다(요일 3:12). 노아 시대에 사람의 생각과 계획하는 것이 악한 것도 그들의 의지가 마귀에게 예속되었기 때문이다(창 6:5). 광야에서 이스라엘 백성이 우상을 숭배하고 간음하고 하나님을 시험하고 원망한 것도 역시 그들의 의지가 마귀에게 예속되었기 때문이다. 사람은 자신의 의지로 마귀의 인격을 극복할 수 없다. 애굽과 이스라엘 백성의 관계는 이것을 모형으로 보여준다. 이스라엘 백성이 그들의 의지로 바로의 명령을 거역할 수 없고 복종할 수밖에 없었다.

7) 마귀의 속성은 사단의 속성과 일치한다. 사단은 하나님의 말씀을 대적하는 것이다.

영원한 결박으로 흑암에 갇힌 사단은 하나님의 말씀을 받지 못함으로 하나님을 대적할 수 없다. 사단이 하나님을 대적하는 유일한 방법은 하나님의 말씀을 받은 사람을 통하여 하나님을 대적하는 것이다. 아담이 타락한 이후에 하나님은 사단에게 사람을 지배하는 권세를 주셨고, 마귀는 사람의 의지를 지배하여 사람으로 하여금 하나님의 말씀을 불순종하게 한다. 아담이 타락한 이후 인류는 마귀의 지배 아래서 죄로 인하여 신음하고 있다. 율법은 사람이 마귀의 지배에서 하나님의 형상을 잃어버렸으며 선을 행할 능력을 완전히 상실하였다는 것을 알게 한다.

8) 하나님은 이스라엘 백성이 율법을 온전히 순종하지 못할 것을 아시고 성막과 제사에 관한 율례를 주셨다. 출애굽기 제20장부터 제24장까지는 율법에 관한 말씀이다. 출애굽기 제25장부터 40장까지는 성막과 제사장에 관한 말씀이다. 모세가 율법을 이스라엘 백성에게 전하였을 때, 그들은 율법을 온전히 순종하겠다고 맹세하였다. **"모세가 와서 여호와의 모든 말씀과 그 모든 율례를 백성에게 고하매 그들이 한 소리로 응답하여 가로되 여호와의 명하신 모든 말씀을 우리가 준행하리이다"** (출 24:3). 그러나 하나님은 이스라엘 백성의 맹세를 그대로 믿지 아니하시고 그들에게 성막과 제사장에 관한 규례를 주셨다. 그들은 육신이 연약하여 율법을 온전히 순종할 수 없기 때문이다.

9) 성막은 소와 염소와 양의 피를 뿌리는 제사를 전제로 한다. 제사는 율법에 의하여 정죄 받는 죄를 전제로 한다. 애굽에서 이스라엘 백성의 죄란 바로의 법을 순종하지 아니한 것이다. 애굽에서 광야로 나온 이스라엘 백성은 바로의 법과 완전히 분리되었으므로 시내산에서 받은 율법을 순종하지 아니하는 것이 죄이다. 하나님께서 율법의 행위에 따라서 심판하신다면 이스라엘 백성은 한 사람도 살아남지 못할 것이다. 육신이 연약하여 율법을 온전히 순종할 수 없는 이스라엘 백성에게 성막은 그들을 향한 하나님의 은혜를 보여준다. 이스라엘 백성이 부지중에 죄를 범하였을 때, 제사장은 그들의 죄를 속하는 제사를 드렸다.

(3) 칭의 언약과 율법

1) 하나님께서 아브라함에게 믿음으로 의롭다함을 얻는 언약을 주신 뒤에 모세를

통하여 이스라엘 백성에게 율법을 주신 이유는 무엇일까. 바리새인들과 서기관들은 율법이 칭의 언약을 폐지한다고 믿었으나, 사도 바울은 전자가 후자를 보완한다고 가르쳤다. 사람은 육신이 연약하여 율법을 온전히 순종할 수 없으므로 율법은 아담 안에 있는 모든 사람을 정죄하여 심판 아래 가둔 뒤에 죄인을 그리스도께로 인도한다. 그리스도께서 오시기 전에 율법은 온 세상을 정죄하여 하나님의 심판 안에 가두고 장차 오실 그리스도를 믿고 사모하게 하였다.

2) 사람은 육신이 연약하여 율법을 온전히 순종할 수 없다. 아담이 타락한 이후에 그의 육체에 새겨진 죄의 흔적이 온 인류에게 유전되기 때문이다.[93] 사람의 육체에 새겨진 원죄의 흔적은 육체의 속성이 되었고 이로부터 하나님의 말씀을 대적하려는 생각이 솟아나서 사람의 의지를 사로잡는다. 육체에 새겨진 죄의 흔적은 정욕으로서 일생동안 없어지지 아니한다. 사람이 믿음으로 구원을 얻었더라도 육체의 정욕은 육체의 속성이므로 없어지지 아니한다. 하나님은 육체의 정욕을 통하여 믿음으로 구원을 얻은 자들을 시험하신다. 이스라엘 백성은 가나안 거민을 완전히 몰아내지 못하여 그들과 함께 살았다. 하나님은 그들로 이스라엘 백성이 율법을 순종하느냐의 여부를 시험하셨다. **"남겨두신 이 열국으로 이스라엘을 시험하사 여호와께서 모세로 그들의 열조에게 명하신 명령들을 청종하나 알고자 하셨더라"** (삿 3:4). 이와 같이 하나님은 육체의 정욕을 통하여 믿는 자들을 시험하신다.

3) 육체의 정욕이 하나님의 말씀을 대적하므로 예수 그리스도께서 믿는 자들에게 세례를 받으라고 명령하셨다. **"그러므로 너희는 가서 모든 족속으로 제자를 삼아 아버지와 아들과 성령의 이름으로 세례를 주고"** (마 28:19). 세례란 육체의 정욕이 십자가에 못 박아 죽었다는 것을 고백하는 의식이다. 이스라엘 백성이 율법을 순종하겠다는 맹세로 할례를 받은 것처럼, 믿는 자들은 그리스도의 말씀을 순종하겠다는 맹세로 세례를 받는다. 세례는 십자가를 지고 그리스도의 말씀을 따르겠다는 신앙고백이다. 사도들은 믿는 자들에게 예수 이름으로 세례를 주었다. **"베드로가 가로되 너희가 회개하여 각각 예수 그리스도의 이름으로 세례를 받고 죄 사함을 얻으라 그리하면 성령을 선물로 받으**

---

93) 자세한 것은 졸저, 상게서, 2.3.2.(1) 참조

리니" (행 2:38).

4) 믿고 세례를 받았더라도 육체의 정욕이 없어지는 것은 아니다. 믿는 자들이 그리스도의 말씀을 온전히 순종하지 못하는 것은 육체의 정욕에서 나오는 육신의 생각 때문이다. 바울은 사도로 부르심을 받은 뒤에 그의 육체 안에 있는 정욕으로 인하여 그리스도의 말씀을 온전히 순종할 수 없다는 것을 깨달았다. **"우리가 육신에 있을 때에는 율법으로 말미암는 죄의 정욕이 우리 지체 중에 역사하여 우리로 사망을 위하여 열매를 맺게 하였더니"** (롬 7:5). 육체의 정욕으로부터 나오는 악한 생각이 탐심이며, 율법은 탐심을 정죄한다. **"그런즉 우리가 무슨 말 하리요 율법이 죄냐 그럴 수 없느니라 율법으로 말미암지 않고는 내가 죄를 알지 못하였으니 곧 율법이 탐내지 말라 하지 아니하였더면 내가 탐심을 알지 못하였으리라"** (롬 7:7). 율법은 탐심을 죄로 심판하므로 모든 사람은 율법 아래서 죄인이다.

5) 하나님께서 이스라엘 백성에게 순종할 수 없는 율법을 주시고 순종하라고 명령하신 이유는 그들로 하여금 죄를 깨닫게 하심이다. 사람이 율법을 순종하려고 노력하다가 탐심이란 벽에 부딪힌다. 사람으로 하여금 이것을 깨닫게 하기 위하여, 하나님은 이스라엘에게 율법을 순종하라고 명령하셨다. 율법을 순종하려고 노력하는 자만이 육신의 연약함을 깨닫게 되기 때문이다. 사도 바울은 바리새인으로 있을 때 율법을 온전히 순종한 것으로 알고 있었으나 믿고 구원을 받은 뒤에 율법을 온전히 순종할 수 없다는 사실을 깨달았다. 믿는 자들은 자신의 육신이 연약하여 자신의 죄를 깨닫고 겸손히 그리스도의 은혜를 사모한다.

6) 믿는 자들조차도 율법을 온전히 순종할 수 없으므로 성경은 믿는 자들을 향하여 항상 죄를 회개하여 그리스도의 피로 용서함을 받으라고 권고한다. **"만일 우리가 우리 죄를 자백하면 저는 미쁘시고 의로우사 우리 죄를 사하시며 모든 불의에서 우리를 깨끗케 하실 것이요"** (요일 1:9). "우리"란 예수 이름을 믿음으로 구원을 얻은 자를 의미한다. 믿는 자들이라도 육체의 정욕 때문에 항상 율법을 범하는 죄를 범한다는 것을 의미한다. 만일 믿는 자들이 율법을 온전히 순종하므로 죄가 없다고 생각하는 것은 하나님을 거짓 말하는 자로 만드는 죄를 범하는 것이다. **"만일 우리가 범죄하지 아니하였다 하면 하나님**

을 거짓말 하는 자로 만드는 것이니 또한 그의 말씀이 우리 속에 있지 아니하니라" (요일 1:10).

7) 이스라엘 백성이 육신이 연약하여 율법을 온전히 순종할 수 없다는 것을 알게 되면, 죄인이 구원을 얻는 방법은 한 가지의 길밖에 없다. 그 길은 장차 오실 그리스도를 믿고 사모하는 것이다. 따라서 사도 바울은 율법이 모든 이스라엘 백성을 하나님의 심판 아래 가둔 뒤에 그리스도께로 인도하였다고 기록하였다. "**그러나 성경이 모든 것을 죄 아래 가두었으니 이는 예수 그리스도를 믿음으로 말미암은 약속을 믿는 자들에게 주려 함이니라**" (갈 3:22). "**이같이 율법이 우리를 그리스도에게로 인도하는 몽학선생이 되어 우리로 하여금 믿음으로 말미암아 의롭다 함을 얻게 하려 함이니라**" (갈 3:24).

8) 율법을 통하여 계시된 하나님의 뜻은 사람이 자신의 죄를 깨닫고 장차 오실 그리스도를 믿는 것이다. 하나님의 뜻을 알지 못한 바리새인들과 서기관들은 율법의 행위로 의롭다함을 얻으려고 하였다. 그들은 율법에 의하여 정죄를 받지 아니한다고 착각하였다. 율법에 의하여 정죄를 받으려면 두 명 이상의 증인이 있어야 하기 때문이다. "**죽일 자를 두 사람이나 세 사람의 증거로 죽일 것이요 한 사람의 증거로는 죽이지 말 것이며**" (신 17:6). 탐심에 대한 객관적인 증인이 없으므로 바리새인들과 서기관들은 탐심을 죄로 여기지 아니하였다. 그들은 자신의 행위를 의롭다고 믿었다. "**또 자기를 의롭다고 믿고 다른 사람을 멸시하는 자들에게 이 비유로 말씀하시되**" (눅 18:9). 이것은 자신을 속이는 것이며 외식하는 것이다. 불의한 자가 자신을 의롭다고 믿는 것은 스스로 속은 것이다. 따라서 예수 그리스도께서 그들의 마음속에 있는 탐심을 정죄하셨다. "**화 있을찐저 외식하는 서기관들과 바리새인들이여 잔과 대접의 겉은 깨끗이 하되 그 안에는 탐욕과 방탕으로 가득하게 하는도다**" (마 23:25).

9) 사람은 육신이 연약하여 율법을 온전히 순종할 수 없다. 율법 아래서 모든 사람이 죄인으로 하나님의 심판 아래 있다. 이러한 관점에서 칭의 언약과 율법의 관계는 명확하게 되었다. 율법은 칭의 언약을 폐하는 것이 아니라 보완하고 강화하는 것이다. 율법을 통하여 자신의 죄를 깨달은 자는 믿음으로 의롭다함을 받으려고 한다. 이에 대한 사도 바울의 가르침을 살펴보자. "**내가 이것을 말하노니 하나님의 미리 정하신 언약을 사백**

삼십 년 후에 생긴 율법이 없이 하지 못하여 그 약속을 헛되게 하지 못하리라 만일 그 유업이 율법에서 난 것이면 약속에서 난 것이 아니리라 그러나 하나님이 약속으로 말미암아 아브라함에게 은혜로 주신 것이라"(갈 3:17,18).

  10) 이스라엘 백성이 애굽에서 하나님에 대한 믿음을 버리고 우상을 숭배하였으나 죄를 깨닫지 못하였다. 이스라엘 백성이 믿음으로 의롭다함을 얻는 언약으로 돌아오려면 그들로 하여금 죄를 깨닫게 할 필요가 있다. 이것이 장자의 명분을 얻는 자를 통하여 그리스도의 오시는 길을 준비하게 하는 것이다. 이스라엘 백성은 칭의 언약과 함께 그리스도의 언약을 받았다. 이 언약은 조건부 약속이므로 믿음으로 성취된다. 따라서 율법은 칭의 언약과 그리스도의 언약을 보완하며 강화하기 위하여 주신 언약이라고 말할 수 있을 것이다.

(4) 이해를 위한 질문

1) 하나님의 양심과 세상 양심

  a. 세상 양심의 특성은 무엇인가(딤후 3:2,3).
  b. 세상 양심은 누구의 인격인가(요 8:44).
  c. 세상 양심이 사람의 자범죄를 판단하는 기준으로서 한계는 무엇인가.
  d. 율법은 하나님의 양심으로서 자범죄를 판단하는 기준으로서 객관성과 통일성을 가지는 이유는 무엇인가(롬 7:12).

2) 율법의 강령과 마귀의 권세

  a. 율법의 강령은 무엇인가(마 22:37~40).
  b. 율법과 창조질서의 관계는 무엇인가.
  c. 사람의 육신이 연약하다는 것은 무엇인가(롬 7:5).
  d. 육체의 정욕이 마귀의 인격을 반영하는 이유는 무엇인가(요일 3:8).
  e. 사람이 율법을 순종할 수 없는 이유는 무엇인가(롬 7:7).

3) 율법과 칭의 언약

    a. 믿음으로 구원을 받은 자들도 육체의 정욕을 가지고 있는 이유는 무엇인가(롬 7:18,19).
    b. 세례로 그리스도의 죽음과 연합하는 것은 무엇인가(갈 5:14).
    c. 바리새인들과 서기관들은 율법이 칭의 언약을 폐하였다고 믿었다. 그 이유는 무엇인가(눅 18:9).
    d. 율법이 사람을 그리스도께로 인도하는 이유는 무엇인가(갈 3:24).
    e. 칭의 언약과 율법의 관계는 무엇인가(갈 3:15,17).

2. 율법에 의한 심판과 형벌

(1) 율법에 의한 심판과 형벌

1) 율법이 오기 전에 하나님은 세상 양심으로 사람을 심판하였다. 이 기간 동안 선악과 계명을 제외하고 하나님의 법이 없었으므로 하나님은 창조질서와 세상 양심으로 사람의 자범죄의 기준으로 삼으셨다. 사람이 양심에 의하여 가책을 받으면 죄인으로 심판을 받은 것이다. 그러나 세상 양심은 주관적이며 다양하므로 하나님은 양심에 의하여 정죄 받는 죄를 형벌하지 아니하셨다. 그러나 이 기간 동안 하나님은 창조질서를 위반하는 죄를 형벌하셨다. 율법이 온 이후로 하나님은 율법으로 사람을 정죄하고 형벌하신다.

2) 율법은 사람의 모든 행위와 생각을 심판하고 모든 죄를 형벌한다. 심판과 형벌은 구분한다. 심판이란 율법과 양심으로 죄인임을 선언하는 것이고, 형벌이란 그 죄에 합당한 처벌을 가하는 것이다. 형벌은 일반적인 형벌과 개인적인 형벌로 구분한다. 전자는 누구나 당하는 형벌이고 후자는 특정한 개인에게 임하는 형벌이다. 율법의 저주는 전자에 속한다. 율법의 저주는 자연재해로 인한 기근, 육체의 질병, 그리고 전쟁의 칼로 임한다. **"먼데 있는 자는 온역에 죽고 가까운데 있는 자는 칼에 엎드러지고 남아 있어 에워싸인 자는 기근에 죽으리라 이같이 내 진노를 그들에게 이룬즉"** (겔 6:12). 신명기 제28장은 율법에 의하여 정죄를 받음으로 임하는 저주를 말씀한다. 율법이 오기 전에도 아담의 타락으로 땅이 저주를 받음으로 자연재해와 전쟁이 있었으나, 하나님은 양심에 의하여 정죄 받는 개개인의 죄를 직접 형벌하지 아니하셨다. 이스라엘 백성이 애굽에서

우상을 숭배하였지만, 율법이 오기 전이었으므로 하나님은 이 죄로 인하여 그들을 형벌하지 아니하셨다. 이에 대하여 사도 바울은 이렇게 기록하였다. **"죄가 율법 있기 전에도 세상에 있었으나 율법이 없을 때에는 죄를 죄로 여기지 아니하느니라"** (롬 5:13). "죄를 죄로 여기지 아니하느니라"란 양심에 의하여 가책을 받은 죄를 개별적으로 형벌하지 아니하였다는 것이다.

3) 율법이 오기 전에 하나님은 창조질서를 범하는 죄를 용서하지 아니하고 형벌하셨다. 창조질서는 하나님의 영광을 위하여 하나님의 형상으로 창조된 사람이 장차 오실 그리스도의 길을 준비하는 것이다. 아담은 타락함으로 그리스도의 오시는 길을 차단하였다. 이 길이 아벨의 믿음으로 인하여 열렸으나, 가인은 아벨을 죽임으로 다시 그 길을 차단하였다. 가인은 심판을 받아 땅에서 유리하는 자가 되었다. 가인으로 인하여 닫힌 그리스도의 오시는 길이 에녹의 믿음으로 다시 열렸다. 이제 하나님의 관심은 그리스도의 오시는 길을 보호하는 것이다. 에녹의 믿음이 노아에게 이어졌다. 노아 시대에 사람들의 생각과 그 모든 계획이 악하였다. 사람들의 죄가 노아를 미혹하였으며 노아의 마음을 아프게 하였다. **"이 의인이 저희 중에 거하여 날마다 저 불법한 행실을 보고 들음으로 그 의로운 심령을 상하니라"** (벧후 2:8). 따라서 하나님은 사람들을 홍수로 형벌하셨다. 노아의 믿음이 아브라함에게 이어졌다. 하나님은 아브라함을 보호하기 위하여 그를 저주하는 자를 저주하셨다. **"너를 축복하는 자에게는 내가 복을 내리고 너를 저주하는 자에게는 내가 저주하리니 땅의 모든 족속이 너를 인하여 복을 얻을 것이니라 하신지라"** (창 12:3)

4) 하나님은 그리스도의 오시는 길을 막는 모든 자들을 형벌하셨다. 소돔과 고모라는 동성애에 빠졌다, 하나님께서 법으로 동성애를 금지하지 아니하셨다. 그러나 동성애가 그리스도의 오실 길을 차단하는 것이므로 하나님은 이를 정죄하시고 형벌하셨다. 하나님은 천사들을 보내셔서 소돔과 고모라를 유황불로 형벌하였다. **"그들에 대하여 부르짖음이 여호와 앞에 크므로 여호와께서 우리로 이곳을 멸하러 보내셨나니 우리가 멸하리라"** (창 19:13). 이와 동시에 하나님은 그리스도의 오시는 길을 막는 피임도 형벌하셨다(창 38:10). 애굽의 장자들은 우상을 숭배한 죄로 형벌을 받은 것이 아니라, 그리스도의

언약을 가진 이스라엘 백성을 핍박한 죄로 심판을 받았다. 이스라엘 백성을 박해하는 것은 장차 오실 그리스도를 핍박하는 것이므로 형벌을 받았다. **"내가 네게 이르기를 내 아들을 놓아서 나를 섬기게 하라 하여도 네가 놓기를 거절하니 내가 네 아들 네 장자를 죽이리라 하셨다 하라 하시니라"** (출 4:23). "하나님의 장자"란 인류의 장자의 명분을 가진 것을 의미한다. 이스라엘 백성은 인류의 장자로서 그리스도의 오시는 길을 준비하는 자들이다.

5) 이방인들은 율법을 받지 못하였으므로 우상을 숭배하였지만 형벌을 받지 아니하였다. 하나님은 그들을 죄인으로 심판하셨지만 형벌하지 아니하셨다. 이스라엘 백성이 가나안 땅에 정착한 이후에 우상을 숭배함으로 이방인의 지배를 받았다. 이스라엘 백성은 율법을 범하여 우상을 숭배하였으므로 이방인과 전쟁에서 패하여 이방인의 식민이 되었다. 이방인들은 칼로 이스라엘 백성을 정복하고 그들을 노예처럼 박해하였다. 하나님은 이스라엘 백성을 핍박한 이방인들을 형벌하셨다. 이방인들은 우상을 숭배하였지만 이로 인하여 형벌을 받지 아니하고 이스라엘 백성을 칼로 죽이고 핍박한 죄로 형벌을 받았다. 이스라엘 백성은 그리스도의 오시는 길을 준비하는 자이므로 그들을 박해하는 것은 장차 오실 그리스도의 길을 차단하는 것이며 그리스도를 핍박하는 것이다.

6) 율법은 자범죄의 기준이다. 율법은 사람의 생각과 마음, 말과 행위를 빠짐없이 정죄하는 자범죄의 판단 기준이다. 율법은 생각으로 범하는 죄와 말과 행위로 범하는 죄를 구분한다. 말과 행위로 범하는 죄는 고의냐 아니냐를 기준으로 죄인이 직접 책임을 지는 죄와 제사를 통하여 속죄 받는 죄로 구분한다. 율법을 알았지만 고의로 범한 죄는 그 죄인의 피로써 그 죗값을 씻어야 한다. 예컨대, 우상숭배, 간음, 살인, 하나님을 시험하고 원망한 죄, 안식일을 범한 죄 등은 그 죄인의 피로써 그 죄가 도말되었다. 그러나 생각으로 범한 죄, 부지중에 범한 죄, 실수로 범한 죄는 성막에서 소와 염소와 양의 피를 뿌림으로 사함을 받을 수 있었다.

7) 우상을 숭배한 자와 간음한 자는 온역으로 죽임을 당하였다. 이스라엘 백성이 싯딤에서 우상에게 절하고 이방여자와 간음하였다. **"이스라엘이 싯딤에 머물러 있더니 그 백성이 모압 여자들과 음행하기를 시작하니라 그 여자들이 그 신들에게 제사할 때에**

백성을 청하매 백성이 먹고 그들의 신들에게 절하므로 이스라엘이 바알브올에게 부속된 지라 여호와께서 이스라엘에게 진노하시니라"(민 25:1~3). 그들은 칼과 온역으로 죽임을 당하였다(민 25:8). 이스라엘 백성이 하나님을 원망하였다. "**백성이 하나님과 모세를 향하여 원망하되 어찌하여 우리를 애굽에서 인도하여 올려서 이 광야에서 죽게 하는고 이곳에는 식물도 없고 물도 없도다 우리 마음이 이 박한 식물을 싫어하노라 하매**"(민 21:5). 하나님은 원망한 모든 자들을 불뱀으로 형벌하셨다. "**여호와께서 불뱀들을 백성 중에 보내어 백성을 물게 하시므로 이스라엘 백성 중에 죽은 자가 많은지라**"(민 21:6). 이스라엘 백성이 안식일을 범하였을 때 하나님은 그 죄인을 돌로 쳐서 죽이게 하셨다. "**이스라엘 자손이 광야에 거할 때에 안식일에 어떤 사람이 나무하는 것을 발견한지라**" (민 15:32). "**여호와께서 모세에게 이르시되 그 사람을 반드시 죽일찌니 온 회중이 진 밖에서 돌로 그를 칠찌니라**"(민 15:35).

   8) 율법은 부지중에 범한 죄와 실수로 범한 죄를 위하여 소와 염소와 양의 피로 속죄제를 드리게 하셨다. "**이스라엘 자손에게 고하여 이르라 누구든지 여호와의 금령중 하나라도 그릇 범하였으되**"(레 4:2).[94] "**누구든지 부정한 들짐승의 사체나 부정한 가축의 사체나 부정한 곤충의 사체들 무릇 부정한 것을 만졌으면 부지중이라 할지라도 그 몸이 더러워져서 허물이 있을 것이요 혹시 부지중에 사람의 부정에 다닥쳤는데 그 사람의 부정이 어떠한 부정이든지 그것을 깨달을 때에는 허물이 있을 것이요**"(레 5:2,3). "부지중"이란 죄를 범한 사실을 알지 못한 것을 의미한다.[95] 이스라엘 백성이 그릇 범한 죄와 부지중에 범한 죄를 위하여 제사장은 소와 염소와 양의 피를 뿌리는 속죄제를 드렸다.

   9) 율법은 고의적인 살인과 과실치사를 구분한다. 고의로 사람을 죽인 자는 반드시 죽임을 당하였다. "**사람을 쳐 죽인 자는 반드시 죽일 것이요**"(레 24:17). 고의적인 살인은 칼이나 연장, 돌이나 나무로 사람을 쳐서 죽인 것을 말한다(민 35:17,18). 그러나

---

94) 그릇으로 번역된 히브리어, 솨가그(שָׁגַג)는 실수로 죄를 범한 것(commit an error)을 의미한다(BDB., p. 993).
95) 부지중으로 번역된 히브리어, 웨네람 밈멘누(וְנֶעְלַם מִמֶּנּוּ) 이란 자기 자신에게 감추어 지다란 수동의 의미이다. 알람은 '숨기다, 감추다'란 의미이다(BDB., p. 761). 네람은 알람의 니팔형으로 수동태이다.

죽일 의도가 없이 단순한 실수로 사람을 죽인 자는 도피성으로 피하면 목숨을 보존할 수 있었다. "너희를 위하여 성읍을 도피성으로 정하여 그릇 살인한 자로 그리로 피하게 하라 이는 너희가 보수할 자에게서 도피하는 성을 삼아 살인자가 회중 앞에 서서 판결을 받기까지 죽지 않게 하기 위함이니라" (민 35:11,12). 이스라엘에는 여섯 개의 도피성이 있었다. "이 여섯 성읍은 이스라엘 자손과 타국인과 이스라엘 중에 우거하는 자의 도피성이 되리니 무릇 그릇 살인한 자가 그리로 도피할 수 있으리라" (민 35:15). 율법은 사람의 자범죄를 그 동기에 따라서 고의로 범한 죄와 부지중에 범한 죄를 구분하여 그 형벌을 달리한다. 이것은 하나님의 공의를 보여준다.

10) 하나님은 사람을 의와 공의로 심판하신다(시 89:14). 하나님은 믿는 자들을 의롭다고 선언하신다. 하나님은 율법에 의하여 사람의 행위에 따라서 공의로 심판하신다. 아브라함이 받은 칭의 언약은 하나님의 의로우심을 나타낸다. 율법은 하나님의 공의를 보여준다. 율법이 오기 전에 하나님은 세상 양심에 의하여 가책을 받은 죄를 형벌하지 아니하셨다. 그러나 장차 오실 그리스도의 길을 막는 죄는 용서를 받지 못하였다. 율법이 온 이후 하나님은 사람의 행위와 율법에 의하여 공의로 사람을 심판하고 형벌하신다.

(2) 율법의 정죄에 의하여 계시된 사람의 영의 상태

1) 구약성경은 율법에 의하여 정죄 받은 자들의 영의 상태를 골짜기의 마른 뼈, 문둥병자, 소경 및 귀먹은 자로 말씀한다. 골짜기의 마른 뼈는 아담 안에서 죄로 인하여 죽은 영을 모형으로 보여준다. 피부에 감각이 없는 문둥병자는 율법으로 선과 악을 분별하지 못하는 자들을 모형으로 보여준다. 소경은 육신으로 임하신 하나님의 아들을 보고도 알지 못하는 자를 모형으로 보여준다. 귀먹은 자들은 하나님의 말씀을 들어도 깨닫지 못하는 자들을 모형으로 보여준다. 말을 하지 못하는 자들은 세상으로부터 오는 핍박을 두려워하여 하나님의 말씀을 전하지 못하는 자들을 모형으로 보여준다.

2) 율법을 통하여 계시된 하나님의 뜻은 사람의 지혜와 지식으로 알 수 없다. 따라서 율법을 봉한 책이라고 한다. "그러므로 모든 묵시가 너희에게는 마치 봉한 책의 말이라 그것을 유식한 자에게 주며 이르기를 그대에게 청하노니 이를 읽으라 하면 대답하기를

봉하였으니 못하겠노라 할 것이요"(사 29:11). 구약을 율법과 선지자의 글이라고 요약한다. 선지자의 글 역시 봉한 책이므로 이것을 읽는 자들이 하나님의 뜻을 깨닫지 못한다. 단지 하나님의 은혜로 성령의 감동을 받은 사람만이 율법을 통하여 자신의 죄를 깨닫고 장차 오실 그리스도를 믿을 수 있었다. 하나님은 성령으로 율법과 선지자의 글을 통하여 자신의 뜻을 계시하신다. **"오직 하나님이 성령으로 이것을 우리에게 보이셨으니 성령은 모든 것 곧 하나님의 깊은 것이라도 통달하시느니라"**(고전 2:10).

3) 율법은 마른 뼈를 통하여 아담 안에서 모든 사람의 영이 죽었다는 것을 모형으로 보여주었다. 비록 사람의 육체는 살아있지만 그의 영은 죄로 인하여 죽었으므로 에스겔 선지자는 율법 아래서 모든 사람이 골짜기의 마른 뼈와 같다고 기록하였다. **"여호와께서 권능으로 내게 임하시고 그 신으로 나를 데리고 가서 골짜기 가운데 두셨는데 거기 뼈가 가득하더라 나를 그 뼈 사방으로 지나게 하시기로 본즉 그 골짜기 지면에 뼈가 심히 많고 아주 말랐더라"**(겔 37:1,2). 그 뼈들을 살리는 하나님의 말씀이 임하였다. **"또 내게 이르시되 너는 이 모든 뼈에게 대언하여 이르기를 너희 마른 뼈들아 여호와의 말씀을 들을찌어다 주 여호와께서 이 뼈들에게 말씀하시기를 내가 생기로 너희에게 들어가게 하리니 너희가 살리라"**(겔 37:4,5). "여호와의 말씀"이란 그리스도의 말씀을 모형으로 보여준다. 아담 안에서 죄로 인하여 죽은 영이 그리스도의 말씀으로 생명을 얻을 것을 모형으로 보여준다. 그 마른 뼈들이 살아서 큰 군대가 되었다. **"이에 내가 그 명대로 대언하였더니 생기가 그들에게 들어가매 그들이 곧 살아 일어나서 서는데 극히 큰 군대더라"**(겔 37:10). "큰 군대"란 믿음으로 영생을 얻은 자들이 악한 영들과 영적 싸움에 참여하는 군사임을 의미한다. 사도 바울은 성도들을 군사라고 기록하였다. **"네가 그리스도 예수의 좋은 군사로 나와 함께 고난을 받을찌니"**(딤후 2:3).

4) 예수 그리스도께서 죽은 자들을 살리셨다. 회당장 야이로는 질병으로 죽음 직전에 이른 딸을 살리기 위하여 예수 그리스도께 간구하였다. **"회당장 중 하나인 야이로라 하는 이가 와서 예수를 보고 발 아래 엎드리어 많이 간구하여 가로되 내 어린 딸이 죽게 되었사오니 오셔서 그 위에 손을 얹으사 그로 구원을 얻어 살게 하소서 하거늘"**(막 5:22,23). 유대인들은 안식일에 회당에 모여서 하나님을 찬양하고 율법의 강해를

듣고 하나님께 예배하였다. 회당장은 율법의 행위로 의롭다함을 얻으려고 하였으나 질병으로 인하여 어린 딸이 죽어가는 것을 막을 수 없었다. 이것은 회당에서 회당장이 강해하는 율법이 사람에게 생명을 줄 수 없다는 것을 보여준다. 곧, 율법 아래 있는 모든 사람의 영이 죄로 인하여 죽었다는 것을 의미한다.

5) 예수 그리스도께서 죽은 나사로를 살리셨다. **"이 말씀을 하시고 큰 소리로 나사로야 나오라 부르시니 죽은 자가 수족을 베로 동인채로 나오는데 그 얼굴은 수건에 싸였더라 예수께서 가라사대 풀어 놓아 다니게 하라 하시니라"** (요 11:43,44). 무덤 속에 있는 나사로가 그리스도의 말씀을 듣고 살아서 무덤에서 나왔다. 이것은 아담 안에서 모든 사람은 무덤 속에 있는 자들과 같다는 것을 의미한다. 사람의 육체는 흙이며 그 속에는 죄로 인하여 죽은 영이 있다. 사람은 걸어 다니는 무덤과 같다. 무덤 속에 있는 자들이 그리스도의 말씀을 듣고 생명을 얻는다. **"이를 기이히 여기지 말라 무덤 속에 있는 자가 다 그의 음성을 들을 때가 오나니"** (요 5:28).

6) 율법은 문둥병자를 통하여 선악을 분별하지 못하는 자들을 모형으로 보여주었다. 문둥병자는 율법을 통하여 선과 악을 분별하지 못하는 자를 의미한다. 제사장은 이스라엘 백성 가운데 문둥병자를 구별하여 회중과 격리시켰다. 제사장은 문둥병자를 부정한 자로 선언하였다. **"제사장은 진찰할찌니 그 병이 피부에 퍼졌으면 그를 부정하다 진단할 것이라 이는 문둥병임이니라"** (레 13:8). 문둥병자는 부정하므로 하나님의 백성으로 거룩하게 구별된 이스라엘 백성과 격리되어 진 밖에서 거하였다. **"문둥 환자는 옷을 찢고 머리를 풀며 윗입술을 가리우고 외치기를 부정하다 부정하다 할 것이요 병 있는 날 동안은 늘 부정할 것이라 그가 부정한즉 혼자 살 되 진 밖에 살찌니라"** (레 13:45,46). 문둥병자는 율법으로 죄를 깨닫지 못하는 자들을 모형으로 보여준다. 문둥병은 피부의 감각을 느끼지 못하는 피부병이다. 문둥병자는 뜨겁고 찬 것을 느끼지 못한다. 이것은 율법으로 자신의 죄를 깨닫지 못하는 자들을 모형으로 보여준다. 율법은 죄를 깨닫게 하는 언약이지만 바리새인들과 서기관들은 율법으로 자신의 죄를 깨닫지 못하였다. 그들은 영적인 문둥병자들이며 부정한 자들이다. 예수 그리스도께서 그들은 독사의 자식이라고 선언하셨다(마 23:33).

7) 예수 그리스도께서 말씀으로 문둥병자를 치료하셨다. **"한 문둥병자가 나아와 절하고 가로되 주여 원하시면 저를 깨끗케 하실 수 있나이다 하거늘 예수께서 손을 내밀어 저에게 대시며 가라사대 내가 원하노니 깨끗함을 받으라 하신대 즉시 그의 문둥병이 깨끗하여진지라"** (마 8:2,3). 문둥병자는 예수 그리스도를 "주"라고 고백하였다. 유대인들이 고백하는 "주"란 만물을 창조하시고 그들의 조상을 애굽에서 인도하여 내신 하나님을 의미한다. "원하시면 저를 깨끗케 하실 수 있나이다"란 죄를 사하시며 병을 고치는 권세가 예수 그리스도께 있음을 고백한 것이다. 병자의 믿음을 보시고 예수 그리스도께서 문둥병을 고치셨다.

8) 율법은 눈멀고 벙어리 된 자들을 통하여 아담 안에서 모든 사람이 마귀의 지배 아래 있다는 것을 모형으로 보여주었다. 율법은 사람들이 하나님의 말씀을 들어도 듣지 못하며 하나님을 보아도 보지 못한다고 말씀한다. **"여호와께서 가라사대 가서 이 백성에게 이르기를 너희가 듣기는 들어도 깨닫지 못할 것이요 보기는 보아도 알지 못하리라 하여 내가 가로되 주여 어느 때까지니이까 대답하시되 성읍들은 황폐하여 거민이 없으며 가옥들에는 사람이 없고 이 토지가 전폐하게 되며"** (사 6:10,11). 이스라엘 백성이 우상을 숭배할 때 하나님은 선지자들을 보내어 그들에게 우상을 버리고 하나님께로 돌아오라고 말씀하셨다. 그러나 백성들은 선지자들을 통하여 계시된 하나님의 뜻을 알지 못하였으므로 그 말씀을 듣지 아니하였다. **"나 여호와가 말하노라 이제 너희가 그 모든 일을 행하였으며 내가 너희에게 말하되 새벽부터 부지런히 말하여도 듣지 아니하였고 너희를 불러도 대답지 아니하였느니라** (렘7:13).

9) 눈으로 하나님의 아들을 보아도 보지 못하며 그의 말씀을 들어도 듣지 못하는 자들은 모두 귀신 들린 자들이라고 성경은 말씀한다. **"그 때에 귀신들려 눈멀고 벙어리 된 자를 데리고 왔거늘 예수께서 고쳐 주시매 그 벙어리가 말하며 보게 된지라"** (마 12:22). 예수 그리스도께서 바리새인들과 서기관들을 향하여 독사의 자식들이라고 말씀하셨다. **"뱀들아 독사의 새끼들아 너희가 어떻게 지옥의 판결을 피하겠느냐"** (마 23:33). "독사의 자식"이란 귀신 들린 자들을 의미한다. 사도 바울은 세상신인 귀신이 믿지 아니하는 자들의 마음을 혼미하게 하여 하나님을 알지 못하게 한다고 기록하였다. **"그 중에**

이 세상 신이 믿지 아니하는 자들의 마음을 혼미케 하여 그리스도의 영광의 복음의 광채가 비취지 못하게 함이니 그리스도는 하나님의 형상이니라"(고후 4:4).

10) 율법은 짖지 못하는 벙어리 개를 통하여 하나님의 말씀을 증거하지 아니하는 자들을 모형으로 주었다. 거짓 선지자들이 하나님의 말씀을 받았으나 세상으로부터 오는 핍박을 두려워하여 말씀을 증거하지 아니하였다. **"그 파숫군들은 소경이요 다 무지하며 벙어리개라 능히 짖지 못하며 다 꿈꾸는 자요 누운 자요 잠자기를 좋아하는 자니"**(사 56:10). 거짓 건지자들은 영적으로 소경이므로 하나님을 보지 못하고 세상 임금인 마귀가 미혹하여도 이것을 알지 못하고 경고의 나팔을 불지 아니하였다. 그들은 자신의 이익을 위하여 거짓말을 하나님의 말씀이라고 전하였다. **"주 여호와의 말씀에 본 것이 없이 자기 심령을 따라 예언하는 우매한 선지자에게 화가 있을찐저"**(겔 13:3).

11) 율법은 아담 안에서 죄로 인하여 모든 사람의 영이 죽은 자들이고, 율법으로 죄를 깨닫지 못하는 문둥병자이며, 귀신 들려서 하나님을 보아도 보지 못하고 그의 말씀을 들어도 듣지 못하는 자라고 말씀한다. 율법에 의하여 모형과 그림자로 계시된 것들이 예수 그리스도를 통하여 실상으로 나타났다. 예수 그리스도의 이름을 믿는다고 하면서도 율법으로 자신의 육체가 연약하다는 것을 알지 못하고 자신의 죄를 깨닫지 못하는 자들은 영적으로 문둥병자들이다. 성경의 말씀을 통하여 하나님의 아들을 보지 못하고 하나님의 뜻을 알지 못하는 자들은 모두 귀신 들린 자들이다. 율법은 이것을 모형으로 보여준다.

(3) 이해를 위한 질문

1) 율법에 의한 심판과 형벌

  a. 율법이 오기 전에 형벌 받은 죄는 무엇인가.

  b. 율법이 오기 전에 하나님은 세상 양심에 의하여 가책을 받는 죄를 형벌하지 아니하신 이유는 무엇인가(롬 5:13).

  c. 율법은 고의로 범한 죄와 부지중에 범한 죄를 구분한다. 이들 죄의 형벌은 각각 어떻게 다른가.

  d. 부지중에 범한 죄는 무엇인가(민 35:2).

2) 율법의 정죄에 의하여 계시된 사람의 영의 상태

   a. 골짜기의 마른 뼈들은 무엇을 의미하는가.

   b. 왜 바리새인들과 서기관들은 율법으로 죄를 깨닫지 못하였나(눅 18:9).

   c. 귀신들린 자들이 하나님의 아들을 보지 못한 이유는 무엇인가(고후 4:4).

   d. 성령으로 하나님의 뜻을 아는 이유는 무엇인가(고전 2:10).

3. 성전을 통하여 계시된 그리스도와 믿음

(1) 성막과 성전의 건축

1) 하나님은 이스라엘 백성이 율법을 온전히 순종하지 못할 것을 아시고 성막의 규례를 주셨다. 율법에 의하여 공의로 심판한다면 이스라엘 백성은 모두 살아남지 못할 것이기 때문이다. 따라서 성막은 이스라엘 백성에 대한 하나님의 사랑과 이스라엘 백성 가운데 계신 하나님의 존재를 보여준다. 하나님은 그의 이름과 말씀으로 자신의 존재를 계시하시므로 성막에 자신의 이름과 십계명을 새긴 돌판을 두심으로 자신의 존재를 나타내셨다. 광야에서 이스라엘 진 가운데 성막이 있었고 제사장은 이스라엘의 죄를 속하기 위하여 성막에서 소와 염소와 양의 피를 뿌리는 제사를 드렸다. 성막은 사람의 노력이 아니라 하나님의 은혜로 지어졌다.

2) 하나님은 모세에게 성막의 설계도를 주셨다. **"무릇 내가 네게 보이는 대로 장막의 식양과 그 기구의 식양을 따라 지을찌니라"** (출 25:9). 이스라엘 백성은 성막을 위하여 애굽에서 가지고 나온 금과 은을 비롯하여 각종 재료를 즐거운 마음으로 하나님께 드렸다(출 35:3~9). 이스라엘 백성은 애굽에서 나올 때 하나님의 명령에 따라서 애굽 사람들의 금과 은을 비롯한 귀중품을 취하였다. 하나님은 성막을 위하여 이스라엘 백성에게 금과 은과 각종 귀중품을 주셨다. **"여호와께서 애굽 사람으로 백성에게 은혜를 입히게 하사 그들의 구하는 대로 주게 하시므로 그들이 애굽 사람의 물품을 취하였더라"** (출 12:36). 이스라엘 백성이 애굽 사람들에게서 취한 금과 은과 각종 귀중품은 그들이 430년 동안 애굽을 위하여 일한 노동의 대가이다. 이 모든 것들이 광야에서 성막을

만드는 재료로 사용되었다. 이스라엘 백성은 자원하는 마음으로 성막을 위하여 금과 은과 각종 귀중품을 드렸다. **"무릇 마음이 감동된 자와 무릇 자원하는 자가 와서 성막을 짓기 위하여 그 속에서 쓸 모든 것을 위하여, 거룩한 옷을 위하여 예물을 가져 여호와께 드렸으니 곧 마음에 원하는 남녀가 와서 가슴 핀과 귀고리와 가락지와 목거리와 여러가지 금품을 가져 왔으되 사람마다 여호와께 금 예물을 드렸으며"** (출 35:22).

3) 이스라엘 백성이 성막의 기구를 만들려면 정교하고 숙련된 기술이 요구된다. 그들은 애굽에서 국고성을 짓기 위하여 벽돌을 굽고 공사 일을 하였다. 금과 은을 세공하려면 숙련된 기술이 있어야 한다. 하나님은 이에 필요한 지혜와 기술을 이스라엘 백성에게 주셨다. **"하나님의 신을 그에게 충만케 하여 지혜와 총명과 지식으로 여러가지 일을 하게 하시되"** (출 35:31). **"지혜로운 마음을 그들에게 충만하게 하사 여러가지 일을 하게 하시되 조각하는 일과 공교로운 일과 청색 자색 홍색실과 가는 베실로 수놓는 일과 짜는 일과 그 외에 여러가지 일을 하게 하시고 공교로운 일을 연구하게 하셨나니"** (출 35:35). 성막에 필요한 모든 자재와 모든 기구를 만드는데 필요한 기술과 지혜는 하나님께로부터 왔다.

4) 성막은 뜰, 성소 및 지성소로 구분된다. 성막의 뜰에는 번제단과 물두멍이 있다. 제사장은 소와 염소와 양을 잡아 그들의 사체의 전부 또는 내장에 덮인 기름과 콩팥을 번제단에서 불살랐다. 그리고 물두멍에서 몸을 씻고 성소에 들어갔다. 성소에는 촛대와 향로와 떡상이 있다. 제사장은 성소에 들어가 촛대에 불을 켜서 성소를 밝히고 향로에 향을 사르고 떡상에 진설병을 차려놓았다. 성소와 지성소 사이에 휘장이 있다. 속죄일에 대제사장은 휘장을 열고 지성소에 들어가서 이스라엘 백성의 모든 죄를 속하는 제사를 드렸다. 지성소에 십계명을 새긴 돌판을 담은 언약궤가 있으며 하나님은 지성소에 자기의 이름을 두셨다. **"광야에서 모세는 하나님의 말씀에 따라서 성막을 세웠다. 모세는 지성소에 하나님의 말씀에 따라서 언약궤, 아론의 싹난 지팡이 그리고 만나를 담은 금항아리를 두었다. 또 둘째 휘장 뒤에 있는 장막을 지성소라 일컫나니 금향로와 사면을 금으로 싼 언약궤가 있고 그 안에 만나를 담은 금항아리와 아론의 싹난 지팡이와 언약의 비석들이 있고 그 위에 속죄소를 덮는 영광의 그룹들이 있으니 이것들에 관하여는 이제**

낱낱이 말할 수 없노라"(히 9:3~5).

5) 성막은 하나님께서 거하시는 집이다. 하나님은 이스라엘 백성 가운데 거하신다는 증거로서 성막을 세우게 하셨다. **"내가 이스라엘 자손 중에 거하여 그들의 하나님이 되리니"**(출29:45) **"그들은 내가 그들의 하나님 여호와로서 그들 중에 거하려고 그들을 애굽 땅에서 인도하여 낸 줄을 알리라 나는 그들의 하나님 여호와니라"**(출 29:46).96) 곧 성막은 하나님께서 거하시는 집을 의미한다. 따라서 이스라엘 백성은 성막과 성전에 하나님이 계신다고 믿었다. **"여호와께서 그 성전에 계시니 여호와의 보좌는 하늘에 있음이여 그 눈이 인생을 통촉하시고 그 안목이 저희를 감찰하시도다"**(시 11:4). 하나님께서 성막에 계신다는 것은 그의 이름과 말씀이 있다는 것이다. **"오직 너희 하나님 여호와께서 자기 이름을 두시려고 너희 모든 지파 중에서 택하신 곳인 그 거하실 곳으로 찾아 나아가서"**(신 12:5).

6) 이스라엘이 가나안 땅에 정착한 뒤에 한 동안 성막은 실로에 있었으나 바알레유다로 옮겨졌다. 다윗은 주변 국가를 정복하여 식민지로 만든 뒤에 바알레유다에서 예루살렘으로 언약궤를 옮겨오려고 하였다. **"일어나서 그 함께 있는 모든 사람으로 더불어 바알레유다로 가서 거기서 하나님의 궤를 메어 오려 하니 그 궤는 그룹들 사이에 좌정하신 만군의 여호와의 이름으로 이름하는 것이라"**(삼하 6:2). 레위 사람들이 언약궤를 어깨로 메고 옮겨야 하지만 다윗은 수레에 싣고 이동하였다. 이것은 하나님의 말씀을 불순종하는 것이므로 수레를 옮기는 웃사가 죽임을 당하였다(삼하 6:6,7). 다윗은 언약궤를 오벤에돔의 집에 옮겼다가 이를 다시 예루살렘으로 옮겨왔다. 레위사람이 언약궤를 어깨로 메고 이동하는 것은 하나님의 말씀은 그들이 순종하기 위하여 짊어질 짐이라는 것을 의미한다.

7) 다윗은 언약궤를 옮겨온 뒤에 성전을 건축하려고 하였다. 그러나 하나님은 다윗의 성전 건축을 허락하지 아니하셨다. **"네 수한이 차서 네 조상들과 함께 잘 때에 내가 네 몸에서 날 자식을 네 뒤에 세워 그 나라를 견고케 하리라 저는 내 이름을 위하여**

---

96) 거하다로 번역된 히브리어, 솨칸(שכן)은 계속하여 거주하다, 머물다, 눕다, 자리를 잡다, 휴식하다란 의미를 가지고 있다(BDB., p. 1014).

집을 건축할 것이요 나는 그 나라 위를 영원히 견고케 하리라" (삼하 7:12,13). "네 조상들과 함께 잘 때에 내가 네 몸에서 날 자식"이란 솔로몬이 아니라 그리스도를 가리킨다. "네 조상들과 함께 잘 때"란 다윗이 죽은 이후를 가리킨다. 다윗이 죽은 뒤에 태어날 분은 그리스도이다. 이것은 율법 아래서 성전을 건축하지 못한다는 것을 의미한다. 그러나 다윗은 "자식"을 솔로몬으로 알고 성전 건축을 위한 자재를 준비하였다. "내가 이미 내 하나님의 전을 위하여 힘을 다하여 예비하였나니 곧 기구를 만들 금과 은과 놋과 철과 나무며 또 마노와 박을 보석과 꾸밀 보석과 채석과 다른 보석들과 화반석이 매우 많으며 성전을 위하여 예비한 이 모든 것 외에도 내 마음에 내 하나님의 전을 사모하므로 나의 사유의 금, 은으로 내 하나님의 전을 위하여 드렸노니" (대상 29:2,3). 뿐만 아니라 다윗은 하나님께로부터 받은 성전의 식양(설계도)을 솔로몬에게 주었다. "다윗이 가로되 이 위의 모든 것의 식양을 여호와의 손이 내게 임하여 그려 나로 알게 하셨느니라" (대상 28:19).

8) 솔로몬은 하나님의 이름을 위하여 성전을 건축하였다. "이스라엘 자손이 애굽 땅에서 나온지 사백 팔십 년이요 솔로몬이 이스라엘 왕이 된지 사 년 시브월 곧 이월에 솔로몬이 여호와를 위하여 전 건축하기를 시작하였더라" (왕상 6:1). 하나님께서 다윗을 통하여 준비하신 건축자재와 설계도에 따라서 솔로몬은 칠 년 동안 여호와 하나님의 이름을 위하여 성전을 건축하였다. "제 십일 년 불월 곧 팔월에 그 설계와 식양대로 전이 다 필역되었으니 솔로몬이 전을 건축한 동안이 칠 년이었더라" (왕상 6:38). 솔로몬이 하나님의 은혜로 성전을 건축한 뒤에 이스라엘 백성과 함께 낙성식을 하고 성전에서 하나님을 위하여 화목제, 번제, 소제와 감사제를 드렸다. "솔로몬이 화목제의 희생을 드렸으니 곧 여호와께 드린 소가 이만 이천이요 양이 십 이만이라 이와 같이 왕과 모든 이스라엘 자손이 여호와의 전의 낙성식을 행하였는데 그 날에 왕이 여호와의 전 앞뜰 가운데를 거룩히 구별하고 거기서 번제와 소제와 감사제의 기름을 드렸으니 이는 여호와의 앞 놋단이 작으므로 번제물과 소제물과 화목제의 기름을 다 용납할 수 없음이라" (왕상 8:63,64).

9) 하나님의 이름을 위하여, 광야에서 모세는 성막을 세웠고, 다윗은 성전의 설계도와

모든 건축자재를 준비하였으며, 솔로몬은 예루살렘에 성전을 건축하였다. 성막과 성전은 하나님께서 이스라엘 가운데 거하신다는 증거이며 제사장은 그 곳에서 하나님을 섬겼다. 성막과 성전에서 제사장은 율법에 의하여 정죄 받는 죄를 속하기 위하여 소와 염소와 양의 피를 뿌리는 제사를 드렸다. 성막과 성전은 하나님의 은혜로 세워졌다.

(2) 성전과 하나님의 이름

1) 솔로몬은 하나님의 이름을 위하여 성전을 건축하였다. 하나님은 그 성전을 거룩하게 구별하고 그 곳에 자기 이름을 두셨다. 성전에 하나님의 이름이 있으므로 이스라엘 백성들은 성전에 하나님이 계신다고 믿었다. 성전에서 제사장은 율법에 의하여 정죄 받는 죄를 속하기 위하여 소와 염소와 양의 피를 뿌리는 제사를 드렸다. 이스라엘 백성이 율법을 불순종하면 성전에 있는 하나님의 이름과 성소가 더러워졌다. 이것이 하나님을 괴롭게하였다. 따라서 제사장은 죄로 인하여 더럽혀진 하나님의 이름을 위하여 제물의 피를 뿌리는 제사를 드렸다. 제사장의 직분은 죄로 인하여 더럽혀진 하나님의 이름과 성소를 거룩하게 함으로 하나님을 섬기는 것이다.

2) 성전은 하나님의 이름을 위하여 건축되었으므로 하나님은 성전을 거룩하게 구별하시고 지성소에 자기의 이름을 두셨다. **"저에게 이르시되 네가 내 앞에서 기도하며 간구함을 내가 들었은즉 내가 너의 건축한 이 전을 거룩하게 구별하여 나의 이름을 영영히 그곳에 두며 나의 눈과 나의 마음이 항상 거기 있으리니"** (왕상 9:3). 하나님의 이름은 그의 존재를 나타내므로 성전에 하나님의 영광이 임하였다. 솔로몬이 성전을 완공하고 낙성식을 행할 때에 하나님의 영광이 구름으로 임하였다. **"제사장이 성소에서 나올 때에 구름이 여호와의 전에 가득하매 제사장이 그 구름으로 인하여 능히 서서 섬기지 못하였으니 이는 여호와의 영광이 여호와의 전에 가득함이었더라"** (왕상 8:10,11). 광야에서 모세가 성막을 세웠을 때 그곳에 하나님의 영광이 구름으로 임하였다. **"그 후에 구름이 회막에 덮이고 여호와의 영광이 성막에 충만하매 모세가 회막에 들어갈 수 없었으니 이는 구름이 회막 위에 덮이고 여호와의 영광이 성막에 충만함이었으며"** (출 40:34,35). 하나님은 그의 영광을 구름으로 나타내셨다. 여호와의 사자가 율법을 가지고 시내산에

임하였을 때, 하나님의 영광이 구름과 연기로 임하였다. **"여호와께서 모세에게 이르시되 내가 빽빽한 구름 가운데서 네게 임함은 내가 너와 말하는 것을 백성으로 듣게 하며 또한 너를 영영히 믿게 하려함이니라 모세가 백성의 말로 여호와께 고하였으므로"** (출 19:9).

3) 성전에 하나님의 이름이 있으므로 제사장은 하나님의 이름을 위하여 제사를 드렸다. 곧 성전은 제사장이 하나님을 섬기는 장소이다. 그 이유를 살펴보자. 하나님을 섬기는 것은 율법을 순종하는 것이다. 이스라엘 백성이 율법을 온전히 순종하면 하나님은 그들을 의롭고 거룩하다고 선언하셨다. 하나님은 거룩하시므로 하나님의 백성인 이스라엘 백성도 거룩하여야 한다. **"나는 너희의 하나님이 되려고 너희를 애굽 땅에서 인도하여 낸 여호와라 내가 거룩하니 너희도 거룩할찌어다"** (레 11:45). 이스라엘 백성은 육신의 연약함으로 율법을 온전히 순종하지 못하였다. 이스라엘 백성이 육신의 연약으로 하나님을 섬길 수 없는 것을 보완하는 것이 성전의 제사이다. 소와 염소와 양의 피를 뿌리는 제사는 사람이 육신의 연약함으로 할 수 없는 것을 대신하였다. 따라서 제사장의 직분은 이스라엘 백성의 육신의 한계를 극복하기 위하여 율법에 의하여 정죄 받는 죄를 속하는 제사를 드림으로 하나님을 섬겼다. 아론의 후손들은 하나님의 섬기는 제사장의 직분을 받았다. **"너는 이스라엘 자손 중 네 형 아론과 그 아들들 곧 나답과 아비후와 엘르아살과 이다말을 그와 함께 네게로 나아오게 하여 나를 섬기는 제사장 직분을 행하게 하되"** (출 28:1).

4) 성막에 하나님의 이름이 있으므로 율법을 범하는 이스라엘의 죄는 하나님의 이름을 더럽힌다. 이스라엘이 율법을 버리고 우상을 숭배하였을 때 하나님의 이름과 성소가 더럽게 되었다. **"나도 그 사람에게 진노하여 그를 그 백성 중에서 끊으리니 이는 그가 그 자식을 몰렉에게 주어서 내 성소를 더럽히고 내 성호를 욕되게 하였음이라"** (레 20:3). **"너희는 내 이름으로 거짓 맹세함으로 네 하나님의 이름을 욕되게 하지 말라 나는 여호와니라"** (레 19:12). 하나님의 이름이 성전에 있으므로 이스라엘 백성의 죄는 하나님의 이름과 성전을 더럽혔다. 따라서 이스라엘 백성은 육신이 연약하여 매일 죄를 범함으로 성소와 하나님의 이름을 더럽혔으므로 제사장은 하나님의 이름을 거룩하게

하기 위하여 매일 아침과 저녁에 피를 뿌리는 제사를 드렸다. "또 그들에게 이르라 너희가 여호와께 드릴 화제는 이러하니 일 년 되고 흠 없는 수양을 매일 둘씩 상번제로 드리되 한 어린 양은 아침에 드리고 한 어린 양은 해 질 때에 드릴 것이요" (민 28:3,4).

   5) 속죄일에 대제사장은 일 년 동안 이스라엘 백성이 속죄 받지 못한 죄를 속하기 위하여 소와 염소의 피를 가지고 지성소에 들어갔다. 대제사장은 자기의 죄를 속하기 위하여 소의 피를 가지고 지성소에 들어갔다. "**아론은 자기를 위한 속죄제의 수송아지를 드리되 자기와 권속을 위하여 속죄하고 자기를 위한 그 속죄제 수송아지를 잡고**" (레 16:11). "**그는 또 수송아지의 피를 취하여 손가락으로 속죄소 동편에 뿌리고 또 손가락으로 그 피를 속죄소 앞에 일곱번 뿌릴 것이며**" (레 16:14). 그 후에 대제사장은 이스라엘 백성의 죄를 속하기 위하여 여호와를 위하여 제비를 뽑은 염소의 피를 가지고 지성소에 들어갔다. "**또 백성을 위한 속죄제 염소를 잡아 그 피를 가지고 장 안에 들어가서 그 수송아지 피로 행함 같이 그 피로 행하여 속죄소 위와 속죄소 앞에 뿌릴찌니**" (레 16:15). 대제사장이 소와 염소의 피로써 죄로 인하여 더럽혀진 하나님의 이름과 성소를 거룩하게 하였을 때, 하나님은 지성소 안에 있는 증거궤 위의 두 그룹 사이에 나타나셔서 대제사장에게 말씀하셨다. "**거기서 내가 너와 만나고 속죄소 위 곧 증거궤 위에 있는 두 그룹 사이에서 내가 이스라엘 자손을 위하여 네게 명할 모든 일을 네게 이르리라**" (출 25:22). 하나님께서 지성소에서 대제사장에게 나타난 것은 하나님의 영광이 임하였다는 것을 의미한다. 하나님께서 모세에게 말씀하실 때, 성막에 하나님의 영광이 나타났다. "**내가 거기서 이스라엘 자손을 만나리니 내 영광을 인하여 회막이 거룩하게 될찌라**" (출 29:43).

   6) 성전은 율법에 의하여 정죄 받은 죄를 소와 염소와 양의 피로써 속함으로 죄로 인하여 더럽혀진 하나님의 이름을 거룩하게 하고 훼손된 하나님의 영광을 회복하는 곳이다. 이스라엘 백성의 죄는 하나님의 이름을 더럽히고 그의 영광을 훼손하였다. 제사장이 율법의 규례대로 제사를 드리면 그 죄는 도말되고 하나님의 이름은 거룩하게 되었다. 그러나 이스라엘 백성이 우상을 숭배하므로 성전의 제사가 중단되었을 때, 하나님의 이름과 성소는 죄로 인하여 더럽혀진 채로 남아있었다. 성전이 죄로 인하여 더럽혀지자,

하나님의 이름과 마음과 눈은 성전에서 떠났다. 이제 성전은 죄로 인하여 더러워진 단순한 건축물이 되었다. 따라서 하나님은 이방인의 손을 통하여 성전을 파괴하셨다. "**저가 여호와의 전의 모든 보물과 왕궁 보물을 집어내고 또 이스라엘 왕 솔로몬이 만든 것 곧 여호와의 전의 금 기명을 다 훼파하였으니 여호와의 말씀과 같이 되었더라**" (왕하 24:13).

7) 성전에 들어갈 수 있는 자들의 신분이 엄격하게 제한되었다. "**너는 아론과 그 아들들을 세워 제사장 직분을 행하게 하라 외인이 가까이 하면 죽임을 당할 것이니라**" (민 3:10). 제사장을 수종을 드는 레위인들은 성전의 뜰까지만, 제사장은 성소까지만, 대제사장만이 일 년에 한번 속죄일에 지성소에 들어갈 수 있었다. 레위인이 성소에 들어가면 죽임을 당하였다. 대제사장 이외에 다른 사람이 지성소에 들어가면 역시 죽임을 당하였다. "**여호와께서 모세에게 이르시되 네 형 아론에게 이르라 성소의 장안 법궤 위 속죄소 앞에 무시로 들어오지 말아서 사망을 면하라 내가 구름 가운데서 속죄소 위에 나타남이니라**" (레 16:2). 법궤 안에 십계명을 새긴 돌판이 있으므로 소와 염소의 피 없이 율법에 접근하면 죽임을 당한다는 것을 의미한다. 바벨론의 군대가 지성소에 들어간 것은 성전이 이스라엘의 우상숭배로 더럽혀졌다는 것을 의미한다.

8) 주후 70년에 헤롯이 예루살렘에 세운 성전이 로마 군대에 의하여 파괴된 것도 같은 이유이다. 바리새인들과 서기관들의 등장은 성전 제사에 많은 문제를 야기 시켰다. 그들은 하나님을 섬긴다는 명목으로 율법에 의하여 제사를 드렸다. 그들은 율법의 행위로 의롭다함을 얻었다고 믿고 있었으므로 자신들의 죄를 위하여 제사를 드리지 아니하고 단지 종교의식으로 제사를 드렸다. 율법에 의하여 정죄 받는 죄를 속하기 위하여 제사를 드리지 아니하고 자기들의 의를 보이기 위하여 종교행사로 드린 제사는 죄로 인하여 더럽혀진 하나님의 이름을 거룩하게 하지 못하였다. 선지자 이사야는 이러한 제사를 책망하였다. "**소를 잡아 드리는 것은 살인함과 다름이 없고 어린 양으로 제사드리는 것은 개의 목을 꺾음과 다름이 없으며 드리는 예물은 돼지의 피와 다름이 없고 분향하는 것은 우상을 찬송함과 다름이 없이 하는 그들은 자기의 길을 택하며 그들의 마음은 가증한 것을 기뻐한즉**" (사 66:3). 성전에 하나님의 이름이 없으나 있는 것으로 알고

제사를 드리는 것은 우상을 숭배하는 것과 같다. 하나님의 이름을 위하여 제사를 드리던 성전이 우상을 숭배하는 곳이 되었다. 예루살렘 성전은 이스라엘의 죄로 인하여 더럽혀진 채로 방치되었다가 로마 군대에 의하여 파괴되었다.

9) 예루살렘의 성전의 파괴는 그리스도의 몸이 찢겨질 것을 모형으로 보여준다. 예루살렘 성전은 하늘 성전인 그리스도의 몸을 모형으로 보여준다. **"그러나 예수는 성전된 자기 육체를 가리켜 말씀하신 것이라"** (요2:21). 광야에서 모세가 세운 성막과 예루살렘에 솔로몬이 건축한 성전은 하늘 성전의 모형과 그림자이다. **"저희가 섬기는 것은 하늘에 있는 것의 모형과 그림자라 모세가 장막을 지으려 할 때에 지시하심을 얻음과 같으니 가라사대 삼가 모든 것을 산에서 네게 보이던 본을 좇아 지으라 하셨느니라"** (히 8:5). 이스라엘 백성의 죄로 인하여 예루살렘 성전이 더러워졌다면, 하늘 성전인 그리스도의 육체는 사단과 인류의 죄로 인하여 더럽혀졌을 것이다. 따라서 하나님은 예수 그리스도의 육체를 찢으시고 그의 피로써 하늘 성전을 거룩하게 하셨다. 하늘에는 그리스도의 몸이 성전이다. **"성안에 성전을 내가 보지 못하였으니 이는 주 하나님 곧 전능하신 이와 및 어린 양이 그 성전이심이라"** (계 21:22).

10) 땅에 있던 성막과 성전에 구름으로 나타난 하나님의 영광은 장차 예수 그리스도를 통하여 나타날 영광의 모형과 그림자이다. 호렙산과 시내산에서 나타난 하나님의 영광도 역시 모형과 그림자이다. 하나님의 영광이 예수 그리스도를 통하여 실상으로 임하였다. 마귀는 예수 그리스도를 통하여 하나님의 영광을 보고 시험하였다. 귀신은 예수 그리스도를 통하여 하나님의 영광을 보고 그리스도께서 하나님의 아들이심을 알았다. **"나사렛 예수여 우리가 당신과 무슨 상관이 있나이까 우리를 멸하러 왔나이까 나는 당신이 누구인줄 아노니 하나님의 거룩한 자니이다"** (막 1:24). 십자가에서 하나님의 아들의 영광이 온 천지에 나타났다. 사형을 집행하던 백부장은 그리스도를 통하여 하나님의 아들의 영광을 보았다.

11) 예루살렘 성전을 통하여 모형과 그림자로 계시된 성전이 그리스도와 성도의 몸을 통하여 실상으로 나타났다. 예수 그리스도께서 승천하신 뒤에 사도들과 믿는 자들에게 성령을 보내주셨다. 사도들과 성도들은 성령으로 그리스도의 말씀을 순종함으로 그들의

몸을 하나님의 성전이 되게 하였다. 사도들과 성도들이 성령으로 그리스도의 말씀을 순종할 때 성령께서 그 말씀과 함께 그들의 심령에 들어왔다. **"그의 계명들을 지키는 자는 주 안에 거하고 주는 저 안에 거하시나니 우리에게 주신 성령으로 말미암아 그가 우리 안에 거하시는 줄을 우리가 아느니라"(요일 3:24)**. 그리스도의 말씀이 사도들과 성도들 안에 있다는 것은 예수께서 그들 안에 계신다는 것이다. 하늘 성전인 예수께서 사도들의 심령 안에 계시면 그들의 몸은 하나님의 성전이다. **"너희가 하나님의 성전인 것과 하나님의 성령이 너희 안에 거하시는 것을 알지 못하느뇨"(고전 3:16)**. 따라서 하늘 성전인 사도들과 성도들의 몸에 하나님의 영광이 임하였다. 귀신들린 자가 사도 바울의 몸에 임한 하나님의 영광을 보았다. **"바울과 우리를 좇아와서 소리질러 가로되 이 사람들은 지극히 높은 하나님의 종으로 구원의 길을 너희에게 전하는 자라 하며"(행 16:17)**.

12) 광야에서 모세가 세운 성막, 솔로몬이 모리아 산에 건축한 성전은 하늘 성전의 모형이다. 하늘 성전의 실상이 그리스도의 몸으로 임하였다. 그리스도께서 승천하신 뒤에 하늘성전이 성령으로 성도의 심령 안에 임하였다. 성도의 심령 안에 예수 이름과 말씀, 아버지와 아들과 성령이 계신다. 따라서 성도의 몸은 하나님의 성전이다. 율법에 의하여 성전에서 행하여지던 모든 의식이 성도의 몸 안에서 행하여진다.

13) 하나님의 이름을 위하여, 광야에서 모세는 성막을 세웠고 예루살렘에 솔로몬은 성전을 세웠다. 성막과 성전은 거룩하게 구별된 곳이며 하나님의 이름이 있다. 이스라엘 백성이 율법을 범하였을 때, 그 죄는 성소와 하나님의 이름을 더럽혔다. 죄로 인하여 더럽혀진 하나님의 이름과 성소를 위하여 제사장은 소와 염소와 양의 피를 뿌리는 제사를 드렸다. 이스라엘 백성이 우상을 숭배함으로 제사를 폐하였을 때, 하나님의 이름은 성전에서 떠났고 성전은 더럽혀졌다. 하나님은 더럽혀진 성전을 이방인의 손으로 파괴하셨다. 인류의 죄로 인하여 더럽혀진 하늘 성전인 그리스도의 몸이 찢겨졌다.

(3) 제사의 실상과 모형

1) 율법에 의하여 정죄 받은 죄를 속하기 위하여 건축된 성전과 성막은 하늘 성전의

모형이다. 이것은 성전에서 행하는 모든 제사의식이 모형과 그림자임을 의미한다. 솔로몬 성전에 둔 하나님의 이름은 여호와이다. 여호와 이름은 하늘 성전에 있는 하나님의 이름의 모형과 그림자이다. 성전에서 뿌리는 소와 염소와 양의 피는 하늘 성전에서 뿌려질 예수 그리스도 피의 모형이다. 성전에서 소와 염소와 양의 피로써 정결케 된 죄 역시 모형과 그림이다. 그 이유를 살펴보자

2) 솔로몬 성전이 하늘 성전의 모형이라면, 그 안에서 행하던 모든 제사를 비롯한 모든 의식은 모형과 그림자이다. 번제와 속죄제, 속건제, 화목제, 소제 및 전제는 하늘 성전에서 그리스도께서 인류의 죄를 위하여 드릴 제사를 모형과 그림자로 보여준다. 소와 염소와 양의 피는 그리스도의 피를 모형으로 보여준다. 성전에서 율법에 의하여 드리던 제사는 모형이므로 인류의 죄를 없이하지 못하였다. 성경은 소와 염소의 피가 이스라엘의 죄를 없이하지 못하였다고 말씀한다. **"이는 황소와 염소의 피가 능히 죄를 없이 하지 못함이라"** (히 10:4). "황소와 염소의 피"란 속죄일에 대제사장이 지성소에 들어가 자신과 이스라엘 백성의 죄를 속하기 위하여 뿌린 피다(레 16:11~14).

3) 성전에서 드리는 제사가 이스라엘 백성의 죄를 없이하지 못할 것을 아신 하나님께서 제사를 명하신 이유는 무엇인가. 이것은 장차 오실 그리스도의 피에 의한 속죄에 대한 모형을 보여주기 위함이다. 이스라엘 백성은 성전의 제사를 통하여 장차 오실 그리스도의 피가 그들의 모든 죄를 대속할 것이라는 증거를 받았다. 성전의 제사가 이스라엘 백성의 죄를 대속한 것은 아니다. 그러나 그들은 제사를 통하여 장차 오실 그리스도께서 그들의 죄를 용서할 것 믿었다. 이것이 그들의 소망이 되었고 성전의 제사는 그 소망이 이루어질 것이라는 증거이다. 아침에 태양이 뜨면 정오에 기온이 상승한다는 증거이고 저녁에 태양이 지면 새벽에 기온이 내려간다는 증거이다. 이와 같이 이스라엘 백성은 성전의 제사를 통하여 장차 오실 그리스도의 피가 그들의 죄를 대속할 것이라는 증거를 받았다. 성전의 제사를 통하여 이스라엘 백성은 그들의 죄를 용서받았다는 약속을 받지 못하였지만 미래에 올 속죄의 증거를 받았다. **이 사람들이 다 믿음으로 말미암아 증거를 받았으나 약속을 받지 못하였으니** (히 11:39).

4) 다윗은 율법으로 수많은 자신의 죄를 깨달았다. **"무수한 재앙이 나를 둘러 싸고**

나의 죄악이 내게 미치므로 우러러 볼 수도 없으며 죄가 나의 머리털보다 많으므로 내 마음이 사라졌음이니이다" (시 40:12). 다윗은 성막의 제사가 그의 모든 죄를 대속할 수 없다는 것을 알았으며, 하나님께서도 그러한 제사를 원하지 아니하신다는 것을 알았다. "주께서 나의 귀를 통하여 들리시기를 제사와 예물을 기뻐 아니하시며 번제와 속죄제를 요구치 아니하신다 하신지라" (시 40:6). 하나님의 뜻을 성취하기 위하여 장차 그리스도께서 오실 것을 알았다. "그 때에 내가 말하기를 내가 왔나이다 나를 가리켜 기록한 것이 두루마리 책에 있나이다 나의 하나님이여 내가 주의 뜻 행하기를 즐기오니 주의 법이 나의 심중에 있나이다 하였나이다" (시 40:7,8). 히브리서 기자는 주의 뜻은 그리스도를 통한 영원한 제사라고 해석하였다. "이 뜻을 좇아 예수 그리스도의 몸을 단번에 드리심으로 말미암아 우리가 거룩함을 얻었노라" (히 10:10). "오직 그리스도는 죄를 위하여 한 영원한 제사를 드리시고 하나님 우편에 앉으사" (히 10:12).

5) 다윗은 율법에 의하여 정죄 받는 죄가 성막에서 드리는 제사로 용서받지 못할 것을 알고 절망의 구덩이에 빠졌으나 장차 오실 그리스도께서 자기의 모든 죄를 대속하실 것을 믿었다. 이 믿음이 그를 구덩이에서 끌어 올리고 반석위에 세웠다. "나를 기가 막힐 웅덩이와 수렁에서 끌어 올리시고 내 발을 반석 위에 두사 내 걸음을 견고케 하셨도다" (시 40:2). 다윗은 장차 오실 그리스도가 자기의 반석이라고 고백하였다. "여호와는 나의 반석이시요 나의 요새시요 나를 건지시는 자시요 나의 하나님이시요 나의 피할 바위시요 나의 방패시요 나의 구원의 뿔이시요 나의 산성이시로다" (시 18:2). 시편 40편은 구약의 믿음을 요약하여 보여준다. 다윗의 고백처럼, 모든 사람은 율법과 양심 아래서 죄인이며 그 죄는 장차 오실 그리스도의 피로써 대속된다는 것이다. 다윗은 율법을 통하여 자신의 죄를 깨닫고 장차 오실 그리스도를 믿음으로 의롭다함을 받았다. "가라사대 그러면 다윗이 성령에 감동하여 어찌 그리스도를 주라 칭하여 말하되" (마 22:43).

6) 성막과 성전에서 소와 염소와 양의 피를 뿌리는 제사를 통하여 거룩하게 되는 죄는 죄의 실상이 아니라 모형이며 그림자이다.[97] 그리스도의 피의 모형인 소와 염소와 양의 피로 인하여 거룩하게 되는 죄는 모형과 그림자이다. 그들의 피는 모형이므로 죄의

---

97) 졸저, 상게서, 4.4.2.(3) 참조

모형만을 거룩하게 할 수 있기 때문이다. 예수 그리스도께서 죄의 실상을 말씀하셨다. **"그러하나 내가 너희에게 실상을 말하노니 내가 떠나가는 것이 너희에게 유익이라 내가 떠나가지 아니하면 보혜사가 너희에게로 오시지 아니할 것이요 가면 내가 그를 너희에게로 보내리니" (요 16:7). "죄에 대하여라 함은 저희가 나를 믿지 아니함이요" (요 16:9).** 예수 그리스도께서 승천하신 뒤에 성령을 보내시면, 성령께서 죄의 실상을 말씀하실 것이다. 죄의 실상은 예수 그리스도를 믿지 아니하는 것이다.

　7) 모든 죄는 예수를 믿지 아니하는 죄로부터 시작되었다. 하나님의 이름을 찬양하는 직분을 맡은 천사가 하늘 보좌의 주인인 예수를 믿지 아니함으로 범죄하였다. 그 죄가 아담으로 이어졌다. 예수만이 자기의 의지로 생명과 사망을 결정하실 수 있지만, 아담은 이것을 믿지 아니하고 그의 의지로 생명과 사망을 결정하려고 하였다. 예수를 믿지 아니한 아담의 죄가 인류를 통하여 다양한 죄의 형태로 나타나고 있다. 율법이 정죄하는 모든 죄는 예수를 믿지 아니하는 죄로부터 파생된다. 곧 율법에 의하여 정죄 받는 죄는 예수 그리스도를 믿지 아니하는 죄의 모형과 그림자이다. 예수 그리스도를 믿지 아니하는 것은 죄의 뿌리이고 율법에 의하여 정죄 받는 것은 죄의 가지이다.

　8) 성전의 제사를 통하여 거룩하게 되는 여호와 하나님의 이름은 모형과 그림자이다. 이스라엘 백성의 죄로 인하여 더럽혀진 여호와 하나님의 이름은 소와 염소와 양의 피로써 거룩하게 되었다. 이것은 솔로몬 성전에 둔 여호와 하나님의 이름이 하늘 성전에 있는 하나님의 이름의 모형임을 의미한다. 예수 그리스도의 육체는 하늘 성전이고 이 안에 있는 하나님의 이름은 예수이다. 곧 예수 이름은 하나님의 이름의 실상이고 여호와 이름은 모형과 그림자이다.[98]

　9) 예수 그리스도께서 성부와 성자와 성령의 이름으로 세례를 주라고 명령하셨다. **"그러므로 너희는 가서 모든 족속으로 제자를 삼아 아버지와 아들과 성령의 이름으로 세례를 주고" (마 28:19).** 성부와 성자와 성령은 삼위일체 하나님이다. 성부와 성자와 성령의 이름은 삼위일체 하나님의 이름이다. 이 말씀에 따라서 사도들은 믿는 자들에게 예수 이름으로 세례를 주었다. **"베드로가 가로되 너희가 회개하여 각각 예수 그리스도의**

---

98) 졸저, 상게서, 제4부 보충적 설명, 삼위일체와 하나님의 이름 참조

이름으로 세례를 받고 죄 사함을 얻으라 그리하면 성령을 선물로 받으리니" (행 2:38). "이는 아직 한 사람에게도 성령 내리신 일이 없고 오직 주 예수의 이름으로 세례만 받을 뿐이러라" (행 8:16). 이 말씀은 성부와 성자와 성령의 이름이 예수 이름임을 의미한다.

10) 성전에서 드리던 모든 제사 의식은 모형과 그림자이다. 성막, 성전, 제사, 제물, 율법에 의하여 정죄 받는 모든 죄, 성전에 둔 여호와 하나님의 이름은 모두 모형과 그림자이다. 성막과 성전은 예수 그리스도의 육체의 모형, 제물의 피는 예수 그리스도의 피의 모형, 여호와 하나님의 이름은 예수 이름의 모형이다. 성전의 제사를 통하여 계시된 믿음은 장차 오실 그리스도의 피에 의한 제사를 모형으로 보여준다. 이스라엘 백성은 성전의 제사를 통하여 장차 오실 그리스도의 피에 의한 속죄를 믿고 사모하였다.

(4) 이해를 위한 질문

1) 성막과 성전

a. 광야에서 이스라엘 백성이 성막을 세운 이유는 무엇인가(레 17:11).

b. 성막에 하나님의 영광이 임한 이유는 무엇인가(신 12:5).

c. 하나님께서 다윗에게 성전을 새우지 못하게 하신 이유는 무엇인가(대상 28:3).

d. 하나님이 성전에 계신다고 믿게 하신 증거는 무엇인가(시 11:4).

2) 성전과 하나님의 영광

a. 성막과 성전이 속죄를 위한 제사를 전제로 하는 이유는 무엇인가(롬 3:20).

b. 이스라엘 백성의 죄가 성소와 하나님의 이름을 더럽힌 이유는 무엇인가(레 20:3).

c. 하나님께서 예루살렘 성전을 파괴하신 이유는 무엇인가(왕상 24:13).

d. 하나님께서 바리새인들과 사두개인의 제사를 받지 아니하신 이유는 무엇인가(눅 18:9).

e. 그리스도의 육체가 하늘 성전인 이유는 무엇인가(요 20:21).

3) 제사의 실상과 모형

    a. 성전에서 드리는 제사가 모형인 이유는 무엇인가(히 8:5).

    b. 성전에 둔 여호와 하나님의 이름이 모형인 이유는 무엇인가(마 28:19).

    c. 율법에 의하여 정죄 받는 죄가 모형인 이유는 무엇인가(요 16:9).

    d. 왜 예수 그리스도를 믿지 아니하는 것이 죄의 실상인가.

3.3 요약 및 결론

1. 제3부에서는 출애굽과 율법을 통하여 계시된 믿음과 그리스도의 관계를 검토하였다. 3.1에서는 출애굽, 홍해, 광야생활 및 가나안 땅의 정복을 통하여 계시된 믿음과 장차 오실 그리스도의 관계를 분석하였다. 3.2에서는 율법과 칭의 언약, 성전과 제사제도를 통하여 계시된 믿음과 장차 오실 그리스도의 관계를 논의하였다.

  요셉은 야곱을 비롯하여 열두 형제를 애굽으로 인도하였다. 이스라엘 백성이 애굽에서 종노릇하다가 하나님의 은혜로 애굽에서 나와서 광야를 통과하여 가나안 땅으로 들어간 것은 그리스도를 믿는 자들이 죄에서 구원을 받고 천국으로 들어가는 모형이다. 아브라함, 이삭 및 야곱을 통하여 그리스도의 피에 의한 구원의 모습이 희미하게 계시되었으나, 이스라엘 백성의 출애굽과 광야 생활을 통하여 보다 구체적으로 그리스도의 사역이 나타나고 있다. 하나님은 출애굽과 광야 생활 및 가나안 땅의 정복을 통하여 그리스도의 피에 의한 구원과 성도의 신앙생활을 모형으로 보여주셨다.

  출애굽은 그리스도의 피에 의한 구원의 모형을 보여준다. 영적으로 애굽은 마귀의 지배 아래 있는 세상의 모형을, 이스라엘 백성은 하나님의 권세 아래 있는 하나님의 백성을 모형으로 보여준다. 이스라엘 백성이 애굽에서 종노릇하는 것은 하나님의 형상으로 창조된 사람이 아담의 타락으로 인하여 마귀의 지배 아래서 당하는 고통을 모형으로 보여준다. 이스라엘 백성이 애굽의 바로 아래서 노동력을 착취당하고 채찍과 칼로 박해를 당하는 것은 마귀의 지배 아래서 인류가 당하는 고난을 모형으로 보여준다.

  이스라엘 백성이 애굽에 들어간 뒤에 애굽의 우상을 섬김으로 칭의 언약을 통하여 계시된 장차 오실 그리스도에 대한 믿음을 버렸다. 그들이 계속하여 애굽에서 우상을 숭배한다면 아브라함에게 출애굽을 약속한 하나님의 언약은 지켜지지 아니할 것이다. 이 경우에 이스라엘 백성의 출애굽을 약속한 하나님의 명예는 크게 훼손될 것이다. 하나님은 이스라엘 백성을 애굽에서 인도하여 내실 능력이 없으며 약속을 지키지 아니한다고 세상은 하나님을 비난할 것이다. 이것은 하나님의 이름을 더럽히는 것이다. 따라서 하나님은 자기의 이름을 위하여 이스라엘 백성을 애굽에서 인도하여 내셨다.

출애굽은 그리스도의 피로 인류를 죄에서 구원하는 모형이다. 하나님께서 자기의 영광을 위하여 자신의 형상으로 창조하신 사람이 하나님을 버리고 마귀를 임금으로 섬기는 것은 하나님의 이름을 더럽히며 그의 영광을 훼손하는 것이다. 따라서 하나님은 사람의 죄 때문에 괴로워하신다. 하나님은 자기의 이름을 위하여 그리스도의 피를 통하여 인류의 죄를 대속하셨다. 다윗은 하나님께서 그의 이름을 위하여 자기를 의의 길로 인도하신다고 고백하였다.

하나님께서 이스라엘 백성을 애굽에서 인도하여 내려면 이에 합당한 명분이 있어야 한다. 따라서 하나님은 이스라엘 백성을 자기의 장자라고 선언하셨다. 하나님의 장자는 하나님을 섬겨야 한다. 그들이 하나님을 버리고 애굽인을 섬기는 것은 옳지 않다. 따라서 하나님은 바로에게 이스라엘을 보내라고 말씀하셨다. 이스라엘이 애굽에서 광야로 나오면 비로소 하나님을 섬길 것이다. 만약 애굽이 하나님의 말씀을 거절하면 하나님의 장자를 박해한 죄로 애굽의 모든 장자가 죽임을 당할 것이다. 하나님은 모세를 통하여 바로에게 말씀하셨다. 그러나 바로는 하나님의 말씀을 거절하였다. 하나님의 명령에 따라서 이스라엘 백성은 유월절 날 밤에 어린 양을 잡고 그 피를 문 인방과 좌우 설주에 뿌렸다. 그날 밤에 하나님은 애굽의 모든 초태생을 죽이셨다. 애굽의 장자들을 심판하는 천사가 양의 피를 뿌린 집을 넘어갔다. 유월절 양의 피는 그리스도의 피를 모형으로 보여준다. 그리스도의 피가 인류의 모든 죄를 대속할 것이며 믿는 자에게 그 속죄의 효력이 나타날 것이다.

2. 이스라엘 백성은 애굽을 나와서 홍해를 건넘으로 애굽의 바로의 권세에서 완전히 벗어났다. 이스라엘 백성을 보낸 뒤에 바로는 마음이 강퍅하여져서 군대를 보내어 이스

라엘 백성을 사로잡아오게 하였다. 애굽의 초태생이 죽은 것은 과거의 일로 지나간 것이고 이스라엘 백성을 사로잡아 노예로 삼는 것은 미래의 이익과 직결되기 때문이다. 이스라엘 백성의 뒤에는 애굽의 군대가 쫓아오고 그들의 앞은 홍해가 막고 있었다. 이스라엘 백성은 애굽의 군대에게 사로잡혀 애굽의 노예로 끌려가든가 아니면 홍해 바다에 빠져죽든가 하나를 선택하여야 한다. 하나님은 그들을 위하여 홍해 바다를 가르셨다. 이스라엘 백성은 갈라진 홍해 바다를 통하여 광야로 나왔지만, 애굽의 군대는 모두 홍해 바다에서 죽임을 당하였다.

이스라엘 백성이 홍해를 통과하는 것은 믿는 자들이 받는 세례를 모형으로 보여준다. 세례는 물 아래로 내려갈 때 정욕에 따라서 짐승처럼 살던 옛 사람이 죽고 하나님의 말씀에 따라서 사는 새 사람이 살아나는 것을 의미한다. 홍해에서 수장된 애굽의 군대는 사람을 죄로 끌고 가는 육체의 정욕을 모형으로 보여준다. 사람은 육체의 정욕에 이끌리어 범죄한다. 육체의 정욕으로부터 죄를 지으려는 육신의 생각이 끊임없이 나와서 사람의 인격을 사로잡는다. 육신의 생각은 하나님을 대적하려는 마귀의 인격을 반영하므로 사람은 자신의 의지로 육신의 생각을 절제할 수 없다. 하나님의 인격인 성령께서 사람의 정욕을 결박하고 사람으로 하여금 하나님의 말씀을 순종하게 하신다. 곧 세례는 성령으로 육체의 정욕을 십자가에 못 박아 죽이는 것을 의미한다. 믿는 자들은 육체의 정욕을 극복하고 그리스도의 말씀을 순종하겠다는 고백으로 받는 의식이다.

이스라엘 백성이 홍해를 건너서 광야로 나옴으로 애굽의 바로의 지배에서 완전히 해방되었다. 뿐만 아니라 그들은 애굽의 모든 문화와 단절되었다. 애굽에서 그들은 집을 짓고 정착하여 살았지만, 광야에서 그들은 장막에서 살면서 가나안 땅을 향하여 이동하여야 한다. 애굽에서 그들은 각종 채소와 고기를 먹었으나, 광야에서 그들은 만나만 먹고 반석에서 나오는 물을 마셔야 한다. 애굽에서 그들은 애굽의 신을 섬겼으나. 광야에서 그들은 하나님만을 섬겨야 한다. 홍해를 기점으로 하여 이스라엘 백성은 애굽의 바로의 법과 문화로부터 완전히 단절되었다. 애굽에서 광야로 나온 이스라엘 백성의 모임을 광야 교회라고 한다. 광야 교회는 그리스도 교회의 모형이다. 그리스도의 교회는 예수 이름을 믿고 세상으로부터 나와서 하나님께 돌아온 자들의 회중을 의미한다. 그리스도의 교회는 세상의 문화와 마귀의 지배로부터 완전히 단절되었다.

이스라엘 백성의 광야 생활은 믿는 자들의 신앙생활을 모형으로 보여준다. 광야에서 이스라엘 백성이 먹은 만나는 믿음으로 구원을 받은 자들이 순종하여야 할 그리스도의 말씀을 모형으로 보여준다. 광야에서 이스라엘 백성이 마신 반석에서 나온 물은 믿음으로 구원을 받은 자들이 받을 성령을 모형으로 보여준다. 모세가 지팡이로 칠 때 깨진 반석은 십자가에서 찢어질 그리스도의 육체를 모형으로 보여준다. 광야에서 이스라엘 백성을 인도한 구름기둥과 불기둥은 믿음으로 구원을 얻은 자들을 인도하실 성령의 사역을 모형으로 보여준다. 광야에서 이스라엘 백성이 우상을 숭배하고 이방여자들과 음행하고 하나님을 시험하고 원망함으로 멸망 받은 것은 믿음으로 구원을 받은 자들이 믿음을 떠남으로 세상으로 돌아갈 것을 모형으로 보여준다. 광야에서 이스라엘 백성이 이방인과 전쟁한 것은 믿음으로 구원을 받은 자들이 악한 영들과 전쟁할 것을 모형으로 보여준다.

이스라엘 백성은 광야를 통과하는 과정에서 많은 고난을 받았다. 그들은 범죄함으로 온역, 칼, 불뱀 및 지진으로 죽임을 당하였다. 그들은 율법을 온전히 순종하지 못하였으나 장차 오실 그리스도를 믿은 자들은 광야를 통과하여 가나안 땅에 들어갈 수 있었다. 그러나 율법을 불순종하였지만 자신의 죄를 깨닫지 못하고 장차 오실 그리스도를 믿지 아니한 자들은 광야에서 죽임을 당하였다. 율법을 통하여 장차 오실 그리스도를 믿는 자만이 광야를 통과하였다. 이들만이 가나안 거민과 전쟁에서 승리할 수 있었기 때문에 믿지 아니한 자들은 모두 광야에서 죽임을 당하였다. 가나안 땅은 그 거민과 싸움에서 승리한 자만이 들어갈 수 있다.

이스라엘 백성이 가나안 땅을 정복하는 것은 하늘나라가 믿음으로 구원을 받은 자들의 심령에 임하는 것을 모형으로 보여준다. 하나님의 나라는 두 가지 개념으로 이해한다. 첫째, 믿는 자들이 첫째 부활에 참여한 뒤에 부활한 몸으로 들어갈 아버지의 집이다. 아버지의 집은 공간과 장소이다. 성경은 이를 새 하늘과 새 땅이라고 말씀한다. 둘째, 하나님의 말씀이 지배하는 영역을 의미한다. 이 땅에서 하나님의 말씀이 지배하는 영역은 믿는 자들의 심령이다. 하나님의 나라는 그리스도의 말씀이 통치하는 영역이므로 예수 이름을 믿는다고 고백하지만 그리스도의 말씀이 그의 심령을 통치하지 아니하면 하나님의 나라가 임한 것은 아니다.

그리스도의 말씀이 믿는 자들의 심령을 지배하려면 믿는 자들이 육체의 정욕을 십자가에 못 박아야 한다. 그리스도의 말씀과 성령의 인도하심으로 육체의 정욕을 극복할 수 있다. 이것은 영적 전쟁이며 믿는 자들의 육체 안에서 일어난다. 그리스도의 말씀이 믿는 자들의 육체의 정욕을 정복하여야 믿는 자들 안에 하나님의 나라가 임할 수 있다. 가나안 땅 정복은 이것을 모형으로 보여준다. 이스라엘 백성이 범죄하였을 때, 아이성 거민과 전쟁에서 패전하였다. 이와 같이 믿는 자들이 그리스도에 대한 믿음을 버리면 영적 전쟁에서 승리하지 못한다.

여호수아가 가나안 땅을 정복하고 그 땅을 제비뽑아 이스라엘 지파별로 분배하였다. 믿음의 분량에 따라서 각 지파는 땅을 얻었다. 이것은 믿음으로 구원을 얻은 자들이 믿음의 분량에 따라서 받을 은혜를 모형으로 보여준다. 믿는 자들이 영적 전쟁에서 승리하고 순종한 그리스도의 말씀의 분량이 믿음의 분량이다. 그 믿음의 분량에 따라서 받을 은혜가 결정된다. 사도들은 목숨을 걸고 그리스도의 말씀을 순종함으로 큰 믿음을 소유하였고 이에 합당한 영적인 은혜를 받았다.

3. 이스라엘 백성이 애굽에서 광야로 나와 바로의 법에서 자유한 뒤에 율법을 받았다. 율법은 하나님의 양심으로 하나님을 섬기는 법이다. 하나님을 섬기는 것은 율법을 순종하는 것이다. 율법은 세상 양심과 다르다. 세상 양심은 사람의 선과 악의 기준으로서 시대와 장소에 따라서 다르고 동일한 사람의 양심이라도 연령에 따라서 변화한다. 세상 양심의 핵심은 돈과 자기 사랑이다. 세상 양심은 돈을 얻으면 선이고 얻지 못하면 악이다. 또한 세상 양심은 자기에게 이익이 되면 선이고 아니면 악이다. 세상은 이를 위하여 전쟁도 불사한다. 세상은 육체의 정욕에 따라서 사는 자들의 집단을 의미하므로 세상 양심은 정욕으로 요약할 수 있다. 이에 반하여 하나님의 양심은 사랑을 실천하는 것이다. 하나님과 이웃을 사랑하는 것이 하나님의 양심이다. 하나님을 사랑하는 것은 하나님의 말씀을 순종하는 것이고 이웃을 사랑하는 것은 이웃을 내 몸과 같이 여기는 것이다.

하나님의 양심이 사랑을 실천하는 것임에 반하여, 세상 양심은 돈과 자기 자신을 위하여 타인을 희생하는 것이다. 세상은 마귀의 지배 아래 있으므로 세상의 양심은 마귀의 인격을 반영한다. 마귀는 사람으로 하여금 하나님의 말씀을 대적하게 함으로 하나님의 형상을 파괴하려고 한다. 마귀는 사람으로 하여금 살인하게 함으로 하나님의 외모까지도 파괴하려 한다. 마귀는 사람으로 하여금 하나님과 이웃을 사랑하지 못하게 한다. 육체의 정욕은 마귀의 인격을 반영함으로 사람은 온전히 율법을 순종할 수 없다. 따라서 하나님은 이스라엘 백성에게 율법을 주신 뒤에 성막을 세우게 하시고 제사의 규례를 주셨다. 성막에서 드리는 제사는 율법에 의하여 정죄 받는 죄를 대속하기 위하여 제사장은 매일 아침과 저녁에 소와 염소와 양의 피를 뿌리는 제사를 드렸다.

칭의 언약은 장차 오실 그리스도를 믿음으로 의롭다함을 받는 언약이다. 이에 반하여 율법은 순종함으로 의롭다함을 얻는 언약이다. 따라서 양자는 서로 대립하는 언약으로 생각할 수 있다. 바리새인들과 서기관들은 율법이 칭의 언약을 폐하는 것으로 알고 믿음을 버리고 율법의 행위로 의롭다함을 얻으려고 하였다. 십계명의 열 번째 계명은 탐욕을 정죄한다. 탐욕에 대한 객관적인 외부의 증거가 없으므로 그들은 이 계명이 사문화된 것으로 여겼다. 그들은 율법의 행위로 자신들이 의롭다함을 얻었다고 착각하였다. 그러나 탐욕은 모든 사람을 정죄하여 하나님의 심판 아래 가두고 그리스도를 믿는 믿음으로 인도한다. 따라서 율법은 칭의 언약을 폐하는 것이 아니라 보완하고 강화하는 것이다. 율법에 의하여 죄를 깨달은 자만이 믿음으로 의롭다함을 얻을 것이다.

율법은 아담 안에서 죄로 인하여 사망에 이른 자들의 영적상태를 모형으로 보여준다. 아담 안에서 모든 사람의 영이 사망에 이르게 되었다는 것을 알려준다. 에스겔 골짜기에 있는 마른 뼈는 죄로 인하여 사망에 이른 자들의 영의 상태를 모형으로 보여준다. 율법은 아담 안에서 모든 사람이 소경이고 귀먹은 자임을 모형으로 보여준다. 그들은 눈과 귀가 있어도 육신으로 임하신 하나님의 아들을 보지 못하고 그의 말씀을 듣지 못한다. 율법은 아담 안에서 모든 죄인이 문둥병자임을 모형으로 보여준다. 그들은 율법으로 선과 악을 분별하지 못한다. 아담 안에서 죄로 인하여 죽은 자, 소경, 귀먹은 자, 문둥병자가 장차 오실 그리스도 안에서 살아나고 고침을 받을 것이다.

광야에서 모세는 성막을 세웠고 솔로몬은 예루살렘에 성전을 건축하였다. 이스라엘 백성은 출애굽시에 애굽인들에게 취한 금과 은과 각종 보석으로 성막을 세웠다. 하나님은 그들에게 성막의 모든 기구를 만들 기술과 지혜를 주셨다. 시내산에서 율법을 주신 하나님은 이스라엘의 진 가운데 계신다는 증거가 성막이다. 광야에서 성막의 주위에 레위인들이 장막을 세웠으며 성막을 중심으로 사방에 이스라엘의 열두 지파가 장막을 세웠다.99) 이것은 성막에 계신 하나님께서 이스라엘 백성의 생활의 중심이라는 것을 의미한다. 다윗은 왕이 된 뒤에 성전을 건축하고자 하였으나, 하나님은 이를 허락하지 아니하셨다. 다윗은 성전건축을 위한 금과 은과 각종 보석과 기타 자재를 준비하였고 성전의 설계도를 솔로몬에게 주었다. 솔로몬은 왕이 된 뒤에 하나님의 이름을 위하여 성전을 건축하였다. 하나님의 영광이 성막과 성전에 구름으로 임하였다. 성막과 성전은 하나님의 은혜로 세워졌다.

성막과 성전에는 여호와 하나님의 이름이 있었다. 솔로몬이 성전을 건축하고 낙성식을 끝냈을 때, 하나님은 성전을 거룩하게 구별하시고 지성소에 그의 이름과 눈과 마음을 두셨다. 성전에 하나님의 이름이 있으므로 이스라엘은 성전에 하나님이 계신다고 믿고 하나님의 이름을 위하여 제사를 드렸다. 소와 염소와 양의 피를 뿌리는 제사는 이스라엘의 죄로 인하여 더럽혀진 하나님의 이름과 성소를 거룩하게 하였다. 이스라엘 백성이 육신이 연약하여 율법을 범하였을 때, 하나님의 이름과 성소가 더럽혀졌다. 제사장은 자기와 백성의 죄로 인하여 더럽혀진 하나님의 이름과 성소를 거룩하게 하기 위하여 제물의 피를 뿌리는 제사를 드렸다. 성전과 제사는 사람의 육체의 연약을 보완함과 동시에 하나님의 영광을 나타낸다.

성막과 성전은 하늘 성전의 모형과 그림자이다. 따라서 성전에서 드리는 모든 제사의 식과 하나님을 섬기는 일은 장차 오실 그리스도의 육체 안에서 행하여질 사역의 모형과 그림자이다. 예수 그리스도의 육체는 하늘 성전이기 때문이다. 성전 안에서 드리던 모든 제사는 장차 오실 그리스도께서 드릴 영원한 제사의 모형이다. 속죄일에 소와 염소의 피를 가지고 지성소에 들어간 대제사장은 자신의 피를 가지고 하늘 성전에 들어가실

---

99) 요셉의 아들 에브라임과 므낫세는 각각 한 지파로 분류되었다. "내가 애굽으로 와서 네게 이르기 전에 애굽에서 네게 낳은 두 아들 에브라임과 므낫세는 내것이라 르우벤과 시므온처럼 내 것이 될 것이요"(창 48:5).

그리스도의 모형이다. 율법에 의하여 정죄 받은 죄를 대속하기 위하여 뿌려진 소와 염소와 양의 피는 인류의 죄를 대속하기 위하여 뿌려질 그리스도의 피의 모형이다.

예루살렘 성전이 모형이라면 그 곳에서 제물의 피로써 거룩하게 되는 죄, 곧 율법에 의하여 정죄 받는 죄는 죄의 실상이 아니라 모형이다. 죄는 사단으로부터 시작하였다. 사단은 하늘 보좌의 주인이신 성자를 대적하고 그 보좌에 오르려고 함으로 하나님의 이름을 더럽히고 하나님의 영광을 훼손하였다. 사단의 악한 생각이 아담을 통하여 선악과 계명을 대적하는 죄로 나타났고, 그 죄는 율법에 의하여 정죄 받는 죄로 확대되고 있다. 사단은 하나님의 아들을 믿지 아니하였다. 아담은 사단에게 미혹을 받아 생명과 사망을 결정하실 그리스도를 믿지 아니하였다. 모든 자범죄는 예수 이름을 믿지 아니하는 죄를 뿌리로 하여 나타나고 있다. 따라서 율법에 의하여 정죄 받는 모든 죄는 예수 이름을 믿지 아니하는 죄의 그림자이다.

예루살렘 성전에 여호와 하나님의 이름이 있었다. 예루살렘 성전이 모형이면 그 안에 있는 여호와 하나님의 이름도 역시 모형이다. 모형 안에 실상을 둘 수 없기 때문이다. 그리스도의 육체는 하늘 성전이며 그 안에 예수 이름이 있다. 따라서 여호와 하나님의 이름은 예수 이름의 모형이라고 말할 수 있다. 여호와 이름은 율법 아래서 자신의 죄를 깨닫고 장차 오실 그리스도를 믿고 사모하는 자들이 부른 이름이다. 예수 이름은 믿고 구원을 얻은 자들이 부르는 이름이다. 사도들은 성부와 성자와 성령의 이름인 예수 이름으로 믿는 자들에게 세례를 주었다. 신구약 시대를 불문하고 모든 사람들은 예수 그리스도를 통하여 믿음으로 구원을 얻는다.

출애굽과 율법을 통하여 계시된 믿음은 장차 오실 그리스도를 통한 속죄와 구원이다. 이스라엘 백성은 장차 오실 그리스도를 믿음으로 애굽에서 나와서 홍해를 통과하였고 광야를 지나 가나안 땅을 정복하였다. 율법은 이스라엘 백성을 정죄하여 죄를 깨닫게 함으로 그리스도께로 인도하였다. 율법에 의하여 성전에서 드리던 모든 제사 의식과 하나님을 섬기는 것은 그리스도의 사역에 대한 모형과 그림자이다. 이스라엘 백성이 장차 오실 그리스도를 믿음으로 애굽에서 나온 것처럼, 믿는 자들은 예수 이름을 믿음으로 죄의 권세로부터 자유한다. 이스라엘 백성이 장차 오실 그리스도를 믿음으로 광야를 통과한 것처럼, 믿는 자들은 예수 이름을 믿음으로 세상을 이기고 세상을 통과한다. 이스라엘 백성이 장차 오실 그리스도를 믿음으로 가나안 땅을 정복한 것처럼, 믿는 자들은 예수 이름을 믿음으로 육체의 정욕을 정복하고 하나님의 나라로 들어간다.

제4부

이스라엘 역사를 통하여 계시된 그리스도와 믿음

4.1 제사장의 나라와 이스라엘의 역사를 통하여 계시된 그리스도와 믿음
  1. 제사장이 율법으로 통치하는 나라
  2. 제사장의 나라와 성전국가
  3. 광야 교회와 이스라엘의 역사

4.2 이스라엘의 우상숭배와 멸망을 통하여 계시된 그리스도와 믿음
  1. 이스라엘의 교만과 국가의 분단을 통하여 계시된 그리스도
  2. 이스라엘의 우상숭배와 멸망
  3. 이스라엘의 멸망원인을 통하여 계시된 그리스도와 믿음
  4. 모형과 그림자를 통하여 계시된 그리스도와 믿음

4.3 율법 및 선지자의 글의 완성과 세례 요한
  1. 예수 그리스도의 탄생을 위한 준비
  2. 구약성경의 확정과 세례 요한
  2. 세례 요한의 사역과 그리스도

4.4 구약성경을 통하여 계시된 믿음, 소망, 사랑
  1. 구약성경을 통하여 계시된 그리스도와 믿음
  2. 이스라엘 역사를 통하여 계시된 소망과 사랑

4.5 요약 및 결론

"너희가 내게 대하여 제사장 나라가 되며 거룩한 백성이 되리라 너는 이 말을 이스라엘 자손에게 고할찌니라" (출 19:6).

"온 이스라엘이 여로보암의 돌아왔다 함을 듣고 보내어 저를 공회로 청하여다가 온 이스라엘의 왕을 삼았으니 유다 지파 외에는 다윗의 집을 좇는 자가 없으니라" (왕상 12:20).

"보라 내가 보내어 북방 모든 족속과 내 종 바벨론 왕 느부갓네살을 불러다가 이 땅과 그 거민과 사방 모든 나라를 쳐서 진멸하여 그들로 놀램과 치소거리가 되게 하며 땅으로 영영한 황무지가 되게 할 것이라" (렘 25:9).

"보라 여호와의 크고 두려운 날이 이르기 전에 내가 선지 엘리야를 너희에게 보내리니" (말 4:5).

"그 때에 세례 요한이 이르러 유대 광야에서 전파하여 가로되 회개하라 천국이 가까왔느니라 하였으니" (마 3:1,2).

제4부 이스라엘 역사를 통하여 계시된 그리스도와 믿음

4.1 제사장의 나라와 이스라엘의 역사를 통하여 계시된 그리스도와 믿음

1. 제사장이 율법으로 통치하는 나라

(1) 제사장의 직무와 제사장의 나라

1) 하나님은 이스라엘 백성을 제사장의 나라로 택하여 부르셨다. 제사장의 나라란 무엇인가. 이것을 이해하려면 율법의 규례에 의하여 세운 제사장의 직무를 이해하여야 한다. 하나님은 이스라엘의 장자 대신에 레위인을 택하여 자기의 소유로 삼으셨다. 하나님은 레위 지파에서 아론과 그의 후손을 택하여 제사장의 직분을 수행하게 하셨다. 속죄일에 이스라엘 백성은 금식하며 그들의 죄를 자백하면 그들의 죄는 대제사장에게로 옮겨졌다. 대제사장은 자신의 죄와 이스라엘의 죄를 아사셀을 위하여 제비 뽑은 염소의 머리에 안수하여 모든 죄를 그 염소의 머리로 옮겨놓았다. 속죄일의 제사를 통하여 계시된 대제사장의 직무는 백성의 죄를 짊어지는 것이다. 이를 위하여 제사장은 믿음으로 의롭다함을 받아야 한다. 의로운 자만이 백성의 불의를 짊어질 수 있기 때문이다.

2) 이스라엘 백성이 애굽에서 나올 때 그들의 장자들도 애굽의 장자처럼 죽임을 당하는 것이 하나님의 공의이다. 애굽인과 이스라엘 백성이 모두 죄인이기 때문이다. 애굽인들은 하나님의 백성을 박해하였고, 이스라엘 백성은 애굽의 신을 섬겼다. 하나님은 애굽인의 모든 죄를 장자에게 옮기고 장자를 심판하셨다. 이스라엘 백성의 죄도 역시 장자들에게 옮겨졌지만, 하나님은 유월절 어린 양의 피로써 그들의 죄를 대속하시고 그들을 살리셨다. 이스라엘의 장자들이 목숨을 건진 것은 하나님의 은혜이다. 따라서 하나님은 이스라엘의 장자들을 자기의 것이라고 선언하셨다. **"이스라엘 자손 중에 사람이나 짐승이나 무론하고 초태생은 다 거룩히 구별하여 내게 돌리라 이는 내 것이니라 하시니라 (출 13:2)**. "하나님의 것"이란 하나님만을 위하여 일하고 세상일을 하지 아니하는 자를 의미한다.

3) 가나안 땅을 정복하기 위한 군대의 수를 파악하기 위하여 레위인을 제외한 나머지

지파의 인구를 조사하였다. "이스라엘 중 이십 세 이상으로 싸움에 나갈만한 모든 자를 너와 아론은 그 군대대로 계수하되" (민 1:3). 하나님은 이스라엘 백성의 장자 대신에 레위인을 택하여 자신의 소유로 삼으셨다. "보라 내가 이스라엘 자손 중에서 레위인을 택하여 이스라엘 자손 중 모든 첫 태에 처음 난 자를 대신케 하였은즉 레위인은 내 것이라 처음 난 자는 다 내 것임은 내가 애굽 땅에서 그 처음 난 자를 다 죽이던 날에 이스라엘의 처음 난 자는 사람이나 짐승을 다 거룩히 구별하였음이니 그들은 내 것이 될 것임이니라 나는 여호와니라" (민 3:12,13). 레위인은 하나님의 소유로서 징집에서 면제되었고 성막과 성전에서 하나님을 섬기는 일을 맡았다. 하나님은 레위인 가운데 아론과 그의 후손을 택하여 제사장으로 삼으셨다.

4) 레위인들은 성막과 성전에서 제사 의식을 주관하는 제사장의 지시에 따라서 모든 잡다한 일을 담당하였다. "보라 내가 이스라엘 자손 중에서 너희 형제 레위인을 취하여 내게 돌리고 너희에게 선물로 주어 회막의 일을 하게 하였나니" (민 18:6). 그들은 성막의 뜰에서 제물을 잡고 번제단에서 제물의 사채를 태우고 그 피를 뿌리며 물두멍에 물을 채우고 청소하는 일을 담당하였다. 제사장은 제사의 모든 업무를 주관하고 성소와 지성소에 들어가 하나님의 섬기는 일을 하였다. 제사장의 주요 직무는 제물을 드리는 자가 제물의 머리에 안수하여 자신의 죄를 그 제물의 머리에 옮겨놓게 하는 것이다. "그가 번제물의 머리에 안수할찌니 그리하면 열납되어 그를 위하여 속죄가 될 것이라" (레 1:4). "그 예물의 머리에 안수하고 회막 문에서 잡을 것이요 아론의 자손 제사장들은 그 피를 제단 사면에 뿌릴 것이며" (레 3:2). "곧 그 수송아지를 회막문 여호와 앞으로 끌어다가 그 수송아지 머리에 안수하고 그것을 여호와 앞에서 잡을 것이요" (레4:4). "회중의 장로들이 여호와 앞에서 그 수송아지 머리에 안수하고 그것을 여호와 앞에서 잡을 것이요" (레 4:15). 속죄일의 제사를 제외한 모든 제사에서 제물을 드리는 죄인이 제물의 머리에 안수하여 자기의 죄를 그 머리에 옮겨놓았다. 속죄일에 대제사장은 아사셀을 위하여 제비를 뽑은 염소의 머리에 안수하여 이스라엘 백성의 모든 불의와 죄를 그 염소의 머리에 옮겨놓았다. "아론은 두 손으로 산 염소의 머리에 안수하여 이스라엘 자손의 모든 불의와 그 범한 모든 죄를 고하고 그 죄를 염소의 머리에 두어 미리 정한

사람에게 맡겨 광야로 보낼찌니"(레 16:21).

5) 제사장의 직분은 백성들의 죄를 소와 염소와 양의 머리에 옮겨놓는 것이다. 이스라엘 백성이 제사장 앞에서 그들의 죄를 고백하면 그 죄가 제사장에게로 옮겨지고 제사장은 소와 염소와 양의 머리에 안수하여 그 죄를 제물의 머리에 옮겨놓았다. 이스라엘의 죄를 짊어진 제물은 이스라엘 백성을 대신하여 피를 흘리며 죽었다. 곧 제사장의 직분은 백성의 죄를 짊어지는 것이다. 제사장은 이스라엘의 죄를 짊어진 뒤에 그 죄를 소와 염소와 양의 머리에 옮겨 놓고 그것들을 죽여서 그 죄로 인하여 더럽혀진 하나님의 이름과 성소를 거룩하게 하였다. 제사장이 이스라엘 백성의 죄를 짊어지려면 믿음으로 의롭다함을 받아야 한다. 제사장이 믿음으로 의롭다함을 받은 것을 인치는 의식이 기름부음이다. 하나님께서 아론과 그의 후손에게 기름을 부어 제사장으로 삼으셨다. **"이는 아론의 아들들의 이름이며 그들은 기름을 발리우고 거룩히 구별되어 제사장 직분을 위임받은 제사장들이라"**(민 3:3).

6) 이스라엘 백성의 죄를 짊어진 레위인과 제사장들이 자신을 거룩하게 하는 정결의식을 행하였다. 하나님께서 이스라엘 가운데 레위인을 택하시고 그들 가운데서 아론과 그의 후손을 택하여 제사장의 직분을 맡기셨다. 제사장이 이스라엘 백성의 죄를 짊어지려면 두 단계를 거쳐야 한다. 첫째, 레위인은 이스라엘 장자를 대신하여 하나님의 소유가 되었으므로 백성의 죄를 짊어져야 한다. 둘째, 레위인을 대표하여 아론과 그의 후손 제사장은 레위인이 짊어진 죄를 소와 염소와 양의 머리에 옮겨놓아야 한다. 레위인은 백성의 죄를 짊어지기 위하여 자신을 거룩하게 하는 의식을 행하였다. **"이스라엘 자손 중에서 레위인을 취하여 정결케 하라 너는 이같이 하여 그들을 정결케 하되 곧 속죄의 물로 그들에게 뿌리고 그들로 그 전신을 삭도로 밀게 하고 그 의복을 빨게 하여 몸을 정결케 하고"**(민 8:6,7). 그 후에 이스라엘 백성은 레위인에게 안수하여 그들의 죄를 레위인의 머리에 옮겨놓았다. **"레위인을 여호와 앞에 나오게 하고 이스라엘 자손으로 그들에게 안수케 한 후에"**(민 8:10). 이로써 이스라엘 백성의 모든 죄가 레위인에게 옮겨졌다. 레위인을 대표하여 아론과 그의 후손 제사장들은 수송아지의 머리에 안수하여 그들의 죄를 제물의 머리에 옮겨놓았다. 송아지는 이스라엘의 죄를 짊어지고 죽임을

당하였다. "모세가 또 속죄제의 수송아지를 끌어오니 아론과 그 아들들이 그 속죄제 수송아지 머리에 안수하매 모세가 잡고 그 피를 취하여 손가락으로 그 피를 단의 네 귀퉁이 뿔에 발라 단을 깨끗하게 하고 그 피는 단 밑에 쏟아 단을 속하여 거룩하게 하고"(레 8:14,15).

7) 하나님은 이스라엘 백성을 택하여 온 인류의 제사장의 나라로 삼으셨다. "**너희가 내게 대하여 제사장 나라가 되며 거룩한 백성이 되리라 너는 이 말을 이스라엘 자손에게 고할찌니라**"(출 19:6). 제사장의 나라란 인류의 죄를 짊어지는 것이다. 이스라엘 백성은 인류의 죄를 짊어지기 위하여 유월절 어린 양의 피로써 그들의 죄를 대속하고 광야로 나왔다. 그들의 죄가 어린 양의 피로써 정결하게 되었으므로 하나님께서 인류의 죄를 그들에게 옮겨놓으신 뒤에 그들이 제사장의 나라가 되었다고 선언하셨다. 이스라엘 백성이 인류의 제사장으로서 직분을 받았으므로 그들이 짊어진 죄가 무엇인가를 알아야 한다. 죄를 알게 하는 법이 율법이다. 따라서 하나님께서 그들에게 율법을 주셨다. 율법은 이스라엘 백성으로 하여금 자신들이 짊어진 인류의 죄를 깨닫게 하였다. "**그러므로 율법의 행위로 그의 앞에 의롭다하심을 얻을 육체가 없나니 율법으로는 죄를 깨달음이니라**"(롬 3:20).

8) 이스라엘 백성은 제사장의 나라로서 인류의 죄를 짊어졌으므로 율법의 저주가 그들에게 임하였다. 그들이 율법을 통하여 그들이 짊어진 죄를 깨닫고 장차 오실 그리스도를 믿었을 때, 하나님은 그들을 의롭다고 하시고 그들에게 복을 주셨다. 그러나 그들이 율법으로 죄를 깨닫지 못하고 우상을 숭배하였을 때, 하나님은 그들을 저주하셨다. 율법은 우상을 숭배하는 이스라엘 백성을 칼과 온역과 기근으로 저주하였다. 이스라엘 백성은 율법의 저주 아래서 고통을 당하였다. 이방인들은 율법을 받지 못하였으므로 하나님께서 그들의 죄에 대하여 책임을 묻지 아니하셨다. 이스라엘 백성은 인류를 대신하여 율법에 의하여 심판을 받았으나, 이방인들은 그들의 죄를 이스라엘 백성에게 옮겨놓았으므로 율법에 의하여 심판을 받지 아니하였다. 예컨대, 하나님은 우상을 숭배하는 이방인들의 죄를 눈감 아주셨지만 우상을 떠나지 아니한 이스라엘 백성을 심판하셨다. 우상숭배로 인하여 이스라엘 백성이 받은 심판은 그들이 인류의 죄를 짊어졌다는 증거이다.

9) 하나님은 제사장의 나라인 이스라엘 백성에게 율법의 순종을 요구하셨다. 율법을 순종하는 자만이 거룩한 자가 되고 하나님의 소유가 될 수 있기 때문이다. **"세계가 다 내게 속하였나니 너희가 내 말을 잘 듣고 내 언약을 지키면 너희는 열국 중에서 내 소유가 되겠고"** (출 19:5). "하나님의 소유"란 제사장의 나라를 의미한다. 제사장의 나라는 하나님의 소유이므로 사람의 통치를 받지 아니하고 하나님의 말씀으로 통치를 받아야 한다. 제사장은 율법을 맡았으므로 자연히 이스라엘 백성의 지도자가 되었다. 율법으로 이스라엘을 통치하려면 율법을 알아야 하기 때문이다. 따라서 제사장의 나라란 인류의 모든 죄를 짊어지고 제사장에 의하여 통치를 받는 나라라고 말할 수 있다.

(2) 제사장의 나라의 탄생

1) 제사장의 나라는 아브라함으로부터 시작한다. 제사장의 나라는 제사장이 성막과 성전을 중심으로 하나님의 백성을 통치하는 나라이며 다른 말로 성전 국가라고 한다.[100] 제사장의 나라는 국가의 법과 하나님의 법이 일치하는 나라로서 신정국가라고 한다.[101] 제사장의 나라는 아브라함으로부터 시작하였다. 제사장의 나라는 아브라함으로부터 시작하여 이삭에게로, 이삭으로부터 야곱에게로, 야곱으로부터 열두 형제에게로 이어졌다. 열두 형제가 애굽으로 들어간 이후 바로의 권세 아래서 제사장의 나라로서 정체성을 잃어버렸으나 출애굽 이후 다시 회복하게 되었다. 하나님은 모세를 통하여 이스라엘 백성을 애굽에서 인도하여 내신 뒤에 율법을 주셨다. 모세는 제사장이며 동시에 선지자로서 이스라엘 백성을 율법으로 통치하고 광야에서 그들을 가나안 땅으로 인도하였다. 모세는 제사장으로서 백성에게 율법을 가르치고 하나님을 대리하여 그들을 율법으로 통치하였다. 광야에서 이스라엘 백성은 제사장에 의하여 율법으로 통치를 받음으로 제사장의 나라의 정체성을 보여주었다.

2) 하나님께서 아브라함과 이삭과 야곱을 택하여 부르시고 야곱에게 이스라엘이란 이름을 주셨다. 그들은 믿음으로 하나님의 말씀을 순종함으로 의롭다하심을 받고 하나님

---

[100] F. F. Bruce, Old Testament History, 유행열 역, 구약사, (기독교문서선교회,1978), p. 149.
[101] 제사장의 나라와 성전 국가에 대하여 졸저, 상게서, 3.5 참조

께 직접 제사를 드렸다. 아브라함은 이삭을 번제로 드렸으며, 이삭은 스스로 번제물이 되었다. 장자의 명분이 이삭으로부터 야곱에게 이어졌으므로 제사장의 직분도 이와 같이 이어졌다고 말할 수 있다. 이삭과 야곱은 제사장으로서 하나님께 제사를 드리기 위하여 단을 쌓았다(창 26:25;35:7). 아브라함은 직접 하나님의 말씀을 받고 그 말씀으로 자기의 가족과 하인들을 다스렸다. 그는 하나님의 말씀에 따라서 그의 가족과 하인들을 데리고 본토를 떠나서 지시함을 받은 땅으로 나아갔다(히 11:8). 아브라함은 하나님의 말씀에 따라서 이스마엘과 하갈을 광야로 내보냈으며 이삭을 번제로 드렸다. 아브라함에게 속한 모든 자들은 제사장의 직분을 받은 아브라함의 명령에 순종하였다. 이것은 제사장의 나라의 탄생을 알리는 것이다. 제사장의 나라의 정체성이 아브라함에서 이삭으로, 이삭에서 야곱으로 이어졌다.

3) 이스라엘이 애굽으로 들어간 이후 제사장의 나라의 정체성을 잃어버렸다. 바로의 통치 아래서 이스라엘 백성은 하나님을 버리고 애굽의 신을 섬겼기 때문이다(겔 20:8). 그들이 제사장의 나라의 정체성을 회복하려면 애굽에서 나와야 한다. 바로의 지배 아래서 그들은 하나님을 섬길 수 없기 때문이다. 바로는 이스라엘 백성이 하나님께 희생을 드리는 것을 용납하지 아니하였다(출 8:26). 따라서 하나님은 이스라엘 백성을 애굽에서 광야로 인도하여 내셨다(출 9:1). 광야에서 이스라엘 백성이 하나님을 섬기면 제사장의 나라의 정체성을 회복할 수 있다.

4) 하나님은 아브라함으로부터 시작하는 제사장의 나라를 위하여 그에게 언약을 주셨다(창15:13,14). 하나님은 아브라함에게 약속하신 언약을 위하여 이스라엘 백성을 애굽에서 인도하여 내셨다. **"내가 아브라함과 이삭과 야곱에게 주기로 맹세한 땅으로 너희를 인도하고 그 땅을 너희에게 주어 기업을 삼게 하리라 나는 여호와로라 하셨다 하라"(출 6:8)**. 이스라엘 백성이 홍해를 건넘으로 애굽의 바로의 권세에서 완전히 벗어났다. 광야 시내산에서 하나님은 하나님의 백성으로서 지켜야 할 율법을 그들에게 주셨다. 그들이 율법을 온전히 순종하면 하나님의 백성이 되고 제사장의 나라가 될 수 있다(출 19:5,6). "하나님의 소유," "제사장의 나라," "거룩한 백성"이란 제사장의 나라의 정체성을 의미한다.

5) 애굽에서 광야로 나와서 율법을 받은 이스라엘 백성은 제사장의 나라의 모형을 보여주었다. 제사장의 나라의 특징은 첫째, 인류의 장자로서 인류의 죄를 짊어진 자들의 회중이다. 둘째, 제사장이 하나님의 말씀으로 통치하는 하나님의 백성의 모임이다. 셋째, 장차 오실 그리스도를 믿는 자들의 모임이다.

6) 첫째, 제사장의 나라는 인류의 장자들의 모임이다. 하나님께서 이스라엘 백성을 자기의 장자라고 선언하셨다. **"너는 바로에게 이르기를 여호와의 말씀에 이스라엘은 내 아들 내 장자라"** (출 4:22). "내 아들 내 장자"란 인류 가운데 장자의 명분을 가진 자들을 의미한다. 출애굽과 유월절 날 밤의 심판을 통하여 계시된 것처럼, 장자들은 형제의 모든 죄에 대한 책임을 짊어져야 한다. 하나님은 인류의 모든 죄의 책임을 이스라엘 백성에게 전가하신 뒤에 그 죄를 소와 염소와 양에게 옮겨놓게 하셨다. 제사장은 이스라엘 백성을 대표하여 인류의 죄를 예물의 머리에 옮겨놓았다. 성막과 성전에서 제사장이 드리는 제사는 인류의 죄를 위하여 영원한 제사를 드릴 그리스도의 모형이다.

7) 둘째, 제사장은 하나님의 백성을 율법으로 통치하여야 한다. 이스라엘 백성은 하나님의 백성이므로 하나님께서 세우신 제사장에 의하여 세상법이 아닌 율법으로만 다스림을 받아야 한다. 제사장이 율법으로 백성을 다스리려면 자신은 물론 백성들도 율법을 알아야 한다. 따라서 제사장은 백성에게 율법을 가르쳐야 한다. 제사장은 이스라엘 백성에게 하나님의 율법을 가르칠 직분을 받았다. 제사장과 선지자로서 택함을 받은 모세는 이스라엘 백성에게 율법을 가르칠 사명을 받았다. **"이제 가라 내가 네 입과 함께 있어서 할 말을 가르치리라"** (출 4:12). 모세는 이스라엘 백성에게 하나님의 율법을 가르쳐야 한다. **"여호와께서 모세에게 이르시되 너는 산에 올라 내게로 와서 거기 있으라 너로 그들을 가르치려고 내가 율법과 계명을 친히 기록한 돌판을 네게 주리라"** (출 24:12). 돌판에 기록된 십계명은 율법의 핵심이다. 모세는 십계명을 비롯하여 율법의 모든 말씀을 이스라엘 백성에게 가르쳤다.[102] 이스라엘 백성에게 율법을 가르치는 직분이 모세로부터 아론과 그의 후손 제사장들에게 이어졌다. **"그리하여야 너희가 거룩하고 속된 것을 분별**

---

[102] 유대인들은 자신을 가리켜 모세의 제자라고 하였다. **"저희가 욕하여 가로되 너는 그의 제자나 우리는 모세의 제자라"** (요 9:28).

하며 부정하고 정한 것을 분별하고 또 여호와가 모세로 명한 모든 규례를 이스라엘 자손에게 가르치리라"(레 10:10,11).

8) 이스라엘 백성이 범죄하지 아니하려면 율법을 알아야 한다. 율법을 알지 못하는 것은 하나님을 알지 못하는 것이므로 제사장들은 백성들에게 율법을 가르치고 백성들은 배운 율법을 그들의 자녀들에게 가르쳐야 한다. "네가 호렙산에서 네 하나님 여호와 앞에 섰던 날에 여호와께서 내게 이르시기를 나를 위하여 백성을 모으라 내가 그들에게 내 말을 들려서 그들로 세상에 사는 날 동안 나 경외함을 배우게 하며 그 자녀에게 가르치게 하려 하노라 하시매"(신 4:10). "네 자녀에게 부지런히 가르치며 집에 앉았을 때에든지 길에 행할 때에든지 누웠을 때에든지 일어날 때에든지 이 말씀을 강론할 것이며"(신 6:7). 제사장은 백성에게, 백성들은 그들의 자녀에게 율법을 가르쳐서 모든 백성으로 하여금 하나님을 알게 하고 율법을 순종하게 하는 것이 하나님의 뜻이다.

9) 이스라엘 백성은 그들의 자손에게 율법을 가르치고 그 말씀을 기록한 것을 손목과 미간에 붙이여야 한다. 뿐만 아니라 율법의 말씀을 집 문설주와 바깥문에 기록하여야 한다. "이러므로 너희는 나의 이 말을 너희 마음과 뜻에 두고 또 그것으로 너희 손목에 매어 기호를 삼고 너희 미간에 붙여 표를 삼으며 또 그것을 너희의 자녀에게 가르치며 집에 앉았을 때에든지, 길에 행할 때에든지, 누웠을 때에든지, 일어날 때에든지 이 말씀을 강론하고 또 네 집 문설주와 바깥문에 기록하라"(신 11:18~20). 이스라엘 백성이 율법의 말씀을 기록한 것을 손목과 이마에 붙이고 다니며 항상 그 말씀을 상고하고 자녀들에게 가르치는 것이 복이라고 시편기자는 노래하였다. "오직 여호와의 율법을 즐거워하여 그 율법을 주야로 묵상하는 자로다 저는 시냇가에 심은 나무가 시절을 좇아 과실을 맺으며 그 잎사귀가 마르지 아니함 같으니 그 행사가 다 형통하리로다"(시 1:2,3). 제사장이 율법을 백성에게 가르치고 율법으로 그들을 다스리는 목적은 백성으로 하여금 자신의 죄를 깨닫게 하기 위함이다.

10) 셋째, 제사장의 나라는 장차 오실 그리스도를 믿는 자들의 모임이다. 제사장이 율법으로 이스라엘 백성을 통치하는 이유는 그들로 하여금 죄를 깨닫게 하기 위함이다. 제사장이 주관하는 제사는 율법에 의하여 정죄 받은 죄를 대속하기 위한 것이므로 제사장은 율법

아래서 이스라엘 백성이 죄인임을 깨닫고 그들을 장차 오실 그리스도를 사모하는 믿음으로 인도하여야 한다. 광야에서 모세가 이스라엘 백성을 인도할 때 율법을 통하여 자신의 죄를 알지 못하고 우상을 숭배하고 간음하고 시험하고 원망한 자들은 모두 죽임을 당하였다. 그리고 율법으로 자신의 죄를 깨닫고 장차 오실 그리스도를 믿은 자들만 살아남아서 가나안 땅으로 들어갔다. 이 믿음을 가진 자만이 의롭다함을 받고 그리스도의 오실 길을 준비하였다.

11) 이스라엘 백성은 제사장의 나라로 택함을 받았다. 제사장의 나라는 제사장에 의하여 율법으로 다스림을 받는 자들의 모임을 의미한다. 이스라엘 백성은 제사장의 나라로서 인류의 죄를 짊어지고 장차 오실 그리스도를 믿는 믿음으로 살아가는 자들이다. 그들이 제사장의 나라로서 정체성을 잃어버리고 우상을 숭배하였을 때, 하나님은 그들을 버리셨다. 이스라엘의 역사는 이것을 보여준다.

(3) 이해를 위한 질문

1) 제사장의 직무와 제사장의 나라

a. 이스라엘 백성의 초태생이 하나님께 속한 이유는 무엇인가(민 3:12,13).

b. 제사장의 직무는 무엇인가(레16:21).

c. 레위인이 백성의 죄를 짊어지기 위하여 행한 의식은 무엇인가(민 8:10).

d. 제사장의 나라란 무엇을 의미하는가.

e. 제사장의 나라와 장자의 명분의 관계는 무엇인가.

2) 제사장의 나라의 탄생

a. 제사장의 나라가 아브라함으로부터 시작하는 이유는 무엇인가(창 15:6).

b. 애굽에서 나온 이스라엘의 백성이 제사장의 나라의 특징을 보여주는 이유는 무엇인가.

c. 제사장이 율법으로 백성을 가르치고 다스려야 하는 이유는 무엇인가.

d. 제사장의 나라는 장차 오실 그리스도를 사모하며 믿어야 하는 이유는 무엇인가.

2. 제사장의 나라와 성전국가

(1) 제사장의 나라와 하나님의 백성

1) 제사장의 나라의 백성은 하나님의 백성이다. 제사장은 하나님을 대리하여 하나님의 백성을 율법으로 통치함으로 장차 오실 그리스도의 길을 준비해야 한다. 사람은 육신이 연약하여 율법을 온전히 순종할 수 없으므로 제사장은 성전의 제사를 통하여 백성의 죄를 대속함으로 하나님의 백성을 거룩하게 할 책임이 있다. 곧 제사장은 율법과 성전의 제사를 통하여 하나님의 백성을 거룩하게 하여야 할 의무가 있다. 제사장이 율법이 아닌 자신의 생각으로 백성을 다스린다면, 그 백성은 하나님의 백성이 아니라 제사장의 백성이다. 제사장이 하나님의 백성을 자신의 백성으로 만드는 것은 하나님의 백성을 도적질하는 것이다. 따라서 제사장이 그 직무를 소홀히 하면 저주를 받았다.

2) 하나님은 이스라엘 백성을 유월절 어린 양의 피로 그들의 모든 죄를 대속하셨으므로 그들은 거룩한 백성이 되었다. **"너희 하나님이 되려고 너희를 애굽 땅에서 인도하여 낸 자니 나는 여호와니라"** (레 22:33). 하나님은 거룩하시므로 이스라엘 백성도 역시 거룩하여야 한다. **"나는 너희의 하나님이 되려고 너희를 애굽 땅에서 인도하여 낸 여호와라 내가 거룩하니 너희도 거룩할찌어다"** (레 11:45). 하나님의 백성을 거룩하게 하는 법은 율법을 순종하는 것이다. **"그리하면 너희가 나의 모든 계명을 기억하고 준행하여 너희의 하나님 앞에 거룩하리라"** (민 15:40). 이러한 이유로 제사장은 율법으로 백성을 다스려야 한다. 제사장이 아무리 율법으로 백성을 잘 다스린다고 하더라도 사람은 육신이 연약하여 율법을 온전히 순종할 수 없다. 따라서 제사장이 성전에서 제사를 드림으로 백성의 죄를 대속하여야 한다. 이런 의미에서 제사장의 나라에서 성전은 중요성을 가진다고 말할 수 있다.

3) 거룩함이란 세상과 구별되는 것이다. 이스라엘 백성이 거룩하려면 애굽과 구별되어야 한다. 그들이 홍해를 건넘으로 애굽의 바로의 지배에서 벗어났을 뿐만 아니라 애굽의 문화와 단절한 것과 같은 상태를 유지하는 것이 거룩함이다. 이스라엘 백성이 거룩함을 유지하려면 애굽의 법이 아닌 하나님의 율법을 순종하여야 한다. 율법은 이스라엘 백성을 세상의 양심으로부터 자유하게 하는 언약이다. 하나님께서 이스라엘 백성에게 율법을

주신 이유는 자기 백성을 세상과 구별하기 위함이다. 이스라엘 백성이 율법을 온전히 순종할 때 비로소 세상과 구별될 수 있다. 그러나 이것은 불가능하다. 사람은 육신이 연약하여 율법을 온전히 순종할 수 없기 때문이다.

4) 이스라엘이 율법을 온전히 순종할 수 없다면 이것을 보완하는 것이 성전의 제사이다. 제사장은 이스라엘 백성이 부지중에 범한 죄와 피치 못하여 범한 죄만을 거룩하게 하였다. 이스라엘이 고의로 범한 죄는 죄인이 심판을 받아 죽음으로 그 죄가 도말되었다. 이것이 성전 제사의 한계이다. 이스라엘 백성이 범한 죗값을 없이하기 위하여 제사장은 성전에서 제사를 드리고 죄인을 심판하였다. 하나님은 제사장에게 죄인을 심판할 수 있는 권세를 주셨다. 레위인, 제사장 그리고 각 지파에서 재판장과 유사로 택함을 받은 자들이 율법으로 백성을 재판하였다. **"네 하나님 여호와께서 네게 주시는 각 성에서 네 지파를 따라 재판장과 유사를 둘 것이요 그들은 공의로 백성을 재판할 것이니라"** (신 16:18). 각 지파에서 선택 받은 유사들은 재판의 공정성을 확보하기 위하여 율법에 관한 문제를 레위인과 제사장에게 자문을 구하였다. **"레위 사람 제사장과 당시 재판장으로 나아가서 물으라 그리하면 그들이 어떻게 판결할 것을 네게 가르치리니"** (신 17:9).

5) 죄인에게 죽음을 선고하는 재판에는 재판의 공정성을 확보하기 위하여 반드시 두 명 이상의 증인이 있어야 한다. **"너는 그 악을 행한 남자나 여자를 네 성문으로 끌어내고 돌로 그 남자나 여자를 쳐 죽이되 죽일 자를 두 사람이나 세 사람의 증거로 죽일 것이요 한 사람의 증거로는 죽이지 말 것이며 이런 자를 죽임에는 증인이 먼저 그에게 손을 댄 후에 뭇 백성이 손을 댈찌니라 너는 이와 같이 하여 너의 중에 악을 제할찌니라"** (신 17:5~7). 재판의 효력을 담보하기 위하여, 하나님은 제사장의 재판 결과를 수용하지 아니하는 자를 죽이라고 명령하셨다. **"사람이 만일 천자히 하고 네 하나님 여호와 앞에 서서 섬기는 제사장이나 재판장을 듣지 아니하거든 그 사람을 죽여 이스라엘 중에서 악을 제하여 버리라"** (신 17:12). 성전의 제사와 재판을 통하여 이스라엘 백성이 율법으로 거룩하게 될 수 있는 길이 마련되었다.

6) 가나안 땅을 각 지파별로 분배한 뒤에 하나님은 레위인에게 이스라엘 각 지파가 얻은 성읍에 흩어져 살게 함으로 백성에 대한 율법의 교육과 재판을 담당하게 하였다.

레위인에게 사십 팔 성읍과 여섯 개의 도피성에 있는 작은 토지가 분배되었다. **"너희가 레위인에게 줄 성읍은 살인자로 피케 할 도피성으로 여섯 성읍이요 그 외에 사십 이 성읍이라 너희가 레위인에게 모두 사십 팔 성읍을 주고 그들도 함께 주되 이스라엘 자손의 산업에서 레위인에게 너희가 성읍을 줄 때에 많이 얻은 자에게서는 많이 취하여 주고 적게 얻은 자에게서는 적게 취하여 줄 것이라 각기 얻은 산업을 따라서 그 성읍들을 레위인에게 줄찌니라"** (민 35:6~8). 레위인은 집을 지을 수 있는 토지만을 얻었다.

7) 제사장과 레위 자손은 토지를 분배 받지 못하였으므로 이스라엘 백성이 드리는 십일조와 첫 열매를 소득으로 받았다. 제사장에게는 불태우지 아니한 예물의 모든 고기와 거제물 그리고 요제물이 그의 소득으로 주어졌다. **"지성물 중에 불사르지 않은 것은 네 것이라 그들이 내게 드리는 모든 예물의 모든 소제와 속죄제와 속건제물은 다 지극히 거룩한즉 너와 네 아들들에게 돌리리니"** (민 18:9). **"내게 돌릴 것이 이것이니 곧 이스라엘 자손의 드리는 거제물과 모든 요제물이라 내가 그것을 너와 네 자녀에게 영영한 응식으로 주었은즉 네 집의 정결한 자마다 먹을 것이니라"** (민 18:11). 이스라엘 백성이 드리는 첫 소득은 제사장의 몫이 되었다. **"그들이 여호와께 드리는 첫 소산 곧 제일 좋은 기름과 제일 좋은 포도주와 곡식을 네게 주었은즉 그들이 여호와께 드리는 그 땅 처음 익은 모든 열매는 네 것이니 네 집에 정결한 자마다 먹을 것이라"** (민 18:12,13). 레위인이 드리는 십일조도 제사장의 몫으로 돌아갔다. **"너희는 이스라엘 자손에게서 받는 모든 것의 십일조 중에서 여호와께 거제로 드리고 여호와께 드린 그 거제물은 제사장 아론으로 돌리되"** (민 18:28). 이스라엘 백성의 십일조가 레위인의 기업으로 주어졌다. **"내가 이스라엘의 십일조를 레위 자손에게 기업으로 다 주어서 그들의 하는 일 곧 회막에서 하는 일을 갚나니"** (민 18:21). **"이스라엘 자손이 여호와께 거제로 드리는 십일조를 레위인에게 기업으로 준 고로 내가 그들에 대하여 말하기를 이스라엘 자손 중에 기업이 없을 것이라 하였노라"** (민 18:24).

8) 이스라엘 백성은 제사장의 나라로서 모든 제도와 법규가 마련되었다. 이제는 나라를 이끌어갈 제사장의 능력이 요구되었다. 제사장에게 필요한 능력은 율법을 아는 지식, 율법을 교육하는 지식과 지혜, 의와 공의로 재판할 판단력 그리고 마지막으로 장차 오실 그리스

도에 대한 믿음이다. 모세는 이 모든 것을 갖춘 지도자이었다. 모세는 율법의 모든 말씀을 백성에게 선포하였다. 백성은 모세의 가르침을 받고 한 목소리로 율법을 순종하겠다고 맹세하였다. **"언약서를 가져 백성에게 낭독하여 들리매 그들이 가로되 여호와의 모든 말씀을 우리가 준행하리이다"** (출 24:7). 모세는 우상을 숭배한 자, 이방여자와 간음한 자, 하나님을 시험하고 원망한 자들을 하나님의 말씀에 따라서 심판하였다. 모세는 율법을 통하여 자신의 죄를 깨닫고 장차 오실 그리스도를 믿고 사모함으로 백성을 다스렸다.

9) 모세는 율법으로 백성을 다스림으로 하나님의 백성을 자기의 백성으로 만들지 아니하고 신정국가로서의 정체성을 그대로 유지하였다. 모세는 하나님의 대리자로서의 역할을 충실하게 하였다. 모세는 하나님의 집을 맡은 사환으로서 충성하였다. **"내 종 모세와는 그렇지 아니하니 그는 나의 온 집에 충성됨이라"** (민 12:7). 모세가 죽은 뒤에 여호수아는 모세를 이어 이스라엘 백성의 지도자가 되어 가나안 땅을 정복하였다. 여호수아는 제사장이 아니므로 백성의 지도자가 될 수 없었으나, 제사장은 레위인으로서 전쟁에 참여할 수 없었기 때문이다. 여호수아는 비록 이스라엘 백성의 지도자가 되었으나 제사장이 전하는 하나님의 말씀을 순종함으로 전쟁을 승리로 이끌었다. 여호수아는 하나님의 말씀을 순종함으로 하나님의 백성이 세상을 정복하는 영적 전쟁의 모형을 보여주었다.

10) 하나님은 이스라엘 백성을 제사장의 나라로 택하여 부르시고 나라의 모든 제도와 법을 정하셨다. 이제 남은 것은 나라를 이끌어갈 지도자이다. 하나님은 아론과 그의 후손을 택하여 제사장의 나라를 이끌어갈 제사장으로 삼으셨다. 모세는 제사장의 나라의 지도자로서 모든 지도력을 보여주었다. 모세에게 가장 중요한 것은 율법으로 자신의 죄를 깨닫고 장차 오실 그리스도에 대한 믿음이었다. 이 믿음이 모세를 이스라엘 백성의 지도자로 인도하였다(히 11:26).

(2) 제사장의 타락과 신정국가의 멸망

1) 여호수아가 죽은 뒤에 제사장은 그의 직무를 소홀히 하였으므로 이스라엘 백성은 율법을 교육 받지 못하였다. 그들은 자기 조상을 애굽에서 인도하여 낸 하나님을 알지 못하고 우상숭배에 빠지게 되었다. 그 책임이 일차적으로 제사장에게 돌아갔다. 하나님은

제사장을 버리고 원하는 자를 사사로 택하여 우상숭배로 이방인의 종이 된 이스라엘 백성을 구원하셨다. 사사는 제사장을 대신하여 백성을 다스렸다. 제사장은 단순히 제사만 주관하는 존재로 전락하였다. 사사시대가 끝나고 왕정시대가 시작되었다. 다윗은 비록 간음하고 살인하였으나 율법으로 백성을 다스림으로 신정국가로서의 정체성을 확립하였다. 그러나 다른 왕들은 율법을 버리고 자기의 생각으로 백성을 다스림으로 하나님의 백성을 자신의 백성으로 만들었다. 곧 하나님의 백성을 도적질하여 자신의 백성으로 만들었다. 결과 이스라엘은 이방인에게 멸망하였다.

2) 여호수아가 죽은 뒤에 제사장은 백성에게 율법을 가르치는 직무를 소홀히 하였다. 그 결과 백성들은 하나님을 알지 못하고 우상숭배에 빠지게 되었다. "**그 세대 사람도 다 그 열조에게로 돌아갔고 그 후에 일어난 다른 세대는 여호와를 알지 못하며 여호와께서 이스라엘을 위하여 행하신 일도 알지 못하였더라 이스라엘 자손이 여호와의 목전에 악을 행하여 바알들을 섬기며**"(삿 2:10,11). 하나님은 이스라엘 백성에게 이방인과의 혼인을 금하셨으나(신 7:2,3), 그들은 그 말씀을 버리고 이방여자를 아내로 취하였다. 이방여자들은 이스라엘 백성을 미혹하여 우상숭배에 빠지게 하였다. 이방여자들은 그들의 육체에 우상의 흔적을 가지고 있으므로 그들과 성관계로 인하여 이스라엘 백성의 육체에 우상의 흔적이 새겨졌다. 따라서 이스라엘 백성은 자동적으로 우상숭배에 빠지게 되었다. "**그들의 딸들을 취하여 아내를 삼으며 자기 딸들을 그들의 아들에게 주며 또 그들의 신들을 섬겼더라**"(삿 3:6).

3) 이스라엘 백성이 하나님을 버리고 우상을 숭배하자 하나님은 그들을 버리셨다. 그들은 제사장의 나라가 아니라 세상에 속한 나라가 되었다. 이스라엘에는 왕이 없으므로 군대를 모집하여 훈련을 시키지 아니하였으나, 왕이 통치하는 이방인은 군대를 조직하여 훈련을 시켰다. 따라서 하나님의 인도하심이 없는 이스라엘 백성은 이방인과의 전쟁에서 패하여 그들의 식민이 되었다. 이스라엘 백성이 이방인의 박해 아래서 자신들의 죄를 깨닫고 우상을 버리고 하나님께 돌아왔을 때, 하나님은 사사를 통하여 그들을 이방인의 손에서 구원하셨다. 직무를 버린 제사장은 이스라엘 백성의 통치에서 제외되었고 사사가 제사장을 대신하여 백성을 다스렸다. 사사가 죽자 이스라엘 백성은 다시 우상숭배에 빠지

게 되었다. 사사시대는 이러한 과정이 반복되었다.

4) 엘리 제사장은 사사시대의 제사장의 타락상을 보여주었다. 그는 아들들에게 율법을 가르치지 아니하였으므로 그들은 성막을 음행의 장소로 만들고 제사를 더럽혔다. 그들은 성막에서 제사장을 돕는 레위 여자들과 음행을 하였다. **"엘리가 매우 늙었더니 그 아들들이 온 이스라엘에게 행한 모든 일과 회막문에서 수종드는 여인과 동침하였음을 듣고"** (삼상 2:22). 그들은 번제단에서 예물의 기름을 불사르기 전에 예물의 고기를 날것으로 먹음으로 제사를 더럽혔다(삼상 2:13~17). 엘리 제사장의 아들은 제사장으로서 전쟁에 참여할 수 없으나 블레셋과의 전쟁에 참전하여 전사하였다. **"하나님의 궤는 빼앗겼고 엘리의 두 아들 홉니와 비느하스는 죽임을 당하였더라"** (삼상 4:11). 이 사건은 아론의 후손 제사장이 이스라엘 백성을 다스리는 직무가 박탈되었음을 알리는 것이다.

5) 엘리 제사장의 뒤를 이어서 사무엘은 제사장으로서 이스라엘 백성의 지도자가 되었다. 사무엘은 에브라임 산지 라마다임소빔에 사는 레위 자손이었다. **"그 아들은 엘리압이요 그 아들은 여로함이요 그 아들은 엘가나며 사무엘의 아들들은 맏아들 요엘이요 다음은 아비야며"** (대상 6:27,28). 사무엘은 레위 자손이었으므로 제사장으로 택함을 받았다. 사무엘은 율법의 규례대로 이스라엘 백성의 죄를 대속하는 제사를 드리고 율법으로 백성을 다스렸다. 사무엘의 인도 아래 이스라엘 백성들은 미스바에 모여 이방여자와 혼인하고 우상을 숭배한 죄를 회개하였다. **"미스바에 모여 물을 길어 여호와 앞에 붓고 그 날에 금식하고 거기서 가로되 우리가 여호와께 범죄하였나이다 하니라 사무엘이 미스바에서 이스라엘 자손을 다스리니라"** (삼상 7:6).

6) 사무엘이 자신의 뒤를 이을 후계자로 아들을 선정하였으나, 이스라엘 백성들은 이를 거절하고 그들을 다스릴 왕을 구하였다. 그들도 이방인처럼 왕의 지도 아래 강력한 군대를 소유하고 이방인과의 전쟁에 대비하여야 한다고 생각하였다. **"그에게 이르되 보소서 당신은 늙고 당신의 아들들은 당신의 행위를 따르지 아니하니 열방과 같이 우리에게 왕을 세워 우리를 다스리게 하소서 한지라"** (삼상 8:5). 사사시대에 끝났던 제사장의 나라가 사무엘을 통하여 복원된 뒤에 이스라엘 백성은 제사장의 나라로 만족하지 못하고 왕정을 요구하였다. 제사장의 나라로서 이스라엘 백성은 하나님의 통치를 거절하고 왕의 통치를

요구하였다. 곧 그들은 제사장의 나라로서의 정체성을 버리고 세상 나라로 돌아가려고 하였다. 하나님의 뜻을 알고 있던 사무엘은 이것을 기뻐하지 아니하였지만 하나님께 백성의 요구를 위하여 기도하였다. **"우리에게 왕을 주어 우리를 다스리게 하라 한 그것을 사무엘이 기뻐하지 아니하여 여호와께 기도하매"** (삼상 8:6). 하나님은 마지못하여 베냐민 지파의 사울을 택하여 이스라엘의 왕으로 세우셨다(삼상 10:1).

7) 사울이 이스라엘의 왕이 됨으로 제사장의 나라는 막을 내리게 되었고 왕정시대가 시작되었다. 이제 왕은 제사장을 대신하여 이스라엘 백성을 율법으로 통치함으로 국법과 율법이 일치하는 신정국가를 건설하여야 한다. 사울은 이스라엘의 초대 왕으로서 신정국가의 초석을 세워야 하는 막중한 임무가 주어졌다. 사울은 이스라엘의 왕이 된 뒤에 하나님의 은혜로 암몬 사람들과 전쟁에서 승리하였다(삼상 11:11). 사울은 전쟁에 승리한 뒤에 교만하여져서 블레셋과의 전쟁에서 사무엘의 제사장 권한을 침해하였다. 사울은 사무엘을 대신하여 번제와 화목제를 드렸다(삼상 13:9). 사울은 사무엘을 제사장으로 택하여 부르신 하나님의 주권을 침해하였다. 또한 사울은 하나님께서 멸하기로 작정하신 아말렉과 그의 소유를 멸하지 아니하였다. 하나님은 사울을 폐하시고 다윗을 이스라엘의 주권자로 세우셨다. **"이는 거역하는 것은 사술의 죄와 같고 완고한 것은 사신 우상에게 절하는 죄와 같음이라 왕이 여호와의 말씀을 버렸으므로 여호와께서도 왕을 버려 왕이 되지 못하게 하셨나이다"** (삼상 15:23). 사울은 율법으로 하나님의 백성을 통치하지 아니하고 자기의 생각대로 통치함으로 하나님의 백성을 자신의 백성으로 만들었다. 사울이 율법으로 백성을 통치하였을 때 그 백성은 하나님의 백성이었다. 그러나 사울이 자기의 생각대로 백성을 통치하였을 때 그 백성은 하나님의 백성이 아니라 사울의 백성이 되었다.

8) 하나님은 사울을 폐하시고 다윗을 이스라엘 백성의 주권자로 세우셨다. 다윗은 비록 간음하고 살인하였으나 율법으로 백성을 다스림으로 하나님의 백성을 자신의 백성으로 도적질하지 아니하였다. **"솔로몬이 가로되 주의 종 내 아비 다윗이 성실과 공의와 정직한 마음으로 주와 함께 주의 앞에서 행하므로 주께서 저에게 큰 은혜를 베푸셨고 주께서 또 저를 위하여 이 큰 은혜를 예비하시고 오늘날과 같이 저의 위에 앉을 아들을 저에게 주셨나이다"** (왕상 3:6). 다윗은 사울이 하지 못한 신정국가의 초석을 닦아놓았다. 다윗왕

은 자신의 생각을 버리고 율법으로 백성을 다스림으로 백성을 하나님의 백성이 되게 하였다. 다윗은 죽음을 앞두고 솔로몬에게 나라를 율법으로 통치함으로 신정국가의 정체성을 유지하라는 유언을 남겼다. **"네 하나님 여호와의 명을 지켜 그 길로 행하여 그 법률과 계명과 율례와 증거를 모세의 율법에 기록된대로 지키라 그리하면 네가 무릇 무엇을 하든지 어디로 가든지 형통할찌라"** (왕상 2:3).

9) 솔로몬은 젊은 시절에 하나님으로부터 받은 지혜와 율법으로 나라를 통치함으로 나라를 신정국가로서 반석 위에 올려놓았다. 하나님은 솔로몬에게 복을 주셨으므로 주변 국가들이 솔로몬에게 조공과 예물을 바쳤다. 솔로몬은 하나님의 이름을 위하여 성전을 건축함으로 하나님의 영광을 드러내었다. 그러나 솔로몬은 젊을 때에 많은 이방여인을 아내와 후궁으로 취하였다. 이것이 솔로몬의 옆구리를 찌르는 가시가 되었다. 솔로몬은 나이가 많아지자 이방여자들에게 미혹을 받아 우상을 숭배하였다. **"솔로몬의 나이 늙을 때에 왕비들이 그 마음을 돌이켜 다른 신들을 좇게 하였으므로 왕의 마음이 그 부친 다윗의 마음과 같지 아니하여 그 하나님 여호와 앞에 온전치 못하였으니 이는 시돈 사람의 여신 아스다롯을 좇고 암몬 사람의 가증한 밀곰을 좇음이라"** (왕상 11:4,5). 솔로몬은 하나님의 백성을 우상의 백성으로 만들었다. 이로써 신정국가로서 이스라엘은 사라지고 우상의 국가가 세워졌다.

10) 솔로몬이 우상을 숭배하므로 이스라엘은 북 이스라엘과 남 유다로 갈라지게 되었다. 북 이스라엘의 초대 왕 여로보암은 정치적인 목적을 위하여 하나님의 형상으로 금송아지를 만들어 산당에 두고 백성으로 하여금 우상을 섬기게 하였다. 여로보암의 뒤를 이은 왕들은 우상숭배에서 벗어나지 못하였으므로 북 이스라엘은 신정국가로서 정체성을 완전히 상실한 채 앗수르에 의하여 멸망하였다. 북 이스라엘의 열 지파는 앗수르 본국으로 이주하여 이방인들과 혼혈이 되었다. 남 유다도 일부 왕을 제외하고 우상숭배에 빠져서 성전국가로서의 정체성을 회복하지 못하고 바벨론에게 멸망하였다. 성전은 파괴되었고 유대인들은 바벨론에 포로로 끌려갔고 살아남은 유대인들은 소아시아, 아프리카 및 유럽으로 흩어지게 되었다. 하나님의 백성으로 택함을 받았으나 하나님을 잃어버린 이스라엘 백성은 가나안 땅을 등지고 세계 각처로 흩어졌다. 이로써 제사장의 나라와 신정국가는

이 땅에서 자취를 감추었다.

11) 이스라엘의 역대 왕들이 율법을 버리고 우상을 숭배한 것은 율법을 통하여 자신의 죄를 깨닫지 못하였기 때문이었다. 다윗은 율법으로 자신의 죄를 깨닫고 장차 오실 그리스도의 속죄를 믿음으로 의롭다함을 받고 겸손히 율법으로 백성을 통치하였다. 시편 40편은 다윗의 믿음을 요약하여 보여준다. 특히 다윗은 자신의 죄가 머리털보다 많은 것을 깨달았다(시 40:12). 그러나 다른 왕들은 교만하여 율법으로 자신의 죄를 알지 못하였으므로 장차 오실 그리스도에 대한 믿음을 버렸다. 그 결과는 우상숭배로 나타났다. 다윗이 죽은 뒤 신정국가는 남 유다를 중심으로 희미하게 명맥을 유지하다가 바벨론의 침공으로 막을 내렸다.

(3) 이해를 위한 질문

1) 제사장의 나라와 하나님의 백성
　a. 제사장의 나라로서 이스라엘 백성이 거룩하게 되어야 하는 이유는 무엇인가(출 19:5,6).
　b. 레위 자손이 하나님의 소유로 택함을 받은 이유는 무엇인가(민 8:16).
　c. 율법으로 백성을 재판하는 권한을 받은 자들은 누구인가(신 16:18).
　d. 하나님께서 레위 자손과 제사장에게 토지를 기업으로 주지 아니한 이유는 무엇인가(민 18:21,28).

2) 제사장의 나라와 신정국가의 멸망
　a. 가나안 땅에 정착한 이스라엘 백성이 우상을 숭배한 원인은 무엇인가(삿 12:10).
　b. 사사시대에 제사장의 나라가 막을 내린 이유는 무엇인가.
　c. 사무엘의 등장은 무엇을 의미하는가.
　d. 사울의 죄는 제사장의 나라의 정체성과 어떤 관계가 있나(삼상 15:23).
　e. 다윗은 어떻게 나라를 통치하였는가(왕상 3:6).
　f. 솔로몬이 노년에 우상을 숭배한 이유는 무엇인가(왕상 11:4,5).

3. 광야 교회와 이스라엘의 역사

(1) 출애굽과 광야 교회

1) 애굽에서 나온 이스라엘 백성을 광야 교회라고 한다. 광야 교회의 특징은 애굽과 완전히 단절된 것이다. 이스라엘 백성은 홍해를 건너므로 바로의 권세 및 애굽의 문화와 완전히 단절되었다. 광야 교회는 예수 그리스도의 교회의 모형이다. 광야 교회는 장차 오실 그리스도의 피 위에 세워졌고, 그리스도의 교회는 과거에 오신 그리스도의 피 위에 세워진다. 광야 교회는 장차 오실 그리스도를 믿는 믿음 위에 세워졌다. 광야 교회는 율법을 통하여 자신의 죄를 깨닫고 성막에서 소와 염소와 양의 피를 뿌림으로 장차 오실 그리스도의 피에 의한 속죄를 모형으로 보여주었다. 광야 교회가 율법을 알지 못하였을 때, 자기의 죄를 알지 못하였고 장차 오실 그리스도에 대한 믿음도 버렸다. 따라서 광야 교회의 부흥과 쇠퇴는 이스라엘의 역사와 맥을 같이 한다.

2) 하나님은 이스라엘 백성을 애굽에서 인도하여 내신 뒤에 그들을 위하여 율법을 주셨다(출 15:25). 이스라엘 백성이 유월절 어린 양의 피로 속죄함을 받고 애굽에서 나왔지만 자신들의 죄를 알지 못하였다. 그들은 애굽에서 믿음으로 의롭다함을 얻는 언약을 버리고 애굽의 우상을 섬겼지만 그들의 죄를 깨닫지 못하였다. 하나님은 그들로 하여금 애굽의 생활이 죄인 것을 알게 하고 믿음으로 의롭다함을 얻는 언약으로 돌아가게 하기 위하여 그들에게 율법을 주셨다. 이스라엘 백성이 애굽의 생활이 죄인 것을 안다면 장차 오실 그리스도를 믿을 것이기 때문이다. 따라서 율법은 이스라엘 백성을 위하여 주신 언약이다.

3) 하나님은 죄에 의한 심판의 무서움을 알게 하기 위하여 불 가운데서 율법을 주셨다. 여호와의 사자가 율법을 가지고 시내산에 임하였을 때, 산은 구름과 연기와 불로 가득하였다. 하나님은 이스라엘 백성에게 불과 연기가 가득한 산에 접근하지 못하도록 하셨다. **"너는 백성을 위하여 사면으로 지경을 정하고 이르기를 너희는 삼가 산에 오르거나 그 지경을 범하지 말찌니 산을 범하는 자는 정녕 죽임을 당할 것이라"** (출 19:12). 율법을 주신 하나님은 두렵고 떨리는 분이다. 하나님의 율법은 이스라엘 백성이 반드시 지켜야 할 법이며 이를 불순종한 자는 엄한 심판을 받을 것이다. 불이 모든 나무를 태우듯이 율법은 모든 사람의 행위를 심판할 것이다.

4) 하나님은 율법에 의하여 정죄 받은 자를 위하여 성막을 세우게 하셨고 아론의 후손을 택하여 제사장의 직분을 맡기셨다. 사람은 육신이 연약하여 율법을 온전히 순종할 수 없으므로 성막과 제사장은 광야 교회를 이끌어가는 중심축이다. 이스라엘 백성이 율법을 범하였을 때 그 죄를 용서하기 위하여 오실 그리스도를 믿었다. 그 믿음은 성막의 제사로 나타났다. 율법에 의하여 정죄 받은 죄인은 장차 오실 그리스도께서 자기의 죄를 용서하실 것을 믿고 그 증거로 성막에서 제사를 드렸다. 죄인이 소와 염소와 양의 머리에 안수하여 자신의 죄를 예물의 머리에 옮겨놓은 뒤에 그 예물을 죽여서 피를 뿌림으로 자신의 죄가 장차 오실 그리스도에 의하여 속량된다는 증거로 삼았다.

5) 율법을 알고 있는 제사장은 백성에게 율법을 가르치고 율법으로 백성을 재판하였다. 제사장은 부지중에 범한 백성의 죄를 위하여 성막에서 소와 염소와 양의 피를 뿌리는 제사를 드림으로 장차 오실 그리스도에 의하여 그 죄가 속량된다는 증거를 삼았다. 제사장은 율법으로 죄의 여부를 판단하고 제사를 주관함으로 사실상 광야 교회를 이끌어가는 자이다. 따라서 제사장은 율법과 제사의 모든 규례를 알아야 한다. 제사장은 율법을 읽고 연구하여야 하며 이를 가르쳐야 하기 때문에 생업을 위한 땅을 기업으로 받지 못하였고 이스라엘의 십일조를 기업으로 받았다.

6) 율법과 성막과 제사장은 광야 교회를 장차 오실 그리스도에 대한 믿음으로 인도하는 중심축이다. 율법과 성막은 움직일 수 없는 상수(常數, constant)로 주어졌으므로 제사장의 역할에 따라서 광야 교회의 흥망성쇠가 결정되었다. 광야에서 모세는 광야 교회를 맡은 제사장으로서 직무에 충실하였으므로 제사장의 본을 보였다. 성경은 모세를 하나님의 집인 광야 교회를 맡은 청지기로서 충성하였다고 기록하였다. **"또한 모세는 장래에 말할 것을 증거하기 위하여 하나님의 온집에서 사환으로 충성하였고"** (히 3:5). 모세는 시내산에서 하나님으로부터 율법을 받고 이를 백성에게 전하고 가르쳤다. **"모세가 와서 여호와의 모든 말씀과 그 모든 율례를 백성에게 고하매 그들이 한 소리로 응답하여 가로되 여호와의 명하신 모든 말씀을 우리가 준행하리이다"** (출 24:3). 그는 율법의 모든 말씀을 기록하여 율법 책을 성막에 두었다. 그는 하나님으로부터 받은 설계대로 성막을 세웠다.

7) 교회의 머리는 그리스도이며 성도는 그리스도의 지체인 것 같이(고전 12:27), 광야

교회의 머리는 장차 오실 그리스도이며 이스라엘 회중은 그리스도의 지체이다. 교회가 그리스도의 말씀을 순종함으로 그리스도의 형상을 나타내듯이, 광야 교회는 율법을 순종하고 규례에 따라서 성막에서 제사를 드림으로 장차 오실 그리스도의 형상을 나타내야 한다.103) 죄인이 소와 염소의 머리에 안수하며 죄를 자복하는 것은 믿는 자들이 예수 그리스도의 이름으로 죄를 회개하는 것을 모형으로 보여준다. 죄인이 소와 염소와 양의 머리에 안수하며 죄를 고백하면 그 죄가 예물의 머리로 옮겨진다. 그 예물은 이스라엘 백성의 죄를 짊어지고 죽임을 당하였다. 제사장이 예물의 피를 번제단과 성소에 뿌리는 것은 그리스도의 피가 믿는 자의 심령에 뿌려지는 것을 모형으로 보여준다.

8) 믿는 자들은 자신의 정욕을 십자가에 못 박고 그리스도를 따른다(마 16:24). 예물의 모든 기름과 콩팥이 번제단에서 불태워지는 것은 믿는 자들의 정욕이 정죄를 받아 십자가에 달리는 것을 모형으로 보여준다(갈 2:20). 제사장이 물두멍에서 온 몸을 씻는 것은 믿는 자들이 물로 세례를 받는 것을 모형으로 보여준다. 제사장이 성소에 들어가서 촛대에 불을 켜서 성소를 밝히는 것은 믿는 자들이 성령의 감동을 받는 것을 모형으로 보여준다. 제사장이 향로에 향을 사르는 것은 믿는 자들이 예수 이름으로 하는 기도를 모형으로 보여준다. 제사장이 떡상에 떡을 진설하는 것은 믿는 자들이 드리는 예물을 모형으로 보여준다. 대제사장이 지성소에 들어가 시은좌에서 하나님의 말씀을 듣는 것은 믿는 자들이 예배를 통하여 하나님의 말씀을 듣는 것을 모형으로 보여준다.

9) 광야 교회가 제사장으로부터 듣는 율법은 그리스도를 통하여 주실 복음을 모형으로 보여준다. 율법은 그리스도의 생애와 그의 말씀을 모형과 그림자로 증거한다. 율법을 통하여 정죄를 받아 죄를 깨닫는 것은 복음 안에 있는 생명을 모형으로 보여준다. 그들은 율법의 행위로 생명을 얻지 못하였지만 장차 오실 그리스도를 통하여 믿음으로 영생을 얻을 것을 모형으로 보았다. 그들은 멀리서 오시는 그리스도를 사모하며 믿음으로 의롭다 함을 얻었다. **"이 사람들은 다 믿음을 따라 죽었으며 약속을 받지 못하였으되 그것들을 멀리서 보고 환영하며 또 땅에서는 외국인과 나그네로라 증거하였으니"** (히 11:13).

10) 하나님은 이스라엘 백성을 택하여 장차 오실 그리스도를 믿고 의롭다함을 얻은

---

103) 졸저, 상게서, 6.2.2.(1) 및 (2) 참조

광야 교회로 부르셨다. 하나님은 이를 위하여 그들에게 율법을 주시고 성막을 세우게 하셨다. 제사장은 실질적으로 광야 교회를 이끌어가는 주인공이다. 모세는 광야 교회를 맡은 제사장으로 충성하였다. 모세는 광야 교회를 가나안 땅까지 인도한 뒤에 하나님의 부르심을 받았다. 하나님은 광야 교회가 장차 오실 그리스도를 믿는 믿음 위에 세워짐으로 그리스도의 영광을 나타내기를 원하셨다. 그러나 이스라엘이 우상을 숭배함으로 광야 교회가 무너지자 하나님은 교회를 바로 세우기 위하여 그들을 심판하셨다.

(2) 광야 교회의 붕괴

1) 광야 교회의 흥망성쇠는 이스라엘 역사와 맥을 같이한다. 이스라엘 백성이 율법으로 그들의 죄를 깨닫고 장차 오실 그리스도를 믿음으로 성막에서 제사를 드렸을 때, 광야 교회는 장차 오실 그리스도의 형상을 모형으로 나타냈다. 이때에 이스라엘은 강성하여 주변 국가를 정복하고 하나님의 영광을 나타낼 수 있었다. 그러나 이스라엘 백성이 그들의 죄를 알지 못하고 우상숭배에 빠졌을 때, 광야 교회는 장차 오실 그리스도의 형상을 잃어버렸다. 이때에 이스라엘은 이방인의 침략을 막아내지 못하고 주변국가의 식민이 되어 조공을 바치는 약소국가로 전락하였다. 율법으로 자신의 죄를 알지 못하고 장차 오실 그리스도를 믿지 아니하는 자들은 광야 교회에서 제외되어 하나님의 심판 아래 들어갔다.

2) 하나님께서 아브라함에게 믿음으로 의롭다함을 얻는 언약과 장차 오실 그리스도의 언약을 주신 것은 광야 교회의 태동을 알리는 것이다. 광야 교회는 아브라함으로부터 이삭으로, 이삭에서 야곱으로, 야곱에서 열두 형제로 이어졌다. 그들 가운데 애굽에 들어간 뒤에 믿음을 버린 자들과 믿음을 지킨 자들이 있었다. 하나님은 장차 오실 그리스도를 위하여 이스라엘 백성을 애굽에서 인도하여 내신 뒤에 믿지 아니하는 자들을 광야에서 멸하셨다. 레위 지파를 제외하고 군복무를 할 수 있는 남자는 603,550명이었다(민 2:32). 이들 가운데 여호수아와 갈렙을 제외한 자들은 믿지 아니하였으므로 광야에서 죽임을 당하였다. 오직 믿는 자만이 가나안 땅에 들어갈 수 있었다.

3) 이스라엘 백성이 가나안 땅에 들어간 뒤에 여호수아는 제사장 엘르아살을 통하여 주시는 하나님의 말씀에 따라서 백성을 다스렸다. 엘르아살이 죽은 뒤에 아론의 손자

비느하스가 제사장에 되었다. **"아론의 아들 엘르아살도 죽으매 무리가 그를 그 아들 비느하스가 에브라임 산지에서 받은 산에 장사하였더라"(수 24:33).** 제사장 비느하스는 광야 교회를 이끌어가는 직분에 충성하지 아니하였으므로 백성으로 하여금 우상숭배에 빠지게 하였다. 따라서 하나님은 율법으로 자기의 죄를 깨닫고 장차 오실 그리스도를 믿는 자를 택하여 사사로 삼으셨다. 택함을 받은 사사들은 백성을 이방인의 손에서 구원하였고 살아있는 동안 백성을 다스렸다. 사사가 죽은 뒤에 백성들은 다시 우상숭배에 빠졌다. 그 이유는 사사는 제사장이 아니므로 살아있을 동안 백성에게 율법을 가르치지 못하였기 때문이다. 사사가 백성을 다스리는 동안 제사장이 백성에게 율법을 가르치지 아니한 결과가 백성으로 하여금 하나님을 버리고 우상을 숭배하게 하였다.

4) 사무엘은 제사장으로서 광야 교회를 이끌어갈 직분을 하나님의 뜻대로 감당하였다. 사무엘은 백성들에게 우상을 버리고 하나님께로 돌아오라고 권고하였다(삼상 7:3,4). 이에 백성들은 미스바에 모여서 금식하며 자신들의 죄를 회개하였다. **"그들이 미스바에 모여 물을 길어 여호와 앞에 붓고 그 날에 금식하고 거기서 가로되 우리가 여호와께 범죄하였나이다 하니라 사무엘이 미스바에서 이스라엘 자손을 다스리니라"(삼상 7:6).** 사무엘은 이스라엘 백성의 죄를 위하여 하나님께 번제를 드렸다. **"사무엘이 젖 먹는 어린 양을 취하여 온전한 번제를 여호와께 드리고 이스라엘을 위하여 여호와께 부르짖으매 여호와께서 응답하셨더라"(삼상 7:9).** 하나님께서 백성들의 회개와 제사를 통하여 그들의 죄를 용서하시고 그들을 이방인의 칼로부터 구원하셨다. **"사무엘이 번제를 드릴 때에 블레셋 사람이 이스라엘과 싸우려고 가까이 오매 그 날에 여호와께서 블레셋 사람에게 큰 우뢰를 발하여 그들을 어지럽게 하시니 그들이 이스라엘 앞에 패한지라"(삼상 7:10).** 이스라엘 백성의 회개, 사무엘의 제사, 하나님의 용서와 구원은 광야 교회의 전형적인 모습을 보여준다. 사무엘이 제사장으로서 이스라엘 백성을 통치하는 동안 백성들에게 하나님의 평강이 임하였다.

5) 사울의 뒤를 이어 다윗은 제사장이 아닌 왕으로서 하나님의 뜻대로 광야 교회를 이끌어가는 표본을 보여주었다. 다윗은 항상 자신이 율법 아래서 죄인이라는 겸손한 마음으로 나라를 율법으로 통치하려고 하였다. 그는 하나님의 말씀을 사모하여 기쁜 마음으로 언약

궤를 다윗 성으로 모셔왔다. 그리고 다윗은 하나님의 언약궤를 모셔온 것을 기념하기 위하여 번제와 화목제를 드렸다. **"하나님의 궤를 메고 들어가서 다윗이 위하여 친 장막 가운데 두고 번제와 화목제를 하나님 앞에 드리니라 다윗이 번제와 화목제 드리기를 마치고 여호와의 이름으로 백성에게 축복하고"** (대상 16:1,2). 다윗은 하나님의 말씀을 사모하고 그 말씀 앞에서 육신의 연약하므로 범죄한 것을 깨닫고 죄인의 심정으로 백성을 다스림으로 광야 교회를 이끌었다. 따라서 하나님은 다윗을 마음에 합한 자라고 선언하셨다.

6) 사무엘과 다윗시대에 광야 교회는 전형적인 교회의 모습을 보여주었다. 그러나 솔로몬 이후 대부분의 이스라엘 왕들과 제사장들은 하나님의 말씀을 버렸으므로 자신의 죄를 알지 못하였고 장차 오실 그리스도에 대한 믿음도 없었다. 이후부터 이스라엘 백성은 두 부류로 구분할 수 있다. 하나는 시대의 조류에 편승하여 우상을 숭배한 자들과, 다른 하나는 율법으로 자신의 죄를 깨닫고 장차 오실 그리스도를 믿은 자들이다. 광야 교회는 후자, 곧 남은 자들을 통하여 명맥이 유지되었다. 제사장이 타락하였으므로 광야 교회는 목자가 없는 양과 같은 처지가 되었으나, 하나님의 은혜 아래 그 명맥을 유지하였다. 택하심을 받은 선지자들은 제사장을 대신하여 남은 자들에게 하나님의 말씀을 전하였다.

7) 남 유다가 바벨론에게 멸망한 뒤에, 유대인들은 나라가 이방인의 손에 멸망한 이유를 우상숭배에서 찾았다. 그들은 나라가 회복되려면 우상을 버리고 하나님께 돌아와야 한다고 믿었다. 바벨론에서 가나안 땅으로 돌아온 유대인들은 무너진 성전을 건축하고 성전 제사를 회복하였다. 제사장은 백성들에게 율법을 가르치고 이방여자를 아내로 취한 자들은 아내와 이혼하게 하였다. 이 말씀을 들은 백성들은 금식하며 회개였다. **"그 달 이십사 일에 이스라엘 자손이 다 모여 금식하며 굵은 베를 입고 티끌을 무릅쓰며 모든 이방 사람과 절교하고 서서 자기의 죄와 열조의 허물을 자복하고"** (느 9:1,2). 이로써 남은 자들을 중심으로 명맥만을 유지하여왔던 광야 교회는 성장기를 맞게 되었다.

8) 바벨론 포로 귀환 이후 성장기를 맞이했던 광야 교회는 다시 쇠퇴기로 접어들었다. 유대인들은 조상들의 우상숭배의 저주에서 벗어나 나라가 이방인의 지배로부터 독립을 하려면 선지자의 예언대로 그리스도께서 오셔야 한다고 믿고 있었다(사 9:6,7). 그리스도께서 오시는 길을 준비하기 위하여, 유대인들은 그들 가운데 율법을 범하는 죄인이 있으면

안 된다고 믿었다. 그들은 자신들이 율법을 온전히 순종할 수 있다고 착각하였다. 그 결과 탄생한 자들이 바리새인들과 서기관들이다. 이것은 광야 교회에 대한 하나님의 뜻과 대치된다.

9) 사람은 육신이 연약하여 율법을 온전히 순종할 수 없으므로 율법으로 자신의 죄를 깨닫고 장차 오실 그리스도를 믿는 것이 율법을 통하여 계시된 하나님의 뜻이다. 그러나 바리새인들과 서기관들은 율법의 행위로 자신을 의롭다고 믿었지만 그들을 이방인의 손에서 구원하실 그리스도의 오심을 사모하였다. 따라서 그들은 광야 교회를 떠나서 세상으로 돌아갔다. 광야 교회는 율법으로 자신의 죄를 깨닫고 그 죄를 대속하기 위하여 오실 그리스도를 사모하였다.

10) 말라기 선지자 이후 예수 그리스도까지 유대 공동체는 세 가지의 부류의 집단으로 구성되었다. 첫째, 비록 소수이지만 율법으로 자신의 죄를 깨닫고 장차 오실 그리스도를 믿고 사모한 자들이다. 이들이 사모한 그리스도는 인류를 죄에서 구원하실 분이다. 둘째, 바리새인들과 서기관들처럼 율법의 행위로 자신을 의롭다고 믿고 이스라엘을 이방인의 손에서 구원할 그리스도를 기다린 자들이다. 이들이 사모한 그리스도는 그들을 이방인의 손에서 구원하실 정치적인 그리스도이다. 셋째, 창기와 세리처럼 자신의 죄를 알았지만 구원에 대한 소망을 포기한 자들이다. 그리스도는 첫째 부류에 속한 광야 교회를 통하여 오셔서 둘째 부류에 속한 사람들에 의하여 죽임을 당하였다. 광야 교회는 그리스도께서 오심으로 끝났다. 그리스도의 죽으심과 성령의 오심으로 구원을 받은 성도의 모임인 그리스도의 교회가 새롭게 탄생하였다.

(3) 이해를 위한 질문

1) 출애굽과 광야 교회

　　a. 애굽에서 나온 이스라엘 백성의 회중을 광야 교회라고 하는 이유는 무엇인가(행 7:38).

　　b. 광야 교회의 믿음은 무엇인가(히 11:26).

　　c. 광야 교회에서 제사장의 역할은 무엇인가.

d. 광야 교회가 사모한 것은 무엇인가(히 11:1,2).

2) 광야 교회의 쇠퇴

a. 광야 교회의 붕괴란 무엇인가.

b. 사사시대에 제사장과 광야 교회의 관계는 어떠하였는가.

c. 다윗 시대에 광야 교회가 크게 성장한 이유는 무엇인가(대상 18:14).

d. 이스라엘이 강대하였을 때 광야 교회가 쇠퇴의 길을 걷게 된 이유는 무엇인가(출 32:9).

e. 바리새인들과 서기관들이 광야 교회에서 제외된 이유는 무엇인가(눅 18:9).

4.2 이스라엘의 우상숭배와 멸망을 통하여 계시된 그리스도와 믿음

1. 이스라엘의 교만과 국가의 분단을 통하여 계시된 그리스도

(1) 다윗과 이스라엘의 번영

1) 사울의 뒤를 이어 이스라엘의 주권자가 된 다윗은 사울이 버림을 받은 이유를 알고 있었으므로 하나님의 주권을 인정하고 나라를 의와 공의로 통치하였다. 그는 이스라엘의 왕으로 기름부음을 받았지만, 사울은 왕위를 양위하지 아니하고 다윗을 죽이려고 하였다. 다윗은 사울을 죽일 기회가 있었지만 사울의 심판을 하나님의 주권에 맡겼다. 다윗은 그의 아들 압살롬에게 쫓겨 갈 때에 시므이가 그를 저주하였다. 그러나 다윗은 시므이의 저주를 하나님의 명령에 의한 것으로 알고 그를 죽이지 아니하였다. 다윗은 율법으로 자신의 죄를 깨닫고 장차 오실 그리스도를 사모하는 믿음으로 겸손히 백성을 다스렸다. 다윗의 믿음을 의롭게 여긴 하나님은 다윗에게 이방인과의 전쟁에서 승리를 안겨주셨다. 다윗은 하나님의 은혜로 이방인과의 모든 전쟁에서 승리하였다. 이스라엘 역사상 다윗시대에 성전국가로서의 정체성이 가장 잘 정립되었다. 다윗은 하나님의 마음에 합한 자가 되었다.

2) 사울은 왕위를 박탈당한 뒤도 계속하여 이스라엘을 통치하였으나, 하나님은 그를 왕으로 인정하지 아니하셨다. 사울이 왕으로 기름부음을 받은 뒤에 성령께서 그를 감동하

셨다. 그는 성령의 감동으로 예언을 하고 블레셋과의 전쟁을 승리로 이끌었지만, 범죄함으로 왕위를 박탈당하였다. 그 후부터 사울은 하나님의 성령의 감동을 받지 못하고 악령의 지배를 받았다. **"여호와의 신이 사울에게서 떠나고 여호와의 부리신 악신이 그를 번뇌케 한지라"** (삼상 16:14). 사울이 악령에 사로잡힌 것은 하나님께서 그를 버리셨다는 증거이다. 사울은 악령에 사로잡혀 다윗을 죽이려고 하였다. 기름부음을 받은 다윗을 죽이려는 것은 하나님의 주권을 대적하는 것이다.

3) 하나님은 사울이 죽기 전에 다윗에게 기름을 부어 이스라엘의 왕으로 삼으신 이후 그를 시험하셨다. 하나님은 악신을 통하여 사울로 하여금 다윗을 죽이려는 마음을 넣어주셨다. 다윗은 사울의 사위이며 왕이었지만 사울에게 쫓겨 광야로 도망하였다. 그러나 다윗은 하나님을 원망하지 아니하였으며 자기를 죽이려는 사울을 미워하지 아니하였다. 사울이 다윗을 죽이려고 하였지만, 다윗은 사울을 대적하지 아니하고 도망하였다. 사울이 다윗을 쫓다가 피곤하여 굴에서 잠들었을 때, 다윗은 사울을 죽일 수 있었지만 살려주었다. **"자기 사람들에게 이르되 내가 손을 들어 여호와의 기름 부음을 받은 내 주를 치는 것은 여호와의 금하시는 것이니 그는 여호와의 기름 부음을 받은 자가 됨이니라 하고"** (삼상 24:6). 하나님께서 기름을 부으신 자를 대적하는 것은 하나님을 대적하는 것이기 때문에 다윗은 자기를 죽이려는 사울을 선대하였다. 하나님은 다윗의 행위를 의롭게 여기셨고 그를 사울의 손에서 건지셨다. 사울은 제사장의 직분을 침해한 죄를 지었을 뿐만 아니라 기름 부음을 받은 다윗을 대적함으로 하나님의 주권을 대적하였다. 사울은 전쟁터에서 스스로 목숨을 끊었다.

4) 다윗은 왕위에 오른 뒤에 율법으로 자신의 죄를 깨닫고 장차 오실 그리스도를 믿는 믿음으로 겸손히 백성을 통치하였다. 그는 하나님의 말씀을 사모하여 하나님의 언약궤를 다윗성으로 모셔왔으며 하나님의 말씀을 사모하였다. **"복 있는 사람은 악인의 꾀를 좇지 아니하며 죄인의 길에 서지 아니하며 오만한 자의 자리에 앉지 아니하고 오직 여호와의 율법을 즐거워하여 그 율법을 주야로 묵상하는 자로다"** (시 1:1,2). 하나님은 다윗으로 하여금 모든 이방인과의 전쟁에서 승리하게 하셨다. **"다윗이 에돔에 수비대를 두되 온 에돔에 수비대를 두니 에돔 사람이 다 다윗의 종이 되니라 다윗이 어디를 가든지 여호와**

께서 이기게 하셨더라"(삼하 8:14). 다윗은 주변 국가들을 정복하여 조공을 바치게 하였고 의와 공의로 나라를 다스림으로 신정국가로서 이스라엘을 반석 위에 올려놓았다. **"다윗이 온 이스라엘을 다스려 모든 백성에게 공과 의를 행할째"** (삼하 8:15).

5) 하나님께서 아브라함에게 약속하신 땅은 유브라데부터 애굽의 나일강까지의 넓은 땅이다. "그 날에 여호와께서 아브람으로 더불어 언약을 세워 가라사대 내가 이 땅을 애굽강에서부터 그 큰 강 유브라데까지 네 자손에게 주노니"(창 15:18). 여호수아는 약속의 땅을 다 정복하지 못하였지만, 다윗 왕 때에 비로소 그 땅을 정복하였다. "소바 왕 하닷에셀이 유브라데강 가에서 자기 권세를 펴고자 하매 다윗이 저를 쳐서 하맛까지 이르고"(대상 18:3). 솔로몬은 유브라데강에서 애굽의 강까지 모든 지역을 관할하였다. "솔로몬이 유브라데강에서부터 블레셋 땅과 애굽 지경까지의 열왕을 관할하였으며"(대하 9:26). 하나님께서 아브라함에게 약속하신 땅이 다윗에 의하여 성취되었다. 이 말씀은 하나님께서 모세에게 약속하신 제사장의 나라로서 정체성에 대한 예언의 말씀이 다윗에 의하여 완전히 성취되었다는 것을 의미한다.

6) 다윗은 비록 간음하고 살인하는 죄를 범하였지만, 다른 왕들과 달리 자기의 죄를 책망하는 선지자의 말씀 앞에 무릎을 꿇고 회개하였다. **"내가 탄식함으로 곤핍하여 밤마다 눈물로 내 침상을 띄우며 내 요를 적시나이다"**(시 6:6). 다윗은 장차 오실 그리스도를 믿음으로 죄를 회개하고 자기 죄가 도말되기를 간구하였다. **"하나님이여 주의 인자를 좇아 나를 긍휼히 여기시며 주의 많은 자비를 좇아 내 죄과를 도말하소서 나의 죄악을 말갛게 씻기시며 나의 죄를 깨끗이 제하소서"**(시 51:1,2). 하나님은 다윗의 기도를 들으시고 그의 죄를 용서하셨다. **"다윗이 나단에게 이르되 내가 여호와께 죄를 범하였노라 하매 나단이 다윗에게 대답하되 여호와께서도 당신의 죄를 사하셨나니 당신이 죽지 아니하려니와"**(삼하 12:13). 다윗이 회개함으로 그의 죄를 용서 받았지만, 그 죄로 인하여 그의 가족과 이스라엘이 저주를 받았다.

7) 다윗의 죄로 인하여 저주가 그의 가정과 나라에 임하였다. 다윗과 밧세바 사이에서 태어난 아이가 죽고 그의 아들 압살롬이 반역을 하였다. 다윗은 압살롬의 칼이 자신의 죄로부터 온 것임을 알고 압살롬의 죽음을 슬퍼하였다. "왕의 마음이 심히 아파 문루로

올라가서 우니라 저가 올라갈 때에 말하기를 내 아들 압살롬아 내 아들 내 아들 압살롬아 내가 너를 대신하여 죽었더면, 압살롬 내 아들아 내 아들아 하였더라" (삼하 18:33). 다윗은 자신의 죄로 인하여 가족의 죽음과 나라의 분열로 인한 내전을 경험하였고 이것이 그에게 복이 되었을 것이다. 다윗은 이방인들과 전쟁의 승리로 인하여 일시적으로 교만하여 하나님을 버리고 간음하였다. 그러나 다윗은 그의 죄로부터 온 저주의 결과가 엄청난 것임을 깨닫고 일생 동안 회개하는 마음을 가졌다. "무수한 재앙이 나를 둘러 싸고 나의 죄악이 내게 미치므로 우러러 볼 수도 없으며 죄가 나의 머리털보다 많으므로 내 마음이 사라졌음이니이다" (시 40:12).

8) 다윗은 밧세바를 볼 때마다 그의 죄를 회상하고 항상 죄인의 심정으로 겸손히 나라를 의와 공의로 통치하였을 것이다. 그는 성전 건축을 위하여 많은 금과 은과 보석을 준비하였다. 그는 겸손한 마음으로 이것들을 하나님께 드렸다. "나와 나의 백성이 무엇이관대 이처럼 즐거운 마음으로 드릴 힘이 있었나이까 모든 것이 주께로 말미암았사오니 우리가 주의 손에서 받은 것으로 주께 드렸을 뿐이니이다" (대상 29:14). 그리고 다윗은 자신의 인생길이 나그네와 같은 것을 알고 이 세상의 모든 일이 그림자와 같으며 오직 장차 오실 그리스도를 소망한다고 고백하였다. "주 앞에서는 우리가 우리 열조와 다름이 없이 나그네와 우거한 자라 세상에 있는 날이 그림자 같아서 머무름이 없나이다" (대상 29:15).

9) 다윗은 왕으로 기름부음을 받은 뒤에 사울에게 쫓긴 쓰라린 경험과 밧세바와 간음으로 인한 저주를 뼈에 새기도록 체험하였다. 그는 항상 저주의 근원이 되었던 밧세바를 옆에 두고 살았다. 이것이 다윗으로 하여금 겸손히 하나님을 의지하고 나라를 율법으로 통치하는 계기가 되었을 것이다. 그 결과 다윗은 이스라엘의 역사상 가장 위대한 왕이 되었다. 율법을 통하여 자신의 죄를 항상 깨달은 것이 다윗에게 복이 되었고 이것이 그를 장차 오실 그리스도에 대한 믿음으로 인도하였다. 율법으로 자신의 죄를 알고 장차 오실 그리스도를 믿은 다윗은 신정국가로서 이스라엘의 정체성을 확립하였다.

9) 다윗은 이스라엘 백성을 하나님의 백성으로 알고 하나님의 대리자로서 자신을 낮추었다. 모세는 강력한 지도력으로 이스라엘을 인도하였다. 모세는 율법을 범한 백성들을 하나님의 뜻에 따라서 심판함으로 백성을 믿음의 길로 인도하였다. 다윗도 자신의 죄에

대하여 엄격하였으므로 자신과 백성을 믿음의 길로 인도하였다. 율법으로 자신의 죄를 깨달은 지도자만이 나라를 의와 공의로 통치하였다. 하나님은 율법으로 자신의 죄를 깨닫고 장차 오실 그리스도를 믿는 지도자와 백성에게 복을 주셨다. 다윗시대가 대표적인 사례이다.

(2) 이스라엘의 우상숭배와 국가의 분단

1) 솔로몬은 다윗으로부터 부강한 나라를 이어받았다. 솔로몬은 백성을 의와 공의로 통치하기 위한 지혜를 구하였고 하나님은 그의 기도에 응답하셨다. 솔로몬은 하나님의 지혜로 성전을 건축하고 하나님의 뜻대로 백성을 통치하였다. 주변 국가에서 솔로몬에게 조공과 많은 금과 은을 바쳤다. 솔로몬은 이 모든 것이 자기의 능력으로 얻은 것으로 착각하고 하나님의 말씀을 버렸다. 그는 많은 이방여자를 아내와 후궁으로 취하였고 노년에 우상숭배에 빠졌다. 하나님은 이스라엘을 두 나라로 찢으셨다.

2) 죽음을 앞둔 다윗의 고민은 자신의 뒤를 이을 후계자가 율법으로 나라를 통치할 자를 선택하는 것이다. 왕이 사울처럼 교만하여 하나님을 버린다면 나라가 위험에 빠질 것이기 때문이다. 따라서 다윗은 솔로몬을 택하였다. 솔로몬은 다윗과 밧세바의 관계를 통하여 자신의 신분을 알고 겸손히 하나님을 섬길 것이기 때문이었다. 다윗은 솔로몬에게 왕위를 물려주기 전에 자신의 죄로 인하여 환난 가운데 있었음을 고백하였다. **"왕이 가로되 내 생명을 모든 환난에서 구원하신 여호와의 사심을 가리켜 맹세하노라"** (왕상 1:29). 이 말씀은 솔로몬이 항상 죄인의 심정으로 하나님을 의지하면 하나님께서 모든 환난으로부터 생명을 지키신다는 것이다.

3) 다윗은 솔로몬에게 유언을 남기기 전에 성전 건축을 위하여 기도하였다. **"또 내 아들 솔로몬에게 정성된 마음을 주사 주의 계명과 법도와 율례를 지켜 이 모든 일을 행하게 하시고 내가 위하여 예비한 것으로 전을 건축하게 하옵소서"** (대상 29:19). 다윗은 솔로몬이 율법을 순종하고 의와 공의로 나라를 다스릴 것을 유언하였다. 다윗은 하나님의 약속이 솔로몬을 통하여 이루어지기를 기대하였다. **"네 하나님 여호와의 명을 지켜 그 길로 행하여 그 법률과 계명과 율례와 증거를 모세의 율법에 기록된 대로 지키라**

그리하면 네가 무릇 무엇을 하든지 어디로 가든지 형통할찌라 여호와께서 내 일에 대하여 말씀하시기를 만일 네 자손이 그 길을 삼가 마음을 다하고 성품을 다하여 진실히 내 앞에서 행하면 이스라엘 왕위에 오를 사람이 네게서 끊어지지 아니하리라 하신 말씀을 확실히 이루게 하시리라"(왕상 2:3,4). 이어서 다윗은 밧세바와의 간음으로 인하여 고난을 당하였음을 고백함으로 자신의 치부를 솔로몬에게 드러냈다. 다윗의 고백은 솔로몬의 출생이 불의에서 시작되었다는 것을 솔로몬에게 각인시키는 것이다. 솔로몬은 다윗의 유언을 집행하면서 자신의 혈통을 부끄럽게 여겼을 것이다.

  4) 솔로몬은 하나님의 은혜로 다윗처럼 백성을 의와 공의로 통치할 수 있다는 것을 깨달았다. 따라서 그는 하나님의 은혜를 구하는 제사를 드렸다. "이에 왕이 제사하러 기브온으로 가니 거기는 산당이 큼이라 솔로몬이 그 단에 일천 번제를 드렸더니" (왕상 3:4). 하나님은 솔로몬을 시험하기 위하여 그에게 무엇을 원하느냐고 물으셨다. "기브온에서 밤에 여호와께서 솔로몬의 꿈에 나타나시니라 하나님이 이르시되 내가 네게 무엇을 줄꼬 너는 구하라" (왕상 3:5). 솔로몬은 율법으로 백성을 다스린 다윗을 부러워하여 다윗에게 은혜를 베푸신 하나님을 칭송하였다. "솔로몬이 가로되 주의 종 내 아비 다윗이 성실과 공의와 정직한 마음으로 주와 함께 주의 앞에서 행하므로 주께서 저에게 큰 은혜를 베푸셨고 주께서 또 저를 위하여 이 큰 은혜를 예비하시고 오늘날과 같이 저의 위에 앉을 아들을 저에게 주셨나이다" (왕상 3:6). 그리고 솔로몬은 다윗처럼 백성을 의와 공의로 다스릴 지혜를 구하였다. "누가 주의 이 많은 백성을 재판할 수 있사오리이까 지혜로운 마음을 종에게 주사 주의 백성을 재판하여 선악을 분별하게 하옵소서" (왕상 3:9). 다윗처럼 되기를 원하는 마음이 하나님을 기쁘시게 하였다. 따라서 하나님은 지혜와 아울러 솔로몬이 구하지 아니한 부와 영광을 함께 주셨다. "내가 네 말대로 하여 네게 지혜롭고 총명한 마음을 주노니 너의 전에도 너와 같은 자가 없었거니와 너의 후에도 너와 같은 자가 일어남이 없으리라 내가 또 너의 구하지 아니한 부와 영광도 네게 주노니 네 평생에 열왕 중에 너와 같은 자가 없을 것이라" (왕상 3:12,13). 이 말씀은 다윗의 유언과 같이 율법으로 자신의 죄를 깨닫고 장차 오실 그리스도를 믿음으로 겸손히 백성을 의와 공의로 다스리면, 나라가 부강하여 질 것이며 부귀는 부수적인 은혜로 임한다는

것을 의미한다.

5) 솔로몬은 궁전을 건축하기 전에, 다윗의 유언에 따라서 하나님의 이름을 위하여 성전을 건축하였다. **"여호와께서 내 부친 다윗에게 하신 말씀에 내가 너를 이어 네 위에 오르게 할 네 아들 그가 내 이름을 위하여 전을 건축하리라 하신대로 내가 내 하나님 여호와의 이름을 위하여 전을 건축하려 하오니"(왕상 5:5).** 솔로몬은 성전을 건축한 뒤에 다윗에게 말씀하신 하나님의 약속이 성취되기를 기도하였다. **"이스라엘 하나님 여호와여 주께서 주의 종 내 아비 다윗에게 말씀하시기를 네 자손이 자기 길을 삼가서 네가 내 앞에서 행한 것 같이 내 앞에서 행하기만 하면 네게로 좇아나서 이스라엘 위에 앉을 사람이 내 앞에서 끊어지지 아니하리라 하셨사오니 이제 다윗을 위하여 그 허하신 말씀을 지키시옵소서 그런즉 이스라엘 하나님이여 원컨대 주는 주의 종 내 아비 다윗에게 하신 말씀이 확실하게 하옵소서"(왕상 8:25,26).** "네가 내 앞에서 행한 것 같이 내 앞에서 행하기만 하면"이란 솔로몬이 다윗처럼 백성을 의와 공의로 다스리겠다는 맹세이다. 솔로몬은 다윗처럼 율법으로 자신의 죄를 깨닫고 겸손한 마음으로 나라를 의와 공의로 다스릴 것을 맹세하고 복을 달라고 기도하였다. 이것은 솔로몬이 다윗의 믿음을 얼마나 사모하였는가를 보여준다.

6) 하나님은 솔로몬의 기도를 들으시고 그에게 약속하였다. 하나님의 약속은 조건부 약속이다. 솔로몬이 다윗처럼 율법으로 항상 자신의 죄를 깨닫고 법도와 율례를 지킨다면, 하나님께서 그와 그의 후손에게 복을 주신다는 것이다. **"네가 만일 네 아비 다윗의 행함 같이 마음을 온전히 하고 바르게 하여 내 앞에서 행하며 내가 네게 명한대로 온갖 것을 순종하여 나의 법도와 율례를 지키면 내가 네 아비 다윗에게 허하여 이르기를 이스라엘 위에 오를 사람이 네게서 끊어지지 아니하리라 한대로 너의 이스라엘의 왕위를 영원히 견고하게 하려니와"(왕상 9:4,5).** 이어서 하나님은 솔로몬에게 우상숭배를 금하셨다. 만약 솔로몬이 우상을 숭배한다면, 하나님은 거룩하게 구별된 성전이라고 할지라도 이를 헐어버릴 것이다. **"만일 너희나 너희 자손이 아주 돌이켜 나를 좇지 아니하며 내가 너희 앞에 둔 나의 계명과 법도를 지키지 아니하고 가서 다른 신을 섬겨 그것을 숭배하면 내가 이스라엘을 나의 준 땅에서 끊어 버릴 것이요 내 이름을 위하여 내가 거룩하게**

구별한 이 전이라도 내 앞에서 던져 버리리니 이스라엘은 모든 민족 가운데 속담거리와 이야기거리가 될 것이며" (왕상 9:6,7).

7) 솔로몬이 다윗처럼 의와 공의로 나라를 다스렸을 때 하나님은 그에게 약속하신대로 나라를 강하게 하셨고 그에게 부와 아울러 영광을 주셨다. 주변 국가에서 솔로몬의 지혜를 들으려고 많은 금은과 보석을 가지고 왔다. "이에 저가 금 일백 이십 달란트와 심히 많은 향품과 보석을 왕께 드렸으니 스바 여왕이 솔로몬왕께 드린 것처럼 많은 향품이 다시 오지 아니하였더라" (왕상 10:10). 뿐만 아니라 나라가 부강하여짐에 연간 세수가 금 666 달란트나 되었고 무역으로 많은 부를 축적하였다. "솔로몬의 세입금의 중수가 육백 륙십 륙 금 달란트요 그 외에 또 상고와 무역하는 객상과 아라비아 왕들과 나라의 방백들에게서도 가져온지라" (왕상 10:14,15). 솔로몬이 사용하는 모든 것을 금으로 만들었다. "솔로몬왕의 마시는 그릇은 다 금이요 레바논 나무 궁의 그릇들도 다 정금이라 은 기물이 없으니 솔로몬의 시대에 은을 귀히 여기지 아니함은" (왕상 10:21).

8) 솔로몬의 지혜와 명성, 많은 금은보화, 강한 군대, 넘치는 국고 및 많은 여자들이 솔로몬을 교만하게 하였다. 솔로몬은 이 모든 것이 하나님으로부터 온 것임을 잃어버리고 자신의 능력으로 이룬 것으로 착각하였다. 다윗은 이방인과의 모든 전쟁에서 승리한 것을 하나님의 은혜로 알고 겸손하였지만, 솔로몬은 자신의 모든 지혜와 영광과 부가 자신의 능력에서 온 것으로 오인하였으므로 교만하였다. 솔로몬은 많은 이방여자를 취하였고 그녀들의 미혹에 빠져서 노년에 하나님을 버리고 우상을 숭배하였다(왕상 11:1,2). 솔로몬의 우상숭배는 실로 엄청난 비극을 가져다주었다. 하나님으로부터 가장 많은 은혜를 입은 솔로몬이 하나님을 버린 결과는 나라의 분단이다. 이스라엘이 북 이스라엘과 남 유다로 분단됨으로 이스라엘은 멸망의 길로 들어서게 되었다.

9) 하나님은 이스라엘이 분단될 것을 전제로 여로보암을 택하여 북 왕국의 왕으로 세우셨다. 하나님은 여로보암을 이스라엘 열 지파의 왕으로 세우셨다. "내가 그 아들의 손에서 나라를 빼앗아 그 열 지파를 네게 줄 것이요" (왕상 11:35). "내가 너를 취하리니 너는 무릇 네 마음에 원하는 대로 다스려 이스라엘 위에 왕이 되되" (왕상 11:37). 하나님은 여로보암에게 다윗을 본받으라고 권고하셨다. 여로보암이 다윗처럼 의와 공의로 나라를

제4부 이스라엘 역사를 통하여 계시된 그리스도와 믿음 • 297

다스린다면 그의 나라는 하나님의 은혜로 견고하게 설 것이다. **"네가 만일 내가 명한 모든 일에 순종하고 내 길로 행하며 내 눈에 합당한 일을 하며 내 종 다윗의 행함 같이 내 율례와 명령을 지키면 내가 너와 함께 있어 내가 다윗을 위하여 세운 것 같이 너를 위하여 견고한 집을 세우고 이스라엘을 네게 주리라"** (왕상 11:38).

10) 이스라엘은 남 유다와 북 이스라엘로 분열되었다. 이것은 하나님의 뜻을 반영한다. 이스라엘 백성은 목이 곧은 백성이므로 그들이 강할 때는 교만하여 하나님을 버렸다. **"여호와께서 또 모세에게 이르시되 내가 이 백성을 보니 목이 곧은 백성이로다"** (출 32:9). "목이 곧은 백성"이란 하나님의 말씀 앞에 머리를 숙이지 아니하고 고개를 든다는 것이다. "이스라엘"이란 하나님의 사람과 겨누어 이긴 자를 의미한다(창 32:28). 하나님의 사자를 이기려는 자는 하나님의 말씀을 대적하여 이기려고 하는 것을 말한다. 하나님은 이스라엘 백성에게 그들의 연약하다는 것을 알게 하기 위하여 율법을 주셨지만 그들은 율법을 통하여 하나님을 대적하였다. 솔로몬은 지혜와 부귀를 통하여 율법을 대적하였지만 자신의 죄를 알지 못하였다.

11) 이스라엘 백성이 적고 약할 때에는 하나님을 의지하였다. 모세는 백성의 목이 곧은 것을 알고 하나님의 은혜를 구하였다. **"가로되 주여 내가 주께 은총을 입었거든 원컨대 주는 우리 중에서 행하옵소서 이는 목이 곧은 백성이니이다 우리의 악과 죄를 사하시고 우리로 주의 기업을 삼으소서"** (출 34:9). 솔로몬은 집권 초기에는 자신의 연약함을 깨닫고 하나님의 은혜를 구하였지만 나라가 부강하여지자 교만하여 하나님을 버리고 우상을 섬겼다. 따라서 하나님은 이스라엘을 두 나라로 쪼개어 약하게 하셨다. 유다지파와 베냐민 지파만 남고 나머지 열 지파는 여로보암을 중심으로 세겜에서 북 이스라엘을 개국하였다. 솔로몬의 아들 르호보암은 남은 두 지파를 중심으로 예루살렘에서 나라를 통치하였다. 남 유다는 자신이 작고 미약한 것을 깨닫고 하나님을 의지함으로 신정국가의 정체성을 회복하기도 하였지만, 북 이스라엘은 그렇지 못하여 여로보암 때로부터 우상숭배에서 벗어나지 못하였다.

(3) 이해를 위한 질문

1) 다윗과 이스라엘의 번영

   a. 사울이 아말렉을 멸하지 아니한 죄의 본질은 무엇인가(삼상 15:23).

   b. 사울이 번제를 드린 것이 죄가 되는 이유는 무엇인가(삼상 13:13; 민3;10).

   c. 다윗이 사울을 죽이지 아니한 이유는 무엇인가(삼상 24:6).

   d. 하나님의 영이 사울을 떠나고 악신이 사울에게 임한 것은 무엇을 의미하는가.

   e. 다윗이 간음하고 살인하였지만 하나님께서 그를 사랑하신 이유는 무엇인가(시 40:12).

   f. 다윗이 모든 전쟁에서 승리한 이유는 무엇인가(삼하 8:14).

2) 이스라엘의 우상숭배와 국가의 분단

   a. 다윗이 솔로몬에게 남긴 유언의 핵심은 무엇인가(왕상 2:3,4).

   b. 솔로몬이 하나님께 지혜를 구한 이유는 무엇인가(왕상 3:9).

   c. 솔로몬이 노년에 우상을 숭배한 이유는 무엇인가(왕상11:1,2).

   d. 솔로몬이 우상을 숭배하였을 때 하나님께서 나라를 쪼개신 이유는 무엇인가(출 32:9).

2. 이스라엘의 우상숭배와 멸망

(1) 북 이스라엘의 멸망

1) 열왕기는 이스라엘 역사를 선지자의 사역과 관련하여, 역대기는 남 왕국의 역사를 제사장의 사역과 관련하여 기록한 책이다. 열왕기는 남 왕국과 북 왕국의 역사를 동시에 다루고 있다. 이에 반하여 역대기는 남 왕국의 역사만을 다루고 있다. 역대기에서 북 왕국의 역사를 제외한 이유는 그 곳에 성전과 제사장이 없었기 때문이다. 예루살렘에 성전이 있었고 성전을 중심으로 아론의 후손 제사장들이 활동하고 있었으므로 역대기에서는 남 왕국의 역사를 제사장과 관련하여 기록한 것으로 판단된다. 역대기에서는 왕과 제사장이 그 직분을 충실히 이행하였을 때 남 왕국이 신정국가의 정체성을 확립하고 부강하여지는 과정과 그렇지 아니하였을 때 나라가 쇠퇴하여 가는 과정을 기록하고 있다. 열왕기에서는 왕이 선지자의 말씀을 듣지 아니하므로 나라가 멸망으로 가는 과정

을 기록하고 있다. 북 왕국에는 성전과 제사장이 없었으므로 신정국가로서의 정체성을 회복하지 못하였다. 그들은 신정국가의 면모를 보여주지 못하고 끝내 우상숭배의 늪에 빠져서 멸망하였다. 열왕기에 기록된 북 왕국의 열왕과 선지자의 사역을 살펴보자.

2) 여로보암은 이스라엘의 열 지파를 중심으로 세겜에서 나라를 세웠다. 그는 정치적인 목적으로 하나님의 형상으로 금송아지를 만들어 산당에 두고 백성으로 하여금 이를 섬기도록 하였다. 이것이 북 이스라엘의 올무가 되어 나라를 멸망으로 인도하는 고속도로가 되었다. 아합은 이방여자를 아내로 취하였고 그녀의 미혹을 받아 바알신과 아세라신을 섬김으로 북 이스라엘은 돌아오지 못할 멸망의 강을 건너게 되었다. 하나님은 선지자들을 보내어 그들에게 회개하고 하나님께 돌아오라고 권고하였지만, 그들은 교만하여 듣지 아니하였다. 끝내 그들은 앗수르에게 멸망하였다. 그들은 앗수르 본국으로 강제로 이주하게 됨에 따라서 이방인과 혼혈되어 야곱의 후손으로서 혈통을 찾을 수 없게 되었다. 그들이 스스로 이방인과 혼인하고 우상을 섬김으로 혼혈이 되기를 원하였기 때문에, 하나님은 그들의 인격을 초월하지 아니하시고 그들의 선택을 허락하셨다. 하나님께서 택하여 자기의 백성으로 삼으셨지만, 그들은 스스로 하나님의 백성이 되기를 거절하였다.

3) 예루살렘에 성전이 있었고 이스라엘 백성은 절기마다 성전에 올라가서 하나님께 얼굴을 보여야 하였다. 그들은 비록 우상을 숭배하였지만 종교행사로 절기에 성전에 올라갔다. 이스라엘이 절기에 성전에 올라간다면, 그들은 성전이 있는 예루살렘을 통치하는 남 유다만이 하나님의 택하심으로 받은 국가로 인정할 것이다. 이것이 두려운 여로보암은 하나님의 형상으로 금송아지를 만들어 산당에 두고 이를 섬기게 하였다. **"만일 이 백성이 예루살렘에 있는 여호와의 전에 제사를 드리고자 하여 올라가면 이 백성의 마음이 유다 왕 된 그 주 르호보암으로 돌아가서 나를 죽이고 유다 왕 르호보암으로 돌아가리로다 하고 이에 계획하고 두 금송아지를 만들고 무리에게 말하기를 너희가 다시는 예루살렘에 올라갈 것이 없도다 이스라엘아 이는 너희를 애굽 땅에서 인도하여 올린 너희 신이라 하고"** (왕상 12:27,28). 여로보암은 하나님의 말씀을 버리고 자신의 생각대로 백성을 통치하기 시작하였다. 북 이스라엘은 개국 초기부터 우상숭배를 나라의 통치기반으로 하는 정책을 시행하였다.

4) 여로보암이 하나님의 형상으로 금송아지를 만들어 섬기게 하자, 북 이스라엘 각처에 살고 있던 제사장들과 레위 자손들은 율법을 알고 있었으므로 여로보암을 버리고 성전이 있는 르호보암에게 돌아갔다. **"온 이스라엘의 제사장과 레위 사람이 그 모든 지방에서부터 르호보암에게 돌아오되 레위 사람이 그 향리와 산업을 떠나 유다와 예루살렘에 이르렀으니 이는 여로보암과 그 아들들이 저희를 폐하여 여호와께 제사장의 직분을 행치 못하게 하고"** (대하 11:13,14). 여로보암이 우상을 만들어 섬기게 하였을 때, 율법을 알고 있던 레위 자손들과 제사장들은 우상숭배를 반대하였다. 따라서 여로보암은 레위 자손의 제사장 직분을 폐하고 자원하는 자들을 제사장으로 임명하였다. **"저가 또 산당들을 짓고 레위 자손 아닌 보통 백성으로 제사장을 삼고"** (왕상 12:31). **"여로보암이 이 일 후에도 그 악한 길에서 떠나 돌이키지 아니하고 다시 보통 백성으로 산당의 제사장을 삼되 누구든지 자원하면 그 사람으로 산당의 제사장을 삼았으므로"** (왕상 13:33). 여로보암이 제사장으로 임명한 자들을 율법을 알지 못하였으므로 백성들에게 율법을 가르치지 못하였고 백성은 하나님을 알지 못하게 되었다. 이것이 북 이스라엘의 타락을 부채질하였다.

5) 북 이스라엘의 우상숭배는 두 단계로 구분할 수 있다. 여로보암으로부터 아합 이전까지, 아합 이후부터 멸망까지로 구분할 수 있다. 여로보암은 하나님의 형상으로 금송아지를 만들어 산당에 두고 백성으로 하여금 이를 하나님이라고 숭배하게 하였다. 여로보암 이후 아합 이전까지 모든 왕들은 하나님을 버리고 우상을 섬겼다. 아합 이후 모든 왕들은 나라가 멸망할 때까지 바알과 아세라 신을 섬겼다(왕상 16:31~34). 북 이스라엘은 우상을 숭배함으로 아브라함으로부터 이어지는 믿음을 버리고 세상으로 돌아갔다. 그들은 율법을 알지 못하였으므로 자신의 죄를 깨닫지 못하였으며 장차 오실 그리스도에 대한 믿음도 없었다. 그러나 그들은 택함을 받은 하나님의 백성이었다.

6) 북 이스라엘이 우상숭배에 빠졌을 때 하나님의 은혜로 택하심을 받은 자들은 우상을 멀리한 자들이 있었다. 성경은 그들을 남은 자, 그루터기라고 말씀한다. **"그 중에 십분의 일이 오히려 남아 있을찌라도 이것도 삼키운 바 될 것이나 밤나무, 상수리나무가 베임을 당하여도 그 그루터기는 남아 있는 것 같이 거룩한 씨가 이 땅의 그루터기니라"** (사

6:13). 아합 시대에 하나님의 은혜로 우상에게 절하지 아니한 자가 7,000명이 그루터기로 남아 있었다. "**그러나 내가 이스라엘 가운데 칠천 인을 남기리니 다 무릎을 바알에게 꿇지 아니하고 다 그 입을 바알에게 맞추지 아니한 자니라**" (왕상 19:18). 하나님의 은혜로 우상에게 절하지 아니한 자가 남은 것은 하나님께서 북 이스라엘을 버리지 아니하셨다는 증거이다. 그 증거는 선지자를 보내신 것이다.

6) 여로보암이 백성들에게 우상숭배를 강요할 때, 하나님은 선지자를 보내어 그의 악행을 책망하셨다. "**너의 이전 사람들보다도 악을 행하고 가서 너를 위하여 다른 신을 만들며 우상을 부어만들어 나의 노를 격발하고 나를 네 등 뒤에 버렸도다 그러므로 내가 여로보암의 집에 재앙을 내려 여로보암에게 속한 사내는 이스라엘 가운데 매인 자나 놓인 자나 다 끊어 버리되 거름을 쓸어 버림 같이 여로보암의 집을 말갛게 쓸어 버릴찌라**" (왕상 14:9,10). 하나님의 심판의 말씀이 여로보암에게 임하였지만 그는 우상숭배에서 벗어나지 못하였으므로 하나님의 말씀대로 그의 모든 자손이 죽임을 당하였다. 바아사는 북 이스라엘 왕 나답과 여로보암의 자손들을 모두 죽이고 왕이 되었다. "**유다 왕 아사 제 삼년에 바아사가 나답을 죽이고 대신하여 왕이 되고 왕이 될 때에 여로보암의 온 집을 쳐서 생명 있는 자를 하나도 남기지 아니하고 다 멸하였는데 여호와께서 그 종 실로 사람 아히야로 하신 말씀과 같이 되었으니**" (왕상 15:28,29).

7) 바아사로부터 아합 이전까지 북 이스라엘의 왕들은 여로보암의 길을 따라서 우상숭배를 버리지 아니하였다. 그들은 하나님의 심판을 받아 죽임을 당하였고, 오므리의 아들 아합은 한 걸음 더 나아가 바알 신과 아세라 신을 섬겼다. "**느밧의 아들 여로보암의 죄를 따라 행하는 것을 오히려 가볍게 여기며 시돈 사람의 왕 엣바알의 딸 이세벨로 아내를 삼고 가서 바알을 섬겨 숭배하고 사마리아에 건축한 바알의 사당 속에 바알을 위하여 단을 쌓으며 또 아세라 목상을 만들었으니 저는 그 전의 모든 이스라엘 왕보다 심히 이스라엘 하나님 여호와의 노를 격발하였더라**" (왕상 16:31~33). 아합 시대에 하나님은 남은 자들을 위하여 선지자 엘리야를 보내셔서 그들에게 하나님의 말씀을 전하였고 우상을 숭배하는 자들에게 우상을 버리고 하나님께 돌아오라고 권고하셨다.

8) 북 이스라엘의 많은 선지자들 가운데 엘리야와 엘리사는 선지자를 대표한다. 엘리야

는 아합왕, 북 이스라엘 백성 및 이방신의 선지자들 앞에서 우상숭배가 죄이며 만물을 창조하신 신은 여호와 하나님이심을 증거하고 백성들에게 우상을 버리고 하나님께로 돌아오라고 권고하였다. 엘리사는 북 이스라엘에게 하나님만이 이스라엘의 역사를 주관하시며 만물을 통치하신다는 것을 증거하였다. 엘리야는 목숨을 아끼지 아니하고 왕과 백성들 앞에서 살아계신 하나님을 증거하고 이방신의 선지자들을 멸하였으므로 구약시대의 선지자를 대표한다. 또한 엘리야는 택함을 받은 자에게 하나님의 말씀을 증거하였다.

9) 하나님의 말씀이 엘리야를 통하여 우상을 숭배하는 북 이스라엘 백성에게 임하였다. 아합은 엘리야의 요구에 의하여 북 이스라엘의 백성과 이방신을 섬기는 모든 선지자들을 갈멜산으로 모이게 하였다. 엘리야는 백성들과 이방신의 선지자들을 향하여 이방신을 버리고 하나님께 돌아오라고 권고하였다. **"엘리야가 모든 백성에게 가까이 나아가 이르되 너희가 어느 때까지 두 사이에서 머뭇머뭇 하려느냐 여호와가 만일 하나님이면 그를 좇고 바알이 만일 하나님이면 그를 좇을찌니라 하니 백성이 한 말도 대답지 아니하는지라"** (왕상 18:21). 이스라엘 백성이 하나님의 말씀을 거절하자, 엘리야는 여호와 하나님만이 만물을 창조하신 하나님이란 증거를 보였다. 엘리야가 기도하자 하늘에서 불이 내려 번제물을 태웠다. **"이에 여호와의 불이 내려서 번제물과 나무와 돌과 흙을 태우고 또 도랑의 물을 핥은지라"** (왕상 18:38). 엘리야는 우상은 신이 아니며 하나님만이 만물을 창조하신 분이신 객관적인 증거를 보인 뒤에 이방신의 선지자들을 죽였다. 엘리야가 이방신의 선지자들을 죽인 것은 장차 오실 그리스도께서 마귀와 악한 영들을 심판하실 것을 모형으로 보여준다. 또한 엘리야가 드린 번제는 인류의 죄를 위하여 영원한 제사를 드리실 그리스도를 모형으로 보여준다. 바알 선지자들과 아세라 선지자들이 몸에 상처를 내고 부르짖었지만 번제물을 불사르지 못한 것은 이방신이 인류의 죄를 대속할 수 없다는 것을 모형으로 보여준다. 엘리야가 번제를 드린 뒤에 비가 온 것은 그리스도께서 보내실 성령을 모형으로 보여준다.

10) 아합의 우상숭배로 하나님의 저주가 40개월 동안 가뭄으로 임하였다. 하나님은 계속되는 가뭄 동안 사르밧에 거주하는 한 사람의 과부를 위하여 선지자 엘리야를 보내셨다. 하나님은 엘리야를 통하여 그녀의 믿음을 시험하셨다. **"저가 가지러 갈 때에 엘리야가**

저를 불러 가로되 청컨대 네 손에 떡 한 조각을 내게로 가져오라"(왕상 17:11). 그 과부는 떡 한 조각을 만들 가루밖에 없었다. 그녀는 엘리야의 말씀이 하나님의 말씀으로 믿고 한 조각의 떡을 엘리야에게 주었다. 이제 그 과부는 그녀의 아들과 함께 굶어 죽기를 기다리는 것이다. 그 과부는 자기와 가족의 목숨과 물질을 밟고 넘어서는 믿음을 보여주었다. 그녀의 믿음에 따라서 하나님의 말씀이 임하였다. **"이스라엘 하나님 여호와의 말씀이 나 여호와가 비를 지면에 내리는 날까지 그 통의 가루는 다하지 아니하고 그 병의 기름은 없어지지 아니하리라 하셨느니라"(왕상 17:14).** 이 말씀은 우상숭배로 인한 저주 가운데 남은 자를 돌아보시는 하나님의 은혜를 보여준다.

11) 엘리야의 뒤를 이어 엘리사가 선지자로서 하나님의 말씀을 북 이스라엘에게 전하였다. 북 이스라엘의 왕 여호람은 선지자 엘리야와 아합의 관계를 알고 있었으므로 바알 신상을 파괴하였으나 여로보암의 길을 따라서 우상을 섬기는 일에서 벗어나지 못하였다. 여호람이 선지자 엘리사의 말씀을 하나님의 말씀으로 인정하고 따랐으므로 하나님은 여호람에게 모압과의 전쟁에서 승리하게 하셨다(왕하 3:24~26). 엘리사는 죽은 아이를 살렸고 아람의 군대 장관 나아만의 문둥병을 고쳤다. 엘리사는 자기를 죽이려고 도단성을 에워싼 수많은 아람의 군대의 눈을 멀게 하였으며 아람과 이스라엘의 전쟁을 승리로 이끌었다. 하나님은 엘리사를 통하여 많은 이적과 기사를 보이셨다. 북 이스라엘 왕들은 선지자 엘리사를 통하여 살아계신 하나님의 능력을 체험하였으나 우상숭배에서 떠나지 아니하였다.

12) 북 이스라엘에는 성전도 제사장도 없었다. 그들은 하나님과 율법을 알지 못하였다. 따라서 그들은 우상을 숭배하면서도 이것이 죄인 것을 알지 못하였다. 그들은 아브라함으로부터 내려오는 믿음 곧, 장차 오실 그리스도에 대한 믿음을 버렸다. 하나님은 선지자들을 보내셔서 그들에게 우상을 버리고 하나님께로 돌아오라고 권고하였으나, 그들은 듣지 아니하였다. 북 이스라엘은 엘리야와 엘리사를 통하여 살아계신 하나님의 능력을 체험하고 하나님의 말씀을 들었지만 우상을 버리지 아니하였다. 하나님은 그들을 자기의 백성으로 택하여 부르셨으나 율법으로 자신의 죄를 깨닫지 못하고 장차 오실 그리스도에 대한 믿음을 버린 자를 용서하지 아니하셨다. 그들은 끝내 하나님께로부터 버림을 받고 앗수르

에게 멸망하였다. 앗수르는 북 이스라엘의 열 지파를 앗수르로 강제 이주시키고 앗수르 거민을 가나안 땅으로 이주시켰다. 북 이스라엘은 이방인과 혼혈이 되어 사마리아인이라고 불리게 되었다.

(2) 남 유다의 멸망

1) 북 이스라엘에는 성전과 제사장이 없었으므로 하나님의 말씀을 전하는 선지자들이 국가의 운명을 좌우하는 중요한 역할을 하였다. 이에 반하여 남 유다에는 예루살렘 성전과 레위 자손 제사장이 있었으므로 제사장이 국가의 운명을 좌우하는 중요한 역할을 하였다. 제사장이 율법에 따라서 성전에서 제사를 드리고 백성들에게 율법을 가르쳤을 때 남 유다는 비록 작은 나라였으나 강하여 하나님의 은혜로 이방인의 침략을 막아내었다. 그러나 그들이 교만하여 율법을 버리고 우상을 숭배하였을 때 이방인의 식민이 되어 조공을 바치는 약소국가로 전락하였다. 그들이 우상을 숭배할 때 하나님은 선지자들을 보내셨으나 그들은 듣지 아니하였다. 마침내 그들은 바벨론에게 멸망하여 포로로 끌려갔다.

2) 솔로몬은 하나님의 이름을 위하여 성전을 건축한 뒤에 이스라엘 백성의 모든 생활이 성전을 중심으로 영위될 것이라고 기도하였다. 백성이 하나님의 이름이 있는 성전을 향하여 기도하면 하나님은 하늘에서 그 기도를 들으실 것이다. **"주께서 전에 말씀하시기를 내 이름이 거기 있으리라 하신 곳 이 전을 향하여 주의 눈이 주야로 보옵시며 종이 이곳을 향하여 비는 기도를 들으시옵소서 종과 주의 백성 이스라엘이 이곳을 향하여 기도할 때에 주는 그 간구함을 들으시되 주의 계신 곳 하늘에서 들으시고 들으시사 사하여 주옵소서" (왕상 8:29,30).** 이 말씀은 하나님의 이름을 위하여 제사하고 그 이름으로 기도하면 하나님께서 들으신다는 것이며, 이스라엘의 역사는 율법과 성전과 제사를 중심으로 진행된다는 약속이다. 솔로몬이 왕이 된 뒤에 다른 일을 제쳐놓고 일천 번제를 드린 것은 제사가 국가 통치에 가장 중요한 일임을 보여준다.

3) 이스라엘이 우상숭배로 제사를 폐하였을 때, 국가의 기본 질서는 무너졌고 나라는 두 개의 국가로 분열되어 약소국가로 전락하였다. 남 유다는 자신의 연약함을 알고 제사장을 중심으로 제사를 회복하였다. 북 이스라엘에서 하나님을 사모하는 자들과 레위 자손

제사장들이 성전이 있는 예루살렘으로 와서 성전에서 제사하였다. 이로써 다윗과 솔로몬 시대처럼 하나님의 이름을 위한 제사가 회복되었고, 하나님은 나라를 강하게 하셨다. "**이스라엘 모든 지파 중에 마음을 오로지하여 이스라엘 하나님 여호와를 구하는 자들이 레위 사람을 따라 예루살렘에 이르러 그 열조의 하나님 여호와께 제사하고자 한지라 그러므로 삼년 동안 유다 나라를 도와 솔로몬의 아들 르호보암을 강성하게 하였으니 이는 무리가 삼년을 다윗과 솔로몬의 길로 행하였음이더라**" (대하 11:16,17). 나라가 강성하게 되자 르호보암은 교만하여 하나님을 버리고 우상을 숭배하였다. "**르호보암이 나라가 견고하고 세력이 강하매 여호와의 율법을 버리니 온 이스라엘이 본받은지라**" (대하 12:1).

4) 아사는 남 왕국의 왕이 된 뒤에 산당을 헐고 이방신상을 없이하고 율법을 순종하였다. "**아사가 그 하나님 여호와 보시기에 선과 정의를 행하여 이방 제단과 산당을 없이하고 주상을 훼파하며 아세라 상을 찍고 유다 사람을 명하여 그 열조의 하나님 여호와를 구하게 하며 그 율법과 명령을 행하게 하고 또 유다 모든 성읍에서 산당과 태양상을 없이하매 나라가 그 앞에서 평안함을 얻으니라**" (대하 14:2~5). 구스 사람이 남 왕국을 침공하였으나 아사가 하나님을 의뢰하였으므로 하나님께서 그들을 아사의 손에 붙이셨다. "**그 하나님 여호와께 부르짖어 가로되 여호와여 강한 자와 약한 자 사이에는 주 밖에 도와줄 이가 없사오니 우리 하나님 여호와여 우리를 도우소서 우리가 주를 의지하오며 주의 이름을 의탁하옵고 이 많은 무리를 치러 왔나이다 여호와여 주는 우리 하나님 이시오니 원컨대 사람으로 주를 이기지 못하게 하옵소서 하였더니 여호와께서 구스 사람을 아사와 유다 사람 앞에서 쳐서 패하게 하시니 구스 사람이 도망하는지라**" (대하 14:11,12). 나라가 강성하여지자, 아사는 교만하여 선지자를 학대하고 옥에 가두는 죄를 범하였다. 아사는 발에 병이 들었으나 고침을 받지 못하고 그 병으로 죽었다(대하 16:12).

5) 아사의 뒤를 이어 여호사밧이 이스라엘의 주권자가 되었다. 이스라엘이 하나님을 버리고 우상을 숭배하는 원인은 율법을 알지 못한 것이다. 이것을 깨달은 여호사밧은 레위인과 제사장으로 하여금 백성에게 율법을 가르치게 하였다. "**저가 위에 있은지 삼**

년에 그 방백 벤하일과 오바댜와 스가랴와 느다넬과 미가야를 보내어 유다 여러 성읍에 가서 가르치게 하고 또 저희와 함께 레위 사람 스마야와 느다냐와 스바댜와 아사헬과 스미라못과 여호나단과 아도니야와 도비야와 도바도니야등 레위 사람을 보내고 또 저희와 함께 제사장 엘리사마와 여호람을 보내었더니 저희가 여호와의 율법책을 가지고 유다에서 가르치되 그 모든 성읍으로 순행하며 인민을 가르쳤더라"(대하 17:7~9). 뿐만 아니라 여호사밧은 레위인과 제사장을 재판장으로 세워 의와 공의로 백성을 재판하게 하였다. **"여호사밧이 또 예루살렘에서 레위 사람과 제사장과 이스라엘 족장 중에서 사람을 세워 여호와께 속한 일과 예루살렘 거민의 모든 송사를 재판하게 하고 저희에게 명하여 가로되 너희는 여호와를 경외하고 충의와 성심으로 이 일을 행하라"**(대하 19:8,9). 이로써 제사장은 하나님께 속한 일을 맡아 처리하게 되었다. **"여호와께 속한 모든 일에는 대제사장 아마랴가 너희를 다스리고 왕에게 속한 모든 일은 유다 지파의 어른 이스마엘의 아들 스바댜가 다스리고 레위 사람들은 너희 앞에 관리가 되리라 너희는 힘써 행하라 여호와께서 선한 자와 함께 하실찌로다 하니라"**(대하 19:11).

6) 여호사밧 시대에 남 왕국은 신정국가로서의 면모를 갖추게 되었다. 모압과 암몬과 마온 사람들이 여호사밧을 침공하였다. 여호사밧은 금식을 선포하고 백성에게 나라를 위하여 기도하게 하였다. **"여호사밧이 두려워하여 여호와께로 낯을 향하여 간구하고 온 유다 백성에게 금식하라 공포하매 유다 사람이 여호와께 도우심을 구하려 하여 유다 모든 성읍에서 모여와서 여호와께 간구하더라"**(대하 20:3,4). 하나님의 말씀이 여호사밧에게 임하였다. **"이 전쟁에는 너희가 싸울 것이 없나니 항오를 이루고 서서 너희와 함께한 여호와가 구원하는 것을 보라 유다와 예루살렘아 너희는 두려워하며 놀라지 말고 내일 저희를 마주 나가라 여호와가 너희와 함께 하리라 하셨느니라 하매"**(대하 20:17). 백성들이 하나님의 은혜를 찬송하였고 하나님은 그 전쟁을 승리로 이끄셨다(대하 20:23). 여호사밧은 하나님의 많은 은혜를 입었으나 산당을 없애지 아니하는 죄를 범하였다.

6) 아합의 딸 아달랴가 우상을 숭배하자, 제사장 여호야다는 아달랴를 죽이고 살아남은 아하시야의 아들 요아스를 왕으로 세웠다. 요아스는 일곱 살에 남 왕국의 왕이 되었으

므로 여호야다는 섭정이 되어 남 왕국을 의와 공의로 통치하기로 작정하고 백성과 언약을 맺었다. **"여호야다가 자기와 뭇 백성과 왕의 사이에 언약을 세워 여호와의 백성이 되리라 한지라"** (대하 23:16). 여호야다는 우상을 파괴하고 이방신의 제사장을 죽였으며 성전의 제사를 회복하였다. 요아스가 장성한 뒤에 하나님의 전을 수리하며 여호야다의 뜻에 따라서 성전에서 하나님의 이름을 위하여 번제를 드렸다. **"필역한 후에 그 남은 돈을 왕과 여호야다의 앞으로 가져온고로 그것으로 여호와의 전에 쓸 그릇을 만들었으니 곧 섬겨 제사 드리는 그릇이며 또 숟가락과 금, 은그릇들이라 여호야다가 세상에 사는 모든 날에 여호와의 전에 항상 번제를 드렸더라"** (대하 24:14). 그러나 여호야다가 죽은 뒤에 요아스는 하나님을 버리고 우상을 섬겼다. **"여호야다가 죽은 후에 유다 방백들이 와서 왕에게 절하매 왕이 그의 말을 듣고 그 열조의 하나님 여호와의 전을 버리고 아세라 목상과 우상을 섬긴고로 이 죄로 인하여 진노가 유다와 예루살렘에 임하니라"** (대하 24:17,18). 이 말씀은 제사장이 신정국가를 이끌어가는 핵심 인물이라는 것을 의미한다.

7) 아마샤의 뒤를 이은 웃시야가 제사장 스가랴의 조언을 받아 나라를 율법으로 통치할 때, 하나님께서 나라를 부강하게 하셨다. **"하나님의 묵시를 밝히 아는 스가랴의 사는 날에 하나님을 구하였고 저가 여호와를 구할 동안에는 하나님이 형통케 하셨더라"** (대하 26:5). 나라가 강성하게 되자 웃시야는 교만하여 성전에 들어가 하나님께 분향하려고 하였다. **"저가 강성하여지매 그 마음이 교만하여 악을 행하여 그 하나님 여호와께 범죄하되 곧 여호와의 전에 들어가서 향단에 분향하려 한지라"** (대하 26:16). 제사장의 직분을 침해한 웃시야는 저주를 받아 문둥병자가 되어 그 생애를 마감하였다. **"웃시야왕이 죽는 날까지 문둥이가 되었고 문둥이가 되매 여호와의 전에서 끊어졌고 별궁에 홀로 거하였으므로 그 아들 요담이 왕궁을 관리하며 국민을 치리하였더라"** (대하 26:21).

8) 히스기야는 아하스의 악행으로 거의 멸망의 직전에 이른 나라를 이어 받았다. 그는 하나님만이 나라를 강하게 하실 수 있다는 것을 깨닫고 우상을 없이하고 성전을 거룩하게 하였다. 히스기야는 율법에 따라서 성전에서 하나님의 이름을 위하여 번제를 드리고 십일조를 하나님께 드렸다. 아울러 그는 모든 백성과 함께 율법에 따라서 유월절을 지켰다. 이로써 남 왕국은 신정국가로서 정체성을 확립하였다. 따라서 하나님께서 예루살렘

에 큰 기쁨을 주시고 제사장들의 기도를 들으셨다. "**예루살렘에 큰 희락이 있었으니 이스라엘 왕 다윗의 아들 솔로몬 때로부터 이러한 희락이 예루살렘에 없었더라 그 때에 제사장들과 레위 사람들이 일어나서 백성을 위하여 축복하였으니 그 소리가 들으신바 되고 그 기도가 여호와의 거룩한 처소 하늘에 상달하였더라**" (대하 30:26,27). 남 왕국이 신정국가로서 하나님의 보호 아래 있는 것을 알지 못하는 산헤립이 히스기야를 침공하고 하나님의 이름을 훼방하였다. 히스기야와 이사야 선지자는 이를 위하여 하나님께 기도하였고 하나님은 그 기도를 들으셨다. "**이러므로 히스기야왕이 아모스의 아들 선지자 이사야로 더불어 하늘을 향하여 부르짖어 기도하였더니 여호와께서 한 천사를 보내어 앗수르 왕의 영에서 모든 큰 용사와 대장과 장관들을 멸하신지라 앗수르 왕이 얼굴이 뜨뜻하여 그 고국으로 돌아갔더니 그 신의 전에 들어갔을 때에 그 몸에서 난 자들이 거기서 칼로 죽였더라**" (대하 32:20,21). 나라가 부강하여지자, 히스기야는 교만하여 바벨론의 사자 앞에서 하나님의 영광을 드러내지 아니하고 자신의 능력을 자랑함으로 저주가 나라에게 임하였다. "**히스기야가 마음이 교만하여 그 받은 은혜를 보답지 아니하므로 진노가 저와 유다와 예루살렘에 임하게 되었더니**" (대하 32:25).

9) 아몬의 뒤를 이어 요시야가 왕이 되었다. 요시야는 아몬이 세운 모든 우상을 파괴하고 하나님의 성전을 수리하였다. 성전을 수리하는 과정에서 제사장 힐기야는 성전에서 모세의 율법책을 발견하였다. "**무리가 여호와의 전에 연보한 돈을 꺼낼 때에 제사장 힐기야가 모세의 전한 여호와의 율법책을 발견하고**" (대하 34:14). 요시야는 율법책을 읽고 이스라엘에게 임한 모든 재앙이 우상숭배로부터 왔음을 알았다. 따라서 요시야는 백성들에게 율법의 말씀을 전하고 그들과 언약을 세워 모든 백성으로 하여금 율법을 지키게 하였다. "**왕이 자기 처소에 서서 여호와 앞에서 언약을 세우되 마음을 다하고 성품을 다하여 여호와를 순종하고 그 계명과 법도와 율례를 지켜 이 책에 기록된 언약의 말씀을 이루리라 하고**" (대하 34:31). 요시야는 율법의 규례대로 유월절과 무교절을 지켰다. 그러나 요시야는 하나님의 말씀을 듣지 아니하고 애굽 왕 느고의 길을 막으려고 하다가 므깃도에서 전사하였다(대하 35:21,22). 요시야의 뒤를 이은 여호야김과 여호야긴은 하나님을 버리고 우상을 섬겼다. 그들은 모두 바벨론에게 사로잡혀 끌려갔다, 여호

야긴의 뒤를 이어 시드기야가 왕이 되었다. 시드기야는 예레미야 선지자를 통하여 주시는 하나님의 말씀을 듣지 아니하고 마음을 강퍅하게 하였다. 이로써 남 왕국은 신정국가로서 정체성을 완전히 상실하고 이를 회복할 수 없게 되었다. 바벨론은 예루살렘을 정복하고 하나님의 성전을 파괴하였으며 유대인을 포로로 사로잡아 본국으로 끌고 갔다. 이로써 다윗 왕조는 막을 내리고 하나님의 백성으로 택함을 받은 이스라엘 국가는 역사 속으로 사라지게 되었다.

10) 르호보암으로부터 시작하는 남 왕국의 역사는 사사시대와 같이 신정국가의 정체성을 회복하는 시기와 이를 상실하는 시기가 반복되는 과정을 보여주고 있다. 다윗의 시대처럼 왕과 백성들이 율법으로 죄를 깨닫고 장차 오실 그리스도를 믿으며, 규례대로 제사장이 성전에서 제사를 드림으로 하나님의 이름을 거룩하게 하는 시대가 있었다. 이와 같이 신정국가로서의 정체성을 확립하였을 때, 남 왕국은 비록 작은 나라이지만 강대하여 주변 국가의 침략을 물리쳤다. 그러나 왕이 제사장과 선지자를 무시하고 우상을 섬김으로 신정국가로서 정체성을 상실하였을 때, 율법을 통하여 계시된 하나님의 저주가 임하였다. 국력을 쇠진한 남 왕국은 주변 국가의 노리개로 전락하였다. 남 왕국의 왕들은 우상숭배로 나라를 멸망의 구덩이로 몰아넣었다. 하나님께서 다윗에게 주신 약속을 위하여 나라의 멸망을 원치 아니하셨으나(대하 21:7), 남 왕국의 열왕은 하나님을 버리고 우상을 숭배함으로 나라를 이방인의 손에 넘겨주었다.

(3) 이해를 위한 질문

1) 북 이스라엘의 멸망

a. 하나님께서 여로보암을 왕으로 택하시고 그에 말씀을 주신 이유는 무엇인가(왕상 11:38).

b. 여로보암이 우상을 만들어 산당에 둔 이유는 무엇인가(왕상 12: 27).

c. 북 이스라엘에 레위 자손 제사장이 없는 이유는 무엇인가(왕상 12:31).

d. 아합이 바알신과 아세라 신을 섬긴 원인은 무엇인가(왕상 16:31).

e. 북 이스라엘이 우상숭배에서 벗어나지 못한 이유는 무엇인가(대상 11:14,15).

f. 선지자 엘리야가 왕과 백성들 앞에서 행한 이적이 증거하는 것은 무엇인가(왕상 18:21).

g. 북 이스라엘의 역사가 선지자의 사역을 중심으로 기록된 이유는 무엇인가.

2) 남 유다의 멸망

a. 이스라엘 백성이 성전을 향하여 기도할 때 하나님께서 그 기도를 들으신 이유는 무엇인가(왕상 8:29,30; 9:3).

b. 제사장을 중심으로 성전의 제사를 회복하였을 때, 남 유다가 강성하게 된 이유는 무엇인가(대하 11:17).

c. 북 이스라엘이 하나님을 버리고 우상을 숭배한 이유는 무엇인가(대하 12:1).

d. 여호사밧이 전쟁에서 승리한 이유는 무엇인가(대하 20:3,4).

e. 히스기야가 거의 멸망하기 직전까지 이른 나라를 이어받아 강한 나라로 만든 원인은 무엇인가(대하 29:2~5).

f. 남 유다의 역사가 제사장의 사역을 중심으로 기록된 이유는 무엇인가.

3. 이스라엘의 멸망원인을 통하여 계시된 그리스도와 믿음

(1) 악한 영들과 이방인의 미혹

1) 이스라엘 백성과 이방인의 관계는 악한 영들과 인류의 관계를 모형으로 보여준다. 사단의 미혹과 아담의 타락은 이스라엘 백성과 이방인의 관계를 통하여 모형으로 계시되었다. 이스라엘 백성은 하나님의 말씀을 받았지만, 이방인은 받지 못하였다. 사단의 속성은 하나님의 말씀을 대적하는 것이다. 사단은 하나님의 말씀을 받지 못하였으므로 하나님을 대적할 수 없다. 사단이 하나님을 대적하는 유일한 길은 하나님의 말씀을 받은 이스라엘 백성을 통하여 말씀을 대적하는 것이다. 사단은 이방인을 이용하여 이스라엘 백성을 미혹하여 우상을 숭배하게 하였다.

2) 하나님은 이스라엘 백성과 이방인의 관계를 통하여 장차 오실 그리스도께서 악한 영들을 심판하실 것을 모형으로 보여주셨다. 하나님께서 우상을 숭배한 이스라엘 백성을

심판하셨다. 이스라엘 백성의 죄는 그들이 이방인에게 미혹을 받았다는 증거이다. 이방인의 죄는 그들이 하나님의 백성을 미혹하여 범죄하게 하였다는 증거이다. 이방인은 하나님의 말씀을 받지 못하였으므로 말씀에 의하여 심판을 받지 아니하고 하나님의 백성을 대적하였다는 죄로 심판을 받았다. 악한 영들과 이방인과의 관계를 살펴보자.

3) 아담을 미혹하여 선악과 계명을 대적하게 한 사단은 인류를 지배하는 세상 임금이 되었다. 마귀는 사람을 통하여 세상의 문명과 문화를 지배하는 명실상부한 권세자이다. 아담은 하나님으로부터 땅을 정복하고 모든 생물을 다스리는 권세를 받았지만 타락함으로 이 모든 것을 마귀에게 넘겨주었다. 마귀는 사람의 생각과 마음, 말과 행위를 지배한다. 사람이 건설한 문명과 문화, 학문과 사상 등 모든 것은 하나님을 대적하는 마귀의 수단으로 사용되고 있다. 마귀는 세상의 권세와 영광으로 그리스도를 미혹하려고 하였다. **"마귀가 또 예수를 이끌고 올라가서 순식간에 천하 만국을 보이며 가로되 이 모든 권세와 그 영광을 내가 네게 주리라 이것은 내게 넘겨준 것이므로 나의 원하는 자에게 주노라"** (눅 4:6). 예수 그리스도께서 마귀의 주장을 반박하지 아니하셨다. 이것은 마귀의 말이 사실이라는 것을 증명한다.

4) 마귀는 이방인을 지배할 수 있었지만 이스라엘 백성을 지배하지 못하였다. 그 이유는 이스라엘 백성이 하나님의 백성으로 택함을 받았기 때문이다. 하나님은 유월절 어린 양의 피로써 이스라엘 백성의 죄를 대속하고 그들을 애굽에서 인도하여 내셨다. 따라서 마귀는 이스라엘 백성을 지배할 수 없었다. 아담이 타락한 이후 마귀는 죄인만을 지배할 권세를 받았다. 하나님께서 이스라엘 백성을 거룩하게 구별하고 자기의 백성으로 삼으셨으므로 그들은 마귀의 권세 밖에 있었다. 애굽에서 나와서 바로의 권세로부터 자유한 이스라엘 백성은 마귀의 지배를 벗어났다는 것을 의미한다. 하나님께서 마귀의 지배 아래 있는 자들을 자기의 백성으로 삼으실 수 없으므로 이스라엘 백성의 죄를 유월절 어린 양의 피로써 대속하셨다.

5) 이스라엘 백성은 거룩하게 구별된 하나님의 소유이다. **"세계가 다 내게 속하였나니 너희가 내 말을 잘 듣고 내 언약을 지키면 너희는 열국 중에서 내 소유가 되겠고"** (출 19:5). 이스라엘은 하나님의 소유가 되었으므로 하나님의 율법을 순종하여야 한다. 그러

나 이방인은 하나님의 소유가 아니므로 율법을 순종할 의무가 없다. 이스라엘 백성이 율법을 불순종한다면 하나님의 심판을 받을 것이다. 그러나 이방인은 율법을 불순종하지 아니할지라도 형벌을 받지 아니할 것이다. 따라서 마귀는 율법을 받은 이스라엘 백성을 통하여 하나님을 대적하려고 하였다. 그러나 마귀는 하나님의 소유인 이스라엘 백성을 지배할 수 없었다. 따라서 마귀가 할 수 있는 것은 이방인을 통하여 이스라엘 백성을 미혹하는 것이다.

6) 마귀는 이스라엘 백성을 미혹하여 이방여자를 아내로 취하게 하였다. 하나님은 이스라엘 백성에게 이방인과의 결혼을 금하셨다. 그 이유는 이스라엘 백성과 이방인의 문화가 서로 다르기 때문이다. 이스라엘 백성은 하나님의 백성으로서 율법을 순종함으로 하나님의 영광을 위하여 일하는 자들이고, 이방인은 마귀의 지배 아래서 하나님을 대적하는 자들이다. 이스라엘 백성과 이방인은 육체적으로 비슷한 외모를 가지고 있지만 영적으로는 원수지간이다. 이스라엘 백성은 하나님께 속한 자들이고 이방인은 마귀에게 속한 자들이다. 물과 기름이 서로 섞이기 아니하는 것과 같이 이스라엘 백성과 이방인은 서로 화합할 수 없다. 따라서 하나님은 이스라엘 백성에게 가나안 거민을 불쌍히 여기지 말고 진멸하라고 명령하셨다. **"네 하나님 여호와께서 그들을 네게 붙여 너로 치게 하시리니 그 때에 너는 그들을 진멸할 것이라 그들과 무슨 언약도 말 것이요 그들을 불쌍히 여기지도 말 것이며"** (신 7:2).

7) 이스라엘 백성은 하나님의 말씀을 버리고 이방여자를 아내로 맞이하였다. 남자와 여자는 결혼으로 한 몸이 되므로 이스라엘 백성과 이방인이 한 몸이 되었다. 하나님을 섬기는 이스라엘 백성의 육체에는 하나님의 이름이 새겨졌지만, 우상을 섬기는 이방인의 육체에는 우상의 흔적이 있다. 이스라엘 백성이 이방인과 결혼하여 한 몸이 되었을 때, 이스라엘 백성의 육체에 우상의 흔적이 새겨졌다. 우상을 숭배하지 아니하는 남자가 우상을 숭배하는 여자와 결혼하면 남자의 육체에 우상의 흔적이 새겨진다. 창기와 합하는 남자의 육체는 창기와 한 몸이 되기 때문이다(고전 6:16). 따라서 이스라엘 백성이 이방여자와 결혼하였을 때 우상숭배에 빠지게 되었다. **"그들의 딸들을 취하여 아내를 삼으며 자기 딸들을 그들의 아들에게 주며 또 그들의 신들을 섬겼더라"** (삿 3:6). 이스라엘

백성이 우상을 숭배함으로 하나님의 계명으로부터 벗어났을 때 그들은 하나님의 종이 아니라 우상의 종이 되었다. 그들의 육체에 새겨진 우상의 흔적으로부터 나오는 생각이 그들을 지배하였다.

8) 가나안 땅에 정착한 뒤에 이스라엘 백성은 하나님의 말씀을 버리고 이방여자를 취하여 아내로 삼았다. 이방여자들이 이스라엘 백성을 미혹하였을 때, 이스라엘 백성은 그들의 육체에 새겨진 우상의 흔적 때문에 아내의 미혹을 거절할 수 없었으므로 우상숭배에 빠지게 되었다. 하나님은 우상을 숭배하는 백성을 이방인의 종이 되게 하셨다. 이것은 사단과 아담의 관계를 모형으로 보여준다. 마귀는 하나님의 말씀을 받은 이스라엘 백성을 미혹하여 이방여자를 취하여 아내로 삼게 하였고 이방여자들은 남편들을 미혹하여 우상을 숭배하게 하였다. 하나님은 율법대로 이스라엘을 심판하셨다. 이방인은 율법을 받지 못하였지만 하나님의 백성을 미혹하여 범죄하게 하고 그들을 종으로 삼아 핍박하였다는 죄로 심판을 받았다.

9) 이스라엘 백성이 율법을 통하여 자신의 죄를 깨닫고 장차 오실 그리스도를 믿음으로 의롭다함을 받았을 때, 그들은 마귀의 권세 밖에 있었다. 그러나 그들이 이방인의 미혹에 빠져서 우상을 숭배하였을 때, 그들은 마귀의 지배 아래 들어갔다. 이방인이 이스라엘 백성을 지배하는 것은 이스라엘 백성이 마귀의 권세 아래 있다는 것을 모형으로 보여준다. 이스라엘 백성이 가나안 땅에 정착한 이후 하나님의 통치 아래 있다가 마귀의 지배 아래로 들어갔다. 그들은 믿음으로 마귀의 지배에서 벗어나 하나님의 주권 아래로 돌아왔다. 이러한 과정이 반복되었다.

10) 이스라엘이 우상숭배로 인하여 심판을 받은 것은 그들이 이방인에게 미혹을 받았다는 증거이다. 이방인이 심판을 받은 것은 그들이 하나님의 백성을 미혹하고 핍박하였다는 증거이다. 이방인이 이스라엘 백성을 미혹한 것은 그들이 마귀의 지배 아래 있다는 증거이다. 마귀는 이방인을 통하여 하나님의 백성을 미혹하여 우상을 숭배하게 하였다. 이러한 관점에서 볼 때, 이스라엘 백성의 죄는 마귀의 악한 생각을 반영한다. 아담으로 하여금 선악과 계명을 대적하게 한 사단의 악한 생각이 이스라엘 백성의 다양한 죄의 형태로 나타났다. 하나님께서 이스라엘 백성과 이방인을 심판한 것은 장차 오실 그리스도를 통하

여 마귀를 심판하실 것을 모형으로 보여준다고 말할 수 있다.

(2) 이스라엘의 타락과 영적 전쟁

1) 이스라엘과 이방인과의 관계를 통하여 보여주는 영적전쟁을 이해하려면 하나님의 나라와 음부의 관계를 알아야 한다. 하나님의 나라는 하나님의 말씀이 통치하는 영역이다. 음부란 사단이 영원한 결박으로 갇힌 공간으로 우주를 의미하며 마귀의 인격이 지배하는 영역을 의미한다고 말할 수 있다. 우주는 빛이 창조되기 전에 흑암으로 창조되었다. 흑암이란 영적으로 하나님의 영광이 없는 것을 의미하며 사망과 같은 의미로 사용되고 있다. 가나안 땅에 정착한 이스라엘 백성은 하나님의 말씀이 통치하는 영역이므로 하나님의 나라를 의미한다고 말할 수 있다. 이방인은 마귀가 통치하는 영역으로 음부라고 말할 수 있을 것이다. 가나안 땅은 하나님의 나라와 음부의 권세가 충돌하는 전쟁터가 되었다.

2) 우주는 흑암으로 창조되었다. **"땅이 혼돈하고 공허하며 흑암이 깊음 위에 있고 하나님의 신은 수면에 운행하시니라"** (창 1:2). 하나님께서 타락한 천사들을 영원한 결박으로 흑암에 가두셨다. **"또 자기 지위를 지키지 아니하고 자기 처소를 떠난 천사들을 큰 날의 심판까지 영원한 결박으로 흑암에 가두셨으며"** (유 1:6). 타락한 천사들이 갇힌 장소는 흑암이며 음부이다. **"그러나 이제 네가 음부 곧 구덩이의 맨밑에 빠치우리로다"** (사 14:15). 흑암의 권세를 잡은 자, 음부의 권세를 잡은 자는 마귀이다. **"그가 우리를 흑암의 권세에서 건져내사 그의 사랑의 아들의 나라로 옮기셨으니"** (골 1:13). **"하나님은 나를 영접하시리니 이러므로 내 영혼을 음부의 권세에서 구속하시리로다(셀라)"** (시 49:15).

3) 아담이 타락한 이후 마귀는 사람의 인격을 지배하며 모든 문명과 문화를 지배하는 자이다. 마귀는 죄인의 인격을 지배하여 범죄하게 하여 사망에 이르게 함으로, 사망과 음부와 흑암은 동일한 의미로 사용된다. 그리스도께서 마귀에게 시험을 받으신 뒤에 처음으로 천국복음을 전파하실 때 세상은 흑암과 사망 가운데 있었다고 성경은 말씀한다. **"흑암에 앉은 백성이 큰 빛을 보았고 사망의 땅과 그늘에 앉은 자들에게 빛이 비취었도다 하였느니라"** (마 4:16). "흑암에 앉은 백성," "사망의 땅과 그늘에 앉은 자"란 동일한

의미이다. 곧 마귀가 지배하는 영역은 흑암이며 음부이며 사망이란 의미이다. 인류가 살아가는 우주 안에서 마귀가 활동하고 있다. 따라서 우주 전체를 음부, 곧 흑암이라고 말할 수 있다.104)

 4) 이스라엘 백성과 이방인과의 관계를 살펴보자. 가나안 땅에 정착한 이스라엘 백성은 광야 교회로서 장차 오실 그리스도의 피 위에 세워진 교회이다. 하나님의 말씀이 그들을 통치하며, 그들은 동일한 믿음으로 하나님을 섬긴다. 이에 반하여 이방인은 마귀의 지배 아래 있으며 육체의 정욕에 따라서 살아가는 세상을 의미한다. 세상이란 육신의 정욕이 지배하는 자들의 회중이다. **"이는 세상에 있는 모든 것이 육신의 정욕과 안목의 정욕과 이생의 자랑이니 다 아버지께로 좇아 온 것이 아니요 세상으로 좇아 온 것이라"** (요일 2:16). 하나님의 나라와 음부는 서로 화합할 수 없다. **"너희는 믿지 않는 자와 멍에를 같이 하지 말라 의와 불법이 어찌 함께하며 빛과 어두움이 어찌 사귀며 그리스도와 벨리알이 어찌 조화되며 믿는 자와 믿지 않는 자가 어찌 상관하며"** (고후 6:14,15). 따라서 하나님은 이스라엘 백성에게 이방인을 진멸하라고 명령하셨다(신 7:2).

 5) 가나안 땅을 정복할 때, 이스라엘 백성은 하나님의 말씀을 버리고 그 거민과 언약을 맺고 그들을 살려주었다. 가나안 땅에 이스라엘 백성과 이방인이 함께 살아가게 되었다. 이스라엘은 율법으로 하나님을 섬기는 자들이고, 이방인은 마귀의 지배 아래서 우상을 섬기는 자들이다. 따라서 가나안 땅에서 영적전쟁이 시작되었다. 이스라엘 백성은 율법과 장차 오실 그리스도에 대한 믿음으로 무장하고 있으며, 이방인은 우상과 음행으로 무장하고 있다. 이스라엘은 율법과 믿음으로 무장하려면 육체의 쾌락을 절제하여야 한다. 특히 마음속에서 우러나는 탐욕을 절제하여야 한다. 이에 반하여 이방인은 육체의 쾌락이란 무기로 이스라엘 백성을 공격하고 있다.

 6) 이스라엘 백성이 가나안 땅에 정착한 이후, 이방인은 육체의 쾌락인 음행으로 이스라엘 백성을 미혹하였다. 이스라엘 백성은 이방여자를 취하여 아내로 삼았다. 하나님은 이스라엘 백성과 이방인의 결혼을 금하셨으므로 그들의 성관계는 하나님 앞에서 음행이다. 이스라엘 백성의 음행은 그들의 무장인 율법과 믿음을 해제하였다. 이방인은 우상과 음행

---

104) 졸저, 상게서, 7.4.1.(1) 참조

으로 무장하고 있지만 이스라엘은 율법과 믿음을 버리고 완전히 무장을 해제한 상태가 되었다. 이스라엘 백성은 속수무책으로 우상숭배에 빠지게 되었으며 이방인과의 전쟁에 패하였다. 곧 음부의 권세인 이방인이 하나님의 나라인 이스라엘 백성을 완전히 정복하였다. 이스라엘 백성이 이방인의 박해 속에서 그들의 죄를 회개하고 하나님께로 돌아왔을 때, 곧 그들이 다시 율법과 믿음으로 무장하였을 때, 하나님은 자기의 백성을 이방인의 손에서 벗어나게 하셨다. 사사시대는 이러한 과정이 반복되는 것을 보여준다.

7) 이스라엘 백성이 영적 싸움에서 완전히 승리한 시기는 다윗이 왕으로 재직할 때이다. 다윗은 율법으로 항상 자신이 죄인임을 깨닫고 회개하는 마음으로 나라를 다스렸다. 그는 한때 육체의 쾌락으로 무장한 마귀의 미혹에 넘어가 간음하고 살인하였지만 이로 인하여 육체의 연약함을 깨닫고 겸손히 의와 공의로 나라를 다스렸다. 그는 율법과 장차 오실 그리스도에 대한 믿음으로 무장하였으므로 모든 이방인과의 전쟁에서 승리하였다(삼하 8:14). 그러나 다윗의 뒤를 이은 왕들은 율법과 믿음을 버렸으므로 이방인과의 전쟁에서 패하여 나라를 이방인의 손에 넘겨주었다. 솔로몬은 젊은 시절 다윗을 본받아 율법과 지혜로 나라를 다스렸지만 노년에 이방여자들의 미혹에 빠져서 우상을 숭배하였다.

8) 이스라엘 백성과 이방인의 관계는 하나님의 나라와 음부의 권세 간의 영적전쟁을 모형으로 보여준다. 전쟁의 승패는 사람의 의지와 무관하게 하나님의 뜻에 의하여 좌우되었다. 이것을 알고 있던 다윗은 모든 전쟁의 승패를 하나님께 맡기고 싸움에 임하였다. 다윗과 골리앗의 싸움에서 다윗이 승리한 것은 전쟁의 승패가 하나님께 속한 것임을 보여준다. 골리앗은 모든 전쟁에서 승리한 역전의 용사였고 다윗은 목동이었다. 골리앗은 자신의 능력과 무기만 믿고 싸움에 임하였지만, 다윗은 하나님의 이름으로 임하였다. **"다윗이 블레셋 사람에게 이르되 너는 칼과 창과 단창으로 내게 오거니와 나는 만군의 여호와의 이름 곧 네가 모욕하는 이스라엘 군대의 하나님의 이름으로 네게 가노라"** (삼상 17:45). 다윗의 믿음대로 하나님은 골리앗을 다윗의 손에 붙이셨다. 다윗은 이스라엘의 통치자가 된 이후 이방인과 많은 전쟁을 하였다. 그는 모든 전쟁의 승패를 하나님의 손에 맡겼고 하나님은 그를 모든 전쟁에서 이기게 하셨다.[105] 다윗의 믿음은 이스라엘 백성의 믿음을

---

105) 다윗은 이방인과의 전쟁뿐만 아니라 자기를 대적하는 자와의 관계도 영적전쟁으로 보았다.

대표한다. 그는 장차 오실 그리스도를 믿었다(마 22:43).

9) 이스라엘 백성은 하나님의 백성으로서 하나님의 사랑을 받은 자들이다. 이스라엘 백성의 회중은 장차 오실 그리스도의 피 위에 세워진 광야 교회이다. 광야 교회가 우상과 음행을 앞세운 이방여자 앞에서 힘없이 무너졌다. 하나님은 광야 교회를 일으켜 세우려고 하셨지만, 교회는 스스로 음행과 우상숭배에 빠져서 무너졌다. 하나님은 많은 선지자들을 보내셔서 이스라엘 백성에게 우상을 버리고 하나님께로 돌아오라고 권고하셨지만, 그들은 듣지 아니하였다. 예루살렘 성은 점령되었고 성전은 파괴되었으며 백성은 포로가 되어 바벨론으로 끌려갔다. 이스라엘이란 나라는 역사의 뒤안길로 사라졌다.

10) 이스라엘이 우상숭배로 완전히 멸망한 것은 아담의 타락 이후 온 인류가 마귀의 지배 아래서 하나님의 말씀을 순종할 수 없다는 것을 모형으로 보여준다. 광야 교회가 믿고 사모한 그리스도께서 오셔서 마귀를 심판하고 인류의 죄를 대속하신 뒤에 자기의 교회를 세우셨다. 지금은 그리스도의 교회가 마귀의 미혹에 직면하고 있다. 마귀는 종교다원주의란 명분 아래 교회로 하여금 그리스도의 피에 의한 구원에 대한 믿음을 버리게 한다. 마귀는 인권이란 명분을 앞세워 육체의 쾌락으로 무장한 동성애로 교회를 미혹한다. 음부의 권세가 입을 벌리고 있으며, 종교다원주의와 동성애는 교회를 음부의 입으로 몰아넣고 있다. 성경의 예언의 말씀이 성취되고 있다. **"내가 너희에게 이르노니 속히 그 원한을 풀어 주시리라 그러나 인자가 올 때에 세상에서 믿음을 보겠느냐 하시니라"**(눅 18:8).

다윗은 자기를 미워하고 대적하는 자들로 인하여 많은 고난을 당하였다. 다윗은 자기를 대적하는 자들과의 관계를 영적전쟁으로 보고 그들에 대한 심판을 하나님께 맡겼다. 다윗은 자기를 대적하는 자와 자신의 싸움의 승패를 결정하실 분은 하나님이심을 알았다. 따라서 다윗은 자기를 대적하는 자와 직접 싸우지 아니하고 하나님의 판단에 맡기고 기도하였다. 다윗은 그를 대적하는 자로 인하여 괴로워하였다. "내 눈이 근심을 인하여 쇠하며 내 모든 대적을 인하여 어두웠나이다"(시 6:7). "두렵건대 나의 원수가 이르기를 내가 저를 이기었다 할까 하오며 내가 요동될 때에 나의 대적들이 기뻐할까 하나이다"(시 13:4). 다윗은 대적을 하나님의 손에 맡기고 자신은 평안을 얻었다. "나의 대적, 나의 원수된 행악자가 내 살을 먹으려고 내게로 왔다가 실족하여 넘어졌도다"(시 27:2). "나를 대적하는 자 많더니 나를 치는 전쟁에서 저가 내 생명을 구속하사 평안하게 하셨도다"(시 55:18).

(3) 왕과 제사장의 타락의 원인

1) 이스라엘 백성의 타락에 대한 책임은 일차적으로 왕과 제사장에게 있다. 절대군주 시대에 왕은 원하는 만큼 아내를 둘 수 있었다. 따라서 왕에게 음행은 중요한 미혹의 수단이 되지 못하였다. 대부분의 왕들은 정치적인 목적으로 이방여자를 아내로 취하고 우상을 숭배하였다. 제사장은 율법을 가르치는 직분을 버리고 종교 의식으로 제사를 드림으로 성전을 더럽히고 하나님의 이름을 멸시하였다. 왕과 제사장의 타락이 어울려져서 이스라엘 백성을 우상숭배의 도가니로 몰아넣었다.

2) 왕은 하나님의 백성을 율법으로 이끌어갈 책임이 있다. 이스라엘 백성은 왕의 백성이 아니라 하나님의 백성이다. 왕은 하나님의 대리자이며 국민을 자기의 마음대로 통치할 권한이 없다. 이스라엘 백성을 하나님의 백성으로 유지하게 하는 것이 왕에게 주어진 직분이다. 만약 왕이 하나님의 백성을 자기의 백성으로 만드는 것은 하나님의 것을 도적질하는 것이다. 왕이 율법을 버리고 자기의 생각대로 나라를 다스리는 것은 하나님의 백성을 자신의 백성으로 도적질하는 것이다. 하나님께서 원하는 자를 택하여 이스라엘 왕으로 세우신 것은 이러한 이유이다.

3) 하나님은 자기의 백성을 다스리는 분이시다. 하나님은 나라를 강하게 하시고 약하게 하신다. 나라의 운명이 하나님의 뜻에 좌우된다는 것을 망각한 왕들은 정치적인 목적으로 이방여자를 아내로 삼았고 이것이 우상숭배로 이어졌다. 사울은 하나님의 백성을 통치하는 왕으로서 하나님의 말씀을 버렸다. 사울은 정치적인 목적으로 제사장을 대신하여 번제를 드리고 아말렉 왕의 목숨을 살려주었다. 사울은 자신의 왕권을 유지하기 위하여 다윗을 죽이려고 하였다. 이것이 죄가 되어 사울은 이스라엘의 초대 왕으로서 후대에 좋은 왕으로서 이름을 남기지 못하고 스스로 목숨을 끊었다.

4) 다윗은 원하는 여자를 아내로 취할 수 있었으나 타인의 아내를 취함으로 간음을 하였다. 이것이 그를 겸손하게 하는 계기가 되었을 것이다. 다윗은 일생동안 밧세바를 볼 때마다 이것이 그의 양심을 자극하였고 항상 죄인의 심정으로 나라를 다스렸다. 다윗은 자신의 신분을 알고 하나님의 대리자로서 나라를 의와 공의로 통치하였다. 다윗시대에 이스라엘 백성은 하나님의 백성으로서 그 정체성을 유지하였다. 하나님의 백성은 이방인

보다 강하여 모든 전쟁에서 승리할 뿐만 아니라 열국으로부터 높임을 받았다. 따라서 다윗은 오늘날까지 이스라엘에게 칭송을 받고 있는 것은 이러한 이유이다.

  5) 솔로몬은 정치적인 이유로 많은 이방여자를 아내로 취하였다. 그는 애굽과 관계개선을 위하여 바로의 딸을 아내로 맞이하였다(왕상 3:1). 이후 솔로몬은 많은 이방여자를 아내로 취하였다. 솔로몬과 혼인의 관계를 맺은 나라가 이스라엘을 지켜주지 못하고 나라는 하나님의 뜻대로 두 나라로 갈라지게 되었다. 하나님은 여로보암을 택하여 북 이스라엘의 왕으로 삼으신 뒤에 국가의 흥망성쇠가 자기의 손에 달린 것을 알리셨다. **"네가 만일 내가 명한 모든 일에 순종하고 내 길로 행하며 내 눈에 합당한 일을 하며 내 종 다윗의 행함 같이 내 율례와 명령을 지키면 내가 너와 함께 있어 내가 다윗을 위하여 세운 것 같이 너를 위하여 견고한 집을 세우고 이스라엘을 네게 주리라"** (왕상 11:38). 그러나 여로보암은 정치적인 목적으로 우상을 만들고 아론 후손의 제사장의 직분을 폐하였다. 여로보암은 하나님의 백성을 우상의 백성으로 만들었다. 이것이 북 이스라엘을 멸망으로 인도하는 길을 열어놓았다.

  6) 아합은 정치적인 목적으로 시돈 사람의 왕, 엣바알의 딸 이세벨을 아내로 취하였다. 이로 인하여 이방신이 북 이스라엘에 들어오는 계기가 되었다. 남 유다 왕 여호사밧의 아들 여호람은 정치적인 목적으로 아합의 딸 아달랴를 아내로 맞이하였다. 여호람은 아내에게 미혹을 받아 백성들로 하여금 우상을 섬기게 하였고(대하 21:11) 그 결과 저주를 받아 고치지 못할 병으로 죽었다. 여호람의 뒤를 이은 아하시야도 아달랴의 미혹을 받아 우상을 숭배하였다. 남 유다의 왕 아마샤는 세일 자손과의 전쟁에 승리한 뒤에 정치적인 목적으로 그 곳의 우상을 가져다가 하나님의 전에 두고 섬겼다(대하 25:14). 그 결과 아마샤는 북 이스라엘과의 전쟁에서 패하였고 신하들의 모반으로 죽임을 당하였다(대하 25:27). 남 유다 왕 웃시아는 자신의 정치적인 지위를 공고히 하기 위하여 제사장의 직분을 침해하고 성전에 들어가 분향하였다(대하 26:16). 그는 하나님의 저주를 받아 문둥병 환자가 되었다. 히스기야의 뒤를 이은 므낫세는 성전에 우상을 세우고 아들을 제물로 드리고 신접한 자에게 국가의 운명을 상의하는 죄를 범하였다. 이로써 남 유다는 돌아올 수 없는 멸망의 다리를 건너게 되었다.

7) 왕은 정치적인 목적으로 이방여자를 아내로 취하고 우상을 숭배하므로 전 국민을 우상숭배에 빠지게 하는 계기를 마련하였다. 이와 보조를 같이 하여 제사장은 성전에서 드리는 제사를 폐하였다. 왕이 율법을 버리고 우상을 숭배하였을 때, 제사장은 왕에게 하나님의 심판을 선포하여야 하였다. 그들은 재판장으로 택하심을 받았기 때문이다. 사무엘은 제사장으로서 하나님을 대신하여 사울에게 심판을 선고하였다. **"사무엘이 사울에게 이르되 왕이 망령되이 행하였도다 왕이 왕의 하나님 여호와께서 왕에게 명하신 명령을 지키지 아니하였도다 그리하였더면 여호와께서 이스라엘 위에 왕의 나라를 영영히 세우셨을 것이어늘"** (삼상 13:13). **"이는 거역하는 것은 사술의 죄와 같고 완고한 것은 사신 우상에게 절하는 죄와 같음이라 왕이 여호와의 말씀을 버렸으므로 여호와께서도 왕을 버려 왕이 되지 못하게 하셨나이다"** (삼상 15:23). 제사장 아사랴는 성전에서 분향하려는 웃시아에게 하나님의 말씀을 선포하였다. **"웃시야왕을 막아 가로되 웃시야여 여호와께 분향하는 일이 왕의 할바가 아니요 오직 분향하기 위하여 구별함을 받은 아론의 자손 제사장의 할바니 성소에서 나가소서 왕이 범죄하였으니 하나님 여호와께 영광을 얻지 못하리이다"** (대하 26:18). 그러나 대부분의 제사장들은 목숨을 부지하기 위하여 그들의 직분을 버렸다.

8) 왕이 정치적 목적으로 이방여자를 아내로 취하고 우상을 숭배하였을 때, 제사장들도 타락하여 성전과 제사를 더럽혔으며 율법으로 백성들을 재판하지 아니하였다. 성전의 제사는 율법에 의하여 정죄 받은 죄를 속하기 위하여 드려져야 하지만 제사장들은 우상을 숭배하는 백성을 위하여 제사를 드렸다. 또한 제사장들은 율법을 알지 못함으로 선과 악을 분별하지 못하고 재판하였다. **"그 제사장들은 내 율법을 범하였으며 나의 성물을 더럽혔으며 거룩함과 속된 것을 분변치 아니하였으며 부정함과 정한 것을 사람으로 분변하게 하지 아니하였으며 그 눈을 가리워 나의 안식일을 보지 아니하였으므로 내가 그 가운데서 더럽힘을 받았느니라"** (겔 22:26). 제사장은 하나님의 영광이 아니라 재물을 얻기 위하여 일하였다. **"그 두령은 뇌물을 위하여 재판하며 그 제사장은 삯을 위하여 교훈하며 그 선지자는 돈을 위하여 점치면서 오히려 여호와를 의뢰하여 이르기를 여호와께서 우리 중에 계시지 아니하냐 재앙이 우리에게 임하지 아니하리라 하는도다"** (미

3:11).

9) 왕과 제사장과 백성이 모두 타락하여 우상을 숭배하였다. 왕은 정치적인 목적으로 우상을 숭배하였고, 제사장은 재물을 얻기 위하여 제사를 더럽혔으며, 백성들은 육체의 쾌락을 위하여 이방여자를 아내로 취하였다. 성경은 왕과 제사장으로부터 일반 백성까지 모두 타락하였다고 말씀한다. "**백성과 제사장이 일반일 것이며 종과 상전이 일반일 것이며 비자와 가모가 일반일 것이며 사는 자와 파는 자가 일반일 것이며 채급하는 자와 채용하는 자가 일반일 것이며 이자를 받는 자와 이자를 내는 자가 일반일 것이라**" (사 24:2). "장차는 백성이나 제사장이나 일반이라 내가 그 소행대로 벌하며 그 소위대로 갚으리라" (호 4:9).

10) 이스라엘 백성의 타락은 인류가 마귀의 미혹에서 벗어날 수 없다는 것을 모형으로 보여준다. 마귀는 정치권력을 통하여 왕을 미혹하였다. 왕은 나라의 흥망성쇠가 하나님의 뜻에 달린 것을 알지 못하고 자기의 생각으로 국가를 부흥시키려고 하였다. 그 결과는 우상숭배로 나라를 멸망의 구덩이로 몰아넣었다. 마귀는 제사장을 미혹하여 성전의 제사를 더럽히게 하였다. 제사장은 율법을 알지 못하고 종교 의식으로 제사를 드림으로 하나님의 이름을 더럽혔다. 마귀는 일반 백성을 미혹하여 이방여자를 아내로 취하게 하므로 백성들이 우상숭배에 빠지게 하였다. 지금도 마귀는 정치인들을 미혹하여 종교다원주의와 동성애를 합법화하므로 교회가 붕괴하는 기반을 조성하고 있다. 마귀의 미혹을 받은 목회자들은 진보란 미명 아래 동성애를 지지하고 있다. 교회는 급속하게 무너지고 있다.

(4) 이해를 위한 질문

1) 악한 영들과 이방인의 미혹

a. 마귀가 세상의 임금이 된 이유는 무엇인가(요일 3:8).

b. 이스라엘 백성과 이방인의 관계가 영적전쟁을 모형으로 보여주는 이유는 무엇인가.

c. 마귀는 무엇으로 이스라엘 백성을 미혹하였나(삿 3:6).

d. 이스라엘 백성과 이방인의 결혼을 음행이라고 보는 이유는 무엇인가(신 7:3,4).

e. 이스라엘 백성과 이방인이 받은 심판이 마귀를 심판하실 그리스도를 모형으로

보여주는 이유는 무엇인가.

  2) 이스라엘의 타락과 영적 전쟁

    a. 음부와 흑암은 구체적으로 어디를 의미하는가.

    b. 음부의 권세를 잡은 자가 활동하는 모든 영역을 음부라고 한다. 음부의 권세란 무엇을 의미하는가(요 12:31).

    c. 가나안 땅에 정착한 이스라엘 백성은 하나님의 나라를, 이방인은 음부를 모형으로 보여주는 이유는 무엇인가.

    d. 마귀가 이스라엘 백성을 미혹한 수단은 무엇인가(민 25:1).

    e. 하나님께서 이스라엘 백성에게 요구하신 믿음은 무엇인가(마 22:43).

  3) 왕과 제사장의 타락의 원인

    a. 이스라엘 왕이 하나님께로부터 받은 사명은 무엇인가.

    b. 이스라엘 왕들이 이방여자를 아내로 취하고 우상을 숭배한 원인은 무엇인가.

    c. 어떻게 왕들은 하나님의 백성을 자신의 백성으로 도적질하였는가.

    d. 어떻게 제사장들은 타락하였는가.

4. 모형과 그림자를 통하여 계시된 그리스도와 믿음

(1) 그리스도를 잉태한 이스라엘 백성

  1) 남자와 여자의 관계는 하나님과 사람의 관계를 모형으로 보여준다. 남자는 부모를 떠나서 여자와 합하여 한 몸이 되고 자녀를 생산한다. 남편은 법을 세우는 자이며, 여자는 남편의 법에 순종하는 자이다. 하나님은 이스라엘 백성을 아내로 부르셨다. 하나님은 법을 세우셨으며, 이스라엘 백성은 그 법을 순종하여야 하는 자들이다. 그들이 하나님의 법을 순종할 때 생명을 잉태하였지만, 하나님을 버리고 우상을 숭배할 때 사망을 잉태하였다.

  2) 하나님은 아담에게 선악과 계명을 주셨고 그는 그 계명을 하와에게 주었다. 아담이 선악과 계명을 순종하는 것은 하나님을 남편으로 섬기는 것이다. 하와가 그 계명을 순종

하는 것은 아담을 남편으로 섬기는 것이다. 하와가 선악을 알게 하는 나무의 실과를 먹었을 때 하나님의 심판이 임하였다. **"또 여자에게 이르시되 내가 네게 잉태하는 고통을 크게 더하리니 네가 수고하고 자식을 낳을 것이며 너는 남편을 사모하고 남편은 너를 다스릴 것이니라 하시고" (창 3:16).** 이 말씀은 범죄함으로 생명을 잃어버린 인류가 생명을 잉태하기 위하여 고통을 크게 겪는다는 것을 의한다. 아담이 타락한 이후 인류는 생명을 잉태하기 위하여 목숨을 걸고 싸우는 고통을 겪었다.

3) 아담이 타락한 이후 생명을 잃어버린 인류는 장차 오실 그리스도 안에 있는 생명을 믿고 사모하였다. 죄인이 장차 오실 그리스도를 믿는 것은 그리스도를 통하여 주실 생명을 잉태한 것이다. 아벨은 장차 나타날 생명을 잉태하기 위하여 믿음으로 제사를 드렸으나 죽임을 당하였다. 그의 영은 생명을 잉태하였으나, 그의 육체는 죽임을 당하였다. 그리스도께서 인류의 죄를 위하여 피를 흘리실 때 낙원에 있는 그의 영은 생명을 해산하였다. 곧 아벨은 살아있는 동안 생명을 해산하지 못하였으나 그리스도의 죽으심으로 그의 영은 죄로부터 구원이 확정되었으므로 생명을 해산하였다. 에녹과 노아의 영은 생명을 잉태하였으나, 그들의 육체는 죽었다. 그러나 그들의 영은 그리스도로 말미암아 생명을 해산하였다.

4) 아브라함은 그리스도의 언약을 받았다(창 22:17,18). 이 언약은 믿음으로 의롭다 함을 받으면 장차 오실 그리스도 안에 있는 생명을 잉태한다는 것을 의미한다. 장차 오실 그리스도 안에서 아브라함이 잉태한 생명이 이삭에게로, 이삭으로부터 야곱으로 이어졌다. 그들은 장차 그리스도를 통하여 나타날 생명을 잉태하고 죽었으나 그리스도의 죽음으로 생명을 해산하였다. 그들은 약 2,000년 이후에 해산할 생명을 잉태하고 세상으로부터 많은 고난을 받았다. 그리스도 안에 있는 생명을 잉태하는 언약이 야곱으로부터 열두 형제에게 이어졌다. 그들이 애굽에 들어간 뒤에 그 언약을 잃어버리고 우상을 숭배한 자들이 있었다. 우상을 숭배한 자들은 잉태한 생명을 유산하였다. 그러나 하나님은 그들을 버리지 아니하시고 애굽에서 인도하여 내셨다. 우상숭배로 생명을 유산한 자들은 애굽에서 광야로 나온 뒤에 하나님을 시험함으로 죽임을 당하였다.

5) 가나안 땅에 정착한 이스라엘 백성의 역사는 장차 오실 그리스도 안에서 생명을

잉태한 자들이 하나님의 보호를 받는 것과 이를 유산한 자들이 하나님의 심판을 받는 것을 보여준다. 생명을 잉태한 자들을 통하여 그리스도께서 오실 것이므로 하나님은 그들을 보호하셨다. 그러나 생명을 유산한 자들은 생명을 잉태한 자들을 우상숭배로 미혹하였으므로 하나님의 심판을 받았다. 하나님의 심판이 칼과 기근과 온역으로 임하였다. 생명을 잉태한 자들은 세상으로부터 많은 환난을 당하였다. 성경은 그들이 세상으로부터 받는 고난을 이렇게 기록하였다. **"여호와여 잉태한 여인이 산기가 임박하여 구로하며 부르짖음 같이 우리가 주의 앞에 이러하니이다"** (사 26:17). **"내가 오래 동안 고요히 하며 잠잠하여 참았으나 이제는 내가 해산하는 여인 같이 부르짖으리니 숨이 차서 심히 헐떡일 것이라"** (사 42:14). "잉태한 여인, 해산하는 여인"이란 생명을 잉태한 이스라엘 백성을 의미한다. 장차 오실 그리스도를 잉태한 여인이 그리스도를 해산하기 위하여 많은 고통을 당하였다. **"여자들은 자기의 죽은 자를 부활로 받기도 하며 또 어떤 이들은 더 좋은 부활을 얻고자 하여 악형을 받되 구차히 면하지 아니하였으며 또 어떤 이들은 희롱과 채찍질 뿐아니라 결박과 옥에 갇히는 시험도 받았으며 돌로 치는 것과 톱으로 켜는 것과 시험과 칼에 죽는 것을 당하고 양과 염소의 가죽을 입고 유리하여 궁핍과 환난과 학대를 받았으니 (이런 사람은 세상이 감당치 못하도다) 저희가 광야와 산중과 암혈과 토굴에 유리하였느니라"** (히 11:35~38).

6) 우상숭배로 생명을 유산하고 사망을 잉태한 자들은 살아있는 동안 사망을 해산하는 고통을 겪었다. 그들은 이방인의 칼에 죽임을 당하고 이방인의 포로가 되어 노예 생활을 하는 괴로움을 당하였다. 성경은 생명을 유산하고 사망을 잉태한 자들이 사망을 해산하기 위하여 당하는 고통을 이렇게 기록하였다. **"내가 소리를 들은즉 여인의 해산하는 소리 같고 초산하는 자의 고통하는 소리 같으니 이는 딸 시온의 소리라 그가 헐떡이며 그 손을 펴고 이르기를 내게 화 있도다 살륙하는 자를 인하여 나의 심령이 피곤하도다 하는도다"** (렘 4:31). 그들은 생명을 유산하고 사망을 잉태하였으므로 불에 타서 없어질 짚을 해산하였다. **"너희가 겨를 잉태하고 짚을 해산할 것이며 너희의 호흡은 불이 되어 너희를 삼킬 것이며"** (사 33:11). **"공의대로 소송하는 자도 없고 진리대로 판결하는 자도 없으며 허망한 것을 의뢰하며 거짓을 말하며 잔해를 잉태하여 죄악을 생산하며"**

(사 59:4).

7) 하나님은 생명을 잉태한 자의 남편이라고 성경은 말씀한다. **"내가 네게 장가들어 영원히 살되 의와 공변됨과 은총과 긍휼히 여김으로 네게 장가들며 진실함으로 네게 장가들리니 네가 여호와를 알리라"** (호 2:19,20). 이스라엘 백성이 의와 공의의 말씀인 율법으로 자신의 죄를 깨닫고 장차 오실 그리스도를 믿음으로 은혜와 긍휼히 여김을 받으면 생명을 잉태한 하나님의 아내가 된다. 그러므로 하나님은 우상을 버리고 하나님께로 돌아오는 자들을 기뻐하셨다. 하나님은 그들을 기뻐하시고 그들과 결혼하셨다. **"다시는 너를 버림 받은 자라 부르지 아니하며 다시는 네 땅을 황무지라 부르지 아니하고 오직 너를 헵시바라106) 하며 네 땅을 뿔라라107) 하리니 이는 여호와께서 너를 기뻐하실 것이며 네 땅이 결혼한 것처럼 될 것임이라 마치 청년이 처녀와 결혼함 같이 네 아들들이 너를 취하겠고 신랑이 신부를 기뻐함 같이 네 하나님이 너를 기뻐하시리라"** (사 62:4,5). 하나님과 그들 사이에서 생명이 잉태하였다.

8) 하나님과 이스라엘 백성의 관계를 보여주는 것이 수혼제도이다. 유다의 아들 엘은 다말과 결혼하였으나 악을 행하였으므로 아들을 낳지 못하고 죽었다. 엘의 동생 오난은 다말과 결혼하였으나 아들 낳기를 거부하고 피임하였다. 하나님은 아들 낳기를 거절하는 오난을 죽이셨다. 아들을 낳지 못한 다말은 시부인 유다를 유혹하여 아들을 잉태하였다 (창 38:18). 다말은 이스라엘 백성을 모형으로 보여준다. 그들이 우상을 숭배함으로 우상을 남편으로 섬겼을 때 생명을 잉태하지 못하였다. 그러나 그들이 하나님을 남편으로 섬겼을 때 생명을 잉태하였다. 예수 그리스도께서 수가성의 여인을 통하여 이것을 보여주셨다. 예수 그리스도께서 우물가에서 만난 여인은 남편이 다섯 명이 있었으나 아들을 낳지 못하였다. 지금 그 여자와 같이 사는 남편을 통하여도 아들을 낳지 못할 것이다. **"너에게 남편 다섯이 있었고 지금 있는 자도 네 남편이 아니니 네 말이 참되도다"** (요 4:18). 그 여인이 그리스도께 돌아오면 생명을 잉태하고 이를 해산할 것이다. 우물가의 여인은 우상을 숭배함으로 생명을 잉태하지 못하는 이스라엘 백성을 모형으로 보여준다.

---

106) 헵시바(חֶפְצִי־בָהּ)란 나의 기쁨이 그녀의 안에 있다란 의미이다(BDB., p. 343)
107) 뿔라(בְּעוּלָה)란 결혼하다란 뜻이다(BDB., p. 127).

9) 이스라엘의 역사는 장차 오실 그리스도를 잉태한 여자의 모습을 모형으로 보여준다. 룻은 장차 오실 그리스도를 양태하기 위하여 민족을 버리고 고향을 떠나서 가나안 땅으로 들어갔다. 룻은 비록 이방여자로 태어났으나 하나님의 백성이 되어 장차 오실 그리스도를 잉태하기 위하여 하나님을 사모하였다. **"룻이 가로되 나로 어머니를 떠나며 어머니를 따르지 말고 돌아가라 강권하지 마옵소서 어머니께서 가시는 곳에 나도 가고 어머니께서 유숙하시는 곳에서 나도 유숙하겠나이다 어머니의 백성이 나의 백성이 되고 어머니의 하나님이 나의 하나님이 되시리니"** (룻 1:16). 그녀는 보아스를 만나 다윗의 조부인 오벳을 잉태하였다(룻 4:17). 한나는 아들을 잉태하기 위하여 통곡하며 기도하였다. **"서원하여 가로되 만군의 여호와여 만일 주의 여종의 고통을 돌아보시고 나를 생각하시고 주의 여종을 잊지 아니하사 아들을 주시면 내가 그의 평생에 그를 여호와께 드리고 삭도를 그 머리에 대지 아니하겠나이다"** (삼상 1:11). 한나는 하나님의 은혜로 사무엘을 잉태하였다. 룻과 한나의 기도는 하나님의 아내로서 택함을 받은 이스라엘 백성이 장차 오실 그리스도를 잉태하기 위한 몸부림을 모형으로 보여준다고 말할 수 있다.

10) 아담 안에서 자신이 죄인임을 깨닫고 장차 오실 그리스도를 믿는 것은 그리스도 안에 있는 생명을 소유하는 것이다. 그리스도 안에 있는 생명은 아직 나타나지 아니하였고 모형과 그림자로 계시되었다. 아벨로부터 그리스도까지 믿음의 사람들은 아직 나타나지 아니한 그리스도 안에 있는 생명을 그림자와 모형으로 잉태하였다. 그들은 장차 오실 그리스도를 희미하게 보고 사모하였다. 그들은 장차 그리스도께서 오시면 자기의 죄를 대속하실 것을 믿고 죽었다. 그들의 믿음은 살아있었으므로 그리스도의 피는 그들의 믿음에 따라서 그들의 죄를 대속하고 그들의 구원을 확정하였다.

11) 마리아는 장차 오실 그리스도를 믿음으로 생명을 잉태하였다. 그 생명이 말씀으로 그녀에게 임하였다. **"예수 그리스도의 나심은 이러하니라 그의 어머니 마리아가 요셉과 약혼하고 동거하기 전에 성령으로 잉태된 것이 나타났더니"** (마 1:18). 장차 오실 그리스도 안에 있는 생명을 잉태한 아브라함의 믿음이 이삭, 야곱, 유다, 다윗을 통하여 마리아에게 이어졌다. 하나님은 마리아에게 아브라함이 받은 언약이 그녀에게 성취될 것을 말씀하셨다. **"보라 네가 잉태하여 아들을 낳으리니 그 이름을 예수라 하라 그가 큰 자가**

되고 지극히 높으신 이의 아들이라 일컬어질 것이요 주 하나님께서 그 조상 다윗의 왕위를 그에게 주시리니" (눅 1:31,32). 장차 오실 그리스도 안에 있는 생명을 잉태한 아브라함과 그의 후손들은 그리스도를 잉태한 마리아를 위하여 많은 고난과 환란을 당하였다.

(2) 율법과 여호와의 크고 두려운 날

1) 율법은 모든 인류가 육신이 연약하여 선을 행할 수 없다는 것을 계시한다. 율법은 죄로 인하여 이스라엘 백성이 받은 심판은 장차 그리스도께서 받을 심판을 모형으로 보여준다. 이스라엘의 역사상 가장 무서운 날은 바벨론에 의하여 예루살렘이 점령을 당하고 성전이 파괴된 날이다. 이것은 장차 그리스도께서 율법에 의하여 정죄를 받아 죽으실 것을 모형으로 보여준다. 인류의 역사상 가장 두려운 날은 하나님의 아들이 십자가에 달리신 날이다. 만물을 창조하신 하나님이 마귀의 지배를 받은 사람들에 의하여 율법에 의하여 정죄를 받아 십자가에 못 박히신 날은 인류에게 가장 무서운 날이다. 동시에 그날은 세상 임금인 마귀가 심판을 받은 날이다. 하나님의 아들이 죽임을 당하고 마귀가 심판을 받은 날은 여호와의 크고 두려운 날로 예언되었다.

2) 아담이 타락한 뒤에 하나님은 아들의 죽음을 약속하셨다. 뱀의 후손이 여자의 후손의 발꿈치를 상하게 할 것이다(창 3:15). 뱀의 후손인 인류가 하나님의 아들을 죽일 것이며 이로 인하여 뱀은 머리를 상하게 될 것이다. 하나님의 아들의 죽음과 사단의 심판이 동시에 이루어질 것이다. 아담이 자신의 의지로 생명과 사망을 결정하였기 때문에 장차 오실 그리스도의 사역이 구체적으로 계시되었다(창 3:22). 그리스도는 자신의 의지로 생명과 사망을 결정하실 것이다. **"아버지께서 나를 사랑하시는 것은 내가 다시 목숨을 얻기 위하여 목숨을 버림이라"** (요 10:17). 장차 그리스도께서 불의한 자들에 의하여 죽임을 당하실 것을 모형으로 보여준 것이 아벨의 죽음이다. 불의한 가인이 마귀에게 속하여 의로운 아벨을 죽였다(요일 3:12).

3) 하나님의 형상으로 창조된 사람이 죄로 인하여 심판을 받아 죽임을 당하는 것은 하나님의 형상의 원형인 그리스도의 죽음을 모형으로 보여준다. 노아 시대에 불의한

자들이 심판을 받아 익사하였다. 이것은 믿는 자들이 그리스도와 연합하여 받을 세례를 모형으로 보여준다. 믿는 자들의 세례는 그리스도의 죽음을 전제로 한다. 그리스도의 죽음이 없으면 세례도 없으므로 노아 시대에 홍수로 인한 심판은 그리스도의 죽음을 모형으로 보여준다. 소돔과 고모라 사람들이 심판을 받아 죽임을 당한 것도 그리스도의 죽음을 모형으로 보여준다. 죄로 인하여 심판을 받아 죽임을 당한 자들은 장차 인류의 죄를 짊어지고 죽으실 그리스도를 모형으로 보여준다. 하나님의 형상으로 창조된 사람은 그리스도의 모형이기 때문이다. 아담은 장차 오실 그리스도의 모형이다(롬 5:14).

4) 율법은 온 인류를 정죄하여 하나님의 심판 아래 가둔다. 하나님께서 이스라엘 백성에게 율법을 주시고 심판을 통하여 약속하신 것은 그리스도의 죽음이다. 이스라엘 백성이 율법을 순종할 수 없는 것을 아신 하나님께서 그들에게 율법의 순종을 강요하셨다. 하나님께서 율법을 지키려는 이스라엘 백성에게 죽음을 초월하는 노력을 요구하셨다. **"너는 마음을 다하고 성품을 다하고 힘을 다하여 네 하나님 여호와를 사랑하라"** (신 6:5). 하나님을 사랑하는 것은 그의 말씀을 사랑하는 것이며, 말씀을 사랑하는 것은 그 말씀을 순종하는 것이다. 이스라엘은 목숨을 다하여 율법을 순종하여야 한다. 만약 이스라엘 백성이 율법을 순종하지 못하면 그들의 목숨을 내어놓아야 한다. 곧 하나님께서 율법을 순종하지 아니하는 이스라엘 백성의 목숨을 취하실 것이다.

5) 하나님께서 율법을 순종하지 아니하는 이스라엘 백성을 심판하셨다. 그들은 하나님의 백성이며 그리스도는 그들의 장자로 오실 것이기 때문이다. 장자는 형제들의 죄를 짊어져야 하므로 이스라엘 백성을 심판하겠다는 것은 그들의 장자인 그리스도를 심판하신다는 약속이다. 우상을 숭배한 이스라엘 백성에게 저주가 기근과 온역과 칼로 임하였다. 이스라엘 백성은 40개월 동안 비가 내리지 아니하는 극심한 기근을 경험하였다. 또한 그들은 전쟁으로 인하여 아들을 삶아먹는 기근을 경험하였다(왕하 6:29). 이 저주가 장차 그리스도에게 그대로 임할 것이다. 그리스도께서 가뭄으로 오는 갈증과 기근을 경험하셨다. 그리스도께서 십자가에서 피를 흘리심으로 극심한 갈증을 겪으셨다.108) **"이 후에 예수께서 모든 일이 이미 이룬줄 아시고 성경으로 응하게 하려하사 가라사대**

---
108) 졸저, 상계서, 4.3.2.(4) 참조

내가 목마르다 하시니" (요 19:28). "우리 주 예수 그리스도의 은혜를 너희가 알거니와 부요하신 자로서 너희를 위하여 가난하게 되심은 그의 가난함을 인하여 너희로 부요케 하려 하심이니라" (고후 8:9).

6) 이스라엘 백성이 우상을 숭배하였을 때 하나님은 그들을 채찍으로 때리셨다. "**너희가 어찌하여 매를 더 맞으려고 더욱 더욱 패역하느냐 온 머리는 병들었고 온 마음은 피곤하였으며 발바닥에서 머리까지 성한 곳이 없이 상한 것과 터진 것과 새로 맞은 흔적 뿐이어늘 그것을 짜며 싸매며 기름으로 유하게 함을 받지 못하였도다**" (사 1:5,6). 채찍에 맞아 피부가 터지는 고통은 온역으로 당하는 고통이다. 이스라엘 백성이 발바닥에서 머리끝까지 온역으로 당하는 고통을 그리스도께서 당하실 것이다. 그리스도께서 온역으로 오는 심한 고통을 당하셨다. 하나님은 채찍으로 그리스도를 때리심으로 그리스도로 하여금 질병으로 겪는 인류의 고통을 담당하게 하셨다. "**친히 나무에 달려 그 몸으로 우리 죄를 담당하셨으니 이는 우리로 죄에 대하여 죽고 의에 대하여 살게 하려 하심이라 저가 채찍에 맞음으로 너희는 나음을 얻었나니**" (벧전 2:24). 우상을 숭배한 이스라엘 백성에게 저주가 이방인의 칼로 임하였다. 이스라엘 백성은 이방인의 칼에 베인 상처로 고통을 당하다가 죽었다. 이것은 십자가에 달린 그리스도를 모형으로 보여준다.

7) 바벨론은 예루살렘 성을 점령하고 성전을 파괴하고 성전의 모든 기구들을 약탈하였다. "**또 하나님의 전의 대소 기명들과 여호와의 전의 보물과 왕과 방백들의 보물을 다 바벨론으로 가져가고 또 하나님의 전을 불사르며 예루살렘 성을 헐며 그 모든 궁실을 불사르며 그 모든 귀한 기명을 훼파하고**" (대하 36:18,19). 이것은 하늘성전인 그리스도의 육체가 찢어질 것을 모형으로 보여준다. 성전의 모든 보물이란 그리스도의 육체 안에 있는 모든 보물을 의미한다. 그 보물은 그리스도께서 만물을 통치하시는 왕이시며 하나님의 아들이란 것이다. 예수 그리스도께서 죽으시기 전에 성전이 파괴 될 것이라고 말씀하셨다. "**대답하여 가라사대 너희가 이 모든 것을 보지 못하느냐 내가 진실로 너희에게 이르노니 돌 하나도 돌 위에 남지 않고 다 무너뜨리우리라**" (마 24:2). 유대인들은 율법으로 그리스도가 하나님의 아들이 아니라고 심판하였다. 이방인들은 그리스도가 유대인의 왕이 아니라고 심판하였다.

8) 예수 그리스도를 죽인 자들은 마귀의 지배 아래 있었다. 예수 그리스도를 정죄한 바리새인들과 서기관들은 마귀의 지배를 받는 독사의 자식들이다. **"뱀들아 독사의 새끼들아 너희가 어떻게 지옥의 판결을 피하겠느냐"** (마 23:33). 마귀는 유대인과 이방인을 지배하여 그리스도를 십자가에 못을 박았다. 이로써 빛이 창조되기 전에 하늘에서 타락한 사단의 악한 생각이 하나님의 아들을 십자가에 못 박는 죄로 표출되었다.109) 그리스도를 죽인 마귀는 심판을 받았다. 곧 하나님께서 흑암을 창조하시고 타락한 천사들을 영원한 결박으로 음부에 가두신 하나님의 뜻이 성취되었다.

9) 하나님의 아들이 율법과 사람의 양심에 의하여 정죄를 받아 죽으신 날은 여호와의 크고 두려운 날로 예언되었다.110) **"여호와의 크고 두려운 날이 이르기 전에 해가 어두워지고 달이 핏빛 같이 변하려니와"** (욜 2:31). 여호와의 크고 두려운 날이 오기 전에 선지 엘리야가 올 것이다. **"보라 여호와의 크고 두려운 날이 이르기 전에 내가 선지 엘리야를 너희에게 보내리니"** (말 4:5). 선지 엘리야는 세례 요한을 말한다. 세례 요한은 여호와의 크고 무서운 날을 준비한 마지막 선지자이다. 하나님의 아들이 인류의 죄를 짊어지고 죽임을 당하시고 세상 임금인 마귀가 심판을 받은 날은 인류 역사상 가장 크고 두려운 날이다.

10) 하나님은 율법으로 그리스도를 심판하기 전에 이스라엘 백성을 심판하셨다. 그들이 우상을 숭배함으로 율법에 의하여 받은 심판은 그리스도께서 받을 심판을 모형으로 보여주었다. 하나님의 아들이 육신으로 오셔서 인류의 죄를 짊어지고 죽임을 당하신 날은 인류의 역사상 가장 크고 무서운 날이다. 그리스도께서 십자가에 못 박히셨을 때 태양이 빛을 잃고 온 세상에 어두움이 임하였다. **"제 육시로부터 온 땅에 어두움이 임하여 제 구시까지 계속하더니"** (마 27:45).

(3) 율법과 생명의 그림자

1) 아담이 타락한 이후 온 인류는 생명을 잃어버렸다. 사람들은 자연재해를 통하여

---

109) 졸저, 상게서, 4.2.2.(2) 참조
110) 상게서, 4.2.3.(1) 참조

자신의 죄를 희미하게 깨닫고 장차 오실 그리스도를 믿음으로 의롭다함을 받았다. 아벨로부터 노아까지 자연재해를 통하여 죄를 깨달았을 것이다. 아브라함은 믿음으로 의롭다함을 얻는 언약을 받았다(창 15:6). 칭의 언약은 장차 오실 그리스도를 믿지 아니하는 것이 불의임을 선언한다. 애굽에서 이스라엘 백성이 칭의 언약을 잃어버렸을 때, 하나님은 그들을 광야로 인도하여 내신 뒤에 율법을 주셨다. 율법은 믿지 아니하는 자들이 범하는 죄를 구체적으로 보여주었다. 율법은 모든 사람이 죄로 인하여 생명을 잃어버린 것을 깨닫게 하였다. 이와 동시에 율법은 그 생명이 장차 오실 그리스도 안에 있음을 알게 하였다.

2) 아브라함은 믿음으로 의롭다함을 받았지만 그의 모든 죄를 용서받은 것은 아니다. 그는 장차 오실 그리스도를 믿음으로 그리스도 안에 있는 생명을 모형으로 소유하였다. 아브라함이 이삭을 번제로 드렸을 때 그리스도 안에 있는 생명이 모형으로 나타났다. **"내가 네게 큰 복을 주고 네 씨로 크게 성하여 하늘의 별과 같고 바닷가의 모래와 같게 하리니 네 씨가 그 대적의 문을 얻으리라 또 네 씨로 말미암아 천하 만민이 복을 얻으리니 이는 네가 나의 말을 준행하였음이니라 하셨다 하니라"** (창22:17,18). "네 씨가 그 대적의 문을 얻으리라 또 네 씨로 말미암아 천하 만민이 복을 얻으리니"란 그리스도 안에 있는 생명을 모형으로 보여준다. 아브라함은 믿음으로 장차 오실 그리스도 안에서 모형으로 계시된 생명을 소유하였다.

3) 아브라함이 믿음으로 의롭다함을 얻은 것은 모형이다. 아브라함이 믿음으로 그에게 계시된 의는 장차 그리스도 안에서 나타날 의의 모형이다. 하나님의 의는 약속을 지키는 것이다. 구약성경을 통하여 계시된 하나님의 약속이 그리스도를 통하여 성취되었다. **"또 이르시되 내가 너희와 함께 있을 때에 너희에게 말한바 곧 모세의 율법과 선지자의 글과 시편에 나를 가리켜 기록된 모든 것이 이루어져야 하리라 한 말이 이것이라 하시고"** (눅 24:44). 그리스도의 죽으심으로 모든 약속이 성취되었다. **"예수께서 신 포도주를 받으신 후 가라사대 다 이루었다 하시고 머리를 숙이시고 영혼이 돌아가시니라"** (요 19:30). "다 이루었다"란 구약성경의 모든 예언이 성취되었다는 것을 의미한다. 따라서 그리스도는 하나님의 의이다.

4) 믿음으로 의롭다함을 받는 것은 장차 오실 그리스도 안에 있는 하나님의 의를 소유한 것이다. 아브라함은 나타나지 아니한 하나님의 의, 곧 장차 오실 그리스도 안에 있는 하나님의 의를 믿음으로 소유하였다. 아브라함이 믿음으로 얻은 의롭다함은 실상이 아니라 모형과 그림자이다. 아브라함으로부터 이스라엘 백성은 장차 오실 그리스도 안에 있는 하나님의 의를 모형으로 소유하였다. 그들이 믿음으로 얻은 것은 의롭다함의 모형이므로 장차 그리스도께서 오시면 그들의 의로움은 실상으로 바뀔 것이다. 따라서 그들은 구원에 대한 약속을 받지 못하였으나 증거를 받았다. **"이 사람들이 다 믿음으로 말미암아 증거를 받았으나 약속을 받지 못하였으니"** (히 11:39). 장차 그리스도께서 오시면 그들이 구원을 얻을 것이라는 증거는 그들이 믿음으로 의롭다함을 받은 것이다.

5) 율법은 모든 사람들이 아담 안에서 생명을 잃어버리고 사망에 이르렀다는 것을 알게 한다. 율법 아래서 모든 사람은 죄로 인하여 하나님의 심판 아래 있다. **"우리가 알거니와 무릇 율법이 말하는 바는 율법 아래 있는 자들에게 말하는 것이니 이는 모든 입을 막고 온 세상으로 하나님의 심판 아래 있게 하려 함이니라"** (롬 3:19). 율법은 사람에게 생명이 없지만 장차 오실 그리스도 안에 생명이 있음을 계시한다. 다윗은 율법으로 자신에게 생명이 없음을 알고 장차 오실 그리스도 안에 있는 생명을 사모하였다. 하나님은 다윗의 믿음을 의로 여기셨고 다윗은 장차 오실 그리스도 안에 있는 생명을 모형으로 소유하였다.

6) 율법은 생명을 주는 법이 아니라 장차 오실 그리스도 안에 생명이 있음을 계시한다. 곧 율법은 장차 오실 그리스도 안에 있는 생명을 그림자로 계시한다. 율법은 밤에 비취는 달빛과 같다. 밤이란 태양빛이 없는 어두움이다. 어두움 속에서 달빛이 비취므로 사람들은 사물을 희미하게 볼 수 있다. 달빛은 태양빛을 반사하므로 그 속에는 열이 없다. 달빛에는 에너지가 없으므로 식물은 탄소동화작용을 할 수 없다. 달은 태양이 있다는 것을 모형으로 알려준다. 이와 같이 사람은 율법 아래서 생명을 얻을 수 없다. 이스라엘 백성은 율법을 통하여 장차 오실 그리스도 안에 생명이 있음을 알았다. 따라서 율법은 이스라엘 백성을 그리스도께로 인도하는 몽학선생의 역할을 하였다. **"이같이 율법이 우리를 그리스도에게로 인도하는 몽학선생이 되어 우리로 하여금 믿음으로 말미암아**

의롭다 함을 얻게 하려 함이니라" (갈 3:24).

7) 율법은 모든 사람이 아담 안에서 마귀의 지배 아래 있다는 것을 계시한다. 영원한 결박으로 갇힌 타락한 천사들이 역사하는 공간과 장소를 음부 또는 흑암이라고 한다(사 14:15). 율법 아래서 모든 사람이 죄인이라는 것은 온 인류가 음부의 권세 아래서 종노릇 한다는 것을 의미한다. 따라서 다윗은 율법에 의하여 정죄 받은 죄로 인하여 자신이 음부에서 고통을 당하고 있다고 고백하였다. **"음부의 줄이 나를 두르고 사망의 올무가 내게 이르렀도다" (시 18:5).** 다윗은 음부에서 살고 있었지만 장차 오실 그리스도께서 자신을 생명의 길로 인도하실 것을 믿었다. **"내가 사망의 음침한 골짜기로 다닐찌라도 해를 두려워하지 않을 것은 주께서 나와 함께 하심이라 주의 지팡이와 막대기가 나를 안위하시나이다" (시 23:4).** 장차 오실 그리스도에 대한 믿음이 다윗을 지켜주는 지팡이가 되었다.

8) 시편기자들은 율법에 의하여 정죄 받은 죄로 인하여 자신이 음부에서 마귀의 지배 아래 놓인 것을 알았다. **"양 같이 저희를 음부에 두기로 작정되었으니 사망이 저희 목자일 것이라 정직한 자가 아침에 저희를 다스리리니 저희 아름다움이 음부에서 소멸하여 그 거처조차 없어지려니와" (시 49:14).** 그들은 장차 오실 그리스도 안에 있는 생명의 길로 인도하실 하나님의 은혜를 사모하였다. 하나님께서 그들의 믿음에 따라서 그들을 음부의 권세에서 건져내시고 그들을 의의 길로 인도하셨다. **"하나님은 나를 영접하시리니 이러므로 내 영혼을 음부의 권세에서 구속하시리로다(셀라)" (시 49:15). "이는 내게 향하신 주의 인자가 크사 내 영혼을 깊은 음부에서 건지셨음이니이다" (시 86:13).**

9) 율법이 모든 사람을 죄인으로 정죄하는 이유는 사람으로 하여금 장차 오실 그리스도를 믿으라는 것이다. 이 믿음만이 옳으며 다른 믿음은 그르다고 율법은 말씀한다. 아담이 타락한 이후 마귀가 지배하는 세상에서 생명은 없으며 오직 장차 오실 그리스도 안에 생명이 있다는 것을 믿는 것이 하나님의 의이다. 하나님은 이 믿음을 의롭다고 하셨다. 우상에서 생명을 찾으려고 하는 자들은 불의한 자로 심판을 받았다.

10) 세례 요한은 마지막 선지자로서 구약성경의 믿음을 요약하였다. 첫째, 세례 요한은 아벨 이후 의롭다함을 받은 언약이 요구하는 믿음이 무엇인가를 밝혔다. 그 믿음은

장차 오실 그리스도를 맞이하기 위하여 회개하는 것이다. **"회개하라 천국이 가까왔느니라 하였으니"** (마 3:2). "회개하라"란 율법을 통하여 자신의 죄를 깨달으라는 것이다. "천국이 가까이 왔다"란 우리 조상들이 믿고 사모한 그리스도를 맞이하기 위하여 죄를 고백하는 것이다 둘째, 그리스도는 인류의 죄를 짊어지신 분이다. **"이튿날 요한이 예수께서 자기에게 나아오심을 보고 가로되 보라 세상 죄를 지고 가는 하나님의 어린 양이로다"** (요 1:29). "세상 죄를 지고 가는 하나님의 어린 양이로다"란 그리스도 안에 있는 생명이 그의 피로 나타난다는 것을 의미한다. 마지막 선지자인 세례 요한을 통하여 구약 시대에 의롭다함을 받은 믿음의 본질이 계시되었다. 장차 오실 그리스도 안에 생명이 있음을 알고 회개하는 심령으로 그리스도의 오심을 사모하는 믿음이 의롭다함을 얻는 믿음이라고 말할 수 있을 것이다.

(4) 포도원의 비유와 이스라엘의 멸망

1) 하나님은 이스라엘 백성을 포도원으로 비유하셨다. 사람이 포도를 기뻐하는 것처럼 하나님은 이스라엘 백성을 기뻐하셨다. 이스라엘 백성은 믿음으로 의롭다함을 얻고 장차 오실 그리스도의 길을 준비하는 자들이기 때문이다. 성경은 이스라엘 백성을 포도원으로 비유하여 그들에 대한 하나님의 사랑을 계시하였다. 하나님은 이스라엘을 애굽에서 인도하여 내시고 그들에게 가나안 땅을 기업으로 주시고 그들로 하여금 장차 오실 그리스도의 길을 준비하게 하셨다. 그러나 백성의 지도자들은 백성으로 하여금 우상을 숭배하게 함으로 포도원을 약탈하였다. 좋은 포도를 맺는 포도원이 먹을 수 없는 들 포도를 맺었다.

2) 하나님은 이스라엘 백성을 포도나무로 비유하셨다(사 5:7). 포도원의 주인인 하나님은 농부에게 포도원의 관리를 맡기셨다. 농부는 포도원을 잘 관리하여 그 열매를 주인에게 드려야 한다. 출애굽한 이스라엘 백성과 모세의 관계는 포도원의 주인, 포도원 및 농부의 관계를 보여준다. 애굽에서 나온 이스라엘 백성은 포도원이고, 그들의 지도자인 모세는 농부이다. 모세는 율법으로 포도원을 가꾸어서 그 열매를 하나님께 드려야 한다. 포도원의 열매는 율법으로 자신의 죄를 깨닫고 장차 오실 그리스도를 믿음으로 의롭다함을 받은 자들이다.

3) 애굽에서 광야로 나온 이스라엘 백성이 칭의 언약으로 돌아가려면 죄를 깨달아야 한다. 따라서 하나님은 그들을 위하여 율법을 주셨다(출 15:25). 하나님은 그들로 하여금 율법으로 죄를 깨닫고 장차 오실 그리스도를 믿게 하는 직분을 모세에게 맡기셨다. 모세는 하나님의 뜻에 따라서 백성을 통치하였다. 백성들 가운데 광야에서 율법을 버리고 우상을 숭배한 자, 간음한 자, 하나님을 시험하고 원망한 자들은 율법에 의하여 심판을 받아 죽임을 당하였다. 남은 자들은 율법으로 자신의 죄를 깨닫고 장차 오실 그리스도를 믿고 사모하였다. 남은 자들은 모세가 포도원을 경작하여 하나님께 드린 열매이다. 가나안 땅에 들어가기 직전 모든 이스라엘 백성은 율법으로 자신의 죄를 깨닫고 장차 오실 그리스도를 믿은 자들이다. 그들은 하나님 앞에서 좋은 포도이다. 모세는 하나님께 좋은 포도열매를 드리고 죽음을 맞이하였다.

4) 모세가 죽은 뒤에 하나님은 포도원을 여호수아에게 맡기셨다. 여호수아의 직분은 모세로부터 받은 포도나무를 가나안 땅에 심는 것이다. **"주께서 한 포도나무를 애굽에서 가져다가 열방을 쫓아내시고 이를 심으셨나이다"** (시 80:8). 여호수아는 율법으로 백성을 통치함으로 가나안 땅을 정복하고 그들에게 땅을 분배하였다. 가나안 땅을 정복하는 과정에서 믿지 아니하는 자들은 죽임을 당하고 믿음으로 의롭다함을 받은 자들은 땅을 기업으로 받았다. 믿지 아니하는 자들은 나쁜 포도나무로서 가나안 땅에 심겨지지 못하고 버림을 받았다. 여호수아는 포도원을 맡은 충성된 농부로서 믿음으로 의롭다함을 받은 자들을 포도열매로서 하나님께 드렸다.

5) 가나안 땅에 정착한 이스라엘 백성은 하나님의 포도원이다. 이스라엘 백성이 가나안 땅에 정착한 뒤에 하나님은 포도원을 제사장에게 맡기셨다. 제사장은 포도원을 맡은 농부로서 직분을 버렸으므로 하나님은 그들에게서 포도원을 빼앗아 사사에게 주셨다. 사사들은 율법으로 포도원을 경작하여 믿음으로 의롭다함을 받은 자들을 하나님께 드렸다. 사무엘과 다윗은 충성된 농부로서 포도원을 경작하여 많은 열매를 하나님께 드렸다. 그러나 솔로몬은 다윗으로부터 좋은 포도나무를 물려받았지만 이것들을 이방의 포도나무로 만들었다. **"내가 너를 순전한 참 종자 곧 귀한 포도나무로 심었거늘 내게 대하여 이방 포도나무의 악한 가지가 됨은 어찜이뇨"** (렘 2:21). 믿음으로 의롭다함을 받은

귀한 포도나무가 우상을 숭배함으로 이방의 포도나무의 악한 가지가 되었다.

6) 하나님은 이스라엘을 두 나라로 쪼개셨다. 북 이스라엘을 맡은 왕들은 우상으로 나라를 다스림으로 하나님께 드릴 포도열매가 없었다. 성경은 이렇게 말씀한다. "**즐거움과 기쁨이 기름진 밭에서 떠났고 포도원에는 노래와 즐거운 소리가 없어지겠고 틀에는 포도를 밟을 사람이 없으리니 이는 내가 그 소리를 그치게 하였음이라**" (사 16:10). 남 유다도 북 이스라엘과 마찬가지로 우상을 숭배하는 죄에서 떠나지 아니하였다. 남 유다를 통하여 장차 그리스도께서 오실 것이므로 하나님은 유다를 기뻐하셨다. 그러나 남 유다도 우상을 숭배함으로 하나님의 뜻을 버렸다. "**대저 만군의 여호와의 포도원은 이스라엘 족속이요 그의 기뻐하시는 나무는 유다 사람이라 그들에게 공평을 바라셨더니 도리어 포학이요 그들에게 의로움을 바라셨더니 도리어 부르짖음이었도다**" (사 5:7).

7) 하나님은 이스라엘 백성 가운데 율법을 통하여 자신의 죄를 깨닫고 장차 오실 그리스도를 믿는 자들을 찾기 위하여 선지자들을 보내셨다. 선지자들은 우상을 숭배하는 백성들을 향하여 우상을 버리고 하나님께로 돌아오라고 권고하였다. 만약 백성들이 돌아오지 아니하면 하나님의 심판이 임할 것이라고 선지자들은 경고하였다. 선지자들이 찾는 것은 믿음으로 의롭다함을 받은 자들이다. 왕들과 백성들은 자기들을 죄인으로 정죄하는 선지자들을 박해하고 죽였다. 예수 그리스도께서 지금까지 논의된 과정을 요약하여 말씀하셨다. "**다시 한 비유를 들으라 한 집 주인이 포도원을 만들고 산울로 두르고 거기 즙 짜는 구유를 파고 망대를 짓고 농부들에게 세로 주고 타국에 갔더니 실과 때가 가까우매 그 실과를 받으려고 자기 종들을 농부들에게 보내니 농부들이 종들을 잡아 하나는 심히 때리고 하나는 죽이고 하나는 돌로 쳤거늘 다시 다른 종들을 처음보다 많이 보내니 저희에게도 그렇게 하였는지라**" (마 21:33~36).

8) 가나안 땅은 태초부터 구별된 좋은 땅이므로 농부들이 열심히 일하면 좋은 포도를 생산할 수 있었다. 그러나 농부들은 포도원을 가꾸지 아니함으로 먹을 수 없는 들 포도를 생산하였다. 하나님은 좋은 포도의 수확을 기대할 수 없게 되자, 이방인을 통하여 포도나무를 뽑아버리셨다. 하나님은 앗수르를 통하여 북 이스라엘을, 바벨론을 통하여 남 유대를 멸망시키셨다. "**이제 내가 내 포도원에 어떻게 행할 것을 너희에게 이르리라 내가**

그 울타리를 걷어 먹힘을 당케 하며 그 담을 헐어 짓밟히게 할 것이요"(사 5:5). 가나안 땅에 심겨진 극상품의 포도나무는 들 포도를 맺는 악한 포도나무가 되었고 결국 땅에서 뽑히게 되었다.

9) 바벨론에서 가나안 땅으로 돌아온 유대인들은 무너진 성전을 다시 건축하고 제사장을 중심으로 제사를 회복하였다. 제사장은 성전을 중심으로 율법으로 유대인을 통치하는 성전국가를 세웠다. 유대인들은 율법으로 자신들의 죄를 깨닫고 장차 오실 그리스도를 믿음으로 의롭다함을 받음으로 하나님을 기쁘게 하였다. 다시 건축한 성전에서 하나님의 영광이 임하였다. "또한 만국을 진동시킬 것이며 만국의 보배가 이르리니 내가 영광으로 이 전에 충만케 하리라 만군의 여호와의 말이니라"(학 2:7). 바벨론 포로 이후 70년 동안 황폐하였던 가나안 땅에 다시 좋은 포도나무가 심겨졌다.

10) 가나안 땅으로 돌아온 유대인들은 선지자들이 예언한 그리스도의 오심을 기다리며 율법을 순종하려고 하였다. 그들이 율법을 온전히 순종하면 다윗의 후손인 그리스도께서 오셔서 그들을 이방인의 손에서 구원하여 내시고 그들을 의와 공의로 통치하실 것이다. 이것의 유대인의 믿음이 되어서 그들은 율법을 온전히 순종하려고 하였다. 그러나 시간이 흐름에 따라서 종교 지도자들은 율법의 행위로 자신을 의롭다고 여기기 시작하였다. 율법으로 자신의 죄를 깨닫고 장차 오실 그리스도를 믿고 사모하는 자들의 수는 점차 감소하였다. 바리새인들과 서기관들은 율법을 알지 못하는 일반 백성들을 무시하고 죄인으로 여겼다. 성전국가를 맡은 제사장들은 그들의 직분을 알지 못하고 백성들을 외식하는 자로 만들었다. 좋은 포도나무는 다시 악한 포도나무가 되었다. "많은 목자가 내 포도원을 훼파하며 내 분깃을 유린하여 나의 낙토로 황무지를 만들었도다"(렘 12:10).

11) 하나님께서 이스라엘 백성을 택하여 자기의 백성으로 삼고 그들에게 가나안 땅을 주신 이유는 그들로 하여금 율법으로 그들의 죄를 깨닫고 장차 오실 그리스도를 믿음으로 의롭다함을 얻게 하심이다. 그러나 그들은 육체의 쾌락을 위하여 이방여자를 아내로 취함으로 우상숭배에 빠지게 되었다. 이스라엘 백성은 하나님의 백성으로 부르심으로 받았으나 우상의 백성이 되었다. 그 책임이 제사장들과 왕을 비롯한 백성의 지도자들에

게 돌아갔다. 마지막 심판의 날에 그들은 하나님의 포도원을 황폐하게 한 책임을 져야 할 것이다.

(5) 처녀 이스라엘과 음행

1) 구약성경은 장차 신랑으로 오실 그리스도와 신부로 택함을 받은 성도 간의 혼인 잔치를 모형으로 보여준다. 하나님은 이스라엘 백성을 정결한 처녀로 부르시고 아들을 그들의 신랑으로 세우셨다. 하나님은 이삭과 야곱의 혼인을 통하여 혼인 잔치의 모형을 보이셨다. 하나님은 아브라함과 그의 후손 이스라엘 백성을 정결한 처녀로 부르시고 그들에게 가나안 땅을 신랑의 지참금으로 주셨다. 하나님은 이스라엘 백성에게 신랑을 맞이할 예복을 준비하는 율법과 제사 율례를 주셨다. 그러나 그들은 율법을 버리고 우상을 남편으로 섬김으로 음행하였다. 하나님은 음행한 이스라엘 백성을 이방인의 칼로 멸하셨다.

2) 하나님은 아브라함을 정결한 처녀로 부르셨다. 정결한 처녀란 자기의 죄를 깨닫고 장차 오실 그리스도를 사모하는 자를 의미한다. 아브라함은 우상숭배가 만연한 하란에서 자신의 죄를 깨닫고 하나님의 말씀을 순종하여 고향을 떠나서 가나안 땅으로 나아갔다. 하나님은 그의 믿음을 의로 여기시고 그를 통하여 그리스도의 신부로 택함을 받은 자로서 정결한 처녀를 모형으로 보이셨다. 아브라함은 신부로서 장차 오실 그리스도를 맞이하기 위하여 독자인 이삭을 번제로 드렸다. 아브라함은 신랑을 맞이하기 위하여 자신의 모든 소유를 포기하였다.

3) 이삭이 리브가를 아내로 맞이하는 것은 장차 오실 그리스도와 이스라엘 백성의 관계를 모형으로 보여준다. 아브라함은 이삭의 아내를 맞이하기 위하여 하인을 하란으로 보냈다. 그 하인은 이삭의 신부를 위하여 예물을 준비하고 하란으로 내려가서 리브가를 이삭의 아내로 택하였다. 아브라함이 하인을 세상으로 보낸 것은 하나님께서 그의 천사들을 세상으로 보내신 것을 모형으로 보여준다. 하나님은 천사를 통하여 말씀을 전하셨다. 구약성경에 계시된 하나님의 말씀은 천사가 전한 하나님의 말씀이다. 율법은 천사가 전한 대표적인 말씀이다(갈 3:19). 하나님은 장차 오실 그리스도의 신부로 택하신 자들

에게 천사를 통하여 말씀을 주셨다.

4) 야곱은 아비의 집을 떠나서 하란으로 내려가 아내를 맞이하였다. 야곱은 장자의 명분을 받고 형제들의 죄를 짊어지고 하란으로 내려갔다. 그는 신부를 맞이하기 위하여 14년 동안 종의 신분으로 봉사하였다. 이것은 아버지의 품을 떠나 세상에 오셔서 신부를 맞이하기 위하여 인류의 죄를 짊어지신 그리스도를 모형으로 보여준다. 그리스도께서 택함을 받은 신부를 위하여 자기의 피를 흘려 인류의 죄를 대속하셨다. 야곱이 아내들을 데리고 가나안 땅으로 돌아오는 것은 그리스도께서 재림 후에 믿는 자들을 아버지의 집으로 인도하실 것을 모형으로 보여준다.

5) 성경에서 계시하는 혼인 잔치를 이해하려면 먼저, 유대인의 혼인 제도를 알아야 한다.[111] 유대인의 결혼은 세 단계를 거친다. 첫째 단계는 정혼이다. 남자는 신부에게 줄 지참금을 준비하여 여자의 집으로 간다. 남자는 지참금을 지급하고 여자와 정혼을 한 뒤에 아버지의 집으로 돌아온다. 둘째 단계는 일 년 이상의 기간 동안 신랑의 아버지는 두 사람이 거처할 집을 마련한다. 셋째 단계는 신랑이 신부를 맞이하는 결혼식이다. 신랑과 신부를 위하여 거처할 집이 마련되면 신랑은 들러리들과 함께 신부 집으로 신부를 맞이하러 간다. 결혼식은 7일간 계속된다. 결혼식이 끝나면 신랑은 신부를 데리고 아버지의 집으로 돌아온다.

6) 이스라엘 백성은 정결한 처녀로서 애굽으로 들어갔다. 그러나 그들은 애굽에서 하나님을 버리고 우상을 숭배함으로 자신을 더럽혔다. 하나님은 그들에게 우상을 멀리하라고 경계하셨다. **"또 그들에게 이르기를 너희는 눈을 드는바 가증한 것을 각기 버리고 애굽의 우상들로 스스로 더럽히지 말라 나는 여호와 너희 하나님이니라 하였으나"** (겔 20:7). 그러나 그들은 장차 오실 그리스도를 버리고 애굽의 우상을 섬김으로 그들의 몸을 더럽혔다. **"그들이 애굽에서 행음하되 어렸을 때에 행음하여 그들의 유방이 눌리며 그 처녀의 가슴이 어루만진바 되었었나니"** (겔 23:3). **"그가 젊었을 때에 애굽 사람과 동침하매 그 처녀의 가슴이 어루만진바 되며 그 몸에 음란을 쏟음을 당한바 되었더니**

---

[111] O.J. Baab, "Marriage," ed., G. A. Buttrick, The Interpreter's Dictionary of the Bible , Vol. 3, (Abindon Press, 1982), pp. 278~287.

그가 그 때부터 행음함을 마지아니하였느니라" (겔 23:8). 하나님은 장차 오실 그리스도를 위하여 이스라엘 백성을 애굽에서 광야로 인도하여 내셨다. **"그러나 내가 그들의 거하는 이방인의 목전에서 그들에게 나타나서 그들을 애굽 땅에서 인도하여 내었었나니 이는 내 이름을 위함이라 내 이름을 그 이방인의 목전에서 더럽히지 않으려하여 행하였음이로라" (겔 20:9).** 광야는 애굽의 우상과 분리되었으므로 이스라엘 백성은 우상을 버리고 하나님께로 돌아올 수 있었다. 그러나 광야에서 그들 가운데 다수는 우상을 만들고 음행함으로 멸망당하였다. 하나님은 이스라엘 백성을 애굽에서 인도하여 낸 뒤에 광야에서 믿지 아니하는 자들을 멸하셨다. **"너희가 본래 범사를 알았으나 내가 너희로 다시 생각나게 하고자 하노라 주께서 백성을 애굽에서 구원하여 내시고 후에 믿지 아니하는 자들을 멸하셨으며" (유 1:5).**

7) 광야에서 우상을 숭배하고 음행함으로 더럽혀진 자들은 죽임을 당하고 믿음으로 의롭다함을 받은 자들만이 가나안 땅에 들어갈 수 있었다. 그들은 장차 오실 그리스도의 신부로서 가나안 땅을 신랑의 지참금으로 받았다. 그들은 정결한 처녀로서 장차 오실 그리스도의 신부로 택함을 받고 가나안 땅을 받았다. 가나안 땅은 세초부터 택함을 받은 땅으로 젖과 꿀이 흐르는 땅이다. **"내가 전에 너희에게 이르기를 너희가 그들의 땅을 기업으로 얻을 것이라 내가 그 땅 곧 젖과 꿀이 흐르는 땅으로 너희에게 주어 유업을 삼게 하리라 하였노라 나는 너희를 만민 중에서 구별한 너희 하나님 여호와라" (레 20:24).**

8) 하나님은 그리스도의 신부로 택함을 받은 이스라엘 백성에게 신부로서 예복을 요구하셨다. 그 예복은 거룩한 세마포이다. 이스라엘 백성이 그리스도의 신부로서 거룩한 세마포를 준비하기 위하여 지켜야 할 계명이 율법이다. 그들이 율법을 온전히 순종하면 거룩하게 될 수 있다. **"그리하면 너희가 나의 모든 계명을 기억하고 준행하여 너희의 하나님 앞에 거룩하리라" (민 15:40).** 그러나 사람은 육신이 연약하여 율법을 온전히 순종할 수 없다. 따라서 하나님은 성막을 세우게 하시고 제사의 규례를 주셨다. 이스라엘 백성이 육신이 연약하여 율법을 범하였을 때 성막에서 제사를 드림으로 죄를 사함 받았다. 곧 이스라엘 백성은 율법과 성막의 제사를 통하여 장차 오실 그리스도의 신부로서

세마포를 준비할 수 있었다. 그 세마포는 소와 염소와 양의 피를 뿌린 옷이다.112)

9) 이스라엘 백성이 가나안 땅에 정착한 뒤에 장차 오실 그리스도의 신부로서 정체성을 잃어버리고 우상을 숭배하였다. 그들은 우상을 남편으로 섬김으로 간음하였다. 하나님은 이방인을 통하여 우상을 숭배한 이스라엘 백성을 심판하심으로 그들로 하여금 우상을 버리게 하려고 하였으나 그들은 하나님의 말씀을 듣지 아니하였다. 성경은 정결한 처녀로 부름을 받은 이스라엘 백성이 음행으로 가증한 일을 행하였다고 말씀한다. **"그러므로 나 여호와가 이같이 말하노라 너희는 누가 이러한 일을 들었는가 열방 중에 물어보라 처녀 이스라엘이 심히 가증한 일을 행하였도다"** (렘 18:13). 앗수르의 우상을 숭배한 북 이스라엘은 앗수르에게 멸망하였다. **"그가 앗수르 중에 잘 생긴 그 모든 자들과 행음하고 누구를 연애하든지 그들의 모든 우상으로 스스로 더럽혔으며"** (겔 23:7). 바벨론의 우상을 숭배한 남 유다는 바벨론에게 멸망하였다. **"바벨론 사람이 나아와 연애하는 침상에 올라 음란으로 그를 더럽히매 그가 더럽힘을 입은 후에 그들을 싫어하는 마음이 생겼느니라"** (겔 23:17).

10) 비록 이스라엘 백성이 우상을 숭배함으로 스스로 더럽혔으나 우상을 멀리한 남은 자들이 있었다. 하나님은 그들을 위하여 바벨론에게 포로가 되었던 자들을 가나안 땅으로 돌아오게 하셨다. 그들은 장차 오실 그리스도의 신부로 세움을 받은 것을 기뻐하며 가나안 땅으로 돌아왔다. **"처녀 이스라엘아 내가 다시 너를 세우리니 네가 세움을 입을 것이요 네가 다시 소고로 너를 장식하고 즐거운 무리처럼 춤추며 나올 것이며"** (렘 31:4). 그들은 파괴된 하나님의 성전을 다시 세우고 율법의 규례에 따라서 제사를 드렸으며 우상을 멀리하고 이방인과의 관계를 단절하였다. 이로써 그들은 그리스도의 신부로서 거룩한 세마포를 예비하였다. 따라서 하나님은 신랑이 신부를 기뻐함 같이 그들을 기뻐하셨다. **"마치 청년이 처녀와 결혼함 같이 네 아들들이 너를 취하겠고 신랑이 신부를 기뻐함 같이 네 하나님이 너를 기뻐하시리라"** (사 62:5).

---

112) 성도들이 그리스도의 신부로서 준비한 세마포는 그리스도의 피를 뿌린 옷이다. "또 그가 피 뿌린 옷을 입었는데 그 이름은 하나님의 말씀이라 칭하더라" (계 19:13).

(5) 이해를 위한 질문

1) 그리스도를 잉태한 이스라엘 백성

   a. (창 22:17,18)의 말씀에서 아브라함의 씨란 구체적으로 누구를 의미하는가(갈 3:15).

   b. 장자의 명분과 장차 오실 그리스도의 약속의 관계는 무엇인가(히 1:6).

   c. 아브라함과 그의 후손은 영적으로 그리스도를 잉태한 자이다. 이스라엘 백성은 그리스도를 해산하기 위하여 많은 고난을 받았다. 그 이유는 무엇인가(삿 3:6).

   d. 우상을 숭배한 자들은 그리스도를 유산하고 사망을 잉태하였다. 사망을 잉태한 자들에게 임한 고난은 무엇인가(겔 6:12).

2) 율법과 여호와의 크고 두려운 날

   a. 하나님께서 율법을 주신 이유는 무엇인가(롬 3:19).

   b. 하나님께서 율법으로 우상을 숭배하는 이스라엘 백성을 심판하시고 예루살렘 성전을 파괴하였다. 이것은 무엇을 모형으로 보여주는가(요 2:19).

   c. 여호와의 크고 두려운 날이란 그리스도의 죽음을 의미하는 이유는 무엇인가(마 27:54; 요 12:31).

   d. 여호와의 크고 두려운 날이 오기 전에 나타날 선지자는 누구인가(말 4:5).

3) 율법과 생명의 그림자

   a. 아브라함은 믿음으로 의롭다함을 받았다. 아브라함의 의가 모형으로 보여주는 것은 무엇인가(롬 3:26).

   b. 아벨로부터 세례 요한까지 믿음으로 의롭다함을 받은 자들이 살아있는 동안 구원을 받지 못한 이유는 무엇인가(히 11:39)

   c. 율법은 모든 사람에게 생명이 없다는 것을 계시한다. 그 생명이 그리스도 안에 있는 이유는 무엇인가(요 1:29).

   d. 아담 안에서 모든 사람이 음부의 권세 아래 있는 이유는 무엇인가(요일 3:8).

   e. 아브라함이 의롭다함을 받은 믿음의 본질은 무엇인가(마 3:2).

4) 포도원의 비유와 이스라엘의 멸망

    a. 하나님께서 이스라엘 백성에게 요구하신 포도원의 열매는 무엇인가(창 15:6).

    b. 하나님은 이스라엘 백성의 모임을 포도원으로 비유하셨다. 포도원을 맡은 농부는 누구를 가리키는가.

    c. 좋은 포도나무란 무엇인가(시 80:8).

    d. 하나님께서 포도원의 열매를 받으려고 종들을 보내셨다. 종들은 누구인가.

5) 처녀 이스라엘과 음행

    a. 하나님께서 이스라엘 백성을 그리스도의 신부로 택하신 이유는 무엇인가(창 15:6).

    b. 하나님께서 신부인 이스라엘 백성을 위하여 준비하신 것은 무엇인가(신 11:12).

    c. 하나님께서 이스라엘 백성에게 율법을 주신 이유는 무엇인가.

    d. 이스라엘 백성의 우상숭배가 하나님께 대한 음행인 이유는 무엇인가.

4.3 율법 및 선지자의 글의 완성과 세례 요한

1. 예수 그리스도의 탄생을 위한 준비

(1) 성전국가의 재건

1) 하나님은 이스라엘 백성의 하나님이시고, 그들은 하나님의 백성이다. 하나님과 이스라엘 백성의 관계는 율법과 송아지의 피로써 맺어진 언약관계이다. 하나님과 이스라엘 백성의 관계를 객관적으로 보여주는 것이 성전이다. 성전에서 제사장은 율법에 의하여 정죄 받는 죄를 대속하기 위하여 제사를 드림으로 하나님을 섬겼다. 이스라엘 백성이 율법을 버리고 우상숭배에 빠지게 되었을 때 성전제사는 중단되었다. 이제 성전은 하나님께 불필요한 존재가 되었다. 따라서 하나님은 이방인을 통하여 예루살렘 성전을 파괴하셨다. 이로써 하나님과 이스라엘 백성의 관계는 완전히 단절되었다. 그러나 장차 그리스도께서 다윗의 후손을 통하여 오셔야 한다. 따라서 하나님은 바벨론에 포로로 끌려간 유대인의 귀환을 허락하시고 그들에게 무너진 성전을 다시 세우게 하셨다.

2) 바벨론 포로는 유대인에게 자신들을 돌아보게 하는 계기를 마련하였다. 그들은 하나님께 택함을 받은 거룩한 백성이 이방인에게 멸망한 이유가 우상숭배라는 것을 깨달았다. 그들은 바벨론의 포로가 되었지만 율법을 철저하게 지키면 하나님의 은혜로 가나안 땅으로 돌아갈 수 있다고 믿었다. 선지자는 바벨론 포로생활로 우상숭배가 끝날 것이라고 예언하였다. "**맑은 물로 너희에게 뿌려서 너희로 정결케 하되 곧 너희 모든 더러운 것에서와 모든 우상을 섬김에서 너희를 정결케 할 것이며 또 새 영을 너희 속에 두고 새 마음을 너희에게 주되 너희 육신에서 굳은 마음을 제하고 부드러운 마음을 줄 것이며 또 내 신을 너희 속에 두어 너희로 내 율례를 행하게 하리니 너희가 내 규례를 지켜 행할찌라**" (겔 36:25~27). 예레미야는 포로생활 동안 우상숭배를 끝낸 유대인들이 가나안 땅으로 돌아올 것이라고 예언하였다. "**이 온 땅이 황폐하여 놀램이 될 것이며 이 나라들은 칠십 년 동안 바벨론 왕을 섬기리라**" (렘 25:11). **나 여호와가 이같이 말하노라 바벨론에서 칠십 년이 차면 내가 너희를 권고하고 나의 선한 말을 너희에게 실행하여 너희를 이곳으로 돌아오게 하리라**" (렘 29:10).

3) 유대인들이 바벨론에서 가나안 땅으로 돌아온 뒤에 선지자들이 남은 자들에게 하나님의 말씀을 전하였으나, 제사장은 성전에서 하나님께 제사를 드릴 수 없었다. 따라서 그들에게 필요한 것은 파괴된 성전을 다시 세우는 것이었다. 하나님은 그들에게 성전 건축을 허락하셨다. "**바사 왕 고레스는 말하노니 하늘의 신 여호와께서 세상 만국으로 내게 주셨고 나를 명하사 유다 예루살렘에 전을 건축하라 하셨나니 이스라엘의 하나님은 참 신이시라 너희 중에 무릇 그 백성 된 자는 다 유다 예루살렘으로 올라가서 거기 있는 여호와의 전을 건축하라 너희 하나님이 함께 하시기를 원하노라**" (스 1:2,3). 고레스의 명령에 따라서 바벨론에서 가나안 땅으로 돌아온 유대인들은 예루살렘에 제2성전을 세우기 시작하였다. 주전 539년에 고레스는 바벨론을 정복하고 유대인의 귀환과 성전의 재건을 허락하는 칙령을 공포하였다.[113] 주전 536년부터 성전건축이 시작되었으나, 주전 534년에 사마리아인의 방해로 공사가 중단되었다(스 4장). 그러나 주전 520

---

113) F. F. Bruce, Old Testament History, 유행열 역, 구약사, (기독교문서선교회,1978), p.135.

년 성전건축공사가 재개되어 주전 515년에 성전이 준공되었다.114) **"다리오왕 육 년 아달월 삼 일에 전을 필역하니라" (스 6:15).**

4) 성전이 재건되고 하나님을 섬기는 제사가 회복되었다. 이것은 흩어진 유대인들을 하나로 묶는 계기가 되었다. 남 왕국이 멸망하기 전에 다윗의 왕조를 중심으로 나라가 다스려지고 있었다. 제사장과 선지자가 있었으나 왕은 율법과 선지자의 말을 무시하고 나라를 통치하였다. 왕들은 정치적인 목적으로 이방여자와 결혼하고 우상을 섬겼다. 이러한 과정에서 제사장과 선지자들은 국가의 통치에 있어서 뒷자리에 물러나있었다. 그러나 바벨론 포로 이후 다윗의 왕조가 끊어졌으므로 흩어진 유대인들은 제사장과 선지자를 중심으로 하나님을 섬기며 주권이 없는 국가로 형성하기 시작하였다. 제사장과 선지자는 유대를 이끌어가는 두 개의 중심축이 되었다. 그러나 말라기 이후 선지자의 말씀이 끊어졌으므로 유대의 역사는 대제사장을 중심으로 전개되어 왔다.

5) 성전의 재건은 다윗 왕조의 후손인 스룹바벨에 의하여 주관되었다.115) 당시에 총독은 관할지역의 지방군 지휘권, 사법권 및 재정권을 가지고 있었으므로 스룹바벨은 예루살렘 지역의 총독으로서 그의 권한을 이용하여 성전을 건축하였다. 성전이 건축된 뒤에 사독계열의 여호수아가 대제사장이 되었다(학 1:1). 스룹바벨은 총독으로서 바사의 국법으로 군대를 지휘하여 질서를 유지하고 세금을 징수하였으며, 여호수아는 대제사장으로서 율법으로 유대인을 통치하였다. 왕이 없었으나 성전을 중심으로 하여 대제사장이 율법으로 유대를 통치하던 시대를 왕정시대와 구분하여 성전국가(temple-state) 또는 제사장의 나라라고 한다.116) 대제사장은 유대의 종교와 사회, 교육, 문화, 민사 등의 내정문제를 통치하였다.117)

6) 메대 바사와 헬라의 통치 아래서 유대는 어느 정도의 내부적 자율성을 누리고 있었다.118) 바사와 헬라는 유대의 종교문제에 대하여 자율성을 부여하였다. 바사의 고레

---

114) Ibid., p. 142.
115) Ibid., p. 138.
116) Ibid., p. 149.
117) Ibid., p. 164.
118) F. F. Bruce New Testament History, 나용화 역, 신약사, (기독교문서선교회, 1981), p. 19.

스는 성전재건과 유대인의 귀환을 허락하였으며(스 1:1~4), 다리오는 중단된 성전건축 공사를 재개할 것과 율법에 따라서 성전에서 하나님께 제사할 것을 명령하였다(스 6:1~12). 헬라시대에 톨레미 6세는 애굽의 레온토폴리스에 예루살렘 성전을 모형으로 하여 하나님의 전을 세우고 제사장으로 하여금 율법에 따라서 제사를 드리도록 하였다.119) 이러한 사건은 바사와 헬라가 유대에 종교적 자유를 보장하였다는 것을 의미한다.

7) 스룹바벨이 성전을 재건한 뒤에 에스라를 중심으로 하여 율법을 순종하려는 운동이 일어났다. 에스라가 바벨론에서 돌아왔을 당시에 유대사람들은 이방여자를 아내로 취하였다. 율법은 이방인과의 결혼을 금하고 있으므로(신 7:3,4), 에스라는 유대인들을 설득하여 이방여자와 이혼하게 하였다. 유대인들은 금식하며 이방여자를 아내로 맞이한 죄를 회개하였다. **"그 달 이십사 일에 이스라엘 자손이 다 모여 금식하며 굵은 베를 입고 티끌을 무릅쓰며 모든 이방 사람과 절교하고 서서 자기의 죄와 열조의 허물을 자복하고" (느 9:1,2).** 이 사건은 성전의 제사를 맡은 대제사장이 율법으로 유대인의 생활을 통치하는 서곡을 알리는 것이다. 예레미야는 제사장이 권력으로 백성을 통치할 것을 예언하였다. **"선지자들은 거짓을 예언하며 제사장들은 자기 권력으로 다스리며 내 백성은 그것을 좋게 여기니 그 결국에는 너희가 어찌 하려느냐" (렘 5:31).** 이로써 사무엘의 사후 역사 속으로 사라졌던 제사장의 나라가 다시 태어났다.

8) 포로 귀환 이후 무너진 성전이 재건되고 성전 제사가 회복됨으로, 사무엘이 죽음으로 단절된 제사장의 나라가 다시 세워졌다. 성전을 중심으로 제사장이 유대를 다스리는 것이 제사장의 나라이며 성전국가이다. 유대인들은 바벨론에서 예루살렘으로 돌아온 뒤에 성전을 건축하고 제사장이 성전을 중심으로 하여 유대인들을 통치하였다. 바사, 헬라, 로마제국은 치안유지와 조공을 거두는 일에 관심을 가지고 있었고 유대의 내부적인 일을 제사장에게 위임하였다. 제사장은 성전을 중심으로 사실상 유대인을 통치하였다.

9) 출애굽 이후 하나님께서 모세를 통하여 말씀하신 진정한 제사장의 나라가 바벨론 포로 이후 등장하였다. 모세가 성막에서 율법으로 이스라엘 백성을 다스리던 제사장의

---

119) F. F. Bruce, Old Testament History, 유행열 역, 구약사, (기독교문서선교회,1978), p. 82.

나라는 장차 그리스도께서 교회를 중심으로 하나님의 나라를 통치하실 것을 모형으로 보여준다. 모세는 율법으로 광야 교회를 다스렸다. 이와 같이 장차 오실 그리스도께서 자기의 몸인 교회를 복음으로 다스리실 것이다. 광야 교회는 유월절 어린 양의 피로써 세운교회이나, 그리스도의 교회는 그의 피로써 세운 교회이다. 그리스도는 대제사장으로서 자기의 교회를 통치하실 것이다. 바벨론 포로 이후 이스라엘의 역사는 그리스도의 교회의 정체성을 모형으로 보여준다.

(2) 성전국가의 붕괴와 산헤드린 공회

1) 바벨론 포로 귀환 이후 성전을 중심으로 대제사장이 유대사회를 통치하는 성전국가는 시간이 흐름에 따라서 붕괴의 과정을 겪게 되었다. 성전국가의 붕괴란 성전국가의 정체성의 상실을 의미한다. 성전국가의 정체성은 첫째, 율법으로 자기의 죄를 깨달은 자들의 모임이다. 둘째, 그들의 죄를 대속하기 위하여 오실 그리스도를 믿고 그의 오심을 소망하는 자들의 모임이다. 셋째, 성전을 중심으로 제사장에 의하여 통치 받는 자들의 모임이다. 곧 광야 교회를 의미한다. 바벨론 포로 귀환 이후 성전국가는 이 세 가지 조건의 정체성을 완전히 충족한 유대 공동체이었다.

2) 성전국가의 정체성이 시간이 흐름에 따라 무너지기 시작하였다. 예수 그리스도 시대에 성전국가는 그 정체성을 상실한 유명무실한 성전국가가 되었다. 성전국가의 붕괴 이유는 네 가지로 구분할 수 있을 것이다. 첫째, 바리새인들과 서기관들의 출현이다. 둘째, 제사장과 산헤드린 공회의 타락이다. 셋째, 성전 제사의 타락과 성전의 우상화이다. 넷째, 말라기 이후 선지자의 말씀이 끊어진 것이다.

3) 첫째, 바리새인들과 서기관들의 출현과 성전국가의 정체성의 관계를 살펴보자. 강대국의 지배를 받고 있던 유대인들의 소망은 그리스도의 오심과 이스라엘의 독립이다. 그들은 이스라엘이 멸망한 원인이 율법을 불순종한 죄, 특히 우상숭배에 있다는 것을 알았다. 선지자들은 이스라엘의 죄를 우상숭배, 안식일을 범하는 죄(겔 20:16), 하나님의 이름을 더럽히는 죄(말 1:6), 십일조를 도적질하는 죄(말 3:8)로 요약하였다. 따라서 바리새인들과 서기관들은 그리스도를 맞이하기 위하여 율법을 철저하게 순종하려고 하

였다. 그들은 율법으로 자신들의 행위를 의롭다고 착각하였다. 이로써 성전국가의 가장 기본적인 정체성이 무너졌다.

4) 바리새인들과 서기관들은 율법으로 자신의 죄를 깨닫지 못하였으므로 자신들을 의롭다고 믿었다. 그들은 자신들의 의로움을 타인에게 보이려고 율법을 순종하는 체하였다. 그들은 성전에서 자신의 의로움으로 나타내기 위하여 기도하였다. **"바리새인은 서서 따로 기도하여 가로되 하나님이여 나는 다른 사람들 곧 토색, 불의, 간음을 하는 자들과 같지 아니하고 이 세리와도 같지 아니함을 감사하나이다"** (눅 18:11). 그들은 자신의 의를 하나님께 자랑하였다. 그들은 타인에게 자신의 의로움을 보이기 위하여 십일조를 드렸다. **"화 있을찐저 외식하는 서기관들과 바리새인들이여 너희가 박하와 회향과 근채의 십일조를 드리되 율법의 더 중한바 의와 인과 신은 버렸도다 그러나 이것도 행하고 저것도 버리지 말아야 할찌니라"** (마 23:23). 믿음으로 세상에서 나와서 하나님께로 돌아왔다는 증거로 드리는 것이 십일조이다. 이것을 모르고 드리는 십일조는 "의와 신과 인을 버린 것이다."

5) 바리새인들과 서기관들은 율법으로 자신의 죄를 알지 못하였지만 그리스도의 오심을 기다렸다. 그들이 기다린 그리스도는 인류의 죄를 대속하실 분이 아니라 그들을 로마의 지배로부터 벗어나게 할 정치적인 그리스도이다. 그리스도께서 오시면 다윗의 왕위에 올라 이스라엘을 로마의 손으로부터 구원하실 것이며 그 나라는 영원할 것이다. 이것이 그리스도 당시에 거의 모든 유대인들이 가지고 있었던 메시아 대망 사상이었다. 따라서 예수님의 제자들도 정치적으로 높은 지위에 오르기를 원하였다. **"예수께서 가라사대 무엇을 원하느뇨 가로되 이 나의 두 아들을 주의 나라에서 하나는 주의 우편에, 하나는 주의 좌편에 앉게 명하소서"** (마 20:21).

6) 둘째, 제사장들과 산헤드린 공회의 타락을 살펴보자. 그리스도 당시에 제사장들은 성전에서 제사를 주관하며 공회의 구성원으로서 유대사회의 통치를 담당하였다. 성전에서 이루어지는 모든 일은 제사장의 허락이 있어야 한다. 제사장들은 성전에서 상인들이 장사하는 것을 허락하고 이익에 참여하였을 것이다. **"예수께서 성전에 들어가사 성전 안에서 매매하는 모든 자를 내어쫓으시며 돈 바꾸는 자들의 상과 비둘기 파는 자들의**

의자를 둘러 엎으시고" (마 21:12). 이 말씀은 상인들이 제사장의 허락을 받고 성전에서 장사하며 그 이익을 제사장과 공유하였다는 것을 의미한다. 제사장들은 재물을 얻기위하여 성전을 장사하는 곳으로 만들었다.

7) 율법을 통하여 자신의 죄를 알지 못한 산헤드린 공회의 구성원들은 율법으로 유대사회를 하나님의 뜻에 맞게 인도하지 못하였다. 대제사장을 의장으로 하는 산헤드린 공회는 성전국가를 이끌어가는 통치기구이다. 예루살렘의 산헤드린 공회는 에스라와 느헤미야 시대부터 시작되었다.[120] 당시에 예루살렘의 총독 스룹바벨은 유대인의 공동체와 함께 율법으로 유대를 통치하였다. 선지자들은 공회를 대표하는 스룹바벨에게 하나님의 말씀을 전하였다. 학개 선지자는 유대의 공동체를 대표하는 스룹바벨과 대제사장 여호수아에게 하나님의 말씀을 전하였다. **"다리오왕 이년 유월 곧 그 달 초하루에 여호와의 말씀이 선지자 학개로 말미암아 스알디엘의 아들 유다 총독 스룹바벨과 여호사닥의 아들 대제사장 여호수아에게 임하니라 가라사대" (학 1:1).** 스룹바벨이 죽은 뒤부터 대제사장이 공회의 수장으로 등장하였다.[121] 산헤드린 공회의 구성원들은 시대에 따라서 변화가 있었으나 대제사장들, 사두개파의 제사장들, 바리새인들, 서기관들 장로들이었다.[122]

8) 알렉산더 대왕과 동시대 인물 아브데라의 헤카테우스(Hecataeus of Abddera) 때부터 제사장들이 공회를 대표하기 시작하였다. 공회는 대제사장을 의장으로 하는 통치기구로서 율법에 따라서 유대의 신앙생활에 관한 모든 것을 결정하였다. 공회는 율법의 해석과 분쟁에 있어서 최종적인 판결을 내림으로 유대의 신앙생활에 절대적인 권한을 행사하였다.[123] 공회는 대제사장을 대표로 하여 유대공동체를 이끌어가는 실질적인 통치기구였다. 그러나 마카비 가문의 독립운동이 시작된 때 곧, 주전 167년부터 공회의 권한은 축소되기 시작하였다. 군대와 행정을 장악한 대제사장 시몬의 등장으로 산헤드린 공회의 권한은 축소되었다.[124] 그러나 하스몬가 왕조의 몰락으로 공회의 권력은 회복되

---

120) G. H. Twelftree, "Sanhedrin," ed., Joel B. Green, scot Mcnight and I. Howard Marshal, p. 542.
121) Ibid., p. 542.
122) Ibid., p. 543.
123) Ibid., p. 544.
124) Ibid., p. 542.

였다. 로마제국의 총독이 통치하는 기간 동안 대제사장과 산헤드린 공회는 성전국가 전체의 행정을 책임지게 되었다.125) 헤롯왕은 산헤드린 공회의 권한을 축소하였으나 그가 죽은 뒤에 공회의 권한은 다시 회복되었다.

9) 유대인들이 바벨론에서 귀환하여 성전을 건축한 이후부터, 대제사장은 성전국가의 통치자로서 유대사회에서 가장 중요한 역할을 담당하였다.126) 유대의 독립이 성취되었던 시대 곧, 하스몬가 왕조시대에 대제사장은 유대의 주권자인 동시에 군대의 총사령관이 되었다.127) 대제사장은 모든 제사를 주관하고 절기, 특별히 속죄일에 직접 지성소에 들어가 이스라엘의 죄를 위하여 송아지와 염소의 피를 뿌렸다. 왕은 없었지만 대제사장은 실질적인 유대의 왕으로서 대외적으로 국가를 대표하고 대내적으로 율법으로 나라를 통치하였다.

10) 주전 63년에 로마제국에 의하여 예루살렘이 정복됨으로 하스몬가 왕조는 막을 내렸다.128) 주전 37년에 로마제국은 헤롯을 유대의 왕으로 봉하였다. 로마제국과 헤롯의 통치시대에 대제사장은 세속적인 생활에 대한 권한을 상실하였으나 성전국가의 통치자로서 유대인의 종교생활에 막강한 권력을 행사하였다. 곧, 대제사장은 산헤드린 공회의 의장으로서 율법으로 유대인의 종교생활을 통치하였다. 로마제국은 산헤드린 공회의 권한을 종교생활에 국한시켰기 때문이다. 로마제국의 총독은 종교생활을 제외한 세속적인 일을 처리하였다. 예수 그리스도 당시에 공회의원은 71명이였으며 사두개파 제사장, 서기관, 장로 및 바리새인으로 구성되었다.129) 공회의 구성원들은 거의 대부분 율법의 행위로 자신들을 의롭다고 믿고 있었다. 대제사장과 공회가 타락하였으므로 그리스도를 죄인으로 정죄하여 사형선고를 내렸다. **"대제사장이 자기 옷을 찢으며 가로되 우리가 어찌 더 증인을 요구하리요 그 참람한 말을 너희가 들었도다 너희는 어떻게 생각하느뇨 하니 저희가 다 예수를 사형에 해당한 자로 정죄하고"(막 14:64).**

---

125) Ibid., p. 543.
126) F. F. Bruce New Testament History, op. cit., p. 79.
127) Ibid., p. 84.
128) F. F. Bruce, Old Testament History, op. cit., pp. 256~258.
129) E. Lohse, "συνέδριον," ed., Joel B. Green, scot Mcnight and I. Howard Marshall, p.1238.

11) 성전제사의 타락과 성전의 우상화에 대하여 살펴보자. 성전의 제사는 율법에 의하여 정죄 받은 죄를 전제로 한다. 죄가 없으면 제사를 드릴 필요가 없다. 그리스도 당시에 제사장들은 율법에 의하여 정죄 받은 죄를 위하여 제사를 드리지 아니하고 종교의식으로 제사를 드렸다. 율법의 행위로 자신을 의롭다고 믿고 있던 바리새인들과 서기관들도 성전에서 제사장을 통하여 제사를 드렸다. 제사에 드려진 소와 염소와 양은 이스라엘의 죄를 짊어지지 아니하였지만 죄가 있는 것처럼 죽었다. 성전 제사는 종교의식으로 전락하였다. 따라서 하나님은 성전에 두셨던 자기의 이름을 거두어 가셨다. 곧 성전은 하나님의 이름이 없는 단순한 건축물이 되었다. 그러나 유대인들은 성전에 하나님의 이름이 있는 것으로 착각하고 성전을 향하여 경배하였다. 이것은 성전이 아닌 단순한 건축물을 우상화하는 것이다. 따라서 하나님은 예루살렘 성전을 파괴하셨다. **"대답하여 가라사대 너희가 이 모든 것을 보지 못하느냐 내가 진실로 너희에게 이르노니 돌 하나도 돌 위에 남지 않고 다 무너뜨리우리라"** (마 24:2).

12) 넷째, 말라기 선지자 이후 선지자의 말씀이 끊어진 것이 성전국가의 붕괴의 원인이 되었다. 선지자들은 이스라엘 백성과 지도자들의 죄를 책망함으로 그들로 하여금 죄를 깨닫게 하였다. 나단 선지자는 다윗의 죄를 책망하였다. 말라기 이후 하나님의 말씀의 받은 선지자들이 나타났다면 바리새인들과 서기관들을 향하여 외식하는 자들이라고 책망하였을 것이다. 또한 선지자들은 제사장을 향하여 장사하는 자들이라고 책망하였을 것이다. 그러나 하나님은 선지자들을 보내지 아니하셨다.

13) 성전국가의 붕괴는 마지막 선지자 세례 요한의 탄생을 알리고 새로운 성전이 세워지며 그리스도의 피 위에 세울 하나님의 교회의 탄생을 알리는 전주곡이다. 하나님은 타락한 제사장의 직분을 폐하시고 아론의 후손 제사장의 아들 세례 요한을 보내실 것이다. 하나님은 타락한 제사장이 통치하는 성전국가를 폐하시고 그리스도의 피 위에 새로운 교회를 세우실 것이다. 하나님은 우상이 된 성전을 파괴하시고 영원한 성전을 건축하실 것이다.

(3) 이해를 위한 질문

 1) 성전국가의 재건

   a. 바벨론 포로 이후 이스라엘 백성이 우상숭배를 버린 이유는 무엇인가(겔 36:25~27).

   b. 바벨론에서 가나안 땅으로 돌아온 유대인들은 무너진 성전국가를 건설하였다. 성전국가의 특징은 무엇인가.

   c. 왜 왕정국가가 무너지고 성전국가가 건설되어야 하는가.

 2) 성전국가의 붕괴와 산헤드린 공회

   a. 성전국가의 정체성은 무엇인가

   b. 바리새인들과 서기관들이 외식한 이유는 무엇인가(마 23:27)

   c. 산헤드린 공회가 타락한 이유는 무엇인가.

   d. 성전의 제사가 타락한 이유는 무엇인가.

2. 구약성경의 확정과 세례 요한

(1) 구약성경의 확정과 복음전파의 길

 1) 말라기 선지자 이후 세례 요한까지 하나님의 예언이 끊어지므로 구약성경이 변경할 수 없게 확정되었다. 이 기간 동안 이스라엘은 진정한 신정국가로 다시 태어났으며, 하나님은 그리스도의 탄생과 복음의 전파를 위한 완전한 길을 준비하셨다. 신정국가는 장차 그리스도께서 그의 몸 된 교회를 통치하는 모형을 보여준다. 그리스도께서 대제사장으로서 자기의 피로 사신 교회를 진리로 통치하실 것이다.

 2) 말라기 선지자 이후 약 400년 동안 선지자의 예언이 끊어졌다. 구약성경을 기록한 모든 선지자들이 죽었으므로 예언의 말씀을 변경할 수 없게 되었다. 만약 선지자가 계속하여 나왔다면, 구약성경의 모든 예언이 조작되었을 것이라고 주장하는 학자들이 나타났을 것이다. 구약성경에는 인류의 역사에 대한 많은 예언이 기록되었다. 특히 다니엘서에는 바벨론, 바사, 헬라, 로마 및 그리스도의 탄생까지 국가의 흥망을 기록하였다. 말라기

이후 선지자의 예언이 계속되었다면 다니엘서는 조작되었다는 가설이 제기되었을 것이다.

3) 성경의 모든 예언의 말씀은 유언과 같다. 예언한 사람이 살아있으면 언제든지 그 예언을 변경할 수 있을 것이나 그 사람이 죽으면 그 예언은 확정된다. 말라기 이후 구약성경의 예언을 기록한 선지자들이 죽음으로 성경이 확정되었다.130) 히브리서 기자는 이렇게 기록하였다. **"유언은 유언한 자가 죽어야 되나니 유언은 그 사람이 죽은 후에야 견고한즉 유언한 자가 살았을 때에는 언제든지 효력이 없느니라"**(히 9:16,17). 하나님은 구약성경을 확정하신 뒤에 그리스도의 복음이 증거되기 위한 길을 준비하셨다.131)

4) 하나님은 구약성경을 확정하신 뒤에 그리스도의 복음이 전파될 길을 준비하셨다. 바벨론은 남 유다를 멸망시키고 예루살렘 성전을 파괴하고 유대인을 포로로 잡아 본국으로 끌고 갔다. 바벨론은 세 가지 측면에서 그리스도의 복음이 전파되는 길을 준비하였다. 첫째, 바벨론은 유대인의 우상숭배를 끝내게 하였다. 바벨론의 포로가 되었던 다니엘과 그의 친구들의 믿음은 우상숭배가 끝났음을 잘 보여준다. 둘째, 유대인의 바벨론 포로와 세계 각처로 흩어진 자들이다. 유대인들이 바벨론의 포로로 끌려가자 가나안 땅에 남은 자들은 바벨론의 칼을 두려워하여 아프리카와 소아시아 및 유럽으로 흩어지게 되었다. 셋째, 예루살렘 성전이 무너졌으므로 세계 각처로 흩어진 자들은 명절에 올라갈 성전이 없었다. 그들은 각처에 회당을 세우고 그곳에서 율법을 배우고 하나님을 찬양하며 예배를 드렸다. 성전의 제사가 회당의 예배로 바뀌었다. 흩어진 유대인과 회당은 사도 바울의 이방인의 전도를 위한 전진 기지로 사용되었다.

4) 바벨론의 뒤를 이은 바사는 파괴된 예루살렘 성전의 건축을 허용하였으며 제사장으로 하여금 성전을 중심으로 유대인을 다스리는 성전국가의 기초를 놓았다. 바벨론은 자신이 파괴한 성전의 재건을 허용할 수 없었다. 예루살렘 성전이 재건되려면 바벨론이 망해야 한다. 하나님은 바사의 다리오를 통하여 바벨론을 멸망시키셨다(단 5:30). 다리오왕의 뒤를 이은 고레스는 바벨론에 포로로 끌려온 유대인의 귀환과 파괴된 성전의 재건을 허락하였다(대하 36:22,23). 가나안 땅으로 돌아온 유대인들은 무너진 성전을 다시 건축하였

---

130) 구약석경은 영문으로 Old Testament라고 한다. Testament란 유언이다.
131) 졸저, 상세서, 3.3.2 참조.

고, 제사장이며 율법 학자인 에스라는 백성들에게 율법을 가르쳤으며 성전 제사를 회복하였다(스 7:10). 이때부터 제사장과 성전을 중심으로 하는 신정국가가 회복되었다. 바사시대에 제사장과 산헤드린 공회를 중심으로 하는 신정국가의 자치권이 허용되었다.

5) 구약성경에서 율법과 선지자의 글로 계시된 예언이 성취되려면 광야에서 모세를 통하여 보여주었던 제사장의 나라가 회복되어야 한다. 제사장의 나라는 인류의 죄를 짊어진 나라이다. 이스라엘 백성은 인류의 죄를 짊어져야 하고, 레위인은 백성의 죄를 짊어져야 한다. 제사장은 레위인을 대표하여 백성의 죄를 어린 양에게 옮겨놓아야 한다. 대제사장이 마지막으로 인류의 모든 죄를 그리스도께 옮겨놓음으로 그의 사역을 끝내야 한다. 곧, 율법, 선지자 및 제사장의 사명은 인류의 죄를 그리스도께 옮겨놓는 사역으로 종료된다.

6) 남 유다가 멸망하므로 왕정이 끝나고 제사장의 나라가 복원될 기틀이 마련되었다. 유대인들이 바벨론에서 가나안 땅으로 귀환 이후 파괴된 성전이 재건되고, 제사장이 성전을 중심으로 그들을 통치하는 진정한 제사장의 나라가 다시 태어났다. 하나님의 뜻에 맞는 제사장의 나라로서 인류의 죄를 그리스도께 옮겨놓고 사형을 선고하려면 두 가지 조건이 충족되어야 한다. 첫째, 타락하지 아니한 아론의 후손 제사장의 출현이다. 하나님은 이를 위하여 제사장의 아들인 세례 요한을 예비하셨다. 그는 아론의 후손으로서 모태로부터 성령이 충만하여 거룩하게 구별됨으로 마지막 대제사장으로서 사명을 완수하였다. 둘째, 다윗의 후손이 가나안 지역을 통치하는 왕으로 세움을 받지 아니하여야 한다. 로마는 에돔 족속인 헤롯을 가나안 지역을 통치하는 왕으로 임명하였다.[132] 만약 로마가 다윗의 후손을 왕으로 임명하였다면, 그리스도께서 오시지 아니하셨을 것이다.

7) 헤롯이 아닌 다윗의 후손이 가나안 지역을 통치하는 왕이 되었다면, 유대인들은 그 왕이 그리스도이거나 그의 후손으로 그리스도께서 오실 것이라고 믿었을 것이다. 유대인들은 오직 다윗의 후손 왕에게 관심을 집중하고 있었을 것이다. 예수께서 천국복음을 전파하실 때 사람들은 큰 관심을 가지지 아니하였을 것이다. 또한 예수 그리스도께서 부활하신 뒤에 사도들이 복음을 증거할 때, 그 왕은 잔인하게 사도들을 박해하였을 것이다.

---

[132] F. F. Bruce New Testament History, 유행열 역, 구약사, (기독교문서선교회, 1981), p. 271.

다윗의 후손 왕은 자기의 후손으로 그리스도가 오실 것이라고 착각을 하고 있을 것이기 때문이다. 따라서 하나님은 에돔 족속 헤롯을 왕으로 세우셨다고 말할 수 있다.

8) 유대인들은 선지자들의 예언대로 다윗의 후손으로 오실 그리스도를 대망하였다. 에돔 족속이 아닌 다윗의 후손이 왕으로 임명되었다면, 유대인들은 그를 그리스도로 알고 따랐을 것이며 그가 그리스도를 재판하여 사형을 선고하고 로마 총독 빌라도에게 넘겼을 것이다. 그러면 (레 16:21)의 예언은 성취되지 아니하였을 것이며 그리스도께서 인류의 죄를 대속하지 못하셨을 것이다. 대제사장은 율법으로 그리스도를 죄인으로 판결하고 죽음에 넘겨야 하기 때문이다. 로마정부가 가나안 지역을 통치하는 왕으로 헤롯을 세운 것은 구약성경의 예언을 이루기 위함이다.

8) 제사장의 나라는 가장 발달된 문명 속에서 문화생활을 누리며 살아야 한다. 하나님의 아들은 가장 발달된 문명국가를 통하여 오셔야 하기 때문이다. 그리스도께서 (창 1:28)의 말씀을 가장 잘 순종하는 국가를 통하여 오실 것이다. 따라서 제사장을 중심으로 하는 신정국가는 세상에서 가장 강대국인 바사, 헬라 및 로마제국의 보호를 받으며 자치권을 가지고 그리스도의 오실 길을 준비하였다. 이것은 장차 그리스도를 믿는 반석 위에 세워질 교회와 세상 나라의 관계를 모형으로 보여준다. 그리스도의 교회는 대제사장인 그리스도의 통치를 받는 하나님의 나라이다. 그리스도의 교회는 세상 나라 가운데서 독자적인 자치권을 가지고 그리스도의 재림의 길을 준비하고 있다. 제사장을 중심으로 하는 신정국가를 보호한 바사와 헬라와 로마제국은 당시에 가장 강한 국가이었다. 이것은 교회를 보호하는 국가는 강대국이 된다는 것을 모형으로 보여준다.

9) 로마 제국은 그리스도께서 죽으시기 전까지 제사장을 중심으로 하는 신정국가를 보호하였다. 그러나 그리스도의 죽음으로 탄생한 교회를 무자비하게 박해하였다. 비록 주후 380년 로마제국은 기독교를 국교로 정하였다. 이로써 기독교를 빙자한 이방종교가 탄생하였다. 로마제국이 교회를 박해할 때 복음은 성령으로 빠르게 전파되었다. 그러나 로마제국이 기독교를 국교화한 이후 복음은 국법으로 전파되었다. 따라서 기독교는 성령의 역사가 없는 이방종교로 전락하였다. 로마제국은 서로마제국과 동로마제국으로 분열되었고 서로마는 게르만 민족에 의하여 멸망하였다. 동로마제국도 오스만 터키에 의하여

멸망하였다. 교회를 박해한 로마제국은 강대국의 자리에서 물러나 약소국가로 전락하였다.

10) 종교개혁 이후 교회는 영국과 미국을 중심으로 크게 성장하였다. 교회의 성장과 맥을 같이하여 이들 국가는 강대국의 반열에 올라섰다. 교회는 강대국의 보호를 받으며 성장하는 것이 하나님의 뜻이다.133) 이스라엘의 역사는 이것을 웅변적으로 보여준다. 신정국가의 정체성을 온전히 확립한 다윗시대에 이스라엘의 영토는 확장되었고 강대국으로 발돋음하였다. 신정국가의 정체성을 잃어버렸을 때 이스라엘은 약소국가가 되었다. 강대국의 역사는 광야 교회와 그리스도의 교회를 중심으로 그 흥망성쇠가 좌우되고 있다. 보이지 아니하는 하나님의 말씀이 보이는 세계를 통치하고 있다.

11) 최근 종교다원주의와 동성애를 합법화하는 차별금지법을 입법화한 국가에서 교회는 급속히 붕괴되고 있다. 인권이란 명분으로 동성애를 지지하는 개신교 교단이 증가하고 있다. 이와 보조를 같이하여 동성애를 합법화한 국가의 국력이 급속하게 쇠퇴하는 것을 경험하고 있다. 세상은 국력을 위하여 경제력과 군사력을 증강시키고 있지만, 하나님은 교회를 통하여 국가의 흥망성쇠를 결정하신다. 국가의 운명은 교회의 흥망성쇠와 맥을 같이한다는 사실이 성경을 통하여 계시되고 있다.

(2) 마지막 선지자 세례 요한의 탄생

1) 구약시대에 성령의 감동하심으로 선지자들은 그리스도의 오심을 증거하였다. 그들은 그리스도를 보지 못하였고 그의 말씀을 듣지 못하였다. 그들은 언젠가 인류의 죄를 대속하실 그리스도의 오심을 예언하였다. 그들은 이스라엘 백성으로 하여금 오실 그리스도의 길을 준비하게 하였다. 이제 그리스도께서 오시면, 마지막 선지자가 그리스도 앞에 와서 그리스도께서 오셨다고 선언함으로 율법과 선지자들의 모든 사명을 완성하여야 한다. 이를 위하여 하나님은 세례 요한을 마지막 선지자로 택하셨다.

2) 구약성경은 그리스도 앞에 선지자가 온다고 예언함으로 끝을 맺는다. **"보라 여호와의 크고 두려운 날이 이르기 전에 내가 선지 엘리야를 너희에게 보내리니 그가 아비의**

---

133) 기독교를 박해한 공산주의가 몰락의 길을 걷게 된 이유는 교회의 쇠퇴가 그들의 발목을 잡았기 때문이다. 자유민주주의 국가는 교회의 성장과 맥을 같이하여 성장하여왔다.

마음을 자녀에게로 돌이키게 하고 자녀들의 마음을 그들의 아비에게로 돌이키게 하리라 돌이키지 아니하면 두렵건대 내가 와서 저주로 그 땅을 칠까 하노라 하시니라" (말 4:5,6). "여호와의 크고 두려운 날"이란 그리스도의 오심을 의미한다. 우주는 그리스도께서 육신으로 임하실 공간과 장소로 창조되었다. 하나님은 타락한 천사들을 영원한 결박으로 흑암인 우주에 가두시고 사람을 자기의 형상으로 창조하신 뒤에 창세전에 작정하신 뜻을 성취하기 위하여 그리스도를 보내신 날은 크고 두려운 날이다. 만물을 창조하신 하나님, 곧 만물을 통치하시는 하나님께서 천사들과 함께 육신으로 오신 날이 우주 역사상 가장 두려운 날이다. 모형과 그림자로 계시된 하나님께서 육신으로 오셔서 자기의 실제 모습을 나타내셨다.

3) "선지자 엘리야"는 구약성경의 선지자를 대표한다. 엘리야는 왕과 이스라엘 백성 앞에서 하나님께 번제를 드리고 이방신의 선지자들을 죽였다. 그가 드린 번제는 장차 그리스도께서 인류의 죄를 대속하기 위하여 드릴 속죄제를 모형으로 보여준다. 그가 이방신의 선지자들을 죽인 것은 장차 그리스도께서 마귀를 심판하고 그의 권세를 박탈하실 것을 모형으로 보여준다. 엘리야는 십자가에 못 박히심으로 하나님의 뜻을 성취하실 그리스도의 사역을 요약하여 모형으로 보여줌으로 구약시대의 선지자를 대표한다. 선지자 엘리야는 그리스도의 사역을 모형으로 보여주었지만, 그리스도의 사역을 실상으로 보여줌으로 선지자들의 예언을 끝낼 마지막 선지자가 와야 한다. 그가 세례 요한이다.

4) 마지막 선지자의 사역은 아비의 마음을 자녀에게로 돌이키게 하고 자녀들의 마음을 아비에게로 돌이키게 하는 것이다. 아비의 마음이란 그리스도를 보내신 하나님 아버지의 마음이다. 자녀란 하나님의 자녀로 택함을 받은 자들을 의미한다. "아비의 마음을 자녀에게로 돌이키다"란 그리스도를 통하여 택함을 받은 자들을 구원하는 하나님의 사랑을 의미한다. "자녀들의 마음을 그들의 아비에게로 돌이키다"란 택함을 받은 자들로 하여금 그리스도의 피로 나타난 하나님의 사랑을 알고 하나님께 돌아오는 것을 의미한다. 하나님께 돌아오지 아니하는 자는 저주를 받을 것이다. 세례 요한은 이 사명을 맡은 마지막 선지자로 택함을 받았다.

5) 성경에서 이삭, 세례 요한 및 그리스도의 탄생이 예언되었다. 이삭의 탄생은 그리스도

의 탄생을 예표로 보여준다. 아브라함과 사라는 생리적으로 이삭을 잉태할 수 없었으나 하나님의 말씀과 믿음으로 잉태하였다. 모리아산에서 이삭은 번제의 제물이 됨으로 인류의 죄를 대속하기 위하여 속죄제물이 되신 그리스도를 모형으로 보여주었다. 모든 선지자 가운데 특별히 세례 요한의 탄생이 예언되었다. 이것은 세례 요한의 사역을 강조하기 위한 것으로 해석된다. 세례 요한의 부모는 아론의 후손이며 그의 부친 사가랴는 제사장이었다. 사가랴가 성소에 들어가 분향할 때, 천사가 하나님의 말씀을 전하였다. **"천사가 일러 가로되 사가랴여 무서워 말라 너의 간구함이 들린지라 네 아내 엘리사벳이 네게 아들을 낳아 주리니 그 이름을 요한이라 하라"** (눅 1:13). 사가랴가 낳을 아들은 말라기 선지자의 예언을 성취할 선지자이다. **"저가 또 엘리야의 심령과 능력으로 주 앞에 앞서 가서 아비의 마음을 자식에게, 거스리는 자를 의인의 슬기에 돌아오게 하고 주를 위하여 세운 백성을 예비하리라"** (눅 1:17). 이 말씀은 말라기의 예언과 일치한다. 제사장으로서 구약성경의 예언을 알고 있으며 그리스도의 오심을 사모하던 사가랴에게 하나님의 말씀은 충격적이었을 것이다. 장차 자신이 낳을 아들이 선지자 엘리야와 같은 선지자로서 그리스도의 길을 준비한다는 사실을 받아드리지 못한 사가랴는 벙어리가 되었다.

6) 세례 요한은 모태로부터 성령의 충만함을 입었다. 그는 일생동안 포도주나 소주를 마시지 아니할 것이며 이스라엘 자손을 하나님께 돌아오게 할 것이다. **"이는 저가 주 앞에 큰 자가 되며 포도주나 소주를 마시지 아니하며 모태로부터 성령의 충만함을 입어 이스라엘 자손을 주 곧 저희 하나님께로 많이 돌아오게 하겠음이니라"** (눅 1:15,16). 세례 요한이 모태에서 거룩하게 구별되어 성령의 감동을 받았다. 따라서 그는 모태에서 마리아의 태속에 있는 그리스도를 만났을 때 기뻐하였다. **"엘리사벳이 마리아의 문안함을 들으매 아이가 복중에서 뛰노는지라 엘리사벳이 성령의 충만함을 입어"** (눅 1:41). 세례 요한은 모태로부터 성령 충만함을 입었다는 것은 그리스도를 증거한 그의 모든 말씀이 하나님의 말씀이라는 것을 의미한다.

7) 세례 요한이 태어났을 때, 사가랴는 그의 아들이 증거할 그리스도에게 대하여 예언하였다. **"찬송하리로다 주 이스라엘의 하나님이여 그 백성을 돌아보사 속량하시며 우리를 위하여 구원의 뿔을 그 종 다윗의 집에 일으키셨으니"** (눅 1:68,69). 이 말씀은 그리스도

께서 인류의 죄를 대속하신다는 말씀이다. 성경의 예언대로 그리스도는 다윗의 집에서 태어나실 것이다. 그리스도의 오심은 선지자들의 예언의 성취이다. **"이것은 주께서 예로부터 거룩한 선지자의 입으로 말씀하신 바와 같이 우리 원수에게서와 우리를 미워하는 모든 자의 손에서 구원하시는 구원이라 우리 조상을 긍휼히 여기시며 그 거룩한 언약을 기억하셨으니 곧 우리 조상 아브라함에게 맹세하신 맹세라"(눅 1:70~73)**. 성경의 예언대로 세례 요한은 그리스도 앞에 와서 그의 길을 예비할 것이다. **"이 아이여 네가 지극히 높으신 이의 선지자라 일컬음을 받고 주 앞에 앞서 가서 그 길을 예비하여"(눅 1:76)**. 세례 요한은 하나님께서 그리스도를 통하여 주의 백성을 구원하실 것을 선포할 것이다. **"주의 백성에게 그 죄 사함으로 말미암는 구원을 알게 하리니"(눅 1:77)**.

8) 세례 요한이 잉태하므로 그리스도께서 오실 모든 길이 준비되었다. 세례 요한은 그리스도께서 오심을 예비할 마지막 선지자로 부르심을 받았다. 그리스도께서 공생애를 시작하기 전에 세례 요한은 회개의 세례를 전파하고 그리스도께 세례를 줌으로 마지막 선지자로서 사명을 다하였다. 그리스도께서 세상 죄를 짊어지고 가는 하나님의 어린 양이심을 선포하므로 세례 요한은 모든 선지자의 예언의 말씀을 요약하였다(요 1:29).

(3) 이해를 위한 질문

1) 구약성경의 확정

a. 말라기 이후 선지자의 예언이 종료됨으로 구약성경이 확정된 이유는 무엇인가.

b. 신정국가로서 유대인들은 제사장의 통치를 받았다. 신정국가는 그리스도의 오심을 준비하는 마지막 길을 준비하였다. 그 이유는 무엇인가(레 16:21).

c. 말라기로부터 그리스도까지를 선지자의 예언이 끊어진 암흑기라고 한다. 이 기간에 그리스도의 복음 전파를 위하여 이루어진 일은 무엇인가.

d. 다윗의 후손이 아닌 에돔 족속 헤롯이 왕이 된 이유는 무엇인가.

2) 마지막 선지자 세례 요한의 탄생

a. 그리스도께서 오시기 전에 마지막 선지자가 와야 하는 이유는 무엇인가(말 4:5,6).

b. 엘리야 선지자가 구약시대의 선지자를 대표하는 이유는 무엇인가.

c. 세례 요한의 직분은 무엇인가

3. 세례 요한의 사역과 그리스도

(1) 세례 요한의 선지자 사역

1) 세례 요한의 직분은 선지자와 제사장의 사역으로 구분할 수 있다. 선지자로서 직분은 구약성경을 통하여 계시된 모든 선지자들의 예언을 종합하여 결론을 내리는 것이다. 제사장으로서 직분은 율법과 양심에 의하여 정죄 받은 죄를 그리스도의 머리에 옮겨놓는 것이다. 세례 요한은 모든 사람이 자신의 죄를 회개하고 그리스도를 맞이하라고 선포하였다. 그리고 그는 그리스도의 직분에 대하여 예언하였다.

2) 세례 요한은 천국이 가까이 왔다고 선포하였다. **"회개하라 천국이 가까왔느니라 하였으니"** (마 3:2). "천국이 가까웠느니라"란 예수 그리스도의 오심을 의미한다. "천국"이란 하늘나라의 권세를 가지고 오신 그리스도를 의미한다. 만물을 창조하신 그리스도께서 만물을 통치하는 권세를 가지고 오신 것은 하늘나라가 임한 것이다. 그리스도는 만물을 심판하시는 권세를 가지고 오셨다. **"아버지께서 아무도 심판하지 아니하시고 심판을 다 아들에게 맡기셨으니"** (요 5:22). 그리스도는 자기의 죄를 고백하고 용서를 구하는 자의 죄를 사하실 것이나 그렇지 아니하는 자들을 심판하실 것이다. 따라서 세례 요한은 이스라엘 백성들에게 회개를 촉구하였다.

3) 예수 그리스도의 오심이 천국의 임함이라면, 구약시대에 천국은 임하지 아니하였다는 것을 의미한다. 구약시대에는 천국이 모형과 그림자로 임하였다. 구약시대에는 하나님의 나라가 사람과 율법을 통하여 모형과 그림자로 임하였다. 첫째, 하나님은 사람을 자기의 형상으로 창조하시고 사람에게 땅을 정복하고 모든 동물을 다스리는 권세를 주셨다(창 1:28). 사람은 이 권세를 통하여 만물을 통치하는 그리스도의 권세를 모형과 그림자로 보여준다. 둘째, 율법을 통하여 하늘나라의 권세를 모형과 그림자로 계시되었다. 구약시대에 만물을 통치하는 율법이 이스라엘 백성에게 주어졌고 선지자들이 많은 이적과 기사를 행하였다. 구약시대에 창조사역을 제외한 하나님의 모든 말씀은 천사를 통하여 주신

말씀이다. 하나님께서 모세에게 율법을 직접 말씀하시지 아니하고 천사를 통하여 말씀하셨다(행 7:53). **"그런즉 율법은 무엇이냐 범법함을 인하여 더한 것이라 천사들로 말미암아 중보의 손을 빌어 베푸신 것인데 약속하신 자손이 오시기까지 있을 것이라"** (갈 3:19).

4) 하나님은 율법으로 그의 백성을 다스림으로 하늘나라의 권세를 보이셨다. 출애굽 이후에는 모세를 통하여, 가나안 땅의 정복시에는 여호수아를 통하여, 사사 시대에는 사사를 통하여, 왕정 시대에는 왕을 통하여 하늘나라의 권세가 모형과 그림자로 임하였다. 또한 하나님은 선지자들을 통하여 하늘나라의 권세를 모형으로 보이셨다. 하나님은 율법으로 직접 이스라엘 백성을 통치하신 것이 아니라 모세, 여호수아, 사사, 선지자 및 왕을 통하여 자신의 권세를 보이셨다. 하나님은 기름부음을 받은 자를 중보로 하여 이스라엘 백성을 통치하셨다. 따라서 율법에 의한 모든 제사의식, 절기, 먹고 마시는 것 그리고 할례는 모두 모형과 그림자이다(히 10:1). 곧 구약시대에는 기름부음을 받은 자들을 통하여 하늘나라의 권세가 모형으로 임하였다. 그러나 그리스도께서 직접 진리로 만물을 통치하신다. 곧 만물을 창조하신 하나님께서 직접 육신을 입고 오셔서 만물을 통치하는 하늘나라의 권세를 직접 보이셨다. 이런 의미에서 그리스도의 오심은 천국의 임재를 의미한다.

5) 세례 요한은 유대인을 향하여 하나님의 나라가 가까이 왔으므로 회개의 세례를 선포하였다. **"요한이 요단강 부근 각처에 와서 죄 사함을 얻게 하는 회개의 세례를 전파하니"** (눅 3:3). 율법은 정죄하는 언약이지만 죄를 사하는 말씀이 아니다. 율법은 모든 죄인에게 거룩한 피를 흘리는 제사를 요구한다. **"율법을 좇아 거의 모든 물건이 피로써 정결케 되나니 피 흘림이 없은즉 사함이 없느니라"** (히 9:22). 거룩한 피로써 죄를 없이하는 것이 창세전에 작정된 하나님의 뜻이다. 성전과 제사 제도는 이것을 웅변적으로 보여주고 있다. 구약시대에 믿음으로 의롭다함을 받은 자들은 죄를 용서받는 것이 아니라 죄의 형벌을 면제 받은 것이다. 의롭다함을 받은 자들이 죄를 범하였지만 하나님은 그들의 죄를 눈감아주셨다. 따라서 그들은 율법으로 자신의 죄를 깨닫고 장차 오실 그리스도를 사모하였다. 다윗은 믿음으로 의롭다함을 받았으나 율법에 의하여 정죄 받은 죄가

항상 주 앞에 있다고 고백하였다. **"대저 나는 내 죄과를 아오니 내 죄가 항상 내 앞에 있나이다"** (시 51:3).

6) 모든 사람이 율법으로 정죄 받는 죄를 인정하고 하나님 앞에서 죄를 고백하면, 인류는 죄인으로 평등하게 된다. 곧, 하나님 앞에서 높고 낮은 사람이 없다. 세례 요한은 모든 사람을 정죄하여 하나님 앞에서 인류가 평등하다고 선포하였다. 이것은 선지자 이사야의 예언이다. **"선지자 이사야의 책에 쓴바 광야에 외치는 자의 소리가 있어 가로되 너희는 주의 길을 예비하라 그의 첩경을 평탄케 하라 모든 골짜기가 메워지고 모든 산과 작은 산이 낮아지고 굽은 것이 곧아지고 험한 길이 평탄하여질 것이요"** (눅 3:4,5). "모든 골짜기가 메워지고"란 자신의 죄를 알고 절망하던 창기, 세리 및 평민들이 그리스도에 의한 구원의 소망을 가지는 것을 의미한다. 당시에 창기들과 세리들은 자타가 공인하는 죄인이었다. 그들은 구원의 소망이 없이 절망 가운데 살았다. 그들이 구원의 소망을 가지고 죄를 고백한다면 그리스도의 피로써 구원을 얻을 것이다.

7) "모든 산과 작은 산이 낮아지고"란 율법으로 자신의 죄를 깨닫지 못하고 자신의 행위를 의롭다고 여기는 자들이 자신의 죄를 고백하는 것을 의미한다. 당시에 바리새인들과 서기관들은 율법의 행위로 자신을 의롭다고 믿고 있었으므로 다른 사람보다 자신을 높은 사람으로 착각하였다(눅 18:9). 따라서 그들이 다른 사람을 무시하고 높은 자리에 앉으려고 하였으며 죄인으로 인정된 사람과 식사도 같이하지 아니하였다. 그들이 율법으로 자신의 죄를 깨닫고 구원을 사모한다면 하나님 앞에서 창기나 세리의 위치까지 내려오는 것이다. 모든 사람이 율법으로 자신의 죄를 깨닫고 구원을 사모하는 것은 그리스도를 맞이할 준비를 하는 것이다. 이러한 조건이 충족되면 모든 사람은 그리스도를 통하여 하나님의 구원을 볼 것이다. **"모든 육체가 하나님의 구원하심을 보리라 함과 같으니라"** (눅 3:6).

8) 세례 요한은 바리새인과 사두개인을 독사의 자식이라고 선언하였다. **"요한이 많은 바리새인과 사두개인이 세례 베푸는데 오는 것을 보고 이르되 독사의 자식들아 누가 너희를 가르쳐 임박한 진노를 피하라 하더냐"** (마 3:7). "독사의 자식"이란 장차 그리스도를 십자가에 못 박을 자를 의미한다. (창 3:15)의 말씀에 의하면 뱀의 후손이 그리스도의

발꿈치를 상하게 할 것이다. 그들이 회개하지 아니하고 그리스도를 십자가에 못 박는다면 하나님의 심판의 진노가 그들에게 임할 것이다. 세례 요한은 바리새인과 사두개인에게 회개를 촉구하였다. **"그러므로 회개에 합당한 열매를 맺고"** (마 3:8). "회개의 열매"란 그리스도의 피를 통한 구원이다. 하나님은 아브라함의 육신의 후손뿐만 아니라 이방인도 구원하실 것이다. **"속으로 아브라함이 우리 조상이라고 생각지 말라 내가 너희에게 이르노니 하나님이 능히 이 돌들로도 아브라함의 자손이 되게 하시리라"** (마 3:9). "돌들"이란 아브라함의 후손이 아닌 이방인을 의미한다.

  9) 자기의 죄를 회개하면 맞이할 천국은 성령을 의미한다. 곧 그리스도는 부활 승천하신 뒤에 믿는 자들에게 성령과 불로 세례를 주실 것이다. **"나는 너희로 회개케 하기 위하여 물로 세례를 주거니와 내 뒤에 오시는 이는 나보다 능력이 많으시니 나는 그의 신을 들기도 감당치 못하겠노라 그는 성령과 불로 너희에게 세례를 주실 것이요"** (마 3:11). 물로 받는 세례는 육체의 눈으로 볼 수 있는 의식이다. 그러나 성령과 불로 받는 세례는 영적인 것으로 성령을 받고 육체의 정욕이 율법에 의하여 정죄를 받아 십자가에 못 박히는 것을 의미한다.134) 성령의 세례란 믿는 자들이 성령 안으로 들어감으로 그들의 심령이 성령의 매임을 받는 것을 의미한다. 불의 세례란 불 속으로 들어감으로 육체의 정욕이 불타서 없어지는 것을 의미하다.

  10) 세례 요한은 그리스도의 재림에 관하여 예언하였다. **"손에 키를 들고 자기의 타작마당을 정하게 하사 알곡은 모아 곡간에 들이고 쭉정이는 꺼지지 않는 불에 태우시리라"** (마 3:12). "자기의 타작 마당"이란 그리스도께서 다시 오신 뒤에 있을 마지막 심판을 의미한다. "쭉정이"란 예수 이름을 부르는 자들 가운데 아버지의 뜻을 행하지 아니한 자들로서 염소로 분류된 자를 의미한다. "알곡"이란 아버지의 뜻을 행한 자로서 양으로 분류된 자들을 의미한다. **"나더러 주여 주여 하는 자마다 천국에 다 들어갈 것이 아니요 다만 하늘에 계신 내 아버지의 뜻대로 행하는 자라야 들어가리라"** (마 7:21).

  11) 세례 요한은 마지막 선지자로서 모든 선지자의 예언을 요약하여 회개를 선포하였다. 회개하는 자만이 구세주이신 그리스도를 맞이할 수 있다. 율법의 행위로 자신을 의롭다

---

134) 졸저, 상게서, 6.1.1 참조

고 믿는 자들에게 구세주이신 그리스도는 필요치 아니하다. 세례 요한은 그리스도의 부활과 승천 이후에 임하실 성령에 대하여 예언하였다. 동시에 그는 그리스도의 재림 이후에 있을 마지막 심판에 대하여 예언하였다.

(2) 세례 요한의 제사장 사역

1) 세례 요한은 아론의 후손 제사장의 아들로서 제사장의 직분을 받았다. 하나님은 이스라엘 백성을 제사장의 나라로 택하여 부르셨다. 제사장의 나라란 인류의 죄를 짊어진 나라를 말한다. 이제 이스라엘 백성이 짊어진 인류의 모든 죄를 그리스도께 옮겨놓아야 한다. 이 사역이 세례 요한에게 주어졌다. 그는 아론의 후손 제사장의 아들로서 하나님 앞에서 인류의 죄를 그리스도께 옮겨놓고 그리스도를 향하여 세상 죄를 지고 가는 하나님의 어린 양이라고 선포하였다. 그는 구약성경의 모든 예언을 요약하여 결론을 내렸다. 이로써 그리스도에 대한 모든 예언이 완성되었다.

2) 하나님은 이스라엘 백성을 제사장의 나라로 부르셨다(출 19:6). 그들은 인류의 죄를 짊어지기 위하여 어린 양의 피로 모든 죄를 대속하고 애굽에서 광야로 나왔다. 그들이 짊어진 인류의 죄의 내용을 알게 하는 말씀이 율법이다. 하나님은 이스라엘 백성이 제사장의 나라임을 선포하신 뒤에 율법을 주셔서 그들로 하여금 죄를 알게 하셨다. 율법은 하나님의 양심을 성문화한 것으로 모든 사람의 생각, 마음 및 언행을 객관적이고 통일적으로 정죄한다. 하나님은 이스라엘 백성의 모든 죄를 그들의 장자에게 옮기셨다. 이제 이스라엘 백성의 장자들은 형제의 모든 죄를 짊어지고 죽임을 당하여야 한다. 하나님은 레위자손을 택하여 이스라엘 백성의 장자를 대신하게 하셨다. **"보라 내가 이스라엘 자손 중에서 레위인을 택하여 이스라엘 자손 중 모든 첫 태에 처음 난 자를 대신케 하였은즉 레위인은 내 것이라"** (민 3:12).

3) 레위 자손들이 이스라엘 백성의 장자를 대신하여 백성들의 죄를 짊어지는 의식을 거행하였다. 이스라엘 백성은 레위 자손에게 안수함으로 자신들의 죄를 레위 자손의 머리에 옮겨놓았다. **"레위인을 여호와 앞에 나오게 하고 이스라엘 자손으로 그들에게 안수케 한 후에"** (민 8:10). 인류의 모든 죄가 장자인 이스라엘 백성에게로 옮겨졌고,

백성들이 짊어진 죄가 레위 자손에게로 옮겨졌다. 레위 자손들은 수송아지들의 머리에 안수하여 그들의 모든 죄를 수송아지들의 머리에 옮겨놓았다. **"레위인으로 수송아지들의 머리에 안수케 하고 네가 그 하나는 속죄제물로, 하나는 번제물로 여호와께 드려 레위인을 속죄하고"** (민 8:12). 이로써 인류의 모든 죄가 대속되었다.

4) (민 8:10,12)의 정결의식을 거듭거듭 행하는 것은 많은 시간과 노력이 소요된다. 따라서 하나님은 레위인을 대표하여 대제사장에게 이스라엘 백성이 짊어진 죄를 송아지와 염소의 머리에 옮겨놓게 하셨다. 이것이 속죄일의 제사이다. 속죄일을 통하여 계시된 그리스도의 제사장 직분을 살펴보자. 속죄일은 종교력으로 7월 10일이다. 이날 제사장들은 나팔을 불었다. **"칠월 십일은 속죄일이니 너는 나팔 소리를 내되 전국에서 나팔을 크게 불찌며"** (레 25:9). 나팔 소리가 들리면 백성들은 금식하며 회개하였다. **"칠월 십일은 속죄일이니 너희에게 성회라 너희는 스스로 괴롭게 하며 여호와께 화제를 드리고"** (레 23:27). "스스로 괴롭게 하다"란 금식하는 것을 의미한다. **"나는 그들이 병들었을 때에 굵은 베 옷을 입으며 금식하여 내 영혼을 괴롭게 하였더니 내 기도가 내 품으로 돌아왔도다"** (시 35:13).

5) 속죄일에 대제사장은 송아지의 피를 가지고 지성소에 들어가서 자기의 죄를 속하였다. 그리고 그는 여호와 하나님을 위하여 제비뽑은 염소의 피를 가지고 지성소에 들어가서 이스라엘 백성의 죄를 속하였다. **"그는 또 수송아지의 피를 가져다가 손가락으로 속죄소 동쪽에 뿌리고 또 손가락으로 그 피를 속죄소 앞에 일곱 번 뿌릴 것이며 또 백성을 위한 속죄제 염소를 잡아 그 피를 가지고 휘장 안에 들어가서 그 수송아지 피로 행함 같이 그 피로 행하여 속죄소 위와 속죄소 앞에 뿌릴지니"** (레 16:14,15). 대제사장은 송아지의 피로써 자신을 거룩하게 하였으므로 이스라엘 백성들이 금식하며 회개한 죄를 짊어질 수 있었다. 지성소에서 나온 뒤에 대제사장은 아사셀을 위하여 제비를 뽑은 염소의 머리에 안수하여 백성의 모든 불의와 죄를 염소의 머리에 옮겨놓았다. **"아론은 그의 두 손으로 살아 있는 염소의 머리에 안수하여 이스라엘 자손의 모든 불의와 그 범한 모든 죄를 아뢰고 그 죄를 염소의 머리에 두어 미리 정한 사람에게 맡겨 광야로 보낼지니"** (레 16:21).

6) 속죄일에 드리는 제사는 그리스도의 속죄사역을 모형으로 보여준다. 그리스도께서 인류의 죄를 짊어지려면 아론의 후손 대제사장이 그리스도의 머리에 안수하여야 한다. 이 직분이 세례 요한에게 주어졌다. 당시에 대제사장이 있었음에도 불구하고 하나님께서 세례 요한을 택하신 이유는 성전 제사와 제사장의 타락이다. 바벨론에서 가나안 땅으로 돌아온 유대인들은 성전을 재건하고 제사장을 중심으로 하는 성전국가를 건설하였다. 그들이 강대국의 식민지에서 벗어나려면 선지자들이 예언한 그리스도께서 오셔야 한다고 믿고 그리스도를 맞이하기 위하여 율법을 철저하게 순종하려고 하였다. 그 결과로 바리새인들과 서기관들이 출현하였다. 그들은 율법의 행위로 자신을 의롭다고 믿고 있었지만 규례에 따라서 성전에서 제사를 드렸다. 이것이 제사와 제사장의 타락의 원인이 되었다.

7) 성전의 제사는 율법에 의하여 정죄 받은 죄를 속하기 위하여 드려야 한다. 죄가 없으면 제사를 드릴 필요가 없다. 죄가 없는 자가 소와 염소와 양을 죽여 그 피를 뿌리는 제사를 드리는 것은 살인과 다름이 없다고 성경은 말씀한다(사 66:3). 그러나 제사장은 죄가 없는 바리새인들과 서기관들을 위하여 제사를 드렸다. 이로 인하여 성전의 제사는 하나님의 뜻을 벗어나서 종교적인 행사로 전락하였다. 그 책임이 제사장에게로 돌아갔다. 따라서 하나님은 기존의 제사장을 폐하시고 세례 요한에게 속죄일의 제사를 통하여 계시된 예언을 성취를 맡기셨다. 세례 요한은 제사장의 아들로서 제사장의 직분을 수행할 수 있었다. 그는 모태로부터 거룩하게 구별되어 성령의 충만함을 받았다. 그가 유대인에게 회개의 세례를 베풀었을 때 제사장의 나라로서 유대인들이 짊어진 인류의 모든 죄가 세례 요한에게로 옮겨졌다.

8) 예수께서 하나님의 의(righteousness)를 이루시려고 세례 요한에게 세례를 받으시려고 오셨다. 세례 요한이 예수의 제안을 거절하자, 예수께서 세례 요한에게 세례를 명하셨다. **"예수께서 대답하여 가라사대 이제 허락하라 우리가 이와 같이 하여 모든 의를 이루는 것이 합당하니라 하신대 이에 요한이 허락하는지라"** (마 3:15). "모든 의를 이루다"란 구약성경을 통하여 계시된 선지자들의 모든 예언을 성취하는 것이다. 하나님께서 선지자들을 통하여 약속하신 모든 예언을 성취하려면 예수께서 세례를 받으셔야

한다. 예수께 세례를 베풀기 위하여 세례 요한이 그리스도의 머리에 손을 얹는 순간 인류의 모든 죄가 그리스도께 옮겨졌다. 세례 요한은 그리스도가 세상 죄를 지고 가는 하나님의 어린 양이라고 선언하였다. **"이튿날 요한이 예수께서 자기에게 나아오심을 보고 가로되 보라 세상 죄를 지고 가는 하나님의 어린 양이로다"** (요 1:29). 이 말씀은 선지자들의 예언을 요약한 것이다. 이로써 세례 요한의 사역이 끝났다.

9) 예수 그리스도께서 제사장으로서 인류의 죄를 짊어지셨고 하나님의 어린 양으로서 그 죄를 짊어지고 죽으셔야 한다. 그리스도께서 제사장이 되시려면 세례를 받음으로 인류의 죄를 짊어지셔야 한다. 이것은 제사장으로서 인류의 죄를 짊어지고 죽으신다는 맹세이다. 하나님은 이 맹세를 받으시고 성령을 부으셨다. **"예수께서 세례를 받으시고 곧 물에서 올라 오실째 하늘이 열리고 하나님의 성령이 비둘기 같이 내려 자기 위에 임하심을 보시더니 하늘로서 소리가 있어 말씀하시되 이는 내 사랑하는 아들이요 내 기뻐하는 자라 하시니라"** (마3:16,17). 따라서 성경은 예수 그리스도께서 맹세로 제사장이 되셨다고 말씀한다. **"(저희는 맹세 없이 제사장이 되었으되 오직 예수는 자기에게 말씀하신 자로 말미암아 맹세로 되신 것이라 주께서 맹세하시고 뉘우치지 아니하시리니 네가 영원히 제사장이라 하셨도다)"** (히7:21).

10) 세례 요한은 제사장의 아들로서 타락한 대제사장을 대신하여 인류의 모든 죄를 그리스도께 옮겨놓았다. 그리스도께서 세례 요한에게 세례를 받으실 때, 인류의 모든 죄가 그리스도의 머리로 옮겨졌다. 그리스도는 세상 죄를 지고 가는 하나님의 어린 양이 되셨고 이로써 율법과 선지자들의 모든 사역은 끝났다. 동시에 아브라함과 그의 후손 이스라엘 백성의 사명도 끝났다. 이제부터 시작되는 그리스도의 공생애는 인류의 죄를 지고 십자가를 향하여 가는 여정이다.

(3) 이해를 위한 질문

1) 세례 요한의 선지자 사역

   a. 하늘나라란 무엇을 의미하는가.

   b. 하늘나라를 맞이하기 위하여 회개하여야 하는 이유는 무엇인가.

c. 세례 요한은 주의 길을 어떻게 예비하였는가(마 3:3).

   d. 세례 요한이 바리세인과 사두개인을 독사의 자식이라고 선포한 이유는 무엇인가 (마3:7).

   e. 세례 요한은 그리스도의 생애에 대하여 예언하였다. 그리스도께서 성령과 불로 세례를 주신다는 것은 무엇인가(마 3:11).

  2) 세례 요한의 제사장 사역

   a. 세례 요한 당시에 성전의 제사가 타락한 이유는 무엇인가(사 66:3).

   b. 속죄일의 제사를 통하여 계시된 대제사장의 직분은 무엇인가(레 16:21)

   c. 그리스도께서 세례를 받으시는 것이 하나님의 의를 이루는 이유는 무엇인가(마 3:15).

   d. 그리스도께서 세례를 받으심으로 인류의 죄를 짊어자신 이유는 무엇인가(요 1:29).

4.4 구약성경을 통하여 계시된 믿음, 소망, 사랑

1. 구약성경을 통하여 계시된 그리스도와 믿음

(1) 하나님의 뜻과 장차 오실 그리스도

 1) 구약성경은 창세전에 작정된 하나님의 뜻을 성취하기 위하여 오실 그리스도의 길을 준비하는 말씀을 기록한 책이다. 창세기 제1장 1절은 창조주 하나님으로부터 시작한다. 그리고 말라기는 장차 오실 그리스도께서 오신다는 예언으로 끝낸다. 곧 창조주 하나님께서 육신으로 오실 것이다. 그는 장차 오실 그리스도이다. 구약성경은 장차 오실 그리스도에 그 초점을 맞추고 있다. 만물은 장차 오실 그리스도를 위하여 창조되었으며, 특히 하나님의 형상으로 창조된 사람은 그리스도의 길을 준비하는 사명을 받았다.

 2) 하나님은 창조사역과 언약을 통하여 창세전에 작정된 뜻을 계시하시고 그 뜻이 장차 오실 그리스도를 통하여 성취될 것을 보이셨다. 창조사역은 하나님의 뜻의 성취를 위한 그릇의 창조에 초점이 맞추어지고 있다. 하나님은 언약을 통하여 장차 오실 그리스도의

사역을 모형과 그림자로 계시하였다. 따라서 선악과 계명, 칭의 언약 및 율법은 하나님의 뜻을 성취하기 위하여 오실 그리스도의 사역과 관련된다. 하나님의 뜻을 성취하는 그리스도의 사역은 의와 공의에 의한 통치, 인류의 죄를 대속하기 위한 죽음과 부활, 세상임금의 심판으로 요약할 수 있다. 선악과 계명은 그리스도께서 자기의 의지로 생명과 사망을 결정하심으로 만물을 통치하실 것을 보여준다. 칭의 언약은 믿음으로 의롭다함을 받은 자들이 그리스도의 길을 준비하는 과정에서 나타날 그리스도의 형상을 보여준다. 율법은 그리스도의 속죄와 심판 사역을 통하여 성취될 하나님의 뜻을 모형으로 보여준다. 선지자들은 장차 오실 그리스도를 통하여 성취될 하나님의 뜻을 예언하였다.

3) 하나님은 자기를 위하여 사람을 자신의 형상으로 창조하셨다. 하나님은 자기의 형상으로 창조된 사람에게 자신의 길을 준비하게 하셨다. 따라서 하나님은 사람에게 땅을 정복하고 모든 동물을 다스리는 권세를 주셨다. 이 권세는 만물을 통치하는 하나님의 권세를 모형으로 보여준다. 하나님은 그 권세를 감당하기 위한 인격을 사람에게 주셨다. 우주 안에 있는 모든 피조물 가운데 사람만이 인격을 가지고 있으므로 땅을 정복하여 문명을 건설하고 문화생활을 할 수 있으며 모든 동물을 다스릴 수 있다. 하나님은 자신이 육신으로 임하실 길을 위한 준비가 온전하게 마련되었으므로 일곱째 날에 안식하셨다.

4) 창조사역을 통하여 만물을 창조하시고 이것들을 통치하는 그리스도의 형상이 하나님의 형상으로 창조된 사람을 통하여 모형으로 계시되었다. 이제 사람이 장차 오실 그리스도의 형상을 나타내며 그의 길을 준비하려면 하나님께로부터 복을 받고 거룩하게 되어야 한다. 하나님께서 안식일을 복되게 하시고 거룩하게 하셨다. 안식일에 창조사역을 통하여 계시된 믿음으로 장차 오실 그리스도의 형상을 나타내는 사람이 복을 받고 거룩하게 된다. 하나님의 형상으로 창조된 사람이 안식일에 복을 받고 거룩하게 됨으로 장차 오실 그리스도의 길을 준비하는 사명을 감당할 수 있다. 따라서 인식일은 사람을 위하여 있는 것이라고 성경은 말씀한다. **"또 가라사대 안식일은 사람을 위하여 있는 것이요 사람이 안식일을 위하여 있는 것이 아니니"** (막 2:27).

5) 창조사역과 안식일을 통하여 그리스도께서 육신으로 오셔야 한다는 것이 계시되었다. 남은 일은 그리스도께서 육신으로 오셔서 하나님 아버지의 뜻을 성취하는 것이다.

그리스도께서 육신으로 오셔서 아버지의 뜻을 성취하려면 인류의 죄를 짊어지고 죽고 부활하셔야 한다. 곧 그리스도께서 자기의 의지로 생명과 사망을 결정하셔야 한다. 이것을 보여주는 것이 선악과 계명이다. 사람이 그리스도를 대신하여 인류의 죄를 짊어지고 죽을 수 없으므로 사람은 자기의 의지로 생명과 사망을 결정할 수 없다. 아담이 선악과 계명을 대적한 뒤에 그리스도의 죽음과 부활의 길이 확정되었다(창 3:15).

6) 창조사역과 선악과 계명을 통하여 그리스도께서 육신으로 오셔서 죽고 부활하실 하나님 아버지의 뜻이 계시되었다. 이제 남은 것은 그리스도께서 많은 사람들 가운데 누구의 몸을 통하여 오실 것이냐 하는 것이다. 하나님은 아브라함과 그의 후손을 통하여 장차 오실 그리스도의 길을 준비하게 하셨다. 이를 위하여 아브라함에게 믿음으로 의롭다 함을 얻는 언약과 장자의 명분을 주셨다. 그리스도는 의로운 분이시므로 믿음으로 의롭다 함을 받은 자의 육신을 통하여 오셔야 한다. 또한 그리스도는 인류의 장자이므로 장자의 명분을 가진 자의 집안에서 태어나셔야 한다. 따라서 아브라함의 후손인 이스라엘 백성의 역사는 믿음으로 의롭다함을 받고 장자의 명분을 유지하는 것에 초점이 맞추어지고 있다.

7) 이스라엘 백성이 의롭다함을 받고 장자의 명분을 유지하려면 믿음이 없이 자신의 노력으로 의롭다함을 받지 못하고 장자의 명문을 유지할 수 없다는 것을 알아야 한다. 율법은 이것을 알게 한다. 율법은 사람이 육신이 연약하여 스스로의 노력으로 의롭다함을 받지 못한다는 것을 알게 한다. 율법이 요구하는 것은 자신의 죄를 깨닫고 장차 오실 그리스도를 믿음으로 의롭다함을 받으라는 것이다. 이스라엘의 역사는 율법의 요구를 알지 못하는 자들을 심판함으로 이스라엘 백성을 칭의 언약으로 인도하려고 하는 하나님의 뜻을 계시하고 있다.

8) 그리스도께서 죽으시려면 그를 정죄할 법이 있어야 한다. 하나님은 율법으로 이스라엘 백성을 심판하심으로 율법에 의하여 정죄를 받아 죽으실 그리스도의 형상을 보여주셨다. 율법은 이스라엘 백성의 모든 생각, 마음 및 언행을 정죄하여 저주 아래 가두었다. 이스라엘 백성이 전쟁, 가뭄으로 인한 기근 및 육체의 질병으로 고통을 당한 것은 그들이 율법에 의하여 죄인으로 심판을 받았다는 증거이다. 이제 그리스도께서 인류의 죄를 짊어지시려면 율법이 그리스도를 죄인으로 정죄하여야 한다. 율법은 사람으로 하여금 죄를

깨닫게 한 뒤에 사람을 형벌하는 대신 그리스도를 정죄하여 십자가에 못을 박았다.

9) 율법은 장차 오실 그리스도를 심판하는 법이며 동시에 세상임금인 마귀를 심판하기 위하여 주신 법이다. 하나님께서 흑암을 창조하시고 타락한 천사를 영원한 결박으로 가두신 목적은 그들을 심판하기 위함이다. 그 이유를 살펴보자. 율법에 의하여 정죄 받은 이스라엘 백성의 죄는 마귀의 악한 생각을 마음과 언행으로 표출하였다. 마귀는 이방여자를 통하여 이스라엘 백성을 미혹하였다. 이스라엘 백성이 우상을 숭배한 뒤에 마귀는 그들로 하여금 율법을 대적하게 하였다. 따라서 율법에 의하여 정죄 받는 이스라엘의 죄는 마귀의 죄와 일치한다. 하나님께서 이스라엘 백성을 율법으로 심판하신 것은 장차 그리스도께서 율법으로 마귀를 심판하실 것을 모형으로 보여준다. 마귀는 자신의 지배 아래 있는 유대인과 이방인을 통하여 그리스도를 십자가에 못 박았다. 그리스도를 십자가에 못 박은 죄는 하나님의 아들을 죽이는 죄이다. 마귀가 율법으로 그리스도를 정죄하여 십자가에 못 박은 것은 자기 자신을 율법으로 정죄한 것이다.

10) 선지자들은 장차 오실 그리스도를 통하여 성취될 하나님의 뜻을 요약하였다. 그리스도께서 인류의 죄를 짊어지고 죽으실 것이다. **"그가 찔림은 우리의 허물을 인함이요 그가 상함은 우리의 죄악을 인함이라 그가 징계를 받음으로 우리가 평화를 누리고 그가 채찍에 맞음으로 우리가 나음을 입었도다"** (사 53:5). 그리스도께서 죽은 자 가운데서 부활하실 것이다. **"이는 내 영혼을 음부에 버리지 아니하시며 주의 거룩한 자로 썩지 않게 하실 것임이니이다"** (시 16:10). 그리스도께서 부활하신 뒤에 만물을 의와 공의로 통치하실 것이다. **"그 정사와 평강의 더함이 무궁하며 또 다윗의 위에 앉아서 그 나라를 굳게 세우고 자금 이후 영원토록 공평과 정의로 그것을 보존하실 것이라 만군의 여호와의 열심이 이를 이루시리라"** (사 9:7).

11) 창세전에 작정된 하나님의 뜻이 언약을 통하여 계시된 그리스도의 형상으로 나타났다. 하나님의 뜻이 모형과 그림자로 계시되었고 그 뜻이 인류에게 믿음이 되었다. 구약시대의 택함을 받은 자들은 하나님의 뜻을 성취하기 위하여 오실 그리스도를 믿었으며 이를 통하여 그리스도의 형상을 모형과 그림자로 나타내었다. 따라서 창조사역과 언약을 통하여 계시된 하나님의 뜻을 믿는 것이 의롭다함을 받는 믿음이며 동시에 그리스도의 형상을

나타내는 것이다.

(2) 구약성경을 통하여 계시된 그리스도와 믿음

1) 하나님께서 왜 믿는 자들을 의롭다고 인정하실까. 이것은 그들이 장차 오실 그리스도의 길을 준비하며 그리스도의 형상을 모형으로 보여주기 때문이다. 택함을 받은 자들이 말씀을 통하여 계시된 믿음을 소유함으로 장차 오실 그리스도의 형상을 나타낼 때, 하나님은 그들의 믿음을 의롭다고 하셨다. 믿음으로 의롭다함을 받은 자들은 그의 생애를 통하여 장차 오실 그리스도의 형상을 부분적으로 보여주었다. 믿음으로 의롭다함을 받은 자들은 각각 장차 오실 그리스도의 형상을 부분적으로 보여주었고, 이것을 합하였을 때 비로소 완전한 그리스도의 형상이 나타났다. 아벨, 에녹, 노아, 아브라함, 이삭 및 야곱은 믿음으로 의롭다함을 받고 각각 그리스도의 형상을 부분적으로 보여주었다.

2) 구약성경에서 계시된 의롭다함을 받는 믿음은 두 가지를 내용으로 한다. 첫째, 양심과 율법으로 자신의 죄를 깨닫고 장차 오실 그리스도를 믿는 것이다. 둘째, 하나님의 말씀이 성취될 것을 믿고 그 말씀을 순종함으로 장차 오실 그리스도의 형상을 모형으로 나타내는 것이다. 의롭다함을 받은 믿음은 자기의 죄를 깨닫는 것으로부터 시작한다. 율법이 오기 전에 사람들은 자연재해를 통하여 자신의 죄를 희미하게 깨달았지만, 율법이 온 뒤에 이스라엘 백성은 탐심을 통하여 자신의 죄를 깨달았다. 율법은 사람의 육신이 연약함으로 선을 행할 수 없다는 것을 알게 한다. 자기의 죄를 아는 자만이 장차 오실 그리스도를 믿을 수 있다. 자기의 죄를 알고 장차 오실 그리스도를 믿는다는 증거는 하나님의 말씀을 순종하는 것이며, 이것을 통하여 그리스도의 형상이 모형과 그림자로 계시되었다.

3) 구약성경에서 믿음을 대표하는 인물들의 믿음을 통하여 나타난 그리스도의 형상을 살펴보자. 아브라함은 의롭다함을 받은 믿음을 대표한다. 그는 믿음으로 하란을 떠나서 지시함을 받은 땅으로 나아감으로 의롭다함을 얻는 언약을 받았다(창 15:6). 하란은 우상숭배가 만연하는 곳이었다. 하란에서 아브라함의 아비 데라는 우상을 섬겼다(수 24:2). 하나님께서 그에게 하란을 떠나서 가나안 땅으로 나아가면 복을 주신다고 말씀하셨다. 하란을 떠나서 가나안 땅으로 나아가는 것이 복이라면, 아브라함이 하란을 떠나면 하나님

께서 그의 죄를 용서하실 것이다. 복은 생명을 의미하기 때문이다. 아브라함은 하란에서 자신의 죄를 깨닫고 하나님께서 그의 죄를 용서하실 것을 믿고 말씀을 순종하여 가나안 땅으로 나갔다. 그가 하란을 떠나서 가나안 땅으로 나아간 것은 죄인이 믿음으로 세상을 떠나서 하나님께 돌아가는 것을 모형으로 보여준다. 아브라함은 믿음으로 세상을 떠나서 하나님께로 돌아왔다는 증거로 십일조를 멜기세덱에게 드렸다(말 3:7,8). 멜기세덱은 장차 오실 그리스도의 모형이다. 아브라함이 자신의 죄를 깨닫고 자신의 죄를 용서하실 하나님을 믿음으로 하란을 떠나서 가나안 땅으로 들어간 뒤에 십일조를 드림으로 의롭다 함을 받는 믿음의 본을 보여주었다.

4) 하나님은 아브라함의 후손이 하늘의 별과 같고 바닷가에 모래와 같이 많이 태어날 것이라고 말씀하셨다. **"내가 네게 큰 복을 주고 네 씨로 크게 성하여 하늘의 별과 같고 바닷가의 모래와 같게 하리니 네 씨가 그 대적의 문을 얻으리라"** (창 22:17). "하늘의 별과 같고 바닷가의 모래"란 칭의 언약에 의하여 믿음을 의롭다함을 받은 자들을 의미한다. 그들은 모두 아브라함의 영적인 후손이다. 따라서 아브라함은 혈통을 초월하여 모든 믿는 자들의 아비이다. **"내가 너와 내 언약을 세우니 너는 열국의 아비가 될찌라"** (창 17:4). 이 약속의 말씀이 2,000년 후에 그리스도 예수 안에서 성취되었다. 아브라함의 믿음 안에서 의롭다함을 받은 수많은 자들이 태어난다는 것은 그리스도 안에서 믿음으로 하늘의 별과 바닷가의 모래처럼 수많은 자들이 영생을 얻는다는 것을 모형으로 보여준다.

5) 아브라함은 이삭을 통하여 그리스도의 탄생과 죽음을 모형으로 보여주었다. 아브라함은 생리적으로 아들을 낳을 수 없었으나 하나님의 약속과 믿음으로 이삭을 낳았다. 마리아도 역시 생리적으로 아들을 낳을 수 없었으나 하나님의 약속과 믿음으로 하나님의 아들을 잉태하였다. 이삭의 탄생은 예수의 탄생을 모형으로 보여준다. 아브라함은 모리아 산에서 이삭을 번제로 드렸다. 번제의 제물로 드려진 이삭은 인류의 죄를 위하여 번제로 드려질 그리스도를 모형으로 보여준다. 십자가에서 피를 흘리실 그리스도의 모형이 이삭을 통하여 모형으로 계시된 뒤에 하나님은 장차 오실 그리스도의 언약을 아브라함에게 주셨다(창 22:17,18).

6) 모세는 교회의 머리이신 그리스도의 형상을 모형으로 보여주었다. 모세는 40년 동안

광야에서 양을 치면서 과거를 통하여 자신의 죄를 깨달았을 것이다. 모세는 궁중에서의 생활, 애굽 사람을 죽인 사건, 애굽에서 종노릇하는 동족을 통하여 자신의 죄를 깨달았을 것이다. 하나님께서 모세를 부르셨을 때, 모세는 하나님께서 자신의 죄를 용서하실 것을 알고 말씀을 순종하여 이스라엘 백성을 애굽에서 인도하여 내었다. 유월절 날 밤에 애굽의 모든 초태생이 죽임을 당하였지만 이스라엘 백성의 초태생은 목숨을 건진 것을 통하여, 모세는 백성의 모든 죄가 용서받은 것을 알았다.

7) 광야에서 모세는 교회의 머리이신 그리스도의 형상을 모형으로 보여주었다. 모세는 제사장이자 광야 교회의 머리로서 율법으로 교회를 통치하였다. 하나님은 모세를 통하여 이스라엘 백성에게 일용할 양식으로서 만나를 주셨다(출 16:13,14). 이것은 하나님께서 아들을 통하여 생명의 양식을 주시는 것을 모형으로 보여준다. **"나는 하늘로서 내려온 산 떡이니 사람이 이 떡을 먹으면 영생하리라 나의 줄 떡은 곧 세상의 생명을 위한 내 살이로라 하시니라"** (요 6:51). 하나님은 모세를 통하여 반석에서 솟아나는 물을 주셨다(출 17:6). 이것은 하나님께서 아들을 통하여 믿는 자들에게 주시는 성령을 모형으로 보여준다. **"이는 그를 믿는 자의 받을 성령을 가리켜 말씀하신 것이라 (예수께서 아직 영광을 받지 못하신 고로 성령이 아직 저희에게 계시지 아니하시더라)"** (요 7:39). 모세는 우상을 숭배하고 간음한 자들에게 율법으로 사형을 선고하였다(민 25:1~7). 이것은 예수 그리스도께서 믿지 아니하는 자들을 정죄하신 것을 모형으로 보여준다. **"내가 아무 것도 스스로 할 수 없노라 듣는대로 심판하노니 나는 나의 원대로 하려하지 않고 나를 보내신 이의 원대로 하려는고로 내 심판은 의로우니라"** (요 5:30). 모세는 이스라엘 백성의 죄와 허물을 위하여 하나님께 기도하였다. **"구하옵나니 주의 인자의 광대하심을 따라 이 백성의 죄악을 사하시되 애굽에서부터 지금까지 이 백성을 사하신 것 같이 사하옵소서"** (민 14:19). 이것은 하나님 아버지 앞에서 믿는 자들의 죄를 변호하시는 그리스도의 형상을 모형으로 보여준다. **"나의 자녀들아 내가 이것을 너희에게 씀은 너희로 죄를 범치 않게 하려 함이라 만일 누가 죄를 범하면 아버지 앞에서 우리에게 대언자가 있으니 곧 의로우신 예수 그리스도시라"** (요일 2:1).

8) 여호수아는 광야 교회를 이끌고 가나안 땅을 정복함으로 그리스도의 형상을 모형으

로 보여주었다. 광야 교회는 군사훈련을 받지 아니하였지만 장차 오실 그리스도를 믿는 믿음과 하나님의 말씀으로 무장하고 있었다. 여호수아는 오직 하나님의 말씀을 순종함으로 가나안 땅을 정복하고 제비를 뽑아 그 땅을 각 지파별로 분배하였다. 교회는 그리스도를 믿는 반석 위에 세워진다. 그리스도께서 세상 임금인 마귀를 심판하여 그의 권세를 박탈하시고 교회에게 세상을 이기는 믿음과 말씀과 성령을 주신다. 교회는 그리스도를 믿는 믿음으로 무장하고 세상을 이기고 있다. **"대저 하나님께로서 난 자마다 세상을 이기느니라 세상을 이긴 이김은 이것이니 우리의 믿음이니라"** (요일 5:4). 가나안 땅을 정복한 여호수아는 장차 오실 그리스도의 형상, 곧 마귀를 심판하고 교회를 통하여 세상을 이기게 하실 분의 형상을 모형으로 보여준다.

9) 다윗은 이스라엘의 왕이었지만 자신을 죄인의 형상으로 낮추어 겸손한 마음으로 나라를 통치함으로 장차 왕으로 오실 그리스도의 형상을 모형으로 보여주었다. 그리스도께서 자신을 낮추어 죄인의 형상으로 오셔서 죽으심으로 아버지의 뜻을 순종하셨다. 다윗은 왕으로 기름부음을 받았으나 자신을 낮추어 사울에게 순종하였으며 왕이 된 뒤에도 섬기는 자세로 나라를 다스렸다. 그는 밧세바와의 사건 이후 죄인의 심정으로 나라를 의와 공의로 다스림으로 만물을 통치하시는 그리스도의 형상을 보여주었다. 다윗은 항상 율법으로 자신의 죄를 깨닫고 장차 오실 그리스도의 속죄를 소망하였다. 또한 다윗은 주변국가와의 전쟁에서 승리함으로 왕으로 오셔서 세상 임금을 심판하실 그리스도의 모형을 보여주었다. 왕으로서 자신을 죄인의 신분으로 낮춘 다윗은 하나님의 마음에 합한 자가 되었다(행 13:22). 따라서 이스라엘의 역사상 오직 다윗만이 그리스도의 족보에 기록되었다(눅 3:31).

10) 엘리야는 구약시대에 선지자를 대표한다. 엘리야는 장차 오실 그리스도의 형상을 모형으로 보여주었다. 인류의 죄를 대속하는 제사를 드리고 마귀를 심판하실 그리스도의 형상이 엘리야를 통하여 나타났다. 엘리야는 우상을 숭배하는 이스라엘 백성 앞에서 번제를 드리고 이방신의 선지자들을 죽였다. 하늘에서 불이 내려와 번제물을 사른 것은 장차 그리스도께서 인류의 죄를 대속할 영원한 제사를 모형으로 보여준다. 엘리야가 이방신의 선지자들을 죽인 것은 그리스도께서 마귀를 심판하실 것을 모형으로 보여준다.

이 밖에도 많은 선지자들이 믿음으로 말씀을 순종함으로 장차 오실 그리스도의 형상을 보여주었다. 하나님은 장차 오실 그리스도를 믿고 말씀을 순종함으로 그리스도의 형상을 모형으로 나타낸 이들을 의롭다고 하셨다.

(3) 이해를 위한 질문

1) 하나님의 뜻과 장차 오실 그리스도

   a. 창조사역이 계시하는 그리스도의 형상은 무엇인가.

   b. 예수 그리스도가 안식일에 주인이신 이유는 무엇인가(마 12:8).

   c. 칭의 언약을 통하여 계시된 그리스도의 형상은 무엇인가(창 15:6).

   d. 율법을 통하여 계시된 그리스도의 형상은 무엇인가.

2) 구약성경을 통하여 계시된 그리스도의 모형과 믿음

   a. 아브라함이 받은 복은 무엇인가.

   b. 모세는 광야 교회를 어떻게 인도하였는가.

   c. 여호수아가 보여준 그리스도의 형상은 무엇인가.

   d. 다윗이 하나님의 마음에 합한 자가 된 이유는 무엇인가(행 13:22).

2. 이스라엘 역사를 통하여 계시된 소망과 사랑

(1) 이스라엘 역사를 통하여 계시된 소망

  1) 소망이란 믿음이 이루어지길 바라는 것이다. 소망은 믿음을 전제로 하기 때문에 믿음이 없으면 소망도 없다. 구약시대의 믿음은 보이지 아니하는 것을 보는 것처럼 믿는 것이다. 소망은 보이지 아니하는 믿음이 성취되기를 바라는 것이다. 따라서 소망은 오래 참는 인내를 요구한다. 구약 성경을 통하여 계시된 믿음은 인류의 죄를 대속하기 위하여 오실 그리스도를 믿는 것이다. 아담의 타락 이후 인류는 죄와 저주 아래서 장차 오실 그리스도를 믿었다. 그러나 그리스도께서 언제 오신다는 약속이 없으므로 인류는 오실 그리스도를 막연히 기다리고 있었다. 장차 오실 그리스도를 기다리게 하여 주는 것이

율법을 통하여 죄와 저주를 아는 것이다. 율법으로 죄를 깨닫지 못하였을 때 이스라엘 백성은 그리스도에 대한 소망을 잃어버리고 우상숭배에 빠졌다.

2) 믿음과 소망의 관계를 살펴보자. 환자는 병원에서 처방하는 약을 복용하면 병이 치료될 것을 믿고 병원에서 진료를 받는다. 처방 받은 약이 병을 치료할 것이라는 소망을 가지고 약을 복용한다. 환자의 소망은 처방 받은 약이 병을 치료하는 것이다. 환자가 약을 복용한 뒤에 통증이 사라지면 소망과 믿음도 없어지므로 더 이상 약을 복용하지 아니한다. 환자가 처방 받은 약을 복용하면 병이 나을 것이라는 믿음이 없으면 병원에 가지 아니한다. 환자를 병원으로 인도하는 것은 약에 의한 치료의 가능성을 믿는 것이다. 환자가 처방 받은 약을 꾸준하게 복용하게 하는 것은 소망이다. 환자가 이 병으로 죽기를 바란다면 약을 복용하지 아니할 것이다.

3) 농부는 곡식을 땅에 파종하면 풍성한 수확을 얻을 것을 믿기 때문에 밀을 파종한다. 농부는 믿지 아니하면 밀을 파종하지 아니한다. 농부는 밀을 파종한 뒤에 풍성한 수확을 바라고 밀을 가꾸고 거름을 주고 관리한다. 농부가 농작물을 관리하는 것은 수확에 대한 소망 때문이다. 소망이 크냐 작으냐에 따라서 농부의 노력은 좌우된다. 경작할 토지가 작은 농부는 누구보다 단위당 수확량을 올리기 위하여 열심히 일할 것이다. 그러나 넓은 토지를 소유한 농부는 단위당 수확량에 얽매이지 아니할 것이므로 열심히 일하지 아니할 것이다. 믿음이 성취될 것을 바라는 소망은 환자에게는 질병으로 인한 고통의 정도와 농부에게는 토지의 면적에 좌우될 것이다. 질병으로 인한 고통이 심한 환자는 병이 치료되기를 간절히 바라고 약을 복용할 것이다. 작은 면적의 토지를 소유한 농부는 생존하기 위하여 보다 많은 수확을 소망하며 열심히 일할 것이다.

4) 아브라함과 그의 후손들은 장차 오실 그리스도를 믿고 그의 오심을 사모하였다. 믿음은 보이지 아니하는 것, 곧 미래에 나타날 것을 믿는 것이고, 소망은 그 믿음의 성취를 바라는 것이다. 창조사역과 선악과 계명을 통하여 계시된 언약은 조건부 약속이다. 그 언약은 믿음으로 성취된다. 장차 오실 그리스도에 대한 언약은 믿음으로 성취된다. 믿음은 일회성으로 끝나는 것이 아니라 일생동안 지속되어야 한다. 믿음을 지속시키는 것이 소망이다. 아담이 타락한 이후 사람들은 자기의 죄를 사하실 그리스도를 믿었다. 이러한 믿음은

죄로 인한 저주 아래 있는 사람들에게 그리스도의 오심을 간절히 바라는 소망이 되었다. 그리스도께서 오시지 아니한다면 사람의 믿음은 헛될 것이기 때문이다.

5) 사람은 만물을 창조하신 하나님과 장차 오실 그리스도를 보지 못하였다. 아담 이후 사람들은 자연재해를 비롯한 저주가 죄로 인한 것임을 알고 장차 오실 그리스도께서 죄를 대속하실 것을 믿었다. 아벨, 에녹 및 노아는 그리스도께서 오실 것을 희미하게 알았다. 하나님은 아브라함을 통하여 장차 그리스도께서 오실 언약을 주셨다. 아브라함 이후 장차 오실 그리스도는 믿는 자들의 소망이 되었다. 다윗은 성령으로 그리스도의 속죄에서 한 걸음 더 나아가 그의 부활을 소망하였다. 장차 오실 그리스도의 속죄와 부활에 대한 믿음이 아브라함의 자손에게 소망이 되었다. 이 소망을 가지지 못한 자들은 믿음을 버리고 타락하였다.

6) 아담의 타락 이후 장차 오실 그리스도에 대한 믿음은 죄인에게 소망이 되었다. 아벨은 아담의 타락으로 들어온 죄를 깨닫고 그 죄를 대속할 그리스도를 믿고 그의 오심을 사모하였다. 이 소망이 아벨로 하여금 하나님께 믿음으로 제사를 드리게 하였다. 가인은 그리스도에 대한 믿음과 소망이 없었으므로 종교의식으로 제사를 드렸고 아벨을 죽이는 죄를 범하였다. 에녹도 그리스도에 대한 믿음과 소망이 있었으므로 하나님과 동행하였다. 에녹은 죽음을 맛보지 아니하였으므로 믿는 자들에게 부활에 대한 소망을 보여주었다. 노아는 장차 그리스도 안에서 믿는 자들이 구원을 받을 것을 바라고 방주를 건축하였다. 노아는 장차 오실 그리스도를 소망하면서 방주를 건축하였다. 장차 오실 그리스도에 대한 믿음이 노아로 하여금 구원에 대한 소망을 가지고 방주를 건축하게 하였다.

7) 아브라함은 장차 오실 그리스도를 믿고 그리스도의 오심을 소망하였다. 그 소망이 아브라함으로 하여금 하나님의 말씀을 순종하여 하란을 떠나서 가나안 땅을 향하여 나가게 하였다. 아브라함은 하란을 떠나지 아니하면 그의 소망이 이루어지지 아니할 것이라고 믿었다. 장차 오실 그리스도에 대한 소망이 아브라함으로 하여금 하나님의 말씀을 순종하게 하였다. 그리스도가 아브라함의 믿음이 되었으므로 그는 소망을 가지고 하란을 떠났다. 장차 그리스도께서 오신다는 증거가 가나안 땅을 기업으로 받는 것이다. 하나님은 아브라함에게 가나안 땅과 아들을 약속하셨다. 아브라함이 가나안 땅을 기업으로 받고 이삭을

낳는 것은 장차 그리스도께서 오셔서 아브라함의 죄를 사하신다는 증거이다. 아브라함은 이삭을 낳았지만 가나안 땅을 기업으로 완전하게 받지 못하였다. 따라서 아브라함은 가나안 땅에서 나그네처럼 살아가는 자신의 생활을 통하여 그리스도에 대한 소망을 굳건히 하였다. 하나님은 아브라함의 믿음과 소망을 보시고 그에게 이삭을 번제로 드리게 한 뒤에 그리스도의 언약을 주셨다(창 22:17,18).

8) 장차 오실 그리스도에 대한 믿음이 이삭과 야곱의 소망이 되었다. 이삭은 자신이 번제물이 되었고, 야곱은 장자의 명분을 위하여 아버지로부터 내려오는 많은 유산을 포기하고 하란에서 종노릇하였다. 하나님은 하란으로 내려가는 야곱에게 가나안 땅을 기업으로 주신다고 약속하셨다. 이 약속은 야곱이 반드시 하란에서 아버지 이삭의 집으로 돌아온다는 언약이다. 이 언약의 성취는 장차 그리스도께서 반드시 오신다는 증거이다. 야곱은 이 언약이 성취될 것이라는 소망을 가지고 하란에서 종노릇하는 괴로움을 극복하였다. 곧 장차 오실 그리스도에 대한 소망이 야곱으로 하여금 종노릇하는 괴로움을 극복하게 하였다. 그 소망과 믿음이 요셉으로 이어졌다. 요셉은 애굽 사람의 종으로 팔려갔으나 그리스도에 대한 믿음과 그의 오심을 바라는 소망으로 형제들의 모든 허물을 덮어주는 사랑을 실천하였다.

9) 이스라엘 백성이 애굽으로 들어간 뒤에 그리스도에 대한 믿음과 소망을 버린 자들은 애굽의 우상을 섬겼다. 그러나 오실 그리스도에 대한 믿음을 가진 자들은 하나님께서 그들을 애굽에서 인도하여 내실 것을 바라고 바로의 박해를 견뎠다. 하나님은 바로의 박해 아래서 괴로워하는 이스라엘 백성의 소리를 들으시고 모세를 보내어 그들을 애굽에서 인도하여 내셨다. **"여러 해 후에 애굽 왕은 죽었고 이스라엘 자손은 고역으로 인하여 탄식하며 부르짖으니 그 고역으로 인하여 부르짖는 소리가 하나님께 상달한지라 하나님이 그 고통 소리를 들으시고 아브라함과 이삭과 야곱에게 세운 그 언약을 기억하사 이스라엘 자손을 권념하셨더라"** (출 2:23~25). 그리스도에 대한 믿음과 그의 오심을 기다리는 소망이 하나님의 마음을 감동시켰다.

10) 이스라엘 백성은 가나안 땅을 기업으로 받을 수 있다는 믿음으로 어린 양의 피로 속죄함을 받고 광야로 나왔다. 가나안 땅을 기업으로 받을 소망을 가진 자만이 광야를

통과할 수 있었다. 그 소망을 버린 자들은 광야에서 죽임을 당하였다. 가나안 땅에 대한 소망이 없는 자들은 먹고 마시는 것으로 하나님을 원망하였고 가나안 땅을 정탐한 뒤에 애굽으로 돌아가려고 하였으며 우상을 숭배하고 간음하였다. 그들은 모두 광야에서 죽임을 당하였다. 애굽에서 나온 이스라엘 백성 가운데 믿음을 소망으로 갖지 못한 자들은 광야에서 죽임을 당하였다. 그리스도를 잉태한 백성으로서 그리스도의 오실 길을 준비하려면 애굽에서 나와 가나안 땅으로 들어가야 한다. 따라서 애굽에서 나온 이스라엘 백성의 소망은 역경을 딛고 광야를 통과하여 가나안 땅으로 들어가는 것이다. 모세는 장차 오실 그리스도에 대한 소망으로 광야 생활의 어려움을 극복하고 이스라엘 백성을 인도하였다. **"그리스도를 위하여 받는 능욕을 애굽의 모든 보화보다 더 큰 재물로 여겼으니 이는 상 주심을 바라봄이라"** (히 11:26). 모세는 권력과 명예를 바라본 것이 아니라 장차 자기에게 상을 주실 그리스도를 바라보았다.

11) 모세의 뒤를 이은 여호수아는 그리스도에 대한 소망으로 강하고 담대하게 가나안 거민을 정복하였다. 가나안 거민은 잘 훈련된 군대이었으나 여호수아는 장차 오실 그리스도에 대한 믿음과 하나님의 은혜로 그들을 정복하고 이스라엘 백성에게 그 땅을 분배하였다. 그리스도에 대한 믿음과 소망이 이스라엘 백성을 전쟁에서 승리로 이끌게 하였다. 그리스도에 대한 소망을 버리고 물질에 소망을 둔 아간과 그의 가족들은 죽임을 당하였다. 그리스도에 대한 믿음과 소망이 이스라엘 백성에게 전쟁의 승리와 전리품을 안겨주었다. **"내가 오늘날 명하는 모든 명령을 너희는 지켜 행하라 그리하면 너희가 살고 번성하고 여호와께서 너희의 열조에게 맹세하신 땅에 들어가서 그것을 얻으리라"** (신 8:1).

12) 이스라엘 백성이 가나안 땅에 정착한 이후 그리스도에 대한 믿음과 소망의 유무에 따라서 그들의 운명이 결정되었다. 장차 오실 그리스도를 믿지 아니한 자들은 육체의 쾌락에 소망을 두고 이방여자를 아내로 취함으로 우상숭배에 빠졌다. 그러나 장차 오실 그리스도를 믿은 자들은 율법으로 자신의 죄를 깨닫고 그리스도에 대한 소망으로 육체의 정욕을 극복하였다. 사사시대에 하나님은 장차 오실 그리스도에 대한 믿음과 소망을 가진 자들 가운데 원하는 자를 택하여 사사로 삼으셨다. 사무엘은 제사장이며 사사로 부르심을 받아 이스라엘 백성에게 장차 오실 그리스도에 대한 믿음과 소망을 넣어주었다. 백성들은

장차 오실 그리스도께서 그들의 죄를 사하실 것을 믿고 속죄의 소망을 가지고 미스바에 모여서 금식하며 회개하였다. 사울은 이스라엘의 왕으로 부르심을 받았으나 장차 오실 그리스도를 믿지 아니하였으므로 권력과 명예에 소망을 둠으로 타락하였다. 사울은 오직 권력의 유지에 소망을 두고 있었으므로 하나님의 말씀을 대적하고 제사장들을 죽였으며 다윗을 죽이려고 하였다.

13) 다윗은 율법으로 자신의 죄를 깨닫고 장차 오실 그리스도를 믿음으로 속죄의 소망을 가지고 회개하는 심령으로 살았다. **"무수한 재앙이 나를 둘러 싸고 나의 죄악이 내게 미치므로 우러러 볼 수도 없으며 죄가 나의 머리털보다 많으므로 내 마음이 사라졌음이니이다"** (시 40:12). 다윗은 그리스도께서 자신의 죄를 대속하실 것을 믿었고 한 걸음 더 나아가 그리스도의 부활을 믿었다. **"이는 내 영혼을 음부에 버리지 아니하시며 주의 거룩한 자로 썩지 않게 하실 것임이니이다"** (시 16:10). 다윗은 부활하신 그리스도께서 항상 자신의 우편에 계실 것을 알고 기뻐하였다. **"주께서 생명의 길로 내게 보이시리니 주의 앞에는 기쁨이 충만하고 주의 우편에는 영원한 즐거움이 있나이다"** (시 16:11). 다윗의 믿음이 이스라엘 백성의 믿음과 소망이 되었다. **"여자들은 자기의 죽은 자를 부활로 받기도 하며 또 어떤 이들은 더 좋은 부활을 얻고자 하여 악형을 받되 구차히 면하지 아니하였으며"** (히 11:35).

14) 솔로몬을 비롯한 이스라엘의 역대 왕들은 장차 오실 그리스도에 대한 믿음을 버리고 자신의 권력을 유지하는데 소망을 두었으므로 우상을 숭배하고 나라를 멸망의 구덩이로 몰아넣었다. 솔로몬은 장차 오실 그리스도의 소망을 가지고 하나님의 지혜로 나라를 다스렸으나, 노년에는 그 소망을 잃어버리고 우상을 섬기는 죄를 범하였다. 여로보암도 권력에 눈이 멀어 그리스도에 대한 소망을 잃어버리고 우상을 만들었다. 솔로몬 이후 역대 왕들은 하나님의 은혜로 나라가 강성하게 되었을 때 장차 오실 그리스도에 대한 믿음을 버리고 권력의 유지에만 소망을 두었으므로 백성을 타락의 길로 인도하였다. 그들은 그리스도에 대한 소망이 없으므로 선지자를 통하여 주시는 하나님의 말씀을 듣지 아니하였다. 장차 오실 그리스도에 대한 믿음과 그 믿음이 이루어 질 것을 바라는 소망이 없는 자들은 우상숭배에 빠짐으로 멸망하였다.

15) 남 유다가 멸망한 뒤에 유대인들은 우상숭배를 버리고 장차 오실 그리스도를 사모하는 믿음으로 하나님을 기쁘게 하였다. 그들은 하나님의 은혜로 파괴된 성전을 건축하고 율법에 의하여 죄를 깨닫고 정죄 받는 죄를 위하여 제사를 드렸다. 그들은 그리스도께서 오시면 그들을 이방인의 손에서 구원하실 것을 믿었다. 그리스도를 맞이하려면 이스라엘 가운데 죄를 없이하여야 한다는 생각으로 그들은 율법을 순종하려고 노력하였다. 이러한 과정에서 바리새인들과 서기관들이 탄생하였다. 바리새인들과 서기관들은 장차 오실 그리스도에 대한 소망으로 하나님을 섬겼다. 그들이 기다린 그리스도는 인류의 죄를 대속할 분이 아니라 그들을 이방인의 손에서 구원하실 분이다. 그들은 정치적인 그리스도를 기다고 있었다. 이것이 대부분의 유대인이 가지고 있었던 메시야 대망사상이었다. 그들의 믿음과 소망이 하나님의 뜻을 벗어났으므로 그들은 버림을 받았다.

16) 이스라엘 백성은 네 그룹으로 구분할 수 있을 것이다. 첫째, 율법으로 자신의 죄와 장차 오실 그리스도 안에 있는 생명을 믿고 그리스도의 오심을 기다린 자들이다. 그들은 장차 오실 그리스도에 대한 소망으로 핍박과 고난을 극복하였다. 둘째, 율법으로 자신의 죄를 깨닫지 못하고 막연히 하나님을 믿은 자들이다. 그들은 만물을 창조하신 하나님께서 그들의 조상을 애굽에서 인도하여 내신 것을 믿었지만 장차 오실 그리스도를 믿지 아니하였다. 그들은 무엇을 믿는지 알지 못하였다. 셋째, 율법으로 자신의 죄를 깨닫지 못하였을 뿐만 아니라 생명도 알지 못한 자들이다. 그들은 눈에 보이는 것이 전부인 것으로 알고 있었으며 우상숭배에 빠졌다. 넷째, 율법의 행위로 의롭다함을 받았다고 착각한 자들이다. 그들은 장차 오실 그리스도를 소망하였지만, 그들의 소망은 하나님의 뜻에서 벗어났다. 인류의 죄를 대속하기 위하여 오실 그리스도 안에 생명이 있음을 믿고 그리스도의 오심을 사모한 자만이 의롭다함을 얻을 수 있었다. 이것이 이스라엘의 역사를 통하여 계시된 소망이다.

17) 소망의 크기는 믿음의 분량에 따라서 결정된다. 믿음의 분량은 하나님을 아는 지식의 크기에 좌우된다. 하나님을 아는 지식이 클수록 믿음의 분량도 크다. 하나님은 율법을 통하여 자신을 계시하였으므로 율법을 아는 지식의 분량이 믿음의 분량을 결정한다. 율법으로 자신의 죄가 큰 것을 깨달은 자는 구원을 위하여 장차 오실 그리스도를 믿었다.

율법으로 자신의 죄를 알지 못한 자들은 장차 오실 그리스도를 믿지 아니하였다. 율법으로 자신의 죄의 질이 나쁘고 많은 것을 아는 자는 흔들리지 아니하는 믿음으로 그리스도의 오심을 간절히 사모하였다.

18) 보이지 아니하는 것이 성취되기를 사모하는 소망은 인내를 요구한다. 장차 오실 그리스도를 믿음으로 의롭다함을 받은 자들은 세상으로부터 많은 고난을 당하였다. 그리스도에 대한 소망이 그 고난을 이기게 하였다. 그리스도에 대한 믿음과 소망을 가진 자들은 세상으로부터 오는 박해를 이기고 유혹을 극복하였다. 다윗은 믿음으로 권력과 명예에 대한 유혹을 뿌리치고 오직 그리스도에 대한 소망으로 겸손히 자신을 낮추었다. 다윗 이후 많은 선지자들과 믿음의 조상들이 장차 오실 그리스도에 대한 믿음과 소망으로 많은 고난을 이겼다고 성경은 말씀한다. "**저희가 믿음으로 나라들을 이기기도 하며 의를 행하기도 하며 약속을 받기도 하며 사자들의 입을 막기도 하며 불의 세력을 멸하기도 하며 칼날을 피하기도 하며 연약한 가운데서 강하게 되기도 하며 전쟁에 용맹되어 이방 사람들의 진을 물리치기도 하며 여자들은 자기의 죽은 자를 부활로 받기도 하며 또 어떤 이들은 더 좋은 부활을 얻고자 하여 악형을 받되 구차히 면하지 아니하였으며 또 어떤 이들은 희롱과 채찍질 뿐 아니라 결박과 옥에 갇히는 시험도 받았으며 돌로 치는 것과 톱으로 켜는 것과 시험과 칼에 죽는 것을 당하고 양과 염소의 가죽을 입고 유리하여 궁핍과 환난과 학대를 받았으니**"(히 11:33~37).

19) 소망은 믿음이 무엇인가를 보여준다. 그리스도의 오심을 바라는 자들의 믿음의 대상은 장차 오실 그리스도이다. 육체의 쾌락과 물질에 소망을 둔 자들의 믿음의 대상은 우상이다. 정치적인 목적으로 권력에 소망을 둔 자들의 믿음은 우상을 숭배하는 이방인과 관계개선이다. 이방인의 지배로부터 독립하기를 바라는 자들의 믿음은 정치적인 그리스도의 오심이다. 사람이 무엇을 소망하느냐가 그 사람의 믿음을 보여준다. 이스라엘 역사상 재물, 권력, 명예 및 육체의 쾌락을 바라고 쫓아간 자들은 버림을 받았다. 율법을 통하여 자신의 죄를 깨닫고 죄로부터 구원에 대한 강한 소망을 가진 자만이 의롭다함을 받고 세상으로부터 오는 박해와 고난을 극복하였다.

(2) 이스라엘 역사를 통하여 계시된 하나님의 사랑

1) 창세전에 하나님은 뜻을 작정하시고 그 뜻의 성취를 아들에게 맡기셨다. 하나님의 아들이 아버지의 뜻을 성취하려면 육신으로 임하셔야 한다. 창조사역은 하나님의 아들이 육신으로 임하신다는 약속이다. 하나님의 아들이 육신으로 임하시려면 사람이 하나님의 형상으로 창조되어야 한다. 하나님의 형상으로 창조된 사람이 하나님의 아들의 길을 준비하는 것은 하나님의 뜻을 성취하기 위한 것이므로 하나님은 사람을 사랑하셨다. 따라서 사람에 대한 하나님의 사랑은 장차 오실 그리스도 예수 안에서 나타났다. 하나님께서 사람을 자기의 형상으로 창조하시고 사람에게 땅을 정복하고 모든 동물을 다스리게 하신 것이 사랑이다. 사람은 동물과 달리 하나님의 은혜로 문명을 건설하고 문화생활을 하고 있다. 이것이 하나님의 사랑이다.

2) 사람은 장차 오실 그리스도의 길을 위하여 하나님의 아들의 형상으로 창조되었으므로 사람에 대한 하나님의 사랑은 장차 오실 그리스도 안에서 나타났다. 사람이 장차 오실 그리스도를 위하여 일하려면 하나님을 사랑하여야 한다. 하나님은 자기를 사랑하는 자에게 말씀을 주심으로 자기의 일을 맡기셨다. 사람은 믿음으로 하나님을 사랑한다는 증거를 보였다. 하나님을 사랑한다는 증거는 믿음으로 나타난다. 그 이유를 살펴보자. 남편은 아내를 사랑함으로 아내를 믿는다. 남편은 아내를 사랑함으로 믿고 집안 모든 일을 맡긴다. 그러나 남편이 아내를 사랑하지 아니하면 아내를 믿지 아니하고 집안일을 맡기지 아니한다. 하나님은 사랑하는 자를 믿고 그에게 자기의 일을 맡기신다. 따라서 믿음은 사랑을 전제로 한다고 말할 수 있다. 하나님께서 사람을 사랑하기 때문에 사람을 자기의 형상으로 창조하시고 사람에게 지상에 있는 모든 것을 맡기신다. 사람이 맡은 직분은 하나님의 영광을 위하여 땅을 정복하여 문명을 건설하고 문화생활을 함으로 하나님의 영광을 나타내고 장차 오실 그리스도의 길을 준비하는 것이다.

3) 하나님은 자기를 사랑하는 자에게 사명을 주신다. 그 사명이 언약과 명령으로 임한다. 아담에게는 선악과 언약으로, 아브라함에게는 칭의 언약으로, 모세에게는 율법으로, 선지자들에게는 예언의 말씀으로 주어졌다. 언약과 명령을 받은 자들이 목숨과 뜻을 다하여 이를 순종하는 것이 하나님을 사랑하는 것이며 장차 오실 그리스도의 길을 준비하는 것이

다. 사람이 하나님을 사랑하는 것은 그의 계명을 사랑하는 것이다. **"내가 주의 법을 어찌 그리 사랑하는지요 내가 그것을 종일 묵상하나이다"** (시 119:97). 하나님을 사랑하는 것은 계명을 순종하는 것이다. **"나의 계명을 가지고 지키는 자라야 나를 사랑하는 자니 나를 사랑하는 자는 내 아버지께 사랑을 받을 것이요 나도 그를 사랑하여 그에게 나를 나타내리라"** (요 14:21). 믿음으로 말씀을 순종하는 것이 하나님을 사랑하는 것이다. 그러나 믿지 아니하고 순종하는 것은 외식이다.

4) 선악과 계명은 아담에 대한 하나님의 사랑을 보여준다. 하나님은 아담에게 에덴동산에서 살 수 있게 하셨고 그를 돕는 배필로서 하와를 주셨다. 에덴동산을 지키며 경작하려면 하나님의 형상을 유지하여야 한다. 아담으로 하여금 하나님의 형상을 유지하게 하는 계명이 선악과 계명이다. 하나님은 뱀이 아담을 유혹할 것을 아시고 아담에게 뱀을 다스리는 권세도 주셨다. 아담이 선악과 계명을 순종하는 것은 하나님의 사랑을 받는 것이며 동시에 하나님을 사랑하는 것이다. 아담은 하나님의 사랑을 거절하고 뱀의 미혹을 받아드림으로 에덴동산에서 쫓겨나 이마에 땀을 흘리며 땅을 경작하는 자가 되었다.

5) 하나님의 사랑이 아브라함에게 명령으로 임하였다. 아브라함은 하란을 떠나서 가나안 땅으로 나가는 사명을 받았다(창 12:1). 아브라함은 하나님을 사랑하였으므로 믿음으로 계명을 순종하였다. 하나님은 아브라함의 사랑과 믿음을 보시고 그를 의롭다고 하셨다(창 15:6). 칭의 언약은 아브라함에 대한 하나님의 사랑을 보여준다. 하나님은 아브라함의 모든 자범죄를 덮으시고 죄로 여기지 아니하셨다. 하나님은 아브라함에게 이삭을 번제로 드리는 사명을 주셨다. 아브라함은 독자 이삭보다 하나님을 더 사랑하였으므로 그를 번제로 드렸다. 하나님은 아브라함의 사랑과 믿음을 보시고 그에게 장차 오실 그리스도의 언약을 주셨다(창 22:17,18).

6) 장차 오실 그리스도의 언약은 아브라함에 대한 하나님의 지극한 사랑을 보여준다. 아담의 타락 이후 인류의 소망은 죄를 벗는 것이다. 창조사역과 안식일, 아벨과 노아를 통하여 희미하게 그림자로 계시되었던 하나님의 사랑이 아브라함을 통하여 장차 오실 그리스도로 계시되었다. 아브라함의 후손들은 장차 오실 그리스도의 언약을 믿고 그의 오실 길을 준비하였다. 따라서 아브라함 이후부터 그의 후손들은 그와 동일한 하나님의

사랑을 받았다. 하나님은 아브라함을 사랑하신 것처럼 이삭과 야곱과 이스라엘 백성을 사랑하셨다. 하나님은 아브라함에게 주신 약속을 지키기 위하여 야곱을 라반과 에서의 손에서 지키셨다. 또한 하나님은 애굽에서 종노릇하는 요셉을 지키셨다.

7) 하나님의 사랑이 애굽에서 종노릇하는 이스라엘 백성에게 임하였다. 하나님은 모세를 백성의 지도자로 세우시고 그를 통하여 백성을 애굽에서 인도하여 내셨다. 하나님의 사랑이 유월절 어린 양의 피로 나타났다. 유월절 날 하나님은 애굽의 모든 초태생을 멸하시고 이스라엘의 초태생을 살리셨다. 하나님의 사랑이 홍해를 가르셨다. 광야에서 하나님의 사랑이 만나와 반석에서 나오는 물, 구름기둥과 불기둥으로 나타났다. 하나님의 사랑이 가나안 거민을 멸하는 것으로 나타났다. 아브라함에 대한 하나님의 사랑이 이스라엘 백성에게 그대로 임하였다. 하나님의 모든 사랑이 임한 이유는 이스라엘 백성들이 장차 오실 그리스도의 언약 안에 있었기 때문이다.

8) 율법은 이스라엘 백성에 대한 하나님의 크신 사랑을 보여준다. 이스라엘 백성이 칭의 언약과 장차 오실 그리스도의 언약 안에 머무르려면 자신의 죄를 깨달아야 한다. 율법이 오기 전에는 사람들은 각자의 양심에 따라서 주관적인 선과 악의 기준을 가지고 있었다. 따라서 이스라엘 백성 가운데 일부는 애굽에서 우상을 숭배하였고 일부는 아브라함과 이삭과 야곱에게 계시된 하나님을 믿고 그의 약속이 성취되기를 소망하였다. 하나님은 율법으로 이스라엘 백성의 양심을 하나로 통일함으로 그들로 하여금 칭의 언약과 장차 오실 그리스도의 언약 안에 머물게 하셨다. 백성들이 아브라함이 받은 언약 안에 머무르면 하나님의 사랑을 받을 것이다. 하나님은 그들을 택하여 자기의 백성으로 삼으심으로 그들에 대한 자기의 사랑을 나타내셨다. **"여호와께서 오직 네 열조를 기뻐하시고 그들을 사랑하사 그 후손 너희를 만민 중에서 택하셨음이 오늘날과 같으니라"** (신 10:15).

9) 율법으로 자신의 죄를 깨닫는 자만이 장차 오실 그리스도를 믿을 수 있기 때문에 율법은 하나님의 사랑을 보여준다. 율법으로 나타난 하나님의 사랑은 두 가지이다. 첫째, 하나님의 사랑이 성전의 제사를 통하여 나타났다. 율법으로 자신의 죄를 깨달은 자들은 성전에서 그들의 죄를 속하는 제사를 드림으로 거룩함을 받았다. 둘째, 율법으로 자신의 죄를 깨닫지 못한 자들에게 저주가 임하여 그들로 하여금 죄를 알게 하였다. 이방인들은

율법의 저주 아래 놓인 이스라엘 백성에게 죄를 깨닫게 하였다. 하나님은 이방인을 이스라엘 백성을 훈련시키는 도구로 사용하셨다. 이스라엘 백성이 율법을 순종하느냐 여부를 시험하기 위하여, 하나님은 이방인을 통하여 그들을 미혹하였다. 이스라엘 백성이 이방인의 미혹에 빠져서 우상을 숭배하였을 때, 하나님은 이스라엘 백성을 심판하심으로 그들로 하여금 죄를 알게 하셨다. 이스라엘 백성이 죄를 깨닫고 하나님께로 돌아왔을 때, 하나님은 이방인을 심판하셨다. 하나님은 이스라엘 백성이 장차 오실 그리스도를 믿음으로 올바른 길을 가게 하기 위하여 이방인을 사용하셨다. 이방인은 이스라엘 백성을 훈련하는 도구로 사용된 것은 이스라엘 백성에 대한 하나님의 사랑을 보여준다. 그리스도께서 율법으로 훈련된 자를 통하여 오실 것이다.

10) 이스라엘 백성이 우상을 숭배함으로 하나님을 버렸지만, 하나님은 그들을 완전히 버리지 아니하셨다. 그 이유는 그리스도께서 그들을 통하여 오실 것이기 때문이다. 하나님은 장차 오실 그리스도를 위하여 일하는 자들을 사랑하시고 그들을 보호하셨다. 성경은 하나님의 사랑을 이렇게 말씀한다. **"여인이 어찌 그 젖 먹는 자식을 잊겠으며 자기 태에서 난 아들을 긍휼히 여기지 않겠느냐 그들은 혹시 잊을찌라도 나는 너를 잊지 아니할 것이라"** (사 49:15). 이스라엘에 대한 하나님의 사랑을 끊을 것이 없었다. 부모와 자식의 관계는 끊어질지라도 하나님과 이스라엘 백성의 관계는 끊을 수 없었다. **"나 여호와가 옛적에 이스라엘에게 나타나 이르기를 내가 무궁한 사랑으로 너를 사랑하는고로 인자함으로 너를 인도하였다 하였노라"** (렘 31:3).

11) 바벨론에 의하여 남 유다가 멸망하고 성전이 파괴됨으로 이스라엘 백성과 하나님과의 관계가 단절된 것처럼 보였으나, 하나님은 최고의 강대국을 통하여 가나안 땅에 남은 유대인을 보호하셨다. 바사, 헬라 및 로마는 당시에 가장 강한 국가들이었다. 유대인들은 강대국의 보호 아래 자치권을 가지고 성전국가로서 그리스도의 길을 준비하였다. 이로써 그리스도께서 오실 길이 완전하게 준비되었다. 소아시아, 유럽 및 아프리카에 회당이 세워지고 로마의 점령지역의 언어가 헬라어로 통일됨으로 복음이 전 세계에 전파될 토대가 마련되었다.[135]

---

[135] 졸저, 상게서, 3.3.2 참조

12) 이스라엘 백성에 대한 하나님의 최고의 사랑이 마리아에게 임하였다. "**그에게 들어가 가로되 은혜를 받은 자여 평안할찌어다 주께서 너와 함께하시도다 하니**" (눅 1:28). 아벨 이후 많은 사람들이 사모하며 기다린 그리스도께서 드디어 오시기 위하여 마리아가 택함을 받았다. 마리아는 만물을 창조하신 하나님의 아들을 잉태하였다. 마리아의 태속에 창조주가 오셨다. 그녀의 태속에 믿음의 조상들이 사모하고 기다리던 그리스도께서 오셨다. 그녀의 태속에 만물을 통치하는 왕이 오셨다. 아브라함과 그의 후손이 많은 고난을 받고 믿음을 지킨 것은 마리아 한 사람을 위한 것이다. 아브라함과 그의 후손을 택하여 부르신 하나님의 사랑이 마리아를 통하여 결실을 맺었다. 구약시대는 그리스도의 초림을 준비하는 자에게 임한 하나님의 사랑을 보여준다.

13) 이스라엘 백성에 대한 하나님의 사랑은 장차 오실 그리스도 안에서 나타났다. 율법은 장차 오실 그리스도 예수 안에서 이스라엘 백성에 대한 하나님의 사랑을 보여준다. 아담 안에서 인류의 가장 큰 소망은 죄를 용서받는 것이다. 죄로 인하여 죽은 자들이 하나님의 은혜로 생명을 얻는 사랑이 칭의 언약과 율법으로 이스라엘 백성에게 계시되었다. 하나님께서 율법으로 이스라엘 백성을 심판하신 것은 그들로 하여금 죄를 알게 하여 칭의 언약으로 인도하기 위함이다. 이것을 알지 못하는 바리새인들과 서기관들은 율법의 행위로 의롭다함을 받으려고 함으로 저주를 받았다.

14) 하나님께서 사랑하시는 자에게 사명을 맡기신 것은 장차 오실 그리스도에 대한 예언이다. 하나님은 아들을 사랑하셔서 아들에게 창세전에 작정된 뜻의 성취를 맡기셨다. 하나님은 아들을 사랑하고 기뻐하셨다. "**하늘로서 소리가 있어 말씀하시되 이는 내 사랑하는 아들이요 내 기뻐하는 자라 하시니라**" (마 3:17). 하나님은 아들에게 만물의 창조, 만물의 통치, 속죄와 구원, 심판과 형벌에 대한 모든 사명을 아들에게 주셨다. 이와 같이 예수 그리스도께서 사랑하시는 제자들에게 복음 전도의 사역을 맡기셨다. "**세번 째 가라사대 요한의 아들 시몬아 네가 나를 사랑하느냐 하시니 주께서 세번째 네가 나를 사랑하느냐 하시므로 베드로가 근심하여 가로되 주여 모든 것을 아시오매 내가 주를 사랑하는 줄을 주께서 아시나이다 예수께서 가라사대 내 양을 먹이라**" (요 21:17).

(3) 이스라엘 역사를 통하여 계시된 이웃에 대한 사랑

1) 하나님에 대한 아브라함과 그의 후손 이스라엘 백성의 사랑은 장차 오실 그리스도 안에서 나타났다. 하나님께서 장차 오실 그리스도 안에서 그들의 모든 죄를 용서하실 것이므로 그들은 오실 그리스도를 사랑하였다. 하나님은 장차 오실 그리스도를 사랑하는 자에게 그리스도의 오실 길을 준비하는 사명을 언약으로 주셨다. 하나님께로부터 언약을 받은 자들은 믿음으로 하나님에 대한 자기의 사랑을 보였다. 하나님은 사람에 대한 자신의 사랑을 언약으로 나타내셨다. 하나님의 언약을 믿고 순종하는 것은 하나님의 사랑을 받는 것이다.

2) 하나님은 언약을 받은 자들에게 이웃을 사랑하라고 명령하셨다. **"원수를 갚지 말며 동포를 원망하지 말며 이웃 사랑하기를 네 몸과 같이 하라 나는 여호와니라"** (레 19:18). 이웃을 사랑하는 것은 보이지 아니하는 하나님을 사랑한다는 증거이기 때문이다. 이스라엘 백성이 지켜야 하는 사랑의 계명은 네 가지를 전제로 한다. 첫째, 모든 사람은 하나님의 형상으로 창조되었다. 따라서 하나님의 형상인 이웃을 미워하는 것은 하나님을 미워하는 것이다. 둘째, 장차 오실 그리스도 안에서 모든 사람은 죄인이다. 셋째, 이스라엘 백성은 야곱 한 사람의 자손이다. 이스라엘 백성은 모두 한 피를 물려받은 형제로서 서로를 사랑해야 한다. 넷째, 장자의 명분을 받은 자는 부모의 심정으로 형제들을 대하는 것이다.

3) 야곱은 장자의 명분을 가지고 형제들의 허물을 짊어진 자로서 형제에 대한 사랑을 보여주었다. 야곱은 장자의 명분을 사모하여 형과 아비를 속였다. 야곱이 장자의 명분을 얻는 것은 하나님의 뜻이므로 그가 이삭과 에서를 속인 것은 죄가 아니다. 따라서 리브가는 장자의 명분을 위하여 야곱으로 하여금 이삭에게 나가게 하였고, 이삭도 야곱을 책망하지 아니하였다. 그러나 야곱은 장자의 명분을 가진 자는 부모의 심정으로 형제의 모든 죄와 허물을 짊어져야 한다는 믿음으로 아브라함으로부터 내려오는 모든 유산을 포기하고 자기를 죽이려는 에서를 용서하였다. 야곱은 아비 집을 떠나서 하란으로 내려갔다. 이십 년 동안 야곱은 하란에서 라반의 종으로서 일하는 동안 자기를 미워하여 이곳으로 오게 한 에서를 원망하지 아니하였다. 야곱은 에서의 허물을 용서하였을 뿐만 아니라 라반의 허물도 용서하였다. 라반은 사위이자 조카인 야곱을 종처럼 대우하였지만, 야곱은 라반을 원망

하지 아니하고 그의 허물을 용서하였다(창 31:38~40).

4) 야곱의 뒤를 이어 요셉은 장자의 명분을 받았다. 형제들이 자신에게 절하는 꿈은 장자의 명분을 의미하기 때문이다. 요셉은 자신이 형제들의 죄의 책임을 짊어진 것을 알았다. 부모가 자녀를 위하여 일하듯이 장자의 명분은 형제들에 대하여 부모의 심정을 가지는 것이다. 요셉은 애굽 사람의 종으로 팔려갔을 때 형제들의 죄를 장자의 명분을 가진 자신의 죄로 돌렸다. 하나님께서 자기에게 장자의 명분을 주셨기 때문에 요셉은 형제들의 죄를 짊어지고 애굽 사람의 종으로 팔렸다고 생각하였다. 따라서 요셉은 장자로서 부모의 심정으로 형제들을 용서하고 모든 것을 하나님의 뜻으로 돌렸다. **"그런즉 나를 이리로 보낸 자는 당신들이 아니요 하나님이시라 하나님이 나로 바로의 아비를 삼으시며 그 온 집의 주를 삼으시며 애굽 온 땅의 치리자를 삼으셨나이다"** (창 45:8). 하나님께서 형제들을 구원하시려고 애굽 사람의 종으로 요셉을 팔리게 하셨다면, 요셉이 형제들을 미워하는 것은 하나님을 미워하는 것이다. 뿐만 아니라 요셉은 자기에게 누명을 쉬운 보디발과 그의 아내의 죄를 용서하였다.

5) 레위인들은 이스라엘의 장자를 대신하여 하나님께 속한 자들로 택함을 받았다(민 8;18). 야곱과 요셉으로 이어진 이스라엘 백성의 장자의 명분이 레위인에게 돌아갔다. 그리고 장자의 명분이 마지막으로 레위인 가운데서 모세에게로 돌아갔다. 모세가 이스라엘 백성의 모든 죄를 짊어지게 되었다. 따라서 광야에서 이스라엘 백성은 그들에게 닥친 고난에 대하여 모세를 원망하였다. 모세는 장자의 명분을 받았으므로 그들의 원망을 자신의 책임으로 알고 그들의 허물을 용서하고 그들의 죄를 위하여 하나님께 기도하였다. 모세는 부모의 심정으로 이스라엘 백성의 죄를 자기의 죄로 여기는 마음을 가짐으로 이웃을 자신과 같이 사랑하였다. 이스라엘 백성의 죄에 대한 모세의 절규는 자식에 대한 부모의 애끓는 마음과 같다. **"이 모든 백성을 내가 잉태하였나이까 내가 어찌 그들을 생산하였기에 주께서 나더러 양육하는 아비가 젖 먹는 아이를 품듯 그들을 품에 품고 주께서 그들의 열조에게 맹세하신 땅으로 가라 하시나이까"** (민 11:12).

6) 모세가 율법을 받으려고 시내산으로 올라간 뒤에 40일이 지나도록 내려오지 아니하였다. 이스라엘 백성은 모세가 죽은 것으로 간주하고 하나님의 형상으로 금송아지를 만들

었다. 우상을 만들고 그 앞에서 먹고 마시며 뛰어논 자들은 레위인의 칼에 죽임을 당하였다. 모세는 우상을 만드는 것을 방관한 자들에게까지 하나님의 심판이 임한다면 모든 백성이 죽임을 당할 것을 알았다. 하나님은 모든 백성을 심판하시겠다고 말씀하셨다. **"그런즉 나대로 하게 하라 내가 그들에게 진노하여 그들을 진멸하고 너로 큰 나라가 되게 하리라"** (출 32:10). 모세는 그들의 죄를 자기의 책임으로 여기고 자기가 백성을 대신하여 심판을 받겠다고 하나님께 간청하였다. **"여호와께로 다시 나아가 여짜오되 슬프도소이다 이 백성이 자기들을 위하여 금신을 만들었사오니 큰 죄를 범하였나이다 그러나 합의하시면 이제 그들의 죄를 사하시옵소서 그렇지 않사오면 원컨대 주의 기록하신 책에서 내 이름을 지워 버려주옵소서"** (출 32:31,32).

7) 다윗은 비록 왕이었으나 항상 죄인의 심정으로 자신을 낮춤으로 백성을 사랑하였다. 다윗은 왕으로 기름부음을 받았지만 사울에게 쫓기는 신세가 되었다. 다윗은 부모의 심정으로 백성의 허물을 짊어짐으로 백성을 사랑하였다. 다윗은 왕으로서 기름부음을 받았으나, 사울은 왕위를 이양하지 아니하고 다윗을 죽이려고 하였다. 다윗은 하나님 앞에서 자신이 왕이며 사울은 백성임을 알고 사울을 사랑하였다. 다윗은 사울을 죽일 기회가 있었으나 사울의 목숨을 하나님께 맡겼다. **"자기 사람들에게 이르되 내가 손을 들어 여호와의 기름 부음을 받은 내 주를 치는 것은 여호와의 금하시는 것이니 그는 여호와의 기름 부음을 받은 자가 됨이니라 하고"** (삼상 24:6). 다윗은 자기를 죽이려는 원수를 사랑함으로 사람에 대한 하나님의 사랑을 모형으로 보여주었다. 다윗은 자신의 죄로 인하여 압살롬이 자신을 대적하는 것을 알고 있었다. 전쟁에서 압살롬이 죽임을 당하였을 때 다윗은 그의 허물을 용서하고 그의 죽음을 슬퍼하였다. **"왕의 마음이 심히 아파 문루로 올라가서 우니라 저가 올라갈 때에 말하기를 내 아들 압살롬아 내 아들 내 아들 압살롬아 내가 너를 대신하여 죽었더면, 압살롬 내 아들아 내 아들아 하였더라"** (삼하 18:33).

8) 호세아 선지자는 가출하여 몸을 파는 창기가 된 고멜의 허물을 덮어주고 그를 다시 아내로 맞이하였다. 호세아는 고멜의 몸값을 지불하고 다시 그녀를 아내로 맞이하였다. **"내가 은 열 다섯개와 보리 한 호멜 반으로 나를 위하여 저를 사고 저에게 이르기를 너는 많은 날 동안 나와 함께 지내고 행음하지 말며 다른 남자를 좇지 말라 나도 네게**

그리하리라 하였노라" (호 3:2,3). 이 말씀은 우상을 숭배한 이스라엘 백성에 대한 하나님의 사랑을 모형으로 보여준다. 선지자 예레미야는 이스라엘 백성의 죄를 자신의 죄로 여기고 그들을 위하여 하나님께 기도하였다. 예레미야는 유대인들로부터 많은 박해를 당하였지만 그들의 행위가 자신의 죄로 인한 것으로 생각하였다. 따라서 예레미야는 그들을 미워하지 아니하고 사랑하였다.

9) 선지자의 사명은 우상을 숭배하는 이스라엘 백성에게 하나님의 심판을 선포함으로 그들로 하여금 회개하고 하나님께로 돌아오게 하는 것이다, 예레미야는 선지자로서 자신의 사명을 잘 감당하지 못하였기 때문에 백성이 우상숭배를 버리지 아니한다고 자신을 책망하였다. 따라서 그는 불타는 심령으로 백성에게 하나님의 말씀을 선포하였다. **"내가 다시는 여호와를 선포하지 아니하며 그 이름으로 말하지 아니하리라 하면 나의 중심이 불붙는 것 같아서 골수에 사무치니 답답하여 견딜 수 없나이다"** (렘 20:9). 하나님께서 우상을 숭배하는 이스라엘 백성에게 심판을 선포하셨을 때, 예레미야는 그들을 위하여 기도하였다. 그러나 하나님은 그의 기도를 듣지 아니하셨다. **"그런즉 너는 이 백성을 위하여 기도하지 말라 그들을 위하여 부르짖어 구하지 말라 내게 간구하지 말라 내가 너를 듣지 아니하리라"** (렘 7:16).

10) 예레미야는 이스라엘 백성의 죄와 심판이 자신의 책임으로 알고 괴로워하였다. 그는 자신이 태어나지 아니하였다면 이스라엘 백성의 죄로 인하여 괴로움을 당하지 아니하였을 것이라고 믿고 생일을 저주하였다. **"이는 그가 나를 태에서 죽이지 아니하셨으며 나의 어미로 내 무덤이 되게 하지 아니하셨으며 그 배로 항상 부르게 하지 아니하신 연고로다 어찌하여 내가 태에서 나와서 고생과 슬픔을 보며 나의 날을 수욕으로 보내는고"** (렘 20:17,18). 예루살렘성이 함락되고 성전이 파괴되었으며 많은 젊은이들이 칼에 죽임을 당하고 수많은 사람들이 포로로 끌려갔다. 이것을 목격한 예레미야는 창자가 끊어지는 아픔으로 괴로워하며 눈물을 흘리며 슬퍼하였다. **"내 눈이 눈물에 상하며 내 창자가 끓으며 내 간이 땅에 쏟아졌으니 이는 처녀 내 백성이 패망하여 어린 자녀와 젖먹는 아이들이 성읍 길거리에 혼미함이로다"** (애 2:11).

11) 이스라엘 역사를 통하여 계시된 사랑은 장차 오실 그리스도 안에서 백성의 죄를

자신의 죄로 여기고 부모의 심정으로 이웃의 허물을 덮어주고 긍휼히 여기는 것이다. 하나님의 백성으로서 이스라엘 백성에게 있어서 죄인은 마귀의 지배 아래 있는 원수이다. 이스라엘 백성은 한 사람 야곱의 후손이므로 이웃의 죄를 자신의 죄로 여기는 마음을 가진 자만이 원수를 사랑할 수 있다. (레 19:18)에서 원수, 동포 및 이웃은 모두 야곱의 후손이다. 이웃의 죄를 자신의 죄로 여기고 그 죄를 덮어주는 것이 사랑이다. 이 사랑이 그들을 장차 오실 그리스도에 대한 믿음과 소망으로 인도하였다. 이스라엘이 이웃의 죄를 자신의 죄로 여긴 것은 장차 그리스도께서 그들의 죄를 대속하실 것이기 때문이다. 장차 그리스도께서 오시지 아니하신다면 그들의 사랑은 헛될 것이다.

12) 이스라엘 백성의 사랑은 그들의 믿음과 소망이 무엇인가를 보여준다. 사랑은 장차 오실 그리스도의 속죄를 통한 하나님의 사랑을 전제로 한다. 하나님은 사랑하는 자에게 언약을 주시고 믿음을 요구하므로 하나님에 대한 사랑이 없으면 믿음도 없다. 곧 믿음은 사랑을 전제로 하며 사랑으로 역사한다. 하나님은 아브라함을 사랑하셔서 그에게 언약을 주시고 믿음으로 순종을 요구하셨다. 아브라함은 하나님을 사랑하였으므로 하나님의 말씀을 믿음으로 순종하였다. 따라서 믿음이란 하나님께 대한 사랑을 실천하는 것이다. 사랑이 없으면 믿음과 소망이 거짓이다. 하나님에 대한 아브라함, 요셉, 모세, 다윗 및 선지자들의 사랑은 장차 오실 그리스도 안에서 믿음으로 나타났다.

(4) 이해를 위한 질문

1) 이스라엘 역사를 통하여 계시된 소망

   a. 믿음과 소망의 관계는 무엇인가.

   b. 아브라함의 소망은 무엇인가(창 22:17,18).

   c. 다윗의 믿음과 소망이 하나님의 뜻과 일치하는 이유는 무엇인가(시 40:12,13).

   d. 이스라엘 역대 왕들이 권력과 명예에 소망을 둔 이유는 무엇인가(왕상 12:27,28).

   e. 바리새인들과 서기관들의 소망이 하나님의 뜻에서 벗어난 이유는 무엇인가.

2) 이스라엘 역사를 통하여 계시된 하나님의 사랑

   a. 창조사역을 통하여 하나님의 사랑이 어떻게 나타났는가.

   b. 선악과 계명이 아담에 대한 하나님의 사랑을 보여주는 이유는 무엇인가.

   c. 하나님의 사랑이 아브라함에게 어떻게 나타났는가(창 15:6).

   d. 우상을 숭배하는 이스라엘 백성에 대한 하나님의 사랑은 무엇인가(사 49:15).

   e. 하나님께서 이스라엘 백성을 끝까지 사랑하신 이유는 무엇인가(사 9:6,7).

3) 이스라엘 역사를 통하여 계시된 하나님에 대한 사람의 사랑

   a. 하나님께서 이스라엘 백성에게 요구하신 사랑은 무엇인가(신 6:5).

   b. 하나님께서 이스라엘 백성에게 원수를 사랑하라고 말씀하신 이유는 무엇인가(레 19:18).

   c. 왜 모세는 하나님을 대적한 이스라엘 백성을 사랑하였는가(민 14:18,19).

   d. 다윗은 자기를 대적하는 원수를 사랑하였다. 그 이유는 무엇인가(삼상 24:6).

   e. 왜 호세아는 음행한 아내를 다시 맞이하였나(호 3:1~3).

   f. 예레미야가 우상숭배로 심판을 받은 이스라엘 백성을 위하여 슬퍼한 이유는 무엇인가.

4.5 요약 및 결론

1. 제4부에서는 이스라엘의 역사를 통하여 계시된 그리스도의 모형과 의롭다함을 받은 자들의 믿음, 소망 및 사랑에 대하여 논의하였다. 4.1에서는 제사장의 나라와 이스라엘 역사를 통하여 계시된 그리스도와 믿음에 관하여, 4.2에서는 이스라엘의 우상숭배와 멸망을 통하여 계시된 그리스도와 믿음에 관하여, 4.3에서는 이스라엘 역사를 통하여 계시된 그리스도와 의롭다함을 받은 자들의 믿음, 소망 및 사랑을 논의하였다. 이스라엘 역사를 통하여 나타난 백성들의 사랑과 믿음의 본질이 무엇이며 그들이 우상을 숭배한 이유를 밝히고자 하였다. 하나님에 대한 이스라엘 백성의 사랑이 어떻게 믿음 및 소망과 연결되는가를 살펴보았다.

   이스라엘 백성은 제사장의 나라로 부르심을 받았다. 제사장의 나라란 제사장이 율법으

로 백성을 통치하는 나라이다. 곧 제사장은 백성의 주권자이다. 제사장은 백성에게 율법을 가르치고 율법으로 백성을 재판하며 성전에서 소와 염소와 양의 피를 뿌림으로 하나님을 섬겨야 한다. 제사장의 나라는 애굽에서 나온 이스라엘 백성을 통하여 그 실체가 드러났다. 모세는 제사장으로서 백성을 율법으로 다스렸으며 율법을 가르쳤다. 광야에 나온 이스라엘 백성은 제사장의 통치를 받는 제사장의 나라이다. 다른 의미에서 제사장의 나라란 인류의 죄를 짊어진 나라이다. 율법은 이스라엘 백성이 짊어진 인류의 죄의 내용을 알게 한다. 하나님은 이스라엘 백성의 죄를 유월절 어린 양의 피로써 대속하시고 인류의 죄를 그들에게 전가시키셨다.

제사장의 나라는 율법으로 통치되는 나라이다. 율법은 하나님의 양심을 성문화한 법이다. 따라서 율법을 순종하는 것은 하나님의 양심을 신앙양심으로 소유하는 것이다. 제사장이 율법으로 통치하는 백성을 하나님의 백성이라고 한다. 하나님은 이스라엘 백성을 자기의 백성으로 택하여 부르시고 그들에게 율법을 주셨다. 제사장은 제사장의 나라를 이끌어 가는 주권자이다. 성전을 중심으로 제사장이 백성을 율법으로 통치하였으므로 제사장의 나라를 성전국가라고 한다. 제사장의 나라에서 성전의 제사는 백성을 저주로부터 구원하는 유일한 길이다. 사람은 육신이 연약하여 율법을 온전히 순종할 수 없다. 이스라엘 백성이 부득이하여 부지중에 범한 죄는 성전의 제사로 거룩하게 되었다. 따라서 성전의 제사는 이스라엘 백성을 하나님의 백성으로 유지시켜주는 최후의 보루이다. 이러한 의미에서 제사장의 나라에서 성전의 제사와 제사장의 역할이 중요시 되었다.

제사장이 그 직분을 소홀히 하였을 때 제사장의 나라는 붕괴의 길을 걷게 되었다. 제사장이 백성들에게 율법을 가르치지 아니하였으므로 백성들은 율법을 알지 못하였다. 율법을 알지 못하는 백성들은 하나님을 알지 못하였다. 그 결과는 우상숭배로 이어졌다. 하나님은 직분을 버린 제사장을 버리고 사사를 택하여 이스라엘 백성을 다스리게 하셨다. 사사가 죽은 뒤에 백성들은 다시 우상을 숭배하였다. 왕정시대가 시작되었지만 다윗 시대를 제외하고 거의 대부분의 왕들은 우상을 섬겼다. 제사장과 백성이 율법을 알지 못하고 우상숭배에 빠진 결과 성전을 중심으로 하는 제사장의 나라는 바벨론에 의하여 멸망하였다. 예루살렘 성전은 파괴되었고 백성들은 전쟁 포로가 되어 바벨론으로 끌려갔다.

바벨론에서 예루살렘으로 돌아온 유대인들은 무너진 성전을 재건하고 성전 제사를 회복하였다. 제사장들은 성전을 중심으로 백성들에게 율법을 가르쳤고, 백성들은 전심으로 율법을 순종하려고 노력하였다. 유대인들은 메데 바사의 지배를 받고 있었지만 성전을 중심으로 제사장에 의하여 율법으로 통치를 받는 사실상의 성전국가를 건설하였다. 출애굽 이후 모세의 영도 아래 나타났던 완전한 성전국가가 바벨론 포로 귀환 이후 나타났다.

애굽에서 광야로 나온 이스라엘 백성은 홍해를 건넘으로 바로의 지배, 애굽의 문명 및 문화와 완전히 분리되었다. 세상과 완전히 분리되어 세상 위에 있는 것을 교회라고 한다. 하나님께서 이스라엘 백성을 애굽에서 불러내셨다. 따라서 애굽에서 광야로 나온 이스라엘 백성의 회중을 광야 교회라고 한다. 그들은 장차 오실 그리스도를 믿는 자들의 회중이므로 광야 교회는 장차 오실 그리스도를 믿는 믿음 위에 세워진 교회라고 말할 수 있다. 광야 교회는 그리스도를 믿는 믿음 위에 세워진 그리스도 교회의 모형이다. 광야 교회는 율법으로 자신의 죄를 깨닫고 장차 오실 그리스도를 향하여 나아가는 자들의 회중이다.

광야에서 믿음을 버린 자들은 죽임을 당하고 가나안 땅에 들어가지 못하였다. 이스라엘 백성이 가나안 땅에 정착한 이후 믿음을 버리고 우상을 숭배하기 시작하였다. 우상숭배로 광야 교회는 무너지기 시작하였다. 이스라엘 백성 가운데 다수는 우상으로 돌아갔고 남은 자는 소수에 불과하였다. 아합 시대에 믿음을 지킨 자는 겨우 7,000명뿐이었다. 북 이스라엘은 우상숭배에서 벗어나지 못하고 앗수르에게 멸망하였다. 북 이스라엘의 백성은 앗수르로 이주함에 따라서 혼혈이 되었고, 광야 교회는 남 유다의 적은 수로 축소되었다. 남 유다 역시 우상숭배로 바벨론에게 멸망하였다. 남 유다가 멸망한 이후 70년이 지나 바벨론에서 예루살렘으로 돌아온 자들을 중심으로 파괴되었던 성전이 재건되고 성전 제사가 회복되었다. 우상숭배로 거의 사라진 것처럼 보였던 광야 교회가 성전을 중심으로 그 모습이 나타나기 시작하였다.

2. 이스라엘의 멸망은 우상숭배와 관련된다. 우상숭배의 원인은 이스라엘의 번영과 교만, 이방인의 미혹과 불신앙에서 찾아야 한다. 사무엘 이후 이스라엘은 왕정 시대로 접어들었다. 사울의 뒤를 이은 다윗은 율법으로 나라를 통치함으로 나라를 반석 위에

올려놓았다. 다윗은 주변 국가를 정복하여 식민으로 삼고 그들로부터 조공을 받았다. 그는 성전을 건축하기 위한 모든 것을 준비하였고, 솔로몬은 그로부터 부강한 나라를 물려받았다. 나라가 부강하게 된 것을 자신의 능력으로 착각한 솔로몬은 교만하여 믿음을 버렸다. 율법으로 자신의 죄를 깨달은 자만이 장차 오실 그리스도를 믿을 수 있었다. 솔로몬은 강력한 국가와 부귀와 영광이 자신의 의로움에 의한 것으로 착각함으로 믿음을 버렸다. 그는 많은 이방여자를 아내로 취하였고 그녀들에게 미혹을 받아 이방신을 숭배하였다.

하나님은 이스라엘을 두 나라로 쪼개셨다. 여로보암은 유다와 베냐민 지파를 제외한 열 지파를 중심으로 북 이스라엘을 개국하였다. 솔로몬의 아들 르호보암에게 두 지파만 남았다. 북 이스라엘은 많은 백성과 넓은 영토를 소유한 강대국이었으나, 남 유다는 약소국가가 되었다. 여로보암은 교만하여 우상을 만들어 산당에 두고 레위지파가 아닌 일반 백성으로 제사장을 삼았다. 남 유다는 자신의 연약함을 알았지만 우상숭배를 버리지 아니하였다. 하나님은 남 유다를 작고 약한 나라로 만들어 그들로 하여금 믿음으로 그리스도의 길을 준비하게 하려고 하셨지만 그들은 하나님의 기대를 저버렸다.

북 이스라엘은 개국 초기부터 우상숭배를 정치적 기반으로 삼았다. 여로보암은 이스라엘 백성이 절기에 예루살렘 성전으로 올라가지 못하게 하기 위하여 하나님의 형상으로 우상을 만들고 이를 섬기게 하였다. 아합은 한 걸음 더 나아가 이방여자를 아내로 취하고 이방신을 섬겼다. 하나님은 선지자 엘리야와 엘리사를 보내어 이스라엘 백성에게 우상을 버리고 하나님께로 돌아오라고 권고하셨지만, 그들은 그 말씀을 듣지 아니하였다. 결국 그들은 앗수르에게 멸망하였다. 앗수르는 이스라엘 백성을 앗수르로, 그들의 백성을 가나안 땅으로 이주시켰다. 이로써 이스라엘의 열 지파는 혼혈이 되었다.

남 유다에는 예루살렘 성전과 아론의 후손 제사장이 있었고 율법에 열심인 왕들이 있었다. 남 유다의 르호보암은 우상숭배로 인하여 나라가 갈라진 것을 알면서도 우상숭배에서 벗어나지 못하였다. 남 유다에는 여호사밧, 히스기야 및 요시야는 율법으로 자신의 죄를 깨닫고 전심으로 하나님을 섬기며 성전 제사를 회복하였다. 그러나 대부분의 왕들은 하나님의 은혜로 나라가 부강하여지자 교만하여 우상을 숭배하였다. 히스기야로부터 강한 나라를 물려받은 므낫세는 교만하여 우상을 숭배하였을 뿐만 아니라 하나님의 성전에 이방신상을 세웠다. 이로 인하여 나라는 급속하게 멸망의 구덩이로 빠지게 되었다. 요시야는 나라를 멸망의 구덩이로부터 건져내려고 하였으나 그 뜻을 이루지 못하고 죽었다. 마침내 남 유다는 바벨론에 의하여 점령당하였다. 예루살렘 성벽은 무너지고 성전은 철저하게 파괴되었다. 유대인들은 소아시아, 유럽 및 아프리카로 흩어지게 되었다. 이로써 이스라엘 국가는 역사 속으로 사라졌다.

이스라엘 백성과 이방인과의 관계는 하나님의 백성과 마귀의 지배를 받는 자들과의 영적 전쟁을 모형으로 보여준다. 마귀의 속성은 하나님을 대적하는 것이다. 타락한 천사들이 흑암에 갇힌 뒤에 마귀는 하나님의 말씀을 받지 못하였으므로 하나님을 대적할 수 없었다. 이스라엘 백성이 하나님의 말씀을 받았을 때, 마귀는 그들을 통하여 하나님을 대적하려고 하였다. 이스라엘 백성은 하나님의 백성으로 택함을 받았으므로 마귀는 그들을 직접 지배할 수 없었다. 따라서 마귀는 이방인을 통하여 그들을 미혹하였다. 이방인은 이스라엘 백성을 미혹하여 우상을 숭배하게 하는 마귀의 도구로 사용되었다. 마귀는 장차 오실 그리스도의 길을 차단하기 위한 그릇으로 이방인을 사용하였다.

마귀의 지배 아래 있는 이방인들은 여자들을 통하여 이스라엘 백성을 유혹하였다. 이스라엘 백성은 이방여자를 취하여 아내로 삼았다. 하나님은 그들의 결혼을 허락하지 아니하셨다. 따라서 하나님 앞에서 이스라엘 백성과 이방인과 성관계는 간음이다. 남편과 아내가 한 몸이 되므로 이스라엘 백성은 이방여자와 한 몸이 되었다. 우상을 숭배하는 이방여자의 육체에 새겨진 우상이 이스라엘 백성의 육체에 새겨졌다. 이로써 이스라엘 백성은 자연스럽게 우상숭배에 빠지게 되었다. 하나님의 말씀을 버리고 이방여자를 아내로 맞이한 결과는 우상숭배로 나타났다.

이스라엘 백성이 이방여자를 아내로 맞이한 책임이 제사장으로 돌아갔다. 제사장은 성막과 성전에서 율법에 의하여 정죄를 받는 죄를 속하기 위하여 제사를 드림으로 하나님을 섬기는 직분을 맡았다. 율법으로 백성을 심판하려면 율법을 알아야 한다. 따라서 하나님은 제사장에게 율법의 교육의무와 재판의 권한을 주셨다. 제사장은 태만하여 자신의 직분을 망각하고 십일조와 성전에서 나오는 것으로 만족하였다. 제사장이 백성에게 율법을 가르치지 아니하였으므로 백성들은 율법을 알지 못하였고 율법을 통하여 계시된 하나님을 알지 못하였다. 또한 제사장은 우상을 숭배하는 왕과 백성을 책망하지 아니하였다. 율법으로 하나님을 알지 못한 것이 백성의 타락의 원인이었다. 따라서 사사시대에 우상숭배의 원인을 제공한 제사장은 이스라엘 백성의 통치에서 제외되었다.

이스라엘 백성이 하나님의 백성이란 증거는 율법이다. 율법은 하나님의 양심을 성문화한 것으로 시대와 공간을 초월하여 객관적이고 통일적으로 사람의 모든 행위를 정죄한다. 율법이 하나님의 법이란 객관적인 증거는 성전이다. 하나님은 성전에 하나님의 이름과 마음과 눈을 두셨다. 제사장은 하나님의 이름을 위하여 성전에서 제사를 드렸다. 따라서 성전은 이스라엘 백성의 하나님이 계신다는 증거이다. 이스라엘 백성은 성전에 계신 하나님을 향하여 기도하였고 하나님은 그들의 기도를 들으셨다.

성막과 성전은 광야 교회와 관련하여 고찰하여야 한다. 사도 바울은 성도의 육체를 그리스도의 몸이며 동시에 성전이라고 가르쳤다(고전 3:16; 12:27). 광야 교회는 그리스도의 교회의 모형과 그림자이므로 이스라엘 백성의 육체는 성막인 동시에 성전의 모형이라고 말할 수 있다. 이스라엘 백성이 믿음으로 그리스도의 길을 준비하였을 때 하나님 앞에서 그들의 육체는 성막인 동시에 성전의 모형이다. 그들이 우상을 숭배하는 것은 성막과 성전이 더러워지는 것을 의미한다. 따라서 이스라엘 백성의 우상숭배는 성전의 파괴로 이어졌다. 예루살렘 성전의 파괴는 예수 그리스도의 죽음을 모형으로 보여준다.

믿음으로 의롭다함을 받은 아브라함과 그의 후손은 장차 오실 그리스도의 언약을 받은 자들이다. 그리스도의 언약을 받은 것은 그리스도를 잉태한 것이다. 곧 이스라엘 백성은 장차 오실 그리스도를 잉태한 자들이다. 장차 오실 그리스도를 잉태한 자들은 그들 안에 있는 그리스도를 위하여 우상을 멀리하고 그리스도의 오심을 사모하였다. 그리스도를 잉태한 자들은 그리스도의 길을 준비하기 위하여 많은 고난을 받았으나 오래 참고 인내하였다. 그러나 우상을 숭배한 자들은 그리스도를 유산하고 사망을 잉태하였다. 그들은 율법의 저주 아래서 사망을 해산하는 고통을 당하였다. 임산부가 해산의 고통을 당하는 것은 그리스도를 유산한 자가 사망을 해산하기 위하여 고통을 당하는 것을 모형으로 보여준다.

예루살렘 성전은 그리스도의 육체의 모형과 그림자이다. 그리스도의 육체 안에 하나님의 이름과 뜻과 사역과 말씀이 있다. 그리스도 안에 성부의 뜻과 말씀이 있고 성령의 역사가 있다. 따라서 그리스도의 육체는 하늘성전이다. 예루살렘 성전 안에서 제사장이 드리는 모든 제사와 섬기는 의식은 그리스도의 사역을 모형으로 보여준다. 예루살렘 성전은 모형이므로 성전에 둔 여호와 하나님의 이름과 소와 염소와 양의 피로써 정결케 되는 죄 역시 모형이다. 여호와 하나님의 이름은 예수 이름의 모형이며 율법에 의하여 정죄 받는 죄는 예수 이름을 믿지 아니하는 죄의 모형이다. 모든 죄는 예수 이름을 믿지 아니하는 죄로부터 시작한다.

율법은 모든 사람을 정죄하여 하나님의 심판 아래 가둔다. 하나님께서 우상을 숭배하는 이스라엘 백성을 심판하신 것은 장차 그리스도에 의한 심판을 모형으로 보여준다. 그리스도께서 죽으심으로 몸소 인류의 죄를 심판하셨다. 하나님께서 율법에 의하여 정죄 받는 인류의 죄를 그리스도께 옮겨놓고 인류를 대신하여 율법으로 그리스도를 심판하셨다(고후 5:21). 곧 하나님께서 율법으로 그리스도를 심판하심으로 인류의 죄를 대속하셨다. 따라서 하나님께서 이스라엘 백성에게 율법을 주신 목적이 분명하게 되었다. 율법은 그리스도를 심판하기 위하여 주신 언약이라고 말할 수 있다. 동시에 율법은 세상 임금인 마귀를 심판하기 위하여 주신 언약이다. 그리스도께서 마귀의 사망 권세 아래서 죽으심으로 마귀를 심판하셨기 때문이다.

율법에 의한 모든 약속은 그리스도의 사역을 모형과 그림자로 보여준다(히 10:1). 양심과 율법 아래서 자신의 죄를 깨닫고 장차 오실 그리스도를 믿는 자들은 의롭다함을 받았다. 이것은 예수 이름을 믿음으로 의롭다함을 받는 것의 모형과 그림자이다. 아브라함과 그의 후손들이 믿음으로 의롭다함을 받았지만 그들은 생명을 얻지 못하였다. 그들은 장차 오실 그리스도 안에 있는 생명을 믿고 사모하였다. 그들은 일생 동안 그리스도의 피를 보지 못하고 죽었다. 그러나 그들의 믿음은 살아있었으므로 그리스도께서 피를 흘리셨을 때 그들의 죄는 사함을 받았다.

이스라엘 백성은 가나안 땅에 심겨진 좋은 포도나무라고 성경은 말씀한다. 좋은 포도란 율법으로 자신의 죄를 깨닫고 장차 오실 그리스도를 믿는 자들을 의미한다. 모세는 좋은 포도나무를 가지고 애굽에서 나와서 광야를 통과하여 가나안 땅에 이르러 여호수아에게 인계하였다. 여호수아는 가나안 땅에 좋은 포도나무를 심었다. 제사장들은 포도원 지기가 되었으나 맡은 직분을 버렸으므로 그들의 직분이 사사들에게 돌아갔다. 사사들의 뒤를 이은 왕들은 포도원을 관리하지 못하고 황폐시켰다. 따라서 하나님은 이방인을 통하여 포도원의 포도나무를 뽑아 버리셨다. 바벨론 포로에서 귀환 이후 가나안 땅에 다시 좋은 포도나무가 심겨졌으나 제사장들, 바리새인들 및 서기관들은 포도원을 황폐시켰다.

믿음으로 의롭다함을 받은 이스라엘 백성은 장차 오실 그리스도의 신부로 부르심을 받았다. 하나님은 애굽에서 그들을 인도하여 내시고 그들에게 가나안 땅을 기업으로 주셨다. 이스라엘 백성이 그리스도의 신부로서 거룩한 세마포를 준비하려면 율법을 순종하여야 하고 만약 육신이 연약하여 율법을 범하면 성막에서 제사를 드림으로 속죄 받아야 한다. 그러나 이스라엘 백성은 가나안 땅에 정착한 이후에 우상을 섬김으로 자신을 더럽혔다. 하나님은 우상을 숭배함으로 간음한 자들을 이방인의 손에 붙이셨다. 북 이스라엘은 앗수르에게, 남 유다는 바벨론에게 멸망하였다. 하나님은 이스라엘 백성을 정결한 처녀로 부르셨지만 그들은 음행으로 자신을 더럽혔다.

3. 말라기의 선지자 이후 선지자의 예언이 끝나므로 구약성경의 모든 말씀이 확정되었다. 구약성경을 기록한 모든 선지자들이 죽었으므로 성경은 변경할 수 없게 되었다. 유언을 한 자가 죽음으로 그 유언의 효력이 확정되는 것과 같이, 구약성경은 이를 기록한 자들이 죽음으로 그 효력이 확정되었다. 말라기 이후 마지막 선지자 세례 요한까지 선지자의 예언이 없었으나, 하나님은 그리스도의 길을 완성하셨다. 바벨론 포로로 흩어진 유대인들은 회당을 건설하고 예배를 드렸다. 회당은 후에 사도 바울이 이방인에게 복음을 전파하는 전진 기지가 되었다. 헬라의 알렉산더는 점령지역의 상용어를 헬라어로 통일하므로 그리스도의 복음이 증거될 토대를 마련하였다. 로마제국은 지중해 연안의 모든 국가를 점령하므로 그리스도의 복음이 이 지역에 전파됨에 있어서 국경의 장벽을 제거하였다. 하나님은 장차 오실 그리스도를 위하여 에돔 족속인 헤롯을 왕으로 세우셨고 세례 요한을 보내셨다.

말라기 선지자의 예언대로, 세례 요한은 마지막 선지자로서 그리스도의 길을 준비하였다. 세례 요한의 탄생은 생리적인 것을 떠난 하나님의 은혜이다. 하나님은 천사를 통하여 제사장 사가랴에게 세례 요한의 잉태의 말씀을 주셨다. 세례 요한 아버지는 아론의 후손 제사장이었으며 그의 모친도 아론의 후손이었다. 이들은 생리적으로 자녀를 잉태하지 못하였으나 하나님의 은혜로 아들을 잉태하였다. 세례 요한은 마지막 선지자로 택함을 받았으므로 모태에서 거룩하게 구별되어 성령의 충만함을 받았다. 그리스도께서 사역을 시작하시기 전에 마지막 선지자가 와서 아비의 마음을 자식에게로, 자식의 마음을 아비에게로 돌이키게 하고 높은 산을 낮아지게 하고 낮은 골짜기를 높아지게 하였다.

　세례 요한의 직분은 선지자의 직분과 제사장의 직분으로 구분할 수 있다. 세례 요한은 선지자로서 구약성경에서 계시된 율법과 선지자의 예언을 요약하였다. 율법과 선지자들의 예언은 모형과 그림자로 계시되었으므로 구약성경을 읽는 자들이 예언을 통하여 계시된 하나님의 뜻을 밝히 알지 못하였다. 따라서 바리새인과 서기관 같은 자들이 출현하였다. 세례 요한은 율법과 선지자의 예언을 요약하여 "회개하라 천국이 가까왔느니라"라고 선포하였다. 천국은 천국의 권세를 가지고 오신 그리스도를 의미한다. 율법에 의하여 자신의 죄를 깨닫고 회개하는 자만이 그리스도를 맞이할 수 있다. 따라서 세례 요한은 모든 사람이 율법 앞에서 죄인임을 선언하고 회개하라고 선포하였다. 동시에 세례 요한은 불과 성령으로 세례를 주실 그리스도와 종말에 있을 심판에 대하여 예언하였다. 이로써 모든 선지자들의 사역이 끝났다.

　세례 요한의 제사장의 사역은 인류의 죄를 그리스도께 옮겨놓는 것이다. 세례 요한은 제사장의 아들로 태어났으므로 타락한 제사장을 대신하여 인류의 죄를 그리스도께 옮겨놓았다. 속죄일에 대제사장이 지성소에 들어가 자기와 백성의 죄를 속한 뒤에 아사셀을 위하여 제비를 뽑은 염소의 머리에 안수하여 백성의 죄를 그 염소의 머리에 옮겨놓은 것처럼, 세례 요한은 그리스도께 세례를 줌으로 인류의 죄를 그리스도께 옮겨놓았다. 이로써 성전에서 제사를 드리던 제사장의 모든 사역이 끝났다. 예수 그리스도는 세상 죄를 지고 가는 하나님의 어린 양이 되셨다. 세례 요한의 사역으로 구약성경에서 율법과 선지자들의 예언을 통하여 모형과 그림자로 계시된 하나님의 뜻이 실상으로 나타났다.

　4. 구약성경을 통하여 하나님의 뜻을 성취하기 위하여 오실 그리스도의 사역이 모형과 그림자로 계시되었다. 창조사역을 통하여 그리스도께서 사람의 육신을 통하여 오실 하나님의 뜻이 계시되었다. 안식일을 통하여 그리스도께서 시간을 거룩하게 하시고 복을 주실 하나님의 뜻이 계시되었다. 선악과 계명을 통하여 그리스도께서 자기의 의지로 생명과

사망을 결정하실 하나님의 뜻이 계시되었다. 칭의 언약을 통하여 그리스도께서 믿는 자들을 의롭다하실 하나님의 뜻이 계시되었다. 율법을 통하여 그리스도께서 자기의 피로써 인류의 죄를 대속하시고 세상 임금인 마귀를 심판하실 하나님의 뜻이 계시되었다.

구약성경은 믿음으로 의롭다함을 받은 자들을 통하여 장차 오실 그리스도의 형상이 부분적으로 나타나는 과정을 계시한다. 아브라함, 모세, 여호수아 및 다윗은 믿음으로 의롭다함을 받고 장차 오실 그리스도의 형상을 부분적으로 보여주었다. 아브라함은 믿음을 의롭다고 하실 그리스도, 모세는 인류의 죄를 대속하고 마귀를 심판하신 뒤에 믿음으로 의롭다함을 받은 자들을 천국으로 인도하실 그리스도, 여호수아는 믿음으로 의롭다함을 받은 자들을 이끌고 영적전쟁을 승리로 이끄실 그리스도, 다윗은 세상을 의와 공의로 통치하실 그리스도를 보여주었다. 믿음으로 의롭다함을 받는 믿음이란 율법과 양심으로 자기의 죄를 깨닫고 장차 오실 그리스도 안에서 하나님의 언약을 순종함으로 그리스도의 형상을 나타내는 것이라고 말할 수 있을 것이다.

이스라엘 백성들은 장차 오실 그리스도를 믿었다. 그들은 보이지 아니하는 그리스도를 믿었다. 만약 그리스도께서 오시지 아니한다면 그들의 믿음은 헛것이다. 따라서 그들은 그리스도의 오심을 간절히 사모하였다. 장차 오실 그리스도에 대한 소망은 그들이 그리스도를 믿는다는 증거이다. 믿음을 버린 자들은 우상을 숭배하고 육체에 속한 것이 이루어지기를 소망하였다. 북 이스라엘의 여로보암은 믿음을 버리고 권력유지만 바랐으므로 우상숭배를 통치의 기초로 삼았다. 대부분의 이스라엘의 역대 왕들의 소망은 권력의 유지와 육체의 쾌락이었다. 바리새인들과 서기관들의 소망은 정치적인 그리스도의 오심이었다. 이스라엘 백성의 죄를 대속하실 그리스도의 오심을 사모한 자들만이 의롭다함을 받았다.

이스라엘 역사를 통하여 계시된 사랑은 자기 백성들에 대한 하나님의 사랑과 하나님과 이웃에 대한 백성들의 사랑으로 구분할 수 있다. 장차 그리스도께서 이스라엘 백성을 통하여 육체로 오실 것이므로 하나님은 그들을 아내처럼 사랑하셨다. 이스라엘 백성이 우상을 숭배함으로 하나님을 버렸지만 하나님은 그들을 사랑하셨다. 하나님은 선지자들을 통하여 우상을 숭배하는 백성들에게 우상을 버리고 돌아오라고 권고하셨다. 그러나 그들은 하나님의 말씀을 듣지 아니하였다. 우상숭배가 만연한 가운데서 믿음으로 우상을 멀리한 자들이 있었다. 그들을 남은 자들이라고 한다. 하나님은 남은 자들을 위하여 파괴된 성전을 다시 세우게 하셨다. 제사장은 남은 자들과 함께 성전을 중심으로 하는 성전국가를 건설하였다. 그리스도께서 오실 때까지 하나님은 강대국을 통하여 성전국가를 보호하셨다.

　이스라엘 백성이 하나님의 사랑을 받는 것이 의로움이며 그의 사랑을 거절하는 것이 불의이다. 하나님의 사랑을 받는 것은 그의 말씀을 순종하는 것이다. 성경은 이스라엘 백성에게 목숨을 다하여 하나님을 사랑하라고 말씀한다. 동시에 성경은 그들에게 원수를 사랑하며 이웃을 내 몸과 같이 사랑하라고 말씀한다. 이스라엘 백성이 이웃을 사랑하는 것은 이웃의 죄와 허물을 덮어주는 것이다. 요셉은 형제들의 죄를 자신의 죄로 여겼으므로 형제들을 사랑할 수 있었다. 모세는 이스라엘 백성의 지도자로서 백성의 죄와 허물을 자신의 것으로 여겼다. 모세는 백성의 죄를 덮어주고 그 죄의 용서를 하나님께 구하였다. 다윗도 백성의 죄를 자신의 죄로 여기고 백성의 허물을 덮어주었다. 이스라엘 역사상 이웃을 내 몸과 같이 사랑한 대표적인 인물이 예레미야 선지자이다. 그는 이스라엘 백성의 우상숭배의 원인이 자기에게 있다고 생각하고 백성을 위하여 불타는 마음으로 하나님의 말씀을 선포하였다. 남 유다가 멸망하고 성전이 파괴되었을 때 그는 눈물을 흘리며 슬퍼하였다. 이스라엘의 역사는 이웃의 죄를 자신의 죄로 여기는 마음만이 이웃을 내 몸처럼 사랑할 수 있다는 것을 보여준다.

　이스라엘의 역사를 통하여 계시된 믿음의 대상은 장차 오실 그리스도이다. 이스라엘 백성은 율법으로 자신의 죄를 깨닫고 회개하는 마음으로 장차 오실 그리스도를 믿었다. 그리고 그들은 그리스도의 오심을 사모하였다. 그들은 이웃의 죄를 자신의 죄로 여기는 마음으로 이웃의 죄를 덮어주었다. 이스라엘 역사는 계명을 통하여 계시된 믿음과 소망을 가지고 사랑을 실천한 자는 의롭다함을 받았다. 소망은 믿음의 대상이 무엇인가를 나타낸다. 사랑은 믿음과 소망이 무엇인가를 보여준다. 소망이 없는 믿음은 헛것이다. 사랑이 없는 소망과 믿음도 헛것이다. 의롭다함을 받는 믿음은 사랑을 전제로 하며 사랑으로 역사한다.

　세례 요한은 구약성경의 모든 예언을 요약하였다. 그리스도를 맞이하려면 율법으로 자신의 죄를 깨닫고 회개하여야 한다. 자신이 죄임임을 아는 자만이 그리스도를 맞이할 수 있다. 구약성경에서 모형과 그림자로 계시된 그리스도는 세상 죄를 지고 가는 하나님의 어린 양이다. 구약성경은 모든 사람이 아담 안에서 죄인이고 장차 오실 그리스도는 세상 죄를 지고 가는 하나님의 어린 양이라고 선언한다.

의롭다함을 얻는 믿음이란 자신의 죄를 깨닫고 장차 오실 그리스도를 믿는 것이다. 믿음으로 의롭다함을 받은 자들은 언약을 순종함으로 장차 오실 그리스도의 형상을 모형과 그림자로 나타냈다. 곧 믿음으로 의롭다함을 받은 자들은 장차 오실 그리스도의 모형이다. 그들은 살아있을 동안 그리스도의 피에 의한 속죄를 보지 못하였으므로 구원을 받았다는 약속의 말씀을 받지 못하고 죽었다. 그들은 죽은 뒤에 그들의 영혼은 아브라함의 품으로 들어갔다(눅 16:22). 그리스도께서 십자가에서 인류의 죄를 속하기 위하여 피를 흘리셨을 때, 그들의 모든 죄는 용서를 받았다. 그들은 죽은 뒤에 그들의 영혼은 그리스도의 피로 구원을 받았다.

저자 약력

- 성균관대학교 경제학과 졸
- 동 대학원 경제학과(Ph.D.)
- 안양대학교 신학연구원
- 공인회계사
- 섬기는 교회 : 소명교회

저서

- 공저「자산, 부채관리」ALM(국제금융연수원, 1993)
- 초판「왜 우리는 예수 그리스도를 믿어야 하는가」(크리스챤 디스커버리, 2015)
- 「동성애의 실상과 허상」(크리스챤 디스커버리, 2017)
- 개정 증보판「왜 우리는 예수 그리스도를 믿어야 하는가?」(크리스챤 디스커버리, 2023)
- 초판「모형으로 계시된 그리스도와 믿음」(크리스챤 디스커버리, 2023.5.20 발행)

모형으로 계시된 그리스도와 믿음

초   판 : 2023. 5. 20 발행
저   자 : 김도수
펴낸 곳 : 크리스챤 디스커버리
           경기도 안양시 동안구 학의로 282, 412호
           Tel: 070-4629-1906
제   작 : (주) 앱닥
발 행 자 : 김정민
발   행 : 크리스챤 디스커버리

* 임의로 복사하거나 제본할 수 없습니다.
* 잘못된 책은 교환해 드립니다.

정가 20,000원

ISBN 979-11-983295-0-9 93230